금융규제와 법

고동원 지음

FINANCIAL REGULATION & LAW

傳 英 社

이 책을 아버님의 영전에 바친다

– 2주기를 맞이하여 –

머 리 말

이 책은 저자가 오랫동안의 실무 경험을 쌓고 학교에서 연구 활동을 시작하면서 그 동안 발표했던 논문들을 모은 것이다. 금융법과 인연을 맺고 실무와 연구 활동을 한 지 20여 년이 되어 가고 있다. 대학을 졸업하고 한국은행에 들어가면서 금융법에 관심을 갖게 되었고, 그 후 미국 유학 기간 동안 금융법에 대해 체계적으로 연구할 기회를 갖게 되었다. 귀국 후 김·장법률사무소에서 근무하게 되어 저자로서는 금융법에 대한 실무 경험을 쌓을 수 있는 더 없는 좋은 기회가 되었다. 2003년 9월 학교로 자리를 옮기면서 본격적인 연구 활동을 시작하게 되었는데, 이 책은 저자의 그 동안의 연구 산물이라고 할 수 있다. 사실 부족한 점이 많다고 생각된다. 그러나 그 동안의 연구 성과물에 대한 평가도 받아보고 싶고, 또한 자그마한 이 연구 성과물이 금융법제의 발전에 조금이라도 보탬이 될 수 있지 않을까 해서 감히 세상에 내놓는다. 독자 여러분들의 날카로운 비판과 질책을 기대해 본다.

금융법의 연구 대상은 크게 금융규제법(financial regulation law)과 금융거래법(financial transaction law)으로 나눌 수 있을 것이다. 또한 국내 금융법 분야도 있지만 국제금융법(international financial law) 분야도 그 연구 대상이 될 수 있을 것이다. 우리나라가 1997년 말 금융위기를 겪으면서 금융의 중요성이 강조되고 이에 따라 금융법에 대한 관심도 커졌다고 볼 수 있다. 최근 법학전문대학원(Law School) 제도가 도입되면서 다수의 인가 신청 학교가 기업 · 금융법무를 특성화 분야로 선정하였다. 그만큼 앞으로 금융법 분야가 중요하고 각광을 받을 수 있는 분야가 되지 않을까 싶다. 금융산업은 우리나라에서 미래의 중요한 전략 산업으로 자리매김할 것으로 예상된다. 이는 정부가 동북아 금융중심지(hub) 국가 추진 전략을 세운 것을 보아서도 짐작할 수 있다. 이러한 때에 금융법도 중요한 연구 분야가 될 것으로 기대된다. 따라서 이 분야를 연구하는 학자들뿐만 아니라 실무가들도 이에 대한 관심을 갖고 상호

교류하면서 금융법제의 토대를 잘 쌓아 나갈 필요가 있다고 본다. 이런 면에서 이 책이 이러한 분야에 관심을 갖는 분들에게도 조금이라도 도움이 된다면 저자로서는 이 책을 세상에 내놓는 보람을 느낄 것 같다.

이 책은 7개의 장으로 구성되어 있다. 제 1 장에서는 금융감독기구의 개편 방향과 중앙은행의 역할 강화 방안에 대해서 살펴보았다. 다만 저자가 원고 교정을 하고 있던 2008년 2월에 종전 금융감독기구인 금융감독위원회가 정부의 조직 개편에 의하여 금융위원회로 변경되었는데, 이 부분은 반영하지 못했다. 그 이유는 시간적 여유가 없었던 것도 사실이지만, 개편 전의 금융감독기구의 문제점에 대한 분석 내용이 나중에 좋은 참고 자료로 활용될 수도 있다고 생각하여 수정하지 않고 그대로 둔 것이다. 독자들의 넓은 이해가 있기를 바란다. 제 2 장에서는 금융자본과 산업자본의 분리 문제에 대하여 은행법상의 은행 주식 소유 규제 부분(즉 산업자본의 은행 지배 금지 부분)과 금융자본의 산업자본 지배 금지를 규정하고 있는 「금융산업의 구조개선에 관한 법률」 제24조의 내용을 분석하였다. 「금융산업의 구조개선에 관한 법률」 제24조에 대한 내용도 2007년 1월 개정 전의 것을 실었는데, 이 부분도 2005년과 2006년에 걸쳐 뜨겁게 논쟁이 일었던 「금융산업의 구조개선에 관한 법률」 제24조 개정과 관련하여 쟁점이 되었던 부분을 소개함으로써 「금융산업의 구조개선에 관한 법률」 제24조가 어떤 문제점을 갖고 있었는지를 보여주기 위하여 개정 전의 내용을 그대로 실었다. 제 3 장에서는 은행과 증권회사의 업무범위 문제에 관한 내용을 법적으로 분석하였다. 제 4 장에서는 은행, 증권회사, 보험회사 등 금융기관의 파생상품 거래 규제에 관한 내용을 살펴보았다. 제 5 장에서는 은행 규제에 초점을 맞추어 은행 규제의 법적 개선 과제에 대하여 경영지배구조(corporate governance), 자회사 규제 및 신 바젤 자기자본 협약(Basel Ⅱ)의 내용에 대하여 살펴보았다. 제 6 장은 외국은행 국내지점의 신설과 폐쇄에 관련되는 법적 문제점을 분석하였다. 마지막으로 제 7 장은 금융중심지 국가 기반 구축을 위한 몇 가지 은행법상의 규제 완화 방안과 향후 우리나라 금융산업의 발전 전망과 과제에 대하여 살펴보았다. 이 책이 금융규제법 전반을 다루지 못하는 한계가 있는 것은 사실이지만, 이 책에 실린 글들을 보면 전반적인 금융규제법의 연구 범위를 알 수 있고, 어떻게 금융규제법을 연구해야 할 것인가 하는 방향도 알 수 있을 것으로 생각한다. 이런 점에서 이 책이 금융규제법에 관심을 갖는 독자들에게 조금이라도 도움이 된다면 저자로서는 대만족이다.

저자가 지금까지 이 길을 걸어온 데는 많은 분들의 도움이 있었다. 우선 저자의 대학원 시절 학문의 길로 인도해 주시고 항상 많은 도움을 주시는 정동윤 고려대학교 명예교수님께 깊은 감사의 말씀을 드리고자 한다. 정 교수님의 자상한 지도가 없었다면 저자가 감히 학문의 길로 들어서려는 결심을 할 수 없었을 것이다. 그리고 귀중한 실무 경험을 쌓을 수 있는 기회를 주신 김·장법률사무소의 김영무 박사님께도 감사를 드린다. 6년 반 동안의 변호사 생활은 저자가 실무 감각을 키우는 데 아주 중요한 기간이 되었음을 고백하지 않을 수 없다. 이 기간 중 많은 도움을 주신 정계성 변호사님, 이상환 변호사님께도 감사를 드린다. 특히 김·장법률사무소 시절뿐만 아니라 학교로 자리를 옮긴 이후에도 저자의 초고를 세심히 읽고 항상 귀중한 논평을 해 주시는 서울대학교 박준 교수님께도 깊은 감사를 드린다. 박 교수님은 오랫동안의 실무 생활을 접고 서울대학교 강단에 섰는데, 학문의 세계에서도 큰 업적을 이루시길 기원한다. 이 외에도 항상 저자의 인생에 있어서 어려운 시기마다 좋은 조언을 해 주시고 이끌어 주시는 김세원 서울대학교 명예교수님께도 감사를 드리고자 한다. 언제나 편하게 대해 주시고 항상 저자의 앞길을 염려해 주시는 교수님께 이 자리를 빌어 다시 한번 깊은 감사의 말씀을 드린다.

아버님께서 암 수술을 받고 그 후유증을 이기지 못하여 저 세상으로 가신 지 벌써 2주기가 되었다. 저자의 항상 든든한 후원자가 되어 주시던 아버님께서 유명을 달리하신 것이 너무나 가슴이 아프다. 이 작은 책을 아버님의 영전에 바침으로써 아버님의 명복을 빌어 보고자 한다. 그리고 고향에 남아서 항상 자식의 성공을 비는 어머님과 사위의 성공을 빌며 좋은 조언과 지원을 아끼지 않으시는 장인과 장모께도 감사드린다. 또한 언제나 든든한 후원자 역할을 하는 내 아내 송현주와 사랑하는 두 아들 건호와 대호에게도 고마운 마음을 전한다.

이 책이 나오기까지 항상 옆에서 잘 챙겨 준 노태석 조교에게도 깊이 감사한다. 그리고 부족함에도 불구하고 훌륭한 출판사의 이름으로 이 책을 발간할 수 있게 해 주신 박영사 안종만 회장님, 처음부터 편집 일을 맡아서 꼼

꼼하게 챙겨 주신 박영사의 나경선 과장님, 출판 일정 등을 상담하고 교정지를 배달하는 일도 마다하지 않으신 박영사의 송창섭 선생님께도 다시 한번 감사드린다.

2008년 8월
성균관대학교 법학관 연구실에서

저자 씀

차　　례

제 1 장　금융감독기구와 중앙은행제도

제 1 절　금융감독기구의 개편 방향 ……………………………………… 3

Ⅰ. 서　　론 ……………………………………………………………… 3

Ⅱ. 금융감독기구 조직의 현황……………………………………………… 5

1. 개　　관　5
2. 재정경제부　6
3. 금융감독위원회　6
4. 증권선물위원회　9
5. 금융감독원　10
6. 금융감독위원회, 증권선물위원회 및 금융감독원과의 관계　12
7. 금융감독 관련 기관과의 상호 관계　13

Ⅲ. 금융감독기구의 문제점 ………………………………………………… 15

1. 금융감독위원회 공무원 조직('사무국')의 확대에 따른 감독 업무의 중복 및 비효율성　15
2. 금융감독 행정의 중립성 확보 미흡　21
3. 금융감독 전문화의 미흡　25
4. 금융기관의 경영 자율성을 해치는 감독당국의 과도한 시장 개입의 문제점　27

Ⅳ. 금융감독기구의 바람직한 발전 방향 ………………………………… 28

1. 금융감독 의결기관과 집행기관의 통합　28
2. 통합 금융감독기구의 공적 민간기구화　30
3. 금융감독 행정의 중립성 확보　31
4. 금융감독기구에 대한 견제 장치 확보: 책임성 확보　36
5. 금융감독의 전문성 확보　39
6. 금융감독 방식의 선진화 구현　41

7. 금융감독 업무의 집행에 있어서 투명성 확보 42
8. 금융감독기구의 재정경제부에 대한 금융감독 관련 법령 제·개정 제안권(proposal) 부여 42

V. 결 론 ··· 42

제 2 절 중앙은행의 역할 강화 방안 ··· 44

I. 서 론 ··· 44

II. 우리나라 중앙은행의 목적 및 기능 ··· 45

1. 목 적 45
2. 기 능 45

III. 아시아 주요 국가 중앙은행의 목적 및 기능에 관한 입법례 ··· 52

1. 일 본 52
2. 싱가포르 57
3. 말레이시아 62
4. 대만(중화민국) 67

IV. 시사점 및 우리나라 중앙은행의 역할 강화 방안 ··· 71

1. '건전한 금융 산업 발전의 증진'을 목적 조항에 추가 71
2. '지급결제제도의 안정성과 효율성 도모'를 목적 조항에 추가 72
3. '금융 안정의 도모'를 목적 조항에 추가 74

V. 결 론 ··· 75

제 2 장 금융자본과 산업자본의 분리

제 1 절 「금융산업의 구조개선에 관한 법률」 제24조의 법적 분석 ··· 79

I. 서 론 ··· 79

II. 금산법 제24조의 신설 배경 및 개정 경과 ··· 80

1. 신설 배경 80
2. 개정 경과 82

III. 금산법 및 금융관련법상 금융기관의 다른 회사 주식 소유 규제 ··· 85

1. 금산법상의 규제: 금산법 제24조의 내용 85
2. 은행법상의 규제 89

3. 증권거래법상의 규제 92
4. 보험업법상의 규제 92
5. 여신전문금융업법상의 규제 94

IV. 2005년 금산법 개정 법률안의 제24조 관련 주요 내용 94

1. 정 부 안 94 2. 국 회 안 97

V. 금산법 제24조의 위반 사례 및 쟁점 분석 99

1. 위반 사례 99
2. 주식 처분 명령권의 소급 적용 여부 문제 102
3. 금산법 제정 당시 해당 설립 근거 법률에서 인가 · 승인 등을 요하지 않은 경우의 주식 처분 명령권 소급 적용 여부 문제 108
4. 해당 금융기관 설립 근거 법률상 인가 · 승인 등을 요하지 않는 경우에도 금산법상의 승인이 필요한지 여부 문제 110
5. '신고'도 금산법상의 "인가 · 승인 등을 얻은 경우"에 포함되는지 여부 문제 112

VI. 금산법 제24조의 개선 과제 113

1. 금융감독당국 승인 기준의 법규정화 필요: 포괄적 위임 금지 원칙의 위배 문제 113
2. 주식의 범위에 '출자지분' 포함 필요 114
3. '관련 시장' 및 '경쟁 제한성'의 정의 규정 신설 필요 115
4. '사실상 지배' 의미의 명확화 필요 116
5. '다른 회사'에 외국회사 제외 필요 119

VII. 결 론 119

제 2 절 은행의 소유 규제에 관한 법적 검토 121

I. 서 론 121

II. 시중은행에 대한 소유 규제 122

1. 동일인의 시중은행 주식 보유에 대한 규제 및 관련 문제점 123
2. 비금융주력자(산업자본)의 시중은행 주식 보유 규제 및 관련 문제점 136

3. 은행법상 '동일인' 및 '보유'의 정의와 관련 문제점　144
4. 금융위원회의 한도초과보유주주에 대한 적격성 사후심사 제도 및 관련 문제점　146

III. 지방은행에 대한 소유 규제 ······ 148

1. 동일인의 지방은행 주식 보유에 대한 규제　149
2. 비금융주력자의 지방은행 주식 보유에 대한 제한　151

IV. 결　　론 ······ 152

제 3 장　금융기관의 업무 범위 규제

제 1 절　은행의 부수업무 범위 규제 ······ 155

I. 서　　론 ······ 155

II. 은행 부수업무의 범위 ······ 156

1. 총　　설　156
2. 지급보증 업무 등　157
3. 증권 관련 업무　159
4. 보험대리점 및 금융상품 판매 대행 업무　168
5. 파생상품거래 업무　171
6. 수탁 업무　173
7. 대행 업무　175
8. 보호예수 업무　177
9. 자산 · 인력 · 설비 등을 활용한 업무　178
10. 기타 금융 업무　180

III. 주요국의 입법례 ······ 182

1. 미　　국　182
2. 영　　국　184
3. 일　　본　185

IV. 현행 규제의 개선 방안 ······ 186

1. 규제의 투명성 강화　186
2. 규정 체계의 변경　187
3. 부수업무에서 겸영업무로의 재분류　188
4. 부수업무의 확대 방안　189
5. 증권 관련 업무 범위의 확대 방안　191
6. 규정 방식의 전환: Negative 방식으로의 전환　194

V. 결 론 ······ 195

제 2 절 증권회사의 겸영업무 및 부수업무 범위 규제 ······ 196

I. 서 론 ······ 196

II. 증권회사의 겸영업무 ······ 197

1. 개 관 197
2. 법정 겸영업무 198
3. 인가 겸영업무 206

III. 증권회사의 부수업무 ······ 217

1. 개 관 217
2. 증권업과 관련된 부수업무 217
3. 증권회사의 소유 자산 등을 활용하는 부수업무 221
4. 부수업무 영위의 사후 보고 223

IV. 증권회사 업무 범위 규제의 개선 방향 ······ 223

1. 자산운용업의 허용 223
2. 선물업의 전면 허용 225
3. 일반사무관리회사 업무의 허용 225
4. 장외 파생금융상품 거래 업무의 요건 완화 및 부수업무화 227
5. 부수업무 범위의 확대 228
6. 인가 겸영업무의 신고제로의 변경 229
7. 외환 관련 신용파생상품 거래 및 일반상품 파생상품 거래의 허용 필요 230
8. 법 개정 조문안 예시 231

V. 결 론 ······ 232

제 4 장 금융기관 파생금융상품 거래의 규제

제 1 절 은행 파생금융상품 거래의 규제 ······ 237

I. 서 론 ······ 237

II. 은행법령상의 파생금융상품 거래 규제 ······ 239

1. 개 관 239
2. 2003년 7월 부수업무지침 개정 前의 파생금융상품 거래에 관한 규정 내용 및 문제점 239
3. 현행 부수업무지침상 허용되는 파생금융상품 거래의 범위 242
4. 현행 규제의 개선 방안 245

Ⅲ. 외국환거래법령상의 외환 관련 파생금융상품 거래 규제 ····················· 249

1. 서 설 249
2. 외환 관련 파생금융상품 거래의 범위 249
3. 신고 또는 허가 필요 여부 문제 250
4. 외환 파생금융상품 거래의 중개 업무 영위와 관련한 문제 251
5. 외환 관련 신용파생상품 거래의 한국은행 사전 신고제에서 사후 보고제로의 변경 251
6. 은행법과 외국환거래법의 적용 문제 252

Ⅳ. 신탁업법령상 신탁겸영은행의 파생금융상품 거래 규제 ····················· 254

1. 서 설 254
2. 장내 파생금융상품 거래 투자 운용 255
3. 장외 파생금융상품 거래 투자 운용 255
4. 신용파생상품 투자의 활성화 방안 필요 256

Ⅴ. 선물거래법상 은행의 해외 선물거래 규제 ······························· 257

1. 논의 배경 257
2. 관련 규정 검토 257
3. 기타 고려 사항 258
4. 은행의 국내 선물거래의 선물업자에 대한 위탁 258

Ⅵ. 결 론 ··· 259

제 2 절 증권회사 파생금융상품 거래의 규제 ······························· 260

Ⅰ. 서 론 ··· 260

Ⅱ. 증권거래법령상의 파생금융상품 거래 규제 ······························· 261

1. 개 요 261
2. 허용된 장내 파생금융상품 거래 262

3. 허용된 장외 파생금융상품 거래 262
4. 장외 파생금융상품 거래의 중개 · 주선 또는 대리 업무 267
5. 주가연계증권(ELS) 및 주식워런트증권(ELW)의 발행 267
6. 파생결합증권(Securitized Derivatives)의 발행 270
7. 증권거래법령상의 장외 파생금융상품 거래 관련 규정의 적용 범위에 관한 문제 272

Ⅲ. 외국환거래법령상의 외환 관련 장외 파생금융상품 거래 규제 ··············· 273

1. 선물환거래 274
2. 외환 관련 장외 파생금융상품 거래 274
3. 외환 관련 장외 파생금융상품 거래의 중개 업무 영위와 관련한 문제 279

Ⅳ. 증권회사 장외 파생금융상품 거래의 활성화 방안 ······························ 280

1. 장외 파생금융상품 거래 영위 인가 요건의 완화 280
2. 장외 파생금융상품 거래 겸영 인가 제도의 폐지 및 부수업무화 281
3. 외국환업무로서 외환 관련 신용파생상품 거래의 허용 필요 281
4. 채무보증 금지 조항에 대한 예외 규정 신설 필요 282

Ⅴ. 결 론 ·· 283

제 3 절 보험회사 파생금융상품 거래의 규제 ··· 285

Ⅰ. 서 론 ·· 285

Ⅱ. 보험업법령상의 파생금융상품 거래 규제 ·· 286

1. 개 요 286
2. 보험업법령상 허용되는 파생금융상품 거래 287
3. 신용연계채권(CLN) 매입 거래가 채무보증으로 볼 수 있는지 여부에 관한 논의 295

Ⅲ. 외국환거래법령상 허용된 외환 관련 파생금융상품 거래 ······················ 297

1. 선물환거래 297
2. 기타 외환 관련 파생금융상품 거래 298

Ⅳ. 현행 규제의 개선 방향 ·· 299

1. 파생금융상품 거래 한도의 상향 조정 299
2. 채무보증 금지 조항에 예외 규정 신설 필요 300
3. 외환 관련 파생금융상품 거래시의 사후 보고제 도입 필요 301
4. 장외 파생금융상품 거래의 업무화 301

V. 결 론 ··· 302

제 4 절 금융기관 신용파생상품 거래의 규제 ··· 304

I. 서 론 ··· 304

II. 신용파생상품 거래의 개요 ··· 305

1. 신용파생상품 거래의 의의 및 기능 305
2. 신용파생상품 거래의 유형 306

III. 금융기관별 관련 법령상의 규제 현황 ··· 312

1. 은행의 경우 312
2. 증권회사의 경우 314
3. 보험회사의 경우 318
4. 자산운용회사(간접투자기구) 320

IV. 현행 규제의 개선 방향 ··· 321

1. 은행의 부수업무지침에 신용파생상품 거래의 규정화 321
2. 은행의 신용파생상품 거래 중개 등의 업무 허용 322
3. 은행의 신용파생상품 거래에 대한 업무 방법 제한 규정의 신설 323
4. 신용파생상품 거래 업무 취급 가능 증권회사의 확대 323
5. 증권회사의 외환 관련 신용파생상품 거래 업무의 허용 324
6. 증권회사 및 보험회사의 채무보증 금지 조항에 예외 규정 신설 324
7. 외환 관련 신용파생상품 거래의 사후 보고제 도입 325
8. 간접투자기구(자산운용회사)의 신용파생상품 투자 범위의 확대 326
9. 금융기관별 규제 수준의 동일화 326

V. 결 론 ··· 327

제 5 장 은행 규제의 법적 개선 과제

제 1 절 은행 경영지배구조의 법 · 제도적 개선 방향 ······ 331

Ⅰ. 서 론 ······ 331

Ⅱ. 현행 은행 경영지배구조의 현황 ······ 332

1. 상법 및 증권거래법의 적용 문제 332
2. 사외이사 중심의 이사회 제도 운영 333
3. 감사위원회 제도의 운영 338
4. 내부통제 제도 및 준법감시인 제도의 운영 349

Ⅲ. 현행 제도의 문제점과 개선 방안 ······ 350

1. 사외이사 제도의 개선 방안 351
2. 감사위원회 제도의 개선 방안 358
3. 임원제도의 개선 방안 362
4. 기타 개선 방안 366

Ⅳ. 결 론 ······ 371

제 2 절 은행 자회사 규제의 개선 방향 ······ 372

Ⅰ. 서 론 ······ 372

Ⅱ. 은행 자회사에 대한 규제 내용 ······ 373

1. 총 설 373
2. 자회사의 의의 및 유형 378
3. 자회사에 대한 출자액 한도 규제 381
4. 자회사에 대한 관리 및 경영실태 평가 382
5. 자회사와의 거래 규제 382
6. 해외 현지법인 자회사 신설시 금융감독당국과의 협의 385
7. 외국환거래법령상의 규제: 해외 금융자회사 설립시 기획재정부 장관에 대한 사전 신고 386
8. 「금융산업의 구조개선에 관한 법률」상의 금융감독당국 승인 문제 386

III. 자은행에 대한 규제 내용 ………… 391

1. 자은행의 의의 391
2. 자은행과의 거래 제한 392
3. 자은행 설립시 은행법상 주식 한도 초과 보유에 대한 금융감독당국의 승인 문제 395

IV. 은행 자회사 규제의 문제점 및 개선 방향 ………… 396

1. 해외 자회사도 포함되는지 여부에 대한 규정의 명확화 396
2. 은행법상 금융자회사(자은행 제외) 설립시 금융감독당국의 승인이 필요한지 여부에 대한 규정 정비 399
3. 외국은행 국내지점도 자회사를 둘 수 있는지 여부에 대한 규정의 명확화 400
4. 사모투자전문회사(PEF)의 자회사 요건 규정의 체계 정비 402
5. 자회사 기준의 변경 필요 402

V. 결 론 ………… 404

제 3 절 신 바젤 자기자본 협약의 시행과 국내 은행의 대응 방안 ………… 406

I. 서 론 ………… 406

II. 신 바젤 자기자본 협약의 제정 배경 ………… 408

III. 신 바젤 자기자본 협약의 주요 내용 ………… 410

1. 개 요 410
2. 자기자본 적정성(Capital Adequacy)에 대한 감독당국의 감독 강화(Supervisory Review Process): Pillar II 421
3. 시장 규율(Market Discipline)의 제고(提高): Pillar III 422
4. 현행 협약과 신 바젤 협약의 주요 내용 비교 423

IV. 국내 은행과 감독당국의 대응 방안 ………… 423

1. 신 바젤 협약 도입이 국내 은행 산업에 미치는 영향 423
2. 국내 은행 및 감독당국의 대응 방안 426

V. 결 론 ………… 429

제 6 장 외국은행 국내지점에 대한 규제

제 1 절 외국은행 국내지점의 설립에 관한 규제 ········· 433

Ⅰ. 서 론 ········· 433

Ⅱ. 최초 외은지점 설립에 대한 규제 내용 ········· 435

1. 서 설 435
2. 설립 절차 및 관련 규제 내용 435

Ⅲ. 추가 외은지점의 설립에 대한 규제 내용 ········· 446

1. 서 설 446
2. 설립 절차 및 관련 규제 내용 446

Ⅳ. 외은지점 설립 규제의 개선 방안 ········· 451

1. 갑기금(甲基金) 도입 시기와 관련한 문제점 및 개선 방안 451
2. 인가 효력 발생일과 관련한 문제점 및 개선 방안 453
3. '인가 대상 행위 실행'의 의미와 관련한 문제점 및 개선 방안 454
4. 인가를 받지 않은 외은지점 설립시의 벌칙 적용 문제점 및 개선 방안 455
5. 복수 지점 설립 인가와 관련한 문제점 및 개선 방안 456
6. 최초 외은지점 대표자의 은행법상의 자격 요건 명시와 관련된 문제점 및 개선 방안 457
7. 예금자보호법상의 출연금 납부 의무와 관련한 문제점 및 개선 방안 459
8. 추가 외은지점 대표자도 은행법상의 '국내 대표자'에 해당하는지 여부 문제 460
9. 설립 후 인가 요건을 위반한 경우의 인가 취소 여부와 관련한 문제 461
10. 인가 요건 등에 관한 사항의 규정 체계의 문제점 및 개선 방안 462

Ⅴ. 결 론 ········· 462

제 2 절 외국은행 국내지점의 폐쇄에 관한 규제 ········· 464

Ⅰ. 서 론 ········· 464

Ⅱ. 외은지점의 폐쇄에 관한 규제 내용 ········· 466

1. 폐쇄 절차 및 관련 규제 내용 466
2. 외은지점의 당연 폐쇄 사유 476
3. 외은지점의 자산 국내 보유 의무 및 외은지점 청산시의 채무 우선 변제 478

III. 외은지점 폐쇄 규제의 개선 방안 ······ 479

1. 예비인가 절차의 생략과 관련한 문제점 479
2. 인가 효력 발생일과 관련한 문제점 480
3. 외은지점이 스스로 영업을 폐쇄한 경우에 청산 절차를 거치지 않아도 되는지 여부에 관한 문제점 481
4. 영업소 폐지 등기의 근거 규정 불비(不備)와 관련한 문제점 483
5. 청산 대금 송금의 근거 규정 불비(不備)와 관련한 문제점 483
6. 본점 합병시의 외은지점 폐쇄와 관련한 문제점 484
7. 인가 신청서의 내용이 허위(虛僞)인 경우의 인가 취소 여부와 관련한 문제 487

IV. 결 론 ······ 488

제 7 장 금융 선진화의 법적 과제와 전망

제 1 절 금융중심지 국가 기반 구축을 위한 은행법상의 규제 완화 방안 ······ 493

I. 서 론 ······ 493

II. 외국은행 국내 지점 규제의 개선 방안 ······ 494

1. 추가 외은지점 신설시의 신고제로의 변경 494
2. 외국은행 국내 사무소 신설시의 신고제로의 변경 496
3. 본점 합병시의 해당 외은지점의 설립 인가 취소 사유의 개선 498
4. 외은지점 폐쇄시 금융감독원 소속 직원의 청산인 선임 근거 규정의 신설 500

III. 국외지점 등의 신설 및 은행 자회사 관련 규정의 개선 방안 ······ 501

1. 국외지점 · 현지법인 등의 신설시 사전 신고제로 변경 501
2. 자회사 기준 한도의 상향 조정 505

IV. 결 론 ······ 507

제 2 절 금융산업 구조 변화의 현황과 전망 및 과제 ········ 509

I. 서 론 ········ 509

II. 금융산업 구조 변화의 현황 ········ 510

1. 총 설 510
2. 은행산업 510
3. 증권산업 516
4. 보험산업 517
5. 자산운용산업 519
6. 비은행예금수취기관 520
7. 평 가 522

III. 향후 전망 및 과제 ········ 522

1. 향후 전망 523
2. 과 제 528

IV. 결 론 ········ 534

색 인 ········ 537

제 1 장

금융감독기구와 중앙은행제도

제 1 절　금융감독기구의 개편 방향
제 2 절　중앙은행의 역할 강화 방안

제 1 절

금융감독기구의 개편 방향*

Ⅰ. 서 론

2004년 7월 감사원이 신용불량자 양산 및 가계부실을 초래한 신용카드 문제에 대한 감사 결과를 발표하면서 그 원인의 하나로서 금융감독 당국의 부실한 감독 문제를 지적하였고, 이에 따라 또 다시 금융감독기구 개편 문제가 불거졌다. 이는 2000년 10월에 발생한 상호저축은행의 불법 대출과 관련한 금융감독원 고위 간부의 수뢰 사건에 따라 제기된 금융감독기구 개편 논의가 나온 후 두 번째이다. 무엇인가 문제가 있는 것은 분명한 것 같다. 2000년 금융감독기구 개편 논의시에는 기획예산처 주관으로 '감독조직혁신 작업반'이 구성되었고, 동 작업반은 '감독조직혁신방안(시안)'에서 감독기구 개편의 여러 방안[1]을 제시하였다. 그러나 주관 부처인 재정경제부는 2001년 4월 금융감독 체제 효율화 방안을 발표하면서 현행 조직(금융감독위원회 및 금융

---

* 이 절의 내용은 「금융법연구」 제 1 권 제 2 호(한국금융법학회, 2004. 12)에 실린 글을 다소 수정 · 보완한 것이다. 2008년 2월 29일 정부조직 개편에 따라 금융감독위원회가 금융위원회로 개편되면서 금융정책 기능을 종전의 재정경제부로부터 이관받아 수행하고 있으나, 본 절의 내용은 개편되기 전의 금융감독기구에 대해서 다루고 있음을 밝힌다.

1) 제 1 안은 금융감독위원회(이하 "금감위"라 한다)와 금융감독원을 통합하여 민관합동 조직화하는 것, 제 2 안은 금감위와 금융감독원의 현 체제를 유지하고 금감위 위원장과 금융감독원장의 분리, 제 3 안은 금감위와 금융감독원의 현 체제를 유지하면서 겸직 허용 및 부분적 보완을 하는 것, 제 4 안은 금감위 및 금융감독원을 통합하여 정부조직화하는 것, 제 5 안은 금감위 및 금융감독원을 순수 민간조직으로 통합하는 것이었다. 당시 감독조직혁신 작업반은 5개안 중에서 제 1 안인 민관합동 조직화하는 것을 바람직한 권고안으로 제시하였다(금융감독원, 「새로운 금융감독기구」, 2003. 1, 172면; 김대식/윤석헌, "금융감독기구의 지배구조," 2004년 재무 5개 학회 춘계 공동 학술연구발표회 특별 심포지엄 발표 논문, 2004. 5. 21, 10면).

감독원의 이원 체제)을 그대로 유지한 채 부분적으로 보완하는 선[2]에서 마무리되어[3] 근본적인 개편이 이루어지지 못하였다. 이에 따라 그 동안 내재해 왔던 금융감독기구의 문제점이 신용카드 사태를 계기로 하여 다시 빌생하였고, 이번에는 청와대 산하 '정부혁신지방분권위원회' 주도로 금융감독기구 개편 문제를 다루었으나[4] 여전히 근본적인 개혁이 이루어지지 못하고 현행 체제를 유지하는 선에서 마무리하기로 하였다.[5] 이에 따라 금융감독위원회(이하 "금감위"라 한다)[6] 및 금융감독원 양 기관은 합동 실무협의체를 구성[7]하여 양 기관의 역할 분담을 명확히 하고 상호 긴밀한 협력을 통해 금융감독의 전문성과 효율성으로 제고하는 내용으로 합의[8]를 하여 일단락되게 되었다.

---

2) 보완 내용은 (ⅰ) 금감위의 감독정책 기능을 강화하고, (ⅱ) 금융감독원은 감독 집행 및 검사 기능에 주력하게 하며, (ⅲ) 증권선물위원회의 기능을 강화하며, (ⅳ) 금감위의 금융감독원에 대한 감독 기능을 강화하는 것을 그 주요 내용으로 하고 있었다(금융감독원, 앞의 책, 174면; 김대식/윤석헌, 앞의 논문, 12면).

3) 2000년 당시의 개편안에 대한 자세한 내용은 금융감독원, 앞의 책, 171~172면, 174면; 김대식/윤석헌, 앞의 논문, 9~12면 참조.

4) 당시 금융감독기구 개편안과 관련하여 학계와 경제정의실천시민연합 등 시민단체 등에서는 중립성 · 전문성이 확립된 통합된 공적 민간 금융감독기구로 개편할 것을 촉구하는 성명서 등을 발표하기도 하였다. 경제학자 및 금융학자들의 성명서는 http://www.ccej.or.kr/question/q7_detail.html에서 검색 가능(경제정의실천시민연합, "중립성, 전문성이 확립된 통합된 공적 민간 금융감독기구로의 개편을 촉구한다," 성명서, 2004. 5. 25). 또한 경제정의실천시민연합은 금융감독기구 개편 관련 금융전문가를 상대로 한 여론 조사 결과 금융감독기구를 통합하여 민간조직으로 하는 공적 민간기구화하는 것이 다수의 의견임을 발표하기도 하였다(경제정의실천시민연합, "금융감독기구 개편 관련 금융전문가 여론 조사 결과," 보도자료, 2004. 5. 25).

5) 2004년 8월 '정부혁신지방분권위원회'는 현행 금융감독기구의 큰 틀은 변경하지 않고, 재정경제부 · 금감위 및 금융감독원 간 역할 분담을 명확히 해 업무 혼선과 피감독기관의 불편을 해소하기로 결정했다(금융감독위원회/금융감독원, "금감위/금감원간 금융감독업무 역할분담 방안 마련," 보도자료, 2004. 10. 1, 1면). [이하 "금감위/금감원 역할분담 보도자료"라 한다].

6) 여기서 '금감위'는 금융감독 관련 실무 업무를 담당하는 공무원 조직인 '사무국'을 말한다.

7) 금융감독위원회/금융감독원, "금감위/금감원간 실무협의체 구성 · 운영," 보도자료, 2004. 8. 9.

8) 합의안의 주요 골자는 (ⅰ) 금융감독원은 상시 감시 · 검사 과정에서 파악된 사실관계를 중심으로 금융감독 업무를 담당하고, (ⅱ) 금감위는 금융감독 정책 및 법령 관련 판단 등 공권력적 업무를 담당한다는 것이다(금감위/금감원 역할분담 방안 보도자료, 1면).

이러한 감독기구 개편안은 미봉책에 불과하고 근본적인 개혁이 이루어지지 않았다고 판단된다. 아쉬운 감이 크다. 그렇지만 근본적인 개편 추구의 문제는 여전히 남아 있다고 본다. 이런 점에서 어떻게 하면 금융감독기구가 보다 중립적이고, 효율성 및 전문성 있는 금융감독 정책을 수립하고 집행할 수 있는지에 대해서 면밀히 검토를 해 보아야 한다고 판단된다.

이런 사항을 고려하여 이 절에서는 현행 금융감독기구의 조직 등 현황을 살펴보면서 어떤 문제점이 있는지를 중점적으로 고찰하고, 앞으로 바람직한 금융감독기구의 개편 방향을 생각해보기로 한다. 우선 Ⅱ.에서는 현행 금융감독 조직의 현황에 대하여 금융감독기구의 법적 지위, 조직 및 기능 등에 대하여 살펴본 후, Ⅲ.에서는 현행 금융감독기구의 문제점에 대하여 분석을 하며, Ⅳ.에서는 바람직한 금융감독기구 개편 방향에 대하여 고찰하여 본다.

Ⅱ. 금융감독기구 조직의 현황

1. 개 관

현행 금융감독기구 체제는 금융감독에 관한 최고 의결기관인 금감위와 집행기관인 금융감독원으로 나누어져 있다. 이외에도 증권 · 선물시장의 효율적인 관리 · 감독을 위하여 금감위에 산하에 둔 위원회인 증권선물위원회(이하 "증선위"라 한다)가 있다. 현행 금융감독기구는 1997년 말 금융위기 이후 제·개정된 금융관계 법률의 하나로서 1997년 12월 31일 제정되고 1998년 4월 1일부터 시행된 「금융감독기구의 설치 등에 관한 법률」(법률 제5490호, 이하 "감독기구설치법"이라 한다)에 따라 설치되었다. 현행 금융감독기구는 과거 재정경제원,[9] 한국은행은행감독원, 증권감독원, 보험감독원, 신용관리기금으로 분산되어 있던 금융감독 기능을 통합하여 만들어진 통합 금융감독기구이다. 한편 금융감독기구는 아니지만 금융 관계 법령의 제·개정권의 행사를 통하여 금융 정책을 수립하는 재정경제부도 금융행정 조직의 하나라고 볼 수 있다. 따라서 이하에서는 재정경제부, 금감위, 증선위 및 금융감독원에 대하여 그 법적 지위, 조직 및 기능 등에 대하여 살펴본다.

---

9) 당시의 명칭이었으며 현재는 재정경제부이다.

2. 재정경제부

재정경제부는 금융 관련 법령의 제 · 개정권을 가지고 일반 금융정책을 수행하고 있는 정부 부처이다. 정부조직법 제27조 제1항은 "재정경제부장관은 … 화폐 · 금융 … 에 관한 사무를 장리(掌理)한다"라고 규정하고 있어, 이에 따라 금융 관련 법령(예를 들어, 은행법, 증권거래법, 보험업법 등)의 제 · 개정에 관한 업무를 수행하고 있다. 다만 재정경제부는 금융감독 관계 법령을 제정 또는 개정하는 경우에는 금감위와 협의해야 할 의무가 있다(감독기구설치법 제64조의2).[10] 감독기구설치법의 제정 초기에는 재정경제부가 금융기관에 대한 설립 · 합병 등에 대한 인 · 허가권도 갖고 있었으나, 1999년 5월 감독기구설치법이 개정되면서 인 · 허가권은 금감위로 넘어가게 되었다. 이 외에도 재정경제부는 금감위 구성에도 간여한다. 즉 재정경제부장관은 금감위 부위원장의 임명을 제청할 수 있는 권한(법 제4조 제2항)과 회계전문가 1인을 금감위의 비상임 임명직 위원으로 추천할 수 있는 권한(법 제4조 제1항 제4호)을 갖고 있으며, 재정경제부차관은 금감위 당연직 위원(법 제4조 제1항 제3호)이 된다.

또한 재정경제부는 한국산업은행, 한국수출입은행, 중소기업은행 등 특수은행에 대한 일반적인 감독권을 보유하고 있다(한국산업은행법 제47조 제1항, 한국수출입은행법 제39조 제1항, 중소기업은행법 제46조 제1항). 다만 이들 특수은행에 대한 경영 건전성 감독권은 금감위에 이관되어 있다(한국산업은행법 제47조 제2항, 한국수출입은행법제39조 제2항, 중소기업은행법 제46조 제2항). 따라서 이들 특수은행에 대한 감독은 재정경제부의 일반적인 감독과 금감위의 경영 건전성 감독으로 나누어져 있는 것이다.

3. 금융감독위원회

(1) 법적 지위

감독기구설치법은 금감위와 금융감독원의 설치 목적을 "건전한 신용질서와 공정한 거래관행을 확립하고 예금자 및 투자자 등 금융수요자를 보호함으로써 국민경제의 발전에 기여한다"라고 규정하고 있다(법 제1조). 감독기구설치

10) 이하 '법'으로 약칭한다.

법은 이러한 목적 아래 금감위를 금융감독에 관한 최고 의사결정기관으로서 국무총리 소속하의 9인의 위원으로 구성된 합의제 행정기관으로 설치하였다(법 제3조 제1항). 금감위는 국무총리 소속하의 기관이지만, 그 권한에 속하는 사무를 독립적으로 수행한다(법 제3조 제2항).

(2) 조 직

금감위는 당연직 3인과 대통령에 의해 임명되는 임명직 6인 등 9인의 위원으로 구성된다. 당연직 위원은 재정경제부 차관, 한국은행 부총재, 예금보험공사 사장 등 3인이며, 임명직 위원은 금감위 위원장 및 부위원장, 재정경제부장관이 추천하는 회계전문가 1인, 금감위 위원장이 추천하는 금융전문가 1인, 법무부장관이 추천하는 법률전문가 1인, 대한상공회의소 회장이 추천하는 경제계대표 1인 등 6인이다(법 제4조 제1항). 임명직 위원 중 금감위 위원장, 부위원장 및 금감위 위원장이 추천하는 금융전문가(상임위원)는 상임이며, 나머지 임명직 위원 3인은 비상임이다(법 제4조 제4항). 임명직 위원 중 금감위 위원장은 국무회의 심의를 거쳐 대통령이 임명하며, 부위원장은 재정경제부장관의 제청으로 대통령이 임명하고, 기타 위원은 해당 추천기관의 추천을 받아 대통령이 임명한다(법 제4조 제2항 및 제3항). 임명직 위원의 임기는 3년이며, 1차에 한하여 연임할 수 있다(법 제6조 제1항). 한편 감독기구설치법은 금감위의 조직 및 정원에 관하여 필요한 사항은 대통령령으로 정할 수 있도록 규정하여(법 제15조 제1항), 이에 근거하여 아래에서 논의하는 것처럼 금감위 내에 공무원 조직을 두고 있다.[11]

(3) 기 능

금감위는 금융감독 정책에 대한 최고 의사 결정기관으로서 크게 금융기관에 대한 감독 업무와 집행기관인 금융감독원에 대한 지시 · 감독권을 행사한다. 우선 금감위는 다음과 같은 사항에 대하여 심의 · 의결하는 권한을 가짐으로써 금융기관에 대한 감독 업무를 수행한다(법 제17조).

① 금융기관[12]에 대한 감독과 관련된 규정의 제정 및 개정

11) 이에 대해서는 금감위 공무원 조직인 소위 '사무국' 설치가 법적 근거가 없다는 주장이 제기되기도 한다(김용재, "금융감독위원회, 금융감독원의 법적 지위와 문제점 및 개선방안," 「월간 금융법무」 제2호, 금융법연구소, 2004. 10, 30면).

12) 감독기구설치법은 명시적으로 '금융기관'의 정의를 하지 않고 있다. 다만 감독기구

② 금융기관의 설립 · 합병 · 전환 · 영업양수도 등의 인·허가[13]
③ 금융기관의 경영과 관련된 인·허가
④ 금융기관에 대한 검사 · 제재와 관련된 주요사항
⑤ 증권 · 선물시장의 관리 · 감독 및 감시 등과 관련된 주요 사항
⑥ 기타 다른 법령에서 금감위에 부여된 업무에 관한 사항

또한 금감위는 금융감독 업무의 집행기관인 금융감독원의 업무 · 운영 · 관리에 대한 지시 · 감독을 하며, 다음과 같은 사항에 대하여 심의 · 의결할 수 있는 권한이 있다(법 제18조 제1호 내지 제5호).

① 금융감독원의 정관 변경에 대한 승인
② 금융감독원의 조직 및 기구에 관한 사항
③ 금융감독원의 예산 및 결산의 승인
④ 금융감독원 직원의 보수기준 결정
⑤ 기타 금융감독원을 지시 · 감독하기 위하여 필요한 사항

이외에도 금감위는 금융감독원의 집행 간부인 부원장과 부원장보를 임명할 수 있는 권한도 보유하고 있다(법 제29조 제3항). 그리고 금감위는 업무를 수행함에 있어 공정성을 유지하고 투명성을 확보하며 금융기관의 자율성을 저해하

설치법 제38조에서 금융감독원의 검사 대상 기관을 규정하고 있으므로, 해석상 감독기구설치법 제38조에 열거되어 있는 금융기관을 말한다고 볼 수 있다. 그러나 이는 정확한 것 같지는 않다. 왜냐하면, 예를 들어 한국산업은행이나 한국수출입은행(감독기구설치법 제38조 제14호는 "다른 법령에서 금융감독원이 검사를 하도록 하는 기관"을 들고 있으며, 이러한 금융기관으로는 금융지주회사, 한국산업은행 및 한국수출입은행을 들 수 있음(금융지주회사법 제51조 제1항, 한국산업은행법 제49조 제2항, 한국수출입은행법 제41조 제2항))은 감독기관이 재정경제부이며(물론 건전성 감독에 관한 부분은 금감위에 위임되어 있다. 한국산업은행법 제42조, 한국수출입은행법 제39조), 따라서 동 은행들의 합병이나 전환 · 영업양수도 등의 경우에 금감위의 감독 권한이 미치지 않기 때문이다. 이에 대한 규정 정비가 이루어져야 할 것으로 본다. 어쨌든 감독기구설치법 제38조가 규정하는 금융기관은 은행, 증권회사, 증권금융회사, 자산운용회사, 투자자문회사, 보험회사, 종합금융회사, 상호저축은행 및 그 중앙회, 신용협동조합 및 그 중앙회, 신탁회사, 여신전문금융회사, 선물회사, 농업협동조합중앙회의 신용사업부문, 수산업협동조합중앙회의 신용사업부문 등을 말한다(법 제38조). 따라서 이하에서는 특별한 다른 언급이 없는 한, '금융기관'이라고 하는 경우에는 여기에서 규정하고 있는 금융기관을 뜻하게 된다.

13) 감독기구설치법이 1999년 5월 개정되면서 추가된 부분이다.

지 아니하도록 노력하여야 할 의무가 있다(법 제2조).

한편 금감위는 「금융산업의 구조개선에 관한 법률」[14]에 의거하여 금융기관[15]의 합병 · 전환 등에 관한 인가권을 행사함으로써(법 제4조) 금융산업의 구조개선에 관한 감독 권한도 보유하고 있다.

4. 증권선물위원회

(1) 법적 지위

증선위는 증권 · 선물시장의 불공정거래 조사 업무나 증권 · 선물시장의 관리 · 감독 등과 관련된 사전 심의 등을 수행하기 위하여 설치된 금감위 산하 위원회이다(법 제19조). 즉 증선위는 증권시장이나 선물시장의 특성과 기업회계 및 회계감리의 전문적인 특성을 고려하여 금감위 내에 금감위 부위원장을 위원장으로 해서 설치된 금감위의 하부 위원회인 것이다.

(2) 조 직

증선위는 5인의 위원으로 구성되며, 위원장은 금감위 부위원장이 겸임하고, 나머지 4인의 위원은 금감위 위원장의 추천으로 대통령이 임명한다(법 제20조 제1항 및 제2항). 위원장을 제외한 위원 중 1인은 상임으로 한다(법 제20조 제1항). 증선위 위원의 임기는 3년으로 하며, 1차에 한하여 연임할 수 있다(법 제20조 제5항).

감독기구설치법은 증선위의 조직에 관하여 필요한 사항은 금감위 규칙으로 정할 수 있도록 규정하고 있으나(법 제22조 제1항), 현재 제정된 규칙은 없다. 따라서 법적으로는 금감위의 '사무국'[16]과 같은 행정 조직을 둘 수 있는 가능성은 열어두고 있다고 볼 수 있다.

14) 「금융산업의 구조개선에 관한 법률」은 효율적이고 신속한 금융산업의 구조 개선을 위하여 금융기관간의 합병 또는 전환 등의 경우에 그 절차를 간소화하기 위해 일반 상법상의 규정에 대한 여러 가지 특칙을 두고 있다(법 제5조).

15) 여기서 '금융기관'의 범위는 「금융산업의 구조개선에 관한 법률」 제2조 제1호에 규정되어 있다.

16) 관련 법령에서는 '사무국'이라는 용어를 사용하고 있지 않다. 그러나 여기서는 금감위의 공무원 조직을 나타내기 위하여 편의상 많이 쓰이는 '사무국'이라는 용어를 사용하고자 한다. 이는 「독점규제 및 공정거래에 관한 법률」에서 규정하는 공정거래위원회의 '사무처'(법 47조)에서 빌려 쓰는 용어로 이해된다.

(3) 기 능

증선위는 다음과 같은 업무를 수행한다(법 제19조).

① 증권 · 선물시장의 불공정거래 조사
② 기업회계의 기준 및 회계감리에 관한 업무
③ 금감위가 심의 · 의결하는 증권 · 선물시장의 관리 · 감독 및 감시 등과 관련된 주요 사항에 대한 사전 심의
④ 증권 · 선물시장의 관리 · 감독 및 감시 등을 위하여 금감위로부터 위임받은 업무
⑤ 기타 다른 법령에서 증선위에 부여된 업무

한편 증선위는 위의 ① 내지 ⑤의 업무에 관하여 금융감독원을 지시 · 감독하며(법 제23조), 금융감독원의 업무를 지시 · 감독하는 데 필요한 명령을 발할 수 있다(법 제61조 제1항).

위 증선위의 기능과 관련하여 문제가 되는 것은 증선위가 위의 열거된 업무를 어떻게 수행하는지가 법상 불분명하게 규정되어 있다는 점이다. 감독기구설치법 제19조는 단지 위의 ① 내지 ⑤의 "업무를 수행하기 위하여" 증선위를 둔다고만 규정을 하고 있어, 구체적으로 위의 불공정거래 조사나 회계 관련 업무 등을 수행할 때 어떤 방법으로 업무를 수행하는지가 분명하게 규정되어 있지 않다는 점이다(금감위의 경우에는 '심의 · 의결한다'라고 명시적으로 규정하고 있다. 법 제17조 및 제18조). 다만 감독기구설치법 제21조 제2항이 증선위의 "회의는 3인 이상의 찬성으로 의결한다"라고 되어 있어, 증선위가 의결 방식으로 업무 수행을 하는 것을 알 수는 있겠지만 체계상 감독기구설치법 제19조에 "심의 · 의결한다"(다만 제19조 제3호는 제외)라는 문구를 추가하는 것이 나을 것으로 생각된다.

5. 금융감독원

(1) 법적 지위

금융감독원[17]은 무자본 특수법인[18]으로서 금감위 또는 증선위의 지시를

17) 금융감독원은 한국은행은행감독원, 증권감독원, 보험감독원 및 신용관리기금을 통

받아 금융기관에 대한 검사 · 감독 업무 등을 수행하는 금융감독 업무의 집행 기관이다(法 제24조). 금융감독원의 법적 지위는 한국은행과 같은 독립적인 법인격을 갖춘 일종의 영조물(營造物) 법인에 해당한다.[19] 이는 금융감독원은 일정한 범위 내에서 공법상 독립적인 행정주체로서 권한을 행사할 수 있도록 되어 있기 때문이다.[20]

(2) 조 직

금융감독원은 집행간부로서 금융감독원 원장 1인, 부원장 4인, 부원장보 9인 이내와 감사 1인을 두되, 원장은 금감위 위원장이 겸임하며, 부원장과 부원장보는 원장의 제청으로 금감위가, 감사는 금감위의 제청으로 대통령이 각각 임명한다(法 제29조 제1항, 제2항, 제3항 및 제4항). 부원장, 부원장보 및 감사의 임기는 3년이며, 1차에 한하여 연임할 수 있다(法 제29조 제5항). 원장은 금융감독원을 대표하며, 그 업무를 통할한다(法 제30조 제1항). 부원장은 원장을 보좌하고 금융감독원의 업무를 분장하며, 부원장보는 원장과 부원장을 보좌하고 금융감독원의 업무를 분장한다(法 제30조 제3항). 감사는 금융감독원의 업무와 회계를 감사한다(法 제30조 제4항).

(3) 기 능

금융감독원은 금융기관에 대한 검사 · 감독 업무 등을 수행하는 금융감독 업무의 집행기관이다. 즉 금융감독원은 다음과 같은 업무를 수행한다(法 제37조).

① 금융기관의 업무 및 재산 상황에 대한 검사
② 검사 결과에 따른 감독기구설치법 및 다른 법령의 규정에 의한 제재
③ 금감위 및 증선위의 업무 보좌
④ 기타 감독기구설치법과 다른 법령에서 금융감독원이 수행하도록 하

합하여 1999년 1월 2일 출범하였다.

18) 한국은행 및 예금보험공사도 무자본 특수법인이다(한국은행법 제2조, 예금자보호법 제4조 제1항).

19) 김남진, 「행정법 Ⅱ」, 2000, 61면; 박윤흔, 「행정법강의(하)」, 1999, 80면; 김동희, 「행정법 Ⅱ」, 1999, 47면; 홍준형, "금융행정의 법적 구조와 개혁방향," 「공법연구」 제29집 제2호, 2001. 2, 115면에서 재인용.

20) 백윤기, "금융행정에 있어서 법치주의 구현방안: 금융행정법의 정립과 발전방향의 모색," 「저스티스」 제33권 제4호(한국법학원, 2000. 12), 13면.

는 업무

이 외에도 금융감독원은 금융기관 등에 대하여 업무나 재산에 관한 보고, 자료의 제출 등을 요구할 수 있다. 즉 금융감독원은 금융기관 또는 다른 법령의 규정에 의하여 금융감독원에 검사가 위탁된 대상 기관에 대하여 업무수행상 필요하다고 인정하는 때에는 그 기관에 대하여 업무 또는 재산에 관한 보고, 자료의 제출, 관계자의 출석 및 진술을 요구할 수 있다(法 제40조 제1항).

또한 금융감독원은 금융기관의 임직원이 감독기구설치법 및 동 법에 의한 규정 · 명령 또는 지시를 위반한 경우 등에는 당해 금융기관의 장에게 이를 시정하게 하거나 당해 직원의 징계를 요구할 수 있다(法 제41조 제1항). 이외에도 금융감독원은 금융기관의 임원이 감독기구설치법 또는 동 법에 의한 규정 · 명령 또는 지시를 고의로 위반한 때에는 당해 임원의 해임을 임면권자에게 권고할 수 있으며, 당해 임원의 업무집행의 정지를 명할 것을 금감위에 건의할 수 있다(法 제42조). 그리고 금융감독원은 금융기관이 감독기구설치법 또는 동 법에 의한 규정 · 명령 또는 지시를 계속 위반하여 위법 또는 불건전한 방법으로 영업하는 경우에는 금감위에 당해 기관의 위법행위의 중지 또는 6개월의 범위 내에서의 업무의 전부 또는 일부 정지를 명할 것을 건의할 수 있다(法 제43조).

6. 금융감독위원회, 증권선물위원회 및 금융감독원과의 관계

금융감독기구설치법은 여러 조항에서 금융감독원이 금감위 및 증선위의 지시 · 감독을 받는 집행기관임을 규정하고 있다. 즉 금감위 및 증선위는 금융감독원의 업무를 지시 · 감독하는 데 필요한 명령을 발할 수 있으며(法 제61조 제1항), 금감위는 필요하다고 인정하는 경우에는 금융감독원의 업무 · 재산 및 회계에 관한 사항을 보고하게 하거나 금감위가 정하는 바에 의하여 그 업무 · 재산상황 · 장부 · 서류 기타의 물건을 검사할 수 있다(法 제60조). 이외에도 금감위는 증선위 또는 금융감독원의 처분이 위법하거나 공익 또는 예금자 등 금융 수요자의 보호를 위하여 심히 부당하다고 인정되는 때에는 그 처분의 전부 또는 일부를 취소하거나 그 집행을 정지시킬 수 있다(法 제61조 제2항). 그리고 증선위는 감독기구설치법 제19조에 규정된 증선위 업무에 관한 금융감독원의 처분이 위법하거나 심히 부당하다고 인정되는 때에는 그 처분의 전부 또는 일부를 취소하거나 그 집행을 정지시킬 수 있다(법 제61조 제3항).

한편 금융감독원은 금감위 및 증선위가 요구하는 금융감독 등에 필요한 자료를 제출할 의무가 있다(법 제58조). 금융감독원은 금융기관에 대하여 검사를 실시한 경우에는 그 결과를 금감위에 보고하여야 하며, 금융기관의 임직원에 대한 시정명령이나 징계요구 또는 해당 금융기관 임원의 해임 권고 등의 조치를 취한 때에도 금감위에 보고하여야 한다(법 제59조).

7. 금융감독 관련 기관과의 상호 관계

효율적인 금융감독을 위해서는 금융감독기구와 금융감독 관련 기관이 서로 정보를 교환하고 상호 긴밀한 협조를 하는 체제를 갖추는 것이 필요하다. 우리나라에서 금융감독 관련 기관은 재정경제부, 한국은행(금융통화위원회), 예금보험공사를 들 수 있다. 이러한 점을 감안하여 감독기구설치법은 재정경제부장관, 금융통화위원회 및 금감위는 정책 수행에 필요하다고 인정하는 경우 상호간에 자료를 요청할 수 있고, 이 경우 요청을 받은 기관은 특별한 사유가 없는 한 요청에 응하여야 한다고 규정하고 있다(법 제65조). 예금보험공사는 그 대상에서 빠져 있는데, 다만 이와 관련하여 예금자보호법은 예금보험공사가 예금자 등을 위하여 필요한 경우에는 부보금융기관 등에 관련된 자료를 금융감독원에 요청할 수 있도록 규정하고 있다(예금자보호법 제21조 제4항). 그러나 금융감독원이 예금보험공사에 대하여 필요한 관련 자료를 요청할 수 있도록 하는 근거 규정은 예금자보호법에도 없다. 따라서 감독기구설치법에 금감위(금융감독원 포함)와 예금보험공사도 상호 자료 요청을 할 수 있도록 규정하는 것이 바람직하다고 본다.

또한 감독기구설치법은 한국은행이 은행감독권을 갖고 있지 않다는 점을 감안하여 한국은행이 금융감독원에 대하여 금융기관에 대한 검사를 요구하거나 한국은행 소속 직원이 금융감독원의 금융기관 검사에 공동으로 참여할 것을 요구할 수 있도록 하고 있다(법 제62조). 이러한 한국은행의 요구에 대하여 금융감독원은 지체없이 응해야 할 의무가 있다(한국은행법 제88조).[21] 아울러 금융통화위

21) 동일한 내용을 규정하고 있는 감독기구설치법 제62조 제4항에는 '지체없이'란 말

원회는 금감위가 통화신용정책과 직접 관련되는 조치를 하는 경우에 이의가 있는 때에는 재의를 요구할 수 있으며(법 제63조 제1항), 이러한 재의 요구에 대하여 이전의 조치를 확정하려면 금감위 재적 위원 3분의 2 이상의 찬성이 필요하다(법 제63조 제2항).

한편 예금보험공사도 부보금융기관에 대한 검사를 할 필요가 있다고 판단하는 경우에는 금감위 또는 금융감독원에 대하여 부보금융기관에 대한 검사를 요청하거나 예금보험공사 소속 직원이 검사에 공동으로 참여할 수 있도록 요청할 수 있다(법 제66조). 이러한 예금보험공사의 요청에 대하여 금융감독원은 응할 의무가 있다(예금자보호법 제21조 제3항 후단).[22)]

그리고 재정경제부는 금융감독에 관련되는 법령을 제정 또는 개정하고자 하는 경우에는 금감위와 협의할 의무가 있다(법 제64조의2). 이 규정은 1999년 5월 감독기구설치법이 개정되면서 추가된 조항이다.

이 빠져 있다. 한국은행법 제88조에는 2003년 9월 개정되면서 '지체없이'이라는 문구가 추가적으로 들어갔으나, 그 후 감독기구설치법은 개정이 되지 않아 두 법 사이에 차이가 생기게 되었다. 이는 과거 한국은행의 검사나 공동검사 요구시 금융감독원이 바로 응하지 않은 사례가 발생하여 이를 시정하기 위하여 추가된 것으로 알려져 있다. 감독기구설치법상에 '지체없이'라는 말이 없더라도 한국은행법의 규정에 의하여 금융감독원은 '지체없이' 한국은행의 검사 또는 공동검사 요청에 응해야 할 의무가 있다고 해석하는 것이 타당하다고 본다. 그러나 감독기구설치법에도 한국은행법과 같은 내용으로 규정할 필요가 있을 것이다.

22) 감독기구설치법 제66조 제3항은 예금보험공사의 검사나 공동검사 요청에 대하여 금융감독원은 "특별한 사유가 없는 한 이에 응하여야 한다"고(저자 강조) 규정하고 있다. 그러나 예금자보호법 제21조 제3항 후단은 명시적으로 금융감독원장은 예금보험공사의 검사 또는 공동검사의 요청에 대하여 "감독기구설치법 제66조 제3항의 규정에도 불구하고 이에 응하여야 한다"고(저자 강조) 규정하고 있어서 예금자보호법의 규정이 우선 적용되어야 할 것이다. 그러나 감독기구설치법의 규정도 예금자보호법의 규정과 일치시키기 위하여 개정되어야 할 필요가 있다고 본다.

Ⅲ. 현행 금융감독기구의 문제점

1. 금융감독위원회 공무원 조직('사무국')의 확대에 따른 감독 업무의 중복 및 비효율성

현행 금융감독기구의 큰 문제점 중의 하나는 금감위 소속 공무원 조직인 소위 '사무국'의 기능이 확대되면서 금융감독원과의 금융감독 업무 수행의 중복과 이에 따른 두 조직 간의 갈등, 업무의 비협조, 피감독기관 및 시장의 혼란, 책임 소재의 불분명, 관치금융의 재현 경향 등의 금융감독 업무의 비효율성을 가져온다는 점이다.

(1) 금감위 '사무국'의 탄생 배경

1998년 4월 1일 금감위가 처음 출범할 때에는 개정 전 감독기구설치법 제15조 제 2 항에 의거하여 금감위의 "예산 · 회계 및 의사관리 기능의 수행에 필요한 최소한의 공무원"(밑줄 친 부분은 강조)을 둘 수 있도록 하고 있어서, 이에 따라 합의제 의결기구인 금감위를 보조하기 위한 공무원 조직인 '기획행정실'이 설치되었다. 이는 금감위를 국무총리 소속하의 정부기관으로 두면서 금감위를 지원할 수 있는 공무원 조직이 필요하였기 때문에 최소한의 의사 관리를 지원하기 위한 하부 조직을 둔 것으로 이해된다. 따라서 금감위가 처음 출범할 때에는 금감위는 금융감독원의 법상 내부 기관은 아니었지만 금융감독원이 합의제 의결기관인 금감위의 금융감독 정책 결정을 위한 보좌 업무를 수행하였기 때문에 업무 수행면에서는 사실상 통합된 형태로 운영되고 있었다고 평가할 수 있다.

그러나 정부가 1999년 5월 24일 정부조직법 부칙의 개정을 통하여 감독기구설치법 제15조 제 2 항을 삭제하고, 대신에 "이 법[감독기구설치법]에 규정된 것 외에 금융감독위원회의 조직에 관하여 필요한 사항은 금융감독위원회의 규칙으로 정한다"라는 감독기구설치법 제15조 제 1 항을 "금융감독위원회의 조직 및 정원에 관하여 필요한 사항은 대통령령으로 정한다"라고 개정하여,[23] 대통령령에 의하여 금감위의 공무원 조직을 확대할 수 있는 법적 근거를 마련하였다.[24] 이에 따라 대통령령으로 '금융감독위원회직제'가 제정되었고(1999. 5. 24 제정), 그동안 여러 차례 동 직제가 개정되면서 점차 금감위의 공무원 조직이 아래에서 보는 것처럼 늘어나게 되었다.

우선 1999년 5월 '금융감독위원회직제'가 제정되면서 금감위 소속 공무원이 종전의 19명에서 33명으로 늘어났고, 종전의 예산 · 회계 · 의사관리를 담당하는 금감위 행정보좌 조직인 기획행정실(총무과, 기획과, 의사행정과 등 3개과)에서 법규총괄과 및 법규심사과를 신설하여(1실 5과) 단순한 금감위 의사관리 보좌 조직에서 금융감독 행정에 간여하는 '사무국' 체제로 전환하게 되었다.[25]

제2차 금감위 사무국 조직의 확대는 1999년 12월에 있었다. 이는 1997년 말 금융위기 이후 금융기관 및 기업의 구조조정을 담당하고 있던 한시적인 조직이었던 금감위 소속 구조개혁기획단이 해체되면서 이 조직의 인원(28명)을 공무원 조직으로 흡수하기 위해서 금감위 사무국 직원을 33명에서 66명으로 대폭 증원하였으며, 이에 따라 국장급 조직인 감독법규관, 조정협력관 및 공보담당관을 신설하여 1실 3과, 2관(6담당관) 및 공보담당관의 체제로 확대되었다.[26] 이에 따라 금감위 사무국 조직이 금융감독원의 업무와 중복되게 되는 문제가 더 많이 발생하게 되었다. 이를 해소하기 위하여 금감위 및 금융감독원 간에 양해각서(MOU)가 체결되어 금감위 사무국은 구조조정 업무 및 거시금융 업무를 담당하고, 금융감독원은 금융감독 업무를 담당하기로 하였

23) 정부조직법의 부칙 개정에 의하여 감독기구설치법을 개정한 것에 대하여는 감독기구설치법을 개정하는 '정공법'을 택하지 않고 금감위 '사무국'의 존재를 합법화하는 우회적인 방법을 취하였다는 비판이 제기되고 있다(김대식/윤석헌, 앞의 논문, 17면).

24) 이와 관련하여 금감위 사무국이 법률상 근거가 없다는 법적 분석이 있다. 김용재, 앞의 논문, 29면에서는 감독기구설치법 제4조 제1항에서는 금감위가 총 9인의 위원으로 구성되어 있음을 규정하고 있고, 동 법 제15조 제1항에서는 금감위의 조직 및 정원에 관하여 필요한 사항은 대통령령으로 정할 수 있도록 규정하고 있어 상위법과 모순되는 시행령이 제정될 수 있는 길을 열어 준 것이고, 또한 동 법 제22조 제1항과 비교했을 때(즉 "5인의 위원에 의한 증선위의 조직에 관한 세부사항"(즉 "법에 규정된 것 이외의 사항")은 금감위 규칙으로 정할 수 있음을 규정한 것) 금감위 사무국의 존재를 정당화할 근거 조항으로 원용될 수 없다는 결론에 이르며, 더 나아가서 법에서 금감위 사무국에 대한 대강이 규정되어 있지 않은 상황에서 제정된 대통령령(금융감독위원회직제)은 위임 입법의 범위와 한계를 일탈한 것이라고 주장하고 있다.

25) 김대식/윤석헌, 앞의 논문, 8면; 금융감독원, 앞의 책, 170면.

26) 김대식/윤석헌, 앞의 논문, 8면; 금융감독원, 앞의 책, 170면.

다.[27]

이어 제3차 조직 변경이 2001년 2월에 있었다. 이 때는 사무국의 인원은 늘어나지 않고 기존 사무국 조직의 기능 개편만이 있었는데, 1실(3과), 2국(6과) 및 공보담당관으로 직제가 개편되어 감독정책1국(감독정책과, 은행감독과, 시장조사과) 및 감독정책2국(증권감독과, 보험감독과, 비은행감독과)의 감독정책국 체제로 변환되게 되어 금융감독원의 금융감독 정책 보좌 업무와 실질적으로 중복되는 심각한 문제가 발생하게 되었으며, 이에 따라 기존의 양해각서는 파기되었다.[28]

제4차 금감위 사무국 조직의 확대는 2002년 2월에 있었다. 이 때는 시장의 불공정거래에 대한 조사 기능을 강화하기 위하여 조사기획과를 신설하여 9명의 정원을 증원시켜 70명의 공무원 조직으로 늘어나 현재에 이르고 있다.[29] 이에 따라 금감위 사무국의 시장 조사 기능은 금융감독원의 조사국 기능과 사실상 중복되는 기능을 수행하면서 공무원 조직, 즉 정부가 기존의 금융감독 정책 수행 업무뿐만 아니라 시장 감시 기능까지 수행하게 되는 업무 확대가 있게 되었다. 이는 원래 감독기구설치법이 제정될 때 기대했던 공무원 조직은 금감위의 의사 관리의 업무 보조 기능에 그치고 실질적인 금융감독 업무는 금융감독원에서 수행하도록 하는 취지를 무색하게 만들고, 점차적으로 금감위의 공무원 조직이 늘어나면서 금융감독 의결기관과 집행기관이 실질적으로 분리되는 결과가 되었으며, 금감위 사무국 조직과 금융감독원의 업무가 중복되면서 두 조직 직원간의 갈등, 업무의 상호간 비협조, 피감독기관 및 시장의 혼란, 관치금융의 확대 등의 비효율성의 문제점이 발생하게 된 것이다. 아래에서는 이에 관한 내용을 살펴보기로 한다.

---

27) 김대식/윤석헌, 앞의 논문, 8면; 금융감독원, 앞의 책, 170면.

28) 김대식/윤석헌, 앞의 논문, 8면; 금융감독원, 앞의 책, 170면. 예를 들어, 금감위 사무국의 감독정책과는 금융감독 업무의 기획 및 총괄, 금융시장에 대한 건전성 및 공정성 제고를 위한 감독에 관한 사항, 금융구조조정 지원 업무 등을 담당하고, 은행감독과는 은행업 · 신탁업의 인허가, 감독 및 구조조정 지원에 관한 사항 등을 담당하며, 증권감독과는 증권업 · 선물업의 인허가, 감독 및 구조조정 지원에 관한 사항 등을 담당함으로써(금융감독위원회직제 제6조 제3항 및 제4항, 제7조 제3항), 금융감독원의 은행감독국 및 증권감독국 등의 업무와 중복되게 된다.

29) 김대식/윤석헌, 앞의 논문, 8면; 금융감독원, 앞의 책, 170면.

(2) 금감위 사무국과 금융감독원의 업무 중복 문제

위에서 본 것처럼, 금감위의 공무원 조직이 확대되면서 '사무국'이 금융감독 업무에 깊숙이 개입하게 되었고, 이에 따라 기존의 금융감독원 업무와 중복되게 되는 문제점이 발생한 것이 금융감독 행정 업무의 비효율성을 가져온 큰 이유 중의 하나라고 본다.

(3) 금감위 사무국 직원들과 금융감독원 직원들과의 업무 수행의 갈등

금감위 사무국 직원들은 그 신분이 공무원이다. 반면에 금융감독원은 무자본특수법인으로서 그 직원 신분은 공무원이 아니다. 즉 관료 대 비관료의 특성을 보이게 된다. 이렇게 됨으로써 업무에 있어서 서로 반목이 생기고 갈등 및 불협화음이 생길 가능성이 커서 업무 협조가 잘 되지 않을 가능성이 크다.

특히 업무 수행과 관련하여 두 조직 사이에 업무 영역에 대한 다툼이 있을 수 있다. 이를 해결하기 위해 두 기관 사이에 업무 분장에 관한 양해각서(MOU)가 체결되기도 하였으나 사실 이것이 모든 것을 해결하지는 못한다. 그리고 금감위의 관련 감독규정에 의하면 금감위의 권한이 금융감독원에 위임되어 있는 경우가 많다.[30] 이 경우에 어떤 범위까지 금융감독원에 위임되어야 하는 가에 대하여서 두 조직이 권한 다툼을 할 여지가 충분히 있다. 따라서 서로 협력하여야 할 두 기관이 권한 다툼을 하는 등 알력이 발생함으로써 감독 업무의 효율성을 저해할 가능성이 크다는 점이다.

(4) 피감독기관인 금융기관의 부담 및 금융시장의 혼란 가중

금융감독 업무가 금감위 사무국과 금융감독원으로 이원화되어 있어서 피감독기관인 금융기관은 업무 수행에 있어서 문제가 발생하거나 의문이 생길 때 어느 기관과 업무 협의를 해야 하는지 혼란을 가져오는 경우가 상당히 많다. 이는 금감위 사무국이 금융감독 업무 수행을 하면서 나온 실제 비효율적인 사례의 대표적인 경우라고 할 수 있다. 금융기관들은 각종 보고서 제출

---

30) 예를 들어, 금융기관의 금감위에 대한 업무 보고 또는 신고 사항이 금융감독원에 위임되어 있는 경우를 들 수 있다.

등 금융감독 당국과 협의해야 할 사항이 많다. 이런 경우에 금감위와 협의를 해야 할지 금융감독원에 해야 할지 알 수 없는 경우에는 금감위 사무국 및 금융감독원 관련 부서에 이중 문의를 하고 업무를 처리해야 하는 경우가 많다.[31] 특히 같은 건에 대하여 두 기관의 입장이 차이가 날 때는 더욱더 혼란은 증폭될 뿐이다.

(5) 책임 소재의 불분명

금융감독에 관한 의결기관과 집행기관이 분리됨으로써 문제가 발생하였을 때 그것이 의결단계에서의 문제인지 또는 집행단계에서의 문제인지 구별할 수 없는 경우에 어느 기관에서 책임을 져야 하는지가 불분명할 수 있다. 특히 금감위 사무국의 경우 금융감독 업무를 수행하면서도 금감위 사무국 설치의 법적 근거가 미약하기 때문에 책임 소재가 더 불분명해지는 문제점이 있다.[32] 즉 금감위 사무국이 실질적으로 금융감독원의 상부 기관인 양 모든 금융 업무를 담당하면서도, 신용카드 사태와 같은 감독 문제가 발생했을 때 법상 의결기구인 금감위나 집행기관인 금융감독원에 모든 책임을 떠 넘기는 도덕적 해이의 모습을 보여왔다는 점이다.[33]

31) 예를 들어, 은행의 동일인 주식 보유 한도 승인과 관련하여 사전에 요건 등 구체적인 사항을 확인하려고 할 때 금감위 사무국(은행감독과)에 해야 할지 금융감독원(은행총괄과)에 해야 할지 알 수 없는 경우가 많다. 그래서 실무적으로는 두 기관에 전부 문의를 하고 처리를 하게 된다. 이것이 바로 관계당사자에게는 이중의 비용 발생 등 비효율을 가져오는 대표적인 예라고 할 수 있다. 또 하나의 사례는 동일인의 은행주식 보유 신고와 관련하여 발생하는 업무 혼선을 들 수 있다. 은행법상 동일인의 시중은행 의결권 있는 주식의 4% 초과하여 10%까지 보유하고자 하는 경우에는 은행법상 금감위에 사후 신고를 하도록 하고 있다(은행법 제15조 제2항). 일반적으로 감독당국에 대한 보고 등의 경우에는 관련 규정에 의하여 금융감독원에 위임이 되어 있는데, 이 신고 사항은 금융감독원에 위임이 되어 있지 않아 동 신고와 관련하여 금융감독원에 협의를 할 필요도 없게 된다. 그러나 대부분 금융감독원이 보고나 신고의 접수 등의 실무 관련 업무를 담당하기 때문에 이 사항도 금융감독원에 보고하는 것으로 착각할 수도 있다. 이런 점이 피감독기관 및 시장에서는 더욱 혼란을 가져오게 되는 것이다.

32) 김용재, 앞의 논문, 30면.

33) 김대식/윤석헌, 앞의 논문, 17면.

(6) 금감위 사무국에 의한 관치금융 재현 경향

금감위는 금융감독에 관한 합의제 의결기관이지만, 실제로 금감위 부의 안건 사전 검토 및 기타 금융감독 업무에 관한 사항은 금감위 하부 조직인 사무국에서 이루어지고 있다.[34)35)] 이 경우 금감위 사무국 소속 직원은 공무원 신분이므로 금융감독 정책 수립과 관련한 업무 수행에 있어서 아무래도 정부의 입장에 동조하는 업무가 이루어질 가능성이 크다.[36)] 이러한 관료들에 의한 금융감독 업무는 금감위의 금융감독 정책 결정에 대한 보좌 업무를 넘어

---

34) 금감위 사무국의 감독정책과는 금융감독 업무의 기획 및 총괄 등의 업무를 담당하고, 은행감독과는 은행업 · 신탁업의 인·허가 등의 업무를, 증권감독과는 증권업 · 선물업의 인·허가 등의 업무를 담당한다(금융감독위원회직제 제6조 제3항 및 제4항, 제7조 제3항). 따라서 관련 현안 사항이 있을 때는 먼저 금감위 사무국에서 검토를 하게 된다.

35) 2004년 국회 국정감사에서 한나라당 나경원 의원은 2003년 9월의 론스타(Lone Star)펀드의 (주)한국외환은행 인수와 관련하여 금감위 사무국이 금감위의 심의도 거치기 전에 론스타펀드의 (주)한국외환은행 인수를 허용할 것을 적극 검토한다는 결론을 내린 문건을 제시하면서 "재경부와 금감위가 금감위 위원들의 심의도 거치기 전에 이미 규정을 자의적으로 확대 적용하면서 론스타에 외환은행을 넘겨주기로 내부 결론을 내렸으며, 이후 과정은 사전 각본에 의한 요식행위에 불과하였다"라고 비판을 하였다(함석진/박효상, "금감위 '적극 검토' 내부 결론 내려," 한겨레신문, 2004. 10. 22, 22면). 이는 금감위의 주요 심의 · 의결 사항이 금감위 사무국에서 사전 검토되며 이에 대한 사무국의 입장이 금융감독 정책 결정에 큰 영향을 미친다는 사실을 나타내는 사례이다.

36) 위 론스타펀드의 (주)한국외환은행 인수와 관련하여, 은행법령상 외국인이 시중은행의 의결권 있는 주식 10%를 초과하여 취득하고자 하는 경우에는 동 외국인이 은행 · 증권회사 · 보험회사(또는 이들의 지주회사)에 한정됨에도 불구하고(은행법 시행령 제5조 및 〈별표2〉), 은행법 시행령상의 외국인 한도 초과 보유 요건 면제 사유인 "금감위가 금융산업의구조개선에관법률 제2조 제3호의 규정에 의한 부실금융기관의 정리 등 특별한 사유가 있다고 인정되는 경우에 한한다"라는 예외 규정(은행법 시행령 제8조 제2항)을 확대 해석하여(즉 론스타펀드의 (주)한국외환은행 인수 당시 (주)한국외환은행이 부실금융기관으로 지정되지 않았음에도 자본 확충의 필요성 등을 들어 '특별한 사유'로 인정된다고 본 것) 론스타펀드의 (주)한국외환은행 인수를 허용해 준 것은 법적인 문제점이 있다고 제기되고 있다. 이에 대한 논의는 고동원, "은행법상의 몇 가지 문제점에 관한 고찰," 「상사법연구」, 제22권 제5호(한국상사법학회, 2004. 2), 161~162면 참조. 이런 문제점에도 불구하고 재정경제부의 허용 입장에 동조하여 금감위 사무국도 허용 방향으로 내부 결론을 내린 것은 금감위가 정부의 정책에 동조하는 결정을 내린 사례라고 볼 수 있다.

서서 행정지도 등을 통해 금융시장 기능을 무시한 금융감독 정책이 수립되거나 지나친 금융시장에의 간섭 · 개입이 이루어져 관치금융[37]이 재현될 가능성이 크다. 과거 재정경제원이 금융감독 등 모든 금융 관련 업무를 수행하면서 관치금융의 폐해 등을 가져와 1997년의 금융위기를 가져온 원인이 되었는데, 이는 특히 경계하여야 할 부분이다.

2. 금융감독 행정의 중립성 확보 미흡

현행 금융감독 행정의 또 하나 큰 문제점은 금융감독 행정의 중립성이 확보되어 있지 않다는 점이다. 즉 금융감독 행정의 중립성 확보가 되지 않을 때는 정부의 거시경제 정책이나 금융 정책에 동조하게 되어 금융감독의 본래 임무인 금융기관의 건전성 감독에 해가 될 수 있다는 점이다. 현행 금융감독 체제하에서 금융감독 행정의 중립성 확보가 되지 않은 것은 여러 이유가 있겠지만, 우선 금융감독 행정의 수장인 금감위 위원장(금융감독원장 겸임)의 법상 보장된 임기가 실질적으로 보장되지 않아 정부의 정책이나 정치적 압력에 영향을 받을 수 있다는 점이고, 두 번째는 금감위 위원 구성에 있어서도 정부의 입장을 대변하는 위원이 압도적으로 많아 보다 중립적인 금융감독 정책이 수립 · 집행되기 어렵다는 점이다. 세 번째로는 금감위 사무국 조직이 공무원으로 구성되어 있어서 정부의 정책에 동조하는 업무가 이루어질 가능성이 크다는 점이다. 네 번째는 금융 관련 법령의 제·개정권을 갖고 있는 재정경제부가 법률 시행령이나 시행규칙을 통하여 과도하게 금융감독 행정의 부분까지 개입한다는 점이다. 아래에서 이와 관련한 문제점을 검토해 보기로 한다.

(1) 금감위 위원장의 임기 미보장

금융감독의 중립성 확보가 미흡하다는 지적의 대표적인 예는 금감위가 1998년 4월 출범한 이래 1인을 제외한 금감위 위원장들이 감독기구설치법에 보장된 임기를 다 채우지 못하고 도중 하차하였다는 점일 것이다.[38] 이는 바

---

37) '관치금융'이란 정부나 기타 공공기관이 금융기관의 경영 자율성을 침해하는 것을 말한다. 홍준형, 앞의 논문, 123면.

38) 다음은 역대 금감위 위원장의 재임기간을 나타낸 표이다. 제 5 대 윤증현 위원장을

로 금감위의 역할이 정치권이나 정부 기타 다른 외부로부터의 영향을 많이 받고 있다는 사실을 암시하고 있는 것이라고 볼 수 있다. 이러한 외부적 영향을 많이 받는 상태에서는 금융감독의 수장은 소신을 갖고 금융감독 정책을 수행할 수 없게 되고, 따라서 금융감독 정책이 시장 원칙에 충실하지 않는 정치적 결정 등의 영향을 받아 수립 · 집행될 가능성이 크다. 이러한 금융감독 수장의 빈번한 교체의 문제는 2003년 3월 발표한 국제통화기금(IMF)의 우리나라에 대한 「금융제도 안정성 평가 보고서」(Financial System Stability Assessment Report)에서도 지적되고 있다.[39]

이런 점에서 바젤은행감독위원회(Basel Committee on Banking Supervision)노 「효과적인 은행감독을 위한 핵심 원칙」(Core Principles for Effective Banking Supervision)에서 금융감독은 정치적 영향을 받지 않고 중립적 · 독립적으로 수행되어야 한다는 점을 강조하고 있다.[40] 이러한 금융감독의 중립성 확보를 위해서 각국에서는 정치적 영향을 많이 받는 다른 정부 부처와는 달리 금융감독기구 수장의 임기를 법으로 규정하면서 신분 보장에 관한 규정을 두고 있다.[41] 우리 나라도 감독기구설치법에 금감위 위원장을 비롯한 위원의 신분 보

제외하고는 최저 8개월에서 최장 2년 8개월 등 3년 임기를 다 채우지 못하였다.

이 름	재임 기간	비 고
이 헌 재	1998. 4 - 2000. 1	1년 10개월
이 용 근	2000. 1 - 2000. 8	8개월
이 근 영	2000. 8 - 2003. 3	2년 8개월
이 정 재	2003. 3 - 2004. 8	1년 6개월
윤 증 현	2004. 8 - 2007. 8	3년

39) IMF, *Republic of Korea: Financial System Stability Assesment, including Reports on the Observance of Standards and Codes on the following topics: Monetary and Financial Policy Transparency, Banking Supervision, Securities Regulation, Insurance Regulation, Corporate Governance, and Payment Systems*, IMF Country Report No. 03/81, March 2003, Paragraph 66. [이하 "IMF FSSA"라 한다]. 원문은 "… the frequent turnover of the Chairman of the FSC …"이다.

40) Basel Committee on Banking Supervision, *Core Principles for Effective Banking Supervision*, September 1997, p. 13. [이하 "Core Principles"이라 한다].

41) 예를 들어, 미국의 연방인가은행(national banks)을 감독하는 통화감독청장의 경우에는 5년의 임기로 규정하고 있으며(12 U.S.C. Section 2), 연방준비제도가입주인가은행(state member banks) 및 금융(은행)지주회사를 감독하는 연방준비제도이사회(FRB) 의장(Chairman)의 임기도 4년으로 규정하고 있다(Federal Reserve Act, Section 10(2); 12 U.S.C. Section 242). 또한 통화감독청장은 상당한 이유가 없는 한(except for reason) 해임되지 않는다고 규정하고 있다(12 U.S.C. Section 2).

장에 관한 규정을 두고 있다. 즉 금감위 위원장을 비롯한 위원은 금치산자나 한정치산자에 해당하거나 심신의 장애로 인하여 직무를 수행할 수 없게 되는 경우 또는 직무상의 의무를 위반하여 위원으로서 직무 수행이 부적당하게 된 경우 등의 사유 이외에는 임기 전에 본인의 의사에 반하여 해임되지 않는다고 규정하고 있다(법 제10조). 이러한 법상의 신분 보장에도 불구하고 역대 금감위 위원장은 대부분 자진 사임의 형식으로 해서 임기 도중에 하차하였다. 앞으로 금융감독 행정의 중립성 확보를 통한 금융감독 행정의 발전을 위해서는 금감위 위원장의 임기가 실질적으로 보장되도록 할 필요가 있다.[42]

(2) 금감위 위원 구성에 있어서 민간 위원의 부족

또 하나는 금감위 위원 구성에 있어서 정부의 입장을 대변하는 위원이 많아서 금융감독 정책 결정에 있어서 중립성 확보가 어렵다는 점이다. 현행 감독기구설치법에 따르면 9명의 위원 중 민간 위원은 불과 3명에 불과하다.[43] 나머지 6명 중 금감위 위원장, 부위원장 및 상임위원 등 3인은 국가 공무원이고, 나머지 3명은 당연직 위원(재정경제부차관, 한국은행 부총재, 예금보험공사 사장)이다. 당연직 위원이 금감위 위원으로 포함된 이유는 금융감독 관련 유관기관과의 상호 협조 등[44]을 위한 것으로 이해된다. 그러나 이러한 당연직 위원의 참여는 정치적 영향을 받지 않고 중립적으로 결정해야 할 금융감독 정책 수립에 있어서 정부의 입장에 동조할 가능성이 크다. 예를 들어, 금융기관의 건전성 감독에 중점을 두어야 하는 금융감독 정책이 정부의 거시경제

---

42) 이는 과거 한국은행의 중립성 확보가 되지 않았을 때는 한국은행 총재가 임기 전에 사임하는 경우가 종종 있었으나, 현재 한국은행의 중립성 확보가 많이 된 상태에서는 한국은행총재가 임기를 다 채우고 있다는 사실에서도 알 수 있다.

43) 재정경제부장관이 추천하는 회계전문가 1인, 법무부장관이 추천하는 법률전문가 1인, 대한상공회의소 회장이 추천하는 경제계 대표 1인 등 3인이다(법 제44조 제1항).

44) 상호 협조가 필요한 경우는 다음과 같은 경우를 들 수 있다. 재정경제부장관, 금융통화위원회 및 금감위는 정책 수행에 필요한 경우 상호간에 자료를 요청할 수 있고(법 제65조), 재정경제부장관은 금융감독에 관련되는 법령을 제정 또는 개정하고자 하는 경우에 금감위와 협의하여야 하며(법 제64조의2), 한국은행은 금융감독원에 대하여 금융기관에 대한 검사를 실시할 것을 요청하거나 공동검사를 할 것으로 요청할 수 있고(법 제62조 제1항), 예금보험공사도 금감위 또는 금융감독원에 대하여 부보금융기관에 대하여 검사를 요청하거나 공동검사를 할 것을 요청할 수 있다(법 제66조 제1항).

및 금융 정책에 밀려 원칙에 충실한 금융감독 정책을 수행할 수 없게 되는 경우가 많게 된다는 점이다. 따라서 이러한 원칙에 충실한 금융감독 정책을 수행하기 위해서는 금감위 위원 구성에 있어서 당연직 위원을 없애고 대신 민간 위원을 늘리는 방향으로 법 개정이 이루어져야 할 필요가 있다. 이렇게 함으로써 외부로부터의 정치적 영향 등을 받지 않고 중립적인 금융감독 정책을 수립할 수 있게 되는 방안의 하나가 될 수 있을 것이다.

(3) 금감위 사무국 조직에 의한 정부 정책에의 동조화

위에서 언급한 것처럼, 금감위 사무국은 금융감독 업무의 기획 및 총괄 업무 등 금융감독 업무에 관한 사항을 담당하므로 금감위 보고 및 의결 사항에 대한 사전 실무적인 검토는 금감위 사무국에서 행하여지게 된다.[45] 이 경우 금감위 사무국 조직은 공무원으로 구성되어 있기 때문에 금감위 의결 사항에 대한 사전 검토시에 정부의 정책적 결정에 영향을 받을 가능성이 크다. 특히 금감위 사무국 공무원의 대부분이 재정경제부 근무 경력을 갖고 있어 재정경제부의 거시 금융 정책이 금융기관 건전성에 악영향을 미치는 사안의 경우 실무적 검토 단계에서 정부의 정책을 거부할 수 없게 되는 경우가 있을 수 있다. 이런 경우 자연히 정부의 정책에 동조하게 되면서 중립성 있는 금융감독 정책을 추진하지 못하게 될 가능성이 크게 될 것이다.

(4) 재정경제부의 금융감독 행정에의 과도한 개입

금융감독 행정의 중립성 확보가 되지 않고 있는 또 하나의 문제는 금융 관련 법령의 제·개정권을 가지고 있는 재정경제부가 과도하게 금융감독 행정의 부분까지 그 권한을 갖고 행사한다는 점이다. 즉 재정경제부는 상위 법령인 금융 관련 법, 시행령 및 시행규칙을 제정할 수 있는 권한이 있고, 금감위는 하위 규정인 감독규정 및 시행세칙을 제정할 수 있어서, 재정경제부가 원하면 금융감독 행정에 해당하는 사항도 금감위 감독규정에 위임하지 않고 시행령이나 시행규칙에 위임을 하여 재정경제부가 통제를 할 수 있다는 점이다.

실례로 신용카드 사태를 가져온 원인 중의 하나를 들 수 있다. 신용카드

45) 금감위 의결 사항에 대한 금감위 사무국의 실무적 검토는 금감위 의결에 큰 영향을 미치게 될 것이다.

회사의 현금 서비스 등 부대업무의 비율은 여신전문금융업법 시행령(제6조의5 제2항)에 규정되어 있다. 이와 관련하여 신용카드 문제가 발생하기 시작한 2001년 5월 사태의 심각성을 인식한 금감위가 재정경제부에 신용카드사의 현금 서비스 등 부대업무의 비율을 축소해 달라고 요청을 했으나 당시 경기 부양을 위한 정부의 경제 정책 때문에 받아들여지지 않았고,[46] 결국은 신용불량자의 양산 등 신용카드 사태를 몰고 온 원인 중의 하나가 되었다. 사실 신용카드회사의 부대업무 비율은 시장 상황에 따라 조정해야 할 필요가 있고, 그렇기 때문에 시장 상황을 잘 파악할 수 있는 금융감독 당국이 정하는 것이 타당함에도 불구하고(즉 감독규정에 규정해도 무방한 사항임에도 불구하고), 재정경제부가 이에 대한 결정권을 가짐으로써 정부의 거시 경제 정책에 동조하는 결정을 하게 되고, 이에 따라 결과적으로 신용카드 대란이라는 큰 사회적 · 경제적 문제가 발생하게 된 것이다.

이러한 문제점을 시정하기 위해서는 일반 금융 정책이라고 보기에 어려운 사항들이나 시장 상황에 신축적인 대응을 해야 하는 사항은 감독규정에 규정하여 금감위 및 금융감독원이 시장 상황에 따라 즉시 대처할 수 있도록 할 필요가 있다. 따라서 현행 금융 관련 법률의 시행령이나 시행규칙의 규정 내용 중 금감위의 감독규정이나 시행세칙에 위임되는 것이 바람직한 사항을 파악하여 이를 금감위의 감독규정 등에 반영할 필요가 있다. 또한 현행 금감위의 금융 관련 법령 제·개정시의 협의권(법 제64조의2)에서 더 나아가 금감위나 금융감독원에 금융 관련 법령 제·개정에 대한 제안(proposal)을 재정경제부에 할 수 있도록 하는 권한을 부여하여 주도권(initiative)을 가지도록 할 필요가 있다고 본다.[47]

3. 금융감독 전문화의 미흡

현행 금융감독 행정의 또 하나 문제점은 금융감독 당국 인력의 전문화 정도에 있어서 아직도 미흡하다는 점이다. 특히 금융기관의 임점(臨店) 검사(on-site inspection)를 담당하는 검사원들의 전문화 미흡은 더 큰 문제가 되고

46) 박성원/조용탁, "재경부가 카드사태 경고 무시했다," 뉴스위크 한국판, 2004. 6. 9, 25면.

47) 자세한 사항은 아래 Ⅳ. 8. 참조.

있다. 실례로 금융감독원 검사역이 검사를 나오면 일상 업무를 할 수 없을 정도로 과도한 자료를 요구하고 특히 적발 건수 위주의 검사[48]가 되면서 사소한 문제를 갖고 지적을 하는 등 신뢰감을 주지 않는 임점 검사를 한다는 점이다. 이는 바로 검사원들이 감독 및 검사에 관한 전문화가 되어 있지 않다는 것을 반증하는 사례라고 본다. 만약에 전문화되어 있는 검사 인력이라면 검사에 필요한 적정한 자료만을 요구하여 그 자료를 토대로 검사를 해도 충분할 것이고, 적발 위주의 검사 대신에 지도 및 컨설팅 차원의 검사가 이루어질 수 있기 때문이다.

국제통화기금(IMF)의 우리 나라에 대한 「금융제도 안정성 평가 보고서」(Financial System Stability Assesement Report)도 금융감독 업무를 수행하는 데 적합한 검사 인력이 부족함을 지적[49]하고 있는 것은 아직도 금융감독 전문 인력이 부족하다는 것을 나타내는 것이라고 할 것이다. 한편 2004년 10월 금융감독원이 「금융감독원 변화 · 혁신 추진방안」[50]을 발표하면서 그 중 금융감독 전문 인력의 양성을 중요한 과제 중의 하나로 설정한 점도 감독당국 자체도 현재의 금융감독 인력의 전문화가 미흡하다는 것을 인정하고 있는 것으로 볼 수 있다.

---

48) 적발 위주의 검사의 예로 다음과 같은 사례를 들 수 있다. 현행 은행법령상 외국은행 국내지점의 '국내대표자'는 은행법상의 임원으로 간주되어(은행법 제59조) 국내대표자 선임을 한 때에는 금융감독원에 보고를 하도록 하고 있다(은행업감독규정 제20조 제1항). 문제는 외국은행 국내지점이 복수 지점을 두는 경우 그 추가 지점의 지점장도 국내대표자로 간주되어 선임 보고 의무가 있느냐 하는 점이다. 추가 지점의 지점장은 해당 은행이 그를 국내대표자로 별도로 선임하지 않은 이상(대개는 중요한 지점(예를 들어, 서울지점)의 지점장을 국내대표자로 선임한다), 추가 지점의 지점장은 국내대표자가 되지 않으므로 선임 보고 의무가 없다고 보는 것이 타당함에도 불구하고, 검사 나온 금융감독원 담당 검사역은 복수 지점의 지점장도 국내대표자로 보아야 한다고 주장하면서 문제를 삼은 것은 검사역의 전문화가 되어 있지 못하고 사소한 문제(사실 이러한 사항을 위반했다고 해서 은행의 경영에 크게 문제가 될 것이라고 보지는 않는다)에 매달려 적발 건수 위주의 검사가 행해지고 있음을 나타내는 것이라고 볼 수 있다.

49) IMF FSSA, Paragraph 96. 원문은 "… the lack of adequate examination staffing resources to carry out supervision duties"이다.

50) 금융감독원, "금융감독원, 강도 높은 변화 혁신을 통하여 새롭게 태어난다," 보도자료, 2004. 10. 8일자의 붙임 자료.

4. 금융기관의 경영 자율성을 해치는 감독당국의 과도한 시장 개입의 문제점

금감위가 시장 원칙을 중시하고 건전성 감독만 한다고 공언하지만 실제로는 그렇지 못하다는 것이 또한 문제이다. 예를 들어, 2004년 9월 추석을 앞두고 중소기업에 대한 대출을 독려하기 위하여 직접 금감위 위원장이 나서서 은행들의 중소기업 대출 실태를 점검하겠다[51]고 한 것은 시장 원리를 중시한 건전성 감독을 하겠다고 강조해 왔던 감독당국의 수장의 입장에서 크게 벗어난 과거 관치금융의 대표적인 구태의연한 사례라고 볼 수 있다. 은행이 기업에 대한 대출을 결정하거나 회수하는 것은 관련 규정 등에 의해서 행하면 되는 것이고, 이러한 은행의 행위가 법령이나 관련 규정에 위반되게 되면 적절한 제재 조치 등을 취하면 되는 것이지, 미리 실태 파악을 실시하겠다는 등의 언급을 하는 것은 은행의 경영 자율성을 심히 훼손하는 바람직한 못한 일이라고 본다.

또 하나의 사례로는 2004년 10월 국회의 국정감사에서 국회의원들이 은행들의 취급 수수료의 과다에 대하여 문제를 제기하자, 이에 대응하여 금감위 위원장이 간부회의에서 은행들의 수수료가 적정한지 여부에 대하여 검토할 것을 지시한 경우이다.[52] 물론 감독당국은 소비자 보호 차원에서 은행의 수수료가 원가에 비해 터무니없이 높은지 점검하겠다고 한 것일 수 있으나, 최근 은행의 수익원이 전통적인 대출업무에서 점점 비대출업무 영역으로 늘어갈 수밖에 없는 상황에서 수익성을 강조하는 은행이 자체적인 기준을 갖고 책정한 수수료 기준에 대하여 감독당국이 점검하겠다고 하는 것은 은행의 경

51) "금감위장 '추석 전 중기대출 특별 실태 파악,'" 한국금융신문, 2004. 9. 21, http://www.fintimes.com/sub에서 검색 가능. 동 보도에 의하면, "윤증현 금융감독위원장 겸 금융감독원장은 중소기업에 대한 은행권의 경쟁적 대출 회수 자제를 유도하기 위해 추석 전에 각 시중은행의 중소기업 대출에 대한 특별 실태 파악을 실시하겠다고 밝혔다"라고 하고 있다. 더 나아가 동 보도는 "윤 위원장은 특히 '제1금융권뿐만 아니라 제2금융권의 정기 검사에서 중소기업 대출을 중점 검사 사항으로 채택해 점검을 강화할 것'이라고 강조했다"라고 하고 있다.

52) 황인혁, "은행 수수료 적정한지 점검," 매일경제신문, 2004. 10. 19, A11면. 동 보도는 "윤증현 금융감독위원장은 18일 오전 간부회의에서 '은행의 수수료 책정 문제에 대하여 감독당국이 개입할 수는 없으나 불합리하게 운영되는 사항이 있는지를 소비자 보호 차원에서 검토해야 한다'고 지시했다"라고 하고 있다.

영 자율성을 침해하는 대표적인 사례라고 본다. 은행들의 수수료 수준이 합리적이고 적정한지 여부는 시장이 판단해야 할 사항이지 감독당국이 개입할 사항은 아니라고 본다. 어느 은행의 수수료가 다른 은행의 수수료보다 많다고 하면 자연히 고객들은 보다 저렴한 수수료를 부과하는 은행으로 옮겨갈 것이고, 따라서 이러한 시장 원리가 작동하게 되면 결국은 은행 수수료를 부과하지 않는 은행도 생길 수 있는 것이다.[53] 다만 이 수수료 결정에 있어서 은행들의 담합이나 불공정거래행위에 해당하는 등 「독점규제 및 공정거래에 관한 법률」 위반 사유가 된다면 공정거래 당국의 제재 조치를 받을 수는 있을 것이다. 그러나 그와는 별도로 금융감독 당국이 은행들의 수수료가 적정한지 여부에 대하여 점검 조사하겠다고 하는 것은 과도한 시장 개입으로서 은행들의 경영 자율성을 침해하는 관치금융의 한 형태이며, 아직도 금융감독 당국이 은행의 경영 자율성을 해치는 구태의연한 금융감독 행정을 수행하고 있다고 비난을 받을 여지가 크다.

Ⅳ. 금융감독기구의 바람직한 발전 방향

이하에서는 위에서 살펴본 현행 금융감독기구의 문제점을 바탕으로 어떻게 하면 보다 바람직한 금융감독 체제가 될 수 있는지에 대한 방안에 대하여 살펴보고자 한다.

1. 금융감독 의결기관과 집행기관의 통합

위에서 살펴본 것처럼, 금감위의 하부 조직인 별도의 공무원 조직이 존재함으로 인해서 금융감독원과의 업무 중복 등에 따른 금융감독 행정의 비효

53) 참고로 2004년도에 미국 대형은행들이 현금자동입출금기(ATM) 이용 수수료를 면제하겠다고 발표한 것은 결국 시장 원리에 따라 필요하면 은행들이 은행 수수료를 부과하지 않을 수도 있음을 나타낸 것이라고 하겠다(송동훈, "미 대형은행, ATM 이용 수수료 없애," 조선일보, 2004. 11. 10, B2면). 우리 나라도 2004년에 한국산업은행이 인터넷 및 폰뱅킹(phone banking)의 수수료를 전액 면제하겠다고 발표하였다(장원준, "인터넷 · 폰뱅킹 수수료 없애," 조선일보, 2004. 12. 1, B2면).

율성 등의 문제점이 발생하고 있음을 알 수 있었다. 또한 의결기관인 금감위(공무원 조직 포함)와 집행기관인 금융감독원이 별개의 조직으로 구성됨으로 인해서(즉 금감위는 정부기관, 금융감독원은 무자본특수법인의 민간기구) 두 기관간의 업무의 비협조 등의 문제가 발생하고 있다. 따라서 이러한 문제점을 근본적으로 해결하기 위해서는 두 기관을 통합하는 것이 필요하다고 판단된다. 그러면 어떻게 통합할 것인가의 문제가 된다. 이 부분은 여러 이해 관계자들이 첨예하게 대립을 보이는 점이라 쉽게 해결이 되지 않은 부분이다. 그 동안 몇 차례 금융감독기구 개편 문제가 대두될 때마다 이해관련자들의 입장 차이 때문에 올바른 금융감독기구 개편이 이루어지지 못하고 있는 것이다. 신용카드 부실 사태에 따른 감사원의 감사 결과 금융감독기구 개편의 필요성이 제기되면서 다시 불거진 감독기구 개편안도 재정경제부, 금감위 및 금융감독원이 서로 다른 안을 들고 나오면서 결국은 근본적인 해결을 하지 못하고, 금감위(실질적으로는 금감위 사무국) 및 금융감독원의 역할 분담을 조정하는 선에서 미봉책으로 마무리된 것이다.

그러나 이 문제를 언제까지 미봉책으로 봉합할 수는 없다. 보다 근본적인 개편이 이루어져야 한다고 본다. 즉 어떻게 하면 급변하는 금융환경하에서 금융감독을 효율적으로 수행하여 금융산업의 발전을 도모할 수 있느냐에 초점을 맞추어 개편 방향을 잡아야 한다고 본다. 이런 점에서 금융감독에 관한 의결기관과 집행기관으로 나누어져 있는 현행 이원적 감독체제를 과감하게 통합하여 금감위를 금융감독원의 내부 의사결정기관으로 만들고(이 경우 현재의 금감위 사무국 조직은 없어질 것이다),[54] 보다 중립성 있는 금융감독 업무를 수행할 수 있도록 이를 공적 민간기구화하는 것이 근본적인 해결책이라고 믿는다.[55] 이렇게 하는 것이 바젤은행감독위원회에서 권고한 바 있는 금융감독기구의 정치적 영향으로부터의 독립성을 확보[56]하여 보다 효율적이고 한 차원 높은 금융감독이 이루어질 수 있다고 생각한다.

54) 통합금융감독기구를 두고 있는 다른 나라의 경우(영국, 호주, 덴마크, 스웨덴, 노르웨이, 싱가포르 등)에도 의사결정 및 지시 · 감독권을 갖는 이사회(또는 위원회)를 내부 기관으로 운영하고 있다(금융감독원, 앞의 책, 99면). 같은 주장으로는 김대식/윤석헌, 앞의 논문, 18면. 우리 나라도 한국은행이나 예금보험공사도 단일기구로 운영되고 있다. 즉 금융통화위원회와 예금보험위원회가 각 기관의 내부에 설치된 최고의 사결정기관이다(한국은행법 제12조, 예금자보호법 제8조 제1항 및 제2항).

55) 같은 주장으로는 김대식/윤석헌, 앞의 논문, 18면; 금융감독원, 앞의 책, 10면.

56) Core Principles, p. 13.

2. 통합 금융감독기구의 공적 민간기구화

현재의 금융감독의 의결기관과 집행기관을 통합했을 때 새로운 금융감독기구는 정부기관이 아닌 공적 민간기구로 만드는 것이 정치적 독립성 등 금융감독의 중립성을 확보하여 보다 효율적인 금융감독 정책을 수행할 수 있다고 생각한다.[57] 그래야만이 2003년 말 신용카드 사태시 시장 원칙을 무시하고 부실 카드회사를 구제하는 등 관치금융의 폐해[58]가 시정되고, 시장 원칙에 의한 금융감독이 이루어질 수 있다고 믿는다. 그렇게 함으로써 최근 급격하게 변화하는 금융환경하에서 금융감독의 전문화 추구가 훨씬 용이해지고, 또한 시장친화석인 금융감독 정책도 수행할 수 있다고 본다. 외국의 경우 통합 금융감독기구를 출범시킨 영국 및 호주의 경우에도 민간기구[59]로 하고 있다는 사실을 참고할 필요가 있을 것이다.

물론 이에 대해서는 공적 민간기구가 금융감독이라는 공권력적인 행정권을 수행하는 것이 위헌 소지가 있다고 주장할 수도 있다.[60] 그러나 국회가 법 제정을 통하여 행정부로부터 독립된 그러나 대통령의 지휘 감독을 받는 공공기관에게 공권력적인 행정 기능을 부여한다면 위헌이라고 보기는 어렵

57) 공적 민간기구화로의 주장으로는 김대식/윤석헌, 앞의 논문, 18~21면; 2004년 6월의 경제학자 및 금융학자들의 성명서(http://www.ccej.or.kr/question/q7_detail.html) 및 경제정의실천시민연합의 성명서("중립성, 전문성이 확립된 통합된 공적 민간 금융감독기구로의 개편을 촉구한다," 2004. 5. 25). 반면에 정부기관화로의 주장으로는 강만수, "'금융감독 실험' 이제는 끝내야," 한국경제신문 다산칼럼, 2000. 11. 2.

58) 김동호, "금감위, LG그룹 추가증자 압박," 중앙일보, 2004. 12. 13, E2면은 "지난해 12월 현금인출이 중단되는 등 부도 위기를 맞았던 LG카드를 살리기 위해 정부는 채권은행들을 압박해 증자에 참여시켰다"라고 하고 있다. 또한 김홍범, "한국의 관료조직과 금융감독," 2004년 재무 5개 학회 춘계공동학술연구발표회 특별 심포지엄 발표논문, 2004. 5. 21, 16면도 " … LG카드 사태의 해결 과정에서 재경부장관과 감독당국은 처음부터 LG카드의 구제를 위해 시장에 개입했었다 … "라고 하고 있다.

59) 영국의 경우에는 영국 금융감독원(Financial Services Authority: FSA)이 유한책임회사(company limited by guarantee)로 되어 있고, 호주의 경우에는 호주 금융감독원(Australian Prudential Regulation Authority)이 특수법인(body corporate)으로 되어 있다(금융감독원, 앞의 책, 103면, 114면).

60) 위헌 주장의 근거는 행정권은 정부에 속한다는 헌법 제66조 제4항에 의하여 정부조직법상 행정 각부 등 중앙행정기관만이 행사할 수 있는 것이고 그 외의 기관은 행정권을 행사하는 것은 위헌이라고 하는 것이다. 위의 책, 17면.

다고 본다.[61]

한편 통합금융감독기구를 정부기관화한다고 했을 때는 다음과 같은 문제점이 발생할 것으로 예상되므로 이에 반대한다. 첫째, 아무래도 외부의 정치적 압력으로부터 자유롭지 못할 것으로 생각한다. 즉 정치적으로 민감한 문제인 경우 시장 원칙에 충실하지 않은 정치적인 결정에 따른 금융감독 정책이 수행될 가능성이 더 커지게 될 것이다. 둘째, 관치금융이 재현될 가능성이 높다. 우리 나라가 1997년 금융위기를 맞은 이유 중의 하나가 과거 재정경제원에 의한 무리한 금융기관의 인가 등 관치금융의 폐해에 따른 금융산업의 낙후가 그 원인의 하나라고 들고 있는데, 다시 정부기관화 한다면 관치금융이 재현될 가능성은 불을 보듯 뻔할 것이다. 셋째, 감독기관의 전문화 추진이 어려워질 수 있다. 우선 정부의 예산 통제로 인해 전문화를 위한 과감한 투자가 어려워질 수도 있고, 공무원 조직의 경우 타 정부 부처와의 인사 교류가 많아 전문성 축적이 어려우며, 상대적으로 낮은 급여 수준 및 폐쇄적인 인사체계 등으로 인하여 필요한 금융감독 전문 인력을 확보하기가 어렵게 된다.[62] 즉 정부기관화는 점점 금융산업이 복잡화 · 다양화되면서 보다 전문화된 금융감독이 필요하고 이에 따른 우수한 금융감독 전문 인력이 필요하다는 면에서 바람직하지 못하다고 생각한다. 넷째, 관료 우월주의와 경직성으로 인하여 보다 시장친화적인 금융 감독 정책을 펴기가 어려울 것이다. 특히 관료 조직의 높은 문턱으로 인해 피감독기관인 금융기관이 감독당국에 대하여 시장의 수요를 전달하는 것이 어려울 수 있을 것이다.[63]

3. 금융감독 행정의 중립성 확보

금융감독기구의 발전을 이루고 보다 효율적이고 혁신적인 금융감독이 이루어지기 위해서는 금융감독 행정의 중립성이 확보되어야 한다. 즉 금융감독 업무를 효율적으로 추진하기 위해서는 정치적 압력이나 그 밖의 다른 외부로부

61) 위의 책, 21면. 방송위원회도 방송법에 따라 행정부로부터 독립되어 설치되어 운영되고 있지만 방송사업자의 허가 · 승인 등 공권력적 행정권을 수행하고 있다. 위의 책, 22면.

62) 위의 책, 61면.

63) 위의 책, 61면.

터의 영향을 받지 않고 자율적 · 독립적으로 금융감독 업무를 수행하는 것이 요구된다.[64] 이를 위해서는 다음과 같은 제도적 장치가 마련되어야 한다고 본다.

(1) 금감위 위원장 임명시 국회 동의

금융감독의 수장인 금감위 위원장을 대통령이 임명할 때 국회의 동의를 받도록 하여 국회에 대하여 책임(accountability)을 지게 함으로써 금융감독기구의 중립성을 확보하는 것이다. 이러한 국회 동의 절차를 거침으로써 금융감독의 중립성 추구에 소신을 갖고 있는 자를 금감위 위원장에 임명할 수 있을 것으로 본다.

이는 미국의 통화감독청장(Comptroller of the Currency)의 임명 제도에서 참고가 될 수 있다. 미국의 연방인가은행(national banks)[65]을 감독하는 통화감독청(Office of the Comptroller of the Currency)은 비록 재무부의 지시를 받아 업무를 집행하는[66] 산하 기관이기는 하지만, 대통령이 임기 5년의 통화감독청장을 임명할 때 상원의 인준을 받아야 한다는 점[67] 등의 이유로 통화감독청이 금융감독 업무를 수행하는 데 있어서 재무부로부터 상당한 독립성을 유지하고 있다고 평가되는 점은 시사하는 바가 크다고 본다. 또한 미국의 중앙은행이며 연방준비제도 가입 주인가은행(state member banks) 및 금융(은행)지주회사의 주(主) 감독기관(primary regulator)인 연방준비제도이사회(FRB)도 상당히 독립성을 유지하고 있는데, FRB의 이사, 부의장 및 의장도 상원의 인준을 받아 대통령이 임명하는 점[68]도 참고가 될 것이다.

(2) 금감위 위원장의 실질적 임기 보장

금융감독기구의 중립성을 확보하기 위해서 또 하나 중요한 것은 법으로 보장된 금감위 위원장의 임기가 실질적으로 보장되도록 할 필요가 있다는 점

---

64) Core Principles, p. 13.

65) 연방인가은행은 통화감독청으로부터 인가를 받는다.

66) 12 U.S.C. Section 1. " … shall perform his duties under the directions of the Secretary of the Treasury."

67) 12 U.S.C. Section 2. "The Comptroller of the Currency shall be appointed by the President by and with the advice and consent of the Senate …"

68) Federal Reserve Act, Section 10(1), (2); 12 U.S.C. Sections 241, 242.

이다. 감독기구설치법상 금감위 위원장의 임기를 규정하고(법 제6조 제1항), 특별한 사유가 없는 한 임기 전에 해임할 수 없도록 규정(법 제10조 제1항)[69]하고 있는 이유 중의 하나가 바로 금융감독기구의 중립성 확보를 위한 것이다. 즉 다른 행정 부처와 달리 정치적 압력 등 외부의 영향을 받지 않고 임무를 수행하도록 하기 위하여 임기제를 둔 것인데, 1998년 4월 금감위가 출범하고 나서 1인을 제외한 역대 금감위 위원장들이 임기를 채우지 못하고 중도 사임했다는 것은 아직도 금융감독기구의 중립성 확보가 되어 있지 않다는 것을 반증한다고 볼 수 있다. 특히 임기 전 해임 사유가 아주 제한되어 있음(법 제10조 제1항)에도 불구하고 금감위 위원장이 임기 전에 사임하는 방식으로 중도 사퇴함으로써 실질적인 임기 보장이 되지 않는다는 데 문제가 있다. 이러한 임기가 보장되지 않는 상황에서는 금감위 위원장이 소신있게 금융감독 정책을 수행할 가능성은 더 적어지게 될 것이다.

(3) 금감위 위원 및 위원장 임기의 장기화

금융감독기구의 중립성을 확보하기 위해서는 금융감독 의결기관인 금감위의 위원장을 비롯한 위원의 임기를 늘릴 필요가 있다. 현행 임기 3년은 금감위 위원들이 중립적이고 책임감 있는 금융감독 정책을 수립하기에는 짧다고 보며, 임기를 장기화함으로써 금융감독 정책의 일관성을 유지하고 소신있는 금융감독 정책을 수립할 수 있다고 본다. 이 경우 외국의 입법례를 참조했을 때 5년의 임기로 늘리는 것이 바람직하다고 본다.[70]

(4) 금감위 위원장 자격의 적극적 요건 규정화

금감위 위원장의 자격으로 적극적인 요건을 규정하여 보다 금융감독에 전문지식을 갖춘 전문가가 금융감독기구의 수장이 될 수 있도록 할 필요가

69) 감독기구설치법은 (i) 금치산자나 한정치산자, 또는 파산자로서 복권되지 않은 자에 해당하는 등 결격 사유에 해당되는 경우, (ii) 심신의 장애로 인하여 직무를 수행할 수 없게 된 경우, 또는 (iii) 감독기구설치법에 의한 직무상의 의무를 위반하여 금감위 위원장으로서 직무 수행이 부적당하게 된 경우 이외에는 그 의사에 반하여 해임되지 않도록 되어 있다(법 제10조 제1항).

70) 예를 들어 미국 통화감독청장의 임기는 5년이다(12 U.S.C. Section 2). 그리고 미국 연방준비제도이사회(FRB)의 이사의 임기는 무려 14년이다(Federal Reserve Act, Section 10(1); 12 U.S.C. Section 241).

있다고 본다. 이는 감독기구의 전문화 방향 추구와도 연결되어 있는 문제이기도 하다. 이렇게 함으로써 금융 비전문가인 정치인 등이 금융감독기구의 수장이 되는 것을 막을 수 있고, 더 나아가서는 금융감독이 정치적 영향 등을 받지 않고 중립적으로 수행되는 것을 확보할 수 있는 방안의 하나라고 본다. 현행 감독기구설치법상 금감위 위원장의 자격 요건에 대하여서는 결격 사유만 규정하고 있고(법 제8조), 적극적 요건은 규정하고 있지 않다. 예를 들어서, 금감위 위원장은 '금융 및 경제에 관하여 풍부한 경험이 있거나 탁월한 지식을 가진 자'이어야 한다는 규정[71]을 두는 것을 고려해 볼 만하다.[72]

이와 관련하여 금융감독의 중립성을 확보하면서 동시에 전문성을 추구하는 방안의 하나로서 민간 금융전문가를 금융감독 당국의 수장으로 임명하는 방법을 생각해 볼 수 있다. 예를 들어, 금융기관에서 오랫동안 풍부한 경험을 가지고 있고 금융에 탁월한 지식을 가진 자를 금융감독 당국의 수장으로 임명하는 것도 민간 부문의 경쟁력을 반영하고 보다 효율적이고 중립적인 금융감독 행정을 수행할 수 있는 방안의 하나로서 시도해 볼 만한 것이라고 생각한다. 특히 지금까지 금감위가 출범하고 나서 금감위 위원장이 전부 재정경제부 출신의 관료로 임명되었다는 점을 감안했을 때 과감히 민간 금융전문가를 수장으로 임명하는 것도 정치적 중립성 확보와 더불어 전문화의 미흡 등 현재 금융감독기구가 갖고 있는 문제점을 개선할 수 있는 방안 중의 하나로 생각한다.

(5) 예산의 독립성 확보

금융감독 행정의 중립성을 확보하기 위해서는 예산의 독립성을 확보하여

71) 예를 들어, 한국은행 금융통화위원회의 임명직 위원의 경우에는 금융 · 경제 또는 산업에 풍부한 경험이 있거나 탁월한 지식을 가진 자로서 추천기관의 추천을 받아 대통령이 임명한다(한국은행법 제13조 제3항).

72) 참고로 「독점규제 및 공정거래에 관한 법률」 제37조 제2항은 공정거래위원회 위원장을 포함한 위원의 적극적 요건으로서 (i) 독점규제 및 공정거래 또는 소비자 분야에 관하여 경험이 있는 2급 이상의 공무원의 직에 있던 자나 (ii) 대학에서 법률학, 경제학, 경영학 또는 소비자 관련 분야 학문을 전공한 자로서 대학이나 공인된 연구기관에서 15년 이상 근무한 자로서 부교수 이상 또는 이에 상당하는 직에 있던 자 등 구체적인 적극적 요건을 규정하고 있다. 금감위 위원장의 경우에는 이처럼 구체적인 요건은 아니더라도 '금융에 관한 전문적 지식을 보유하고 있는 자' 등으로 규정하는 것을 고려할 필요는 있을 것이다.

정치적 간섭(예산을 통한 압력)이나 정부의 간섭 등 다른 외부로부터의 영향을 받지 않고 금융감독 업무를 수행할 수 있도록 할 필요가 있다. 감독기구의 운영 경비를 행정부로터 조달하는 경우에는 서로 다른 종류의 정치적 간섭이나 행정부의 간섭을 받을 수 있다.[73] 특히 금융감독 전문 인력의 확보라는 측면에서는 능력 있는 외부 금융감독 전문가의 채용뿐만 아니라 내부 직원의 능력에 따른 보수 차등화에 의한 금융감독 전문가 양성을 위해서는 충분한 보상이 필요하며 이를 위해서는 예산의 독립성을 확보하는 것이 필요하다.

현행 감독기구설치법상 금융감독원의 재원 조달은 정부나 한국은행으로부터의 출연금과 검사 대상 금융기관으로부터의 출연금 및 검사 분담금 등으로 이루어진다(법 제46조). 따라서 예산의 독립성을 확보하기 위해서는 정부로부터의 의존도를 줄이고 자체적인 수입 확대를 꾀할 필요가 있다. 이를 위해서 현행 금융기관에 대한 검사 분담금 징수(법 제47조)에서 더 나아가 수수료 수입을 확대할 필요가 있다.[74] 예를 들어, 금융기관의 설립 인가 등 각종 인가시에 수수료를 징구하는 것도 재원 확충을 위해 좋을 것으로 본다.[75]

(6) 금융감독 행정의 중립성 원칙을 법에 명시화

금융감독 행정의 중립성 확보를 위해서는 실제 제도적 장치도 중요하지만 법에 명시적으로 금융감독 행정의 중립성을 보장한다는 조항을 둘 필요도 있다.[76] 그렇게 함으로써 금융감독기구가 정치적 영향 등을 받지 않고 보다

---

73) 김재호, "금융감독의 독립성에 관한 연구," 연세대학교 경제대학원 석사학위 논문, 2002, 27면.

74) 이와 관련하여 위의 논문, 28면은 "수수료 중심의 자금조달(fee-based financing)은 정치적 간섭을 회피하고 감독기구가 객관적 필요에 의한 예산 한도를 설정할 수 있는 등의 장점이 있다"라고 하고 있다.

75) 현행법상 금융감독원이 부과하는 수수료의 성격을 가진 것으로는 증권거래법상 유가증권 신고서를 금감위에 제출하는 발행회사에게 부과하는 분담금(증권거래법 제206조의8 제1항 제2호, 동법 시행령 제90조의6 제2항)을 들 수 있다. 참고로 베트남의 경우에도 인가 수수료(licensing fee)를 징수하고 있다(Vietnam Law on Credit Institutions, Article 25).

76) 이와 관련하여 금융감독기구의 운영상의 독립성이 법률상 보장되어 있다고 보는 견해가 있다(IMF FSSA, Paragraph 96, "The operational independence of the FSC/FSS is embodied in law, …"; 김병태, "IMF의 '대한민국 금융제도 안정성 평가에 관한 보고서'의 검토—은행감독과 법적 규제를 중심으로—", 「상사법연구」 제23권 제3호(한국상사법학회, 2004. 11), 624면은 "금융감독위원회와 금융감독원의 운영상의 독립

중립적으로 금융감독 정책을 수립 · 집행할 수 있는 방안의 하나가 될 것으로 본다. 이는 1997년 개정된 한국은행법에 명시적으로 한국은행의 중립성을 보장한다는 조항[77]이 들어가면서 실제로 그 이후에 한국은행의 중립성이 많이 확보되었다는 사실에서도 알 수 있다. 또한 금융 선진국에서도 헌법이나 중앙은행법에 중앙은행의 중립성 내지는 독립성이 보장되어야 한다는 명시적인 조항을 가지고 있다는 점도 참고할 만하다.[78]

4. 금융감독기구에 대한 견제 장치 확보: 책임성 확보

금융감독기구를 공적 민간기구화하고 중립성을 확보해 주는 대신에 그

성은 형식상 법률로 보호받고 있다"라고 하고 있다). 생각건대, 후자의 논문이 그 근거 조항의 하나로서 드는(다른 하나의 근거 조항은 감독기구설치법 제1조의 목적 조항임) 감독기구설치법 제3조 제2항의 "금융감독위원회는 그 권한에 속하는 사무를 독립적으로 수행한다"라고 하는 것은 제3조 제1항의 "금융감독 업무를 수행하기 위하여 국무총리 소속하에 금융감독위원회를 둔다"와 연결시켜 볼 때 금감위가 비록 국무총리 산하의 기관이지만 금융감독 업무의 수행에 있어서는 국무총리의 지시나 간섭을 받지 않고 금감위가 독자적으로 업무를 수행한다는 의미로 좁게 해석해야 하는 것이 타당하다고 생각되며, 따라서 현행법상 타 권력(정치권 등)으로부터의 독립을 의미하는 진정한 의미의 금융감독기구의 중립성 내지 독립성의 보장에 관한 규정은 없다고 본다. 이는 「독점규제 및 공정거래에 관한 법률」 제35조 제1항이 "이 법에 의한 사무를 독립적으로 수행하기 위하여 국무총리 소속하에 공정거래위원회를 둔다"라는 규정의 해석을 "독립기관인 공정거래위원회가 공정거래법을 운용하고 있다"라고 보는 것처럼(이남기, 「경제법」, 초판, 박영사, 1998, 323면), 공정거래위원회도 국무총리 소속하의 행정기관이지만 독립기관으로서 그 업무를 독자적으로 수행한다는 뜻으로 해석하는 것과 같다고 볼 수 있다. 김용재, "금융감독행정의 이상과 과제," 한국금융법학회 2004 추계학술발표회 발표 논문, 2004. 11. 27, 23면도 금융감독기구설치법 제2조의 조항을 현재의 "공정성의 유지 등"이라는 제목에서 "독립성과 책임성의 확보 등"이라는 제목으로 개정하고 그 내용도 "금융감독원은 그 업무를 수행함에 있어서 독립성과 공정성을 유지하며 … "라고 개정할 것을 제안하는 것을 비추어 볼 때, 현행 법률상 금융감독기구의 중립성 내지 독립성 보장 조항은 없는 것으로 보는 것 같다.

77) 한국은행법 제3조("한국은행의 통화신용정책은 중립적으로 수립되고 자율적으로 집행되도록 하여야 하며, 한국은행의 자주성은 존중되어야 한다").

78) 예를 들어, 스위스의 경우 Federal Act on the Swiss National Bank Act, Article 6, 독일의 경우 Bundesbank Act, Section 12, 유럽중앙은행의 경우 Protocol (No 3) on the Statute of the European System of Central Banks and of the European Central Bank, Article 7.

만큼 책임(accountability)을 부여하는 견제 장치를 도입할 필요가 있다. 그 방안으로서는 국민의 대표인 국회에 대하여 책임을 지도록 하고, 의사 결정의 투명성을 확보하도록 하며, 금감위 위원 구성에 있어서 민간 위원의 확대, 금융감독기구의 내부 통제 장치 강화 등의 방안을 생각해 볼 수 있다. 아래에서는 구체적인 견제 장치 방안에 대하여 살펴본다.

(1) 업무 보고서의 정기적 국회 제출 의무

국민의 대표인 국회에 책임을 지고 국회의 견제를 받기 위해서 정기적으로 금융감독기구의 업무 수행 상황에 대한 보고서를 작성하여 국회에 제출하고 설명을 하도록 할 필요가 있다.[79] 그 주기는 1년으로 하는 것이 좋을 것으로 본다. 그럼으로써 금융감독기구는 보다 원칙에 충실한 그리고 국민을 위한 금융감독 정책을 수립 · 집행할 수 있다고 보기 때문이다. 다른 나라의 입법례를 살펴보면, 미국의 경우 통화감독청은 매년 하원에 업무에 관한 보고서를 제출하도록 되어 있어 의회의 견제를 받고 있으며, 영국의 경우에도 금융감독원(Financial Services Authority: FSA)은 재무부장관에게 업무 보고서를 제출하게 하여(재무부는 이 보고서를 의회에 제출한다) 재무부의 견제를 받게 하고 있다.[80]

(2) 금감위의 의사록 공개

금감위 의사록을 공개하도록 함으로써 금감위의 결정에 있어서 투명성을 확보하도록 할 필요가 있다고 본다. 이렇게 함으로써 정치적 압력을 덜 받고 보다 시장 원리에 맞는 금융감독 정책 결정이 이루어지고, 이에 따라 관치금융의 폐해를 막고 금융감독의 중립성도 확보할 수 있을 것이기 때문이다. 이를 위해서는 감독기구설치법에 명시적인 금감위 의사록 공개 의무 규정을 둘 필요가 있다. 현행 감독기구설치법은 금감위의 의결서만 작성하도록 요구

79) 한국은행의 경우에도 매년 1회 이상 통화신용정책의 수행 상황에 대한 보고서를 작성하여 국회에 제출하도록 되어 있으며, 총재는 국회 또는 그 위원회에 출석하여 보고서에 관하여 답변을 할 의무가 있다(한국은행법 제96조 제1항 및 제2항). 이 조항은 1997년 한국은행법 개정 시에 중앙은행의 책임성을 강조하기 위하여 추가된 조항이다.

80) 심영, "금융감독기구의 개편 방향," 「국제법무연구」 제6호, 경희대학교 국제법무대학원, 2002. 2, 26면; 영국의 경우 금융감독원(FSA) 사이트 http://www.fsa.gov.uk/pubs/annual/ar03_04/ 참조.

하고 있을 뿐(법 제12조), 의사록을 공개하도록 하는 의무 규정은 없다.[81] 의사록 공개의 범위는 단순한 결정 내용의 공개가 아니라 참가한 위원들의 발언 내용을 공개하여 금감위 위원들이 책임감을 갖고 정치적 압력으로부터 벗어나서 결정을 할 수 있도록 할 필요가 있다.[82]

(3) 금감위 구성에 있어서 민간 외부 위원의 확대

최고 의결기관인 금감위 구성에 있어서도 외부 비상임 위원의 수를 늘려 금감위 의결에 있어서 외부 견제가 가해져 보다 중립적으로 금융감독 정책이 수립되게 할 필요가 있다고 본다. 현행 감독기구설치법에 의하면 금감위 위원장 및 부위원장 그리고 상임위원(금감위 위원장이 추천하는 금융전문가 1인)이 내부 위원이고, 당연직 외부 비상임 위원으로는 재정경제부차관, 한국은행 부총재, 예금보험공사사장으로 구성되어 있으며, 임명직 외부 비상임 위원으로는 재정경제부장관이 추천하는 회계전문가 1인, 법무부장관이 추천하는 법률전문가 1인, 대한상공회의소 회장이 추천하는 경제계대표 1인 등 3인으로 구성되어 있다(법 제4조 제1항 및 제4항). 당연직 외부 비상임 위원은 각각 소속된 기관의 입장을 대변하게 되고 정부의 영향을 많이 받게 되므로 보다 충실한 견제가 이루어지기 어렵기 때문에, 당연직 비상임 위원을 없애고, 외부 임명직 비상임 위원의 수를 현행 3인에서 6인으로 늘려 외부 견제가 충분히 이루어지도록 하는 것이 바람직하다고 본다.

(4) 감사위원회 등 내부 통제 조직 도입

금융감독기구에 대한 견제 장치의 하나로서 감사위원회와 같은 내부 통제 조직을 도입하는 것을 고려할 필요가 있다고 본다.[83] 현행 금융감독원의 감사제도로는 그 통제 장치가 미흡할 수가 있다. 이를 보완하는 차원에서 비상임 금감위 위원 중 대통령이 임명하는 감사위원장을 비롯한 3인의 비상임

81) 한국은행은 금융통화위원회의 의사록을 공개하도록 되어 있다(한국은행법 제24조 제2항). 이는 1997년 한국은행법 개정시 한국은행의 중립성을 강화하기 위하여 추가된 규정이다.

82) 토의 내용을 공개하더라도 경제 전체에 민감한 영향을 미치는 사안에 대해서는 예외적인 규정을 둘 필요는 있을 것이다.

83) 같은 주장으로는 금융감독원, 앞의 책, 11면.

금감위 위원으로 구성하는 감사위원회를 설치하여 외부 인사가 보다 중립적으로 금융감독기구의 업무 및 회계에 대한 감사를 하게 하는 것이다.[84] 이렇게 함으로써 보다 효율적인 내부 통제 장치 역할을 할 수 있다고 본다.

5. 금융감독의 전문성 확보

금융감독기구의 중립성 보장 못지않게 중요한 것이 금융감독의 전문성을 확보하는 것이다. 이는 최근 규모가 급격히 증가하고 있는 파생금융상품 거래 등 아주 복잡한 상품의 출현 등 금융환경의 급격한 변화 속에서 피감독기관을 리드(lead)하면서 보다 충실하고 효율성 있는 금융감독을 위해서 더욱 더 필요한 것이다. 그 방안으로는 다음과 같은 것을 들 수 있을 것이다.

(1) 외부 전문가의 과감한 채용

파생금융상품 등 복잡한 금융상품의 출현으로 보다 많은 전문적 지식을 보유하는 금융 감독 인력이 필요하다. 이를 위해서는 금융감독기구가 자체적으로 필요한 인력을 양성하는 것도 필요하지만 보다 과감하게 외부 전문가를 채용하여 금융감독의 전문화를 이루는 것이 금융감독기구의 개편 문제와 상관없이 강하게 요구되는 부분이다. 예를 들어, 금융감독기관에 근무하다가 퇴직하여 민간 금융기관에서 근무하고 있는 자 등을 다시 채용함으로써 민간 부문에서 획득한 경험과 지식을 다시 활용하는 것도 전문화를 이루는 하나의 방안으로 생각할 수 있으며, 금융감독기구 직원과 민간 금융기관 직원과의 인사 교류를 시도하는 것도 외부 전문가를 활용하는 동시에 피감독기관의 수요를 금융감독 행정에 보다 잘 반영할 수 있는 방안의 하나라고 본다. 1999년 통합 금융감독원의 출범시에는 외부 전문가 채용이 다소 있었으나, 그 후에는 침체를 보이는 것으로 판단된다. 보다 신뢰받는 금융감독기관이 되기 위해서는 능력 있는 외부 전문가를 채용하여 조직에 활력을 불어넣고 경쟁을 불러일으키는 것이 필요하다고 본다.

84) 이는 상법상 선택적으로 채택할 수 있는 감사위원회제도와 금융기관들로 하여금 관련법에 의거하여 의무적으로 감사위원회를 두도록 하여 내부 통제 장치를 강화하는 것과 그 맥락을 같이하는 것으로 볼 수 있다.

(2) 전문화를 위한 인사제도 실시

외부 전문가 채용과 더불어 금융감독의 전문화를 이루기 위해서는 자체 전문가 직원을 양성하는 것이다. 통합 금융감독원 출범시에는 조직 융화 차원에서 순환 보직을 원칙으로 하여 직원들의 전문화가 이루어질 수 없었으나, 현재는 다소 일정한 분야에서 오래 근무하게 함으로써 전문화 방향으로 가고 있는 것으로 보인다. 그러나 아직 충분하지 않은 것으로 보인다. 우선 부서 경력을 감안하여 은행, 증권(자산운용 포함), 보험 및 기타 금융기관의 대분류 직군으로 구분하고, 그 직군에서 각자 능력을 발휘할 수 있는 분야에서 전문가로 될 수 있도록 인사제도를 개편할 필요가 있다고 본다. 이와 더불어 신입 직원 채용시에도 각 전문 분야별로 채용하여 처음에 선택한 직군에서 전문가가 되도록 할 필요가 있다. 또한 직원 채용도 수시 채용으로 바꾸어 금융감독 당국이 원하는 적합한 자가 있는 경우에는 수시로 채용할 수 있도록 하는 제도를 만드는 것도 필요하다고 본다. 특히 이러한 내부 전문가 양성을 위해서는 직원들의 능력에 따른 보수의 차별화를 통하여 내부 경쟁을 유도할 필요도 있다.

(3) 직원 전문화 교육 연수 프로그램 강화

또한 기존 직원의 전문화를 위해서는 교육 연수 프로그램을 보다 강화하여 강도 높은 인력 재양성을 도모할 필요가 있다고 본다. 특히 최근 문제가 되는 것은 금융감독원 검사역의 전문 지식이 부족하여 충분한 검사가 이루어지지 못하고 있는 점이다. 이러한 점을 감안했을 때 더욱더 일선 검사역에 대한 전문화 교육이 충실히 이루어져야 한다. 단지 실적주의에 집착해서 한 건 올리는 식의 검사 기법은 결코 바람직한 것이 될 수 없다. 보다 전문화된 지식을 갖고 금융기관을 지도하는 검사원이 되어야 할 것이다.

(4) 금융기관 검사의 과감한 외부 위임

최근 금융감독의 중요한 점은 금융감독의 전문성 확보라는 점이고, 이를 위해서는 검사의 전문화를 추구해야 하며, 이를 보다 효율적으로 달성하기 위해서는 내부 전문가 양성 방법 이외에 회계사 · 변호사 등의 외부 전문가에게 검사권을 위임하는 것이다. 이는 외국의 사례를 보더라도 그 필요성을 알 수 있다. 예를 들어 독일의 경우에는 회계법인이 금융기관 검사를 담당하고 있다.[85]

(5) 금융감독 전문성 확보 의무의 법제화

이처럼 금융감독기구의 전문성 확보가 중요하기 때문에 감독기구설치법에 명시적으로 "금융감독기구는 금융감독의 전문화를 추구하도록 노력해야 한다"는 조항을 두는 것도 고려해 볼 만하다.

6. 금융감독 방식의 선진화 구현

금융감독기구의 개편 문제와 상관없이 금융감독 방식의 선진화를 이룩할 필요가 있다. 이를 위해서 생각할 수 있는 방안은 위험 중심의 감독방식(risk-based supervision)을 추구하는 것이다. 즉 금융기관에 대한 상시감시를 통해 시장의 위험 요인을 조기에 인지하고 이를 해소하기 위하여 사전 예방적인 조치를 수시로 취하는 감독시스템을 추구하는 것이다.[86] 이러한 위험 중심의 감독을 추구하기 위해서는 정기검사 위주인 금융감독 시스템에서 상시감시 및 부문검사를 중심으로 하는 체제로 전환할 필요가 있고 여기에 필요한 금융감독 전문 인력도 양성할 필요가 있다.[87] 더 나아가 금융감독기관의 금융기관 검사 방식도 현재의 적발 위주의 검사에서 컨설팅(consulting) 중심의 경영지도 검사가 되도록 할 필요가 있다.

---

85) 금융감독원 조사연구국, 「주요 선진국의 금융 및 감독제도」, 2001. 8, 637면. 즉 구체적으로 금융기관은 회계법인과 계약을 체결하여 회계법인이 당해 금융기관을 상시 검사하고 그 검사 결과를 감독당국에 제출하도록 되어 있다. 또한 감독당국이 특정 금융기관에 대한 특별 검사(예를 들어 외환 부문)를 할 필요가 있을 경우에는 회계법인을 지정해서 해당 금융기관에 대한 특별 검사를 하도록 할 수도 있다.

86) 한국금융연구원, "금융감독방식의 선진화 방안," 토론회 자료, 2004. 7. 8, 13면.

87) 위의 자료, 14면, 29면.

7. 금융감독 업무의 집행에 있어서 투명성 확보

금융감독 정책의 결정 단계에서 의사록의 공개 등 투명성(transparency) 확보를 위한 노력 못지않게 금융감독 업무의 집행 단계에서도 투명성을 확보하기 위한 조치가 이루어져야 한다. 예를 들어, 감독 및 검사 관련 규정의 명확화를 통해서 금융기관에 대한 검사시 검사원들의 재량의 여지를 없애고 법과 규정에 의한 감독 및 검사가 이루어질 수 있도록 하는 것이다.

8. 금융감독기구의 재정경제부에 대한 금융감독 관련 법령 제·개정 제안권(proposal) 부여

금융감독 정책 수립에 있어서 급격하게 변화하는 금융시장 상황을 제대로 법제화하는 것이 필요하다. 따라서 이러한 경우 재정경제부가 관할하는 금융 관련 법률이나 시행령 또는 시행규칙에 반영할 필요도 있다. 이 경우 법령의 제·개정이 필요한 경우에는 보다 시장을 잘 알고 있는 금융감독기관이 주도권(initiative)을 가질 필요가 있다. 이러한 방안의 하나로 금융감독기관이 필요하다고 판단하는 경우 재정경제부에 금융 관련 법령의 제·개정에 대한 제안(proposal)을 할 수 있도록 그 권한을 부여하는 것이다. 현행 감독기구설치법상에는 금감위가 금융관련 법령의 제·개정시 재정경제부와 협의할 수 있도록 하는 권한을 부여하고는 있으나(법 제64조의2), 그러한 협의권만 갖고는 충분하지 않다고 보기 때문이다.

V. 결 론

신용카드 사태의 발생에 따른 신용불량자 양산 및 가계부실의 확대에 따라 촉발된 금융감독체제 개편 논의는 금감위(사무국)와 금융감독원간의 역할 분담의 조정 선에서 마무리됨으로써 또 다시 근본적인 개편이 이루어지지 못하고 미봉책에 머물고 말았다. 아쉬운 감이 크지만 그래도 여전히 금융감독의 선진화 및 효율화를 위한 방안은 계속 검토를 할 필요가 있다고 본다.

특히 정부의 동북아 금융허브(hub) 육성 전략에 비추어 보아 금융감독의 선진화 방안은 더 중요한 사항이다. 이를 반영하듯 2004년 10월 금융감독원은 금융감독원의 강도 높은 변화 및 혁신 추진 방안을 발표[88]함으로써 급격하게 변화하는 금융환경 하에서 전문성과 효율성을 갖춘 금융감독 서비스 기관을 만들기 위한 방안을 보색하고 있는 것으로 보인다. 이는 금융감독기구 개편 문제와 상관없이 시급히 추진되어야 할 사항인 점을 감안하면 환영할 만한 일이다. 또한 2004년 신임 금감위 위원장(금융감독원 원장 겸임)도 취임사 등에서 금융감독 정책의 중립성 확보와 전문성을 강화하기 위한 내부 혁신의 강조 및 시장의 신뢰를 받는 금융감독 정책의 수행 등을 강조함[89]으로써 과거와는 다른 모습의 금융감독기구가 되려고 노력하는 모습이 보인다.

그러나 보다 중요한 것은 현행 금융감독기구 체제의 근본적인 문제점을 파악하고 보다 원칙에 충실한 금융감독 행정을 구현하는 것이 필요하다는 점이다. 이런 점에서 현재 이원화되어 있는 금융감독의 의결기관 및 집행기관을 통합하여 이를 공적 민간기구화함으로써 보다 중립적이고 전문성 있는 금융감독 행정이 될 수 있도록 할 필요가 있다. 이렇게 함으로써 보다 한 차원 높은 선진 금융산업 국가를 달성하는 길이 되리라고 믿는다.

88) 금융감독원, "금융감독원, 강도 높은 변화 혁신을 통하여 새롭게 태어난다," 보도자료, 2004. 10. 8.

89) 금감위 위원장 겸 금융감독원장 취임사, 2004. 8. 11, http://fsc.news.go.kr/warp/webapp/news/에서 검색 가능.

제 2 절

중앙은행의 역할 강화 방안*

Ⅰ. 서 론

최근 금융 산업은 국제적으로뿐만 아니라 국내적으로도 급격한 변화를 겪고 있다. 즉 금융 산업에 있어서 국제화·개방화·전문화는 급속도로 진행되어 가고 있으며, 정보통신 기술의 획기적인 발전은 금융의 정보화 및 혁신화(innovation)를 일으키고 있다. 이러한 변화하는 금융 산업의 환경 하에서 중앙은행의 역할은 더욱 중요해지고 있다. 특히 우리 나라를 동북아 금융 중심지 국가로 발전시키려는 정부의 발전 전략에 따라 우리 나라를 국제 금융센터로 육성할 필요성이 제기되고 있고, 이에 따라 그 목표를 달성하기 위한 중앙은행의 역할이 그 어느 때보다도 높아지고 있다. 또한 최근 여러 국가들의 중앙은행은 전통적인 통화신용정책의 수행 이외에 지급결제제도의 관리·감시 업무 및 금융 안정(financial stability) 도모 역할이 점점 더 중요해지고 있는 추세에 있다. 이러한 새로운 금융 환경 하에서 보다 안정된 금융시스템 및 금융인프라(infra)를 구축하고 우리 나라를 선진화된 금융 산업 국가로 발전시키기 위한 중앙은행의 역할은 더욱 중요하다. 따라서 이러한 새로이 변화하고 있는 금융 환경 하에서 요구되는 바람직한 중앙은행의 역할상을 정립할 필요가 있다.

이 절에서는 새로이 변화되고 있는 금융 환경 및 동북아 금융 중심지 국가 추진 전략에 맞추어 요구되는 우리나라 중앙은행의 역할을 재정립하기 위

---

* 이 절의 내용은 저자가 집필한 2004년 한국은행 금융경제연구원의 연구보고서인 「주요국 중앙은행의 목적 및 업무범위에 대한 비교와 그 시사점에 관한 연구」의 내용 중 일부분을 발췌하여 수정·보완한 후 「일감법학」 제10권(건국대학교 법학연구소, 2005. 12)에 실린 글을 다소 보완한 것이다.

하여 우리나라와 같이 금융 허브 국가를 추진하고 있는 아시아 국가 중앙은행의 목적 및 기능을 고찰함으로써 그 시사점을 살펴보고, 우리나라 중앙은행의 역할 강화를 위한 방향 제시를 하고자 한다. 이에 따라 Ⅱ.에서는 현행 우리나라 중앙은행의 목적 및 기능에 대하여 살펴보고, Ⅲ.에서는 금융 선진국인 일본과 싱가포르, 말레이시아, 대만 등 아시아 금융 중심지 국가로 육성하고 있는 나라들의 중앙은행의 목적 및 기능에 대한 비교법적 고찰을 해보며, Ⅳ.에서는 이러한 비교법적 고찰을 통해 우리나라 중앙은행의 역할 강화 방안에 대한 시사점을 알아보기로 한다.

Ⅱ. 우리나라 중앙은행의 목적 및 기능

1. 목 적

한국은행법 제 1 조는 한국은행의 목적을 "효율적인 통화신용정책의 수립과 집행을 통하여 물가안정을 도모함으로써 국민경제의 건전한 발전에 이바지는 것이다"라고 규정하고 있다. 즉 중앙은행인 한국은행의 목적은 물가안정 도모라고 할 수 있다. 물가의 안정이라고 하는 것은 통화가치의 안정을 의미한다.[1)]

2. 기 능

한국은행법상 위의 목적을 달성하기 위한 한국은행의 주요 업무는 (i) 화폐 발행 업무, (ii) 금융기관으로부터의 예금 수입(受入) 및 예금지급준비제도 운영 업무, (iii) 금융기관에 대한 대출 업무, (iv) 공개시장에서의 증권

1) 한국은행 법규실, 「주제별 해설 한국은행법」 (1999. 10), 7면(이하 "주제별 한국은행법 해설"이라 한다); 한국은행 법규실, 「조문별 해설 한국은행법」(2000. 6), 8면(이하 "조문별 한국은행법 해설"이라 한다). 동 조에 규정된 "효율적인 통화신용 정책의 수립 및 집행"은 목적 달성을 위한 수단이며, "국민경제의 건전한 발전에 이바지함"은 목적 달성의 방향이라고 해석할 수 있다(주제별 한국은행법 해설, 6면; 조문별 한국은행법 해설, 7면).

매매 업무, (v) 정부 및 정부대행기관과의 여수신 업무, (vi) 민간에 대한 업무, (vii) 지급결제제도 관리 · 감시 업무, (viii) 외국환 업무, (ix) 경제조사 및 통계자료의 수집 및 작성 업무, (x) 감독당국에 대한 금융기관 검사 및 공동검사 요구 업무 등을 들 수 있다.

(1) 화폐 발행 업무

한국은행은 중앙은행으로서 법정 화폐(즉, 法貨)로서의 독점적인 화폐를 발행할 수 있는 권한을 갖고 있다. 화폐라 함은 한국은행이 발행하는 한국은행권과 주화를 말하고,[2] 화폐의 발행이라고 하는 것은 한국은행이 창구를 통하여 화폐를 한국은행 이외의 자에게 이전하여 통용되도록 하는 것을 말한다.[3] 우리 나라에서는 한국은행만이 화폐 발행권을 가지며(한국은행법 제47조),[4] 한국은행이 발행한 화폐는 법화(法貨)로서 모든 거래에서 무제한 통용되게 된다(법 제48조, 제53조 제2항).

한국은행은 정부의 승인을 얻어 금융통화위원회가 정하는 바에 의하여 어떠한 규격 · 모양 및 권종(券種)의 화폐도 발행할 수 있다(법 제49조, 제53조 제2항). 한국은행은 화폐로서 채권(債權)을 회수하며 한국은행에 예금할 수 있는 자로부터 예금을 수입(受入)하여야 한다(법 제51조 제1항, 제53조 제2항). 한국은행은 예금자의 요구에 의하여 즉시 화폐로 예금을 환급하여야 하며, 환급기(還給期)에 관하여 약정이 있는 경우에는 환급기가 도래한 후에 환급한다(법 제51조 제2항, 제53조 제2항). 한국은행이 발행한 화폐는 한국은행의 부채가 되지만, 한국은행이 보유하는 화폐는 한국은행의 자산 또는 부채가 되지 아니한다(법 제50조, 제53조 제2항).

(2) 금융기관[5]으로부터의 예금 수입(受入)과 예금지급준비금 제도 운영 업무

한국은행은 금융기관의 예금을 수입(受入)하며, 각 금융기관이 보유하여

---

2) 한국은행법 제48조 및 제53조 제1항.

3) 주제별 한국은행법 해설, 10면.

4) 이하 "법"이라 한다.

5) 여기서 '금융기관'이라 함은 은행법 제2조의 규정에 의하여 은행업을 규칙적 · 조직적으로 영위하는 한국은행 외의 모든 법인(즉 시중은행 및 지방은행을 말한다) 및 금융지주회사법에 의한 은행지주회사를 말한다(한국은행법 제11조 제1항). 그리고

야 할 예금지급준비율의 변경을 통하여 통화신용정책을 수행한다.

1) 금융기관의 예금 수입

한국은행은 금융기관의 예금을 수입(受入)할 수 있다(법 제54조).

2) 예금지급준비금 제도 운영

금융기관은 예금 채무에 대하여 금융통화위원회가 정하는 예금지급준비율에 상당하는 금액 이상을 예금지급준비금으로 보유하여야 한다(법 제55조 제1항, 제56조). 예금지급준비금은 한국은행에 지급준비예금으로 보유하여야 하며, 다만 금융기관은 금융통화위원회가 정하는 바에 따라 예금지급준비금의 일부를 한국은행권으로 당해 금융기관에 보유할 수 있다(법 제55조 제2항). 예금지급준비금에 대해서는 금융통화위원회가 정하는 바에 의하여 이자를 지급할 수 있다(법 제55조 제3항). 한편 한국은행에 보유된 예금지급준비금은 금융통화위원회가 정하는 바에 따라 한국은행 또는 다른 금융기관에 대한 결제 자금으로 사용할 수 있다(법 제62조).

예금지급준비율이라 함은 각 금융기관이 보유할 금융통화위원회가 정하는 예금지급준비금의 최저율을 말하며, 금융통화위원회는 필요하다고 인정하는 경우 예금지급준비율을 변경할 수 있다(법 제56조 제1항). 예금지급준비율은 원칙적으로 100분의 50 이하로 하며, 모든 금융기관에 일률적으로 적용한다(법 제56조 제2항). 금융통화위원회가 예금지급준비율을 인상할 때에는 점진적으로 하여야 하며, 모든 금융기관에 대해 이를 사전 통보하여야 한다(법 제61조).

금융통화위원회는 현저한 통화 팽창기에 있어서 필요하다고 인정되는 경우에는 금융통화위원회가 지정한 날의 예금액을 초과하는 증가액에 대하여 예금지급준비율에 해당하는 금액을 초과하여 그 증가액의 전액까지를 최저 예금지급준비금으로 추가 보유하도록 요구할 수 있다(법 제57조). 또한 금융통화위원회는 필요하다고 인정하는 경우 금융기관에 대하여 예금지급준비금과는 별도의 지급준비자산을 보유하도록 요구할 수도 있다(법 제63조).

(3) 금융기관에 대한 대출 업무

한국은행은 금융통화위원회가 정하는 바에 의하여 금융기관에 대하여

한국은행법상 농업협동조합중앙회 및 수산업협동조합중앙회의 신용사업부문도 '금융기관'으로 간주된다(한국은행법 제11조 제2항).

대출 업무를 할 수 있는데, 이는 금융기관을 통해 본원통화를 공급하는 방식으로 통화신용정책을 수행하기 위한 것이다.

1) 금융기관에 대한 대출 업무

한국은행의 대출 방식은 어음재할인 방식과 증권담보대출 방식이 있다. 어음재할인 방식은 금융기관이 받은 약속어음 · 환어음 기타 신용증권을 재할인하거나 할인 또는 매매하는 방식을 말한다(법 제64조 제1항 제1호). 다만 대상 증권은 한국은행이 취득한 날로부터 1년 이내에 만기가 도래하는 증권에 한한다. 증권담보대출 방식은 위의 재할인 대상 증권, 국채, 정부보증채 및 통화안정증권 등을 담보로 하는 1년 이내의 기한부대출의 방식을 말한다(법 제64조 제1항 제1호).

2) 금융기관에 대한 긴급여신

한국은행은 긴급한 경우 위의 적격 증권 이외의 자산을 담보로 하여 금융기관에 여신을 제공할 수 있다. 즉 한국은행은 (i) 통화와 은행업의 안정이 직접적으로 위협받는 중대한 긴급사태 시에 금융기관에 대하여 일시적으로 여신을 할 수 있으며, (ii) 전산정보처리조직의 장애 기타 우발적 사고 등으로 인하여 금융기관 지급 자금의 일시적 부족이 발생함으로써 업무 수행에 현저한 지장이 초래될 것으로 인정되어 일시적으로 여신을 하는 경우에는 금융통화위원회의 위원 4인 이상의 찬성으로 임시로 적격성을 부여한 자산을 담보로 하여 금융기관에 대하여 여신을 제공할 수 있다(법 제65조).

(4) 공개시장에서의 증권 매매 업무

한국은행은 통화신용정책 수단의 하나로서 공개시장에서의 증권 매매의 방식을 통하여 통화량을 조절한다.

1) 공개시장 조작

한국은행은 금융통화위원회가 정하는 바에 따라서 통화신용정책을 수행하기 위하여 자기 계산으로 (i) 국채, (ii) 원리금 상환을 정부가 보증한 유가증권(즉 정부보증채), (iii) 기타 금융통화위원회가 정한 유가증권(즉, 통화안정증권 등)을 공개시장에서 매매할 수 있다(법 제68조 제1항).

2) 한국은행통화안정증권

한국은행은 한국은행법 및 한국은행통화안정증권법과 금융통화위원회가 정하는 바에 따라 한국은행통화안정증권(이하 "통화안정증권"이라 한다)을 공개시장에서 발행할 수 있다(법 제69조 제1항). 선진국의 경우 공개시장 조작은 주로 정부가 발행한 국채를 대상으로 하지만, 우리 나라의 경우에는 공개시장 조작에 이용할 국채의 발행 잔액이 충분하지 않아서 이를 보충하기 위하여 한국은행이 그 채무를 표시하는 유통증권인 통화안정증권을 직접 발행하여 그 증권을 공개시장 조작의 대상 증권으로 하고 있는 점이 특징적이다.[6]

한국은행은 통화안정증권을 환매조건부로 발행할 수는 없지만, 이미 발행한 통화안정증권을 만기 전에 환매하거나 액면 금액으로 추첨 상환할 수는 있다(법 제69조 제2항). 통화안정증권은 한국은행의 채무를 표시하는 증권이므로 한국은행이 보유하는 통화안정증권은 한국은행의 자산 또는 부채가 되지 아니한다(법 제69조 제6항).

(5) 정부 및 정부대행기관과의 여 · 수신(與 · 受信) 업무

한국은행은 세금 등 정부 수입을 국고금으로 받아 두었다가 정부가 필요로 할 때 자금을 내주거나 정부가 일시적으로 자금이 부족할 때 자금을 빌려주기도 하는 정부의 은행 역할을 한다. 즉 한국은행은 대한민국 국고금의 예수기관으로서 「국고금관리법」이 규정하는 바에 따라 국고금을 취급한다(법 제71조). 또한 한국은행은 국가의 수입 징수를 보조하며, 국채의 발행, 매각 상환 기타 사무를 취급할 수 있다(법 제73조). 한국은행은 정부에 대하여 당좌대출 등의 방식으로 여신을 할 수 있으며, 정부로부터 국채를 직접 인수할 수 있다(법 제75조 제1항). 따라서 한국은행은 정부에 대한 여신 또는 국채의 직접 인수를 통하여 정부에 대하여 신용을 제공함으로써 정부의 은행으로서의 기능을 수행한다.

이 외에 한국은행은 정부대행기관의 예금을 수입하며, 이에 대하여 대출할 수도 있다(법 제77조 제1항). 정부대행기관이라 함은 생산 · 구매 · 판매 또는 배급에 있어서 정부를 위하여 공공의 사업 또는 기능을 수행하는 법인으로서 정부가 지정한 법인을 말한다(법 제77조 제2항). 한국은행의 정부대행기관에 대한 대출은 그 원리금 상환에 대하여 정부가 보증한 경우에 한하여 할 수 있다(법 제77조 제3항). 이 외에 한국은행은 원리금 상환에 대하여 정부가 보증한 채권(債券)을 직접 인수할 수도 있다(법 제76조 제1항).

6) 주제별 한국은행법 해설, 17면.

(6) 민간에 대한 업무

한국은행은 물가 안정 도모라고 하는 목적을 달성하기 위한 업무 수행에 있어서 공공성을 확보하여야 하므로(법 제5조), 원칙적으로 민간 부문과 거래하는 것이 금지되며 일정한 경우에 한하여 제한적으로 그 거래를 할 수 있다.

1) 민간과의 거래 제한

한국은행은 원칙적으로 정부 · 정부대행기관 또는 금융기관 이외의 법인이나 개인과 예금 또는 대출의 거래를 하거나 정부 · 정부대행기관 또는 금융기관 이외의 법인이나 개인의 채무를 표시하는 증권을 매입할 수 없다(법 제79조 본문). 다만 한국은행은 금융통화위원회가 정하는 바에 의하여 업무 수행에 필요하다고 인정하는 법인과 예금거래를 할 수는 있다(법 제79조 단서).

2) 영리기업에 대한 여신

금융기관이 기존 대출금을 회수하며 신규 대출을 억제하고 있는 심각한 통화신용의 수축기에 있어서 한국은행은 금융통화위원회의 위원 4인 이상의 찬성으로 금융기관이 아닌 자로서 금융업을 영위하는 자 등 영리 기업에 대하여 여신을 제공할 수 있다(법 제80조 제1항).

(7) 지급결제제도 관리 · 감시 업무

중앙은행 기능 중의 하나는 최근 그 중요성이 더해 가고 있는 지급결제제도의 안정성과 효율성을 도모하는 역할을 하는 것이다. 이에 따라 2003년 9월 제7차 한국은행법 개정시에 지급결제제도에 대한 총괄 관리 및 감시 기능을 한국은행에 명시적으로 부여하여 그 기능을 보다 강화하였다. 즉 한국은행은 지급결제제도의 안전성[7]과 효율성을 도모하기 위하여 한국은행이 운영하는 지급결제제도[8]에 관하여 필요한 사항을 정할 수 있으며(법 제81조 제1항), 한국은행 이외의 자가 운영하는 지급결제제도[9]에 대하여 필요한 경우 당해 운영기관 또는 감독기관에 대하여 운영기준 개선 등을 요청할 수 있다(법 제81조 제2항).

---

7) 한국은행법은 '안전성'이라는 용어를 사용하고 있다.

8) 실시간 총액 결제 기능 등을 수행하는 '한은금융망'(BOK-WIRE) 시스템을 말한다.

9) 현재 금융결제원이 운영하는 소액결제시스템과 증권예탁결제원이 운영하는 증권결제시스템 등이 대표적이다.

또한 한국은행은 지급결제제도의 원활한 운영을 위하여 지급결제제도의 운영기관에 대하여 지급결제 관련 자료를 요구할 수 있으며, 이 경우 요구받은 기관은 이에 반드시 응해야 한다(法 제81조 제3항). 이외에 한국은행은 지급결제제도의 참가기관에 대하여 필요한 자료의 제출을 요구할 수 있다(法 제81조 제4항).

(8) 외국환 업무

한국은행은 재정경제부장관의 인가를 얻어 (i) 외국환업무 및 외국환의 보유, (ii) 외국의 금융기관, 국제금융기관, 외국정부와 그 대행기관 또는 국제연합기구로부터의 예금의 수입, (iii) 귀금속의 매매 업무를 수행할 수 있다(法 제82조). 이외에도 한국은행은 정부의 환율정책, 외국환은행의 외화 여·수신 업무 및 외국환 매입 · 매도 초과액의 한도 설정에 관한 정책에 대하여 협의하는 기능을 수행한다(法 제83조).

(9) 경제조사와 통계자료의 수집 및 작성 업무

한국은행은 통화신용정책의 수립에 필요한 통화와 은행업무 · 재정 · 물가 · 임금 · 생산 · 국제수지 기타 경제일반에 관한 통계자료의 수집 · 작성과 경제에 관한 조사를 할 수 있으며, 이를 위하여 필요한 자료와 정보를 정부기관이나 법인 또는 개인에게 요구할 수 있다(法 제86조).

(10) 감독당국에 대한 금융기관 검사 및 공동검사 요구 업무

한국은행은 금융기관의 경영상태를 분석하기 위하여 금융기관에 대하여 필요한 자료를 요청할 수 있고, 또한 필요한 경우에는 금융감독원에 금융기관의 검사를 요구하거나 금융감독원의 금융기관 검사에 공동으로 참여할 수 있다.

1) 자료 제출 요구권

한국은행은 금융통화위원회가 통화신용정책 수행을 위하여 필요하다고 인정하는 경우 금융기관(금융기관이 아닌 자로서 금융업을 영위하는 자 중 한국은행과 당좌예금거래약정을 체결한 자를 포함한다)에 대하여 자료제출을 요구할 수 있다(法 제87조).

2) 검사 및 공동검사의 요구

한국은행은 금융통화위원회가 통화신용정책 수행을 위하여 필요하다고 인정하는 경우 금융감독원에 대하여 구체적 범위를 정하여 금융기관에 대한 검사를 요구할 수 있으며, 필요시에는 한국은행 소속 직원이 금융감독원의 금융기관 검사에 공동으로 참여할 수 있도록 요구할 수 있다. 이러한 한국은행의 검사 및 공동검사 요구시에는 금융감독원은 지체없이 이에 응하여야 한다(법 제88조 제1항). 또한 한국은행은 금융감독원에 대하여 검사 및 공동검사의 요구에 의한 검사 결과의 송부를 요청하거나 검사 결과에 따라 금융기관에 대하여 필요한 시정조치를 요청할 수 있으며, 이 경우 금융감독원은 이에 응해야 한다(법 제88조 제2항).

Ⅲ. 아시아 주요 국가 중앙은행의 목적 및 기능에 관한 입법례

1. 일　본

(1) 목　적

일본은행법에 의하면, 일본은행은 중앙은행으로서 (ⅰ) 은행권을 발행하고 통화 및 금융을 조절하며, (ⅱ) 은행 및 기타 다른 금융기관 간의 자금 결제의 원활화를 도모함으로써 신용질서 유지에 기여함을 목적으로 한다.[10] 또한 일본은행은 통화 및 금융의 조절을 수행함에 있어서 물가 안정의 도모를 통해 국민경제의 건전한 발전에 이바지하는 것을 그 이념으로 한다.[11]

(2) 기　능

일본은행의 주요 업무는 (ⅰ) 화폐 발행 업무, (ⅱ) 지급준비제도 운영 업무, (ⅲ) 금융기관에 대한 대출 업무, (ⅳ) 공개시장 조작 업무, (ⅴ) 신용질서의 유지를 위한 업무, (ⅵ) 국고금 관리 업무 및 정부에 대한 대출 업무, (ⅶ) 지급결제제도 관리 · 운영 업무, (ⅷ) 외국환 매매 업무, (ⅸ) 국제금융 관련 업무, (ⅹ) 고사(考査) 업무 등이다. 일본은행은 은행에 대한 전반적인 감독 권한은 없지만(은행감독권은 금융청이 수행한다), 일본은행과 거래하는 금융기

10) 일본은행법(1942년 제정, 2001년 개정) 제1조.

11) 일본은행법 제2조.

관에 대하여 그 업무 및 재산 상황에 대하여 임점(臨店)하여 조사하는 고사권(考査權)을 가지고 있다.

1) 화폐 발행 업무

일본은행은 중앙은행으로서 은행권을 발행하며, 일본은행이 발행하는 은행권(이하 "일본은행권"이라 한다)은 법화로서 무제한 통용된다.[12] 일본은행권의 종류는 정령(定令)에서 정하며, 일본은행권의 양식은 재무성이 정하며 이를 공시한다.[13] 일본은행은 재무성령이 정하는 바에 따라 오염, 훼손, 기타 사유로 사용이 곤란한 일본은행권을 수수료 없이 교환해 주어야 한다.[14] 일본은행은 일본은행권의 제조 및 소각의 절차를 정하거나 변경할 때 재무성의 승인을 받아야 하며, 재무성은 승인을 하지 않을 경우에는 신속하게 그 취지와 이유를 동 신청의 내용과 함께 공표하여야 한다.[15]

2) 지급준비제도 운영 업무

일본은행의 정책위원회(Policy Board)는 「지급준비제도에 관한 법률」 제4조 제1항에 규정된 지급준비율과 기준일 등의 설정 · 변경 또는 폐지에 관한 사항을 의결할 권한이 있다.[16]

3) 금융기관에 대한 대출 업무

일본은행은 (i) 상업어음 및 기타 어음의 할인 업무 및 (ii) 어음, 국채 및 기타 유가증권을 담보로 하는 증권담보 대출의 업무를 수행한다.[17] 이 외에도 일본은행은 금융기관 등[18]에 대한 일시 대출로서, 금융기관 등이 전자정보처리조직의 고장 또는 기타 우발적인 사유로 인하여 예견하기 어려운 지급자금의 일시적인 부족이 발생한 경우, 그 지급 부족액이 즉시 확보되지 않으면 당해 금융기관 등의 업무 수행에 현저한 지장이 발생할 우려가 있어 금융기관 간의 자금 결제의 원활을 확보할 필요가 있다고 인정될 때에는, 당해 금

12) 일본은행법 제46조 제1항 및 제2항.

13) 일본은행법 제47조 제1항 및 제2항.

14) 일본은행법 제48조.

15) 일본은행법 제49조 제1항 및 제2항, 제7조 제4항.

16) 일본은행법 제15조 제1항 제3호.

17) 일본은행법 제33조 제1항 제1호 및 제2호.

18) '금융기관 등'은 (i) 은행 및 기타 예금 등의 수취 및 환거래 업무를 담당하는 금융기관과 (ii) 기타 금융업을 영위하는 자로서 정령(定令)에서 정하는 자를 말한다(일본은행법 제37조 제1항).

융기관 등에 대하여 정령(定令)으로 정하는 기간을 한도로 하여 무담보로 그 지급 부족액에 상당하는 금액의 자금을 대출할 수 있다.[19] 이 경우에 일본은행은 지체없이 그 내용을 내각총리대신 및 재무성에게 보고하여야 한다.[20] 이러한 일시 대출은 정책위원회의 의결을 거쳐야 한다.[21]

일본은행의 대출 업무와 관련하여, 정책위원회는 (i) 어음의 할인과 관련한 기준 할인율 및 기타 할인율과 동 할인과 관련한 어음의 종류 및 조건의 결정 또는 변경에 관한 사항, (ii) 대출과 관련한 기준 대출 이자율 및 기타 대출 이자율과 동 대출과 관련한 담보의 종류 · 조건 및 금액의 결정 또는 변경에 관한 사항을 의결할 권한을 가진다.[22]

4) 공개시장 조작 업무

일본은행은 상업어음 및 기타 어음(일본은행이 발행한 어음을 포함한다) 또는 국채 및 기타 채권의 매매 업무를 수행한다.[23] 정책위원회는 어음 또는 채권의 매매 및 기타 방법에 의한 금융시장 조절(공개시장 조작을 포함한 금융시장을 통해 이루어지는 통화 및 금융의 조절을 포함한다)의 방침과 동 금융시장 조절과 관련한 어음 또는 채권의 종류 · 조건 및 기타 사항의 결정과 변경에 대하여 의결할 권한을 가진다.[24]

5) 신용질서의 유지를 위한 업무

내각총리대신 및 재무성은 은행법 제57조의2의 규정과 기타 관련 법령의 규정에 의한 협의에 기하여 신용질서의 유지에 중대한 지장이 발생할 우려가 있다고 인정될 경우, 신용질서 유지를 위해 특별히 필요하다고 인정되는 때에는 일본은행에 대하여 당해 협의와 관련된 금융기관에 대하여 대출 및 기타 신용질서의 유지에 필요한 업무를 수행하도록 요청할 수 있다.[25] 이 경우 일본은행은 일본은행법 제33조에 규정된 통상업무 이 외에 당해 요청에 따라 특별한 조건에 의한 자금의 대출 및 기타 신용질서의 유지에 필요하다고

19) 일본은행법 제37조 제1항.
20) 일본은행법 제37조 제2항.
21) 일본은행법 제15조 제2항 제1호.
22) 일본은행법 제15조 제1항 제1호 및 제2호.
23) 일본은행법 제33조 제1항 제3호.
24) 일본은행법 제15조 제1항 제4호.
25) 일본은행법 제38조 제1항.

인정되는 업무를 수행할 수 있다.[26)]

6) 국고금 관리 업무 및 정부에 대한 대출 업무

일본은행은 중앙은행으로서 법령(法令)에서 정하는 바에 따라 국고금 취급 업무 및 그 관련 업무를 수행하며,[27)] 법령이 정하는 바에 따라 통화 및 금융에 관한 국가 사무 업무 및 관련 업무를 수행할 수 있다.[28)] 이 외에도 일본은행은 중앙은행으로서 정부에 대하여 (i) 재정법 제5조 단서 규정에 의해 국회 의결을 거친 금액 범위 내에서의 무담보대출, (ii) 재정법 및 기타 정부의 회계에 관한 법률의 규정에 따라 이루어지는 정부의 일시 차입금에 대한 무담보대출, (iii) 재정법 제5조 단서 규정에 의해, 국회 의결을 거친 금액 범위 내에서의 국채의 응모 또는 인수, (iv) 재무성증권 및 기타 유통증권의 응모 또는 인수, (v) 귀금속 및 기타 물품의 보호예수 업무를 수행한다.[29)]

7) 지급결제제도 관리 · 운영 업무

일본은행은 내각총리대신 및 재무성의 인가를 받아 (i) 예수금, 내국환거래, 유가증권 등의 보호예수 업무, 또는 (ii) 국고금이나 국가사무의 취급과 관련한 업무를 일체적으로 수행함으로써 금융기관 간 자금결제의 원활화에 기여하는 업무를 수행할 수 있다.[30)]

8) 외국환 매매 업무

일본은행은 스스로 필요에 따라 또는 국가사무의 취급자로서 외국환을 매매하는 업무를 수행할 수 있으며, 중앙은행으로서 외국 중앙은행 등(외국의 중앙은행 또는 그에 준하는 자를 말한다. 이하 같다) 또는 국제기구와의 협력을 도모하기 위하여 외국환 매매 업무를 수행할 수 있다.[31)] 또한 일본은행은 국가사무의 취급자로서 외환시장에서 자국 통화의 환율 안정을 목적으로 외국환 매매 업무를 수행한다.[32)]

9) 국제금융 관련 업무

일본은행은 중앙은행으로서 외국 중앙은행 등 또는 국제기구와의 협력

---

26) 일본은행법 제38조 제2항.
27) 일본은행법 제35조 제1항 및 제2항.
28) 일본은행법 제36조 제1항 및 제2항.
29) 일본은행법 제34조.
30) 일본은행법 제39조 제1항.
31) 일본은행법 제40조 제1항.
32) 일본은행법 제40조 제2항.

을 도모하기 위하여, (ⅰ) 자국통화로 표시된 예금과 관련된 예수금, (ⅱ) 예수금 수취 업무에 따라 수취한 예금을 대가로 하는 국채의 매도 및 매입, (ⅲ) 유가증권 · 귀금속 및 기타 물품의 보호예수, (ⅳ) 외국 중앙은행 등 또는 국제기구가 행하는 국채 매매의 주선 · 중개 또는 대리, (ⅴ) 기타 외국 중앙은행 등 또는 국제기구와 자국통화 또는 자국통화 표시 자산의 적절한 운영을 위하여 필요하다고 인정되는 업무로서 재무성령이 정하는 업무를 수행할 수 있다.[33]

이 외에도 일본은행은 중앙은행으로서 외국 중앙은행 등 또는 국제기구와 국제금융 지원 및 기타 국제금융면에서의 협력을 도모하기 위하여 재무성의 요청이나 또는 사전 승인을 얻어 (ⅰ) 국제결제은행(BIS)이 보유하고 있는 외국 중앙은행 등에 대한 대출채권의 양수, (ⅱ) 외국 중앙은행 등 또는 국제기구에 대한 신용 공여의 업무 또는 (ⅲ) 기타 필요한 업무를 수행할 수 있다.[34]

10) 고사(考査) 업무

일본의 경우 금융감독권은 금융청에 있고, 일본은행은 제한적으로 금융기관에 대한 조사권만을 가지고 있다. 일본은행은 일본은행법에 따라 일부 업무와 관련하여 동 업무의 상대방이 되는 금융기관(이하 "거래 금융기관"이라 한다) 등의 업무 및 재산 상황에 대하여 임점하여 조사하는 고사(考査) 업무를 수행할 수 있다.[35] 즉 일본은행은 금융기관에 대한 일시 대출 업무, 신용질서의 유지를 위한 업무 및 자금결제의 원활화를 위한 업무를 적절히 수행하기 위하여 또한 동 업무를 적절히 수행하는 데 필요한 사항을 갖추기 위하여 거래 금융기관 등과 고사(考査)에 관한 계약을 체결할 수 있다.[36] 일본은행이 고사(考査)를 실시할 때에는 사전에 거래 금융기관 등에 통지하여 그 승낙을 얻어야 하며 기타 정령(政令)에서 정하는 요건을 구비하여야 한다.[37]

일본은행은 고사(考査) 수행시 당해 고사(考査)에 수반되는 거래 금융기관 등의 사무 부담을 배려하여야 하며, 금융청이 요청하는 경우 고사(考査)의

33) 일본은행법 제41조.
34) 일본은행법 제42조.
35) 일본은행법 제44조 제1항.
36) 일본은행법 제44조 제1항.
37) 일본은행법 제44조 제1항.

결과를 기재한 서류 및 기타 고사(考査) 관련 자료를 금융청에 제출하거나 금융청 소속 직원에게 열람하게 할 수 있다.[38] 고사(考査)에 관한 계약 내용 및 각 사업연도의 고사(考査)에 관한 중요 사항은 정책위원회의 의결을 거쳐야 한다.[39]

ll) 규정된 업무 이외의 추가 업무 수행

일본은행은 원칙적으로 일본은행법의 규정에 의한 일본은행 업무 이외의 업무를 수행할 수 없다.[40] 다만 일본은행법에서 규정하고 있는 일본은행의 목적을 달성하기 위하여 필요한 경우 재무성 및 내각총리대신의 인가를 받아 일본은행법에 규정된 일본은행 업무 이외의 업무를 수행할 수 있다.[41]

2. 싱가포르

(1) 목　　적

싱가포르통화청법(Monetary Authority of Singapore Act)에 의하면, 싱가포르 중앙은행인 싱가포르통화청(Monetary Authority of Singapore)의 목적은 (i) 정부의 은행 및 정부의 대행기관으로서의 역할을 수행하며, (ii) 정부의 일반 경제 정책의 범위 내에서 경제 성장에 부합하는 통화의 안정과 신용 및 환(換) 제도의 증진을 도모하며, (iii) 건전하고 발전적인 금융서비스 부문을 육성하며, (iv) 싱가포르통화청법 제21조에 의하여 싱가포르통화청에 이관된 금융 감독 및 외국환 관리 등의 의무 및 기능을 수행하고 그 권한을 행사하는 것이다.[42]

(2) 기　　능

싱가포르통화청의 주요 업무는 (i) 예금의 수입 등의 업무, (ii) 어음할인(재할인) 및 대출 업무, (iii) 증권 매매 업무, (iv) 투자 업무, (v) 정부의

---

38) 일본은행법 제44조 제2항 및 제3항.

39) 일본은행법 제15조 제2항 제5호.

40) 일본은행법 제43조 제1항.

41) 일본은행법 제43조 제1항.

42) Monetary Authority of Singapore Act, Section 4.

은행 및 재정대리인으로서의 업무, (vi) 대외자산 운용 업무, (vii) 금융기관에 대한 지시 업무, (viii) 금융기관의 설립 승인 업무, (ix) 지급결제제도 관리·운영 업무, (x) 금융센터 육성 및 금융 전문 인력 양성 등을 위한 기금 설치 및 운용 등의 업무, (xi) 금융 감독 및 외국환 관리 업무 등을 수행한다. 한편 싱가포르통화청은 은행감독권을 보유하고 있다.

1) 예금 수입 등의 업무

싱가포르통화청은 정부, 정부기관, 정부나 정부기관이 지분을 갖고 있는 회사, 은행 및 다른 신용기관으로부터 예금을 수입하는 업무를 수행하며,[43] 싱가포르 국내외에서 싱가포르통화청이 적절하다고 판단하는 조건으로 차입을 하거나 보증을 하는 업무도 할 수 있다.[44]

2) 어음 할인(재할인) 및 대출 업무

싱가포르통화청은 정부재정증권, 취득일로부터 만기가 3개월 이내인 상거래에서 발생하는 환어음 및 약속어음, 싱가포르 국외에서 발행되는 환어음 및 정부재정증권 등을 할인하거나 재할인하는 업무를 수행한다.[45] 이 외에 싱가포르통화청은 적절하다고 판단되는 조건으로 금융기관에게 대출 등의 신용 공여 업무를 수행한다.[46] 또한 싱가포르통화청은 특별 대출로서 금융시스템의 안정 및 금융시스템에 대한 공중의 확신을 확보하기 위하여 필요하다고 판단하는 경우에는 은행법(Banking Act)에 의하여 은행업을 영위하는 은행이나 싱가포르통화청이 정하는 다른 금융기관 등에 대하여 적정하다고 판단되는 조건으로 대출 또는 다른 신용공여를 제공할 수 있다.[47]

3) 증권 매매 업무

싱가포르통화청은 (i) 정부 및 정부기관이 공모로 발행한 증권, (ii) 취득일로부터 만기가 3개월 이내인 상거래에서 발생하는 환어음 및 약속어음, (iii) 싱가포르 국외에서 발행되는 환어음 및 정부재정증권, (iv) 싱가포르통화청 이사회(Board of Directors)가 승인한 정부나 국제 금융기관이 발행하거나 보증한 증권, (v) 싱가포르통화청 이사회가 추천하고 총재가 승인한 증권 등

43) Monetary Authority of Singapore Act, Section 23(1)(a), (o).

44) Monetary Authority of Singapore Act, Section 23(1)(k).

45) Monetary Authority of Singapore Act, Section 23(1)(d), (f), (j).

46) Monetary Authority of Singapore Act, Section 23(1)(g).

47) Monetary Authority of Singapore Act, Section 26.

을 매매하는 업무를 수행한다.[48)]

4) 투자 업무

싱가포르통화청은 싱가포르통화청의 내부 기금 등으로 정부나 정부기관이 발행한 증권에 투자하거나, 싱가포르의 금융 및 증권 시장의 발전을 증진할 목적으로 정부의 승인을 얻어 일반 회사 주식을 취득하거나 보유하고 매각하는 업무를 수행한다.[49)]

5) 정부의 은행 및 재정대리인으로서의 업무

싱가포르통화청은 정부의 은행 및 재정대리인(financial agent)으로서의 역할을 수행한다.[50)] 싱가포르통화청은 정부계정을 통하여 국고금의 수입 · 지출 업무를 담당하고, 이 업무에 대하여 수수료를 징구한다.[51)] 싱가포르통화청은 정부와 싱가포르통화청이 약정한 조건에 따라 정부의 재정대리인으로서의 업무도 수행한다.[52)] 이 외에도 싱가포르통화청은 정부나 정부기관이 발행하는 증권을 발행하고 관리하는 업무도 수행한다.

6) 대외자산 운용 업무

싱가포르통화청은 금융절차법(Financial Procedure Act) 및 기타 관련법에 의거하여 정부의 대외자산을 운용하는 업무도 수행한다.[53)]

7) 금융기관에 대한 지시 업무

싱가포르통화청은 공공의 이익을 위하여 필요하다고 판단하는 경우에는 금융기관으로부터 관련 정보를 요청할 수 있으며, 또한 필요한 지시를 명할 수 있다.[54)]

8) 금융기관의 설립 승인 업무

싱가포르통화청은 영업 활동이 (ⅰ) 싱가포르의 통화 안정과 신용 및 환(換) 제도, (ⅱ) 금융센터로서의 싱가포르의 발전이나 (ⅲ) 싱가포르의 금융상황에 영향을 미친다고 싱가포르통화청이 판단하는 금융기관으로 하여금

---

48) Monetary Authority of Singapore Act, Section 23(1)(e), (f), (j), (m).

49) Monetary Authority of Singapore Act, Section 23(1)(h), (i).

50) Monetary Authority of Singapore Act, Section 25(1).

51) Monetary Authority of Singapore Act, Section 25(2).

52) Monetary Authority of Singapore Act, Section 25(3).

53) Monetary Authority of Singapore Act, Section 25(4).

54) Monetary Authority of Singapore Act, Section 27(1).

싱가포르에서 영업을 영위하기 위해서 싱가포르통화청의 승인을 받도록 요구할 수 있다.[55] 싱가포르통화청은 이러한 승인 요청에 대하여 승인을 해주거나 거절할 수 있으며(거절하는 경우에는 그 이유를 설명할 필요는 없다), 조건을 부과하여 승인을 해줄 수도 있다.[56] 또한 싱가포르통화청은 금융기관의 영업 활동에 관한 지침을 제정하거나 조건을 부과할 수 있으며, 필요한 경우에는 그러한 지침이나 조건을 변경할 수 있다.[57]

더 나아가서 싱가포르통화청은 (i) 금융기관 설립 승인 신청서류가 나중에 중요한 부분에서 허위인 것이 판명된 경우나, (ii) 금융기관이 승인 조건이나 지시 또는 지침에 위반하거나, (iii) 금융기관이 예금자나 고객의 이익에 해하는 행위를 한 경우 또는 (iv) 공공의 이익을 위하여 필요한 경우에는 금융기관의 설립 승인을 취소할 수 있다.[58]

9) 지급결제제도 관리 · 운영 업무

싱가포르통화청은 싱가포르통화청이 승인한 참가기관(싱가포르통화청을 포함한다)간에 자금 이체, 지급채무의 결제, 대체계좌증권이나 채무증서의 결제 등을 위한 실시간총액결제시스템(real-time gross settlement systems)을 운영할 수 있다.[59] 실시간총액결제시스템은 지급채무나 증권 또는 채무증서의 결제를 위해서 싱가포르 국내외에 있는 다른 시스템과 연결될 수 있다.[60]

싱가포르통화청은 실시간총액결제시스템의 참가기관과 약정을 체결할 수 있으며, 실시간총액결제시스템의 운영을 위한 규칙을 제정하여 참가기관에 대하여 적용할 수 있다.[61] 싱가포르통화청은 실시간총액결제시스템의 이익을 위하여 필요하다고 판단하는 경우에 실시간총액결제시스템의 운영을 정지하거나 참가기관의 권리나 특권을 배제 또는 정지하는 것 등을 포함하는 내용을 동 규칙에 포함할 수 있다.[62]

55) Monetary Authority of Singapore Act, Section 28(1).
56) Monetary Authority of Singapore Act, Section 28(2).
57) Monetary Authority of Singapore Act, Section 28(4).
58) Monetary Authority of Singapore Act, Section 28(5).
59) Monetary Authority of Singapore Act, Section 29A(1).
60) Monetary Authority of Singapore Act, Section 29A(2).
61) Monetary Authority of Singapore Act, Section 29A(3).
62) Monetary Authority of Singapore Act, Section 29(4)(d).

10) 금융센터 육성 및 금융 전문 인력 양성 등을 위한 기금 설치 및 운용 등의 업무

싱가포르통화청은 재무부의 지시 범위 내에서 정부가 출연하는 자금이나 기부금 등의 재원으로 설치된 금융부문개발기금(Financial Sector Development Fund)을 관리 · 운영한다.[63] 동 기금은 (ⅰ) 싱가포르의 금융센터로의 육성, (ⅱ) 금융서비스부문에 요구되는 기술이나 경험의 개발 및 향상, (ⅲ) 금융서비스부문과 관련된 교육 및 개발 기관, 연구 및 개발 프로그램이나 프로젝트의 개발과 지원, (ⅳ) 금융서비스부문을 지원할 인프라(infra)의 개발 등의 목적을 위하여 사용된다.[64] 동 기금을 사용하는 데 있어서, 싱가포르통화청은 동 기금이 싱가포르 국내외에서 (ⅰ) 동 기금의 목적을 위해서 기술이나 경험의 증진을 위한 훈련 과정 및 프로그램을 위한 시설을 설치하거나 확장 또는 유지하는데, (ⅱ) 그러한 목적에 맞게 장학금, 보조금, 대출금 기타 재정 지원이나 인센티브 부여를 위하여, (ⅲ) 재무부가 승인하는 동 기금의 목적에 벗어나지 않는 사업을 위하여 지출되도록 하여야 한다.[65] 싱가포르통화청은 관련법에서 허용된 방법이나 재무부가 정하는 방법으로 동 기금을 투자 운용할 수 있으며, 그러한 투자 운용 권한을 싱가포르통화청이 지명한 직원이나 대리인에게 위임할 수도 있다.[66]

11) 금융 감독 및 외국환 관리 업무

싱가포르통화청법에 의하면, 싱가포르통화청은 1971년 1월 1일부터 (ⅰ) 은행법에 의하여 재무부, 은행감독위원장(Commissioner of Banking), 회계감독관(Accountant-General)에게 부여된 기능 · 의무 및 권한을 넘겨받고, (ⅱ) 금융회사법(Finance Companies Act)에 의하여 부여된 재무부, 금융회사감독위원장(Commissioner of Finance Companies) 및 회계감독관에 부여된 기능 · 의무 및 권한을 넘겨받으며, (ⅲ) 외환관리법(Exchange Control Act)에 의하여 재무부 및 외환감독관(Controller of Foreign Exchange)에게 부여된 권한을 넘겨받아 수행하고 있다.[67] 이 외에도 싱가포르통화청은 1984년 9월 21일부터 보험범

63) Monetary Authority of Singapore Act, Section 30A(1), (2).
64) Monetary Authority of Singapore Act, Section 30B(1).
65) Monetary Authority of Singapore Act, Section 30B(2).
66) Monetary Authority of Singapore Act, Section 30C(1), (2).
67) Monetary Authority of Singapore Act, Section 21(1).

(Insurance Act)에 의하여 보험감독위원장(Commissioner of Insurance)에게 부여된 기능 · 의무 및 권한을 넘겨받고, 증권산업법(Securities Industry Act)에 의하여 회사등록감독관(Registrar of Companies) 및 회계감독관에 부여된 기능 · 의무 및 권한을 넘겨받아 행사하고 있다.[68] 즉 싱가포르통화청은 관련법에서 부여하고 있는 은행 · 보험 및 증권 등 금융 감독에 관한 업무 및 외환 관리 업무를 수행하고 있다.

3. 말레이시아

(1) 목 적

1958년 말레이시아중앙은행법(Central Bank of Malaysia Act 1958)은 말레이시아중앙은행(Central Bank of Malaysia)의 목적을 (i) 화폐 발행 및 화폐 가치를 보호하기 위한 지급준비금 유지, (ii) 정부의 은행으로서의 역할 및 정부에 대한 금융 자문, (iii) 통화 가치의 안정 및 건전한 금융구조(financial structure)의 증진, (iv) 국가에 유리한 방향으로의 신용 상태에 대한 영향력 행사라고 규정하고 있다.[69]

(2) 기 능

말레이시아중앙은행의 주요 업무는 (i) 화폐 발행 업무, (ii) 지급준비 운영 업무, (iii) 어음 할인(재할인) 및 대출 업무, (iv) 증권 등의 매매 업무, (v) 경제 발전 사업을 위한 특별기금의 설치 운영 업무, (vi) 국고금 관리 등 정부의 은행으로서의 업무, (vii) 지급결제제도 관리 · 운영 업무, (viii) 외국환 관리 및 국제협력 관련 업무, (ix) 예금자 보호를 위한 명령 조치 업무, (x) 금융 감독 관련 지시 업무 등을 들 수 있다. 한편 말레이시아중앙은행은 은행 감독권을 보유하고 있지는 않다.

1) 화폐 발행 업무

말레이시아중앙은행은 말레이시아 지역 내에서 법화(法貨)로서 통용되는 은행권 및 주화를 발행하는 권한을 가진다.[70] 말레이시아중앙은행은 은행권

68) Monetary Authority of Singapore Act, Section 21(2).

69) Central Bank of Malaysia Act 1958 (1994년 개정), Section 4.

의 인쇄 및 주화의 제조를 관리하며, 은행권 및 주화를 발행 · 재발행 및 교환하는 업무를 담당한다.[71] 은행권 및 주화의 권종(券種)은 링기트(Ringgit) 단위로 하며, 재무부의 승인을 얻어 말레이시아중앙은행이 결정하고, 양식 및 디자인도 재무부의 승인을 얻어 말레이시아중앙은행이 정한다.[72]

2) 지급준비제도 운영 업무

말레이시아중앙은행이사회(Board of Directors)는 말레이시아중앙은행의 목적을 달성하기 위하여 필요하다고 판단하는 경우에는 은행(banking institutions)으로 하여금 저축계정, 정기예금 및 기타 채무에 대하여 일정한 율에 해당하는 지급준비금을 말레이시아중앙은행에 예치하도록 권고할 수 있다.[73] 말레이시아중앙은행이사회는 그러한 권고시에 각 은행 종류별(categories)로 다른 지급준비율을 정할 수 있다.[74] 더 나아가서 말레이시중앙은행이사회는 재무부의 승인을 얻어 권고를 할 때 곧 바로 권고가 합리적인 기간 내에 효력을 발생할 수 있도록 하는 지시권(direction)을 발동할 수 있다.[75]

3) 어음 할인(재할인) 및 대출 업무

말레이시아중앙은행은 (ⅰ) 취득일로부터 만기가 12개월 이내인 상거래에서 발생하는 환어음 및 약속어음, (ⅱ) 취득일로부터 만기가 12개월 이내인 농업 자금 조달 또는 농산물의 마케팅을 위한 환어음 및 약속어음, (ⅲ) 중앙정부나 주정부의 재정증권(treasury bills), (ⅳ) 취득일로부터 만기가 1년 이내인 말레이시아 국외에서 발행되는 환어음 및 재정증권을 할인 또는 재할인하는 업무를 수행한다.[76] 또한 말레이시아중앙은행은 농수산물의 생산 또는 마케팅을 지원하기 위한 목적으로 농수산업협동조합(co-operative societies) 등에게 대출을 할 수 있으며, 정부 뿐만 아니라 말레이시아중앙은행이 지분을 갖고 있는 공공기관 및 기업에 대하여도 대출을 하는 업무를 수행한다.[77]

이 외에도 말레이시아중앙은행은 중앙정부나 주정부의 재정증권을 담보

70) Central Bank of Malaysia Act 1958, Section 20.
71) Central Bank of Malaysia Act 1958, Section 22.
72) Central Bank of Malaysia Act 1958, Section 23(1).
73) Central Bank of Malaysia Act 1958, Section 37(1).
74) Central Bank of Malaysia Act 1958, Section 37(2).
75) Central Bank of Malaysia Act 1958, Section 39(1), (2).
76) Central Bank of Malaysia Act 1958, Section 30(1)(e), (f), (m).
77) Central Bank of Malaysia Act 1958, Section 30(1)(ff), (fff).

로 하여 3개월을 초과하지 않는 범위 내에서 신용을 공여할 수 있으며, 중앙정부나 주정부의 증권이나 말레이시아중앙은행이 할인 · 재할인 또는 매입할 수 있는 적격 환어음 및 약속어음 등을 담보로 하여 12개월 또는 재무부의 승인 하에 말레이시아중앙은행이사회가 정하는 기간을 초과하지 않는 범위 내에서 신용을 공여하는 업무를 수행한다.[78)]

또한 말레이시아중앙은행은 인가받은 금융기관(licensed institutions) 등이 채무를 지급하지 못하는 상황이나 지급 중단이 발생하려는 상황의 경우에는 재무부의 동의를 얻어 그러한 금융기관에게 증권이나 주식을 담보로 하여 긴급대출을 할 수 있으며,[79)] 이 외에도 통화 안정을 유지하기 위하여 필요하다고 판단하는 경우에는 말레이시아중앙은행이 적절하다고 판단하는 것을 담보로 하여 은행 및 기타 다른 금융기관에게 특별 대출 기타 신용공여를 할 수 있다.[80)]

4) 증권 등의 매매 업무

말레이시아중앙은행은 (ⅰ) 재무부의 승인 하에 발행하는 증권, (ⅱ) 취득일로부터 만기가 12개월 이내인 상거래에서 발생하는 환어음 및 약속어음, (ⅲ) 취득일로부터 만기가 12개월 이내인 농업 자금 조달 또는 농산물의 마케팅을 위한 환어음 및 약속어음, (ⅳ) 중앙정부나 주정부의 재정증권, (ⅴ) 만기가 30일을 초과하지 않는 중앙정부, 주정부 또는 다른 공공기관이 발행하는 증권 및 재무부의 승인을 얻어 말레이시아중앙은행이사회가 결정하는 기타 다른 증권, (ⅵ) 취득일로부터 만기가 1년 이내인 말레이시아 국외에서 발행되는 환어음 및 재정증권, (ⅶ) 외국정부나 재무부의 승인을 얻어 말레이시아중앙은행이사회가 결정하는 국제금융기관이 발행하거나 보증하는 증권, (ⅷ) 재무부의 승인을 얻어 말레이시아중앙은행이사회가 결정하는 기타 증권을 매매하는 업무를 수행한다.[81)] 또한 말레이시아중앙은행은 은행이 발행한 예금증서를 환매조건부로 매매할 수도 있다.[82)]

---

78) Central Bank of Malaysia Act 1958, Section 30(1)(k), (l).

79) Central Bank of Malaysia Act 1958, Section 31A(1)(a).

80) Central Bank of Malaysia Act 1958, Section 42.

81) Central Bank of Malaysia Act 1958, Section 30(1)(bb)(ii), (e), (f), (g), (h), (o).

82) Central Bank of Malaysia Act 1958, Section 30(1)(nnn)

5) 경제 발전 사업을 위한 특별기금의 설치 운영 업무

말레이시아중앙은행은 경제 발전을 촉진시키기 위한 목적으로 공공부문의 특별 프로젝트를 추진하기 위한 자금을 조달하기 위하여 은행이나 다른 금융기관이 말레이시아중앙은행에 예치한 지급준비금을 재원으로 하여 특별투자기금(Special Investment Fund)을 설치 · 운영할 수 있다.[83]

6) 국고금 관리 등 정부의 은행으로서의 업무

말레이시아중앙은행은 정부의 은행 및 재정대리인(financial agent)으로서의 역할을 수행한다.[84] 즉 말레이시아중앙은행은 국고금을 수입 · 지출하는 정부관리계좌를 관리 · 운영하는 업무를 수행하고,[85] 말레이시아중앙은행의 지점이 없는 지역에서는 상업은행을 국고금 수납대리점으로 지정할 수 있다.[86] 말레이시아중앙은행은 정부와 말레이시아중앙은행이 상호 합의한 조건에 따라 정부의 재정대리인 역할을 수행하기도 한다.[87]

또한 말레이시아중앙은행은 중앙정부, 주정부, 공공기관 등으로부터 예금을 수입할 수 있다.[88] 이 외에도 말레이시아중앙은행은 정부가 일시적으로 재정 적자가 될 경우에는 정부에 대하여 임시 자금 대출(temporary advances)을 할 수 있다.[89] 그러한 임시 자금 대출은 가능한 빠른 시간에 상환되어야 하며, 어떠한 경우이든 임시 자금 대출이 일어난 해의 정부의 회계연도 말로부터 3개월을 초과할 수 없다.[90]

7) 지급결제제도 관리 · 운영 업무

말레이시아중앙은행은 은행[91] 및 기타 다른 금융기관간의 어음 교환 및 기타 다른 지급결제를 원활하게 하기 위하여, 쾰라룸푸르(Kuala Lumpur) 지역

83) Central Bank of Malaysia Act 1958, Section 30(1)(ffff).
84) Central Bank of Malaysia Act 1958, Section 32(1).
85) Central Bank of Malaysia Act 1958, Section 32(2)
86) Central Bank of Malaysia Act 1958, Section 32(3).
87) Central Bank of Malaysia Act 1958, Section 32(4).
88) Central Bank of Malaysia Act 1958, Section 30(1)(q).
89) Central Bank of Malaysia Act 1958, Section 33(1).
90) Central Bank of Malaysia Act 1958, Section 32(3).
91) 여기서 '은행'이라 함은 1989년 「은행 및 금융기관법」(Banking and Financial Institutions Act 1989)에 정의된 인가은행(licensed bank), 인가종합금융회사(licensed merchant bank) 및 인가금융회사(licensed finance company)를 말한다(Central Bank of Malaysia Act 1958, Section 2).

및 기타 말레이시중앙은행이 필요하다고 정하는 지역에 어음교환소(Clearing House)를 설립할 수 있다.[92] 말레이시아중앙은행은 지급결제에 관련하여 은행 및 기타 다른 금융기관에게 서면으로 지시할 수 있는 권한이 있다.[93]

8) 외국환 관리 및 국제협력 관련 업무

말레이시아중앙은행은 1953년 외국환관리법(Exchange Control Act 1953)의 규정에 따른 외국환 관리 업무를 수행한다.[94] 또한 말레이시아중앙은행은 국제협력 업무로서 다른 국가의 중앙은행이나 통화당국 또는 국제금융기관 및 국제통화당국의 환거래은행(correspondent)이나 대리인 역할을 수행하며,[95] 재무부의 승인하에 지역적 또는 국제적 통화 정책의 증진을 도모하기 위하여 다른 나라의 중앙은행이나 통화당국이 수행하고 있는 계획(scheme)에 스스로 또는 정부를 대표하여 참가할 수 있으며,[96] 금융 및 경제 연구와 교육 부문에 있어서 지역적 또는 국제적 협력을 도모하기 위하여 다른 나라의 중앙은행이나 통화당국이 수행하는 계획에도 참가할 수 있다.[97]

9) 예금자 보호를 위한 명령 조치 업무

말레이시아중앙은행은 일정한 경우 예금자 보호를 위하여 명령(order)에 의한 특별 조치 업무도 수행한다. 즉 말레이시아중앙은행은 재무부의 동의하에 예금수취기관(deposit-taker)[98]이 채무를 이행하지 못하거나 못할 염려가 있는 경우 또는 동 기관이 지급 정지를 했거나 하려고 하는 경우에는 금융 안정을 확보 · 유지하고 예금자의 이익을 보호하기 위하여, (i) 인가금융회사(licensed finance company)의 주식을 매입하거나 (ii) 인가금융회사에 자금을 대출하여 그 인가금융회사가 예금수취기관의 재산 및 채무를 인수할 수 있도록 하거나 (iii) 은행에 자금을 대출하고 그 은행이 예금수취기관의 재산 및

92) Central Bank of Malaysia Act 1958, Section 30(1)(w), 43(1).

93) Central Bank of Malaysia Act 1958, Section 30(1)(w), 43(2).

94) Central Bank of Malaysia Act 1958, Section 30(1)(x)(3).

95) Central Bank of Malaysia Act 1958, Section 30(1)(p).

96) Central Bank of Malaysia Act 1958, Section 30(1)(www).

97) Central Bank of Malaysia Act 1958, Section 30(1)(ww).

98) '예금수취기관'(deposit-taker)이라 함은 '1989년 은행 및 금융기관법' 제25조에 의하여 예금을 수취하는 자를 말하며, 동 법에 의하여 정의된 협동조합(co-operative society) 또는 '1972년 전당포업자법'(Pawnbrokers Act 1972)에 의하여 정의된 전당포업자 등을 포함한다(Central Bank of Malaysia Act 1958, Section 31B(12)(c)).

채무를 인수하는 인가금융회사를 인수할 수 있도록 하는 조치를 관보에 공고되는 명령에 의하여 내릴 수 있다.[99] 다만 그러한 조치는 예금수취기관의 동의를 얻어야 하고, 예금수취기관의 무담보자산이 그 예금 채무를 변제하는데 부족한 경우 등에만 가능하다.[100]

10) 금융 감독 관련 지시 업무

말레이시아중앙은행이사회는 말레이시아중앙은행의 목적을 달성하기 위하여 필요하다고 판단하는 경우에는 말레이시아중앙은행법, 1983년 이슬람은행법(Islamic Banking Act 1983) 및 1989년 은행 및 금융기관법(Banking and Financial Institutions Act 1989)에 의한 은행 및 기타 금융기관의 감독에 관련되는 사항에 관하여 해당 은행 및 금융기관에 대하여 권고를 할 수 있으며,[101] 더 나아가서 그러한 권고가 합리적인 기간 내에 효력을 발생할 수 있도록 명령권을 발동할 수도 있다.[102]

4. 대만(중화민국)

(1) 목 적

중화민국중앙은행법(Central Bank of China Act)에 의하면, 대만(중화민국: Republic of China)의 중앙은행인 중화민국중앙은행(Central Bank of China)(이하 "대만중앙은행"이라 한다)의 목적은 (i) 금융 안정을 증진하고, (ii) 건전한 은행 경영을 유도하며, (iii) 통화의 대내외적 가치의 안정을 유지하고, (iv) 위 (i)~(iii) 목적의 범위 내에서 경제 발전을 촉진하는 것이다.[103]

(2) 기 능

대만중앙은행의 주요 기능은 (i) 화폐 발행 업무, (ii) 지급준비제도 운영 업무, (iii) 은행에 대한 재할인 및 대출 업무, (iv) 공개시장에서의 증권 매

99) Central Bank of Malaysia Act 1958, Section 31B(1).
100) Central Bank of Malaysia Act 1958, Section 31B(2).
101) Central Bank of Malaysia Act 1958, Section 37(1)(e).
102) Central Bank of Malaysia Act 1958, Section 39(1).
103) Central Bank of China Act(1935. 5. 23 제정, 2002. 6. 5 개정), Article 2.

매 업무, (v) 지급결제제도 관리 · 운영 업무, (vi) 외국환 관리 업무, (vii) 국고금 관리 업무, (viii) 경제 조사 업무, (ix) 금융기관 검사 업무, (x) 경제 발전 지원을 위한 각종 기금의 설치 · 운영 업무 등을 들 수 있다.

1) 화폐 발행 업무

대만중앙은행은 전국적으로 통용되는 대만의 화폐(national currency)를 발행할 권한을 가진다.[104] 대만중앙은행이 발행하는 화폐는 대만 영토 내에서 지급수단으로 사용되는 법화(法貨)이다.[105] 화폐인 은행권과 주화의 권종, 양식, 도안 등은 행정원(Executive Yuan)의 승인을 받아야 한다.[106] 대만중앙은행이 직접 또는 위탁은행(대만중앙은행의 위임을 받아 화폐를 발행하는 정부 은행)이 발행하는 화폐 발행액(다만 주화 제외)에 대해서는 발행액과 동일한 금액의 금은괴, 외환, 적격 어음 및 증권을 준비금으로 보유하여야 한다.[107]

2) 지급준비제도 운영 업무

은행법(Banking Law)의 규제를 받고 있는 은행은 요구불예금 · 정기예금 등의 예금 및 기타 다른 채무 대하여 대만중앙은행이 정하는 지급준비율[108]에 따라 지급준비금을 예치하여야 한다.[109] 대상 예금 및 채무의 범위는 대만중앙은행이 정한다.[110] 이 외에도 대만중앙은행은 필요한 경우 중화민국중앙은행법이 정하고 있는 지급준비금 최고율의 적용을 받지 않고 특정일로부터 당좌예금 · 요구불예금 및 기타 다른 채무의 증가액에 대해서 한계지급준비율(marginal reserve ratio)을 적용할 수 있다.[111]

3) 은행에 대한 재할인 및 대출 업무

대만중앙은행은 은행에 대하여 (i) 산업 및 상업거래 관련 어음으로서 만기가 90일을 초과하지 않는 적격 어음 및 (ii) 농업 관련 어음으로서 만기

104) Central Bank of China Act, Article 13.
105) Central Bank of China Act, Article 13.
106) Central Bank of China Act, Article 15.
107) Central Bank of China Act, Article 16.
108) 중화민국중앙은행법이 규정하고 있는 지급준비금의 최고율은 당좌예금 및 요구불예금의 경우 25%, 저축예금 및 정기예금의 경우 15%, 기타 다른 채무는 25%이다 (Central Bank of China Act, Article 23).
109) Central Bank of China Act, Article 23.
110) Central Bank of China Act, Article 23.
111) Central Bank of China Act, Article 16.

가 180일을 초과하지 않는 적격 어음을 재할인하거나, 10일을 초과하지 않는 범위 내에서 임시 대출(temporary advances)을 해 주며, 360일을 초과하지 않는 범위 내에서 은행의 담보대출 자금을 제공하는 업무를 한다.[112] 대만중앙은행은 그러한 재할인이나 대출에 대해서 한도를 정할 수 있다.[113] 대만중앙은행은 금융 경제 상황을 고려하여 재할인이나 대출의 이자율을 정하고 이를 공표하여 한다.[114]

4) 공개시장에서의 증권 매매 업무

대만중앙은행은 금융 상황을 고려하여 정부가 발행하거나 보증한 채권, 은행이 발행한 금융채, 은행에 의하여 인수되거나 보증된 어음을 공개시장에서 매매할 수 있다.[115] 또한 대만중앙은행은 통화 조절의 목적으로 발행한 정기예금증서, 저축증권 및 단기채권을 공개시장에서 매매할 수 있다.[116]

5) 지급결제제도 관리 · 운영 업무

대만중앙은행은 그 본점 및 지점에 은행간의 결제 및 어음 교환을 위한 결제기관(clearing house)을 설치 운영한다.[117] 대만중앙은행은 은행간의 결제 및 어음 교환에 관련된 규정을 제정할 수 있다.[118]

6) 외국환 관리 업무

대만중앙은행은 국제통화준비금(international monetary reserves)을 보유하며, 외국환의 전체적인 관리 임무를 부여받고 있다.[119] 대만중앙은행은 국제수지 상황을 고려하여 외환시장의 안정을 유지하기 위하여 외국환의 수요 및 공급을 조절하기 위한 조치를 취할 수 있다.[120] 이 외에도 대만중앙은행은 (ⅰ) 외국환 관리 계획을 수립하고, (ⅱ) 은행 및 기업에 대하여 외국환 업무 영위 인가를 해주고 감독하며, (ⅲ) 외국환 매매를 결제하고, (ⅳ) 대내외 송금을 검사하고 승인하며, (ⅴ) 외국통화 · 환어음 및 증권을 매매하며, (ⅵ) 외

112) Central Bank of China Act, Article 16.
113) Central Bank of China Act, Article 19.
114) Central Bank of China Act, Article 21.
115) Central Bank of China Act, Article 26.
116) Central Bank of China Act, Article 27.
117) Central Bank of China Act, Article 32.
118) Central Bank of China Act, Article 32.
119) Central Bank of China Act, Article 33.
120) Central Bank of China Act, Article 34.

국환의 수입 및 지급에 대한 통계자료 작성 및 분석을 하며, (vii) 기타 외국환 관련 업무를 영위한다.[121)]

7) 국고금 관리 업무

대만중앙은행은 국고업무를 수행하고 정부의 현금계정을 관리하며, 중앙정부대행기관(central governmental agencies)의 현금계정, 어음 및 증권을 관리한다.[122)] 또한 대만중앙은행은 국내외에서 발행되는 국채 및 재정증권의 발행 및 상환 업무도 수행한다.[123)]

8) 금융기관 검사 업무

대만중앙은행은 모든 금융기관에 대한 검사권을 갖고 있다. 이러한 검사권은 재무부가 정한 검사 프로그램에 따라 수행된다.[124)] 대만중앙은행은 신용협동조합(credit cooperatives)과 농업협동조합(farmers' associations)의 신용사업부문에 대하여서는 정부금융기관(government financial institution)에게 그 검사권을 위임할 수 있다.[125)]

9) 경제 조사 업무

대만중앙은행은 통화신용정책의 수립을 위하여 경제 조사, 금융통계 수집 및 통화경제 연구 업무를 수행한다.[126)]

10) 경제 발전 지원을 위한 각종 기금의 설치 · 운영 업무

대만중앙은행은 경제 발전을 지원하기 위하여 금융기관이 대만중앙은행에 재예치한 저축예금 등을 재원으로 하여 여러 가지 기금(funds)을 설치하여 운영할 수 있다.[127)]

---

121) Central Bank of China Act, Article 35.

122) Central Bank of China Act, Article 36.

123) Central Bank of China Act, Article 37.

124) Central Bank of China Act, Article 38.

125) Central Bank of China Act, Article 38.

126) Central Bank of China Act, Article 39.

127) The Central Bank of China Act, Article 20.

Ⅳ. 시사점 및 우리나라 중앙은행의 역할 강화 방안

이하에서는 위에서 살펴본 아시아 주요국 중앙은행의 목적 및 그 기능에 관한 내용이 우리 나라에 시사하는 점이 어떤 것인지에 대하여 고찰해 본다.

1. '건전한 금융 산업 발전의 증진'을 목적 조항에 추가

앞에서 본 것처럼, 아시아 금융 허브 국가를 육성하고 있는 싱가포르, 말레이시아 등 아시아 국가의 경우에는 각각 명시적으로 "건전하고 발전적인 금융서비스 부문의 육성" 또는 "건전한 금융 구조(financial structure)의 증진"을 중앙은행의 목적으로서 규정하고 있다는 점을 알 수 있다. 이는 동북아 금융 중심지로 추진하려는 정부의 발전 전략에 비추어 볼 때 시사하는 바가 크다.

우리 나라를 동북아 금융 허브 국가로 육성하기 위해서는 국제 금융센터 설립 및 금융 전문 인력의 양성이 필요하고, 여기에 일정 부분 중앙은행의 적극적인 역할이 요구된다 할 것이다.[128] 또한 급격히 국제화 · 전문화되어 가고 있는 새로운 금융 환경 하에서 국내 금융 산업을 발전시키고 우리 나라를 선진화된 금융 산업 국가로 육성하기 위해서 중앙은행의 역할 또한 중요하다고 할 것이다. 따라서 한국은행의 목적의 하나로서 "건전한 금융 산업 발전의 증진"을 목적 조항에 추가함으로써 한국은행이 이러한 새로운 역할을 수행할 수 있도록 할 필요가 있다고 본다.

한편, 아시아 금융 허브 국가로 금융 산업을 육성하고 있는 싱가포르, 말레이시아 및 대만의 중앙은행은 그 업무로서 특징적인 것이 경제 발전(말레이시아 및 대만의 경우) 또는 금융센터 및 금융 전문 인력 양성(싱가포르의 경우)을 위한 기금(fund)을 설치 · 운용한다는 점이다. 특히 아시아 금융 허브 국가로의 육성을 지향하고 있는 싱가포르의 경우에 금융센터 육성 및 금융 전

---

128) 금융 전문 인력 양성의 필요성과 이에 대한 중앙은행의 역할에 대해서는 한국은행 금융경제연구원, "국제금융센터로의 발전을 위한 금융인력 양성과 중앙은행의 역할," 「금융경제연구」 제177호, 2004. 4. 참조.

문 인력 양성을 위한 특별투자기금(Special Investment Fund)을 설치하여 운영하고 있는 점은 우리 나라가 추진하고 있는 동북아 금융 중심지 육성 전략에 비추어 볼 때 시사하는 점이 매우 크다고 할 수 있다.

정부의 큰 과제 중의 하나가 동북아 금융 중심지로서 금융 허브 국가의 육성이라는 점을 감안했을 때, 우리 나라 중앙은행의 역할은 이에 대한 지원에 초점이 맞추어져야 할 것이다. 동북아 금융 중심지 국가로 육성하기 위한 국제 금융센터의 육성 및 금융 전문 인력 양성의 필요성이 크다는 점을 인식할 때, 중앙은행이 이 부분에 대한 보다 적극적인 역할을 담당해야 할 필요가 있다고 본다.

물론 현행법상으로도 한국은행이 이에 대한 지원 업무를 수행할 수도 있다고 주장할 수도 있지만, 그러한 업무를 명시적으로 규정하고 있지 않는 상태에서 한국은행의 국제 금융센터 및 금융 전문 인력 양성의 업무 수행은 그 법적 근거가 미약하다고 볼 수 있다. 따라서 현행 한국은행의 업무 범위에 "국제 금융센터로의 육성과 금융 전문 인력 양성을 위한 특별기금 설치 및 그 운영"에 대한 내용을 추가하는 것이 바람직하다고 본다. 이것은 앞에서 언급한 바와 같이 "건전한 금융 산업 발전의 증진"을 목적 조항에 추가했을 때, 이 목적을 달성하기 위한 업무라고 볼 수 있다.

2. '지급결제제도의 안정성과 효율성 도모'를 목적 조항에 추가

금융 선진국인 일본의 경우에 지급결제제도의 안정성 및 효율성 증진을 중앙은행의 목적으로서 명시적으로 규정하고 있는 점은 우리가 참고할 필요가 있다.[129] 이는 최근 중앙은행의 역할 중에서 종전의 전통적인 통화신용정책 수행 이외에 지급결제제도의 안정성 및 효율성 유지 역할의 중요성이 커지고 있음을 고려할 때 우리 나라 중앙은행의 목적 조항에 추가할 필요성은 더욱 크다.

우리 나라의 경우에도 이러한 중앙은행의 지급결제제도 관리 · 운영 업무의 중요성을 인식하고, 2003년 9월 제7차 한국은행법 개정시에 한국은행의

129) 참고로 일본 이외에도 금융 선진국인 독일, 스위스 및 오스트레일리아 등 다수의 국가가 지급결제제도의 관리 · 운영을 그 주요 업무 중의 하나로 규정하고 있다.

지급결제제도에 관한 총괄 관리 및 감시 기능을 대폭 보완하여 그 업무 범위에 대하여 자세히 규정하고 있다.[130] 즉 개정된 현행 한국은행법은 "한국은행이 지급결제제도의 안전성과 효율성을 도모하기 위하여 한국은행이 운영하는 지급결제제도에 관하여 필요한 사항을 정할 수 있다"라고 규정하고 있다.[131] 그리고 한국은행은 한국은행 이외의 지급결제제도의 운영기관에 대하여 지급결제 관련 자료를 요구하거나 운영기준 개선 등을 요청할 수 있고, 또한 한국은행이 운영하는 지급결제제도의 참가기관에 대하여 필요한 자료의 제출을 요구할 수 있는 등 한국은행의 지급결제제도 관리 · 운영에 관한 권한을 대폭 강화하고 있다.[132] 이것은 바로 우리 나라도 지급결제제도에 있어서 중앙은행의 역할이 지대함을 인식한 것으로 이해할 수 있다.

그러나 우리 나라의 경우 다른 나라와는 달리 아직 그 목적 조항에 지급결제제도의 안정성 및 효율성 도모에 관한 내용은 반영되어 있지 않다. 물론 현행 한국은행법에는 그 업무의 하나로서 지급결제제도의 안전성과 효율성을 도모하기 위하여(밑줄 친 부분은 강조) 지급결제제도의 관리 · 운영 업무를 할 수 있도록 규정하고는 있으나,[133] 최근의 추세에 있어서 지급결제제도의 안정성 및 효율성 도모가 중앙은행의 중요한 역할임을 감안했을 때 "지급결제제도의 안정성[134]과 효율성 도모"를 목적 조항에 명시적으로 규정하는 것이 바람직하다고 본다. 이렇게 목적 조항에 규정함으로써 한국은행이 추구하는 주요한 목적 중의 하나가 지급결제제도의 안정성 및 효율성 도모임을 확실하게 인식하게 되고, 더 나아가서 이러한 지급결제제도의 안정성 및 효율성 도

130) 개정 전에는 한국은행법 제81조에 "한국은행은 통화신용정책과 직결되는 지급결제제도의 운영 · 관리 업무를 수행한다"라고만 하고 있어, 단순하고 그 업무 범위가 제한적이었다.

131) 한국은행법 제81조 제1항. 한국은행법은 지급결제제도의 '안전성'이라는 표현을 사용하고 있다.

132) 한국은행법 제81조 제2항, 제3항, 제4항.

133) 이 부분도 법문을 자세히 들여다보면, 한국은행이 운영하는 지급결제제도에만 적용되게 되어 있어서, 한국은행 이외의 자가 운영하는 지급결제제도에 대해서는 '지급결제제도의 안전성과 효율성 도모'의 목적이 적용되지 않는 것으로 이해할 수 있는 문제점이 있다.

134) '안전성(security)'보다 '안정성(stability)'이 보다 포괄적인 용어로서 더 적합하다고 본다. 예를 들어, 독일의 경우에도 "…contribute to the stability of payment and clearing systems"라고 표현하고 있다.

모를 위해서 한국은행이 추가적으로 수행하게 되는 업무에 대해서도 그 법적 근거가 확실하게 되는 이점이 있게 될 것이다.

3. '금융 안정의 도모'를 목적 조항에 추가

최근 중앙은행의 역할 중에서 금융 안정이 강조되고 있다. 특히 최종 대부자(lender of last resort) 기능을 하고 있는 중앙은행으로서는 그 목적의 하나로서 금융 안정의 역할이 중요하다고 할 것이다. 이와 관련하여 김대식 · 김태준(2003)[135]은 우리 나라 금융 산업 발전 방안의 하나로서 금융 안정을 위한 중앙은행의 역할 제고를 주장하고 있다. 또한 Ferguson(2003)[136]도 "금융 안정이 중앙은행에 있어서 아주 중요한 관심사(vital interest)이며 중앙은행의 아주 적합한(appropriate) 목적이고, 또한 항상 중앙은행의 근본적인(fundamental)인 목적이 되어 왔으며 앞으로도 될 것이다"라고 주장하고 있다.[137] Ferguson(2003)의 분석에 따르면, 금융 선진국인 일본의 경우 "국민 경제의 건전한 발전"이 일본은행의 목적으로서 금융 안정을 암시하는 것으로 보면서, "신용 질서 유지에의 기여"를 명시적인 금융 안정의 목적으로 보고 있다.[138] 일본의 경우 중앙은행이 은행감독권을 보유하고 있지 않지만 금융 안정에 대한 임무를 중앙은행이 수행하고 있다는 점은 1997년 한국은행법이 개정되면서 은행감독 권한이 없어진 한국은행도 여전히 중앙은행으로서 금융 안정을 추구할 필요성이 있음을 시사하고 있다고 볼 수 있다. 따라서 한국은행법의 목적 조항에 "금융 안정의 도모"를 추가할 필요가 있다.

이러한 주장에 대해서는 금융 안정 도모를 중앙은행의 목적으로 추가하면 중앙은행의 주요 목적인 물가 안정과 충돌하게 되어 오히려 중앙은행의

135) 김대식/김태준, "우리나라 금융산업의 발전 방향," 「글로벌 시대의 한국금융」(한국은행 금융경제연구원, 2003), 275면~323면.

136) Roger W. Ferguson, Jr., "Should Financial Stability Be An Explicit Central Bank Objective?," a paper presented for the BIS Conference on "Monetary Stability, Financial Stability and the Business Cycle," held in Basel, Switzerland on 28-29 March 2003. 이외에도 영국, 스위스, 캐나다 등의 국가도 명시적 또는 간접적으로 금융 안정의 도모를 중앙은행의 목적으로서 규정하고 있다고 분석하고 있다.

137) Id. at 1, 20.

138) Id.

독립성이 훼손되게 된다는 점을 들어 목적 조항에 추가하는 것을 반대하는 견해가 있을 수 있다. 즉 금융시장의 혼란 등 금융 위기의 발생시에 금융 안정을 위하여 중앙은행이 적극적인 금융 지원을 했을 때 오히려 물가 안정에는 위협이 될 수 있기 때문에 물가 안정 도모의 목적과 병렬적으로 둘 수 없다는 견해이다. 그러나 중앙은행의 금융 안정 목적 추구는 최종 대부자 기능 및 통화 정책 수행과 불가분의 관계에 있다는 점,[139] 역사적으로 중앙은행은 통화가치의 안정(monetary stability)과 금융 안정의 두 가지 목표를 추구해 왔으며, 정치 · 경제적 상황에 따라 상대적인 중요도가 변화할 따름이라는 점[140] 등으로 비추어 보아, 위 두 가지 목적이 조화롭게 수행되는 한 금융 안정 목적 수행이 물가 안정 목적 수행에 지장을 초래할 것으로는 보지 않는다.

Ⅴ. 결 론

우리 나라를 동북아 금융 중심지로서의 금융 허브 국가로 육성한다는 현 정부의 전략에 비추어 보아 중앙은행의 역할은 더욱더 중요해지고 있다. 이러한 상황 하에서 현 정부의 정책에 발맞추어 중앙은행도 보다 적극적인 역할을 하여야 한다고 본다. 또한 금융의 국제화 · 전문화가 급속히 진행되어 가고 있는 최근의 금융 환경 하에서 새로이 요구되는 중앙은행의 역할을 모색할 필요도 있다. 이런 측면에서 금융 선진국인 일본 및 아시아 금융 허브 국가로의 추진을 하고 있는 싱가포르, 말레이시아 및 대만 등의 중앙은행의 목적 및 기능을 살펴봄으로써 우리 나라 중앙은행의 역할상을 재정립해 볼 수가 있다. 이러한 국가들의 입법례로부터 얻을 수 있는 시사점은 다음과 같이 요약해 볼 수 있다. 첫째, 국내 금융 산업 육성 및 동북아 금융 허브 국가로 육성하기 위한 중앙은행의 역할을 제고하기 위하여 "건전한 금융 산업 발전의 증진"을 한국은행의 목적 조항에 추가할 필요가 있다. 둘째, 최근 중앙은행의 기능으로서 그 중요성이 높아지고 있는 "지급결제제도의 안정성과 효율성 도모"에 관한 내용을 한국은행의 목적 조항에 추가할 필요가 있다. 셋

139) 김대식/김태준, 앞의 논문, 309면.

140) 위의 논문, 309~310면.

째, 최종 대부자 기능을 수행하고 있는 중앙은행이 최근의 변화하는 금융 환경 하에서 절실히 필요한 "금융 안정을 도모"할 수 있도록 이를 목적 조항에 추가하는 것이 바람직하다고 본다.

제 2 장

금융자본과 산업자본의 분리

제 1 절 「금융산업의 구조개선에 관한 법률」 제24조의 법적 분석

제 2 절 은행의 소유 규제에 관한 법적 검토

제 1 절

「금융산업의 구조개선에 관한 법률」 제24조의 법적 분석*

Ⅰ. 서 론

2005년 및 2006년은 「금융산업의 구조개선에 관한 법률」(이하 "금산법"이라 한다)의 개정과 관련하여 뜨거운 논쟁이 일어났던 해이었다. 즉 국회에 제출된 정부의 금산법 개정 법률안(이하 "정부안"이라 한다)과 국회 열린우리당 박영선 의원 주도로 의원입법으로 제출된 금산법 개정 법률안(이하 "국회안"이라 한다)이 그 내용에 있어서 서로 첨예하게 대립되는 부분이 있어 관심이 집중되었다. 금산법 제24조는 동일계열 금융기관이 다른 회사의 의결권 있는 주식을 일정한 비율 이상 소유하고자 하는 경우에 감독당국의 승인을 얻도록 규정하고 있는데, 동 규정 위반시 벌칙 조항은 있지만 한도 초과 위반 주식에 대한 감독당국의 처분 명령권은 없었다. 이에 따라 금산법 개정 법률안은 감독당국의 처분 명령권을 신설하였는데, 여기서 논쟁의 핵심은 새로 신설되는 처분 명령권이 이미 금산법 제24조를 위반하여 주식을 소유하고 있는 금융기관에 대하여 적용될 수 있는가와 관련한 것이었다. 즉 정부안에 따르면, 처분 명령권의 적용이 위헌 소지가 있음을 감안하여 부칙 조항에 종전에 위반하여 소유하고 있는 주식에 대해서는 신설되는 처분 명령권이 적용되지 않도록 규정하고 있는 반면에, 국회안의 경우에는 5년의 유예 기간을 두고 감독당국의 승인을 얻지 못하는 경우에는 동 위반 초과 소유분에 대해서는 감독당국의 처분 명령권이 적용되도록 하였다. 이는 특히 대규모기업집단에 속하는 금융기관이 금산법 제24조를 위반하여 주식을 소유하고 있는 사례가 있어서[1] 더욱더 논쟁의 정도는 심해졌다.

---

* 이 절의 내용은 「금융연구」 제20권 제1호(한국금융연구원, 2006. 6)에 실린 글을 다소 보완한 것이다. 그리고 이 글은 2006년 2월을 기준으로 하여 작성되었고, 2007년 1월에 개정된 금산법의 내용을 반영하지 않은 것이다.

이 절에서는 논쟁이 되고 있는 금산법 제24조의 내용을 분석해보면서 쟁점이 되고 있는 사항에 대한 분석과 더불어 금산법 제24조의 문제점과 개선방향을 제시해 본다. 우선 논쟁이 되는 사항의 이해를 돕기 위하여 Ⅱ.에서는 금산법 제24조의 신설 배경과 그 동안의 개정 경과를 살펴보고, Ⅲ.에서는 금산법 제24조의 내용과 금융관련법상 금융기관의 다른 회사 주식 소유 규제와 관련한 내용을 은행법, 증권거래법, 보험업법 및 여신전문금융업법을 중심으로 하여 살펴보기로 한다. Ⅳ.에서는 2005년 국회에 제출된 금산법 개정 법률안의 정부안과 국회안을 서로 비교해 보며, Ⅴ.에서는 금산법 제24조의 주요 위반 사례를 살펴보고, 금산법 제24조 및 개정안에서 쟁점이 되고 있는 사항에 대하여 분석을 해 본다. Ⅵ.에서는 금산법 제24조의 문제점과 개선 방향에 대하여 살펴본다.

Ⅱ. 금산법 제24조의 신설 배경 및 개정 경과

이하에서는 금산법 제24조의 쟁점이 되는 사항을 이해하기 위하여 금산법 제24조의 신설 배경 및 그 동안의 개정 경과의 내용에 대하여 살펴보기로 한다.

1. 신설 배경

금산법 제24조는 동일계열 금융기관(즉 동일한 기업집단[2] 내에 속하는 금

1) 아래에서 보는 것처럼, 삼성그룹 계열 금융기관인 (주)삼성카드의 (주)에버랜드 주식 소유의 경우를 말한다. (주)삼성생명의 (주)삼성전자 주식 7.25% 소유가 금산법 위반인지에 대해서는 논란이 있다.

2) 「독점규제 및 공정거래에 관한 법률」(이하 "공정거래법") 제2조 제2호에 규정된 '기업집단'을 말한다. '기업집단'이라 함은 "동일인이 대통령령이 정하는 기준에 의하여 사실상 그 사업내용을 지배하는 회사의 집단"을 말한다. 동법 시행령 제3조는 '기업집단'의 범위를 (ⅰ) 동일인이 단독으로 또는 '동일인관련자'(동법 시행령 제3조 제1호에 정의)와 합하여 다른 회사의 의결권 있는 발행 주식(출자지분 포함) 총수의 30% 이상을 소유하면서 최다출자자인 경우의 당해 회사, 또는 (ⅱ) 동일인이 직접 또는 해당하는 경우에는 동일인관련자를 통하여 다른 회사의 경영에 지배적인 영향력을 행사하고 있다고 인정되는 회사로 정의하고 있다. 자세한 내용은 공정거래법 시행령 제3조 참조.

융기관 또는 금융기관들) 또는 동일계열에 속하는 금융기관과 그 계열 기업이 공동으로 다른 회사를 지배하기 위하여 그 회사의 주식을 취득하는 것을 제한하기 위하여 1997년 1월 13일(1997년 3월 1일 시행) 「금융기관의 합병 및 전환에 관한 법률」을 전면 개정하면서(법 명칭도 '금산법'으로 변경됨) 신설된 조항이다.

금산법 제24조의 신설 배경을 살펴보면 다음과 같다. 금융관계법에서는 금융기관별로 자산 운용의 건전성을 위해 타 회사 주식 취득 한도를 두고 있으나,[3] 동일계열 금융기관이 연합하여 다른 기업을 실질적으로 지배하고자 하는 경우 이에 대한 규제 장치가 결여되어 있어 이를 시정하기 위한 목적으로 제24조가 신설되었다.[4] 따라서 금산법 제24조는 동일계열 금융기관이 타 회사를 실질적으로 지배하려는 관계가 형성되는 경우에 이를 제한함으로써 '금융의 산업자본 지배' 가능성을 방지하기 위한 것이다.[5] 즉 동일계열 금융기관이 다른 회사 의결권 있는 주식의 20% 이상을 취득하는 경우와, 다른 회사 의결권 있는 주식의 5% 이상을 취득하는 경우로서 이들 금융기관이 속한 기업집단이 제 1 대 주주가 되는 등 사실상 지배관계에 있을 경우에는 '재정경제원장관'(당시에 승인 기관은 재정경제원장관이었다)의 승인을 받도록 하고, 이 경우 재정경제원장관은 공정거래위원회와의 협의를 거쳐 승인하도록 하였다.[6] 이는 1996년 9월 재정경제원과 공정거래위원회가 「독점규제 및 공정거래에 관한 법률」(이하 "공정거래법"이라한다) 개정 협의 과정에서 금융기관간 또는 금융기관을 이용한 기업결합에 대하여는 금융관계법에 반영하되 경쟁제한성 여부는 공정거래위원회와 사전 협의하도록 함에 따른 조치였다.[7] 이에 대하여 국회 재정경제위원회 심사보고서는 "주요 선진국의 경우 금융업에 대해서도 금융관계법과 별도로 독점규제법이 적용되는 것이 일반적임을 고려할 때, 공정거래위원회와의 사전 협의는 타당한 것으로 [본다]"라고 판단하고 있다.[8] 한마디로 금산법 제24조의 신설

3) 당시 금융권별 타 회사 주식 취득 한도는 다음과 같았다.

증권	보험	단자 · 종금	은행	투신
5%	10%(5%)	10%(5%)	10%	20%

출처: 국회 재정경제위원회, "금융기관의합병및전환에관한법률개정법률안 심사보고서," 1996. 12, 39면.

4) 위의 심사보고서, 39면.

5) 위의 심사보고서, 39면.

6) 위의 심사보고서, 39면.

7) 위의 심사보고서, 39~40면.

배경은 금융기관이 다른 회사를 지배하여 관련 시장에서의 경쟁을 실질적으로 제한하는 것을 막고 더 나아가서는 금융자본의 산업자본 지배를 방지하기 위한 것이라는 것을 알 수 있다.

대법원도 관련 판결에서 금산법 제24조의 취지를 "금융기관이 일정 규모 이상의 다른 회사의 주식을 소유하게 되는 경우 금융기관의 공공성에 반하여 금융기관이 아닌 다른 회사를 사실상 지배하고 관련 시장에서의 경쟁을 실질적으로 제한할 수 있으며, 또한 그 회사의 부실을 통하여 금융기관 자체가 부실화될 우려가 있으므로 이에 관하여 금융감독위원회의 사전 승인을 거치게 함으로써 금융기관의 私企業에 대한 지배를 제한함과 동시에 관련 시장에서의 경쟁을 보장하고 금융기관의 부실화를 예방하여 자본의 충실화를 기하기 위한 것"이라고 하고 있다.[9]

2. 개정 경과

(1) 금산법 개정

금산법 제24조와 관련된 개정은 2006년 말 현재까지 두 차례 있었다. 첫 번째는 1998년 1월 8일 개정(1998년 4월 1일 시행)에 의하여 금산법 제24조상의 한도 초과 주식의 소유에 대한 승인권자가 종전의 재정경제원장관에서 금융감독위원회로 변경된 것이다. 두 번째는 2000년 1월 21일 개정(같은 날 시행)에 의하여 금산법 제24조를 위반한 경우의 벌칙 조항 및 과태료 조항이 신설되었다. 이는 금산법 규정 위반에 대한 벌칙 조항이 없음으로 인해서 발생하는 시행상의 문제점을 해결하기 위한 것으로 이해된다. 즉 금산법 제24조 제1항의 규정을 위반한 경우 해당 금융기관의 임원, 관리인 또는 청산인은 1년 이하의 징역 또는 1천만원 이하의 벌금이 부과될 수 있으며(법 제27조 제4호), 당해

8) 위의 심사보고서, 40면.

9) 대법원 2003. 11. 27. 선고 2003다5337 판결. 이 판결은 금산법 제24조의 규정을 단속규정이라고 보고 있다. 그런데 금산법 제24조의 취지가 금융기관의 부실화 방지라고 하는 것은 의문이다. 왜냐하면 금융기관의 부실화 방지는 해당 금융기관 설립 근거법에서 자산 운용의 건전성 차원에서 규제 · 감독을 하고 있는 것인데, 과연 금산법에서 일률적으로 20% 내지 5% 등의 기준을 모든 금융기관에게 적용하는 것이 자산 운용의 건전성을 위한 것이라고 볼 수 있는지에 대해서는 의문이 들기 때문이다.

금융기관에 대하여는 2천만원 이하의 과태료가 부과될 수 있게 되었다(법 제28조 제1항).

(2) 금산법 시행령 개정

금산법 제24조와 관련된 시행령 제 6 조의 개정도 2006년 말 현재까지 두 차례 있었다. 첫번째는 1998년 4월 1일 개정에 의하여 한도 초과 주식의 소유에 대한 승인권자가 종전의 재정경제원장관에서 금융감독위원회로 변경되었다.

두 번째 개정은 2005년 5월 26일 이루어졌다. 금산법 시행령 제6조는 동일계열 금융기관이 금산법 제24조 제1항 각 호가 규정하는 한도를 초과하여 다른 회사의 주식을 소유하고자 하는 경우에 감독당국의 승인을 얻을 수 있는 기준에 대하여 규정하고 있다. 즉 개정 前 감독당국의 승인 기준은 (i) 한도 초과 주식 소유가 "금융기관[10](「신용정보의 이용 및 보호에 관한 법률」에 따른 신용정보업 등 당해 금융기관의 업무와 직접적인 관련이 있거나 당해 동일계열 금융기관의 효율적인 업무 수행을 위하여 필요한 사업을 영위하는 회사를 포함한다)이 아닌 다른 회사를 사실상 지배하기 위한 것이 아닐 것" 및 (ii) 당해 한도 초과 주식 소유가 "관련시장에서 경쟁을 실질적으로 제한하지 아니할 것"으로 규정되고 있었는데, 개정 금산법 시행령은 이 중 첫번째 요건에서의 대상 금융기관의 범위를 확대한 것이다. 즉 첫번째 기준에 따른다면, 금융기관(신용정보업자 등 포함)이 아닌 회사를 사실상 지배해서는 안 된다. 따라서 금융기관의 범위가 좁을 때는 금산법에 규정되어 있는 금융기관이 아닌 금융 관련 업종 회사라 하더라도 금산법상 동일계열 금융기관은 그러한 금융 관련 업종 회사를 사실상 지배할 수 없게 되는 것이다. 대표적인 예가 아래에서 보는 것처럼, 2004년 10월 「간접투자자산 운용업법」의 개정(2004년 12월 시행)에 의하여 새로 도입된 사모투자펀드(private equity fund: PEF)인 '사모투자전문회사'이다. 종전 규정에 의하면 사모투자전문회사는 금산법상의 금융기관에 포함되지 않기 때문에 동일계열 금융기관은 그러한 사모투자전문회사를 사실상 지배할 수 없게 되는 것이다.

10) 여기서 '금융기관'이라 함은 금산법 및 동법 시행령상 규정하고 있는 금융기관을 말한다. 즉 은행, 증권회사, 투자자문회사, 자산운용회사, 보험회사, 상호저축은행, 신탁회사, 종합금융회사, 금융지주회사, 여신전문금융회사, 선물회사, 주택저당채권유동화회사만을 말한다(법 제2조 제1호, 시행령 제2조).

이에 따라 개정 금산법 시행령 제6조 제1호는 동일계열 금융기관이 사실상 지배할 수 없는 대상 회사의 범위를 "금산법상의 금융기관(신용정보업자 등 포함)이 아닌 회사"에서 "금융업종에 속하는 회사가 아닌 회사"로 확대하였다. 즉 "금융업종에 속하는 회사"의 범위를 (i) 금융업(통계법 제17조 제1항의 규정에 따라 통계청장이 고시하는 한국표준산업분류에 의한 '금융 및 보험업'을 말한다)을 영위하는 회사,[11] (ii) 「사회기반시설에 대한 민간투자법」 제8조의2의 규정에 따라 주무관청에 의하여 지정을 받은 민간투자대상사업을 영위하는 회사(다만, 법인세법 제51조의2 제1항 제6호에 해당하는 회사에 한한다), (iii) 「신용정보의 이용 및 보호에 관한 법률」에 따른 신용정보업 등 당해 동일계열 금융기관의 업무와 직접적인 관련이 있거나 당해 동일계열 금융기관의 효율적인 업무 수행을 위하여 필요한 사업을 영위하는 회사로 변경하였다(시행령 제6조 제1항 제1호).

금산법 시행령 제6조가 개정된 첫번째 이유는, 앞서 언급한 것처럼, 동일계열 금융기관이 「간접투자자산 운용업법」상 새로 도입된 사모투자전문회사를 지배하는 것을 허용하기 위한 것이었다. 종전의 규정에 따르면, 동일계열 금융기관은 금산법상의 금융기관(신용정보업자 등 포함)만을 지배할 수 있어 사모투자전문회사와 같이 등록·신고만으로 금융업을 영위하는 일반 금융회사를 지배할 수 없는 문제가 있었기 때문이었다.[12] 이에 따라 동일계열 금융기관이 지배할 수 있는 다른 회사의 범위를 금산법상의 금융기관(신용정보업자 등 포함)에서 통계청장이 고시하는 한국표준산업분류에 의한 '금융 및 보험업'을 영위하는 회사 등으로 확대한 것이다. 즉 동일계열 금융기관도 일반 금융회사에 속하는 사모투자전문회사를 주도적으로 설립할 수 있도록 하여 사모투자전문회사 제도를 활성화시키기 위한 것[13]이 첫번째 이유이었다. 두 번째 이유는 동일계열 금융기관이 사회기반시설 민간투자사업을 위한 특수목적회사를 지배하는 것을 허용하기 위한 것이었다.[14] 종전 규정에 의하면 사회기반시설에 대한 민간투자사업을 위하여 설립하는 특수목적회사는 일종의 투자기구이지만 금융기관에 해당하지 않아 금융기관이 특수목적회사에 최다출자자로 참여할 수 없는 문제점이 있었다.[15] 즉 동일계열 금융기관이 사

11) '한국표준산업분류'에 의한 금융 및 보험업은 그 범위가 상당히 넓게 되기 때문에 금산법상의 금융기관은 다 포함하게 된다.

12) 관보 제16003호, 2005. 5. 26, 48면.

13) 위의 관보, 48면.

14) 위의 관보, 48면.

회기반시설에 대한 민간투자사업에 주도적으로 참여하여 민간투자사업을 활성화시키기 위한 것[16]이 두 번째 이유였다. 이 조항을 별도로 둔 이유는 사회기반시설 민간투자사업을 위한 특수목적회사가 한국표준산업분류에 따른 '금융 및 보험업'을 영위하는 회사에 속하지 않기 때문이다.[17]

Ⅲ. 금산법 및 금융관련법상 금융기관의 다른 회사 주식 소유 규제

이하에서는 금산법 제24조상의 다른 회사 주식 소유 규제의 내용을 살펴보고, 또한 금융관련법상의 주식 소유 한도 규제의 내용을 은행법, 증권거래법, 보험업법 및 여신전문금융업법을 중심으로 하여 살펴보기로 한다. 다른 금융관련법을 살펴보는 이유는, 아래에서 언급하는 것처럼, 금산법 제24조 제1항 단서 규정에 의하여 금융기관의 해당 설립 근거 법률에 의거하여 한도 초과 주식 소유에 대한 감독당국의 인가 · 승인 등을 얻는 경우에는 금산법상의 감독당국의 승인을 얻을 필요가 없기 때문이다.

1. 금산법상의 규제: 금산법 제24조의 내용

(1) 적용 대상 금융기관의 범위

동일계열 금융기관이 다른 회사의 주식을 소유하는 것을 규제하고 있는 금산법 제24조의 규제 대상이 되는 금융기관은 통상적으로 이해하는 모든 금융기관이 해당되는 것이 아니고, 금산법 및 동법 시행령에서 규정하고 있는 은행, 증권회사, 투자자문회사, 자산운용회사, 보험회사, 상호저축은행, 신탁회사, 종합금융회사, 금융지주회사, 여신전문금융회사, 선물회사, 주택저당채권유동화회사만을 말한다(법 제2조 제1호, 시행령 제2조).

---

15) 위의 관보, 48면.
16) 위의 관보, 48면.
17) 위의 관보, 48면.

(2) 다른 회사의 주식 소유 규제: 금융감독당국의 승인 제도

금산법 제24조에 따르면, 동일계열 금융기관이 다음의 어느 하나에 해당하는 경우에는 감독당국의 승인을 얻어야 한다. 즉 (i) 동일계열 금융기관이 다른 회사의 의결권 있는 발행주식 총수의 20% 이상을 소유하게 되는 경우나 (ii) 동일계열 금융기관이 다른 회사의 의결권 있는 발행주식 총수의 5% 이상 소유하면서 동일계열 금융기관 또는 동일계열 금융기관이 속하는 기업집단이 당해 회사를 사실상 지배하는 것으로서 '시행령이 정하는 경우'에는 금감위 승인을 얻어야 한다(법 제24조 제1항 제1호 및 제2호).

여기서 '시행령이 정하는 경우'라 함은 (가) 주식 소유 비율이 제1위에 해당하거나 또는 (나) 주식의 분산도로 보아 주주권 행사에 의한 지배 관계가 형성되는 것을 말한다(시행령 제6조 제2항).[18] 즉 금산법 제24조상 '사실상 지배'라는 의미는 당해 회사의 최대주주이거나(즉 소유 비율이 제1위에 해당하여야 하므로) 또는 주주권 행사에 의한 지배관계가 형성되는 것을 말하는 것으로 보아야 할 것이다. 그런데 "주주권 행사에 의한 지배관계가 형성되는 것"이 무엇인지에 대하여 금산법령은 구체적으로 정하고 있지 않아, 이 기준에 대해서는 여러 가지 논란이 있을 수 있고 결국은 법원의 판단에 따를 수밖에 없을 것이다.[19] 따라서 위의 (ii)의 요건에 해당하려면 동일계열 금융기관이 다른 회사의 의결권 있는 발행 주식 총수의 5% 이상 소유하고 동시에 동일계열 금융기관이나 동일계열에 속하는 기업집단이 다른 회사를 '사실상 지배'하여야 한다.

그리고 여기서 승인 기준이 되는 주식은 의결권 있는 주식만이 대상이 된다. 또한 주식의 범위에는 금산법이 명시적으로 출자지분을 언급하고 있지 않기 때문에 출자지분은 포함하지 않는 것으로 보아야 할 것이다.[20]

이상을 정리해 보면, 동일계열 금융기관은 아래 (3)에서 논의하는 것처럼

18) 금산법 시행령 제6조 제2항은 "다음 각 호의 1에 해당하는 경우"라고 하고 있으므로, 두 가지 요건 중 어느 하나의 요건만 충족하면 되는 것으로 보아야 할 것이다.

19) 처벌 규정이 적용되는 조항인 점을 감안할 때 위반 여부를 결정할 구성 요건을 명확하게 규정하지 않은 것은 위헌 소지가 있다. 뒤에서 언급하는 것처럼 명확한 기준을 규정할 필요가 있다.

20) 물론 감독당국은 뒤에서 보는 것처럼 출자지분도 포함하는 것으로 보고 실무 처리를 하고 있다. 이에 대해서는 아래 Ⅵ. 2.에서 자세히 논한다.

비금융업종 회사를 사실상 지배할 수 없으므로, 동일계열 금융기관이 금융업종 회사의 주식을 소유하는 경우에 있어서 감독당국의 승인이 필요한 경우와 그렇지 않은 경우를 다음과 같이 생각해 볼 수 있다. 우선 감독당국의 승인이 필요한 경우는 (가) 동일계열 금융기관이 금융업종 회사의 의결권 있는 주식 20% 이상을 소유하는 경우 또는 (나) 동일계열 금융기관이 금융업종 회사의 의결권 있는 주식을 5% 이상 20% 미만으로 소유하면서 동일계열 금융기관 또는 그 소속 기업집단이 최대주주가 되거나 또는 주주권 행사에 의한 지배관계가 있는 경우이다.[21] 반면에 감독당국의 승인이 필요하지 않게 되는 경우는 (가) 동일계열 금융기관이 금융업종 회사의 의결권 있는 주식을 5% 이상 20% 미만으로 소유하는 경우에 동일계열 금융기관 또는 그 소속 기업집단이 최대주주가 아니면서 주주권 행사에 의한 지배관계가 형성되지 않는 경우 또는 (나) 동일계열 금융기관이 금융업종 회사의 의결권 있는 주식을 5% 미만으로 소유하는 경우(이 경우에는 설령 동일계열 금융기관 또는 그 소속 기업집단이 최대주주이거나 주주권 행사에 의한 지배관계가 있어도 상관없다)가 된다.

한편 아래 (3)에서 논의하는 것처럼, 동일계열 금융기관은 비금융업종 회사를 사실상 지배하지 아니하는 수준으로는 비금융업종 회사의 주식을 소유할 수 있으므로, 이 경우에 감독당국의 승인이 필요한 경우와 그렇지 않은 경우를 다음과 같이 생각해 볼 수 있다. 우선 동일계열 금융기관이 비금융업종 회사의 의결권 있는 주식을 20% 이상 소유하면서 사실상 지배를 하지 않는 경우(즉, 예를 들어, 25% 소유하면서 최대주주가 아니면서 주주권 행사에 의한 지배관계가 없는 경우)에는 비금융업종 회사의 주식을 소유할 수는 있지만 이 경우에는 감독당국의 승인을 얻어야 할 것이다. 그리고 (가) 동일계열 금융기관이 비금융업종 회사의 의결권 있는 주식을 5% 이상 20% 미만으로 소유하면서 사실상 지배하지 않는 경우(즉, 예를 들어, 10% 소유하면서 최대주주가 아니면서 주주권 행사에 의한 지배관계가 없는 경우) 또는 (나) 동일계열 금융기관이 비금융업종 회사의 의결권 있는 주식을 5% 미만으로 소유하는 경우(이 경우는 Ⅳ. 4.에서 논하는 것처럼, 사실상 지배에 해당하지 않기 때문이다)에는 감독당국의 승인이 필요 없을 것이다.

(3) 금융감독당국의 승인 기준

감독당국이 승인을 해 줄 수 있는 기준에 대하여 금산법 제24조 제1항

21) 물론 아래 Ⅲ. 1. (5)에서 언급하는 것처럼 관련 시장에서 경쟁을 실질적으로 제한해서도 안 될 것이다.

은 시행령에서 정할 수 있도록 위임하고 있다. 즉 감독당국이 위의 소유 한도를 초과하는 주식의 소유를 승인을 해 줄 수 있는 기준은 두 가지이다. 첫째, 당해 주식 소유가 위에서 언급한 '금융업종에 속하는 회사'(위 Ⅱ. 2. (2) 참조)가 아닌 회사를 사실상 지배하기 위한 것이 되어서는 안 되며, 둘째, 당해 주식 소유가 관련시장에서 경쟁을 실질적으로 제한해서도 안 된다(법 제24조 제1항, 법 시행령 제6조 제1항). 즉 위 두 가지 요건을 모두 충족시켜야 감독당국이 승인을 해 줄 수 있는 것이다. 다시 말해서 동일계열 금융기관(또는 그 소속 기업집단)은 비금융업종의 회사를 사실상 지배해서는 안 되며(즉 금융업종 회사를 사실상 지배하는 것은 가능하다는 것이 된다. 다만 감독당국의 승인을 얻어야 하는 경우에는 동 승인을 얻어야 할 것이다), 또한 다른 회사의 주식 소유가 관련시장에서 경쟁을 실질적으로 제한하는 것이 되어서도 안 된다.

한편 '동일계열 금융기관이 비금융업종 회사를 사실상 지배해서는 안 된다'는 의미는 동일계열 금융기관은 비금융업종 회사를 사실상 지배하지 않는 수준으로 주식을 소유할 수는 있다는 것을 말한다. 그리고 여기서 '사실상 지배'라고 하는 의미에 대해서는 다소 논란의 여지가 있다. 이에 대해서는 아래 Ⅵ. 4.에서 논하기로 한다.

(4) 금산법상 금융감독당국의 승인을 요하지 아니하는 경우

다만 당해 금융기관의 설립 근거가 되는 법률에 의하여 인가·승인 등을 얻은 경우에는 금산법 제24조 제1항에 따른 감독당국의 승인을 요하지 않는다(법 제24조 제1항 단서). 제24조 제1항 단서 조항과 관련해서는 아래 금융관련법상의 주식 소유 규제 부분 및 Ⅴ. 4.에서 같이 논하기로 한다.

(5) 공정거래위원회와의 협의 의무

감독당국이 승인을 함에 있어서는 당해 주식 소유가 관련시장에서의 경쟁을 실질적으로 제한하는지의 여부에 대하여 미리 공정거래위원회와 협의하여야 한다(법 제24조 제3항). 이러한 협의 의무는 감독당국이 당해 금융기관의 설립 근거가 되는 법률에 의하여 인가·승인 등을 하는 경우에 있어서도 적용된다(법 제24조 제3항 단서).

(6) 위반시의 벌칙 조항

금산법 제24조의 규정을 위반하는 경우 당해 금융기관에 대하여는 2,000만원 이하의 과태료를 부과하며(법 제28조 제1항), 당해 금융기관의 임원에 대해서는 1년 이하의 징역 또는 1천만원 이하의 벌금에 처한다(법 제27조 제4호). 따라서 한도를 위반하여 초과하는 경우에 취할 수 있는 금산법상의 조치는 이러한 벌칙 또는 과태료 부과에 불과할 뿐이고,[22] 한도 초과 주식에 대한 감독당국의 처분 명령권이 없는 상태에서 금산법 제24조의 실행 수단에는 한계가 있다는 것이 문제점으로 지적되고 있다. 이에 따라, 뒤에서 언급하는 것처럼, 금산법 개정 법률안에서는 감독당국의 처분 명령권이 신설되어 있는 것이다.

2. 은행법상의 규제

은행법상 은행은 일정한 경우를 제외하고는 다른 회사의 의결권 있는 발행 주식총수(출자지분 포함, 이하 같다)의 15%를 초과하여 보유할 수 없다(은행법 제37조제1항). 다만 은행업감독규정 제49조에서 정하는 금융업종에 속하는 회사의 경우이거나 기업 구조 조정을 위해서 은행이 기존 대출을 출자 전환하고 금융위원회가 승인한 회사의 경우에는 당해 회사의 의결권 있는 발행 주식 총수의 15%를 초과하여 보유할 수 있다(은행법 제37조 제2항). 은행법은 그러한 회사를 '자회사'라고 정의하고 있다(은행법 제37조 제2항 본문).[23] 따라서 은행의 자회사는 크게 '금융자회사'와 '비금융자회사'로 나눌 수 있다. 금융자회사로는 은행, 증권회사, 보험회사, 자산운용회사, 여신전문금융회사, 상호저축은행 등의 금융기관이 포함되고 이에는 해외 금융기관도 포함된다(은행업감독규정 제49조). 특히 금융자회사가 은행의 경우에는 은행법은 '자은행'이라고 정의를 하고 별도의 규제 사항을 규정하고 있다(은행법 제37조 제5항 내지 제8항).[24]

---

22) 물론 해당 금융기관에 적용되는 개별 금융관련법상 금융감독당국이 취할 수 있는 금융기관 및 임원 등에 대한 제재 조치는 별개로 적용될 것이다.

23) 은행의 자회사에 대한 출자는 은행법령상의 출자 한도 규제 등 여러 가지 규제가 적용된다(은행법 제37조 제2항, 동법 시행령 제21조 제1항, 은행업감독규정 제50조 제1항 및 제52조 제1항 참조).

24) 2002년 4월 은행법이 개정되기 전에는 은행은 다른 은행의 주식을 소유할 수 없도

은행법상 주식의 범위에 출자지분을 포함하고 있는 것이 금산법상 주식의 범위에 출자지분을 포함하지 않고 있는 점과 다르고, 15%를 기준으로 하는 점도 금산법 규정과 다르다.

한편, 은행 자회사 규정과 관련하여 은행법 제37조 제2항은 "[은행]은 [제37조] 제1항의 규정에 불구하고 금융위원회가 정하는 업종에 속하는 회사 또는 기업구조조정 촉진을 위해 필요한 것으로 금융위원회의 승인을 얻은 경우에는 의결권 있는 발행주식의 100분의 15를 초과하는 주식을 소유할 수 있다…"라고 규정하고 있다. 여기서 법문의 해석상 '금융위원회가 정하는 금융업종의 자회사,' 즉 금융자회사의 경우에도 금융위원회의 승인이 필요한지가 명확하지 않아 논란이 있다. 이는 문구상 "…속하는 회사"가 "…필요한 것으로"에 연결되는 것인지 아니면 "…승인을 얻는 경우에는"에 연결되는지 모호하게 규정한 데서 나온 것이라고 생각한다. 이와 관련하여 금융자회사의 경우에도 금융위원회의 승인을 받아야 하는 것으로 보는 견해가 있다.[25] 그러

록 되어 있었으나(개정 전 은행법 제38조 제9호), 동 개정에 의하여 은행이 다른 은행의 주식을 소유할 수 있게 되었다.

25) 윤희웅/이진국, 2005. 3, "사모투자전문회사의 합자회사 형태에 따른 법적 문제점", 「BFL」 제10호, 서울대학교 금융법연구센터, 22면은 "은행은 원칙적으로 사모투자전문회사의 의결권을 15% 이상 가질 수 없고, 15% 이상의 의결권을 가지기 위하여서는 감독당국의 승인을 얻어야 한다"라고 설명하고 있다. 사모투자전문회사는 은행업감독규정 제49조가 규정하는 금융업종 자회사에 속한다. 이 외에도 이 논문에는 금융자회사의 경우에 감독당국의 승인이 필요하다는 전제에서 논리 전개한 부분이 눈에 많이 띈다. 특히 동 논문 각주 27)은 2004년 12월 24일자 금융감독위원회 보도자료(금감위는 "…금융산업의구조개선에관한법률(제24조)에 따라 우리은행이 우리제1호사모투자전문회사(PEF)에 출자(금액: 1,100억원)하는 것"을 승인했다는 내용)를 인용하면서, "우리은행이 은행법상의 승인이 아닌 금산법(즉 금융산업의구조개선에관한법률) 제24조 제1항에 따른 승인만을 받은 것으로 표시하고 있다. …그러나…은행법 제37조 제2항의 요건과 금산법 제24조 제1항의 요건에 모두 해당하는바, 이 경우 우리은행은 당연히 은행법 제37조 제2항에 따라 사모투전문회사의 의결권 취득에 관한 금감위의 승인을 받았어야 할 것이다"라고 하면서 금융감독위원회를 비판하고 있으나, 이는 금융업종 자회사의 경우에 은행법상의 감독당국의 승인을 얻어야 한다는 전제에서 나온 잘못된 비판이라고 생각한다. 왜냐하면, 금산법 제24조 제1항 단서는 당해 금융기관의 설립 근거가 되는 법률에 의하여 인가·승인 등을 얻은 경우에는 금산법상의 승인을 받지 않도록 예외 규정을 두고 있는바, 은행법상 은행이 금융업종 자회사를 두는 경우에 감독당국의 승인을 요하지 않기 때문에 본건 우리은행의 사모투자전문회사 출자의 경우에 금산법 제24조 제1항 단서 규정이 적용되지 않아 금산법상의 감독당국의 승인만 요한다고 본 금융감독위원회의 입장

나 감독당국의 입장은 금융자회사의 경우에는 감독당국의 승인이 필요 없는 것으로 보고 있다. 그 이유는 은행의 자회사에 대하여 규정하고 있는 은행업감독규정을 살펴보면 알 수 있다. 즉 비금융자회사에 대하여 규정하고 있는 은행업감독규정 제51조는 금융감독원장에게 승인신청서를 제출하도록 규정하고 있는 반면에, 금융자회사에 대하여 규정하고 있는 은행업감독규정 제49조는 금융위원회의 승인에 대한 언급이 없기 때문이다. 또한 실무상으로도 감독당국은 금융자회사인 경우에는 금융위원회의 승인이 필요 없다고 보고 운영하고 있다.[26)]

생각하건대, 비금융자회사의 경우에는 은행이 비금융업종 회사를 지배하는 것은 금융과 산업의 분리라는 측면에서 볼 때 바람직한 것이 아닌바, 은행이 원칙적으로 비금융자회사를 소유하는 것을 금지하고 예외적으로 허용하는 취지로 보이므로 이 경우에 금융위원회의 승인을 얻도록 하는 것은 타당하다고 보이나, 금융자회사의 경우에는 그러한 문제가 없기 때문에 굳이 금융위원회의 승인이 없다고 보는 것이 타당하다고 본다. 따라서 금융자회사의 경우에는 금융위원회의 승인이 필요하지 않다고 보는 것이 조문의 해석상 맞다고 본다. 결국 위의 해석상의 논란의 소지를 없애기 위해서는 현행 조문의 자구를 수정할 필요가 있다. 즉 현행 문구 중에서 "…금융위원회가 정하는 업종에 속하는 회사 또는 기업구조조정 촉진을 위해 필요한 것으로 금융위원회의 승인을 얻은 경우에는…"을 "…금융위원회가 정하는 업종에 속하는 회사 또는 기업구조조정 촉진을 위해 필요하여 금융위원회의 승인을 얻은 회사

이 타당하기 때문이다. 만약에 금융업종의 자회사의 경우에 은행법상 승인이 필요하다고 보면, 예를 들어 은행이 다른 회사 의결권 있는 발행 주식 총수의 18%를 소유하고자 하는 경우에는 은행법상의 승인을 얻어야 하고 그러면 금산법상의 승인이 필요 없다고 보게 된다. 그러나 18%의 소유의 경우에 은행법상의 승인이 필요 없다고 보면, 금산법상의 두 번째 승인 요건(제24조 제1항 제2호: 의결권 있는 발행 주식 총수의 5% 이상 소유하면서 사실상 지배하는 경우)에 해당하지 않는 한 금산법상의 승인을 얻을 필요가 없게 되고, 따라서 은행법상 및 금산법상 둘 다 승인이 필요하지 않게 되는 것이다. 즉 은행법상의 승인을 요하는지 여부에 따라 그 결론에 있어서는 큰 차이가 나게 되는 것이다.

26) 위의 각주 25) 참조. 감독당국의 관련 조사연구자료에도 그렇게 설명하고 있다. 즉 금융감독원 조사연구국, "금융감독정보" 제2002-33호(2002. 8. 19~8. 24), 16면은 "금감위 규정(은행업감독규정 제49조)상 자회사 업종에 해당하는 경우 은행법상의 금감위 승인 불요"라고 설명하고 있다.

의 경우에는…"으로 수정함으로써 금감위 승인이 필요 없다는 것을 명확하게 할 필요가 있다고 본다.

3. 증권거래법상의 규제

은행법과 달리 증권거래법령상 증권회사의 다른 회사 출자와 관련하여 특별히 감독당국의 승인 등을 요하는 규정은 없다.[27] 다만 증권업감독규정은 자회사의 정의를 하면서 재무건전성 비율 및 적기시정조치(prompt corrective action) 적용 대상 등이 자회사에게도 적용될 수 있음을 규정하고 있을 뿐이다(동 규정 제2-13조, 제2-33조).[28] 따라서 증권회사가 다른 회사에 대하여 출자하는 경우에는 증권거래법령상의 승인 등이 필요하지 않아 금산법 제24조 제1항 단서의 규정이 적용되지 않으므로 증권거래법령상이 아니라 금산법상의 승인을 얻어야 한다.

4. 보험업법상의 규제

보험업법은 은행법의 경우와 비슷한 규정을 두고 있다. 즉 보험회사는 다른 회사의 의결권 있는 발행 주식(출자지분을 포함한다. 이하 같다) 총수의 15%를 초과하는 주식을 소유할 수 없다(보험업법 제109조 제1항 본문). 다만, 자회사의 경우에는 금융위원회의 승인을 받거나 신고를 하여 의결권 있는 발행 주식 총수의 15%를 초과하여 소유할 수 있다(보험업법 제109조 제1항 단서, 제115조 제1항). 따라서 '자회사'라 함은 보험회사가 다른 회사의 의결권 있는 발행 주식 총수의 15%를 초과하는 경우의 다른 회사를 말하게 된다(보험업법 제2조 제17호).

그리고 보험업법은 보험회사가 자회사로 둘 수 있는 업종을 제한하고 있

---

27) 다만 증권업감독규정상 증권회사는 당해 증권회사의 최대주주 또는 주요주주가 발행한 주식을 원칙적으로 취득할 수 없는 제한이 있다(동 규정 제2-61조 제1항).

28) 증권업감독규정상 '자회사'의 정의는 다음과 같다. 즉 증권회사가 (i) 의결권 있는 발행주식 총수의 50%를 초과하여 소유하고 있는 경우, (ii) 의결권 있는 발행주식 총수의 30%를 초과하여 소유하면서 최대주주인 경우, (iii) 위 (i) 또는 (ii)의 회사와 합하여 의결권 있는 발행주식 총수의 30%를 초과하여 소유하면서 최대주주인 회사가 해당된다(동 규정 제2-8조 제6호 가목, 나목 및 다목).

다(보험업법 제115조 제1항 각 호). 즉 보험회사는 (i) 금산법 제2조 제1호의 규정에 의한 금융기관이 영위하는 금융업, (ii) 「신용정보의 이용 및 보호에 관한 법률」에 의한 신용정보업(신용평가업무를 제외한다), (iii) 보험계약의 유지 · 해지 · 변경 · 부활 등을 관리하는 업무, (iv) 그 밖에 보험업의 건전성을 저해하지 아니하는 업무로서 시행령이 정하는 업무[29]를 영위하는 업종의 자회사만을 둘 수 있다. 다만 보험회사의 대주주가 은행법 제16조의2 제1항의 규정에 의한 비금융주력자인 경우(즉 산업자본의 경우)에는 당해 보험회사는 은행법에 의한 금융기관(즉 은행)을 자회사로 소유할 수 없다(보험업법 제115조 제2항). 따라서 보험회사는 금융업종의 자회사뿐만 아니라 시행령이 정하는 업종 중에서 "외국에서 영위하는 보험업 또는 자산운용업 외의 사업"이나 "기업의 후생복지에 관한 상담 및 사무처리 대행업무"를 영위하는 업종의 경우에는 비금융자회사도 자회사로 둘 수 있을 것이다.

한편, 보험회사가 보험업의 영위와 밀접한 관련이 있는 업무로서 시행령이 정하는 업무[30]를 주로 영위하는 업종의 회사를 자회사로 두고자 하는 경우에는 금융위원회에 신고를 하여야 하며, 나머지 경우에는 금융위원회의 승인을 얻어야 한다(보험업법 제115조 제1항).[31] 따라서 보험업법령상 승인을 얻는 경우에는 금

29) 보험업법 시행령 제59조 제2항은 '대통령령이 정하는 업무'를 (i) 「사회기반시설에 대한 민간투자법」에 의한 사회기반시설사업 및 사회기반시설사업에 대한 투융자사업, (ii) 「자산유동화에 관한 법률」에 의한 자산유동화업무 및 유동화자산의 관리업무, (iii) 「중소기업 창업지원법」에 의한 중소기업창업투자회사가 영위하는 업무, (iv) 「간접투자자산 운용업법」에 따른 투자회사가 영위하는 업무, (v) 「부동산투자회사법」에 의한 부동산투자회사가 영위하는 업무, (vi) 외국에서 영위하는 보험업 또는 자산운용업 외의 사업 및 (vii) 기업의 후생복지에 관한 상담 및 사무처리 대행업무를 규정하고 있다.

30) 보험업법 시행령이 정하는 업무는 (1) 보험회사의 사옥 관리 업무, (2) 보험 수리 업무, (3) 손해사정 업무, (4) 보험 대리 업무, (5) 보험사고 및 보험계약 조사업무, (6) 보험에 관한 교육 연수 도서출판 금융리서치 경영컨설팅 업무, (7) 보험업과 관련된 전산시스템 소프트웨어 등의 대여 판매 및 컨설팅 업무, (8) 보험계약 및 대출 등과 관련된 상담업무, (9) 보험에 관한 인터넷 정보서비스의 제공업무, (10) 자동차와 관련된 긴급출동 차량관리 운행정보 등 부가서비스 업무, (11) 보험계약자 등에 대한 위험관리 업무, (12) 건강 장묘 장기간병 노인복지 신체장애 등의 사회복지사업 및 이와 관련된 조사 분석 조언 업무, (13) 외국에서 영위하는 보험업 또는 자산운용업을 말한다(제59조 제1항).

31) 보험회사는 자회사를 소유하게 된 날부터 7일 이내에 당해 자회사의 정관을 포함한 시행령이 정하는 서류((1) 정관, (2) 업무의 종류 및 방법을 기재한 서류, (3) 주주현

산법 제24조 제1항 단서의 규정에 따라 금산법상의 금융위원회의 승인을 받을 필요는 없을 것이다. 그런데 문제는 보험업법령상 금융위원회에 신고를 하는 경우이다. 이 경우 금산법 제24조 제1항 단서의 "인가 · 승인 등을 얻은 경우"에 해당할 수 있는지가 문제이다. 이에 대해서는 V. 4.에서 논하기로 한다.

5. 여신전문금융업법상의 규제

신용카드회사 등 여신전문금융회사에 적용되는 여신전문금융업법은 여신전문금융회사가 다른 회사의 주식을 소유하는 것에 대하여 특별히 규제를 하는 규정이 없다. 따라서 여신전문금융회사의 경우에는 금산법 제24조의 규정이 바로 적용될 것이다. 특히 여신전문금융업법이 금산법 제24조의 규정이 여신전문금융회사에 적용된다고 명시적으로 규정(동법 제52조 제2항)하고 있는 점에 비추어 더욱 그렇다.

Ⅳ. 2005년 금산법 개정 법률안의 제24조 관련 주요 내용

2005년 금산법 개정 법률안은 정부가 국회에 제출한 개정안과 박영선 의원 등 26명이 발의한 국회안이 있다. 아래에서는 금산법 제24조와 관련한 각 개정안의 주요 내용을 살펴보면서 그 차이점을 알아보기로 한다.

1. 정 부 안

2005년 7월 15일 정부가 국회에 제출한 금산법 개정안 중 제24조와 관련된 사항은 다음과 같다.

황, (4) 대차대조표 및 손익계산서 등의 재무제표와 영업보고서, (5) 자회사가 발행 주식 총수의 10%를 초과하여 소유하고 있는 회사의 현황의 서류)를 금융위원회에 제출하여야 한다(보험업법 제117조 제1항, 동법 시행령 제60조 제1항).

(1) 금융감독당국의 처분 명령 등 시정 조치권 신설

정부안은 감독당국의 승인 없이 다른 회사의 주식을 소유하는 동일계열 금융기관에 대하여 감독당국이 당해 금융기관의 임직원에 대한 제재 및 관련 주식의 처분 명령 등의 시정 조치를 할 수 있도록 하고 있다(안 제24조의2). 현행법상에는 동일계열 금융기관이 감독당국의 승인 없이 계속 다른 회사의 주식을 소유하고 있는 경우에는 징역, 벌금 및 과태료 부과 이외에는 감독당국의 시정 조치권이 없어서 위법 행위를 시정할 수 없다는 문제가 있기 때문이다. 즉 감독당국의 시정 조치권 도입으로 동일계열 금융기관의 다른 회사 주식 소유에 대한 승인 제도의 실효성이 확보되는 효과가 있게 된다.[32]

한편 정부안은 개정안 부칙 제5조에서 개정 금산법 시행 당시 "주식 소유 한도 규정을 위반하여" 감독당국의 승인을 얻지 아니하고 다른 회사의 주식을 소유하고 있는 동일계열 금융기관에 대해서는 신설되는 초과 주식의 처분 명령 등 시정조치권이 적용되지 않음을 명시적으로 규정하고 있다. 이는 아래에서 언급하는 것처럼 논란이 되는 사항이다.

(2) 한도 초과 주식에 대한 의결권 제한 부과

현행 금산법은 주식 소유 한도를 위반하여 초과 취득하고 있는 주식에 대한 의결권 제한에 관한 규정이 없는데, 개정안은 동일계열 금융기관이 금산법상의 주식 소유 한도를 초과하여 소유하고 있는 다른 회사의 주식에 대하여 감독당국의 승인을 얻을 때까지 의결권을 제한할 수 있도록 하고 있다(안 제24조 제5항).

(3) 주식 처분 명령을 이행하지 아니한 자에 대한 이행강제금 제도 도입

정부안은 감독당국의 주식 처분 명령을 받고도 주식을 처분하지 아니하는 동일계열 금융기관에 대하여 주식 처분을 강제할 수 있는 수단으로서 이행강제금 제도를 새로이 도입하고 있다. 즉 금융기관이 주식 처분 명령을 이행하지 아니한 경우 감독당국은 매 1일당 처분하여야 하는 주식의 장부가액

32) 재정경제부, "금융산업의구조개선에관한법률 일부 개정 법률안," 2005. 7. 15, 3면.

에 1만분의 3(즉 0.03%)을 곱한 금액을 초과하지 아니하는 범위 내에서 이행강제금을 부과할 수 있다(안 24조의3). 주식 처분 명령을 이행하지 아니한 자에 대하여 이행강제금을 부과할 수 있음으로 해서 주식 처분 명령 제도의 실효성이 확보되는 효과가 있게 된다.[33] 한편 정부안은 개정안 부칙 제5조에서 개정 금산법 시행 당시 "주식 소유 한도 규정을 위반하여" 감독당국의 승인을 얻지 아니하고 다른 회사의 주식을 소유하고 있는 동일계열 금융기관에 대해서는 신설되는 이행강제금 부과 명령권이 적용되지 않음을 명시적으로 규정하고 있다.

(4) 다른 회사 주식 취득시의 사후 승인 제도 도입

현행 금산법은 금융기관이 일정 한도 이상의 다른 회사의 주식을 소유할 경우 획일적으로 사전 승인을 얻도록 규정하고 있어 다른 주주의 감자(減資) 등으로 금산법상의 한도를 초과하게 되어 사전 승인을 얻을 수 없는 경우에도 사전 승인을 얻지 아니하였다는 이유로 벌칙을 과하게 되는 문제가 있게 된다. 따라서 다른 주주의 감자(減資) 등 부득이한 사유가 있는 경우에는 사후에 승인을 신청할 수 있도록 하고 있다(안 제24조 제4항 및 제5항). 이에 따라 부득이한 사유로 사전 승인을 받지 못하는 금융기관의 주식 취득이 위법 행위가 되는 것을 방지하여 금융기관의 다른 회사 주식 소유에 대한 승인 제도의 합리적인 운용을 할 수 있게 될 것으로 예상된다.[34]

(5) 추가 취득시의 금융감독당국 승인 제도 도입

현행 금산법상은 금산법이 정한 한도 이상의 주식을 취득하고 나서 추가로 취득하고자 하는 경우에 감독당국의 승인이 필요한지 여부에 대한 명확한 규정이 없어서 논란이 되고 있다. 이를 해결하기 위하여 개정안은 감독당국이 주식 소유의 한도를 정해 승인하고 동일계열 금융기관이 그 승인받은 한도를 초과하여 주식을 소유하고자 하는 경우에는 다시 감독당국의 승인을 얻도록 규정하여 이 문제를 해결하고 있다(안 제24조 제5항).

---

33) 위의 자료, 3면.

34) 위의 자료, 2면.

2. 국 회 안

2005년 6월 1일 발의된 국회안의 주요 내용은 다음과 같다.

(1) 금융감독당국의 처분 명령 등 시정 조치권 신설

국회안은 동일계열 금융기관이 감독당국의 승인 없이 법으로 정한 한도를 초과하여 다른 회사의 주식을 소유하고 있는 경우에 (i) 당해 위반 행위에 대한 시정계획 제출 및 수정 요구, (ii) 당해 금융기관 및 그 임직원에 대한 주의 · 경고 또는 문책 요구, 임원의 해임 권고 및 직무 정지 요구, (iii) 관련 주식의 전부 또는 일부의 처분 등 시정 명령을 내릴 수 있는 권한을 감독당국에 부여하고 있다(안 제24조의2 제1항). 이는 정부안과 같다.

다만 개정안 부칙의 경과 조치 규정(부칙 제2조)에 의하면, 개정 금산법 시행 당시 법 제24조 규정에 따른 한도를 초과하여 다른 회사의 주식을 소유하고 있는 동일계열 금융기관에 대하여 감독당국의 승인을 얻지 못하는 경우에는 5년 이내의 범위에서 감독당국이 정하는 바에 따라 해당 주식을 매각하도록 하고 있다. 즉 신설되는 감독당국의 처분 명령권이 적용되도록 하고 있다. 이 점이 정부안과 다른 점이다. 그런데, "개정 금산법 시행 당시 법 제24조 규정에 따른 한도를 초과하여"라는 의미가 1997년 1월 금산법이 제정되면서 당시 부칙 규정[35]에 의하여 한도 초과가 이미 인정된 경우도 포함하는지가 명확하지 않은 문제가 있다. 취지상 이런 경우는 이미 법에서 인정한 사항이므로 개정 금산법 부칙 조항이 적용되도록 할 필요는 없다고 본다. 따라서 이를 반영하기 위해서는 국회안의 부칙 규정의 문구를 다소 수정할 필요가 있다. 즉 "이 법 시행 당시 제24조 제1항의 규정을 위반하여 금융위원회의 승인을 얻지 아니하고"로 바꿀 필요가 있다고 본다.

35) 법률 제5257호(전문 개정 1997. 1. 13) 부칙 제3조("이 법 시행 당시 금융기관이 그 설립 근거가 되는 법률에 의하여 인가 · 승인 등을 얻어 다른 회사의 주식을 취득 또는 소유하고 있는 경우에는 제24조 제1항의 규정에 의하여 승인을 얻은 것으로 본다"). 자세한 사항은 아래 V. 1. (3) 및 V. 3.의 논의 참조.

(2) 한도 초과 주식에 대한 의결권 제한 부과

정부안과 마찬가지로 시정조치의 수단을 강화하기 위하여 국회안도 감독당국의 승인을 받지 않고 제24조 제1항에서 정한 한도를 초과하여 소유하는 주식에 대하여는 의결권 행사를 금지하는 규정을 신설하고 있다(안 제24조의2 제2항).

(3) 이행강제금 제도 도입

정부안과 같이 국회안도 시정조치의 수단을 강화하기 위하여 감독당국의 주식 처분 명령을 이행하지 않는 동일계열 금융기관에 대하여는 매 1일당 보유 주식 장부가액의 1만분의 3(즉 0.03%) 이하의 범위 내에서 이행강제금을 부과할 수 있도록 하고 있다(안 제29조).

(4) 다른 회사 주식 취득시의 사후 승인 제도 도입

국회안도 정부안과 마찬가지로 다른 주주의 減資 등 시행령이 정하는 부득이한 사유로 주식을 초과 보유하게 된 경우에는 일정한 기간 이내에 감독당국에 승인을 신청하여 법에 정한 기준에 따라 사후 승인을 받도록 하고 있다(안 제24조 제4항).

(5) 추가 취득시의 금융감독당국 승인 제도 도입

국회안은 주식 소유의 한도를 정하고(의결권 있는 주식의 15% 및 33% 기준), 그 한도를 초과할 때마다 다시 감독당국의 승인을 받도록 규정하고 있다(안 제24조 제5항). 정부안과의 차이는 국회안은 15%, 33%의 기준을 정하고 있다는 점이다.

(6) 금융감독당국 승인 기준의 법규정화

국회안은 현재 금산법 시행령으로 정하고 있는 감독당국의 승인 기준(시행령 제6조제1항, 즉 비금융업종 회사를 사실상 지배해서는 안 된다는 요건 및 관련시장에서 경쟁을 실질적으로 제한해서는 안 된다는 요건)을 법률에 명시적으로 규정하고 있다(안 제24조 제6항). 이것은 정부안과의 차이점이다. 이것은 뒤에서 논하는 것처럼 바람직한 방향으로 생각한다.

(7) 한도 초과 보유 금융기관에 대한 정기 및 수시 심사

국회안은 정부안과 달리 동일계열 금융기관이 한도를 초과하여 주식을 보유할 경우 그 요건의 충족 여부를 매년 정기적으로 심사하도록 하고, 불법 징후가 있는 경우에는 수시 심사를 할 수 있도록 하고 있다(안 제24조 제7항).

V. 금산법 제24조의 위반 사례 및 쟁점 분석

이하에서는 과거 금산법 제24조의 대표적인 위반 사례를 살펴보고,[36] 현행 금산법 제24조의 쟁점 사항 및 동 개정안의 쟁점에 대하여 분석을 해 본다.

1. 위반 사례

(1) 동부그룹 위반 사례

동부그룹의 계열 금융기관인 (주)동부화재와 (주)동부생명이 2002년 7월 인수한 (주)아남반도체의 주식 9.68%(600억원)을 감독당국의 승인 없이 취득한 바 있다.[37] 이에 대해 감독당국은 2003년 7월 3일 5% 초과분을 매각할 것을 명령하고,[38] 해당 금융기관에 대해 기관 문책경고 및 대표이사에 대해 주

---

36) 금융감독원 자료에 의하면, 2004년 11월 현재 금산법 제24조를 위반하여 타 회사의 주식을 초과 보유하고 있는 금융기관은 10개이다(참여연대, "삼성카드와 삼성생명의 금산법 위반 관련 금감위원장과 삼성계열 금융기관 임원 등 고발," 보도자료, 2005. 7. 6, 별첨자료(고발장) 8면). [이하 "참여연대 고발장"이라 한다].

37) 프레시안, "금감위, 4개 재벌 계열금융사 금산법 위반 점검," 2004. 4. 23, <http://news.naver.com/new/>; 참여연대, "동부화재 동부생명에 대한 아남반도체 주식매각명령 환영 논평," 2003. 7. 8, 1면. <http://peoplepower21.org>. [이하 "참여연대 논평"이라 한다].

38) 감독당국은 (주)동부생명과 (주)동부화재의 경우에 매각 명령의 근거는 금산법이 아니고 보험업법에 있다고 설명하고 있다(참여연대 고발장, 6면). 즉 (주)동부화재와 (주)동부생명의 경우에는 2003년 4월 보험업법이 전면 개정(동년 8월 시행)되기 전의 舊 보험업법 제15조에 의거하여 시정조치를 내릴 수 있었다고 설명한다(참여연대, "삼성카드 등 금산법 제24조 위반 관련 추가 질의," 2005. 7. 11, 2면. [이하 "참여연대 질의 자료"라 한다]). 구 보험업법 제15조(금융감독위원회의 명령권)는 다음과 같다:

의적 경고 조치 등 제재 조치를 취하였다.[39]

(2) 현대자동차그룹 위반 사례

현대차그룹 계열 금융기관인 (주)현대캐피탈(당시 (주)현대할부금융)은 1999년 3월 (주)현대자동차 등과 함께 (주)기아자동차 주식 인수에 참여해 감독당국의 승인을 얻지 않고 주식 10.4%를 취득한 바 있다.[40] 이에 대해서 감독당국은 어떠한 제재조치도 취하지 않은 것으로 알려져 있다.[41] 한편 (주)현대캐피탈은 감독당국의 위반 주식 해소 방안 제출 요구에 따라 초과 주식의 매각 의사를 밝혔다고 한다.[42]

(3) 삼성그룹 위반 사례

삼성그룹 계열 금융기관인 (주)삼성캐피탈과 (주)삼성카드는 1999년 4월 비상장회사인 (주)에버랜드의 주식을 각각 14.0%, 11.6%를 감독당국의 승인 없이 보유하였고, 2004년 1월 (주)삼성카드와 (주)삼성캐피탈이 합병하면서 (주)삼성카드가 (주)에버랜드의 주식 25.6%를 보유하게 되었다.[43] (주)에버랜

"금융감독위원회는 보험사업자에 대하여 그 업무 및 재산 상황에 따라 필요하다고 인정하는 때에는 업무집행 방법의 변경 또는 금융감독위원회가 지정하는 기관에의 재산의 예탁을 명하거나 기타 감독상 필요한 명령을 할 수 있다."

39) 앞의 참여연대 논평, 1면.

40) 한국경제신문, "'금산법' 위반 조사 대상 확대. 그룹계열 금융사 전반으로," 2004. 4. 25. 당시 현대자동차그룹은 (주)기아자동차 인수에 대한 공정거래법상의 기업결합 심사를 받았고, 부실기업 인수의 경우에 해당하여 문제가 없다는 공정거래위원회의 판정이 있었다(이데일리(edaily), "현대캐피탈 보유 기아차 지분 금산법 저촉 소지," 2004. 4. 23, <http://news.naver.com/news>). 이를 근거로 현대캐피탈 측은 금산법 위반에 해당하지 않는다고 주장하나, 공정거래법상의 기업결합 심사와 금산법상의 승인은 다른 것이다.

41) 참여연대, "참여연대, 금산법 개정 입법청원," 보도자료, 2005. 6. 20, 붙임 청원안 자료, 3면. <http://peoplepower21.org>. [이하 "참여연대 입법청원 자료"라 한다].

42) 위의 자료, 3면.

43) 프레시안, 2004. 4. 23, <http://news.naver.com/new/>. (주)삼성카드와 (합병 이전의) (주)삼성캐피탈은 1998년 12월 31일 계열 분리된 중앙일보로부터 (주)삼성에버랜드 주식을 각각 200,000주(10.00%)와 141,123주(7.05%)을 양수하였으며, 1999년 4월 16일 유상증자 과정에서 각각 50,000주와 35,281주를 취득하였고, 1999년 4월 17일 실권주 청약을 통하여 각각 100,000주와 1114,719주를 추가 취득하였으며, 2004년 2월 1일 (주)삼성카드가 (주)삼성캐피탈을 흡수합병함으로써 (주)삼성에버랜드의 주식을

드는 금융업종 회사가 아니다.[44] 이에 대해서도 감독당국은 아무런 제재 조치를 취하지 않은 것으로 알려져 있다.[45] (주)삼성카드는 감독당국의 위반 주식 해소 방안 제출 요구에 따라 주식 매각은 불가능하고 의결권만 행사하지 않겠다는 의사를 밝혔다고 한다.[46]

(주)삼성생명도 1997년 3월 금산법이 시행될 때(즉 금산법 제24조의 효력이 발생할 때) (주)삼성전자의 주식 8.5%를 가지고 있었다.[47] 1997년 3월 시행된 금산법 부칙 제3조는 금산법이 시행될 당시에 해당 설립 근거 법률에 의하여 인가 · 승인 등을 얻은 경우에는 금산법상의 한도 초과 승인을 얻은 것으로 명시하고 있었다.[48] 이에 대해 감독당국은 (주)삼성생명의 (주)삼성전자 주식 취득은 그 설립 근거법인 보험업법상의 자산운용 규제(자회사 규정, 10%) 한도 이내이므로 감독당국의 승인을 얻을 필요가 없었고, 따라서 금산법상의 승인이 의제된 것이라고 설명한다.[49] 그러나 참여연대는 (주)삼성생명은 어떠한 법률에 의해서도 (주)삼성전자의 주식 소유에 대한 승인을 받은 바 없다고 주장한다.[50] 그 후 감독당국의 승인 없이 (주)삼성생명은 (주)삼성전자의 주식 매매를 통하여 현재 7.25%를 소유하고 있는 것으로 알려져 있다.[51]

따라서 정부안대로 새로 신설되는 주식 처분 명령권이 적용되지 않으면 (주)삼성카드와 (주)삼성생명은 금산법상의 한도를 초과하여 현재의 (주)에버랜드 주식 및 (주)삼성전자의 주식을 각각 소유할 수 있게 되는 셈이다.

641,123주(25.64%) 보유하고 있다(참여연대 고발장, 5면 각주 1)).

44) 프레시안, 2004. 4. 23, <http://news.naver.com/new/>.

45) 앞의 참여연대 입법청원 자료, 3면.

46) 위의 자료, 3면.

47) 이데일리(edaily), "(프리즘) 공정위 '재경부 말만 믿었다?'" 2005. 8. 8, <http://search.edaily.co.kr>.

48) 법률 제5257호(전문 개정 1997. 1. 13) 부칙 제3조("이 법 시행 당시 금융기관이 그 설립 근거가 되는 법률에 의하여 인가 · 승인 등을 얻어 다른 회사의 주식을 취득 또는 소유하고 있는 경우에는 제24조 제1항의 규정에 의하여 승인을 얻은 것으로 본다").

49) 앞의 참여연대 질의 자료, 4면.

50) 앞의 참여연대 고발장, 9면.

51) 앞의 이데일리(edaily) 기사.

2. 주식 처분 명령권의 소급 적용 여부 문제

(1) 정부안과 국회안의 차이

금산법 개정 법률안 중 한도 초과 위반 주식에 대한 감독당국의 처분 명령권 신설 조항이 개정 법률 시행 당시에 이미 감독당국의 승인을 받지 않고 초과 취득한 주식에 대하여도 적용되는지와 관련하여 정부안과 국회안이 대립되어 있었다. 앞서 언급한 것처럼, 정부안은 개정 법률 시행 당시 이미 위반하여 소유하고 있는 주식에 대하여 주식 처분 명령권이 적용되지 않도록 하고 있음에 반하여, 국회안은 개정 법률 시행일로부터 5년 이내에 처분하도록 함으로써 새로 신설되는 주식 처분 명령권이 적용되도록 하고 있었다.

(2) 소급 입법 금지 원칙에 위반되는지 여부 문제

1) 소급 입법 금지 원칙에 위반된다는 견해

우선 기존 한도 초과 주식에 대한 새로운 처분 명령권의 적용이 소급 입법 금지 원칙에 위반된다는 견해가 있다. 국회 재정경제위원회의 검토 보고서는 "주식 처분 명령을 기존 보유 주식에 대하여 소급 적용할 경우에는 비록 5년간의 유예 기간을 두더라도 결국 旣보유 주식을 처분하는 것 외에는 위법 상태를 해소할 방법이 없으므로 '소급 입법에 의한 재산권 침해 금지'를 규정한 헌법 제13조 제2항을 위반할 소지가 있[다]"라고 지적하고 있다.[52] 또한 황정근(2005)도 "1997. 3. 1. 이후에 취득한 기존 주식의 경우에 대해서 의결권 제한이나 처분 명령을 할 수 있도록 하는 것도 진정소급효 입법"이라고 보면서, 그 이유로서 "[금산]법 제24조는 주식 소유를 제한 · 금지하는 것이 아니고, 주식 소유권을 합법적으로 취득함으로써 법 위반 위반 행위는 이미 종료 · 완성되었기 때문이다"라고 설명하고 있다.[53]

2) 소급 입법 금지 원칙에 위반되지 않는다는 견해

이에 대하여 참여연대는 "초과 지분에 대한 매각 명령은 과거 주식 취득

52) 국회 재정경제위원회, "금융산업의구조개선에관한법률일부개정법률안(박영선 의원 대표발의) 검토 보고," 2005. 6, 12-13면.

53) 열린우리당 제3정책조정위원회 주최 「금융산업의 구조개선에 관한 법률」 개정 공청회 진술 자료, 2005. 11. 8, 121면.

의 효력 자체를 부인하는 것이 아니라 개정법 시행 이후의 '장래' 주식 초과 보유 행위를 규제하는 것으로 소급 입법에 해당하지 않는다"고 주장한다.[54] 또한 이동걸(2005)도 "금산법 제24조의 위반 건은 이미 과거에 시작되었다 하더라도 아직 종결된 사실관계가 아니며, 법 개정을 통해 한도 초과분에 대해 사후적으로 처분 명령을 내리더라도 부진정소급효에 불과할 뿐 헌법 제13조 제2항에서 규정한 소급 입법 금지 원칙에는 반하지 않는다"고 주장한다.[55]

3) 검토: 不眞正遡及效에 해당하는지 여부

여기서의 큰 쟁점은 이미 금산법 제24조를 위반한 건에 대한 처분 명령권의 적용이 '진정소급(眞正遡及)'에 해당하는지 아니면 '부진정소급(不眞正遡及)'에 해당하는지의 판단 문제이다. 즉 금산법 제24조를 위반한 건이 이미 종결된 사실관계인가 아닌가 하는 점이다. 즉 이미 종결된 사실관계라면 법 개정을 통해 처분 명령을 하는 것이 '진정소급'에 해당하여 원칙적으로 허용되지 않지만, 아직 종결되지 않은 사실관계라면(즉 계속 진행되는 사실관계라면) '부진정소급'에 해당하여 법 개정을 통한 처분 명령이 일반적으로 허용된다는 것이다.[56]

일반적으로 행정법규의 소급효는 관계인의 신뢰 보호를 위태롭게 하여 금지된다. 즉 "행정법규는 특별한 규정이 없는 한 시행일로부터 장래에 향하여 효력을 발생[하는바](대법원 1999. 7. 13. 선고 97누15067 판결 참조), 시행일 이전으로 소급 적용함은 법적 안정성을 해하고 법치행정 원칙의 요건에 반하기 때문이다."[57] 그러나 행정법규의 소급효와 관련하여 헌법재판소는 "이러한 소급효 금지는 원칙적으로 이미 과거에 완성된 사실 또는 법률관계를 규율의 대상으로 하는 이른바 '진정소급효'에만 적용[되며,] 따라서 이미 과거에 시작하였지만 아직 완성되지 않고 진행 과정에 있는 사실 또는 법률관계를 규율의 대상으로 하는 이른바 '부진정소급효'의 경우에는 당사자의 신뢰 보호보다 입법자의 입법 형성권이 우선된다"는 입장을 취하고 있다.[58] 대법원도 같은 입장을 취하고 있다.[59]

54) 참여연대 입법청원 자료, 3면, <http://peoplepower21.org>.

55) 이동걸, 2005. 7. 16~7. 22, "금산법 제24조 위반 건에 대한 법 · 경제적 분석", 「주간 금융브리프」 제14권 29호, 서울, 한국금융연구원, 5면. 이 논문은 소급입법 금지의 원칙에 위반되지 않는다는 여러 근거를 자세히 설명하고 있다.

56) 위의 논문, 5면.

57) 김철용, 행정법(Ⅰ), 박영사, 2004, 66면.

즉 "행정법령의 효력이 시행일 이전에 소급하지 않는다는 것은 시행일 이전에 이미 종결된 사실에 대하여 법령이 적용되지 않는다는 것을 의미하는 것이지(즉 진정소급효의 금지를 말한다), 시행일 이전부터 계속되는 사실에 대하여도 법령이 적용되지 아니한다는 의미가 아니다(즉 부진정소급효의 허용을 말한다)"라고 하고 있다.[60] 더 나아가 헌법재판소는 "진정소급효 금지의 경우에도 일반적으로 국민이 소급 입법을 예상할 수 있었거나 법적 상태가 불확실하고 혼란스러워 보호할 만한 신뢰 이익이 적은 경우와 소급 입법에 의한 당사자의 손실이 없거나 아주 경미한 경우 그리고 신뢰 보호의 요청에 우선하는 심히 중대한 공익상의 사유가 소급 입법을 정당화하는 경우 등에는 예외적으로 진정 소급 입법이 허용된다"라고 하고 있다.[61]

생각하건대, 기존 한도 초과 위반 주식에 대한 새로운 처분 명령권의 적용은 소급 입법 금지 원칙에 위반되지 않는다고 본다. 그 이유는 이미 법을 위반하여 주식을 소유하고 있는 행위는 계속 진행 과정에 있는 사실관계이지 종결된 사실관계가 아니므로, 헌법재판소나 대법원의 판례에 따르면 부진정소급에 해당하여 소급 입법 금지 원칙이 적용되지 않으므로 신설되는 처분 명령권이 적용될 수 있다고 보기 때문이다.

(3) 과잉금지의 원칙(비례의 원칙)에 위반되는지 여부 문제

법 개정 이후의 사후적인 처분 명령이 과잉금지의 원칙(비례의 원칙)에 위배된다는 주장도 있다. 다시 말해서 사후에 법 개정을 통하여 이미 보유하고 있는 주식에 대해 처분 명령을 하는 것은 사유재산권을 과도하게 침해하여 과잉금지의 원칙에 위배된다는 주장이다. 국회 재정경제위원회의 금산법

---

58) 위의 책, 60면; 헌재 1989. 3. 17. 선고 88헌마1 전원재판부 결정.

59) 대법원도 "대학이 성적 불량을 이유로 학생에 대하여 징계 처분을 하는 경우에 있어서 수강신청이 있은 후 징계 요건을 완화하는 학칙 개정이 이루어지고 이어 당해 시험이 실시되어 그 개정 학칙에 따라 징계처분을 한 경우라면 이는 이른바 부진정소급효에 관한 것으로서 舊학칙의 존속에 관한 학생의 신뢰 보호가 대학당국의 학칙 개정의 목적 달성보다 더 중요하다고 인정되는 특별한 사정이 없는 한 위법하다고 할 수 없다"고 하고 있다(대법 1989. 7. 11 선고 87누1123 판결).

60) 위의 책, 66면; 대법 1983. 4. 26. 선고 81누423 판결.

61) 위의 책, 66면; 헌재 1999. 7. 22. 선고 97헌바76; 98헌바50 · 51 · 52 53 · 54 · 55(병합) 전원재판부 결정.

개정 법률안 검토보고서도 "금산법 제24조의 취지는 금융기관의 비금융회사 주식 취득 자체를 금지하는 것이 아니라 금융기관을 이용한 기업결합을 제한하기 위하여 일정 규모 이상의 주식을 보유할 경우 감독당국의 승인을 받도록 한 규정이라는 점을 감안할 때 동일계열 금융기관이 소유하고 있는 비금융회사의 주식에 대하여 의결권을 제한하는 것만으로도 법 취지를 달성할 수 있다는 점에서 의결권 제한보다 재산권 침해 정도가 훨씬 강한 처분 명령을 소급 적용하는 것은 비례의 원칙(과잉금지의 원칙)에도 위배될 소지가 [크다]"라고 하고 있다.[62] 황정근(2005)도 "[금산]법 제24조도 명문으로 '의결권 있는 주식'의 취득에 대해서만 승인을 받도록 하고 있을 뿐 의결권 없는 주식의 취득에 대해서는 아무런 규제를 하고 있지 않다. 따라서 법 제24조의 규정 자체에 의하더라도 무승인 취득 주식에 대한 의결권 행사의 제한으로써 입법 목적을 충분히 달성할 수 있음을 알 수 있다. 무승인 취득 주식에 대하여 처분명령까지 할 수 있도록 하는 것은 법 제24조의 본문에서 예정하는 규제 범위를 초과하여 과잉금지 원칙에 위반된다"고 주장한다.[63]

이에 대해 이동걸(2005)은 주식 처분 명령은 금산법 제24조에서 허용하는 한도를 초과하여 보유하고 있는 주식을 매각하라는 명령에 불과하고, 이에 따라 시장에서 동 초과분의 주식을 매각하여 동등한 가액의 현금 또는 다른 자산으로 전환하는 데 불과하므로 이는 재산가액의 손실을 야기하는 몰수나 충분한 보상을 하지 않고 행하는 수용 등과 다르며, 특히 일정기간(예를 들어, 3개월 또는 6개월)의 처분 기한을 인정하는 것은 더욱이 문제될 수 없기 때문에 이러한 처분 명령권은 재산권 침해가 될 수 없고, 따라서 헌법 제37조에서 규정하고 있는 과잉금지의 원칙에도 반하지도 않는다고 주장한다.[64]

과잉금지의 원칙이라 함은 "국민의 기본권을 제한함에 있어 국가 작용의 한계를 명시한 것으로서 목적의 정당성, 방법의 적정성, 피해의 최소성, 법익의 균형성 등을 의미하며 그 어느 하나라도 저촉이 되면 위헌이 된다는 헌법상의 원칙"을 말한다.[65] 사후 주식 처분 명령이 이러한 기준에 위반되는지 여

62) 앞의 국회 재정경제위원회 검토 보고서, 13면.

63) 앞의 열린우리당 공청회 자료, 116-117면.

64) 이동걸, 앞의 논문, 7면.

65) 헌재 1997. 3. 27. 선고 95헌가17 전원재판부 결정.

부에 대하여 이동걸(2005)은 (i) 주식 처분 명령은 위법 상태를 합법화 상태로 만드는 것이므로 목적의 정당성이 인정되고, (ii) 주식 처분 명령은 한도 초과 상태를 한도 내로 환원시키는 것이므로 방법의 적정성도 인정되며, (iii) 처분 유예기간을 주고 처분의 방법을 제한하지 않음으로 해서 재산가액의 손실을 야기하지 않으므로 피해의 최소성도 인정되고, (iv) 주식 처분 명령으로 달성하려는 사회적 · 국가적 법익(즉 금융기관을 이용한 경제력 집중 방지)은 매우 큰 반면 주식 처분 명령으로 침해되는 개인적 사익은 위법 · 부당한 계열 지배의 이익뿐이고 재산적 손실은 없기 때문에 법익의 균형성도 인정되어 위의 기준에 위반되지 않는다고 주장한다.[66]

생각하건대, 금산법 제24조는 동법 시행령 제6조에 의하여 동일계열 금융기관이 비금융회사를 사실상 지배하는 수준의 주식 취득 자체를 금지하고 있는 것이므로(즉 이 경우에는 아예 승인을 받을 수 없는 것이므로)[67] 이러한 금지 규정에 위반하여 소유하고 있는 주식에 대하여 처분 명령을 내리는 것은 금융자본의 산업자본 지배 방지라는 금산법 제24조의 목적을 달성하기 위하여 필요한 것으로 판단되므로 과잉금지 원칙에 위반된다고 보지 않는다.

(4) 신뢰보호의 원칙에 위반되는지 여부 문제

더 나아가 법 개정 이후의 사후적인 처분 명령이 일반적인 신뢰보호의 원칙에 위배된다는 주장도 있다. 다시 말해서 사후 법 개정을 통하여 이미 보유하고 있는 주식에 대해 처분 명령을 하는 것은 법적 안정성의 유지를 위해 법 개정 이전의 환경 아래에서 기대되는 이익을 신뢰하고 행한 행위를 보호해주어야 한다는 신뢰보호의 원칙에 어긋난다[68]는 주장이다. 국회 재정경제위원회의 개정 법률안 심사보고서도 "금산법 시행 이후 동일계열 금융기관이 지금까지 아무런 제재 없이 다른 회사 주식을 소유하면서 수많은 거래관계를 형성해 왔다는 점에서 이에 대한 처분 명령을 내리는 것은 법적 안정성을 침해할 우려가 있[다]"라고 언급하고 있다.[69]

---

66) 앞의 열린우리당 공청회 자료(이동걸 진술 자료), 86-87면.

67) 금산법 제24조의 승인 대상이 되는 경우에 승인 요건을 충족하는 한 감독당국이 승인을 해주지 않을 가능성은 거의 없을 것이다. 실무상으로도 승인 요건을 충족하는데도 불구하고 승인을 받지 못한 사례는 없는 것으로 알고 있다.

68) 이동걸, 앞의 논문, 4면.

이에 대해 이동걸(2005)은 법 개정 이후의 사후적인 처분 명령은 신뢰보호의 원칙에도 문제되지 않는다고 주장한다. 즉 (i) 금산법 제24조의 위반건에 보호할 가치가 있는 신뢰이익이 존재하지 않고(즉 위법 행위로부터 기대되는 이익은 불법 부당한 이익이고, 따라서 그러한 신뢰 이익은 당연히 법적으로 보호할 가치가 없기 때문이다), (ii) 법 개정의 예견 가능성도 충분히 있었으며(즉 사회 정의상 위법 사항에 대한 시정 조치 수단이 법 개정을 통해 도입되리라는 것을 위법 행위자들이 충분히 예상할 수 있고 또한 당연히 예상했어야 했기 때문이다), (iii) 개인의 신뢰 이익과 법 개정으로 얻는 공익을 비교 형량을 할 때에도 마찬가지로 문제없다는 주장을 한다.[70]

생각하건대, 이미 법을 위반한 자를 보호해야 할 법적 이익이 존재한다고 보기는 어렵고, 또한 벌칙 조항만의 존재로는 법이 달성하려고 하는 목적을 충분히 달성하기 어려워 위반에 대한 시정조치인 처분 명령권이 도입되리라는 것을 예견할 수 있었다고 보이며, 이 외에도 처분 명령을 통한 위법 상태의 시정으로써 얻게 되는 공익(즉 금융자본의 산업자본 지배 방지라는 경제력 집중 억제)이 더 크다고 보므로 신뢰이익의 보호의 원칙에 위반된다고 보지는 않는다.

(5) 의결권 제한만으로 충분한지 여부 문제

주식 처분 명령을 하지 않더라도 한도 초과분에 대해 의결권 행사를 금지하면 소기의 정책 효과를 거둘 수 있기 때문에 굳이 주식 처분 명령권이 필요가 없다는 주장도 있다. 국회 재정경제위원회의 금산법 개정 법률안 검토 보고서도 “금산법 제24조의 취지는 금융기관의 비금융회사 주식 취득 자체를 금지하는 것이 아니라 금융기관을 이용한 기업결합을 제한하기 위하여 일정 규모 이상의 주식을 보유할 경우 감독당국의 승인을 받도록 한 규정이라는 점을 감안할 때 동일계열 금융기관이 소유하고 있는 비금융회사의 주식에 대하여 의결권을 제한하는 것만으로도 법 취지를 달성할 수 있다”라고 하고 있다. 황정근(2005)도 의결권 행사의 제한만으로써 입법 목적을 충분히 달성할 수 있다고 주장하고 있다.[71]

이에 대해 이동걸(2005)은 (i) 한도 초과분의 의결권 행사를 금지하더라도 한도 초과분을 보유함으로써 다른 지분의 의결권 비율을 왜곡시킨다는 점

69) 앞의 국회 재정경제위원회 검토 보고서, 13면.
70) 이동걸, 앞의 논문, 6-7면.
71) 앞의 열린우리당 공청회 자료, 116면.

(즉 합법적으로 보유한 잔여 지분의 의결권 비율을 높임으로써 간접적·부분적으로 부당한 경제력 집중을 도와주는 결과를 낳기 때문이다), (ii) 한도 초과분에 대해 의결권 행사만을 금지하고 이를 계속 보유하도록 해서는 금융기관과 고객 사이의 이해상충 문제, 고객의 재산권 침해 문제를 해결할 수 없는 점 등을 들어 의결권 행사만으로 법이 원래 의도한 목적을 충실히 수행할 수 없기 때문에 주식 처분 명령권이 필요하다는 점을 역설하고 있다.[72)]

생각하건대, 법 위반 주식에 대한 의결권 제한만으로는 여전히 금융기관과 고객간의 이해상충의 문제 등을 해결할 수 없고 금산법 제24조가 달성하려는 금융자본의 산업자본에 대한 지배력 확장 방지의 목적을 충분히 달성할 수 없다고 보므로 주식 처분 명령권이 필요하다고 본다.

3. 금산법 제정 당시 해당 설립 근거 법률에서 인가·승인 등을 요하지 않은 경우의 주식 처분 명령권 소급 적용 여부 문제

1997년 1월 13일 제정된 금산법 부칙 제3조는 "이 법 시행 당시 금융기관이 그 설립 근거가 되는 법률에 의하여 인가·승인 등을 얻어 다른 회사의 주식을 취득 또는 소유하고 있는 경우에는 제24조 제1항의 규정에 의하여 승인을 얻은 것으로 본다"라고 규정하고 있다. 이 경우 금융기관이 해당 설립 근거 법률에서 인가나 승인 필요 없이 자산 운용 차원에서 소유할 수 있는 주식을 취득하고 있는 경우에도 금산법 제24조 제1항의 규정에 의하여 인가·승인 등을 얻은 것으로 볼 수 있느냐 하는 문제가 있다.[73)] 이에 대해서는 금산법 시행 전 해당 설립 근거법에서 자산 운용 차원에서 감독당국의 승인 없이 소유하고 있었던 것이므로 부칙 제3조에 따라 금산법상의 승인이 의제된 것(즉 자동 승인된 것)이고 따라서 현행 금산법을 위반한 것은 아니라는 견해가 있다.[74)] 그러나 (i) 우선 개별 설립 근거법에서 인가나 승인 필요 없이 소유하

---

72) 이동걸, 앞의 논문, 8면; 이준섭 교수도 기존 금산법 위반 주식에 대하여 주식 처분 명령권이 적용될 수 있다고 주장함으로써 의결권 제한 조치만으로 충분하다는 견해를 취하고 있는 것으로는 보이지 않는다(앞의 열린우리당 공청회 자료, 106면).

73) 1997년 3월 금산법이 시행될 때(즉 금산법 제24조의 효력이 발생할 때) (주)삼성생명이 (주)삼성전자의 의결권 있는 주식 8.5%를 소유하고 있었던 것과 관련된다. 그 후 (주)삼성생명은 (주)삼성전자의 주식 매매를 통하여 현재 의결권 있는 주식 7.25%를 소유하고 있다(이데일리(edaily), 2005. 8. 8, <http://search.edaily.co.kr>).

74) 이러한 견해는 금융감독당국이 취하는 입장이다. 금융위원회는 (주)삼성생명의

고 있는 주식은 금산법상의 승인을 얻은 것으로 볼 수는 없다는 점 및 (ii) 아래 V. 4.에서 논의하는 것처럼, 개별 설립 근거법상 자산 운용 차원에서 허용된 것이라 할지라도 금산법상 승인 사유에 해당하면 별도의 승인이 필요하다는 점을 감안했을 때 금산법 제24조 제1항의 규정에 의한 인가 · 승인 등을 얻은 경우로 볼 수는 없을 것이다.[75]

따라서 제정 금산법의 시행 당시에 자산 운용 차원에서 해당 설립 근거법에서 소유가 허용된 주식 취득이라도 금산법상의 승인 요건에 해당하면 감독당국의 승인을 얻어야 할 것이다. 그러므로 만약에 그 후에 감독당국의 승인을 얻지 않았다면 그러한 주식 소유는 금산법에 위반한 것이기 때문에, 2005년 개정 금산법 법률안인 국회안에 따르는 경우에, 신설되는 주식 처분

(주)삼성전자 주식 취득은 그 설립 근거법인 보험업법상의 자산운용 규제(자회사 규정, 10%) 한도 이내이므로 감독당국의 승인을 얻을 필요가 없었고, 따라서 금산법상의 승인이 의제된 합법적 보유라고 설명한다(참여연대, "삼성카드 등 금산법 제24조 위반 관련 추가 질의," 2005. 7. 11, 2면). 이준섭 교수도 금산법 부칙 제3조의 의미는 "금산법의 승인 대상인 5%를 넘는 보유분이더라도 설립 근거법에서 허용된 채 보유하는 것이라면 금산법상 승인된 것으로 본다는 것이 입법자의 의도로 본다"라고 하면서, "삼성생명의 취득 보유는 보험법령상 아예 승인 대상이 아니었고 따라서 처음부터 금산법 부칙 제3조가 적용될 여지조차 없었다. 즉 설립근거법령인 보험업법(현행 제109조) 및 관련 감독규정은 자산 운용 건전성 규제 차원에서 타 회사 주식 10%를 초과하는 주식의 소유를 금지하고 있을 뿐이어서 보험회사가 타 회사 주식을 10% 미만을 소유하는 것은 아예 승인 대상이 아니고 보험업법상 일반적으로 허용되는 것이었기 때문이다… 따라서 보험업법령상의 10% 이내 소유에 대하여는 금감위의 승인이 전혀 문제되지 않고 금산법 부칙 제3조에서 말하는 승인도 당연히 승인된 것으로 보아야 한다"라는 견해를 밝히고 있다(앞의 열린우리당 공청회 자료, 104-105면). 황정근 변호사도 "금산법 제24조 시행일인 1997. 3. 1 이전에 취득한 기존 주식의 경우에 대해서는 법 제24조 신설 당시에 승인 제도를 적용한다는 명시적인 경과 규정을 두고 있지 아니하여 승인 제도가 적용되지도 아니하였다. 이 경우는 [금산]법 제24조 위반도 아니다…"라고 주장하고 있다(위의 열린우리당 공청회 자료, 120면).

75) 참여연대도 같은 입장을 견지하고 있다. 즉 참여연대는 "금산법 제24조의 입법 취지가 보험업법의 입법 취지와 다르기 때문에 금산법의 입법 취지에 맞도록 별도의 추가적인 승인을 얻었어야 하는 것이고, 그 승인 절차 없이 보유함에 따라 위법 상태가 계속되고 있다"라고 하면서, "금산법 제정 당시의 부칙 제3조에서 말하는 '승인 의제' 규정의 입법자의 의도는 '명시적으로 당시의 보험법 규정에 의하여 승인 또는 인가를 얻은 경우'로만 분명하게 못박고 있으므로 당시 삼성생명이 그러한 승인을 받은 바 없으므로 정부 등의 주장처럼 자동 승인된 것으로 볼 수 없다"라는 견해를 밝히고 있다(위의 열린우리당 공청회 자료, 102-103면; 동 자료 31-34면 참조).

명령권을 소급 적용하는 것이 가능하다는 견해에 따르면, 이러한 위반 소유 주식에 대하여도 주식 처분 명령권이 적용된다고 보게 될 것이다. 다만 이러한 경우에 기존의 소유 구조를 강제로 변경하게 되므로 법정책적인 입장에서 법 위반 소유 주식에 대해서는 의결권만 제한한다든지 하는 조치 등을 고려할 수는 있을 것이다.

4. 해당 금융기관 설립 근거 법률상 인가·승인 등을 요하지 않는 경우에도 금산법상의 승인이 필요한지 여부 문제

앞서 본 것처럼, 금산법 제24조 제1항 단서는 동일계열 금융기관의 설립 근거가 되는 법률상 인가·승인 등을 얻은 경우에는 금산법상의 감독당국의 승인을 받을 필요가 없다고 규정하고 있다. 그런데 해당 설립 근거가 되는 법상 동일계열 금융기관이 다른 회사 주식을 소유할 때 감독당국의 승인이나 인·허가를 얻지 않고 소유하는 것이 가능한 경우에도 금산법상의 별도의 승인을 얻어야 하는가 하는 문제가 있게 된다.

이 경우는 두 가지로 나누어 살펴볼 수 있다. 우선 해당 설립 근거법상 자산운용 차원에서 일정한 한도 이내에서 감독당국의 인가나 승인 없이 주식을 소유할 수 있는 경우가 있고, 다른 하나는 비록 일정한 한도를 넘지만 감독당국의 승인이 필요 없는 경우를 들 수 있다. 즉 전자에 속하는 경우는 은행법 및 보험업법상의 다른 회사의 의결권 있는 주식 15% 이내에서 소유하는 경우를 들 수 있고, 후자의 경우는 은행법상 은행이 금융업종의 자회사를 두는 경우이다(예를 들어, 은행이 금융업종 자회사의 의결권 있는 발행 주식 총수의 25%를 소유하는 경우이다).

이에 대해서는 특히 후자와 관련하여 (i) 해당 설립 근거법에서 일정한 한도를 넘는 경우에 감독당국의 승인이 필요 없다는 것은 감독당국의 인가나 승인을 하는 것으로 간주할 수 있다는 점 및 (ii) 해당 설립 근거법에서 인가·승인 등을 얻은 경우에 금산법상의 승인이 필요 없다는 점을 감안할 때 더욱이 해당 설립 근거법에서 감독당국의 승인이 필요하지 않는 경우에는 당연히 금산법상의 승인도 필요 없다고 볼 수 있다는 점을 들어 제24조 제1항 단서 조항과 같게 취급을 해야 한다는 견해가 있을 수 있다.

그러나 이러한 견해에 대해서는 다음과 같은 이유로 찬성할 수 없다. 첫째, 금융기관 해당 설립 근거법상의 주식 소유 규제 목적과 금산법상의 주식 소유 규제 목적이 서로 다르다는 점을 들 수 있다. 즉 금융기관 해당 설립 근거법상의 주식 소유 규제 목적은 자산 건전성의 규제인 반면에 금산법상의 주식 소유 규제 목적은 금융기관을 이용한 지배력 확장의 규제라고 볼 수 있다. 다시 말해서 해당 설립 근거법에 따라 자산 운용 한도 이내이거나 한도를 넘더라도 감독당국의 승인 필요 없이 주식을 소유하는 행위는 해당 금융기관의 자산 건전성 측면에서는 큰 문제가 되지 않을 수도 있으나, 지배력 확장이라는 측면에서는 문제가 될 수 있는 것이기 때문에 규제할 필요성이 있고, 따라서 설령 해당 설립 근거법상 감독당국의 승인이 필요 없다고 하더라도 금산법상의 승인이 필요할 수 있는 것이다.

둘째, 금융기관 해당 설립 근거법에서 자산 운용 한도 이내이거나 한도를 넘더라도 감독당국의 승인 필요 없이 주식을 소유하는 행위에 대해서 자동적으로 금산법상의 승인이 필요 없다고 보면 실질적으로 금산법의 존재 의의가 없기 때문이다. 금산법 제24조 제1항 단서 조항의 취지는 해당 설립 근거법에 의해서 감독당국의 인가나 승인을 받는 경우에는 감독당국이 자산 건전성 규제의 측면과 지배력 확장 규제의 측면을 모두 심사하여 승인할 수 있기 때문에 별도의 금산법상의 승인을 받는 번거로움을 줄이기 위한 것이다. 따라서 해당 금융기관 설립 근거법에서 인가나 승인을 얻는 경우에 별도의 금산법상의 승인을 요구하지 않는 것은 이해가 될 수 있다. 그러나 해당 금융기관 설립 근거법에서 인가나 승인을 얻지 않는 경우에도 금산법상의 승인을 얻지 않도록 한다면 금융기관을 이용한 지배력 확장을 규제할 방법이 없게 되는 문제점이 있게 된다.

셋째, 금산법 제24조 제1항 단서가 "당해 금융기관의 설립 근거가 되는 법률에 의하여 인가 · 승인 등을 얻은 경우"라고 규정하고 있으므로, 문언 해석상 해당 설립 근거 법률에 따라 "인가 · 승인 등을 얻지 않은 경우에는" 금산법상 제24조 제1항 단서가 적용되지 않아 금산법상의 승인을 얻어야 한다고 보아야 할 것이다.

결론적으로 해당 금융기관 설립 근거법에서 감독당국의 승인을 요하지 않는 경우에도 금산법상의 승인 사유에 해당하면 별도의 승인을 얻어야 한다고 보는 것이 타당할 것이다. 감독당국도 이런 입장에서 금융기관 해당 설립 근거법에서 한도 초과 주식 소유시 감독당국의 승인이 필요 없는 경우에도 별도의 금산법상의 승인을 얻어야 한다고 보고 실무상 그렇게 처리하고 있다.[76]

5. '신고'도 금산법상의 "인가 · 승인 등을 얻은 경우"에 포함되는지 여부 문제

'신고'도 금산법 제24조 제1항 단서가 규정하는 "인가 · 승인 등을 얻은 경우"에 해당하는지와 관련하여 논란이 있을 수 있다. 이는 위에서 살펴본 것처럼 보험업법상 보험회사가 보험업의 영위와 밀접한 관련이 있는 업무를 주로 영위하는 업종의 회사를 자회사로 두고자 하는 경우에는 감독당국에 신고를 하여야 하기 때문에(보험업법 제115조 제1항) 실제로 문제될 수 있다.

이에 대해서는 우선 '신고'의 경우에는 '등'에 포함되는 것으로 넓게 보아 금산법 제24조 제1항 단서가 적용된다고 보는 견해가 있을 수 있다. 이렇게 보는 경우에는 금산법 제24조 제3항 후단에 의하여 감독당국이 실질적 경쟁제한성 여부에 대하여 공정거래위원회와 협의를 하여야 하는데, 이 경우 감독당국과 공정거래위원회와의 협의 결과에 따라 설립 근거법상의 신고의 법적 효력이 달라지는 문제가 있게 된다. 즉 신고라는 것은 감독당국의 인가나 승인의 행위 없이 신고자의 행위로서 그 법적 효력이 발생되는 것인데,[77] 이미 신고를 한 후에 감독당국이 실질적 경쟁 제한성이 있다고 판단하는 경우에 있어서 이미 행한 신고의 법적 효력을 부인할 수 있느냐 하는 문제가 있게 되는 것이다.

따라서 이러한 문제점을 감안했을 때, 그리고 신고가 명시적으로 규정되어 있지 않은 점, 특히 신고가 "인가 · 승인 등을 얻은 경우"에 해당하지 않는

---

76) 금융감독위원회/금융감독원, "우리은행의 우리제일호사모투자전문회사에 대한 출자 승인," 보도자료, 2004. 12. 24, 1면. 동 보도자료는 "금융감독위원회는 제23차 정례회의(2004. 12. 24)에서 금융산업의구조개선에관한법률(§24)에 따라 우리은행이 우리제일호사모투자전문회사(PEF)에 대하여 출자(금액: 1,100억원)하는 것을 승인하였다"라고 설명하고 있다.

77) 이에 대해 보험업법의 신고는 수리를 요하는 신고로 실질적으로 심사가 이루어지므로 "인가 · 승인 등"에 포함시킬 수 있다는 견해가 있다(이성환, 국회의원 장윤석 · 한국금융법학회 주최 입법 및 정책개발을 위한 세미나(금융산업의 구조 개선에 관한 법률의 문제점과 개선 방안) 토론 자료, 2005. 9. 14).

점(즉 신고는 "얻는 것이 아니고 하는 것"이라는 점) 등을 감안했을 때 해석상 "인가 · 승인 등을 얻은 경우"에 '신고'는 포함하지 않는 것으로 보는 것이 타당하다고 본다. 따라서 설립근거법에 의하여 신고를 하더라도 금산법상의 승인을 별도로 얻어야 하는 것으로 보아야 할 것이다. 즉 개별 설립 근거법상의 주식 소유 규제의 목적(즉 자산운용 규제)과 금산법상의 주식 소유 규제의 목적(즉 지배력 확장 규제)이 서로 다르다는 점에서도 신고와 승인이 별개로 이루어질 필요성을 인정할 수 있을 것이다.

Ⅵ. 금산법 제24조의 개선 과제

이하에서는 금산법 제24조에서 발견할 수 있는 문제점과 개선 방향에 대하여 살펴보기로 한다.

1. 금융감독당국 승인 기준의 법규정화 필요: 포괄적 위임 금지 원칙의 위배 문제

현행 금산법 제24조는 한도 초과 소유에 대한 감독당국의 승인 기준을 시행령에서 규정하도록 하고 있다(시행령 제6조 제1항). 그러나 금산법 제24조 제1항을 위반하여 주식을 소유하는 경우에 해당 금융기관의 임원 등에 대한 벌칙(1년 이하의 징역 또는 1천만원 이하의 벌금, 법 제27조)이 적용되고, 해당 금융기관에 과태료도 부과된다는 점(법 제28조 제1항) 등을 감안할 때 그 승인 기준이 관련 당사자에게는 중요하다고 본다. 따라서 승인 기준의 중요성을 고려했을 때 감독당국의 승인 요건을 시행령에 규정하는 것보다 법률로 명확히 규정하는 것이 필요하다고 본다.[78]

또한 현행 금산법 제24조의 규정은 헌법상의 포괄적 위임의 금지 원칙에 위반될 가능성도 커 보인다. 즉 헌법 제75조는 "대통령은 법률에서 구체적으

78) 국회안은 감독당국의 승인 기준을 법률에 규정화하고 있었는데(안 제24조 제6항), 이에 대하여 국회 재정경제위원회의 개정 법률안 검토 보고서에서도 금산법 제24조 위반시 동일계열 금융기관의 임원 등에 대하여 처벌 규정이 적용되는 점을 감안할 때 승인의 요건을 법률로 명확히 규정하는 것은 바람직한 개정 방향이라고 평가했다. 국회 재정경제위원회, 앞의 검토보고서, 7면.

로 범위를 정하여 위임받은 사항에 관하여 대통령령을 발할 수 있다"라고 규정하고 있는데, 이의 의미에 대하여 헌법재판소는 "법률에 이미 대통령령으로 규정될 내용 및 범위의 기본 사항이 구체적으로 규정되어 있어서 누구라도 당해 법률로부터 대통령령에 규정될 내용의 대강을 예측할 수 있어야 함을 의미하는 것"이라고 하고 있다.[79] 이에 비추어 보았을 때 현행 금산법 제24조에는 시행령으로 규정될 내용 및 범위의 기본 사항이 구체적으로 규정되어 있지 않으며, 금산법 제24조로부터 시행령에 규정될 내용의 대강을 예측할 수 없다. 즉 금산법 제24조만으로는 금융기관이 비금융업종 회사를 사실상 지배해서는 안 된다는 내용 및 관련시장에서의 경쟁을 실질적으로 제한하지 아니할 것이라는 내용을 전혀 알 수 없으며, 시행령에 규정될 내용 및 범위의 기본 사항이 법에 구체적으로 규정되어 있지도 않다. 따라서 포괄적 위임의 금지 원칙에 비추어 보아도 시행령에서 규정하고 있는 감독당국의 승인 기준을 법에 규정할 필요가 있다.

특히 현행 금산법 제24조 및 시행령 제6조의 규정 체계 및 내용도 문제이다. 즉 현행 금산법 시행령 제6조는 승인 기준의 하나로서 비금융업종 회사를 "사실상 지배하기 위한 것이 아닐 것"으로 규정하여 결국 사실상 지배하는 경우에는 승인할 수 없다는 것인데, 비금융업종 회사를 사실상 지배하는 경우에는 승인하지 않겠다는 것이 입법 의도라면 법에서 "비금융업종 회사를 사실상 지배하는 경우에는 해당 주식을 취득하지 못한다"고 규정했어야 할 것이다. 현행 규정상 법에서 사실상 지배하는 경우에도 승인을 할 수 있도록 하면서 시행령에서 사실상 지배하는 경우에 승인을 할 수 없도록 한 것은 법의 위임을 벗어난 규정으로서 문제가 있다고 본다.

2. 주식의 범위에 '출자지분' 포함 필요

금산법 제24조는 금융기관이 다른 회사의 '주식'을 소유하는 경우에 대하여 규제하고 있다. 그런데 금융기관이 주식회사가 아닌 다른 형태의 회사의 출자지분을 소유할 수도 있다. 예를 들어, 합자회사나 유한회사의 경우가 그렇다. 실제로 「간접투자자산 운용업법」상의 사모투자전문회사의 경우에는 법

79) 헌재 1994. 7. 29, 93헌가12 결정.

상 합자회사의 형태를 요구하고 있다. 금융기관이 이러한 사모투자전문회사에 출자하는 경우가 있을 수도 있다. 이 경우 현행 규정의 해석상 '주식'의 범위에 출자지분이 포함되지 않는다고 보면, 아예 금산법 제24조의 적용 대상이 되지 않으므로 설령 한도 초과 사유가 발생하더라도 감독당국의 승인이 필요 없게 되는 결론이 된다.[80)]

이에 대해서는 수식의 범위에 출자지분도 포함하는 것으로 확대 해석할 수도 있으나, 금산법 제24조 위반의 경우에 벌칙이 적용된다는 점(법 제27조) 등을 감안할 때 확대 해석하기는 어렵다고 본다. 따라서 은행 및 보험회사의 경우에 다른 회사의 주식 소유 규제와 관련하여 출자지분도 포함하도록 명시적으로 규정하고 있는 점(은행법 제37조 제1항, 보험업법 제109조 제1항)을 감안할 때, 규제의 일관성을 유지하기 위해서라도 출자지분을 포함할 수 있도록 금산법에 명시적으로 규정할 필요가 있다.

그런데 감독당국은 우리은행의 '우리제일호사모투자전문회사'에 대한 출자 승인에서 금산법 제24조에 근거하여 출자 승인을 한바 있는데,[81)] 이는 주식의 범위에 출자지분도 포함하는 것으로 보아 금산법을 적용한 것으로 이해된다. 출자지분을 포함하는 명시적인 규정이 없는 상태에서 금산법을 적용한 것은 문제가 있다고 본다.

3. '관련 시장' 및 '경쟁 제한성'의 정의 규정 신설 필요

금산법 시행령 제6조 제1항 제2호는 감독당국의 승인 기준 중의 하나로서 "당해 주식 소유가 관련 시장에서의 경쟁을 실질적으로 제한하지 아니할 것"을 규정하고 있다. 그런데 금산법 및 동법 시행령은 '관련 시장' 및 '경쟁을 실질적으로 제한하지 아니할 것'에 대한 정의 규정을 두고 있지 않다. 물론 금산법 제24조 제3항이 감독당국이 관련시장에서의 경쟁을 실질적으로 제한하는지의 여부에 대하여 미리 공정거래위원회와 협의하도록 규정하고 있으므로 공정거래법에서 규정하고 있는 '일정한 거래분야'(즉 관련 시장)[82)] 및

80) 물론 해당 관련 설립 근거법상 승인 등을 요하는 경우는 별도의 문제이다.

81) 금융감독위원회/금융감독원, 앞의 보도자료, 1면.

82) '일정한 거래분야'라 함은 "거래의 객체별 단계별 또는 지역별로 경쟁관계에 있거

'경쟁을 실질적으로 제한하는 행위'[83]의 정의 조항이 적용된다고 볼 수도 있다. 그러나 법문상 명시적인 정의 조항이 없으므로 해서 다소 논란의 여지가 생길 수 있다. 이에 대한 정의 규정을 금산법령에 두는 것이 바람직하다고 본다. 이는 금산법이 '기업집단'의 정의로서 공정거래법 제2조 제2호를 명시적으로 언급하고 있는 점(법 제24조 제2항)에 비추어 보아도 필요함을 알 수 있다.

한편 이에 대해서는 '관련 시장' 및 '경쟁 제한성'의 정의 조항 자체를 둘 필요가 없다는 견해도 있을 수 있다. 즉 금산법 제24조 규정 자체의 존재에 대하여 의문을 제기하는 입장에서는 당연히 이러한 정의 조항이 필요하지 않을 것이며, 금융기관이 다른 회사의 주식을 소유하는 경우에 경쟁 제한성 판단까지 할 필요 없다는 입장에서도 이러한 정의 조항이 필요하지 않다고 주장할 수 있고, 설령 경쟁 제한성 판단이 필요하더라도 이러한 규정은 금산법이 아닌 공정거래법에서 규정해야 한다는 입장을 따른다면 이러한 정의 조항을 둘 필요가 없다는 견해를 피력할 수 있을 것이다.

4. '사실상 지배' 의미의 명확화 필요

금산법상의 감독당국 승인 기준의 하나인 '사실상 지배' 기준의 불명확성에 따른 문제가 있다. 금산법상 감독당국이 승인을 해 줄 수 있는 기준 중의 하나는 당해 주식 소유가 비금융업종에 속하는 회사를 '사실상 지배'하기 위한 것이 되어서는 안 된다(법 시행령 제6조 제1항 제1호). 다시 말해서 동일계열 금융기관은 비금융업종에 속하는 회사를 사실상 지배하지 않는 수준으로는 주식을 소유할 수 있다는 것이 된다. 따라서 여기서 '사실상 지배'의 기준이 무엇인가에 대하여 의문이 있을 수 있다. 왜냐하면 관련되는 금산법 시행령 제6조 제1항 제1호는 '사실상 지배'에 대하여 별도의 정의를 하지 않고 있기 때문이다. 이에 대해서는 두 가지로 나누어 볼 수 있다.

첫번째는 앞서 승인 기준의 두 번째 요건인 금산법 제24조 제1항 제2호

나 경쟁관계가 성립될 수 있는 분야"를 말한다(공정거래법 제2조 제8호).

83) '경쟁을 실질적으로 제한하는 행위'라 함은 "일정한 거래 분야의 경쟁이 감소하여 특정 사업자 또는 사업자단체의 의사에 따라 어느 정도 자유로이 가격 · 수량 · 품질 기타 거래 조건 등의 결정에 영향을 미치거나 미칠 우려가 있는 상태를 초래하는 행위"를 말한다(공정거래법 제2조 제8의2호).

에서 규정하고 있는 '사실상 지배하는 것으로 인정되는 경우로서 대통령령이 정하는 경우'로 보는 것이다. 이 경우에는 금산법 시행령 제6조 제2항의 (ⅰ) 주식 소유 비율이 제1위에 해당하거나(즉 최대주주이거나) 또는 (ⅱ) 주식의 분산도로 보아 주주권 행사에 의한 지배관계가 형성될 것을 의미하게 된다.[84)] 담당 부처인 당시 재정경제부도 관련 보도자료에서 "사실상 지배(최대주주)하는 경우"라고 표현[85)]하고 있는 것으로 보아서는 위와 같이 보고 있는 것으로 보인다. 이렇게 보면 주식 소유 비율에 관계없이 최대주주이거나 주주권 행사에 의한 지배관계가 형성되면 사실상 지배하는 것이 된다. 즉 5% 미만이라도 사실상 지배할 수 있는 가능성이 있게 된다. 그리고 사실상 지배 기준을 최대주주로 했을 때, 다른 주주의 소유 비율에 따라(즉 다른 주주가 신주를 취득하여 최대주주가 되는 경우) 최대주주의 여부가 결정되게 된다. 이 경우에 사실상 지배 기준을 위반하는 주식 소유 비율은 일률적이지 않고 해당 회사의 다른 주주의 주식 소유 비율에 따라 달라지게 된다. 즉 최대주주가 되지 않으면 주주권 행사에 의한 지배관계가 형성되지 않는 한 그 범위 내에서는 주식을 소유할 수 있게 되는 것이다. 또한 주주권 행사에 의한 지배관계가 형성되는 것을 사실상 지배의 기준으로 했을 때도, 지배관계만 형성하지 않으면 최대주주가 되지 않는 범위에서는 해당 주식을 소유할 수 있게 되는 것이다. 따라서 이 경우에는 설령 20%를 소유하더라도 최대주주가 되지 않고 주주권 행사에 의한 지배관계만 형성하지 않으면 비금융업종의 회사를 소유할 수 있게 된다는 결론이 된다.[86)]

두 번째는 금산법 제24조 제1항 제2호에서 규정하는 "의결권 있는 발행주식 총수의 5% 이상을 소유하고 사실상 지배하는 것으로 대통령령이 정하는 경우"로 보는 것이다. 즉 5% 기준을 같이 감안하여 판단하는 것이다. 이렇게 되는 경우는 우선 5% 미만으로 소유하고 있으면 설령 최대주주가 되거나 주주권 행사에 의한 지배관계가 형성되더라도 사실상 지배하는 것이 되지 않

84) 금산법 시행령에서 금산법상의 '사실상 지배' 정의 조항을 준용한다는 명시적인 규정이 없는 상태에서 금산법상의 정의 조항을 준용하는 것은 문제가 있다는 지적이 있을 수도 있다. 그러나 그렇게 하지 않는 한 금산법 시행령상의 '사실상 지배'의 기준은 정할 수 없는 문제가 발생한다.

85) 재정경제부 금융정책국, "금융산업의구조개선에관한법률 개정방향," 보도참고자료, 2004. 11. 18, 별첨자료 2면.

86) 물론 이 경우에는 금산법 제24조 제1항 제1호에 따라 감독당국의 승인을 얻어야 할 것이다.

는다. 따라서 동일계열 금융기관은 비금융업종 회사의 의결권 있는 주식의 5%까지는 소유할 수 있게 된다. 이 경우에는 위반 주식 소유 비율 기준도 5%가 될 것이다.[87] 예를 들어, "계열금융기관은 비금융계열사의 지분을 5% 이상 소유할 수 없도록 제한하고 있다"[88]라는 표현은 이 기준으로 하여 판단하는 것으로 보인다. 이 5% 기준은 동일계열 금융기관이 최대주주가 되거나 주주권 행사에 의한 지배관계가 형성되는 경우에 적용될 것이다.

그런데 위반 기준에 대하여 더 자세히 분석해 보면, 반드시 5%가 되지 않을 수도 있다. 즉 설령 5%를 초과 하더라도(예를 들어 10%인 경우) 최대주주가 되지 않고 주주권 행사에 의한 지배관계도 형성되지 않으면 5%를 초과하여 10%까지 소유할 수 있는 것이다. 따라서 위반 대상 주식의 처분 기준은 10%가 될 수도 있는 것이다. 이는 개별 건마다 위반 주식 기준이 달라질 수 있다는 것을 의미한다. 이런 점을 해결하기 위해서 금산법 시행령상의 비금융업종 회사에 대한 주식 소유 제한을 '사실상 지배' 기준이 아니라 사실상 지배에 상관없이 일률적으로 5% 기준으로 하는 것을 고려할 수도 있으나, 이 경우에는 동일계열 금융기관이 비금융업종 회사의 의결권 있는 주식 5%를 초과하여 소유하더라도 사실상 지배를 하지 않는 투자까지도 금지하게 되는 불합리성이 있게 된다. 결국은 현행 규정상 비금융업종 회사의 주식 소유의 위반 기준은 개별 건마다 다르게 될 수밖에 없을 것이다.

어쨌든 현행 규정상의 '사실상 지배' 기준의 불명확성에 따른 문제점은 여전히 존재한다. 따라서 '사실상 지배'의 기준에 대한 명확한 정의 규정을 신설하는 것이 필요하다. 특히 현재 상당히 추상적으로 규정된 "주식의 분산도로 보아 주주권 행사에 의한 지배관계가 형성될 것"을 보다 구체적으로 규정할 필요가 있다. 예를 들어, 공정거래법 시행령이 규정하는 '기업집단'의 범위 기준(동법 시행령 제3조 제2호 가목 및 나목)이나 은행법상의 '대주주'의 정의(동법 제2조 제10호 나목)에서 규정하는 임원의 임면 등의 방법으로 대상 회사의 경영에 대하여 지배적인 영향력을 행사하는 경우나 당해 회사의 업무집행이나 주요 의사결정에 사실상 영향력

87) 위에서 언급한 위반 사례(동부그룹 사례, 현대자동차그룹 사례, 삼성그룹 사례)에서 위반 주식에 대한 처분 기준을 5%로 보고 있는 것은 바로 이 요건에 해당한다고 보고 있기 때문으로 이해된다.

88) 이동걸, 앞의 논문, 4면.

을 행사하는 경우 등을 생각해 볼 수 있다.[89)]

5. '다른 회사'에 외국회사 제외 필요

현행 금산법 제24조의 해석상 '다른 회사'에 외국회사도 포함하는지에 대하여도 논란이 있을 수 있다. 명시적으로 외국회사를 제외하고 있지 않으므로 '다른 회사'의 범위에 외국회사도 포함한다고 볼 수도 있다. 그러나 금산법 제24조의 취지가 금융기관의 지배력 확장을 막기 위함이고 특히 금융자본의 산업자본 지배를 방지하기 위한 점을 감안할 때 그러한 폐해를 가져올 가능성이 거의 없는 외국회사까지 규제할 필요는 없다고 본다. 따라서 외국회사는 포함하지 않는 것으로 보는 것이 타당한 해석이라고 본다. 그러나 이런 논란을 없애기 위해서는 명시적으로 외국회사를 제외한다는 규정을 둘 필요가 있다고 본다.

Ⅶ. 결 론

금융기관이 다른 회사를 지배하여 관련 시장에서의 경쟁을 실질적으로 제한하는 것을 막고 더 나아가서는 금융자본의 산업자본 지배를 방지하기 위하여 제정된 금산법 제24조에 여러 미비점이 눈에 띈다. 우선 금산법 제24조를 위반했을 때의 시정 조치 수단이 법이 시행된 지 9년이 넘었는데도 불구하고 아직 규정되어 있지 않다는 것은 상당한 입법 과오라고 볼 수밖에 없다. 특히 2000년 금산법 개정에 의하여 벌칙 조항이 신설될 때 시정 조치 수단을 생각하지 않은 것은 이해가 잘 되지 않는다. 금산법 제24조의 감독당국의 승인 기준도 그 기본적인 사항이 구체적으로 법에 규정되어야 하고 위임 내용의 대강을 예측할 수 있어야 하는데 그렇지 않다. 포괄적 위임 금지의 원칙에

---

89) 은행법 시행령 제1조의6은 구체적으로 "(1) 단독으로 또는 다른 주주와의 합의 또는 계약 등에 의하여 은행장 또는 이사의 과반수 이상을 선임한 주주, (2) 경영전략·조직변경 등 주요 의사결정이나 업무집행에 지배적인 영향력을 행사한다고 인정되는 자로서 금융위원회가 지정한 자"를 대주주로 정의하고 있다.

위반될 가능성이 크다. 그리고 주식의 범위에 출자지분이 포함되어 있지 않아 논란이 될 수 있다. 이 외에도 '관련시장' 및 '경쟁제한성'의 정의 규정이 미비되어 해석상 문제가 있을 수 있다. 또한 금산법상의 승인 기준에 관한 자세한 내용이 규정되어 있지 않아 승인 당국의 재량권 남용 가능성이 크다. 다시 한번 금산법 제24조의 제정 취지 등을 감안한 심도 있는 재검토가 필요하다고 본다.

제 2 절

은행의 소유 규제에 관한 법적 검토*

Ⅰ. 서 론

2002년 4월 27일 개정 은행법이 공포되었고, 동 개정 은행법은 2002년 7월 28일부터 시행되고 있다.[1] 2002년 개정 은행법의 큰 특징은 동일인[2]의 시중은행[3]의 의결권 있는 주식 보유[4] 한도를 4%에서 10%로 상향 조정하여 은행 소유 제한을 완화한 점이다. 이 외에도 그 동안 금지되어 온 은행의 타 은

---

* 이 절의 내용은 「상사법연구」 제22권 제5호(한국상사법학회, 2004. 2)에 실린 저자의 "은행법상의 몇 가지 문제점에 관한 고찰 ― 2002년 개정 은행법을 중심으로―"라는 글 중 은행 소유 규제에 관련된 부분을 발췌하여 수정 · 보완한 것이다.

1) 은행법 중 개정 법률은 2002. 4. 27. 법률 제6691호로, 은행법 시행령 중 개정령은 2002. 8. 21. 대통령령 제17717호로 각각 공포되었으며, 이에 따른 은행업감독규정은 2002. 9. 23일자로 개정되어 시행되고 있다. 2002년 개정 은행법은 공포 후 3개월이 경과한 날로부터 시행하도록 되어 있으므로, 2002. 7. 28.부터 그 효력이 발생되는 셈이다.

2) '동일인'의 정의는 아래 Ⅱ. 3. (1) 참조.

3) 은행법상에서는 '은행'이라는 용어를 사용하고 있지 않고, '금융기관'이라는 용어를 사용하고 있다. 그러나 증권회사 · 보험회사 등 다른 금융기관과 구분하기 위해서 여기서는 '은행'이라는 용어를 사용하고자 한다. 한편, 은행법상 전국을 영업구역으로 하지 않는 금융기관을 '지방금융기관'이라고 따로 정의하고 있는 반면에(은행법 제2조 제1항 제9호 가목), 전국을 영업구역으로 하는 금융기관에 대해서는 따로 정의하고 있지 않다. 은행의 주식 보유와 관련하여서는 은행법에서는 지방금융기관과 전국을 영업구역으로 하는 금융기관에 대하여 다르게 규제하고 있기 때문에, 여기서는 전국을 영업구역으로 하는 금융기관을 따로 구분하여 표현하기 위하여 '시중은행'이라는 용어를 사용하기로 한다. 이는 감독당국에서도 전국을 영업구역으로 하는 은행을 '시중은행'이라는 용어를 사용하여 분류하고 있는 점(금융감독원 발간 「은행경영통계」 및 「금융통계월보」 참조) 등을 감안하였다. 한편, 지방금융기관은 '지방은행'이라고 하기로 한다.

4) '보유'의 의미에 대해서는 아래 Ⅱ. 3. (3) 참조.

행 주식 보유 금지 규정을 폐지하고 은행이 자은행을 둘 수 있도록 한 점도 특징적인 것으로 들 수 있다. 이와 관련하여 은행법 개정 담당 부처인 재정경제부도 그 개정 이유를 "은행 소유 규제를 국제 기준에 맞게 사전적인 소유 제한은 완화하고 금융감독을 강화하는 방향으로 개선함으로써 건전한 금융자본의 출현을 유도하고 은행의 자율 책임 경영을 촉진하는 한편, 은행이 다른 은행의 주식을 소유할 수 있도록 하는 등 그 동안 제도 운영 과정에서 나타난 미비점을 개선 · 보완하려는 것이다"라고 하고 있다.[5]

2002년 개정 은행법의 주요 내용을 살펴보면, (ⅰ) 동일인의 시중은행 주식 보유 한도의 상향 조정, (ⅱ) 은행의 대주주에 대한 감독 강화, (ⅲ) 은행장후보추천위원회 제도의 폐지 및 사외이사후보추천위원회제도의 도입 등 은행 지배구조 개선, (ⅳ) 은행의 타 은행 주식 취득 허용 및 자은행의 설립 허용, (ⅴ) 법규 위반에 대한 과징금 부과 제도 및 이행강제금 부과 제도의 새로운 도입 등을 들 수 있다.

이 절에서는 2002년 개정 은행법과 그에 따른 은행법 시행령 및 관련 감독규정상의 은행 소유 규제에 관한 내용을 분석 · 검토하면서 법적 문제점을 지적하고, 개선 방향을 찾아보고자 한다. 은행법은 은행의 소유 규제에 대하여 시중은행과 지방은행을 다르게 규정하고 있으므로, 우선 Ⅱ.에서는 시중은행의 소유 규제에 대하여 살펴보면서 그 법적 문제점을 지적하고 그 개선 방안을 고찰한 후에, Ⅲ.에서는 지방은행에 대한 소유 규제를 살펴본다.

Ⅱ. 시중은행에 대한 소유 규제

이하에서는 (ⅰ) 일반적인 동일인의 시중은행 주식 보유에 대한 규제 및 관련 문제점을 살펴보고, (ⅱ) 시중은행의 주식 보유와 관련하여 다르게 취급하고 있는(즉, 보다 큰 제한이 가해지는) '비금융주력자'(산업자본)[6]의 주식 보유 제한의 내용 및 관련 문제점을 고찰한 후에, (ⅲ) 동일인의 은행 주식 보유와 관련하여 중요한 개념인 은행법상의 '동일인' 및 '보유'의 정의 및 관련

5) 제15085호 관보, 2002. 4. 27.

6) '비금융주력자'의 정의에 대해서는 아래 Ⅱ. 2. (1) 참조.

문제점에 대하여 살펴보고, (iv) 금융위원회(이하 "금융위"라 한다)의 한도초과보유주주[7]에 대한 사후 적격성 심사 제도 및 관련 문제점에 대해서 고찰한다.

1. 동일인의 시중은행 주식 보유에 대한 규제 및 관련 문제점

(1) 기본 원칙: 비금융주력자가 아닌 동일인의 시중은행 주식 보유 한도는 10%

2002년 개정 은행법의 가장 큰 특징 중의 하나는 은행법 제15조 제1항의 개정으로 동일인이 감독당국의 승인 없이 시중은행의 의결권 있는 주식을 보유할 수 있는 한도가 종전의 4%에서 10%로 상향 조정됨으로써 시중은행에 대한 주식 소유 제한을 완화하였다는 점이다. 이는 종전에 시중은행 주식 보유 한도가 원칙적으로 4%로 제한됨으로써 은행의 책임 있는 경영주체가 없다는 비판을 수용하고, 공적자금이 투입된 은행들에 대한 민영화 정책에 따라 정부 보유 지분의 원활한 매각을 위하여 그 보유 한도를 상향시킨 것이다.[8] 다만, 동일인이 시중은행의 의결권 있는 발행 주식 총수의 4%를 초과하여 10%까지 보유하고자 하는 경우에는 감독당국의 승인은 필요 없지만 금융위에 사후 보고를 하도록 하고 있다(법 제15조 제2항).[9]

그러나, 이러한 시중은행의 의결권 있는 주식 10% 보유 한도에는 아래에서 논의하는 바와 같이 예외가 있다. 그것을 요약하여 정리해 보면, (i) 정부나 예금보험공사가 시중은행의 의결권 있는 주식을 취득하는 경우에는 그 한도의 제한을 받지 않으며, (ii) 금융지주회사법에 의하여 설립된 은행지주회사[10]가 자회사인 시중은행의 의결권 있는 주식을 취득하는 경우에도 그 한도의 제한을 받지 않으며, (iii) 일정한 자격 요건[11]을 충족하는 동일인은 금융위

7) '한도초과보유주주'의 정의에 대해서는 아래 Ⅱ. 4. (2) 참조.

8) 국회 재정경제위원회의 「은행법중개정법률안 심사보고서」(2002. 3)는 "정부의 이번 은행법 개정안 제출은 은행 소유 지분 확대를 통한 건전한 금융자본의 출현과 은행의 책임 경영 촉진 등 표면적인 이유 이외에도 IMF 경제위기 후 정부의 은행 소유가 확대된 데 따른 비판을 의식하고, 또 IMF와 합의한 바대로 2002년 하반기 이후에 정부 지분의 본격적인 매각을 통한 공적자금 회수와 은행 민영화를 추진하는 등의 목적이 있는 것으로 분석된다"라고 언급하고 있다.

9) 사후 보고에 대해서는 아래 Ⅱ. 1. (1). 2). 참조.

10) 은행지주회사(bank holding company)라 함은 은행을 자회사로 두고 있는 금융지주회사를 말한다. 금융지주회사법 제2조 제1항 제5호.

의 승인을 얻어 시중은행의 의결권 있는 발행 주식 총수의 10%를 초과하여 보유할 수 있다.

한편, 아래 Ⅱ. 2.에서 논의하는 바와 같이 비금융주력자의 경우에는 위의 10% 주식 보유 한도에 대하여 보다 더 큰 제한이 가해진다. 즉, 비금융주력자는 원칙적으로 시중은행의 의결권 있는 발행 주식 총수의 4%까지만 아무런 신고나 승인 없이 보유할 수 있고, 4%를 초과하여 보유하려고 하는 경우에는 그 초과 부분에 대하여 의결권 행사 포기 조건으로 일정한 재무건전성 등의 요건[12]을 충족하여 금융위의 승인을 얻어 10%까지만 보유할 수 있으며, 예외적으로 (ⅰ) 비금융주력자가 2년 이내에 비금융주력자가 아닌 자(즉, 금융수력자)로 전환하기 위한 계획을 금융위에 제출하여 승인을 얻은 경우나 (ⅱ) 비금융주력자가 외국인투자촉진법에 의한 외국인의 특정 시중은행에 대한 주식 보유 비율 이내에서 동 시중은행의 주식을 보유하는 경우에는, 위 비금융주력자에 대한 주식 보유 제한의 적용을 받지 않고 일반적인 주식 보유 한도에 관한 규정이 적용되어, 시중은행의 의결권 있는 발행주식 총수의 4%까지는 아무런 보고나 신고 또는 승인 없이, 4% 초과 10%까지는 금융위에 사후 보고하여 보유할 수 있으며,[13] 10% 초과하여 보유하고자 하는 경우에는 일정한 자격 요건[14]을 충족하여 금융위의 승인을 얻으면 된다(법 제15조 제1항, 제3항 및제5항, 제16조의2 제1항 및 제3항 참조).

1) 4%까지 보유의 경우는 신고나 승인을 요하지 않음

동일인이 시중은행의 의결권 있는 발행 주식 총수의 4%까지 보유하고자 하는 경우에는 은행법령상 아무런 보고나 신고 또는 승인을 요하지 않고 또한 자격 요건에 상관없이 주식을 보유할 수 있다. 따라서, 4% 이내에서 시중은행의 의결권 있는 발행 주식을 취득하거나 매각하는 것은 아무런 제한이 없게 된다. 한편, 비금융주력자도 아무런 제한없이 시중은행 의결권 있는 발

11) 은행법 제15조 제5항, 동법 시행령 제5조 및 [별표] 한도초과보유주주의 초과보유요건 참조.

12) 동 자격 요건에 대해서는 은행법 시행령 제11조 제2항 및 [별표] 한도초과보유주주의 초과보유요건.

13) 사후 보고가 필요한지에 대한 명시적인 규정이 없어 논란의 여지는 있지만 사후 보고 의무가 적용된다고 보는 것이 타당하다고 본다.

14) 이 자격 요건은 위의 각주 11)의 자격 요건과 동일함.

행 주식을 4% 이내에서는 보유하고 매각할 수 있다.

2) 4% 초과 10% 까지 보유시 금융위원회에 대한 사후 보고 의무 및 관련 문제점

① 4% 초과 10% 까지 보유시의 사후 보고 의무 은행법상 동일인이 시중은행의 의결권 있는 발행 주식 총수의 4%를 초과하여 10%까지 보유하는 경우에는 금융위에 사후 보고하여야 한다(법 제15조 제2항).[15] 물론 이 경우에도 자격 요건은 상관이 없다. 이러한 사후 보고 의무는 10%까지는 허용하되 4% 초과하여 의결권 있는 주식을 보유하는 자에 대해서는 감독당국이 계속 감시(monitoring)하겠다는 의도로 보인다.[16]

개정 은행법 제15조 제2항을 자세히 살펴보면, 시중은행의 "의결권 있는 발행주식 총수의 4%를 초과하여 주식을 보유하게 된 때에는" 금융위에 보고하도록만 규정하고 있어, 마치 10% 초과하여 보유하는 경우에도 사후 보고하도록 하는 것으로 해석할 수도 있으나, 10%를 초과하여 보유하는 경우에는 별도의 승인이 필요하므로 10%까지 보유하는 경우에만 동 사후 보고 규정이 적용된다고 보는 것이 타당할 것이다.

한편, 정부나 예금보험공사가 시중은행의 의결권 있는 발행 주식 총수의 4%를 초과하여 10%까지 보유하는 경우에도 이 사후 보고 의무는 적용되지 않는다(법 제15조 제2항 본문 및 동법 시행령 제4조의2 제1항). 은행지주회사가 시중은행의 의결권 있는 발행 주식 총수의 4%를 초과하여 10%까지 보유하는 경우에도(실제로는 5%까지임. 그 이유는 금융지주회사법상 은행지주회사는 자회사가 아닌 회사의 발행주식 총수의 5%까지만 보유할 수 있기 때문이다. 금융지주회사법 제44조) 명시적인 규정은 없지만 사후 보고 의무가 적용되지 않는다고 보는 것이 타당할 것으로 본다.

② 보유 후 주식 보유 비율 변동시의 사후 보고 의무 시중은행의 의결권 있는 발행 주식 총수의 4%를 초과하여 10%까지 취득하고 있는 동일인이 당해 은행의 최대 주주가 된 때 또는 그 주식 보유 비율이 당해 시중은행의 의결권 있는 발행 주식 총수의 1% 이상 변동된 때에도 금융위에 사후 보고하여야 한다(법 제15조 제2항 제2호 및 제3호). 동 보고 기일을 준수하지 않거나 보고를 하지 않은 경우에는 5천만원 이하의 과태료가 부과된다(법 제69조의 제1항 제1호). 보고 시기와 관

15) 대개는 보고나 신고는 금융감독원에 위임되어 있는 경우가 많은데, 이 경우에는 금융위에 직접 보고하도록 하고 있는 점이 특징적이다.

16) 2002년 은행법 개정 전에는 일정한 자격요건을 갖춘 외국인이 4% 초과하여 10%까지 취득하는 경우에는 금융위의 사전 신고수리를 받도록 되어 있었다(개정 전 은행법 제15조 제2항 및 제6항).

련하여 은행법 시행령은 "… [보고] 사유에 해당되게 된 날로부터 5일 이내에 그 주식보유상황 및 주식보유비율의 변동 상황을 금융위원회에 보고"하도록 하고 있다(은행법 시행령 제4조의2 제2항).

또한, 개정 은행법 시행령 제4조의2 제2항은 "동일인이 주식을 취득하거나 매각하지 아니하였음에도 불구하고 보고 사유에 해당하게 된 때에는 그 사유에 해당하게 된 사실을 안 날로부터 5일 이내에 … 금융위원회에 보고" 하도록 하고 있다. 이에 해당하는 예로는 (i) 주식의 소각이나 (ii) 주주배정 유상증자시 실권 또는 (iii) 다른 자가 보유하고 있는 전환사채의 전환 등에 의하여 동일인이 보유하고 있는 주식의 비율이 변동되는 경우를 들 수 있을 것이다.

③ 사후 보고와 관련된 문제점 및 개선 방안　　우선, '5일 이내'가 '영업일' 기준인지 'calendar day' 기준인지에 대하여 은행법 시행령은 명확하게 규정하고 있지 않아 문제가 될 수 있다. 은행법 시행령 제4조의2 제2항은 '5일 이내'라고만 하고 있어, 명시적으로 '영업일'이라고 하고 있지 않는 이상 해석상 '영업일'이 아닌 'calendar day'를 기준으로 볼 수밖에 없을 것으로 본다. 그런데, 실무적으로 보고 사유가 발생한 날로부터 calendar day 기준으로 5일 이내에 보고하도록 하는 것은 보고서의 내용이 까다로운 점[17] 등을 감안할 때 그 기한을 맞추기가 쉽지 않을 것이다. 따라서, 보고자의 편의를 위해서는 'calendar day'가 아닌 '영업일'로 변경하고,[18] 보고서의 제출 마감 기한도 더 늘리고(예를 들어, 10영업일 이내 등), 보고서 내용도 간소화하는 것이 바람직할 것으로 본다.

또한, 개정 은행법 시행령 제4조의2 제2항의 "[보고] 사유에 해당되게 된

---

17) 보고서 양식은 「은행업감독업무시행세칙」(2000. 12. 20. 전면 개정, 2004. 3. 26. 가장 최근 개정된 것을 인용하였음) 제11조의2의 규정에 따른 <별책서식> 제6호 참조. 예를 들어, 동 보고서 양식에 의하면, 보고자인 동일인이 비금융주력자가 아님을 입증하는 서류로서 회계법인의 확인서 등을 요구하고 있는바, 회계법인이 동 확인서를 작성하는 데는 동일인에 속하는 회사들에 대한 대차대조표 확인 등 그 서류 확인 작업에 시간이 많이 소요될 것으로 본다. 이 외에도 동 보고서의 양식을 보면, 보고사항이 많이 들어 있는바, 신고나 승인이 아닌 점을 감안했을 때 보고 내용을 간소화할 필요가 있다고 본다.

18) 참고로 증권거래법상 대량주식소유 보고(소위 '5% rule' 보고)는 '영업일'을 기준으로 하고 있다(증권거래법 제200조의2 제1항, 동법 시행령 제86조의3 제2항).

날로부터"가 언제를 기준으로 하는지에 대하여 의문이 있을 수 있다. 예를 들어, 주식을 취득하기로 '계약을 체결한 때'인지 아니면 주식에 대한 '소유권을 취득한 때'인지가 분명하지 않다. 생각하건대, 개정법상 "주식을 보유하게 된 때"로 표현하고 있는 점(즉, 실제로 소유권이 넘어오는 시점)(법 제15조 제2항 제1호), 그리고 회계상으로도 계약 체결만으로는 회계처리가 되지 않고 매매대금 결제를 하거나 주권을 교부받는 시점에서 회계 처리가 된다는 점 등을 감안할 때 주식에 대한 소유권을 취득한 시점을 기준으로 하는 것이 타당하다고 본다.[19]

한편, 개정 은행법 제15조 제2항은 동일인이 시중은행의 "의결권 있는 발행주식 총수의 4%를 초과하여 보유하게 된 경우에는" 은행법 시행령이 정하는 바에 따라 금융위에 보고하도록 규정하고 있어, 10%를 초과하여 취득하는 경우에도 금융위의 승인을 얻은 후 이 조항에 근거하여 다시 금융위에 사후 보고를 하여야 하는지가 의문이 될 수 있다. 그러나, 10%를 초과하여 취득하는 경우에는 금융위의 승인을 얻도록 하고 있고, 승인과 관련한 구체적인 사항을 규정하고 있는 「은행업감독업무시행세칙」에는 금융위 승인을 얻은 후 주식을 취득한 때에는 금융감독원장에게 지체없이 보고하도록 하고 있는 점(동 세칙 제10조 제3항)에 비추어 보아, 10%를 초과하여 취득하는 경우에는 은행법 제15조 제2항의 규정이 적용되지 않는다고 보는 것이 타당할 것으로 본다.

또한, 개정 은행법 제15조 제2항은 4%를 초과하여 보유하고 있는 동일인의 주식 보유 비율이 당해 은행의 의결권 있는 발행 주식 총수의 1% 이상 변동된 때에는 금융위에 사후 보고하도록 하고 있다. 따라서, 이 경우에도 동 조항의 사후 보고 의무는 4%를 초과하여 10%까지 취득하고 있는 동일인이 그 주식 보유 변동 비율이 1% 이상 되는 경우에만 적용되는 것이고, 금융위의 승인을 얻어 10% 초과 보유하고 있는 경우에 있어서 그 주식 보유 변동 비율이 1% 이상 변동되는 경우에 적용되는 것은 아니라고 보아야 할 것이다.

19) 회계기준위원회가 제정한 기업회계기준서 제8호(2002. 1. 25. 제정) '유가증권' 항목에 보면, "유가증권은 그 유가증권을 통제할 수 있을 때에 대차대조표자산으로 인식한다"라고 하고 있다. 다만, "거래소시장, 코스닥시장 및 공신력 있는 외국의 증권거래시장에서 매매계약이 체결된 후 해당 시장규정에 따른 일정기간 내에 결제가 이루어지는 정형화된 유가증권 거래로서 정형화된 결제시스템에 의해 계약의 이행이 실질적으로 보장되는 경우에는 결제일에 유가증권의 소유권이 이전되더라도 매매일에 유가증권의 거래를 인식한다"라고 하고 있어, 이 경우에는 매매일이 그 보고 기준일이 될 수 있을 것이다.

왜냐하면 「은행업감독업무시행세칙」은 10%를 초과하여 보유하고 있는 동일인의 그 주식 보유 변동 비율이 1% 이상 되는 경우에는 금융감독원에 보고하도록 따로 규정하고 있기 때문이다(동 세칙 제10조 제4항). 다만, 동 세칙 조항은 "주식 보유 비율이 당해 은행 발행 주식 총수의 1%이상 변동되는 경우"로 규정하고 있어, '의결권 있는 발행 주식 총수' 기준이 아니고 '발행 주식 총수'라고 규정하고 있는데, 의결권 없는 주식도 포함한 주식 변동 비율을 그 기준으로 하고 있는 것으로 보인다. 그러나, 은행 주식 보유 제한의 기준이 되는 주식이 의결권 있는 주식인 점에 비추어 보아, 그 변동 비율 보고도 의결권 있는 주식을 기준으로 규정하는 것이 타당할 것으로 본다.

(2) 예외: 10% 초과하여 보유할 수 있는 경우

시중은행의 의결권 있는 발행 주식 10% 보유 한도의 원칙에 대하여는 다음과 같은 예외가 있다.

1) 정부 또는 예금보험공사의 시중은행 주식 보유의 경우

정부나 예금자보호법에 따라 설립된 예금보험공사가 시중은행의 의결권 있는 주식을 취득하는 경우에는 위의 10% 주식 보유 한도가 적용되지 않는다(법 제15조 제1항 제1호). 즉, 정부나 예금보험공사는 금융위의 승인 없이 시중은행의 의결권 있는 발행 주식 총수의 10%를 초과하여 100%까지 보유할 수 있으며, 4% 초과하여 10%까지 보유하는 경우에도 금융위에 대한 사후 보고 의무도 없다(법 제15조 제2항).

2) 은행지주회사의 시중은행 주식 보유의 경우

① 한도 초과 보유에 대한 금융위원회의 별도의 승인이 필요한지 여부에 대한 문제점 및 개선 방안 금융지주회사법 제13조는 "은행지주회사는 은행법 제15조 제1항 본문의 규정에 불구하고 의결권 있는 발행 주식 총수의 100분의 10을 초과하여 은행의 주식을 보유할 수 있다"라고 규정하고 있다.[20] 이와 관련하여 금융지주회사법에 의하여 설립된 은행지주회사가 자회

20) 금융지주회사법상 은행지주회사는 주식의 소유를 통하여 은행을 자회사로 지배하는 것을 목적으로 하는 회사(금융지주회사법 제2조 제1항 제1호, 제2호 및 제5호)이고, 은행지주회사는 자회사의 주식을 그 자회사가 비상장회사의 경우에는 발행주식 총수의 50% 이상, 그 자회사가 주권상장법인 또는 코스닥상장법인의 경우에는 발행주식 총수의 30% 이상 보유하여야 하므로(금융지주회사법 제43조의2) 은행법상의

사로서 시중은행의 의결권 있는 발행 주식 총수의 10%를 초과하여 보유하고자 하는 경우에 동 초과 보유에 대하여 별도의 금융위의 승인 절차가 필요한지에 대하여 의문이 있을 수 있다. 이는 금융지주회사법이 단지 10% 보유 한도(은행법 제15조 제1항 본문)에도 불구하고 "은행지주회사는 … 의결권 있는 발행 주식 총수의 10%를 초과하여 은행의 주식을 보유할 수 있다"라고만 규정하고 있기 때문이다.

생각하건대, 현행 규정의 해석상 금융지주회사법에 의하여 금융위의 은행지주회사 설립의 인가나 자회사 편입 승인을 받으면, 별도의 은행법상의 한도 초과 보유에 대한 금융위의 승인 절차는 필요 없다고 보는 것이 합리적일 것으로 본다. 그 근거로서 다음과 같은 것을 들 수 있을 것이다. 첫째, 은행지주회사 설립시 금융위가 인가를 하는바, 인가시에는 은행지주회사의 재무상태(예를 들어, 자본 적정성 기준 충족 여부) 및 경영관리상태(경영 건전성 평가 결과 경영상태가 양호할 것의 충족 여부)의 건전성을 인가 요건(금융지주회사법 제4조 제1항 제4호 및 동법 시행령 제5조 제4항제1호 및 제2호)으로 하고 있고,[21] 이 외에도 자회사가 되는 은행의 재무상태 및 경영관리상태의 건전성(금융지주회사법 제4조 제1항 제4호) 및 은행지주회사 및 자회사가 되는 은행의 사업계획의 타당성(금융지주회사법 제4조 제1항 제1호 및 제2호) 등을 심사하고 있으므로, 은행지주회사의 설립 인가에는 은행지주회사의 자회사가 되는 시중은행의 주식 보유에 대한 승인도 포함되는 것으로 볼 수 있고, 따라서 굳이 은행지주회사의 자회사가 되는 시중은행의 주식 보유에 대한 별도의 승인 절차를 요구할 필요가 없다고 볼 수 있기 때문이다. 둘째, 은행지주회사가 은행을 자회사로 편입하는 경우에도 금융지주회사법상 금융위의 승인을 얻도록 되어 있고(금융지주회사법 제16조 제1항), 이 경우에도 은행지주회사의 재무상태(자본 적정성 기준 충족 여부) 및 경영관리상태(경영 건전성 평가 결과 경영상태가 양호할 것의 충족 여부)의 건전성을 인가 요건(금융지주회사법 제17조 제1항 제2호 및 법 시행령 제13조 제2항)으로 하고 있고, 이 외에도 자회사로 되는 은행의 재무상태 및 경영관리상태의 건전성 및 사업계획의 타당성(금융지주회사법 제16조 제1항제1호 및 제2호) 등을 심사하므로 별도의 은행법상의 한도 초과 보유 승인 절차를 요구하는 것은 불필요한 중복 심사가 될 것이기 때문이다.[22]

동일인 주식 보유 한도에 대하여 예외를 둘 수밖에 없는 것이다.

21) 여기서 은행지주회사는 은행법상의 한도 초과 보유 요건에서 한도초과보유주주에 해당할 것이다.

22) 같은 견해로는 금융감독원, 「금융지주회사법 해설」, 2003. 12, 105면.

한편, 이에 대해서는 별도의 금융위 승인이 필요하다는 견해가 있을 수도 있는 바, 그 근거를 살펴보면 (i) 은행법상으로 은행지주회사의 자회사가 되는 은행의 의결권 있는 주식 10% 초과 보유에 대한 금융위 승인에 대하여 예외 규정을 명시적으로 두지 않고 있고, (ii) 금융지주회사법 제13조는 단지 은행지주회사가 은행의 의결권 있는 발행 주식 총수의 10%를 초과하여 보유할 수 있음을 규정하고 있을 뿐이고, 따라서 그 보유 요건인 금융위의 승인까지 면제시켜주고 있다고 확대 해석하는 것은 무리이며, (iii) 은행지주회사 설립 인가나 자회사 편입 승인시 은행지주회사의 재무상태 및 경영관리상태의 건전성 여부가 그 심사 요건 중의 하나인 반면에, 은행법상의 한도 초과 보유 요건 심사시에는 한도초과보유주주의 재무건전성 기준 충족 여부뿐만 아니라 법규 위반 여부 등의 기타 사항에서도 심사하기 때문에 그 심사 요건이 다르며, 또한 은행지주회사 설립 인가나 자회사 편입 승인시 은행지주회사의 재무상태 및 경영관리상태의 건전성 여부 심사는 그 건전성 자체의 심사일 뿐이고, 한도 초과 보유 승인의 직접적인 내용이 되지 않으므로 건전성 심사와 한도 초과 보유 승인은 별개의 사항이라는 근거를 들 수 있다.

따라서, 이와 같은 문제점을 해결하기 위해서는 우선 은행법상에 은행지주회사의 한도 초과 보유에 대한 명시적인 예외 규정을 신설하면서 금융위 승인이 요구되지 않는다는 규정을 하고, 또한 금융지주회사법에도 금융위 승인이 면제된다는 규정을 하는 것이 필요하다고 본다.

② 4% 초과 10% 보유시의 사후 보고 의무 적용 여부에 대한 문제 한편, 은행지주회사가 시중은행의 의결권 있는 주식 4%를 초과하여 10%까지 보유하는 경우에도 은행법상의 금융위에 대한 사후 보고 의무(법 제15조 제2항)가 적용되는지가 의문이 있을 수 있다. 금융지주회사법상 은행지주회사는 자회사가 아닌 회사의 발행주식 총수의 5%까지만 보유할 수 있는데(금융지주회사법 제44조), 은행지주회사가 시중은행을 자회사가 아닌 회사로서 자산 운용(portfolio)의 투자 목적으로 시중은행의 의결권 있는 주식 4%를 초과하여 5%까지 보유하는 경우가 있을 수 있다. 이에 대하여 은행법은 명시적으로 규정하고 있지 아니하지만, 10% 초과하여 보유하는 경우에도 금융위의 승인이 필요 없다는 것을 감안했을 때, 정부나 예금보험공사의 경우처럼[23] 4% 초과하여 5%까지 보유

23) 정부나 예금보험공사의 경우에는 명시적으로 사후 보고 의무가 없다고 규정하고

하는 경우에도 사후 보고 의무가 없다고 보는 것이 타당한 것으로 보인다. 그러나, 보다 명확하게 하기 위하여 이에 대한 명시적인 규정을 둘 필요가 있다고 본다.

3) 감독당국의 승인 후 10% 초과 보유의 경우

① 10% 초과 보유시의 감독당국의 승인 은행법 시행령이 정하는 일정한 자격요건(법 제15조 제5항, 은행법 시행령 제5조 및 [별표] 한도초과보유주주의 초과보유요건)을 충족하는 동일인은 금융위의 승인을 얻어 시중은행의 의결권 있는 발행 주식 총수의 10%를 초과하여 보유할 수 있다. 구체적으로 동일인은 시중은행의 의결권 있는 발행 주식 총수의 10%, 25%, 33%의 한도를 각각 초과할 때마다 금융위의 승인을 얻어 시중은행의 의결권 있는 주식을 보유할 수 있다(법 제15조 제3항 본문). 다만, 금융위는 은행업의 효율성과 건전성에의 기여 가능성, 주주의 보유 지분 분포를 감안하여 필요하다고 인정되는 때에는 위의 한도 외에 별도의 구체적인 보유 한도를 정하여 승인할 수 있으며, 동일인이 그 승인받은 한도를 초과하여 주식을 보유하고자 하는 경우에는 다시 금융위의 승인을 얻어야 한다(법 제15조 제3항 단서).

위 단서 조항은 2002년 은행법 개정시 추가된 것으로, 개정 전에는 시중은행의 의결권 있는 주식 10%, 25%, 33% 초과 이외의 경우로서 추가로 주식을 취득하려는 경우에도(예를 들어, 14% 승인 취득 후 비록 25%는 넘지 않지만 18%까지 추가 취득하고자 하는 경우) 별도의 금융위의 승인이 필요한지에 대하여 분명하지 않았는바, 이러한 점을 보완하기 위한 것으로 이해된다. 물론, 단서 조항이 없을 때도 감독당국은 추가 승인이 필요하다는 입장을 견지하고 있었고, 실무적으로도 그렇게 운영하여 온 것으로 알고 있다.

② 10% 초과 보유시의 자격 요건 은행법 시행령 제5조에 따른 [별표] 한도초과보유주주의 초과보유요건의 규정에 의하여 동일인이 금융위의 승인을 얻어 시중은행의 의결권 있는 발행 주식 총수의 10%를 초과하여 보유할 수 있는 자(즉, 한도초과보유주주)[24]의 자격 요건은 다음과 같다.

㉠ 한도초과보유주주가 금융기관의 경우 한도초과보유주주가 되고자 하는 자가 「금융위원회의 설치 등에 관한 법률」 제38조의 규정에 의하여 금융감독원으로부터 검사를 받는 금융기관(「간접투자자산 운용업법」에 의한 투자회사를 제외한다)[25]인 경우에는

있다(은행법 제15조 제2항).

24) '한도초과보유주주'의 정의에 대해서는 아래 Ⅱ. 4. (2) 참조.

다음의 자격 요건을 충족하여야 한다.

1) 당해 금융기관에 적용되는 재무건전성에 관한 기준으로서 금융위가 정하는 기준을 충족하고 당해 금융기관이 속하는 업종의 동 기준 평균치 이상일 것

2) 금융위가 정하는 신용불량자가 아닐 것

3) 승인 신청하는 내용이 은행법 제35조의2 제1항의 규정에 적합할 것

4) 승인 신청시 제출한 서류에 의하여 당해 은행의 지배주주로서 적합하고 당해 은행의 건전성과 금융산업의 효율화에 기여할 수 있음을 확인할 수 있을 것

5) 다음의 요건을 충족할 것. 다만, 그 위반 등의 정도가 경미하다고 금융위가 인정하는 경우에는 그러하지 아니하다.

(i) 최근 5년간 「금융산업의 구조개선에 관한 법률」에 의하여 부실금융기관으로 지정되었거나 은행법 또는 은행법 시행령 제13조 제3항의 규정에 의한 금융관련법령에 의하여 영업의 허가 · 인가 등이 취소된 기관의 최대주주 · 주요주주(의결권 있는 발행주식 총수의 10%를 초과하여 보유한 주주를 말한다) 또는 그 특수관계인이 아닐 것. 다만, 법원의 판결에 의하여 부실책임이 없다고 인정된 자 또는 부실에 따른 경제적 책임을 부담하는 등 금융위가 정하는 기준에 해당하는 자는 그러하지 아니하다.

(ii) 최근 5년간 「독점규제 및 공정거래에 관한 법률」상의 불공정거래 금지 규정을 위반하거나 은행법 및 은행법 시행령 또는 은행법 시행령 제13조 제1항의 규정에 의한 금융관련법령을 위반하여 처벌받은 사실이 없을 것

㉡ 한도초과보유주주가 투자회사의 경우 한도초과보유주주가 되고자 하는 자가 「간접투자자산 운용업법」에 의한 투자회사의 경우에는 다음의 자격 요건을 충족하여야 한다.

1) 비금융주력자인 동일인에 속하는 자산운용회사(「간접투자자산 운용업법」 제2조 제16호의 규정에 의한 자산운용회

25) 은행법상은 증권투자회사법에 의한 증권투자회사로 되어 있으나, 증권투자회사법이 2004. 1. 15일부터 시행된 「간접투자자산 운용업법」에 통합되었으므로, 증권투자회사는 「간접투자자산 운용업법」상의 '투자회사'에 해당되게 된다. 「간접투자자산 운용업법」 제2조 제4호, 부칙 제2조 및 제20조 제3항. 따라서, 여기서는 새로 제정된 법에 따른 용어인 투자회사로 쓰기로 한다.

사를 말한다)[26]에 자산운용을 위탁하지 아니할 것

2) 위 ㉠의 2) 내지 5)의 요건을 충족할 것

㉢ 한도초과보유주주가 내국법인의 경우 한도초과보유주주가 되고자 하는 자가 위의 금융기관이나 투자회사에 해당하지 않는 일반 내국법인의 경우에는 다음의 자격 요건을 충족하여야 한다.

1) 부채비율(최근 사업연도 말 현재 내사대조표상 부채총액을 자본총액으로 나눈 비율을 말한다. 이하 같다)이 200% 이하로서 금융위가 정하는 기준을 충족할 것

2) 당해 법인이 「독점규제 및 공정거래에 관한 법률」에 의한 기업집단에 속하는 회사인 경우에는 당해 기업집단(은행법 제2조 제1항 제9호 가목의 규정에 의한 비금융회사에 한한다)의 부채비율이 200% 이하로서 금융위가 정하는 기준을 충족할 것

3) 주식 취득 자금이 당해 법인이 최근 1년 이내에 유상증자 또는 보유자산의 처분을 통하여 조달한 자금 등 차입금이 아닌 자금으로서 당해 법인의 자본총액 이내의 자금일 것

4) 위 ㉠의 2) 내지 5)의 요건을 충족할 것

㉣ 한도초과보유주주가 내국인으로서 개인인 경우 한도초과보유주주가 되고자 하는 자가 내국인으로서 개인의 경우에는 다음의 자격 요건을 충족하여야 한다.

1) 주식취득 자금이 위 ㉠에 규정된 금융기관으로부터의 차입금이 아닐 것

2) 위 ㉠의 2) 내지 5)의 요건을 충족할 것

㉤ 한도초과보유주주가 외국인인 경우 한도초과보유주주가 되고자 하는 자가 외국인인 경우에는 다음의 자격 요건을 충족하여야 한다.

1) 외국에서 은행업, 증권업, 보험업 또는 이에 준하는 업으로서 금감위가 정하는 금융업을 영위하는 회사(이하 "외국금융회사"라 한다)이거나 당해 외국금융회사의 지주회사일 것

2) 자산총액, 영업규모 등에 비추어 국제적 영업활동에 적합하고 국제적 신인도가 높을 것. 이 경우 외국금융회사의 지주회사는 당해 지주회사가 경영을 사실상 지배하고 있는 외국금융회사를 기준으로 한다.

---

26) 은행법에서는 증권투자회사법 제2조 제2호의 규정에 의한 자산운용회사를 말한다고 되어 있으나, 증권투자회사법이 「간접투자자산 운용업법」으로 통합되었으므로, 동 법상의 자산운용회사로 변경되었다(제2조 제16호, 부칙 제2조 및 제20조 제3항).

3) 당해 외국의 금융감독기관으로부터 최근 3년간 영업정지 조치를 받은 사실이 없다는 확인이 있을 것

4) 최근 3년간 계속하여 국제결제은행의 기준에 따른 위험가중자산에 대한 자기자본비율이 8% 이상이거나 이에 준하는 것으로서 금융위가 정하는 기준에 적합할 것. 이 경우 외국금융회사의 지주회사는 당해 지주회사가 경영을 사실상 지배하고 있는 외국금융회사를 기준으로 한다.

5) 위 ㉠의 2) 내지 5)의 요건을 충족할 것

4) 10% 초과 보유시의 자격 요건과 관련된 문제점 및 개선 방안

은행법 시행령이 정하는 한도초과보유주주의 자격 요건 중에서 중요하면서 문제가 되는 사항은 한도초과보유주주가 외국인인 경우에는 외국에서 은행업, 증권업, 보험업 또는 이에 준하는 업으로서 금융위가 정하는 금융업(현재 금융위가 별도로 정하고 있는 금융업은 없다)을 영위하는 회사이거나 그러한 회사의 지주회사이어야 한다는 요건이다(은행법 시행령 제5조 및 [별표] 한도초과보유주주의 초과보유요건). 특히, 이와 관련하여서는 외국 투자펀드(fund)가 투자하는 경우에 문제가 될 수 있는 사항이다.

이와 관련하여 은행법 시행령 제8조는 금융위가 "금융산업의 구조개선에 관한 법률 제2조 제3호의 부실금융기관의 정리 등 특별한 사유가 있다고 인정되는 경우"에는 동 한도 초과 보유 요건을 갖추지 않은 경우에도 금융위가 승인을 할 수 있도록 규정하고 있어, 이의 규정에 근거하여 일부 시중은행에 대하여 외국 투자 펀드가 대주주로서 투자한 사례가 있다. 예를 들어, 1999년 12월 뉴브리지캐피탈회사(Newbridge Capital Ltd.)의 제일은행에 대한 투자시 금융위는 말레이시아 라부안(Labuan)에 설립된 투자 펀드인 KFB Newbridge Holdings Ltd.에 대하여 제일은행의 의결권 있는 발행 주식 총수의 50.99%의 보유를 승인하였고,[27] 2003년 9월 론스타(Lone Star) 펀드의 한국외환은행에 대한 투자시에도 금융위는 론스타 펀드 Ⅳ가 100% 의결권을 보유한 LSF-KEB Holdings에 대하여 한국외환은행의 의결권 있는 발행 주식 총수의 51%의 보유를 승인하였다.[28] 감독당국이 발표한 보도자료는 제일은행 및

27) 금융감독원, "Newbridge Capital에 대한 제일은행 주식 인수 승인," 보도자료, 1999. 12. 27. http://www.fss.or.kr/kor/nav/framecheck.jsp에서 검색 가능.

28) 금융감독위원회 및 금융감독원, "론스타의 외환은행 주식 취득 승인," 보도자료,

한국외환은행에 대한 10% 초과 보유 자격 요건 충족 여부에 대한 설명은 하고 있지 않으나, 제일은행의 경우에는 부실금융기관으로 지정된 상태에서 뉴브리지캐피탈회사가 투자를 하여 은행법 시행령 제 8 조에서 규정하고 있는 "부실금융기관의 정리 등"의 요건에 해당하는 것으로 금융위가 판단하여 초과 보유 승인을 해 준 것으로 이해되고, 한국외환은행의 경우에는 부실금융기관으로 지정된 상태가 아니라서 "특별한 사유가 있다고 인정되는 경우"에 해당한다고 금융위가 판단하여 초과 보유 승인을 해 준 것으로 보인다.[29] 론스타 펀드의 한국외환은행 주식 취득과 관련하여서는 그 초과 취득 사유가 타당한지에 대해서는 의문이 든다. 물론 한국외환은행이 외자 유치를 통한 경영 정상화의 필요성이 있었다는 것은 인정되지만, 한국외환은행이 부실금융기관으로 지정되지도 않은 상태에서 은행법 시행령상의 "특별한 사유가 있다고 인정되는 경우"에 해당한다고 금융위가 판단하여 한도 초과 취득을 승인한 것은 감독당국이 재량권을 남용한 것이 아니냐는 주장이 제기될 수 있다.

"특별한 사유가 있다고 인정되는 경우"를 제한적으로 좁게 해석할 필요가 있다고 본다. 즉, '특별한 사유'의 범위를 '부실금융기관의 정리'와 같은 제한된 사유로 한정하여 해석하는 것이 타당하다고 본다. 따라서, 이와 같은 문제점을 해소하기 위해서는 한도 초과 보유 자격 요건을 충족되지 않아도 되는 사유를 좀 더 구체적으로 규정할 필요가 있는데, 그 중요성을 감안할 때 현재 은행법 시행령에 규정되어 있는 한도 초과 보유 요건 및 그 면제 사유에 대한 구체적인 사항을 시행령이 아닌 법에 규정하는 것이 바람직하고, 더 나아가서는 이러한 한도 초과 보유 자격 요건에 대한 면제 규정을 폐지하는 것이 바람직하다고 본다.[30] 이와 관련하여 한국은행이 발표한 자료(2003)에

2003. 9. 27. http://www.fss.or.kr/kor/nav/framecheck.jsp에서 검색 가능.

29) 동 보도자료가 "금감위는 론스타의 주식취득 승인 여부를 심의하는 과정에서 론스타의 신규 투자(10,750억원)로 인해 외환은행의 재무건전성이 강화되어 조속한 경영정상화가 가능하다는 점, 론스타가 외환은행 인수후의 경영계획을 통하여 동행의 정상화와 한국 금융산업 발전에 기여하겠다는 적극적인 의지와 계획을 가지고 있는 점 등을 인정하여 이를 승인하였다"라고 설명하고 있는 점에 비추어 당시 금융감독위원회가 '특별한 사유'에 해당한다고 판단했던 것으로 보인다.

30) 바젤은행감독위원회(Basel Committee on Banking Supervision)가 「효과적인 은행감독을 위한 핵심 준칙」(Core Principles for Effective Banking Supervision)에서 각국의 감독당국이 은행의 대주주에 대한 자격 요건 심사시 그러한 대주주의 재무 건전성 뿐

의하면, 은행업무에 전문화되지 않고 투자업무에만 특화되어 있는 펀드 계열 외국 자본으로부터는 전문적인 선진 금융기법 습득에 한계가 있음을 지적하면서, 정부 소유 지분을 불가피하게 외국 자본에 매각하는 경우에도 시너지 효과가 크고 장기적인 경영전략 추구로 국내 은행산업의 발전에 기여할 것으로 예상되는 은행 계열 외국 자본에 매각하는 것이 바람직하다고 언급한 점은 주목할 만한 사항이다.[31)]

2. 비금융주력자(산업자본)의 시중은행 주식 보유 규제 및 관련 문제점

(1) 개 요

2002년 개정 은행법은 시중은행 주식 보유 한도를 늘려주는 대신에 산업자본(개정 은행법에서는 '비금융주력자'라는 용어를 사용하고 있다)에 대해서는 산업자본에 의한 은행 지배를 막기 위하여 그 보유 한도를 4%까지만 허용하고, 예외적으로 4%를 초과하여 보유하고자 하는 경우에는 그 초과 보유분에 대한 의결권을 행사하지 아니하는 조건으로 재무건전성 등 은행법 시행령이 정하는 요건(법 시행령 제11조 제2항 및 [별표] 한도초과보유주주의 초과보유요건)을 충족하여 금융위의 승인을 얻어서 10%까지만 보유할 수 있도록 하고 있다(법 제16조의2 제1항 및 제2항). 원래 국회 재정경제위원회에 제출한 개정안에 따르면, 비금융주력자에 대하여는 10%까지 보유는 허용하되 4% 초과 보유분에 대하여는 의결권을 제한하도록 되어 있었으나, 국회 전문위원의 검토 의견이 이러한 의결권 제한은 위헌 소지가 있을 수 있다고 지적함으로써,[32)] 대신에 4% 초과분에 대하여 비금융주력자가 자발적으로 의결권을 포기하는 조건으로 금융위 승인을 얻어 10%까지 보유하는 것을 허용하는 것으로 수정되었다.

만 아니라 과거의 은행업무 및 비은행업무 취급 경험(banking and non-banking business ventures) 및 그 도덕성(integrity) 등을 심사하여야 한다고 하고 있는 것으로 보아 대주주의 자격 요건을 면제하는 것은 심각히 고려할 필요가 있다고 본다. Basel Committee on Banking Supervision, *Core Principles for Effective Banking Supervision*, September 1997, p. 16 & p. 20. http://www.bis.org/publ/bcbsc102.pdf에서 검색 가능.

31) 한국은행 은행국, 「외국자본의 은행산업 진입영향 및 정책적 시사점」, 2003. 12, 24면. http:// www.bok.or.kr에서 검색 가능.

32) "산업자본에 대하여 4%초과 보유는 허용하되 초과분에 대하여 의결권을 제한하는 것은 의결권의 제한이 산업자본만 대상으로 한다는 점에서 형평성에 위배될 뿐만 아

한편, 비금융주력자가 다음의 두 가지 경우에 해당하는 경우에는 일반적인 주식 보유 한도에 관한 규정이 적용되어, 시중은행의 의결권 있는 발행 주식 총수의 4%까지는 아무런 신고나 승인 없이, 4%를 초과하여 10%까지 보유하는 경우에는 금융위에 대한 사후 보고로,[33] 10% 초과하여 보유하는 경우에는 은행법 시행령이 정하는 일정한 자격 요건[34]을 충족하여 금융위의 승인을 얻으면 된다(법 제16조의2 제3항). 첫째, 비금융주력자가 2년 이내에 비금융주력자가 아닌 자로 전환하기 위한 계획을 금융위에 제출하여 승인을 얻은 경우, 둘째, 비금융주력자가 외국인투자촉진법에 의한 외국인의 특정 시중은행에 대한 주식 보유 비율 이내에서 그 시중은행의 의결권 있는 주식을 보유하는 경우이다(법 제16조의2제3항).

(2) '비금융주력자'의 정의 및 관련 문제점

1) '비금융주력자'의 정의

2002년 개정 은행법은 '비금융주력자'를 다음과 같이 정의하고 있다. 즉, 비금융주력자는 1) 동일인 중 비금융회사[35]인 자의 자본총액(자산총액-부채총액)의 합계액이 당해 동일인 중 회사인 자의 자본총액 합계액의 25% 이상인 경우의 당해 동일인, 또는 2) 동일인 중 비금융회사인 자의 자산총액의 합계액이 2조원 이상으로서 대통령령이 정하는 금액(현재 시행령상 2조원임(은행법 시행령 제1조의5 제2항)) 이상의

니라 헌법 제23조에서 규정하고 있는 '기본권 행사는 공공복리에 적합하도록 하여야 한다'는 사유재산권 제한 규정을 지나치게 확대 해석하고 있어 위헌의 소지가 있을 수 있음"이라고 전문위원의 심사보고서는 적시하고 있다. 국회 재정경제위원회, 「은행법중개정법률안 심사보고서」, 2002. 3, 13~14면.

33) 사후 보고가 필요한지에 대해서 명문의 규정이 없어 의문이 여지는 있지만 사후 보고가 요구된다고 보는 것이 타당하다고 본다.

34) 이 자격 요건은 일반적인 10% 초과 보유시의 자격 요건을 말한다. 한도초과보유주주의 자격 요건에 대해서는 은행법 제15조 제5항, 동법 시행령 제5조 및 [별표] 한도초과보유주주의 초과보유요건 참조.

35) 비금융회사는 은행법 시행령이 정하는 금융업이 아닌 업종을 영위하는 회사를 말하는바(법 제2조 제1항 제9호 가목), 은행법 시행령이 정하는 금융업은 1) 통계법 제17조 제1항의 규정에 의하여 통계청장이 고시하는 한국표준산업분류에 의한 금융 및 보험업이나, 2) i) 동 금융 및 보험업을 영위하는 회사에 대한 전산 · 정보처리 등 용역을 제공하거나, ii) 동 금융 및 보험업을 영위하는 회사가 보유한 부동산 기타 자산의 관리를 하거나, iii) 동 금융 및 보험업과 관련된 조사 · 연구를 하는 업무를 말한다(은행법 시행령 제1조의5 제1항 및 제2항).

경우의 당해 동일인, 또는 3) 위의 1) 또는 2)의 자가 「간접투자자산 운용업법」상의 투자회사[36] 발행 주식 총수의 4%를 초과하여 주식을 보유하는 경우의 당해 투자회사를 말한다(법 제2조 제1항 제9호).

2) '비금융주력자'의 정의와 관련된 문제점 및 개선 방안

이러한 비금융주력자의 정의와 관련하여서는, 우선 외국회사들에게도 동 비금융주력자의 정의가 적용되는지가 불분명하다. 실무적으로는 감독당국이 외국회사들에 대하여도 비금융주력자에 해당하는지 여부에 대한 자료 제출을 요구하는 점을 보면 외국회사들도 비금융주력자의 정의에 해당하는 것으로 보고 있는 것으로 보이나, 보다 명확하게 하기 위해서는 비금융주력자의 정의에 외국회사들도 포함된다는 것을 명시하는 것이 좋을 것으로 본다.

또한, 위 절대 금액인 자산총액 2조원 기준은 경우에 따라 불합리한 결과를 초래하는 경우가 있을 수도 있다. 예를 들어, 부실기업의 정리를 위하여 금융기관이 출자전환한 경우, 그 기업을 포함한 다른 비금융회사의 자산 총액이 2조원이 넘게 되는 경우에는 출자전환한 주식을 보유한 금융기관도 비금융주력자의 범위에 포함되게 되는 문제점이 발생하게 된다. 이러한 부분에 대한 예외 규정을 둘 필요가 있을 것으로 본다. 이 외에도 내국회사의 경우에 해외사업 부문도 포함할 것인지 여부에 대하여도 불분명한 점이 있는데, 이에 대하여서도 명확하게 규정할 필요가 있을 것이다.

---

36) 2002년 개정된 은행법은 "비금융주력자"의 정의를 하면서 "증권투자회사법에 의한 증권투자회사"라고 하고 있지만, 증권투자회사법이 폐지되면서 2003년 10월 제정된 「간접투자자산 운용업법」에 통합되었기 때문에 종전의 "증권투자회사"는 「간접투자자산 운용업법」에 의한 "투자회사"가 된다(「간접투자자산 운용업법」 부칙(제6987호, 2003. 10. 4) 제20조 제3항 참조). 이와 관련하여 김용재, "은행주식 소유규제에 관한 일고," 「기업법연구」 제20권 제1호(한국기업법학회, 2006. 3), 190면은 "③ 간접투자자산운용업법에 의한 자산운용회사로서…"라고 인용하면서, "산업자본이 4% 이상의 주식을 보유하고 있는 자산운용회사를 산업자본으로 간주하는 것은 전혀 합리성과 타당성을 결여한다"라고 주장하고 있다(위의 논문, 191면). 동일한 내용은 정찬형(편집대표), 「주석 금융법 Ⅰ(은행법)」, 한국사법행정학회, 2007. 1, 187, 189면(김용재 집필 부분)에도 언급되어 있다. 반면에 같은 책, 84면(정대화 집필 부분)은 "(iii) 증권투자회사법에 의한 증권투자회사로서…"라고 인용하면서 각주 72)에서 "당해 증권투자회사는 간접투자자산운용업법에 의한 투자회사로 본다"라고 설명하고 있다.

(3) 일반적인 비금융주력자의 주식 보유 제한

1) 비금융주력자의 4%까지 보유

비금융주력자는 아무런 보고 · 신고 또는 승인 없이 시중은행의 의결권 있는 발행 주식 총수의 4%까지 보유할 수 있다(법 제16조의2 제1항).

2) 비금융주력자의 4% 초과 10%까지 보유

비금융주력자는 시중은행의 의결권 있는 발행 주식 총수의 4%를 초과하는 부분에 대하여 의결권을 행사하지 아니하는 조건으로 은행법 시행령이 정하는 재무건전성 등 일정한 요건[37]을 충족하여 금융위의 승인을 얻은 경우에는 예외적으로 시중은행의 의결권 있는 발행 주식 총수의 10%까지 보유할 수 있다(법 제16조의2 제2항).

다만, 아래 Ⅱ. 2. (4)에서 언급하고 있는 금융주력자로의 전환대상자나 비금융주력자가 4%를 초과하여 10%까지 보유하고 있는 경우에는 위 의결권 행사 제한이 적용되지 않는다(법 제16조의2 제3항 본문).[38] 따라서, 비금융주력자가 의결권 행

---

37) 비금융주력자에 속하는 회사가 1) 금융기관인 경우에는 당해 금융기관에 적용되는 재무건전성에 관한 기준으로서 금융위가 정하는 기준(아래 서술 참조)을 충족하고 당해 금융기관이 속하는 업종의 동 기준 평균치 이상일 것, 2) 내국 법인인 경우에는 ⅰ) 부채비율(최근 사업연도 말 현재 대차대조표상 부채총액을 자본총액으로 나눈 비율을 말함)이 200% 이하로서 금융위가 정하는 기준(현재 200% 이하, 은행업감독규정 〈별표 2-2〉 한도초과보유주주의 초과보유요건)을 충족하고, ⅱ) 당해 법인이 「독점규제 및 공정거래에 관한 법률」에 의한 기업집단에 속하는 회사인 경우에는 당해 기업집단(비금융회사에 한함)의 부채비율이 200% 이하로서 금융위가 정하는 기준(현재 200% 이하, 은행업감독규정 〈별표 2-2〉 한도초과보유주주의 초과보유요건)을 충족하며, ⅲ) 주식 취득 자금이 당해 법인이 최근 1년 이내에 유상증자 또는 보유 자산의 처분을 통하여 조달한 자금 등 차입금이 아닌 자금으로서 당해 법인의 자본총액 이내의 자금일 것이라는 요건을 충족하여야 한다(은행법 시행령 제11조 제2항 및 [별표] 한도초과보유주주의 초과보유요건). 위 1)의 금융위가 정하는 기준은 ⅰ) 은행(한국산업은행, 중소기업은행 등 특수은행 포함)인 경우 최근 분기말 현재 위험가중자산에 대한 자기자본비율이 8% 이상일 것, ⅱ) 증권회사인 경우 최근 월말 현재 영업용순자본비율이 150% 이상일 것, ⅲ) 보험사업자인 경우 최근 분기말 현재 지급여력비율이 100% 이상일 것, ⅳ) 위 ⅰ) 내지 ⅲ) 이외의 금융기관인 경우 당해 금융기관에 적용되는 자본적정성 기준을 충족할 것이다(은행업감독규정 〈별표 2-2〉 한도초과보유주주의 초과보유요건).

38) 이러한 해석은 은행법 제16조의2 제3항이 위의 전환대상자 및 비금융주력자에 대하여는 은행법 "[제16조의2] 제1항 및 제2항의 규정에도 불구하고 제15조 제1항 각

사 포기 조건으로 금감위의 승인을 얻어 10%까지(예를 들어, 7%) 시중은행의 의결권 있는 주식을 보유하고 있는 경우에 금융주력자로서의 전환대상자가 되면 보유하고 있는 주식에 대하여 의결권이 다시 부활하게 된다. 이 외에도 외국인이 보유하고 있는 시중은행의 주식 보유 비율 이내에서 비금융주력자가 4% 초과 10% 이하의 주식을 보유하는 경우에도 의결권 행사에는 지장이 없다.

(4) 예외: 전환대상자 및 비금융주력자의 두 가지 경우의 주식 보유 제한

1) 개 요

다음의 두 가지 경우에는 비금융주력자는 일반적인 주식 보유 한도에 관한 규정이 적용되어, 시중은행의 의결권 있는 발행 주식 총수의 4%까지 보유하는 경우에는 아무런 보고나 신고 또는 승인 없이, 4%를 초과하여 10%까지 보유하는 경우에는 금융위에 대한 사후 보고로,[39] 10% 초과시에는 은행법 시행령이 정하는 일정한 자격 요건을 충족하여 금융위의 승인을 얻어 보유할 수 있다. 즉, 첫번째는 2년 이내에 비금융주력자가 아닌 자(즉, 금융주력자)로 전환하기 위한 계획(이하 "전환계획"이라 한다)을 금융위에 제출하여 승인을 얻은 비금융주력자(이하 "전환대상자"라 한다), 두 번째는 외국인투자촉진법에 의한 외국인의 시중은행 주식에 대한 보유 비율 이내에서 주식을 보유하는 비금융주력자이다(법 제16조의2 제3항).

2) 4% 초과 10%까지 보유시의 사후 보고 의무 여부에 관련된 문제점

위에서 언급하고 있는 전환대상자나 비금융주력자는 위의 의결권 행사 포기 조건이나 재무건전성 등의 자격 요건의 적용을 받지 않고 시중은행의 의결권 있는 발행 주식 총수의 4%를 초과하여 10%까지 보유할 수 있다(법 제16조의2 제3항 본문). 다만, 그러한 전환대상자나 비금융주력자가 4%를 초과하여 10%까지 보유하는 경우에 은행법 제15조 제2항이 적용되어 사후 보고를 하여야 하는지 아니면 아무런 보고나 신고 없이 보유가 가능한지에 대하여 은행법 제16조의2 제3항은 명시적으로 규정하고 있지 않고 있어 의문이 있을 수 있다.

생각하건대, 어차피 그러한 전환대상자 또는 비금융주력자에 대해서는

호 외의 부분 본문…의 규정을 적용한다"라고 하고 있기 때문이다. 은행법 "제15조 제1항 각호 외의 부분 본문"은 일반적인 10% 보유 한도에 관한 규정이다. 따라서 이 경우에는 의결권 제한을 받지 않게 될 것이다.

39) 뒤에서 논의하는 것처럼, 사후 보고를 요하는 지에 대해서는 명문의 규정이 없어 논란의 여지가 있지만 사후 보고 의무가 있다고 보는 것이 타당할 것이다.

비금융주력자에 대한 한도 초과 보유 제한의 규정을 적용하지 않겠다는 취지이므로 일반적인 한도 초과 보유의 절차인 은행법 제15조 제2항에 따라 사후 보고를 해야 한다고 보는 것이 타당할 것으로 본다. 그러나, 이 사항은 입법 미비로 보이므로 이에 관한 명확한 규정을 두어 입법적으로 해결하는 것이 필요하다고 본다.

3) 10% 초과 보유시의 자격 요건

위에서 언급한 전환대상자 및 비금융주력자가 시중은행의 의결권 있는 발행 주식 총수의 10%를 초과하여 보유하고자 하는 경우에 충족시켜야 하는 자격 요건에 대하여는, 은행법 제16조의2 제3항이 위의 전환대상자 및 비금융주력자에 대해서는 은행법 "제15조 제1항 각호 외의 부분 본문 및 동조 제3항의 규정을 적용한다"라고 하고 있기 때문에, 위에서 설명한 일반적인 한도 초과 보유 자격 요건에 관한 규정(즉, 은행법 제15조 제3항)이 적용된다고 보아야 할 것이다. 따라서, 이러한 한도 초과 보유의 경우(즉, 시중은행의 의결권 있는 주식 10% 초과 보유)에도 여전히 위의 전환대상자 및 비금융주력자는 은행법 시행령상 규정하고 있는 한도초과보유주주의 자격 요건[40]을 충족하여야 할 것이다.

4) 외국인의 주식 보유 비율 이내에서 주식을 보유하는 비금융주력자

① 의결권 행사의 제한 및 처분 명령　　비금융주력자가 외국인투자촉진법에 의한 외국인의 시중은행 주식에 대한 보유 비율 이내에서 주식을 보유하는 경우에 해당되어 시중은행의 주식을 보유한 후에, 동 외국인의 주식 보유 비율을 초과하게 된 때(즉, 동 외국인이 보유 주식을 처분함으로써 그의 주식 보유 비율이 하락하게 되는 경우)에는 그 초과 보유한 주식에 대하여는 의결권을 행사할 수 없다(법 제16조의2 제4항). 이러한 경우에는 금융위는 1년 이내의 기간을 정하여 그 초과 보유한 주식을 처분할 것을 명령할 수 있으며(법 제16조의2 제5항 본문), 금융위는 비금융주력자가 초과 보유한 주식의 규모 · 증권시장의 상황 등에 비추어 부득이하다고 인정되는 경우에는 그 기간을 정하여 주식의 처분 기한을 연장할 수 있다(법 제16조의2 제5항 단서).

② 보유 은행의 수(數)의 제한과 관련된 문제　　비금융주력자가 외국인의 주식 보유 비율 이내에서 은행의 주식을 보유하는 경우 허용되는 은행의 수(數)와 관련하여, 은행법 제16조의2 제6항은 "비금융주력자가… 주식을

40) 한도초과보유주주의 자격 요건에 대해서는 은행법 제15조 제5항, 동법 시행령 제5조 및 [별표] 한도초과보유주주의 초과보유요건 참조.

보유할 수 있는 "은행"의 수는 1개에 한한다"라고 규정하고 있다. 이와 관련하여 그 제한되는 은행에 시중은행 및 지방은행이 다 포함하는지 여부에 대하여 의문이 있을 수 있다. 그러나, (i) 은행법상 '[은행]'이라고 하고 있어 특별히 시중은행만 포함하고 있지 않다는 점 및 (ii) 은행법 제16조의2 제3항이 이러한 비금융주력자에 대해서는 "[은행법 제16조의2] 제1항 및 제2항의 규정에 불구하고 제15조 제1항 각호 외의 부분 본문 및 동조 제3항의 규정을 적용한다"라고 하고 있어, 제15조 제3항의 규정이 시중은행뿐만 아니라 지방은행의 주식 보유 한도에 대해서 규정하고 있는 점을 감안했을 때, 시중은행 및 지방은행을 포함하여 1개에 한한다라고 보는 것이 타당하다고 본다.

또한, 이러한 제한을 받게 되는 경우는 비금융주력자가 외국인의 은행 주식 보유 비율 이내에서 시중은행의 의결권 있는 발행 주식 총수의 4%를 초과하여, 지방은행의 경우에는 15%를 초과하여 보유하는 경우에 해당한다고 보아야 할 것이다.[41] 그 이유는 일반적인 비금융주력자도 시중은행의 경우에는 4%까지는 아무런 보고나 신고 또는 승인 없이 자유롭게 보유할 수 있으며, 지방은행의 경우에도 15%까지는 아무런 보고나 신고 또는 승인 없이 보유할 수 있기 때문에,[42] 이 경우에는 굳이 비금융주력자가 주식을 보유할 수 있는 은행의 수에 제한을 가할 필요가 없기 때문이다. 따라서, 비금융주력자가 외국인의 주식 보유 비율 이내에서 시중은행의 의결권 있는 주식 4% 이하로 보유하거나 지방은행의 의결권 있는 주식 15% 이하로 보유하는 경우에는 그 수(數)의 제한을 받지 않게 될 것이다.

(5) 비금융주력자의 전환계획의 승인 요건 및 전환계획에 대한 평가와 점검

1) 전환계획의 승인 요건

전환계획에 대한 금융위의 승인 요건에 대하여 은행법 시행령은 다음과 같이 규정하고 있다. 즉, 1) 시장상황에 대한 전망 등 전환계획의 전제가 된 가정이 합리적일 것, 2) 처분대상인 비금융회사의 발행주식규모, 자산규모 등

41) 이것은 「상사법연구」 제22권 제5호(한국상사법학회, 2004. 2)에 실린 저자의 논문 "은행법상의 몇 가지 문제점에 관한 고찰"에서의 견해(175면)를 수정함을 밝혀 둔다.
42) 지방은행의 경우에 비금융주력자가 15%까지 보유하는 경우에는 아무런 보고나 승인이 필요 없다는 것에 대해서는 아래 Ⅲ. 2. (1). 참조.

에 비추어 전환계획에 제시된 이행기간 이내에 실현될 수 있을 것, 3) 분기별 이행계획이 포함되어 있을 것으로 규정하고 있으며(법 시행령 제11조의2 제1항), 그 구체적인 기준은 금융위가 정하고 있다.[43]

2) 전환계획에 대한 평가 및 점검

① 전환계획에 대한 평가 금융위는 전환계획에 대한 전문기관의 평가가 필요하다고 인정하는 때에는 금융위가 정한 바에 따라 그 평가를 실시할 수 있다(법 제16조의3 제1항). 이에 따라 금융감독원장은 전환계획에 대한 금융위 승인 여부 결정에 앞서서 공인회계사법에 의한 회계법인이나 「신용정보의 이용 및 보호에 관한 법률」에 의한 신용평가업무를 영위하는 신용정보업자를 포함하는 2 이상의 전문기관에게 그 평가를 하도록 할 수 있다(은행업감독규정 제15조의5 제1항 및 제2항).

② 전환계획에 대한 점검, 전환대상자의 의결권 제한 및 초과 주식의 처분 명령 금융위는 전환계획에 대한 승인을 얻어 4%를 초과하여 시중은행의 주식(지방은행의 경우에는 15% 초과)을 보유하고 있는 전환대상자의 전환계획 이행 상황을 분기마다 정기적으로 점검하고, 그 결과를 컴퓨터 통신 등을 이용하여 공시하여야 한다(법 제16조의3 제2항, 동법 시행령 제11조의2 제2항). 금융위는 점검 결과 전환대상자가 전환계획을 이행하지 아니하고 있다고 인정되는 경우에는 6월 이내의 기간을 정하여 그 이행을 명령할 수 있다(법 제16조의3 제3항).

또한, (ⅰ) 이 이행 명령을 받은 전환대상자나 (ⅱ) 전환대상자가 차입금의 급격한 증가, 거액의 손실 발생 등 재무 상황의 부실화로 인하여 은행과 불법 거래를 할 가능성이 크다고 인정되는 경우의 전환대상자에 대한 금융감독원의 검사 결과 은행과 불법거래 사실이 확인이 된 전환대상자는 4%를 초과하여 보유하는 시중은행의 주식(지방은행의 경우 15% 초과 보유 주식)에 대하여는 의결권을 행사할 수 없다(법 제16조의3 제4항).

더 나아가 금융위는 (ⅰ) 전환대상자가 전환계획을 이행하고 있지 아니

43) 「은행업감독규정」(1998. 4. 1. 제정, 2004. 3. 31. 개정된 것을 인용하였음) 제15조의4는 다음과 같이 그 구체적인 요건을 정하고 있다. 1) 처분대상인 비금융회사별 처분방법, 시기 등이 구체적으로 제시되어 있을 것, 2) 처분 계획에 대한 이사회 승인, 공증인의 공증을 받은 처분확약서 등을 통하여 처분 대상인 비금융회사 발행 주식(지분을 포함함) 보유자의 처분 의사를 확인할 수 있을 것, 3) 금융회사의 자본 증가를 계획하는 경우 자본 증가의 규모, 시기, 방법 등이 구체적으로 제시되어 있을 것, 4) 처분 대상인 비금융회사 발행 주식의 처분 및 금융회사의 자본 증가가 관계 법령, 주주간 계약 등에 의하여 제한되어 있지 않을 것이다.

한 경우에 금융위가 내리는 이행 명령을 이행하지 아니하는 전환대상자나 (ii) 전환대상자가 차입금의 급격한 증가, 거액의 손실 발생 등 재무 상황의 부실화로 인하여 은행과 불법 거래를 할 가능성이 크다고 인정되는 경우의 전환대상자에 대한 금융감독원의 검사 결과 은행과의 불법거래 사실이 확인된 전환대상자에 대하여는 6월 이내의 기간을 정하여 4%를 초과하여 보유하는 시중은행의 주식(지방은행의 경우에는 15% 초과 보유 주식)을 처분할 것을 명령할 수 있다(법 제16조의3 제5항).

3) 전환대상자에 대한 금융감독원의 검사

금융위는 다음과 같은 경우에는 금융감독원장으로 하여금 그 목적에 필요한 최소한의 범위 안에서 전환대상자의 업무 및 재산 상황을 검사하게 할 수 있다. 즉, 1) 전환계획에 대한 분기별 점검 결과를 확인하기 위하여 필요한 경우 또는 2) 전환대상자가 차입금의 급격한 증가, 거액의 손실 발생 등 재무 상황의 부실화로 인하여 은행과 불법 거래를 할 가능성이 크다고 인정되는 경우이다(법 제48조의2 제1항). 이러한 금융감독원의 검사를 거부, 방해 또는 기피한 자에 대해서는 5천만원 이하의 과태료에 처해진다(법 제69조 제1항 제5호). 이러한 검사권은 금융감독원의 피감독기관인 금융기관이 아닌 일반 기업에 대하여도 금융감독원이 검사할 수 있는 길을 열어준 것이다.

3. 은행법상 '동일인' 및 '보유'의 정의와 관련 문제점

(1) '동일인'의 범위

은행법은 '동일인'의 범위에 대하여 "본인 및 은행법 시행령이 정하는 특수관계인"이라고 정의하고 있으며(법 제2조 제1항 제8호), 은행법 시행령 제1조의4는 그 특수관계인의 범위에 대하여 규정하고 있다.

2002년 개정 은행법은 동일인을 판단할 때 그 판단 기준이 되는 자를 종전의 "주주 1인"이라는 표현 대신에 "본인"이라는 용어로 대체하고 있다. 이는 투자자가 직접 주식 보유자가 아니라도 그 자를 중심으로 하여 동일인 여부를 판단하겠다는 것으로 보인다.[44] 따라서 개정 전에는 은행의 주식을 보유

44) 그러나 당시 재정경제부의 보도자료에 의하면 '주주 본인'이라고 표현하고 있어 본인도 주주인 것을 전제하고 있는 것처럼 보인다(재정경제부, "은행법시행령 개정안 입법 예고," 보도자료, 2002. 5. 21, 5~6면. http://www.mofe.go.kr에서 검색 가능). 그러

한 자를 중심으로 하여 동일인 여부를 판단하게 되어 개정된 규정과 비교했을 때 그 동일인 범위가 차이가 날 수 있는데, 개정된 규정이 바람직한 것으로 보인다. 예를 들어, 「독점규제 및 공정거래에 관한 법률」상 규정하고 있는 '기업집단'(「독점규제 및 공정거래에 관한 법률」 제2조 제2호)을 지배하는 자(즉, 계열주)(은행법 시행령 제1조의4 제6호)가 본인인 경우에 비록 계열주가 은행 주식을 보유하고 있지 않더라도 그 계열주를 중심으로 하여 동일인 범위를 판단하게 되는 것이다.

한편, 개정 은행법 시행령에서는 동일인의 범위에 "본인 또는 [은행법 시행령 제1조의4] 제1호 내지 제8호의 자와 합의 또는 계약 등에 의하여 은행의 발행 주식에 대한 의결권(의결권의 행사를 지시할 수 있는 권한을 포함한다)을 공동으로 행사하는 자"라는 규정을 추가하였다(제1조의4 제9호). 비록 이 조항이 없어도 아래에서 보는 것처럼, '계약 등에 의하여 본인 및 기타 특수관계인과 의결권을 공동으로 행사하고 있는 자'는 '보유'의 정의에 포함되겠지만, 이 조항의 추가로 '보유'의 정의까지 가지 않더라도 그러한 자는 먼저 동일인의 범위에 들어가게 된다.[45]

(2) '동일인'의 범위와 관련된 문제점

은행법상의 '동일인'은 「독점규제 및 공정거래에 관한 법률」상에서 규정하고 있는 '동일인'과 다르다. 「독점규제 및 공정거래에 관한 법률」상의 '동일인'은 지배구조의 정점에 있는 회사 또는 소위 계열주를 말하는 데 비해(법 제2조 제2호, 동법 시행령 제3조), 은행법상의 '동일인'은 그러한 의미로 쓰이지 않고 본인 및 그 특수관계인을 포함하는 넓은 범위로 쓰이고 있다. 그리고 은행법상의 '동일인'의

나 법상 '본인'이라고 표현하고 있는 이상 해석상 반드시 그렇다고만 볼 수는 없을 것이다.

45) 이는 과거 부실금융기관인 서울은행 인수시에 재벌그룹 컨소시엄이 서울은행 주식을 취득하려고 하는 경우에 동일인 여부에 관한 논란이 있어 이를 명확하게 하기 위하여 이 조항을 추가한 것으로 알려져 있다. 이재성, "산업자본 은행 소유 허용 우려 커져," 한겨레신문, 2002. 4. 20, 9면. 당시 재정경제부의 은행법 시행령 개정안 입법예고 설명 자료에 의하면, "타인과의 '의결권 공동행사'가 동일인의 은행주식 '보유' 개념에 해당하는지 여부에 대한 논란을 입법적으로 해소"했다고 하면서, "[은행]법상 '보유'의 개념에 '계약 등에 의해 의결권을 가지는 경우'가 포함되어 있긴 하나 그간 참여연대 등이 복수 산업자본의 의결권 공동행사를 통한 소유 한도 회피 가능성에 대해 우려를 제기하였기 때문에 '계약 등에 의한 의결권 공동행사자'를 명문으로 동일인의 범위에 포함했다"라고 하고 있다(재정경제부, "은행법시행령 개정안 입법 예고," 보도자료, 2002. 5. 21, 6면. http://www.mofe.go.kr에서 검색 가능).

범위는 「독점규제 및 공정거래에 관한 법률」상의 '기업집단'의 범위보다도 훨씬 넓다(은행법 시행령 제1조의4 각 호 참조).

한편, 「독점규제 및 공정거래에 관한 법률」에서는 기업집단의 범위 판단에 있어서 그 '동일인'을 정점으로 해서 판단하기 때문에 그 기준이 명확한 반면에, 은행법에서는 물론 본인을 그 기준으로 하기는 하나 그 본인을 누구로 정하는지에 대하여 확실한 정함이 없어 불분명한 점이 있는데, 이에 대한 보완이 요구된다.

(3) 은행법상 '보유'의 정의

2002년 개정 은행법상 '보유'의 정의는 "동일인이 자기 또는 타인의 명의로 주식을 소유하거나 계약 등에 의하여 의결권을 가지는 것"이라고 되어 있다(법 제2조 제1항 제9호 다목). 한편, 개정 전에는 '보유'의 정의를 "주식을 소유하거나 사실상 지배(동일인이 자기 또는 타인의 명의로 소유하거나 담합에 의하여 의결권을 행사하는 것을 포함)하는 것"으로 하고 있었다(개정 전 법 제15조 제1항). 개정 은행법은 '사실상 지배'라는 용어를 쓰지 않으면서 '담합' 대신에 '계약 등'이라는 용어로 대체하고 있는데, 그 내용은 개정 전과 크게 다르지 않다고 보아도 무방할 것으로 생각된다.

이와 관련하여, 은행법은 '보유'의 정의에서 "타인의 명의로 주식을 소유"하는 경우에도 '보유'라고 하고 있기 때문에, 예를 들어, 조세피난처(tax haven)에 설립된 특수목적법인(special purpose company: SPC)인 투자 펀드[46]가 은행 주식을 소유하고 있는 경우에는 그러한 펀드를 설립하고 통제(control)하고 있는 자가 타인(즉, 투자 펀드)의 명의로 은행 주식을 소유하고 있다고 볼 수 있을 것이다.

4. 금융위원회의 한도초과보유주주에 대한 적격성 사후심사 제도 및 관련 문제점

(1) 서 설

2002년 개정 은행법은 '한도초과보유주주'에 대하여 금융위가 그 적격 여

46) 예를 들어, 말레이시아 라부안(Labuan) 지역이나 케이만아일랜드(Cayman Islands) 지역에 설립된 투자 펀드 등을 들 수 있다. 위에서 본 것처럼, 외국인 투자자가 국내 은행의 주식을 보유하는 경우에 이러한 펀드를 통해서 취득한 사례들이 있다.

부를 주기적으로 심사하게 함으로써 한도 초과 보유시의 적격성 기준을 그 유지 요건으로 하고 있다(fit-and-proper test)(법 제16조의4 제1항).

(2) '한도초과보유주주'의 정의

'한도초과보유주주'라 함은 자격 요건을 충족하고 한도 초과 보유 승인을 금융위로부터 얻어 시중은행의 의결권 있는 발행 주식 총수의 10%를 초과하여 보유하고 있는 동일인(비금융주력자의 경우에는 금융위의 승인을 얻어 10% 초과 보유가 가능한 위 Ⅱ. 2. (4) 1)에서 언급한 두 가지 경우에 해당하는 동일인을 말함)을 말한다(법 제16조의4 제1항). 지방은행의 경우에는 자격 요건을 충족하고 금융위의 승인을 얻어 지방은행의 의결권 있는 발행 주식 총수의 15% 초과하여 보유하고 있는 동일인(비금융주력자의 경우에는 15% 초과 보유가 가능한 위의 두 가지 경우에 해당하는 동일인을 말함)을 말한다(법 제15조의4 제1항).

다만, 정부나 예금보험공사 및 은행지주회사의 경우에는 위에서 본 것처럼 시중은행 의결권 있는 발행 주식 총수의 10%를 초과하거나 지방은행 의결권 있는 발행 주식 총수의 15%를 초과하여 보유하더라도 금융위의 승인이 필요 없기 때문에[47] 위 한도초과보유주주의 정의에 해당하지 않고, 따라서 적격성 사후 심사 의무가 적용되지 않는다.

(3) 한도초과보유주주의 적격성 사후 심사 제도 및 보고서 제출 의무

금융위는 한도초과보유주주의 한도 초과 보유 요건을 충족하는지 여부를 매 반기별로 정기적으로 심사하여야 하며, 한도초과보유주주와 은행과의 불법거래 징후가 있는 경우 등 특별히 필요하다고 인정할 때에는 수시 심사를 할 수 있다(법 시행령 제11조의3). 이에 따라, 한도초과보유주주는 결산 또는 가결산 확정 후 1월 이내에 보고서 및 관련 자료를 금융감독원에 제출하여야 한다(은행업감독업무시행세칙 제11조의3).

(4) 보고서 제출 의무와 관련한 문제점 및 개선 방안

여기서 결산 또는 가결산 확정 기일은 당해 은행이 아니라 보고자인 한

---

47) 정부나 예금보험공사의 경우에는 은행법 제15조 제1항 제1호. 은행지주회사의 경우에는 금융지주회사법 제13조. 다만, 은행지주회사가 자회사인 시중은행의 의결권 있는 발행 주식 10%(지방은행의 경우에는 15%)를 초과하여 보유하는 경우에 은행법상의 별도의 금융위 승인이 필요한 지에 대해서는 견해가 나누어질 수도 있으나, 별도의 금융위 승인이 필요 없다고 보는 것이 합리적이라고 본다.

도초과보유주주를 기준으로 하는 것이다. 이 경우에 보고자가 국내 회사인 경우에는 적용되는 관련 규정에 따라 결산 또는 가결산 확정 시기를 정하면 될 것이나,[48] 그 보고자가 외국회사 특히 외국 투자 펀드인 경우에는 그 외국회사의 설립지 내지는 주사무소 소재지의 관련 법상 결산 또는 가결산이 요구되지 않는 경우가 있고, 이 경우에는 그 확정 시기를 정하는 것이 어려운 점이 있을 수 있다. 이에 대한 보완이 요구된다 할 것인바, 외국 법인이 관련 법상 결산 또는 가결산의 확정 시기를 두지 않고 있는 경우에는 국내법에 따른 규정을 따르도록 하는 조항을 둘 필요가 있을 것으로 본다.

(5) 한도 초과 보유 요건 부적격자에 대한 감독당국의 조치 내용

한편, 금융위는 한도초과보유주주의 한도 초과 보유 요건 심사를 위하여 해당 은행 또는 한도초과보유주주에게 필요한 자료 또는 정보의 제공을 요구할 수 있다(법 제16조의4 제2항). 그리고 심사 결과 한도 초과 보유 요건 부적격자로 인정되는 자에 대하여는 우선 6개월 이내의 기간을 정하여 한도 초과 보유 요건을 충족하도록 명령할 수 있으며(법 제16조의4 제3항), 이 경우 한도초과보유주주는 그 명령을 이행할 때까지 한도 초과 보유한 시중은행 주식(10% 초과 보유한 부분을 말하며, 한도초과보유주주가 비금융주력자인 경우에는 4% 초과 부분을 말함)의 의결권을 행사할 수 없다(지방은행의 경우에는 공히 15% 초과 부분임)(법 제16조의4 제4항). 또한, 금융위는 한도초과보유주주가 금융위의 명령을 이행하지 아니할 때에는 6월 이내의 기간을 정하여 그 초과 보유한 주식의 처분을 명령할 수 있다(법 제16조의4 제5항).

Ⅲ. 지방은행에 대한 소유 규제

이하에서는 (1) 동일인의 지방은행 주식 보유에 대한 일반적인 규제 및 (2) 비금융주력자의 지방은행 주식 보유에 대한 제한으로 나누어 살펴보기로 한다. 은행 소유 규제와 관련하여 시중은행 및 지방은행 공통적으로 적용될 수 있는 문제점에 대해서는 이미 Ⅱ.에서 살펴보았기 때문에 중복하여 언급하지 않고, 여기서는 지방은행의 주식 보유 규제에 적용되는 사항만 살펴보기로 한다.

1. 동일인의 지방은행 주식 보유에 대한 규제

(1) 기본원칙: 동일인의 지방은행 주식 보유 한도는 15%

지방은행의 경우 동일인의 의결권 있는 발행 주식의 보유 한도는 15%이다(법 제15조 제1항 제2호). 즉, 시중은행에 대한 10% 주식 보유 한도에도 불구하고, 동일인은 지방은행의 의결권 있는 발행 주식 총수의 15% 이내에서는 아무런 보고·신고 또는 감독당국의 승인 없이 지방은행의 의결권 있는 주식을 보유할 수 있다(법 제15조 제1항 제2호 및 제2항 제2호).[48]

그러나 다음과 같은 경우에는 이러한 15% 보유 한도에 대하여 예외가 적용된다. 즉, (1) 정부 또는 예금보험공사가 지방은행의 주식을 보유하는 경우에는 아무런 제한이 없고, (2) 은행지주회사가 자회사인 지방은행의 주식을 보유하는 경우에도 한도의 제한을 받지 않으며, (3) 동일인이 은행법 시행령이 규정하는 일정한 자격 요건[49]을 충족하여 금융위의 승인을 얻은 경우에는 지방은행의 의결권 있는 발행 주식 총수의 15%를 초과하여 보유할 수 있다(법 제15조 제3항 제1호). 한편, 비금융주력자는 일정한 경우를 제외하고는 지방은행의 의결권 있는 발행 주식 총수의 15%까지만 보유할 수 있다.

(2) 예외: 15%를 초과하여 보유할 수 있는 경우

1) 정부 또는 예금보험공사의 지방은행 주식 보유의 경우

정부나 예금보험공사가 지방은행의 의결권 있는 주식을 취득하는 경우에는 위의 15% 주식 보유 한도가 적용되지 않는다(법 제15조 제1항 제1호). 즉, 정부나 예금보험공사는 아무런 보고·신고 또는 승인 없이 지방은행의 의결권 있는 발행 주식 총수의 100%까지 보유할 수 있다.

2) 은행지주회사가 지방은행의 주식을 보유하는 경우

금융지주회사법 제13조는 "은행지주회사는 은행법 제15조 제1항 본문의 규정에 불구하고 의결권 있는 발행 주식 총수의 100분의 10을 초과하여 은행

---

48) 이는 동일인이 시중은행의 의결권 있는 발행 주식 총수 4%를 초과하여 10%까지 보유하고자 하는 경우에 금융위에 대한 사후 신고를 요하는 것과 다른 점이다.

49) 은행법 시행령이 정하는 일정한 자격요건에 대해서는 은행법 제15조 제5항, 동법 시행령 제5조 및 [별표] 한도초과보유주주의 초과보유요건 참조.

의 주식을 보유할 수 있다"라고 규정하고 있어, 10% 초과 보유 한도에 대한 사항은 시중은행에만 적용되기 때문에 여기서 '은행'이라고 하는 것은 시중은행만 의미하는 것으로 볼 수도 있다. 그러나, (i) 금융지주회사법 제13조가 '은행'[저자 강조]이라고 하고 있고, (ii) 어차피 지방은행의 경우 10%를 초과하여 15%까지는 아무런 신고나 승인 없이 보유할 수 있기 때문에, '은행'에 지방은행도 포함하여 해석하더라도 큰 문제는 없을 것으로 본다. 따라서, 금융지주회사법 제13조는 은행지주회사가 시중은행의 경우처럼 지방은행에 대해서도 금융위의 승인 절차 필요 없이[50] 의결권 있는 발행 주식 총수의 15%를 초과하여 100%까지 보유할 수 있도록 하고 있는 것으로 보아도 무방할 것으로 본다.

3) 감독당국의 승인 후 15%를 초과 보유하는 경우

은행법 시행령이 정하는 일정한 자격 요건[51]을 충족하는 동일인은 금융위의 승인을 얻어 지방은행의 의결권 있는 발행 주식 총수의 15%를 초과하여 보유할 수 있다. 구체적으로 동일인은 지방은행의 의결권 있는 발행 주식 총수의 15%, 25%, 33%의 한도를 각각 초과할 때마다 금융위의 승인을 얻어 지방은행의 의결권 있는 주식을 보유할 수 있다(법 제15조 제3항 본문). 다만, 금융위는 은행업의 효율성과 건전성에의 기여 가능성, 주주의 보유 지분 분포를 감안하여 필요하다고 인정되는 때에는 위의 한도 외에 별도의 구체적인 보유 한도를 정하여 승인할 수 있으며, 동일인이 그 승인받은 한도를 초과하여 주식을 보유하고자 하는 경우에는 다시 금융위의 승인을 얻어야 한다(법 제15조 제3항 단서).

15% 초과 보유시의 자격 요건은 시중은행의 경우와 같다. 즉, 동일인이 시중은행의 의결권 있는 발행 주식 총수의 10%를 초과하여 보유하고자 하는 경우에 적용되는 자격 요건이 동일하게 적용된다.

---

50) 물론 지방은행의 경우에도 은행법상의 한도 초과 보유에 대한 별도의 금융위 승인이 필요한지에 대하여 견해가 나누어질 수 있다는 점은 시중은행의 경우에 서술한 위 Ⅱ. 1. (2). 2) ①에서의 논의와 같을 것이다.

51) 은행법 제15조 제5항, 법 시행령 제5조 및 [별표] 한도초과보유주주의 초과보유요건 참조.

2. 비금융주력자의 지방은행 주식 보유에 대한 제한

(1) 15% 이내에서는 보고나 승인 없이 보유 가능

비금융주력자는 지방은행의 의결권 있는 발행 주식 총수의 15% 이내에서는 아무런 보고나 신고 또는 승인 없이 보유할 수 있다(법 제16조의2 제1항). 이 경우에는 시중은행에 적용되는 의결권 행사 제한 규정이 적용되지 않는다(법 제16조의2 제2항). 즉, 비금융주력자가 시중은행의 의결권 있는 발행 주식 총수의 4%를 초과하여 10%까지 보유하고자 하는 경우에는 의결권 행사 포기 조건으로 일정한 자격 요건을 충족하여 금융위의 승인을 얻어 보유할 수 있지만, 비금융주력자가 지방은행의 의결권 있는 발행 주식 총수의 15%까지 보유하는 경우에는 이러한 의결권 행사 포기나 자격 요건 및 금융위의 승인 등의 요건을 충족할 필요가 없다.

(2) 15%를 초과하여 보유 가능한 두 가지 경우

비금융주력자는 원칙적으로 지방은행의 의결권 있는 발행 주식 총수의 15%를 초과하여 보유할 수 없다. 다만, 비금융주력자가 다음의 두 가지 경우에 해당하는 경우에는 은행법 시행령이 정하는 한도초과보유주주의 자격 요건[52]을 충족하여 금융위의 승인을 얻어 지방은행의 의결권 있는 발행 주식 총수의 15%를 초과하여 보유할 수 있다. 첫째, 비금융주력자가 2년 이내에 비금융주력자가 아닌 자로 전환하기 위한 계획을 금융위에 제출하여 승인을 얻은 경우, 둘째, 비금융주력자가 외국인투자촉진법에 의한 외국인의 지방은행에 대한 주식 보유 비율 이내에서 그 지방은행의 의결권 있는 주식을 보유하는 경우이다(법 제16조의2 제3항, 법 제15조 제3항 제1호 및 제5항).

한편, 앞에서 논의한 것처럼, 비금융주력자가 외국인의 주식 보유 비율 이내에서 지방은행의 주식을 보유하는 경우(지방은행의 의결권 있는 발행 주식 총수의 15% 초과하여 보유하는 경우에 해당한다) 허용되는 은행의 수는 시중은행(시중은행의 경우에는 4% 초과하여 보유하는 경우를 말한다) 및 지방은행을 포함하여 1개에 한한다(법 제16조의2 제6항).

---

52) 시중은행의 의결권 있는 발행주식 총수의 10%를 초과하여 보유하는 한도초과보유주주의 자격 요건을 말한다. 동 자격 요건에 대해서는 은행법 제15조 제5항, 동법 시행령 제5조 및 [별표] 한도초과보유주주의 초과보유요건 참조.

Ⅳ. 결 론

2002년 개정 은행법의 가장 큰 특징은 시중은행에 대한 동일인의 의결권 있는 주식 보유 한도를 4%에서 10%로 상향시킨 점이다. 동일인의 은행 주식 보유 제한에 관한 논의는 그 동안 아주 민감하게 논의되어 온 사항이다. 1980년대초 은행의 민영화 과정에서 산업자본의 은행 지배를 막기 위하여 1982년 은행법 개정에 의하여 동일인의 시중은행 주식 보유 한도를 8%로 제한한 이후, 1994년 은행법 개정에 의하여 4%로 낮추어 시행되어 온 이래, 동일인의 은행 주식 보유 제한에 대한 논의는 끊임없는 논란의 대상이 되어 왔다. 한편, 1997년 말 금융위기 이후 부실은행에 대하여 공적자금이 투입되면서 일부 은행들이 정부 소유로 되었는데, 정부 지분의 매각을 통한 공적자금의 회수 및 은행 민영화의 필요성이 제기되면서 그 지분을 매입할 지배주주가 필요하였고, 동시에 은행 소유 지분 확대를 통한 건전한 금융자본의 육성 및 책임 있는 경영 주체의 출현 등이 필요하여, 그 보유 한도를 종전의 4%에서 10%로 상향 조정한 것이다.

특히 산업자본의 은행 소유 허용 문제는 아주 민감한 사항이다. 최근 일각에서 금융자본과 산업자본의 분리를 완화 내지는 철폐하자는 논의가 일면서 산업자본의 은행 소유 허용을 주장하는 견해가 제기되고 있으나 허용시의 폐해가 크다고 본다. 이 문제는 별도로 논할 문제이나 여기서는 법적인 측면에서 살펴보는 데 한정되어 있다. 앞서 살펴본 것처럼, 법적인 측면에서 은행 소유 규제에 대해 개선해야 과제가 있음을 보았다. 산업자본의 은행 소유 문제는 차치하더라도 일단은 법적인 미비점을 해결할 필요가 있다. 그리고 은행 소유 규제에 대한 은행법상의 규정은 시중은행과 지방은행에 대한 규제가 다름에도 불구하고 구별을 하지 않고 규정하고 있어서 복잡하고 이해하기가 어렵게 되어 있다. 따라서 은행법 개정시에는 시중은행과 지방은행을 구별하여 소유 규제에 관한 규정을 두는 것이 좋을 것으로 판단된다.

제 3 장

금융기관의 업무 범위 규제

제 1 절 은행의 부수업무 범위 규제
제 2 절 증권회사의 겸영업무 및 부수업무 범위 규제

제 1 절

은행의 부수업무 범위 규제*

Ⅰ. 서　　론

금융기관 경쟁력 향상의 핵심 중의 하나는 업무 영역의 확대라고 볼 수 있다. 금융시장의 대지각 변동(소위 금융빅뱅(Big Bang))을 가져올 2007년 7월 3일 국회를 통과한 「자본시장과 금융투자업에 관한 법률」(이하 "자본시장통합법")이 추구하고자 하는 것도 새로 출현하게 되는 금융투자회사의 업무 영역 확대에 있는 것으로 볼 수 있다. 그만큼 금융기관의 업무 범위는 중요한 문제 중의 하나이다. 은행의 경우도 마찬가지이다. 은행법 규제의 핵심 중의 하나도 바로 은행업무에 대한 규제이다. 현행 은행법에 따르면, 은행은 예금 및 대출 업무의 고유업무(core business)와 은행법상 겸영인가를 받아 영위할 수 있는 신탁업, 신용카드업 등 겸영업무(concurrent business), 그리고 은행법상 별도의 인·허가 없이 영위할 수 있는 채무보증 등 부수업무(ancillary business)를 영위할 수 있다. 은행의 고유업무와 겸영업무의 범위는 은행법 시행령이 규정하고 있고(제18조의2 및 제18조의3), 부수업무에 대해서는 「은행업무 중 부수업무의 범위에 관한 지침」(이하 "부수업무지침"이라 한다)이 규정하고 있다.

동 지침은 24가지 종류의 부수업무를 규정하고 있으나, 그 내용에 대하여 자세히 규정하고 있지 않아 구체적인 범위 문제 등 여러 가지 문제점을 갖고 있다. 따라서 이 절에서는 부수업무지침의 내용을 분석하면서 문제점을 고찰하고 개선 방향을 제시해 보고자 한다. 이에 따라 Ⅱ.에서는 현행 부수업무지침이 규정하고 있는 24가지 유형의 부수업무의 내용에 대하여 고찰해 보며, Ⅲ.에서는 주요 금융선진국인 미국, 영국 및 일본의 은행업무 범위에 대하

* 이 절의 내용은 「상사법연구」 제26권 제3호(한국상사법학회, 2007. 11)에 실린 글에 내용을 추가·보완한 것이다.

여 살펴보며, Ⅳ.에서는 문제점 및 개선 방안을 제시해 본다.

Ⅱ. 은행 부수업무의 범위

1. 총 설

부수업무지침은 1998. 4. 1. 제정되었다. 그 전에는 당시 한국은행 은행감독원이 제정한 「금융기관 감독업무 시행세칙」에서 규정하고 있었다(동 세칙 제28조 제2항). 이것은 종전에는 은행감독기관이 부수업무 범위 결정권을 갖고 있었다는 것을 말한다. 부수업무지침은 열거주의(positive system)를 취하고 있다. 즉 은행은 부수업무지침이 규정하고 있는 부수업무만을 영위할 수 있다. 따라서 은행이 추가적으로 부수업무를 영위하려면 부수업무지침을 개정하거나, 금융위원회의 유권해석을 통하여 해야 한다(지침 Ⅲ).

부수업무와 관련하여 우선 논의될 수 있는 것은 “업무”에 대한 정의 문제이다. 부수업무지침이 별도로 규정하고 있지 않기 때문에 일반적으로 상법상 논의되는 “영업”의 개념과 같이 이해하면 될 것으로 본다. 즉 “영업”이라 함은 “영리를 목적으로 동종의 행위를 계속 · 반복적으로 하는 것”을 의미한다.[1] 즉 영리성과 계속성 · 반복성을 그 특징으로 생각할 수 있다. 이 중 특히 계속성과 반복성의 해석 문제가 중요하다. 예를 들어, 1회적인 행위나 간헐적으로 반복하는 행위도 ‘업무’로 볼 수 있는가 하는 문제이다. 이에 대해서는 일반적으로 ‘업무’로 이해하고 있지 않은 것으로 보인다.[2] 그러나 그 판단이 쉽지는 않다. 특히 간헐적으로 이루어지는 행위는 판단이 더 어렵다. 따라서 구체적인 사실관계에 따라 판단을 할 수밖에 없을 것이다. 또한 영업이라고 하는 것은 “영리성”을 전제로 하므로 영리성이 없는 행위나 거래가 “업무”에 속하는지도 세심히 검토할 필요가 있다. 이는 은행의 자산 운용 차원에서 이루어진다고 볼 수 있는 거래 또는 행위를 “업무”로 보아야 하는지와 관련된 사항으로 볼 수 있다. 한편, 외국은행 국내지점도 은행법상의 은행으로 간주

1) 대법원 1994. 4. 29. 선고 93다54842 판결.

2) 정찬형, 「상법강의(상)」, 제10판, 서울: 박영사, 2007, 54면.

되므로(법 제59조 제1항), 부수업무에 관한 사항은 외국은행 국내지점에도 동일하게 적용된다.

이하에서는 부수업무지침이 규정하고 있는 24가지 유형의 부수업무를 그 유형의 특징에 따라 분류한 후에 검토해 보기로 한다.

2. 지급보증 업무 등

여기서는 어음인수를 포함한 지급보증 업무, 그리고 상호부금 업무 및 수신 상품의 하나로서 볼 수 있는 상업어음 및 무역어음 매출 업무에 대해서 살펴보기로 한다.

(1) 채무보증(또는 어음인수) 업무

대개 지급보증 업무는 은행에서 많이 취급하기 때문에 은행의 고유업무라고 잘못 이해할 수 있으나, 은행의 고유업무가 아니고 부수업무라는 점을 유의할 필요가 있다.[3] 부수업무지침이 규정하고 있는 채무의 보증이란 지급보증을 말한다. 지급보증이란 "은행이 거래자의 의뢰에 따라 동 거래자가 제3자에게 부담하는 채무(확정채무)의 지급을 약정하거나 보증채무 등 장래에 부담하게 될 가능성이 있는 채무(우발채무)를 인수하는 것"으로서, 이는 신용을 공여할 때 자금의 공급이 수반되지 않는 점에서 대출과 성격을 달리한다.[4][5]

3) 그런데 「금융기관의 업무 위탁 등에 관한 규정」에 의하면, 은행의 채무보증 및 어음 인수 업무를 "금융업의 본질적 요소를 포함하는 업무"라고 규정하여(제3조 제1항 및 〈별표 1〉), 마치 은행의 고유업무로 규정하고 있는 것처럼 보여 혼동을 준다.

4) 한국은행, 「우리나라의 금융제도」, 서울: 한국은행, 2005. 12, 189면; 은행법도 "지급보증"을 "[은행]이 타인의 채무를 보증하거나 인수하는 것을 말한다"고 정의하고 있다(제2조 제1항 제6호).

5) 지급보증은 확정지급보증으로서 지급보증 표시 통화를 기준으로 원화지급보증과 외화지급보증으로 구분된다. 원화표시지급보증에는 보증 대상 채무의 종류에 따라 사채발행지급보증, 대출보증, 상업어음보증, 무역어음인수, 수입신용장관련보증, 입찰보증, 관세담보보증 등이 있으며, 외화표시지급보증에는 수입신용장 개설 관련 환어음 인수, 차관인수, 수입화물선취보증, 기타 외화지급보증(입찰보증(bid bond), 계약이행 보증(performance bond), 선수금환급 등을 위한 지급보증) 등이 있다(금융감독원/전국은행연합회, 「은행회계해설」, 2001. 1, 230-235면).

지급보증의 형식은 대개 지급보증서(payment guarantee)의 발행에 의하나 어음의 인수(또는 보증)나 약속어음에 대한 보증 등의 형태를 취하기도 하며, 은행이 취급하는 신용장 개설도 지급보증의 한 형태이다.[6] 어음 인수[7]도 보증의 한 형태가 되므로 부수업무지침이 "채무 보증 또는 어음의 인수"라고 표현을 하고 있는 것이다. 은행 실무상 환어음과 관련된 거래의 지급보증은 환어음의 인수 방식으로 함을 원칙으로 하고 있다.[8]

(2) 상호부금 업무

은행의 상호부금(相互賦金) 업무는 예금과 대출이 결합된 금융상품 업무로서 은행의 고유업무가 아닌 부수업무이다(지침 Ⅱ. 2호). 즉 상호부금이란 "일정한 기간을 정하여 부금을 납입하면 중도 또는 만기에 일정한 금액을 급부할 것을 약정하는 예금"으로서, 수신거래인 일반 정기적금과 유사하나 중도 급부금 지급이 미리 약정되어 있다는 특징을 가지고 있다.[9] 상호부금은 전통적인 상호금융인 계(契)가 변천된 제도로서 처음에는 서민금융 전문 은행이었던 국민은행만이 취급하다가 1983년 4월부터 국민은행법이 개정되면서 모든 은행이 취급 가능하게 되었다.[10]

(3) 상업어음 및 무역어음의 매출 업무

부수업무지침은 명시적으로 매출의 대상이 되는 유가증권을 상업어음과 무역어음에 한정하고 있다(지침 Ⅱ. 3호). 따라서 융통어음인 기업어음(commercial paper)[11]은 할인 매입만 가능하고 매출은 할 수 없다. 유가증권 매출 업무란

6) 한국은행, 앞의 책, 189면; 신용장 개설시에는 미확정지급보증으로 회계 처리된다(위의 책, 235면).

7) 어음 인수가 아닌 어음을 할인 · 매입하는 것은 보증 업무가 아닌 대출 업무에 속한다(은행법 시행령 제18조의2 제2호).

8) 정찬형/도제문, 「은행법」, 제2판, 서울: 박영사, 2005, 300면 주5).

9) 한국은행, 앞의 책, 178면.

10) 위의 책, 178면. 상호부금 업무는 상호저축은행이 주로 취급하는 업무로서, 상호저축은행법은 "일정한 기간을 정하고 부금을 납입하게 하여 기간의 중도 또는 만료 시에 부금자(賦金者)에게 일정한 금전을 급부함을 약정하여 행하는 부금의 수입과 급부금의 지급 업무"를 말한다고 하고 있다(제2조 제3호).

11) 기업어음(commercial paper)은 상거래와 관계없이 발행된 융통어음을 말한다.

"은행이 할인 매입한 상업어음 및 무역어음을 일반 다수 고객에게 매출하는 업무"를 말한다. 상업어음(commercial bills)이란 "상거래와 관련하여 발행된 어음"을 말하며, 무역어음(trade bills)이란 "무역거래와 관련하여 수출업자가 발행한 어음"을 말한다.

은행은 대출 업무의 하나로서 상업어음과 무역어음을 할인 매입하고 동 대금을 어음 할인 의뢰인에게 지급할 수 있는데,[12] 매출 업무는 이러한 할인 매입한 어음을 다시 일반 고객에게 매출하는 업무이다. 따라서 이러한 어음의 매출 업무는 자금의 고정화를 피하고 자금 운용의 효율화를 도모하는 데 있으며, 은행 수신상품의 하나로 이해할 수 있다.[13] 상업어음 매출 대상 어음은 상거래에 수반하여 발행, 양도 배서 또는 인수한 어음이면 모두 대상이 되며, 무역어음 매출 대상 어음은 수출신용장, 수출계약서, 내국신용장, 외화표시 물품공급계약서 또는 과거 수출실적을 근거로 발행된 환어음이 된다.[14]

어음 매출의 법적 성질은 어음 매매의 성질을 가진다고 볼 수 있다. 어음을 매출하는 경우 실무상으로는 그 어음을 매수인에게 교부하지 않고 은행에서 보관하며, 이의 증거로 통장을 교부한다.[15] 이렇게 하더라도 그 법적 성질은 달라지지 않으며, 이 경우에는 어음 매매와 보관 계약(즉 임치계약)이 동시에 성립한다고 볼 수 있다.[16]

한편, 부수업무지침이 규정하고 있는 "유가증권 매출 업무"라고 하는 것은 아래 규정하고 있는 "유가증권의 인수 · 매출 업무"와 혼동을 일으킬 우려가 있다. 따라서 이 둘을 명확히 구분하기 위하여 여기서의 "유가증권 매출 업무"는 "상업어음 및 무역어음의 매출 업무"로 수정하는 것이 좋다고 본다.

3. 증권 관련 업무

부수업무지침은 은행의 증권업무 등 증권 관련 업무를 부수업무로 규정

---

12) 위의 책, 183-184면.

13) 한국금융연수원, 「수신실무법률」 개정판, 서울: 한국금융연수원, 1997, 545면.

14) 한국은행, 앞의 책, 184-185면; 무역어음에 대해서는 한국은행 제정 「금융기관여신운용세칙」 제10조 제1항 참조.

15) 한국금융연수원, 앞의 책, 544-545면.

16) 위의 책, 544-545면.

하고 있다. 뒤에서 논의하는 것처럼, 업무의 성격상 겸영업무로 규정하는 것이 타당하다고 보여지지만, 어쨌든 부수업무지침은 부수업무로 규정하고 있다. 은행의 증권 관련 업무는 크게 (ⅰ) 유가증권 인수 및 매매 업무 등의 증권업무, (ⅱ) 환매조건부 채권 매매(RP) 업무, (ⅲ) 국공채 창구 매매 업무, (ⅳ) 유가증권의 대여 · 차입 업무, (ⅴ) 유가증권의 투자 업무, (ⅵ) 유가증권 명의개서 대행 업무, (ⅶ) 기업 합병 및 매수(M&A)의 중개 · 주선 · 대리 업무 등으로 나누어 볼 수 있다.

(1) 증권 업무

1) 국공채의 인수업무

부수업무지침은 "증권거래법에서 정하는 증권업무 중 유가증권의 인수 · 매출 업무 및 유가증권의 모집 또는 매출의 주선 업무"를 부수업무로서 영위할 수 있다고 규정하고 있다(지침 Ⅱ. 4호). 이러한 업무는 증권거래법에서 말하는 유가증권의 인수업(underwriting)에 해당한다(동법 제28조 제2항 제3호, 제2조 제8항 제5호 내지 제7호).[17] 즉 부수업무지침상 은행은 유가증권 인수업을 부수업무로서 영위할 수 있는 것이다.

그러면 여기서 두 가지 의문을 갖게 된다. 첫째는 은행은 증권회사와 마찬가지로 모든 종류의 유가증권(주식, 국공채 및 회사채 등)을 대상으로 인수업을 영위할 수 있는가? 둘째는 관련법령상 아무런 인·허가 없이 인수업을 영위할 수 있는가? 둘 다 답은 그렇지 않다는 것이다. 그러면 그 이유는 무엇인가?

우선 부수업무지침을 살펴보면, 부수업무지침이 명시적으로 "증권거래법이 정하는 증권업무 중"이라고 하고 있기 때문에(설령 이러한 문구가 없더라도 유가증권의 인수 · 매출 업무는 증권거래법령이 적용될 것이다) 증권거래법령을 살펴보아야 하는데, 이에 대해서는 금융위원회가 제정한 「유가증권의 발행 및 공시 등에 관한 규정」이 적용된다. 동 규정 제30조 단서의 규정을 보면, 증권업 겸영 금융기관인 은행의 경우에는 국공채(즉 증권거래법 제2조 제1항 제1호내지 제3호에 해당하는 국채, 지방채 및 특별한 법률에 따라 설립된 법인이 발행한 채권을 말함)[18]만 그 대상이 된다.

---

17) 증권거래법상 "증권업"은 유가증권의 매매업(dealing), 위탁매매 및 중개업(brokerage) 및 인수업(underwriting)이 해당된다(제2조 제1항 제8호).

18) 한국산업은행법에 따라 설립된 한국산업은행이 발행하는 산업금융채권(동법 제25조), 한국수출입은행법에 따라 설립된 한국수출입은행이 발행하는 수출입금융채권(동법 제20조), 중소기업은행법에 따라 설립된 중소기업은행이 발행하는 중소기업금융채권(동법 제36조의2), 예금자보호법에 따라 설립된 예금보험공사가 발행하는 예

둘째 의문에 대한 답을 살펴보면, 부수업무지침은 "[부수]업무가 다른 법령에 의하여 인가 · 허가 등을 받아야 할 때에는 그 인가 · 허가 등을 받은 범위 내에서 그 업무를 영위할 수 있다"고 규정하고 있으며(지침 Ⅱ. 본문), 증권거래법도 "증권업 허가를 받아 증권업을 겸영하는 자에게는 그 허가받은 범위 내에서…"라고 하고 있으므로(제29조 제2항), 증권거래법에 따라 별도의 증권업(구체적으로 증권업 중 인수업) 겸영 허가를 받아야 한다(「유가증권의 발행 및 공시 등에 관한 규정」제30조 참조).

2) 국공채 및 회사채의 매매업무

부수업무지침은 유가증권의 매매업무(dealing) 대상이 되는 유가증권의 범위를 명시적으로 국공채 및 회사채에 한정하고 있다(지침 Ⅱ. 4호). 국공채의 범위는 위에서 논의한 것처럼 「유가증권의 발행 및 공시 등에 관한 규정」 제30조 후단이 규정하고 있는 국공채가 될 것이다.

국공채 및 회사채의 매매 업무도 별도의 인·허가 없이 영위할 수 있는가? 앞에서 본 것처럼, 부수업무지침(Ⅱ. 본문) 및 증권거래법 제29조 제2항에 의거하여 증권거래법상의 별도의 매매업 겸영 허가를 받아야 할 것이다.

한편, 은행은 매매업 겸영 허가를 받고 일정한 요건을 충족하면(예를 들어, BIS 자기자본 비율이 8% 이상 등) 증권거래법령상 "채권전문자기매매업자"로서 채권전문딜러[19]로 지정 받을 수 있다(증권업감독규정 제5-30조 제4항, 증권업감독규정시행세칙 제5- 12조 및 〈별표15〉 채권전문자기매매업자의 지정 및 운영에 관한 기준 제3조 제1항 제1호 가목).

(2) 환매조건부 채권 매매(RP) 업무

은행은 환매조건부 채권 매매(Repurchase Agreement: RP 또는 Repo)(이하 "RP") 업무를 부수업무로 영위할 수 있다(지침 Ⅱ. 5호). 은행은 1982년 9월부터 RP 매도 업무가 허용되었으며, 1997년 7월부터는 은행의 RP 매도 대상 채권에 유통시장에서의 매입분이 추가되었다.[20] 은행이 영위하는 RP 업무는 유가증권의 매매 업무로 볼 수 있으므로[21] 증권거래법령이 적용되게 될 것이다(증권업감독규

금보험기금채권(동법 제26조의2) 등을 들 수 있다.

19) "채권전문딜러"라 함은 "시장 조성 채권에 대하여 매도수익률호가 및 매수수익률호가를 동시에 제시하는 방법으로 동 채권의 시장 조성을 하는 자로서 금융감독원장이 지정한 자"를 말한다(증권업감독규정시행세칙 <별표 15> 제2조 제1항).

20) 즉 종전에는 발행시장에서의 인수분으로 제한되어 있었다(한국은행, 「우리나라의 금융시장」, 서울: 한국은행, 2004, 59면).

21) RP 거래의 법적 성질에 대해서는 크게 증권매매설과 담보부소비대차설로 나누어져 있다. "담보부소비대차설"은 "Repo거래는 단기소비대차계약(short-term loan

정 제5-33조 내 지 5-40조 참조).

따라서 증권거래법령이 규정하고 있는 RP 거래 업무에 대해서 살펴보면, 우선 RP 거래는 은행, 증권회사, 보험회사 등 콜(call)시장 참가 금융기관간의 RP 거래(증권업감독규정 제5-26조 제7항)와 일반 법인 및 개인 고객을 대상으로 하는 대고객 RP 거래가 있다(증권업감독규정 제5-26조 제8항). 그런데, 유념해야 할 것은 은행의 금융기관간 RP 거래는 환매조건부 채권 매도 및 매수 거래 둘 다 할 수 있지만(증권업감독규정 제5-26조 제7항), 대고객 RP 거래인 경우에는 환매조건부 채권 매도 거래만 할 수 있다는 점이다(증권업감독규 정 제5-34조).[22)]

그러면, 은행의 RP 거래 업무는 아무런 인·허가 없이 영위할 수 있는가? 증권업감독규정에 따르면, 금융기관간 RP 거래의 경우에는 증권업 허가를 받을 필요가 없지만, 대고객 RP 거래는 증권거래법상 유가증권 매매업 허가를 받아야 한다(제5-26조 제 8항 제2호).

한편 RP 거래의 대상 채권은 어떻게 되는가? 증권업감독규정은 RP 거래의 대상이 되는 채권의 범위를 국채, 지방채, 특별법에 의하여 설립된 법인이 발행한 특수채, 주권상장법인이나 코스닥상장법인 또는 증권거래법 제3조에 규정하는 등록법인이 모집 · 매출한 회사채와 금융기관이 원리금의 지급을 보증한 회사채로 한정하여[23)] 규정하고 있다(증권업감독규 정 제5-33조). 은행은 유가증권 매매업 허가를 받아 국공채 및 회사채 매매 업무를 영위할 수 있으므로 위의 채권을 대상으로 RP 거래를 하는 데 문제는 없게 될 것이다.

---

agreement)과 유사하고, 그 채무 이행을 위하여 증권이 담보(collateral)로서 기능을 한다고 하여 Repo 거래를 담보부 소비대차거래(secured loan)라고 보는 견해"이며, "증권매매설"은 "Repo거래를 대상 증권의 독립적인 매매(separate purchases and sales of the underlying securities)라고 풀이하는 견해"이다(송종준, "Repo 거래의 법적 성질론," 「증권법연구」 제2권 제2호, 한국증권법학회, 2001. 12, 188-192면). 증권거래법령은 RP 거래를 증권 매매로 보아 규정한 것으로 보인다.

22) 금융기관간 RP 거래를 '업무'라고 보아야 하는지 아니면 자산 운용 차원에서 허용된 거래로 보아야 하는지에 대해서는 의견이 나누어질 수 있으나, 증권업감독규정이 대고객 RP 거래의 경우에만 증권업 허가를 요구하는 점과 대고객 RP 거래의 경우에만 '업무'라고 표현하고 있는 점 등을 감안하면 금융기관간 RP 거래는 업무로 보고 있는 것 같지는 않다. 설령 업무로 보더라도 어차피 부수업무지침이 금융기관 RP 거래와 대고객 RP 거래를 특별히 구분하여 규정하고 있지 않기 때문에 큰 문제는 없을 것이다.

23) 다만, 전환청구권, 교환청구권 및 신주인수권을 행사할 수 있는 기간 중에 있는 전환사채권, 교환사채권 및 신주인수권부사채권은 제외한다(증권업감독규정 제5-33조).

(3) 국공채 창구 매매 업무

은행은 부수업무로서 국공채 창구 매매 업무를 영위할 수 있다(지침 Ⅱ. 6호). 국공채 창구 매매 업무는 1995년 9월부터 허용된 것으로서 처음에는 발행시장에서 인수한 국공채를 창구를 통하여 매매하는 것만 허용하였으나, 1998년 6월부터는 유통시장에서 매입한 국공채도 매매가 가능하게 되었다.

국공채 창구 매매 업무도 아무런 인·허가 없이 영위할 수 있는가? 국공채 창구 매매도 유가증권의 매매업에 속하기 때문에 증권거래법상 매매업 허가를 받아야 할 것이다. 따라서 증권거래법령상의 관련 규정이 적용될 것이며, 이에 따라 대상 국공채의 범위는 「유가증권의 발행 및 공시 등에 관한 규정」 제30조 후단이 규정하고 있는 국공채가 될 것이다.

한편 위에서 본 것처럼 은행은 국공채 및 회사채 매매 업무가 가능한데, 굳이 별도로 국공채 창구 매매 업무를 규정할 필요가 있는지 의문이다.[24] 이 업무는 국공채 및 회사채 업무에 포함되므로 삭제하여도 무방하다고 본다.

(4) 유가증권의 대여 및 차입 업무

은행은 부수업무로서 유가증권의 대여 및 차입 거래 업무를 영위할 수 있다(지침 Ⅱ. 3호). 다만, 유가증권의 차입 거래는 해당 은행의 위험 회피, 차익 거래(arbitrage), 결제 거래를 위한 경우에만 허용된다(지침 Ⅱ. 3호 후단). 유가증권의 차입 거래 업무는 2006. 3. 21. 부수업무지침이 개정되면서 추가된 것으로서, 그동안 유가증권 차입 업무가 허용되는지 여부에 대하여 논란이 많았던 사항을 부수업무지침이 명시적으로 규정한 것이다.

대여 및 차입 업무의 대상이 되는 유가증권의 범위에 대해서는 부수업무지침이나 상위 규정인 은행법령이 규정하고 있지 않아 여러 견해가 있을 수 있으나, 해석상 증권거래법령이 정의하고 있는 "유가증권"(법 제2조 제1항, 동법 시행령 제2조의3 제1항)으로 보는 것이 타당하다고 본다.[25] 따라서 주식, 채권 이외에 증권거래법 시

24) 국공채 창구 매매 업무는 1995년 9월부터 허용된 반면에, 국채의 매매 업무는 1998년 11월부터 허용이 되면서 순차적으로 지방채, 특수채 및 회사채의 매매 업무도 확대 허용되었는데, 국공채 매매 업무가 허용될 때 규정 정비를 하지 않은 것으로 보인다.

25) 부수업무지침은 "유가증권의 투자 및 대여 · 차입 · 매출"이라고 규정하면서 "매출

행령이 규정하고 있는 파생상품의 성격을 갖고 있는 파생결합증권(securitized derivatives)(제2조의3 제1항 제8호)이나 주가연계증권(equity linked securities: ELS)(제2조의3 제1항 제6호) 및 주식워런트증권(equity linked warrant: ELW)(제2조의3 제1항 제7호)도 포함되는 것으로 볼 수 있다.

대여 유가증권은 반드시 소유한 유가증권에만 한정하는가? 그럴 필요는 없다고 본다. 차입한 유가증권도 대여할 수 있다고 본다. 그래서 부수업무지침이 명시적으로 차익거래가 가능하다고 규정한 것으로 이해된다. 사실 유가증권의 차입 자체는 수익이 발생할 수 없기 때문에 영리성이 결여되어 "업(業)" 자체로 보기는 어려울 수도 있으나, 차입한 유가증권을 대여할 수 있다는 섬에서 대여 업무와 연관하여서 차입이 이루어지는 경우를 생각하면 차입거래도 업무로 볼 수 있을 것으로 본다.[26] 다만 유가증권 차입 거래 자체만 이루어지는 거래를 '업무'로 규정하여야 하는지에 대해서는 다소 의문이다. 예를 들어, 위험 회피 거래 등을 위한 유가증권 차입 거래는 은행의 자산 및 부채 관리 차원에서 당연히 허용되는 것으로 보아야지 굳이 업무로 규정을 할 필요는 없다고 본다. 다시 말해서 유가증권 차입 거래에 관하여 부수업무지침에 규정을 두지 않았다고 하여 위험 회피 목적의 유가증권 차입 거래를 할 수 없다고 볼 것은 아닌 것이다. 따라서 유가증권 차입 거래를 부수업무로 규정하더라도 "영업이라고 볼 수 있는 차입 거래"만을 부수업무로 규정하는 것이 타당하다고 본다.

대상 유가증권은 상업어음 및 무역어음에 한한다"라고 규정하고 있는데, "대여"가 "유가증권의 투자"에 연결되며, 매출 대상 유가증권의 범위에 대해서는 별도로 규정하고 있는 점, 그리고 유가증권의 인수·매출 업무 등의 경우처럼 "증권거래법에서 정하는 업무 중"이라는 문구가 없는 점 등을 감안할 때(즉 별도의 증권거래법령을 적용할 필요가 없을 것이다), 해석상 일반적인 유가증권(특히 증권거래법령이 정의하고 있는 유가증권)으로 이해하는 것이 타당하지 않을까 생각한다. 이에 대해 정찬형/도제문, 앞의 책, 302면 및 정찬형(집필 대표), 「주석 금융법 I (은행법)」, 서울: 한국사법행정학회, 2007, 394면(도제문 집필 부분)은 "대여할 수 있는 유가증권은 국채에 한한다"라고 설명하고 있다.

26) 이것은 상법에서 상행위의 하나로 규정하고 있는 재산의 "임대차"가 임차만의 업무도 인정될 수 있는지에 대한 논의와 같은 것으로 볼 수 있다(이철송, 「상법총칙·상행위」, 제4전정판, 서울: 박영사, 2004, 252면). 또한 은행법상 "은행업"의 정의를 "예금의 수입…[등으로] 조달한 자금을 대출하는 것을 업으로 행하는 것"이라고 하고 있는데(법 제2조 제1호), 이는 예금의 수입도 대출 업무와 연관이 있을 때 의미가 있는 것이고, 예금의 수입 자체만으로 "업"으로 보기는 어렵다고 본다.

한편 은행이 유가증권의 대여 및 차입 거래의 중개 · 주선 또는 대리 업무를 영위할 수 있는지에 대하여도 의문이 있을 수 있다. 증권회사의 경우(증권거래법 시행령 제36조의2 제5항 제1호 사목)와 달리 명시적인 규정이 없는 상태에서 그러한 중개 등의 업무를 영위할 수 있다고 보기는 어려울 것이다. 그런데 굳이 이러한 중개 등의 업무를 금지할 이유는 없다고 본다. 증권회사의 경우처럼 업무 방법에 대한 규정을 두면서 허용할 필요가 있다고 본다.[27]

(5) 유가증권 투자 업무

은행은 유가증권 투자 업무를 부수업무로서 영위할 수 있다(지침 Ⅱ. 3호). 유가증권 투자가 "업(業)"이냐에 대해서는 논란이 있을 수 있으나,[28] 어쨌든 부수업무지침은 명시적으로 부수업무의 하나로서 규정하고 있다. 따라서 은행은 조달한 자금을 대출에 운용하는 이외에 유가증권 투자를 통하여 보유 자산의 다양화와 수익성을 제고할 수 있다.[29] 이와 관련하여 유가증권의 범위에 대하여는 부수업무지침이나 상위 규정인 은행법령이 규정하고 있지 않아 논란이 있을 수 있으나, 유가증권의 차입 및 대차 거래 업무에서 본 것처럼, 증권거래법령이 정의하고 있는 "유가증권"(법 제2조 제1항, 동법 시행령 제2조의3 제1항)(즉 파생결합증권 등도 포함)으로 보는 것이 타당하다고 본다. 이는 특히 은행법이 유가증권 투자 한도와 관련하여 명시적으로 "유가증권인 파생상품"이라고 규정하고 있는 점(제38조 제1호 후단)에 비추어 보아서도 그 범위에 속하는 것임을 알 수 있다.

한편 유가증권의 투자와 관련하여 은행법은 투자 대상 유가증권이 시장가격이 변동되는 위험자산이라는 점을 염두에 두고 자산 운용의 건전성 유지

27) 유가증권 대차거래의 중개 업무와 관련하여 증권회사는 (i) 당사자간의 직접 중개 또는 (ii) 각 당사자와 증권회사의 대차거래 형식에 의한 간접 중개 방식으로만 할 수 있다(증권업감독규정 제5-66조 제1항). 또한 (ii)의 방식에 의한 유가증권 대차거래의 중개 · 주선 · 대리 업무를 영위함에 있어서도 차입자로부터 유가증권 또는 현금을 담보로 징구하여야 한다(증권업감독규정 제5-67조). 이 외에도 증권회사는 유가증권 대차거래의 중개 등의 업무를 영위함에 있어서 체결된 대차거래 유가증권의 종목 및 수량 등의 거래 내역을 증권업협회를 통하여 당일 공시하여야 한다(증권업감독규정 제5-70조 제1항).

28) 그 이유는 유가증권 투자를 여유 자금의 자산 운용으로 이해할 수도 있기 때문이다. 이런 점에서 영리성이 결여되어 "업무"가 아니라고 볼 수도 있을 것이다.

29) 한국은행, 앞의 책, 189면.

를 위하여 과도한 유가증권 투자를 규제하고 있다. 즉 은행법은 주식 기타 상환기간이 3년을 초과하는 유가증권(국채·한국은행통화안정증권을 제외한다)에 대한 투자로서 자기자본의 60% 이내에 해당하는 금액을 초과하는 투자를 금지하고 있다(법 제38조 제1호, 동법 시행령 제21조의1 제1항). 그런데 여기서 유의해야 할 것은 한도 적용이 되는 유가증권의 범위에서 제외되는 유가증권으로서 은행법이 규정하고 있는 국채 및 통화안정증권 이외에 별도의 법인 「금융산업의 구조개선에 관한 법률」에서 규정하고 있는 기업에 대한 출자전환주식(즉 기존의 대출금을 출자로 전환함으로써 은행이 소유하게 된 주식)[30]과 정부가 원리금의 지급을 보증한 債券이 포함된다는 점이다(금산법 제11조 제6항 제1호 및 제2호). 정부가 원리금의 지급을 보증한 債券으로는 예금보험공사가 발행하는 예금보험기금채권이나 예금보험기금채권상환기금채권을 들 수 있다(예금자보호법 제26조의2 제5항, 제26조의3 제4항). 그런데 투자 한도 예외가 되는 유가증권의 범위에 대하여 은행법이 아닌 다른 법률에 규정한 것은 법체계상 문제가 있다. 은행법 개정시 반영되어야 할 사항이라고 본다. 또한 은행법은 은행이 다른 회사의 의결권 있는 발행주식(출자지분 포함)의 15%를 초과하여 소유하고 있는 것을 원칙적으로 금지하고 있다(제37조 제1항).

한편 유가증권 투자와 관련하여 특히 단기 매매를 하는 경우에 유가증권 매매업에 해당하는 것이 아닌지에 대해 의문이 있을 수 있다. 국공채 및 회사채의 경우에는 은행이 매매업을 영위할 수 있기 때문에 문제가 되지 않으나, 특히 주식의 경우에는 문제가 될 수 있다. 따라서 이러한 문제점을 해소하기 위해서는 유가증권 매매업 또는 위탁매매업을 영위할 수 있는 증권회사를 상대방으로 하거나 증권회사를 위탁매매인으로 하여 거래를 하는 것이 법적인 문제점을 없앨 수 있는 방안이 될 것으로 본다. 그러나 보다 근본적인 해결 방법은 은행에게 주식을 포함한 전면적인 유가증권 매매업 허가를 허용해 주는 것이라고 본다.

⑹ 유가증권 명의개서 대행 업무

은행은 "증권거래법에 의한 유가증권 명의개서 대행 업무"를 부수업무로

30) 「은행업감독규정」은 출자 전환 주식의 대상 기업의 범위를 구체적으로 규정하고 있다. 즉 (i) 정리절차 개시 결정을 받은 기업, (ii) 기업구조조정 촉진을 위한 금융기관 협약에 의한 기업개선작업을 추진 중인 기업, (iii) 조세특례제한법에 의한 산업합리화 지정 기업, (iv) 기타 금융기관 공동으로 정상화를 추진 중인 기업으로 규정하고 있다(제59조).

영위할 수 있다(지침 Ⅱ. 23호).[31] 2003. 7. 3. 부수업무지침 개정시 추가된 것으로서 증권거래법 시행령 제79조의2에 의해 이미 은행에 허용된 업무를 부수업무지침에 명시한 것이다. 증권거래법상 명의개서대행회사는 명의개서 대행 이외에 유가증권의 배당 이자 및 상환금의 지급을 대행하는 업무와 유가증권의 발행을 대행하는 업무를 영위할 수 있다(제180조 제2항).

증권거래법은 유가증권 명의개서 대행 업무를 영위할 수 있는 기관을 증권예탁결제원과 금융위원회에 등록한 주식회사로 제한하고 있다(제173조의2 제2항 제4호, 제180조 제1항). 금융위원회에 등록 가능한 주식회사로서 증권거래법 시행령은 "전국적인 점포망을 갖춘 은행법에 의한 금융기관"에 한하여 등록할 수 있도록 하고 있다(제79조의2). 즉 지방은행이 아닌 시중은행만이 영위할 수 있는 것이다. 현재 시중은행 중에는 국민은행 및 하나은행만이 명의개서 대행 업무를 영위하고 있다.[32]

(7) 기업 합병 및 매수(M&A)의 중개 · 주선 · 대리 업무

은행은 부수업무로서 기업합병 및 매수(M&A)의 중개 · 주선 또는 대리 업무를 영위할 수 있다(지침 Ⅱ. 11호). 2003. 7. 3. 부수업무지침을 개정하면서 종전의 "기업합병 및 매수(M&A)의 단순 중개"에서 이미 허용되어 있는 타 업종(증권회사 및 보험회사)[33]과의 형평성을 고려하여 M&A의 중개뿐만 아니라 주선 또는 대리 업무로 확대한 것이다.

---

31) 상법은 주식의 경우 정관이 정하는 바에 의하여 명의개서대리인(transfer agent)을 둘 수 있도록 하고 있으며(제337조 제2항), 명의개서대리인의 자격은 대통령령으로 정하도록 하고 있다(상법 부칙 제8조 제2항). 대통령령인 「상법의 일부규정의 시행에 관한 규정」 제4조는 "증권거래법 제173조 제2항 및 동법 제180조 제1항의 규정에 의하여 재정경제원장관의 인가 또는 허가를 받은 주식회사로 한다"라고 규정하고 있는데, 증권거래법의 규정에 맞추어 개정되어야 할 사항이다. 즉 "증권거래법 제173조의2 제2항"으로, 그리고 "금융위원회에 등록한 주식회사"로 수정해야 한다. 증권거래법이 개정되었지만 「상법의 일부규정의 시행에 관한 규정」이 개정되지 않아 변경된 내용이 반영되지 않았기 때문이다.

32) 그 이유는 명의개서 대행 업무를 수행하고 있던 한국주택은행 및 서울은행이 각각 국민은행 및 하나은행과 합병하였기 때문이다.

33) 증권회사의 경우에는 증권거래법 시행령 제36조의2 제5항 제1호 나목, 보험회사의 경우에는 보험업법 시행령 제16조 제3항 제2호 가목.

4. 보험대리점 및 금융상품 판매 대행 업무

(1) 보험대리점 업무

은행은 "보험업법에 의한 보험대리점 업무"를 부수업무로 영위할 수 있다(지침 Ⅱ. 19호). 2003. 7. 3. 부수업무지침이 개정되면서 추가된 것이다. 소위 방카슈랑스(bancassuarance) 업무이다. 별도의 인·허가 없이 보험대리점 업무를 영위할 수 있는가? 보험업법은 은행이 보험대리점 업무를 영위하려고 하는 경우에는 등록을 하도록 하고 있다(보험업법 제91조). 따라서 보험업법에 따라 등록을 하여야만 가능할 것이다. 이는 부수업무지침이 "다른 법령에 의하여 인·허가 등을 받아야 할 때에는 그 인·허가 등을 받은 범위 내에서 그 업무를 영위할 수 있도록" 규정하고 있는 점을 감안할 때 해석상 "인가 · 허가 등"의 범위에 "등록"도 포함한다고 보아 등록을 해야 하는 것으로 보는 것이 타당할 것으로 생각한다.

따라서 보험대리점 업무와 관련해서는 보험업법령이 적용되게 된다. 즉 보험대리점으로 등록하려면 보험업법에 따른 일정한 요건을 갖추어야 한다(보험업법 제91조, 동법 시행령 제30조 제2항).[34] 그리고 은행이 보험대리점 업무를 영위하는 경우에는 보험업법령이 규정하는 모집 보험상품의 범위, 모집 방법, 영업기준 등에 관한 사항의 적용을 받게 된다(보험업법 제91조 제3항, 동법 시행령 제40조). 한편 보험업법 제91조는 상호저축은행 및 증권회사와 더불어[35] 은행에게 보험대리점 또는 보험중개사로 등록할 수 있도록 허용하고 있다. 다만 보험대리점 및 보험중개사 두 개의 업무를 동시에 등록할 수 없고, 어느 하나만 등록할 수 있도록 하고 있다(보험업법 제87조 제2항 제2호 및 제89조 제2항 제2호). 그런데 부수업무지침이 보험대리점 업무만 부수업무로 규정하고 있기 때문에 은행은 보험중개사 업무는 영위할 수 없다고 보아야 할 것이다.[36]

34) 설령 "인·허가 등"의 범위에 등록이 포함되지 않다고 보더라도 보험업법상 등록을 요구하고 있기 때문에 등록을 하여야 할 것이다.

35) 보험업법 시행령은 한국산업은행, 중소기업은행 및 신용카드회사에게도 보험대리점 또는 보험중개사 등록을 허용하고 있다(제40조 제1항).

36) 그런데, 은행업감독규정 제59조의3은 "[은행]이 보험업법에 의한 보험대리점 또는 보험중개업으로 등록하여 보험모집을 하는 경우에는…"라고 규정하고 있어서 마치 은행이 보험중개업을 영위할 수 있는 것처럼 보이나 그렇게 보아서는 안 될 것이다. 신중하게 생각하지 않고 만든 규정으로 보인다.

그리고 외국은행 국내지점도 보험대리점으로 등록하는 데 문제가 없을 것이다. 그 이유는 보험업법 제91조가 보험대리점으로 등록할 수 있는 금융기관으로서 "은행법에 의하여 설립된 금융기관"이라고 표현하고 있는데 외국은행 국내지점도 은행법에 의하여 인가를 받아 신설(즉 설립)되므로(법 제58조 제1항) 해석상 외국은행 국내지점도 포함되는 데 무리가 없기 때문이다.

한편, 증권회사의 경우에는 보험대리점 업무는 부수업무가 아니고 증권거래법 제51조 제1항 제1호에 따른 법정 겸영업무로 규정하고 있어서,[37] 서로 다른 업무로 규정하고 있는 차이점을 발견할 수 있다.

(2) 금융상품 판매 대행 업무

은행은 "수익증권 등 은행법 시행령 제13조 제1항에서 정하는 법률에 의해 금융업을 영위하는 자의 금융상품 판매 대행[38] 업무"를 영위할 수 있다(지침 Ⅱ. 20호). 이 업무는 2003. 7. 3. 부수업무지침이 개정되면서 추가된 것이다. 이것은 "금융 이용자 편익 증대 및 국내 금융산업 경쟁력 제고를 위해 여타 금융상품을 은행이 판매할 수 있는 근거를 마련한 것이며," 특히 "향후 겸업화 확대에 대비하여 개별 금융상품별로 판매 대행을 인정하기보다는 관련 법령에서 은행을 통한 판매를 금지하지 않는 한 포괄적으로 모든 금융상품의 판매 대행이 가능"하도록 그 근거 규정을 둔 것이다.[39] 은행법 시행령 제13조 제1항은 관련 법령으로서 증권거래법, 보험업법, 간접투자자산운용업법 등 26개의 법률을 열거하고 있다.[40]

이에 따라 간접투자자산운용업법상 허용되고 있는 은행의 간접투자증권(투자신탁의 수익증권 및 투자회사의 주식을 말함)[41]도 금융상품의 하나이므로 간접투자증권의 판매 대행 업

---

37) 고동원, "증권회사 업무 범위 규제의 법·제도적 개선 방향," 「증권법연구」 제6권 제2호, 한국증권법학회, 2005. 12, 43면(이하 "증권회사업무규제"라 한다).

38) "대행"은 일반적으로 타인의 명의와 계산으로 대리인 또는 대행자의 역할을 하는 것을 의미하는 것으로 볼 수 있을 것이다. 그런데 대행의 의미에 타인의 계산으로 자신의 명의로 판매하는 것(즉 위탁매매)을 포함할 수 있는지는 명확하지 않은 점이 있다.

39) 재정경제부, "은행 부수업무 확대 및 정비," 보도자료, 2003. 7. 2, 붙임자료 3면.

40) 간접투자자산운용업법으로 통합된 증권투자신탁업법 및 증권투자회사법을 하나로 보면 25개의 법률이 된다.

41) 간접투자자산운용업법 제2조 제13호.

무도 부수업무에 해당할 수 있을 것이다. 그런데 은행법 시행령은 간접투자자산운용업법 제26조의 규정에 의한 판매회사의 업무를 겸영업무로서 규정하고 있는데(제18조의3 제3호),[42] 판매회사의 업무는 간접투자증권의 판매 및 환매 업무이다(법 제26조 제2항). 따라서 간접투자증권의 판매 업무와 관련해서는 겸영업무인지 부수업무인지가 명확하지 않게 되는 문제점이 발생한다. 이에 대해서는 간접투자증권의 판매 대행 업무는 법체계상 은행법 제27조에 의하여 이미 은행업무(부수업무도 포함함, 은행법 시행령 제18조의2)로 인정되었기 때문에 동 업무를 은행업이 아닌 업무 중에서 정해지는 겸영업무로 규정한 것은 의미가 없다는 점에서 부수업무로 보아야 한다는 견해가 있을 수 있다.[43] 그런데 간접투자증권을 판매하게 되면 환매 업무도 해야 한다는 점(즉 판매 업무만 영위할 수 없다는 점) 및 은행법상 겸영업무는 일정한 요건을 갖추어 인가를 받아야 하는 점(제28조 제1항)(즉 더 강화된 요건이 요구된다는 점)을 고려할 때 부수업무보다는 겸영업무로 보는 것이 보다 더 타당하다고 생각한다. 그렇다면 부수업무지침이 "수익증권 등"이라고 예시하고 있는 표현을 삭제하는 것이 필요할 것이다.[44] 그리고 보험상품을 판매하는 보험대리점 업무는 별도의 부수업무로 규정하고 있기 때문에 해석상 금융상품 판매 대행 업무의 범위에서는 제외되는 것으로 보아야 할 것이다. 그러나 보험대리점 업무도 보험상품을 판매하는 업무이므로 별도로 규정할 것이 아니라 금융상품 판매대행 업무에 포함하여 예시적으로 규정하는 것이 체계상 더 낫다고 본다.

한편, 금융관련법에서 은행에게 금융상품 판매 대행 업무를 허용하고 있는 경우에는 부수업무지침 규정에 따라 동 업무를 부수업무로서 영위할 수 있는데, 이런 점에서 보면 관련법에서 은행에게 금융상품 판매 대행 업무를

42) 판매회사의 업무는 보험회사의 경우에는 부수업무로 규정하고 있어(보험업법 시행령 제16조 제3항 제3호), 권역별로 다르게 규정하고 있는데 특별히 다르게 취급할 이유는 없다고 본다. 일관성 있게 일치시킬 필요가 있다. 간접투자자산운용업법 제4조 제2항에 의한 자산운용회사 업무도 은행의 경우는 겸영업무이지만 보험회사의 경우에는 부수업무이다(은행법 시행령 제18조의3 제3호, 보험업법 시행령 제16조 제3항 제3호).

43) 이런 근거에 의하여 실제로 은행이 판매회사 업무를 영위하면서 겸영업무 인가를 받은 곳은 없다고 한다.

44) 금융상품 판매 대행 업무는 2003. 7. 3. 부수업무지침 개정시 추가된 것이지만, 간접투자증권 판매회사 업무는 2004. 3. 22. 은행법 시행령이 개정되면서 추가되어 차이가 발생하게 된 것이다.

허용하게 되면 굳이 부수업무지침을 개정하지 않더라도 동 업무를 영위할 수 있어서 입법 기술면에서 바람직한 것으로 평가할 수 있다.[45)]

5. 파생상품거래 업무[46)]

은행은 "파생상품거래 업무"를 부수업무로서 영위할 수 있다(지침 Ⅱ. 16호). 증권회사의 경우 겸영업무로 규정하고 있는 것과 다르다(증권거래법 제51조 제1항 제2호, 동법 시행령 제36조의2 제1항). 2006. 3. 21. 부수업무지침 개정시 종전 "파생금융상품거래" 업무에서 "파생상품거래" 업무로 용어를 변경하면서, 일반상품 파생상품거래의 경우에는 법인 고객의 위험 회피를 위한 경우로 한정하여 제한적으로 허용하였다(지침 Ⅱ. 16호). 한편 2003. 7. 3. 부수업무지침이 개정되기 전에는 "선물거래법 제3조 제1호 및 제2호의 규정에 의한 선물거래 및 해외선물 거래 투자" 업무로 규정하고 있었다.[47)] 그런데 현행 규정상 단지 "파생상품거래"라고만 하고 있기 때문에 구체적으로 어느 범위까지의 파생상품거래 업무를 영위할 수 있는지 의문이 들 수 있다. 생각하건대, 일반적으로 이해하고 있는 그리고 선물거래법, 증권거래법령(증권거래법 시행규칙 제13조 제1항) 및 외국환거래법령(외국환거래법 제3조 제1항 17호 및 동법 시행령 제8조)에서 규정하고 있는 파생상품거래로 이해하면 될 것으로 본다.[48)] 즉 (ⅰ) 선물거래법 제3조 제1호 및 제2호의 규정에 의한 국내 선물거래 및 해외 선물거래의 장내 파

45) 이런 내용은 재정경제부가 배포한 보도자료에서도 언급되어 있다. 즉 "관련 금융법률에서 인허가 등을 거쳐서 해당 금융상품을 은행이 판매대행할 수 있도록 허용한 경우, 해당 건마다 별도로 "부수업무지침"을 개정하지 않아도 은행이 해당 금융상품의 판매대행을 할 수 있다는 의미"라고 하고 있다(재정경제부, 앞의 보도자료(붙임자료), 1면).

46) 자세한 논의는 고동원, "은행의 파생금융상품 거래 규제에 관한 법적 검토," 「상사법연구」 제24권 제1호, 한국상사법학회, 2005. 5, 305-326면(이하 "은행파생거래규제"라 한다).

47) 이는 장내 선물거래만 허용한 것이었지만 실제로는 은행들이 장외(OTC) 파생상품거래도 영위하고 있어서 규정과 실무가 일치하지 않은 문제점을 내포하고 있었다. 이에 관한 자세한 논의는 위의 논문, 308-310면 참조.

48) 다만 「채무자 회생 및 파산에 관한 법률」 및 동법 시행령은 "적격금융거래"로서 "파생금융거래"의 정의를 하면서 "날씨, 운임, 주파수, 환경 등"을 기초자산으로 열거하고 있으나(법 제120조 제3항 제1호, 동법 시행령 제14조), 현행 부수업무지침이 일반상품에 대한 파생상품 거래를 제한적으로 허용하고 있는 점을 감안하면 그러한 기초자산을 이용한 파생상품 거래까지 은행이 영위할 수 있는지는 의문이다.

생상품 거래와 (ii) 선도금리계약(Forward Rate Agreement: FRA), 금리스왑, 금리옵션 등 금리 관련 장외 파생상품 거래, (iii) 선물환, 통화스왑, 통화옵션 등 통화 관련 장외 파생상품거래, (iv) 주식(주가지수), 주식스왑, 주식(주가지수) 옵션 등 주식 관련 장외 파생상품거래 및 (v) 신용파생상품거래(credit derivatives)가 가능할 것이다.

그리고 일반상품(금속, 곡물, 석유 등)을 기초자산으로 하는 장외 일반상품 파생상품거래(commodity derivatives)는 부수업무지침이 명시적으로 규정하고 있는 것처럼, 법인 고객의 위험 회피를 위한 경우에만 가능하다. 그런데 2006. 3. 21. 부수업무지침이 개정되기 전까지는 금(gold) 관련 장외 파생상품 거래를 제외한 장외 일반상품 파생상품거래는 허용되지 않았었다.[49] 그런데 법인 고객과의 위험 회피를 위한 경우에만 일반상품 파생상품 거래를 허용함으로써 해석상 여러 가지 의문이 발생한다. 첫째, 거래 상대방인 법인이 일반상품 관련 위험을 가지고 있는 경우 그 법인과 상품파생거래를 하는 것은 당연하겠지만, 이러한 거래를 한 은행이 그 상품파생거래로 인한 은행 자신의 위험을 회피하기 위하여 다른 금융기관과 상품파생거래를 하는 것이 과연 허용되는지에 대해 의문이 있을 수 있다. 둘째, "법인 고객의 위험 회피를 위한 경우"의 범위에 대해서도 논란이 있을 수 있다. 즉 거래 상대방인 법인이 상품 관련 위험을 가지고 있다고 하는 것이 쉽게 판단되는 경우(예를 들어, 정유회사가 원유 도입에 따른 위험을 가지고 있는 경우)에는 큰 문제는 없지만 그렇지 않은 경우(예를 들어, 거래 상대방인 법인이 선물회사를 통하여 상품파생거래를 하고 그 상품파생거래에 따른 위험을 회피하기 위하여 은행과 상품파생거래를 하는 경우)에도 법인 고객의 위험 회피를 위한 경우에 포함되는지가 명확하지 않는 점이 있다. 셋째, 거래 상대방인 법인과 1대 1로 위험을 회피하기 위한 거래만 허용되는 것인지 아니면 여러 거래를 포괄하여 상대방의 위험을 회피하기 위한 거래도 허용되는 것인지도 불명확하다. 이러한 여러 가지 문제점을 감안할 때 굳이 일반상품 파생상품 거래를 "법인 고객의 위험 회피를 위한 경우"에만 한정하도록 할 필요가 있는지 의문이다. 재검토가 필요하다고 본다.

그리고 파생상품 거래 업무의 범위를 구체적으로 규정하지 않음으로써 허용되는 파생상품거래의 종류에 대하여서 논란이 제기될 수 있으므로, 증권

49) 고동원, 앞의 논문(은행파생거래규제), 312면. 장외 일반상품 파생상품거래 업무의 허용 필요성에 대해서는 위의 논문, 313면 참조.

거래법령이나 외국환거래법령을 참고하여 기초자산의 범위 등 허용되는 업무 범위를 구체적으로 규정하는 것이 바람직하다고 본다.

6. 수탁 업무

(1) 간접투자기구의 일반 사무 수탁 업무

은행은 부수업무로서 "간접투자기구와 관련된 일반 사무의 수탁 업무"를 영위할 수 있다(지침 Ⅱ. 22호). 2003. 7. 3. 부수업무지침 개정시 추가된 것으로 종전 증권투자회사법(간접투자자산운용업법 제정 이전)에 따라 은행에 이미 허용된 업무를 지침에 명시한 것이다. '간접투자기구'라고 하고 있기 때문에 간접투자자산운용업법에서 규정하고 있는 간접투자기구가 될 것이다. 그런데 간접투자자산운용업법은 '일반사무' 대신에 '일반사무관리회사'라고 규정하고 있어서 '일반 사무'의 업무는 '일반사무관리회사'의 업무를 의미하는 것으로 보아야 할 것이다. "일반사무관리회사"라 함은 "투자회사의 위탁을 받아 투자회사재산의 운용 외에 투자회사의 운영에 관한 업무를 주된 업으로 하는 자"로서 금융위원회에 등록한 회사를 말한다(제25조 제1항).[50] 일반사무관리회사의 업무는 투자회사의 운영, 투자회사 주식의 발행 및 명의개서, 투자회사재산의 계산, 법령 또는 정관에 의한 통지 및 공고, 이사회 및 주주총회의 소집 및 운영에 관한 업무 등이다(간접투자자산운용업법 제25조 제2항, 동법 시행령 제33조 제2항).

그런데 간접투자자산운용업법상 일반사무관리회사는 일정한 요건을 갖추어 금융위원회에 등록하여야 한다(제25조 제1항, 제3항). 그러한 요건 중의 하나가 "상법상 주식회사이거나 시행령이 정하는 금융기관"인데(제25조 제1항 제1호, 제3호 및 동법 시행령 제33조 제1항), 국내 은행은 주식회사의 형태를 취하고 있으므로 별 문제가 없지만, 외국은행 국내지점의 경우에는 주식회사의 형태도 아니고 또한 시행령이 정하는 금융기관의 범위에도 포함되지 않아 문제가 된다. 따라서 부수업무지침에서 외국은행 국내지점에게 일반사무관리 업무를 허용하고 있다 하더라도 간접투자자산운용업법령상 등록 요건을 충족하지 못해서 외국은행 국내지점은 일반사무관리 업무를 수탁받을 수 없다고 볼 수밖에 없을 것이다. 그런데 이것

50) 따라서 다른 간접투자기구인 투자신탁은 해당하지 않을 것이다.

은 문제이다. 외국은행 국내지점도 업무 범위에서 국내 은행과 동일하게 취급하지 않을 이유가 없는데, 일반사무관리 업무를 영위할 수 없다는 것은 문제이다. 따라서 간접투자자산운용업법 시행령(제33조 제1항)을 개정하여 명시적인 규정을 둘 필요가 있다.

(2) 유동화자산의 관리 및 채권추심 업무의 수탁 업무

은행은 부수업무로서 "「자산 유동화에 관한 법률」 및 「주택저당채권 유동화회사법」에 의한 유동화 전문회사 등의 유동화자산의 관리 및 채권추심(債權推尋) 업무의 수탁 업무"를 영위할 수 있다(지침 Ⅱ. 24호). 2003. 7. 3. 부수업무지침 개정시 추가된 것으로서 이미 「자산 유동화에 관한 법률」 및 「주택저당채권 유동화회사법」에 따라 은행에 허용된 업무를 부수업무지침에 명시한 것이다. 「자산 유동화에 관한 법률」에 따르면, 유동화전문회사(신탁회사는 제외)는 실체가 없는 회사(paper company)이므로 자산관리위탁계약에 의하여 유동화 대상 자산보유자나 신용정보업자 등에게 유동화자산의 관리를 위탁하여야 하는데(제10조 제1항)(반드시 위탁해야 하는 사항이다), 은행은 자산보유자로서 유동화자산의 관리 업무를 수행할 수 있고, 이에 따라 유동화자산에 대한 채권추심(債權推尋) 업무를 수행할 수 있는 것이다(제10조 제2항).

한편 동법에 따르면, 유동화전문회사는 일정한 사항(유동화자산의 관리에 관한 사항이나 사원총회의 의결을 받아야 하는 사항 등)을 제외한 업무를 자산보유자 또는 기타 제3자에게 위탁해야 한다(제23조 제1항)(이것 또한 반드시 위탁해야 하는 사항이다). 이러한 유동화전문회사의 업무로서는 유동화자산의 운용 및 처분, 유동화증권의 발행 및 상환, 자산유동화계획의 수행에 필요한 계약의 체결 등의 업무가 있다(제22조 제1항). 따라서 은행은 자산보유자로서 이러한 유동화전문회사의 업무를 수탁업무로서 영위할 수 있을 것이나, 부수업무지침이 "유동화자산의 관리 및 채권추심 업무"라고 한정하여 규정하고 있으므로 해석상 그러한 업무에 한정하여서만 수탁할 수 있고, 유동화자산의 운용 및 처분, 유동화증권의 발행 및 상환 등의 유동화전문회사의 업무를 수탁할 수는 없다고 보아야 할 것이다. 그런데 이것은 문제이다. 그 이유는 동법이 명시적으로 자산보유자에게 유동화전문회사의 업무를 위탁해야 한다고 하고 있는데(물론 기타 제3자에게 위탁할 수도 있지만), 부수업무지침이 그러한 업무를 자산보유자가 되는 은행의 부수업무로서 규정하고 있지 않기 때문이다.[51] 증권회사의 경우에는 명시적으로 "유동화전문회사 업무의 수탁 업무"라고 규정하고 있어서(증권거래법 시행령 제36조의2 제5항 제2호 아목), 자산보유자로서 유동화전문회사의 업무를 수탁할 수 있다. 부수업무지침을 개정하여 명확하게 할 필요가 있다.

또한 「주택저당채권 유동화회사법」에 따르면, 주택저당채권유동화회사는 채권관리위탁계약에 의하여 금융기관이나 신용정보업자에게 주택저당채권의 관리 · 운용 및 처분에 관한 업무를 위탁할 수 있는데(제10조 제1항), 이에 따라 채권관리자인 금융기관은 채권추심업무를 수행할 수 있다(제10조 제2항). 동법은 "금융기관"의 범위에 "은행법에 의하여 인가를 받아 설립된 금융기관"으로 포함하고 있어서(제2조 제1항 제6호 나목), 외국은행 국내지점을 포함한 은행(왜냐하면 외국은행 국내지점도 인가를 받아 신설(즉 설립)되기 때문에(은행법 제58조 1항) 포함된다고 보는 것이 타당할 것이다)이 주택저당채권의 관리 및 채권추심 업무를 수행할 수 있을 것이다. 다만, 동법이 주택저당채권의 관리뿐만 아니라 운용 및 처분 업무도 위탁할 수 있도록 하고 있으나, 부수업무지침이 "관리 및 채권추심 업무"라고 한정하고 있기 때문에 주택저당채권의 운용 및 처분 업무는 수탁받을 수 없다고 보아야 할 것이다. 이 부분도 「자산 유동화에 관한 법률」에 따른 자산유동화회사의 경우처럼, 부수업무지침을 개정하여 주택저당채권의 운용 및 처분 업무를 수탁받을 수 있도록 명확히 할 필요가 있다.

7. 대행 업무

(1) 수납 및 지급 대행 업무

수납 및 지급 대행 업무로서 대표적인 것은 국고금의 수납 및 지급 업무를 들 수 있다. 국고금관리법에 의하면, 한국은행 및 금고은행은 국고금 출납의 사무를 취급하여야 하고,[52] 금융기관으로 하여금 국고금 출납의 사무를 취급할 수 있도록 할 수 있는데(제36조 제1항, 제2항), 은행은 한국은행과의 위임계약에 따라 국고금 대리점으로서 수납 및 지급 대행 업무를 수행할 수 있다.

51) 재정경제부 보도자료도 "유동화 전문회사 업무 수탁"이라고 표현하고 있지만(재정경제부, 앞의 보도자료(붙임 자료), 5면), 부수업무지침상의 문구로는 그렇게 해석할 수는 없을 것이다.

52) 한국은행법도 한국은행으로 하여금 국고금의 예수기관으로서 국고금을 취급하도록 근거 규정을 두고 있다(제71조).

또한 수납 및 지급 대행 업무에 속하는 것 중의 하나는 은행이 리스자산 및 대출자산을 양수한 양수인을 대신하여 리스료, 대출원리금, 연체이자, 손실보상금, 리스자산에 관련된 보험금 등의 수납 대행 및 리스자산에 관련된 보험료의 납부 대행 업무를 들 수 있다.[53]

이러한 대행 업무의 법적 성질은 위임계약에 속한다. 따라서 은행은 이 계약에 따른 업무 수행에 있어서 선량한 관리자로서의 주의 의무를 다해야 한다(민법 제681조).

(2) 지방자치단체 금고 대행 업무

지방재정법에 의하면, 지방자치단체는 지방세 기타 세입의 수납 업무를 지방자치단체에서 설치한 금고에 위탁할 수 있고(제63조),[54] 은행으로 하여금 소관 현금과 그의 소유 또는 보관에 속하는 유가증권의 출납 및 보관 그 밖의 금고 업무를 취급하게 하기 위하여 금고를 지정하도록 하고 있는데(지방재정법 제77조 제1항), 이에 따라 은행은 지방자치단체의 금고 대행 업무를 수행할 수 있다. 지방자치단체의 금고 설치 방식은 지방자치단체 명의의 예금 계정을 개설하는 방법으로 하게 된다.[55] 대행 업무이므로 법률적 성질은 위임계약이고, 민법에 따라 선량한 관리자로서의 주의 의무를 다해야 한다(제681조).

(3) 상품권 등의 판매 대행 업무 및 전산시스템을 활용한 광고 대행 업무

은행은 부수업무로서 "수입인지, 복권, 상품권 등의 판매 대행 업무"를 영위할 수 있으며, "은행 인터넷 홈페이지 등 전산시스템을 활용한 광고대행 업무"를 영위할 수 있다(지침 Ⅱ. 15호). 대행 업무이므로 위임계약이 되며, 선량한 관리자로서의 주의 의무를 다해야 한다(민법 제681조). 전산시스템을 활용한 광고 대행 업무는 종전 "인터넷 홈페이지상의 광고 대행"에서 2002년 3월 재정경제부 유권해석으로 이미 부수업무로 인정되었던 현금인출기(CD: Cash Dispenser) 및 현금수표자동출납기(ATM: Automated Teller Machine) 등을 활용한 광고 대

53) 한국은행 은행감독원, "은행의 업무범위와 관련 질의에 대한 회신," 1997. 12. 8. 참조.

54) 지방세 기타 세입의 수납 업무는 원칙적으로 이를 수납하는 출납공무원만이 취급할 수 있으나 지방자치단체에서 설치한 금고 또는 체신관서에 위탁할 수 있다(지방재정법 제63조).

55) 한국금융연수원, 앞의 책, 557-558면.

행 업무를 명시하기 위해 2003. 7. 3. 부수업무지침 개정시 "전산시스템을 활용한 광고 대행"으로 변경되었다.[56]

(4) 전자상거래와 관련한 지급 대행 업무 등

은행은 부수업무로서 "전자상거래와 관련한 지급 대행, 전자세금계산서 교부 대행 및 인증 등 관련 서비스 업무"를 영위할 수 있다(지침 Ⅱ. 17호). 이 업무는 2003. 7. 3. 부수업무지침 개정시 추가된 것으로서, 은행은 부가가치세법 시행령 제53조 제5항에 따라 이미 전자적인 방법을 통해 세금계산서의 교부 및 보관이 가능했고, 정보통신부가 지정한 공인인증기관(예를 들어 금융결제원)의 공인인증서 등록 대행기관 역할을 수행하고 있어서 이를 부수업무지침에 반영한 것이다.[57] 특히 전자상거래의 결제 서비스는 은행에 이미 허용되어 있는 "수납 및 지급 대행 업무"의 일종이며, 전자세금계산서 발급, 인증서를 통한 거래 당사자를 확인하는 업무는 전자결제 및 인터넷뱅킹 등과 밀접하여 은행이 영위하는 것이 바람직하므로 부수업무로 명시한 것이다.[58]

8. 보호예수 업무

은행의 보호예수(保護預受, custody) 업무도 은행 부수업무의 하나이다(지침 Ⅱ. 8호).[59] 보호예수 업무란 "공사채 · 주식 · 어음 등 유가증권이나 예금증서나 차용증 등과 같은 중요 증서, 화폐 · 귀금속 · 보석 같은 귀중품을 은행에서 맡아서 보관하고, 그 증거로 증서를 발급한 다음, 이 예수품을 예수증서와 상환으로 반환하는 업무"를 말한다.[60] 보호예수에는 개봉보호예수(開封保護預受)와 봉함보호예수(封緘保護預受)의 두 종류가 있다.[61]

56) 재정경제부, 앞의 보도자료(붙임 자료), 2면.

57) 위의 보도자료(붙임 자료), 3면.

58) 위의 보도자료(붙임 자료), 3면.

59) 신탁업을 겸영하는 은행의 경우 신탁업법에 따라 보호예수 업무도 취급할 수 있다(신탁업법 제13조 제1항 제1호).

60) 한국금융연수원, 앞의 책, 535면.

61) 개봉보호예수란 "거래처가 은행에 대해서 보관 목적물의 내용을 명시해서 그 보관을 요청하는 것"이며, 봉함보호예수란 "거래처가 은행에 대해서 그 보관 목적 물건의 내용을 명시하지 않고 봉함물인 채로 그 보관을 요청하는 것"을 말한다(위의 책,

개봉보호예수와 봉함보호예수의 법적 성질을 살펴보면 다음과 같다. 우선 개봉보호예수의 법적 성질은 요물 임치계약으로 볼 수 있다.[62] 요물계약이므로 반드시 그 목적물(즉 유가증권이나 예금증서 등 채권증서)을 인도받아야 계약이 성립하며, 그 목적물의 인도가 없으면 계약이 성립하지 않는다.[63] 또한 민법상 임치계약은 무상계약이 원칙이나 보호예수에 있어서는 일반적으로 수수료를 받으며, 이 경우에는 유상계약이 된다.[64] 상법은 "상인이 그 영업 범위 내에서 물건의 임치를 받은 경우에는 보수를 받지 아니한 때에도 선량한 관리자의 주의를 하여야 한다"(제62조)고 규정하고 있으므로, 상인인 은행은 수수료 없이 보호예수 업무를 하더라도 선량한 관리자의 주의 의무를 다해야 한다는 점을 유의할 필요가 있다. 봉함보호예수의 경우에도 개봉보호예수와 마찬가지로 그 법적 성질을 요물 임치계약으로 보고 있다.[65] 다만 봉함보호예수의 경우에는 보관할 물건을 명시하지 않고 물건을 맡기므로 선량한 관리자의 주의 의무를 짐에 있어서 보관물의 보관 책임만 질 뿐 그 목적물의 동일성에 대해서는 책임을 지지 않게 된다.[66]

9. 자산 · 인력 · 설비 등을 활용한 업무

(1) 부동산 임대 업무

은행은 부수업무로서 제한적인 범위 내에서 부동산 임대 업무를 영위할 수 있다. 우선 임대 대상 부동산은 원칙적으로 해당 은행이 직접 사용하고 있어야 한다(지침 Ⅱ. 14호 본문). 그리고 임대하고자 하는 부분은 은행이 직접 사용하고 있는 면적의 1배 이내이어야 한다(지침 Ⅱ. 14호). 다만 (ⅰ) 도시계획, 도시미관 등의 이유로 일정 층수 이상의 신축을 조건으로 건축 허가하는 행정관청의 건축행정에 따라 불가피하게 건축된 경우나 (ⅱ) 이미 소유 또는 임차하여 사용하

536면).

62) 위의 책, 537면.

63) 위의 책, 537면.

64) 위의 책, 537면.

65) 위의 책, 537면.

66) 위의 책, 538면. 개봉보호예수에서는 그 보관 물건을 명시하여 맡기므로 목적물의 동일성에 관해서 책임을 지게 된다(위의 책, 538면).

는 부동산 중 자산 인수, 합병 및 경영 합리화를 위한 영업장 폐쇄 · 축소 등으로 인하여 잉여 부동산이 발생한 경우로서 매각 또는 임차계약 해지시까지 임대하는 경우는 예외로서, 은행이 직접 사용하지 않아도 임대가 허용된다(지침 Ⅱ. 14호 가, 나목).

은행법상 은행은 일정 한도 이내에서 업무용 부동산을 소유할 수 있으며, 비업무용 부동산은 원칙적으로 소유할 수 없다. 즉 은행은 자기자본의 60%에 해당하는 금액 이내에서 업무용 부동산을 소유할 수 있으며(은행법 제38조 제3호, 동법 시행령 제21조의2 제1항), 비업무용 부동산의 경우 저당권 등 담보권의 실행으로 인하여 취득한 부동산을 제외하고는 비업무용 부동산을 취득할 수 없다(은행법 제38조 제2호). 따라서 해석상 임대 부동산의 대상은 위의 영업장 폐쇄 · 축소 등으로 인한 잉여 부동산의 경우를 제외하고는 원칙적으로 업무용 부동산에 한정된다고 보는 것이 타당할 것이다. 소유할 수 있는 업무용 부동산의 범위에 대해 「은행업감독규정」은 영업소 및 사무소, 사택, 합숙소, 연수원, 체육시설 및 휴양시설로 한정하여 규정하고 있다(제55조). 따라서 소유하고 있는 영업소 및 사무소 건물 등을 임대할 수 있을 것이다.

한편 은행이 임차한 부동산을 재임대하는 것도 임대 업무에 포함되느냐에 대해 의문이 있을 수 있는데, 부수업무지침이 명시적으로 금지하고 있지 않은 점 및 부수업무지침이 "소유 또는 임차하여 사용하는 부동산" 또는 "해당 은행이 직접 사용하고 있는"이라는 용어를 사용하고 있는 점에 비추어 보아 임차한 부동산을 임대하는 것을 금지할 이유는 없다고 본다. 따라서 은행이 지점 영업소 건물을 임차하여 사용하면서 사용 면적의 일부분을 임대하는 것도 가능하다고 본다.

(2) 전산시스템 및 소프트웨어의 판매 · 대여 업무

은행은 부수업무로서 "은행업과 관련된 전산시스템 및 소프트웨어의 판매 · 대여 업무"를 영위할 수 있다(지침 Ⅱ. 18호). 2003. 7. 3. 부수업무지침 개정시 추가된 것으로서, 보험회사 및 증권회사의 경우도 전산시스템 및 소프트웨어 대여 및 판매 업무가 부수업무로 허용되어 있어(증권거래법 시행령 제36조의2 제5항 제2호 사목, 보험업법 시행령 제16조 제3항 제1호 라목) 형평성 차원에서 동 업무를 은행에도 허용한 것이다.[67]

67) 재정경제부, 앞의 보도자료(붙임 자료), 2면.

그런데 “전산시스템 등의 판매 · 대여 업무”의 범위가 명확하지 않는 점이 있다. 예를 들어, 은행이 다른 제3자가 개발한 전산시스템 등을 불특정 다수에게 판매하는 것도 포함되는지, 아니면 당해 은행이 은행 업무 영위 과정에서 개발하여 소유한 전산시스템 등을 다른 은행 등 제3자에게 판매 대여하는 것만을 의미하는지가 명확하지가 않다. 후자가 포함되는 것은 의문의 여지가 없으나, 전자의 경우에는 그 범위에 포함되는지 여부가 다소 의문이 든다. 다만 당해 은행이 전산시스템 등을 개발하지는 않았더라도 당해 은행이 판권을 보유하고 고객과의 은행 업무 처리를 효율적으로 수행하기 위하여 관련 전산시스템 등을 판매 · 대여하는 것은 그 범위에 포함된다고 보는 데에는 큰 무리가 없어 보인다. 그러나 추후 명확하게 그 범위를 규정할 필요가 있다고 본다.

10. 기타 금융 업무

(1) 팩토링(factoring) 업무

팩토링이라 함은 “물건을 판매하는 상인이 외상 판매 채권을 전문적인 채권회수업자에게 양도하여 관리 · 회수하게 하는 것을 내용으로 하는 거래”이다.[68] 상법도 “영업상 채권의 매입 회수 등에 관한 행위”라고 하여 기본적 상행위의 하나로 규정하고 있다(상법 제46조 제21호). 따라서 은행은 채권회수업자(factor)로서 판매 상인(즉 은행의 고객, client)의 외상매출채권을 양도받고 그 채권을 관리하여 만기에 가서 원채무자인 소비자(customer)로부터 채권을 변제받아 판매 상인에게 지급해주는 업무를 담당하게 된다. 은행은 팩토링에 의해 판매 상인에게 채권의 관리 회수에 대한 대가로서 수수료를 받게 되는데, 이것이 은행의 수입이 된다.

(2) 금지금의 매매 · 대여 업무 등

은행은 “지금형 주화(금화 및 금화모양 메달)의 수탁판매 업무, 금지금의 판매대행 업무, 금지금의 매매 · 대여, 금 적립계좌 등 관련 금융상품의 개발

68) 이철송, 앞의 책, 489면.

및 판매 업무"를 부수업무로 영위할 수 있다(지침 Ⅱ. 12호). 이것은 2003. 7. 3. 부수업무지침 개정시 종전의 금화 및 금지금에 대한 판매 대행 업무(즉 지금형 주화(금화 및 금화모양 메달)의 수탁판매 업무 및 금지금의 판매대행 업무)에서 확대한 것이다. "금지금의 매매 · 대여, 금 적립계좌 등 관련 금융상품의 개발 및 판매 업무"는 소위 골드뱅킹(gold banking) 업무를 말하는 것으로서 고객에게 신규 투자상품을 제공하고 은행의 수익원을 확대하기 위하여 허용한 것이다.[69] "금 적립계좌"는 "매일 일정 금액씩 금을 정액 구입하고 만기에 현금이나 금 · 현물 등으로 교환 지급하는 것을 조건으로 하는 적립계좌" 상품이며, "금 대여 업무"는 "기업과 일정 기간 약정하여 일정 수수료를 받는 조건으로 금을 대여한 후 만기일에 금 또는 원화로 회수하는 업무"를 말한다.[70]

(3) 선불 · 직불 전자지급수단의 발행 · 판매 및 대금의 결제 업무

은행은 부수업무로서 "전자화폐 등 선불 · 직불 전자지급수단의 발행 · 판매 및 대금의 결제 업무"를 영위할 수 있다(지침 Ⅱ. 22호). 이 업무는 2003. 7. 3. 부수업무지침 개정시 추가된 것으로서 2002. 3월 재정경제부의 유권해석을 통하여 은행 부수업무로 이미 인정된 사항을 부수업무지침에 반영한 것이다.[71] 이 업무를 허용한 이유는, "직불 · 선불카드는 신용카드와 달리 대금결제 성격이 강하여 은행 본연의 결제업무와 밀접하므로 동 업무를 은행의 부수업무로 인정하여 허용"한 것이다.[72]

(4) 경영 · 금융 자문 업무

은행은 부수업무로서 "신용정보 서비스 업무, 기업의 경영 · 구조조정 및 금융에 대한 상담 및 조력 업무"를 영위할 수 있다(지침 Ⅱ. 13호). 이것은 종전의 "신용정보 서비스, 경영 상담 및 자문 업무"에서 2003. 7. 3. 부수업무지침 개정시

---

69) 재정경제부, 앞의 보도자료(붙임자료), 2면. 다만 금증서 발급(gold certificate)은 자금 세탁, 상속세 회피 수단 등으로 활용될 소지가 있어 허용하지 않았다(위의 보도자료(붙임자료), 2면).

70) 위의 보도자료(붙임 자료), 6면.

71) 위의 보도자료(붙임 자료), 4면.

72) 위의 보도자료(붙임 자료), 4면. 직불 · 선불카드 업무는 여신전문금융업법에 따라 신용카드업자가 부대업무로 영위하고 있다(동법 제13조 제1항 제2호, 제3호).

"신용정보 서비스 업무, 기업의 경영 · 구조조정 및 금융에 대한 상담 및 조력 업무"로 보다 구체화하면서 확대한 것이다. 증권회사의 경우도 "기업의 경영 · 구조조정 및 금융에 대한 상담 및 조력 업무"를 부수업무로 영위할 수 있다(증권거래법 시행령 제36조의2 제5항 제1호 바목). 경영 · 금융 자문 업무는 반드시 거래 고객에게만 한정할 필요는 없으며, 거래 고객 기업에 대한 대출 업무 등 은행 고유업무의 영위와 관련되어 제공되는 경우를 생각할 수 있다.

한편, "신용정보 서비스 업무"가 구체적으로 어떤 것인지는 의문이 드나, 대체적으로 「신용정보의 이용 및 보호에 관한 법률」에 따른 "신용정보제공 · 이용자"로서 고객의 신용정보를 제공하는 서비스 업무라고 이해될 수 있을 것 같다. 그런데 이러한 신용정보 제공 서비스가 "업무"에 해당하는지에 대해서는 재고를 요한다. 즉 이러한 신용정보 제공 서비스가 영리성을 갖고 있는지에 대해서는 다소 의문이 든다. 업무로 규제한 연혁은 정확하게 파악되지 않으나, 업무에서 제외되더라도 무방하다고 본다.

Ⅲ. 주요국의 입법례

1. 미 국

미국에는 연방인가은행(national banks)과 주인가은행(state chartered banks)이 있다. 주인가은행의 업무 범위는 연방인가은행과 거의 같으므로[73] 여기서는 연방인가은행의 업무 범위에 대하여 살펴보기로 한다. 연방인가은행은 예금수입업무, 약속어음이나 환어음 등의 할인 · 매입 업무 및 대출 업무 등의 고유 업무를 수행하면서[74] 일부 증권 관련 업무, 파생금융상품 거래 업무 및 금융자문 업무 등의 부수업무를 취급할 수 있다. 증권 관련 업무로서는 (i) 주식, 국공채, 사채 등의 유가증권 중개업무,[75] (ii) 국채, 지방채, 자산유동화증권의 인수 및 매매 업무,[76] (iii) 유가증권의 대여 업무 및 대여 거

73) 12 U.S.C. Section 1831a(a).

74) 12 U.S.C. Section 24(seventh)(Section 16 of Glass-Steagall Act).

75) 12 U.S.C. Section 24(seventh).

래의 중개 · 주선 · 대리 업무,[77] (iv) 유가증권 투자 업무,[78] (v) RP업무,[79] (vi) 사모 유가증권 모집 업무,[80] (vii) 증권투자회사에 대한 투자자문, 사무관리 및 자산보관 업무,[81] (viii) 명의개서대리인 업무[82] 등이 있다. 파생금융상품 거래 업무로서 금리, 기준율(basis rate), 통화, 통화쿠폰, 현금결제상품 상품가격지수, 주식 및 주가지수 등을 기초자산으로 하는 장내 및 장외 파생상품 거래 업무[83]와 전기 등 에너시 및 탄소배출권(emission) 관련 파생상품 업무,[84] 신용파생상품 업무,[85] 파생상품의 중개, 주선 및 대리 업무와 파생상품 관련 상담 및 자문 업무[86]를 수행할 수 있다. 이 외에도 수탁인(trustee) · 관리인(administrator) 등의 수탁 업무(fiduciary activities),[87] 증권투자회사에 대한 금융자문 업무 등 금융 상담 및 자문 업무,[88] 리스 업무 및 부동산 임대 업무,[89] 일부 보험 업무(인구 5,000명 이하 지역에 소재하는 연방인가은행의 보험상품 판매 업무,[90] 대출 고객에 대한 장애보험의 제공 업무, 사고·건강 및 장애 보험의 인수 업무,[91] 권원보험(title insurance) 대리점 업무[92] 등), 연금상품 판매 업무,[93] 전자서명 인증 업무,[94] 인터넷은행서비스 업무[95] 등을 영위할 수 있다. 즉 미국의 은행 업무 범위를 살펴보면, 예대업무 외에 다양한 업무를 취급하고 있음을 알 수 있는데, 은행업과 증권업을 분리하고 있는

76) 12 U.S.C. Section 24(seventh); 12 C.F.R. 12.

77) Banking Circular No. 196(May 7, 1985) and OCC Interpretive Letter No. 1026.

78) 12 U.S.C. 24(seventh); OCC Interpretive Letter No. 626.

79) OCC Interpretive Letter No. 629.

80) Securities Industry Association v. Board of Governors of the Federal Reserve, 483 U.S. 1005(1987).

81) OCC Interpretive Letter No. 648

82) 15 U.S.C. 78q-1 and 12 C.F.R. 9.20.

83) OCC Interpretive Letter No. 725.

84) OCC Interpretive Letter No. 962 & 937; OCC Interpretive Letter No. 1040.

85) Banking Bulletin 96-43.

86) OCC Interpretive Letter No. 725.

87) 12 U.S.C. 92a and 12 C.F.R. 9.

88) 12 U.S.C. Section 24(seventh).

89) 12 U.S.C. Section 24(seventh) & 24(tenth); 12 C.F.R. 7.3001.

90) 12 U.S.C. 92.

91) 12 U.S.C. 24(seventh); Conditional Approval No. 334(Oct. 30, 1999) & No. 259(Oct. 31, 1997).

92) 15 U.S.C. 6713.

93) Nationsbank v. Variable Annuity Insurance Co., 513 U.S. 251(1995).

94) Conditional Approval No. 267(Jan. 12, 1998).

95) OCC Interpretive Letter No. 742(Aug. 19, 1996).

미국에서도 전면적인 유가증권 중개 업무를 허용하고 있다는 점과 상품 · 에너지 · 환경 등 다양한 기초자산을 대상으로 하는 파생금융상품 거래 업무가 허용되고 있다는 점이 특징적이라는 것을 알 수 있다.

2. 영 국

영국에서 은행은 2000년 금융서비스 및 시장법(Financial Services and Markets Act 2000: FSMA)에 규정된 일정한 요건[96]을 충족하여 금융감독원(Financial Services Authority: FSA)으로부터 규제대상업무(regulated activities) 영위에 대한 허가를 받으면 예금 수입 및 대출 업무, 기타 투자상품(investments)에 관련된 업무를 영위할 수 있다.[97] "규제대상업무"란 "영업으로 영위되는 특정업무(specified activity)로서 특정투자상품과 관련되는 업무 또는 재산권과 관련되는 업무"를 말한다.[98] FSMA 부속서 2(Schedule 2)는 이러한 규제대상업무에 대하여 자세히 규정하고 있는데, 예금 수입 업무, 보험계약의 체결을 포함한 자기계산 또는 대리인으로서 행하는 투자상품의 매매 및 인수 거래 업무, 투자상품의 매매 또는 인수의 주선 거래 업무, 자산의 보관 및 관리 업무와 그 주선 업무, 투자상품의 운용 업무, 투자자문 업무, 단위투자신탁의 수탁 업무 및 단위투자신탁 이외의 집합투자기구의 보관 업무 등을 포함한 집합투자기구의 설립 · 운용 · 해산 업무, 컴퓨터 시스템을 이용한 투자 지시 업무 등이 있다.[99] "투자상품"의 범위는 주식, 채권, 양도성예금증서, 현재 및 장래의 채무 증서, 정부채, 공공채, 투자 권리를 부여하는 권리(warrants) 및 기타 증서, 계약 또는 재산권을 부여하는 증서, 집합투자기구의 수익권, 옵션, 선물, 차액거래계약(contracts for differences), 보험계약, 예금, 대출, 투자에 대한 권리 등이다.[100] 즉 영국의 은행은 전통적인 예금 수입 및 대출 업무 이외에 일정한 요건을 충족하여 FSA의 허가를 얻으면 보험 업무, 증권 관련 업무 등

96) FSMA, Section 41 & Schedule 6.

97) FSMA, Section 40 & Schedule 2. 그리고 규제대상업무 영위 허가를 받으면 자동적으로 금융업 인가(authorization)를 받은 것으로 본다(FSMA, Section 31).

98) FSMA, Section 22.

99) FSMA, Schedule 2, Paragraphs 1~9.

100) FSMA, Schedule 2, Paragraphs 10~23.

다양한 금융 업무(규제대상업무)를 수행할 수 있는 점이 특징적이라고 볼 수 있고, 이러한 다양한 겸업 허용이 영국 금융기관의 경쟁력을 향상시키는 데 기여하고 있다고 평가할 수 있다.

3. 일 본

일본의 은행업무 범위에 대해서는 은행법 제10조 내지 제12조가 규정하고 있다. 은행은 예금 또는 정기적금 등의 수입 업무, 자금 대출 또는 어음 할인 업무, 환(換) 업무 등의 고유업무와 다음에 열거한 부수업무를 영위할 수 있다(은행법 제10조 제1항). 즉, 채무보증 및 어음인수 업무, 유가증권(양도성예금증서 등 債權證書 및 단기사채 등은 제외)의 매매 업무, 장외 유가증권 파생상품 거래 업무(유가증권 선도거래는 제외), 유가증권지수 선물거래 업무, 유가증권옵션 거래 업무, 해외 증권선물거래 업무(이상의 유가증권 관련 업무는 은행의 투자 목적 또는 고객의주문에 의한 고객 계산으로 하는 수동적 매매 업무에 한한다), 유가증권의 대여 업무, 국채 · 지방채 · 정부보증채의 인수(매출 목적 제외) 또는 모집 업무, 금융채권(債權)의 취득 또는 양도 업무, 특수목적회사가 발행한 특수사채 및 기타 이에 준하는 유가증권의 인수(매출 목적 제외) 또는 모집 업무, 단기사채 등의 취득 또는 양도 업무, 유가증권의 사모(私募) 업무, 지방채 또는 사채의 모집 또는 관리의 수탁 업무, 은행 및 기타 금융업자의 업무 대리 업무, 국가 · 지방공공단체 · 회사 등을 위한 금전의 수납 및 기타 금전에 관련된 사무의 취급 업무, 유가증권 · 귀금속 기타 물품의 보호예수 업무, 환전 업무, 금융선물거래 업무, 금융선물거래의 수탁 업무, 금리 · 통화가격 · 상품가격 기타 지수를 기초자산으로 하는 장외 파생상품 거래 업무 및 동 거래의 중개 · 주선 및 대리 업무, 장외 유가증권 파생금융상품 거래 업무 및 동 거래의 중개 · 주선 및 대리 업무 등을 영위할 수 있다(은행법 제10조 제2항). 이외에도 은행은 증권 관련 업무를 영위할 수 있는데(은행법 제11조), 불특정 다수의 고객을 상대로 한 국채 · 지방채 및 정부보증채(이하 "공공채(公共債)")의 매매 업무, 공공채 매매의 주선 및 대리 업무, 유가증권 시장에서의 공공채 매매 거래 위탁의 매매 · 주선 또는 대리 업무, 매출 목적의 공공채의 인수 업무, 공공채의 매출 업무, 공공채의 모집 업무, 투자신탁 모집의 위탁 업무 등을 영위할 수 있다. 또한 은행은 담보부사채신탁 업무를 영위할 수 있으며(은행법 제12조), 「금융기관의 신탁업무 겸영 등에 관한 법률」에 따라 신탁업 겸영 인가를 받으면 신탁업도 영위할 수 있다. 일본의 경우에는 부수업무가 하위 규정이 아닌 은행법에 규정되어 있다는 점이 우리나라와 다르며, 특히 업무 범위에 대하여 자세히 규정되어 있다는 점은 우리에게 시사하는 바가 크다.

Ⅳ. 현행 규제의 개선 방안

이하에서는 현행 은행 부수업무 규제의 문제점을 살펴보고, 그 개선 방안을 제시해 본다.

1. 규제의 투명성 강화

(1) 구체적 규정화

우선 부수업무지침은 허용된 업무 내용에 대하여 자세히 규정하고 있지 않아서 여러 가지 해석상의 문제점을 나타내고 있다. 예를 들어, 유가증권 투자 업무에서 대상 유가증권의 범위가 어디까지인지가 논란이 될 수 있고, 파생상품거래 업무에서는 그 허용되는 파생상품거래가 어디인지가 논란이 될 수 있다. 따라서 가능하면 부수업무지침에 자세히 규정을 함으로써 논란의 여지를 없애고 법적 안정성을 도모할 필요가 있다.

(2) 유권해석의 공개 체제 구축 필요

부수업무 범위 결정권을 갖고 있는 금융위원회가 유권해석을 통하여 부수업무 해당 여부를 결정하는 경우에는 적절한 공시방법을 통하여 그에 관한 정보를 공개해 주는 것이 필요하다. 예를 들어, 인터넷 홈페이지를 통한 공개방법도 생각할 수 있다. 또한 부수업무에 관련된 자료는 수시로 공개하여 금융기관들이 정보를 공유할 수 있도록 하는 것이 필요하다고 본다.[101)]

---

101) 예를 들어, 재정경제부가 내부 실무 참조 목적으로 만든 「은행업 부수업무 편람」(업무자료, 2005. 4)이란 책자는 일반인에게는 접근이 되지 않아 그 정보 공유가 어려운데 이러한 자료는 공개하여 은행 실무에 도움이 되도록 할 필요가 있다.

2. 규정 체계의 변경

(1) 체계의 변경

현재 부수업무지침을 살펴보면, 일정한 체계 없이 규정되어 있는 것을 알 수 있다. 예를 들어, 부수업무의 내용은 은행업에 관련되어 영위할 수 있는 것도 있지만 은행이 소유하고 있는 인력, 자산 또는 설비 등을 이용하여 영위하는 부수업무도 있다. 그런데 현재 규정을 살펴보면 그러한 구분이 되어 있지 않다. 은행법 시행령은 "[은행의 고유업무(예금, 대출 및 내·외국환 업무)]에 부수되는 업무로서 금융위원회가 정하여 고시하는 업무"를 부수업무로 규정하고 있는데(제18조의2), 부동산 임대 업무, 복권 · 입장권의 판매 대행 업무나 광고 대행 업무 등이 은행의 고유업무에 부수되는 업무인지 의문이 든다. 따라서 보다 체계적인 방법을 이용하여 이를 구분하는 것이 좋을 것으로 생각한다. 예를 들어, 증권거래법령이나 보험업법령처럼[102] 은행업에 관련된 부수업무와 은행이 소유하고 있는 자산, 인력, 설비 등을 활용한 부수업무로 나누는 것을 고려할 수 있을 것이다.[103] 이 경우 은행이 소유하고 있는 인력, 자산, 설비 등을 이용한 부수업무로서는 부동산 임대 업무, 수입인지 · 복권 · 입장권의 판매 대행 업무, 광고 대행 업무, 전산시스템 등의 판매 · 대여 업무 등을 생각할 수 있다.

(2) "해당 관련 법령에서 허용한 업무의 영위 가능" 문구 추가

부수업무지침의 한계는 부수업무지침상 허용된 부수업무라 할지라도 관련 법령상 인·허가나 등록 등의 절차를 요구하는 경우에는 그러한 절차를

102) 증권거래법 제51조 제1항 제3호, 보험업법 시행령 제16조 제3항 참조.

103) 증권거래법령이나 보험업법령이 규정하는 것처럼, "다른 법령에 의하여 허가 · 인가 · 승인 또는 등록 등을 필요로 하지 아니하는 업무"(증권거래법 제51조 제1항 제3호, 보험업법 시행령 제16조 제3항 참조)를 추가로 부수업무로 규정하는 것을 고려할 수 있으나, 구체적으로 이 의미가 무엇인지 명확하지 않은 점이 있다. 해당 관련 법령에서 규정하고 있지 않은 업무이면서 인·허가 등이 필요 없는 업무를 의미하는 것인지(증권거래법이나 보험업법 시행령은 해당 관련 법령에서 허용한 업무는 별도로 겸영업무로 규정하고 있다), 아니면 다른 법령에서 허용된 업무이면서 별도의 인·허가 등이 필요 없는 업무로 보아야 할지가 애매하다. 이런 점에서 명확하지 않은 조항을 굳이 은행의 부수업무지침에 둘 필요는 없다고 본다.

거쳐야 한다는 점이다. 또한 관련 법령상 은행에게 허용된 업무라 할지라도 부수업무가 그러한 허용된 업무를 규정하고 있지 않은 경우에는 역시 허용 여부가 논란이 될 수 있다. 따라서 이러한 문제점을 해결하는 방법은 "해당 관련법령에서 은행이 영위할 수 있도록 한 업무를 부수업무로서 영위할 수 있다"는 문구를 부수업무지침에 추가함으로써 관련 법령이 은행에게 새로운 업무를 허용할 때 부수업무지침을 개정하지 않더라도 별다른 법적 문제점 없이 해당 업무를 영위할 수 있게 하는 기술적인 장점을 도모할 필요가 있다.

3. 부수업무에서 겸영업무로의 재분류

현행 부수업무지침의 내용을 살펴보면, 업무의 성격상 은행의 고유업무에 부수되는 업무인지 불분명한 내용이 많다. 예를 들어, 유가증권의 인수·매출 업무, 국공채 및 회사채의 매매 업무 등을 들 수 있다. 특히 이러한 업무가 다른 관련 법령에서 인·허가나 등록을 요구하는 업무의 경우에는 부수업무로 볼 수 있는지 더욱 의문이 든다. 부수업무지침을 전면 재검토할 필요가 있는데, 우선 다른 관련 법령에서 인·허가나 등록 등을 요구하는 업무나 별개의 금융업종으로 볼 수 있는 업무는 법체계상 은행의 겸영업무로 규정하는 것이 타당하다고 본다. 예를 들어, 유가증권의 인수·매출, 유가증권의 모집 또는 매출의 주선, 국공채 및 회사채의 매매, 환매조건부 채권매매, 보험대리점, 금융상품의 판매 대행 업무(관련 금융 법령에서 등록 등을 요구하는 경우)는 겸영업무로 규정할 필요가 있다.[104] 이렇게 되면 부수업무지침 Ⅱ. 본문에서 규정하고 있는 "다른 법령에서 인·허가 받은 범위 내에서 부수업무를 영위할 수 있다"는 내용이 들어갈 필요도 없고, 법체계상도 합리적으로 될 것이다.

이러한 겸영업무로의 재분류에 대해서는 현재 겸영업무의 범위에 대하여 규정하고 있는 은행법 시행령을 개정해야 하는 어려운 점 및 은행법상 겸

104) 은행이 겸영업무를 영위할 때에는 그 업무를 은행업무와 구별하여 별도의 장부와 기록문서를 보유하여야 하는데(은행법 제28조 제2항), 이런 점에서도 열거한 업무는 별도의 장부 등을 둘 필요가 있는 겸영업무로 판단된다. 다만 일반사무관리회사 업무, 유가증권 명의개서 대행 업무, 유동화자산의 관리 및 채권 추심 업무의 수탁업무는 별개의 금융업종으로 보기가 어려운 점 및 은행의 인적·물적 시설을 이용하여 영위하는 업무로 볼 수 있다는 점 등을 감안할 때 부수업무로 보아도 무리가 없다고 본다.

영업무의 인가를 받아야 하는 점 등(즉, 오히려 규제가 강화되는 점)을 들어 반대의 견해도 있을 수 있다. 그러나 이렇게 겸영업무로 하더라도 겸영업무의 범위에 대해서 금융위원회가 정하도록 하고(즉 시행령 개정보다 용이한 감독규정 개정 사항이 될 것이다), 겸영업무 인가도 별도의 관련법에 따라 인·허가를 받거나 등록을 하는 경우에는 은행법상의 겸영업무 인가를 받은 것으로 간주[105]하는 조치를 취하면 그러한 문제는 해결될 수 있을 것이다.

그리고 겸영업무로 규정을 할 때는 증권거래법의 규정 방식처럼(제51조 제1항 제1호), "다른 금융 관련 법령에서 규정하고 있는 금융업무로서 해당 법령에서 은행이 영위할 수 있도록 한 업무"라고 규정을 하여 은행법령에 겸영업무를 열거하여 규정하지 않더라도 해당 관련 법령이 은행에게 허용한 업무이면 겸영업무로서 은행이 영위할 수 있도록 규정 체계를 바꾸는 것이 좋다고 본다.[106]

4. 부수업무의 확대 방안

서두에서 언급한 것처럼, 은행 경쟁력 향상의 핵심 중의 하나는 은행 업무의 확대이다. 이런 점에서 은행의 수익원을 넓혀주기 위한 부수업무의 확대가 필요하다고 본다. 부수업무를 반드시 은행의 고유업무에 부수한 업무로 한정지을 필요도 없다고 본다. 위에서 논의한 것처럼, 은행이 소유하고 있는 인력, 자산, 설비 등을 활용한 업무도 부수업무로서 생각할 수 있을 것이다.[107]

105) 증권거래법 제51조 제2항도 간주 규정을 두고 있다.

106) 이 경우에도 해당 관련 법령에서 인·허가를 받거나 등록을 한 업무인 경우에는 은행법상의 겸영인가를 받은 것으로 보는 조항이 필요할 것이다(증권거래법 제51조 제2항 참조). 그리고 만약 해당 법령이 없어서 별도로 특정한 겸영업무를 은행에게 허용하고자 하는 경우에도 은행법령에 일일이 열거할 것이 아니라, 사전 신고제를 채택하여 해당 은행이 겸영업무로서 영위하는 것이 타당하다고 판단하여 금융감독당국에 사전 신고를 하는 경우에는 특별히 은행의 건전성 등에 나쁜 영향을 미치지 않는 한 허용해 주는 방향으로 운영한다면 현행 부수업무를 겸영업무로 규정을 하여도 큰 무리가 없다고 본다.

107) 이렇게 본다면, 논란이 되었던 국민은행 축구단의 K리그(즉 프로 리그) 진출 문제(조선일보, 2007. 3. 8일자 기사 참조)도 해결할 수 있을 것이다. 즉 당시 재정경제부는 은행의 프로축구사업 영위가 은행의 고유업무와 관련된 부수업무가 아니라서 허

이런 측면에서 은행의 수익원 확대 차원에서 다음과 같은 업무를 추가로 고려할 수 있을 것이다. 예를 들어, 은행 관련 인터넷 정보 서비스 업무,[108] 금융 · 경제 관련 조사 및 연구 업무,[109] 은행 · 금융에 관한 연수 · 간행물 · 도서 출판 업무[110] 등을 들 수 있다. 이 외에도 광고 대행 업무의 수단을 넓혀주기 위하여 현행의 "인터넷 홈페이지 등 전산시스템을 활용한" 방법 이외에 "간행물이나 도서 및 전자문서에 의한 방법"[111]도 추가하면서 보다 탄력적인 해석이 가능한 "은행의 설비 등을 활용한 방법"도 추가하는 것을 고려할 만하다.

은행이 현재 취급하고 있는 표지어음 발행의 경우도 부수업무로 규정할 필요가 있다고 본다. 물론 표지어음[112] 발행 업무가 "업"인지 여부에 대해 다툼이 있을 수 있지만(즉 채무증서의 발행으로 보아 수신거래로 보는 경우는 "업"에 해당하지 않을 것이다) 은행이 "표지어음을 발행하여 원어음(즉 상업어음 및 무역어음) 할인 금리와 표지어음 발행금리간의 금리 차익을 얻게 된다"[113]는 점을 감안할 때 영리성을 인정할 수 있어 "업무"로 볼 여지가 있다고 본다. 그리고 은행이 새로운 어음을 발행한다는 점에서 현재 부수업무지침이 규정하고 있는 상업어음 및 무역어음의 매출 업무와 구별될 필요가 있다.

그리고 시설대여(lease) 업무 및 할부금융 업무도 부수업무로 규정하여

용할 수 없다는 입장을 취했는데, 은행이 소유하고 있는 인력, 자산, 설비 등을 활용한 업무를 부수업무로 별도로 규정한다면 충분히 가능하다고 본다.

108) 보험회사의 경우 보험 관련 인터넷 정보 서비스 업무를 영위하고 있다(보험업법 시행령 제16조 제3항 제1호 마목).

109) 보험회사의 경우 동 업무를 영위하고 있다(보험업법 시행령 제16조 제3항 제2호 마목).

110) 증권회사 및 보험회사의 경우 증권 및 보험에 관한 동 업무를 영위하고 있다(증권거래법 시행령 제36조의2 제5항 제2호 마목, 바목, 보험업법 시행령 제16조 제3항 제1호 다목).

111) 증권회사의 경우는 허용되어 있다(증권거래법 시행령 제36조의2 제5항 제2호 자목).

112) "표지어음"(cover bills)이란 "[은행]이 할인하여 보유하고 있는 상업어음, 무역어음, 팩토링어음 등을 분할 또는 통합하여 새로이 발행한 약속어음"을 말한다(한국은행, 앞의 책(우리나라의 금융시장), 124-125면). 다만 은행은 팩토링어음을 原어음으로 취급하고 있지 않다. 原어음으로서 팩토링 어음은 종합금융회사가 취급하고 있다(위의 책, 124-125면). 은행은 표지어음을 발행하게 되면 표지어음의 기초가 되는 원어음의 부도 여부와 상관없이 지급 의무를 부담하게 된다(위의 책, 121면).

113) 위의 책, 121면.

수익원을 넓혀 줄 필요가 있다. 한편, 금고대여 업무[114]는 부수업무지침이 명시적으로 규정하고 있지 않은 업무이긴 하지만 은행이 영위하는 업무이다. 이것도 명시적으로 규정할 필요가 있다.[115]

5. 증권 관련 업무 범위의 확대 방안

(1) 증권업무 범위의 확대: 인수업 및 매매업 대상 증권의 확대, 국공채 및 회사채의 위탁매매 및 중개 업무 허용

자본시장통합법의 시행에 따른 금융투자회사의 출현 및 금융투자회사에 대한 지급결제제도에의 참가 허용은 은행산업에 부정적인 영향을 줄 가능성이 크다. 이에 대한 은행산업의 경쟁력 제고 방안이 필요한데, 그 방안 중의 하나는 은행 업무의 확대이며, 이런 측면에서 은행의 증권업무 범위를 확대하는 것을 적극적으로 고려할 필요가 있다. 즉 현재의 증권업 범위를 단계적으로 확대하고 궁극적으로는 은행의 완전 증권업 겸업을 허용하는 것이다.

이를 구체적으로 살펴보면, 첫째, 인수업 대상이 되는 유가증권의 범위를 현행 국공채에서 금융채를 포함한 회사채로 확대하는 것이다. 회사채는 주식에 비하여 위험성이 낮기 때문에 이를 허용하더라도 은행의 위험에 크게 영향을 미치지는 않을 것으로 본다. 오히려 자금력이 있는 은행이 회사채 인수업무에 참여하는 것은 은행의 수익 증대뿐만 아니라 회사채 시장의 활성화에도 크게 도움이 될 것으로 본다.

둘째, 매매업의 대상도 현재의 국공채 및 회사채에서 주식까지도 그 범위를 확대하는 것을 고려할 필요가 있다. 특히 이는 은행의 유가증권 투자 업무가 허용되고 있다는 점을 감안할 때 매매업무의 대상을 주식까지 확대하더

114) 금고대여 업무는 "은행의 건물 안에 설비된 금고에 다수의 보관함을 설치하여 이를 거래처에 대여하고, 거래처는 그 보관함을 이용해서 목적물을 스스로 보관하는 것을 말한다. 보호예수가 은행이 그 목적물을 보관하는 것에 견주어 대여 금고는 목적물을 거래처가 스스로 보관한다는 점에서 차이가 있다"(한국금융연수원, 앞의 책, 541면). 정찬형(집필대표), 앞의 책, 400면(도제문 집필 부분)은 "대여금고는 넓은 의미에서 보호예수의 일종이다"라고 하고 있다. 그러나 대여금고는 보호예수와 다소 차이가 있으므로 별도의 업무로 규정하는 것이 바람직하다고 하겠다.

115) 증권회사 및 보험회사도 금고 대여 업무를 부수업무로 영위할 수 있다(증권거래법 시행령 제36조의2 제5항 제2호 나목, 보험업법 시행령 제16조 제3항 제2호 나목).

라도 큰 문제는 없다고 본다. 오히려 주식을 매매업의 대상으로 확대함으로써 앞서 살펴본 것처럼, 현재 유가증권 투자 업무로 규정함에 따라 발생할 수 있는 법적 문제점을 해소할 수 있는 방안이라고 본다. 특히 유가증권 매매 업무라고 하는 것이 유가증권을 자산으로 보유하는(즉 자기계정으로 보유하는) 모든 금융기관들이 취급할 수 있는 업무라는 점에서 증권회사만 취급해야 한다는 근거도 미약하며,[116] 따라서 그 대상에 주식까지 확대하는 것을 적극적으로 고려할 필요가 있다.

셋째, 고객과의 이해상충 및 은행 경영의 안전성에 크게 영향을 미치지 않는 국공채 및 회사채의 위탁매매 및 중개 업무(brokerage)를 허용해 주는 것도 채권시장의 기반 조성 및 활성화 측면에서 필요하다고 본다. 이것은 전업제도를 유지하고 있는 미국의 경우에도 은행에 대하여 주식, 회사채 등을 포함한 유가증권의 중개업무를 허용하고 있다는 점[117]을 볼 때 설득력이 있다고 본다.

이러한 은행의 증권업무 확대에 대해서는 많은 논란이 있을 것으로 본다. 즉 저위험 · 안전성을 추구하는 은행에게 위험성이 큰 증권업무를 전면적으로 허용할 때 오히려 은행의 건전성을 저해할 수 있다는 반대의 주장이 충분히 있을 수 있다. 미국의 경우에도 1933년 글래스-스티걸법(Glass-Stegall Act of 1933)을 제정하여 은행의 증권업무를 금지한 이유도 은행이 이러한 고위험의 증권업무를 취급하여 많은 은행이 도산되었기 때문이라는 주장도 있다. 그리고 금융지주회사나 자회사를 통한 증권업무 겸업의 방법도 있는데 굳이 위험성이 더 큰 내부 겸영을 허용할 필요가 있느냐는 주장도 있을 수 있다. 그러나 이제 금융환경은 많이 변했고 은행도 자체적으로 과거보다 고도의 위험관리 기법의 능력 등을 보유하고 있기 때문에 위험관리 수준에서 그렇게 우려할 만한 정도는 아니라고 본다. 그리고 미국의 1930년대 발생한 은행 도산에 관한 통계에 의하면, 증권업무를 겸영하고 있던 은행들의 도산율이 그렇지 않은 은행에 비하여 오히려 낮았다는 연구 결과도 있다.[118] 즉 증권업무

116) 손상호, 「금융업무의 특성과 겸업화 방향」, 금융조사보고서 2005-11, 2005. 11, 서울: 한국금융연구원, 57, 58면.

117) 12 U.S.C. 24(seventh).

118) George J. Benston, "Universal Banking," 8 *Journal of Economic Perspectives*, 1994, p. 123. 미국 대공황 기간 중 미국의 연방인가은행(national banks) 중 26.3%가 도산하였

취급이 반드시 위험이 크다는 것은 아니라는 것이다. 특히 은행의 경쟁력 향상 차원에서도 증권업무의 확대는 필요하다고 본다.[119] 물론 이러한 은행의 증권업무의 내부 겸영을 함에 있어서 은행들이 해결해야 할 과제도 많다. 가장 중요한 것은 증권업무의 겸영에서 발생할 수 있는 이해상충 문제를 해결할 높은 수준의 차단벽(firewall)을 갖추는 일이다. 그런데 자본시장통합법의 시행에 따라 기능별 규제(functional regulation)가 적용되게 되므로(즉 기관에 상관없이 동일한 금융 기능을 수행하면 동일한 규제 기준이 적용되므로), 어차피 증권업을 영위하는 은행도 금융투자회사와 동일한 수준의 이해상충 방지 체계 구축을 해야만 할 것이다. 따라서 은행이 증권업을 겸영하더라도 자본시장통합법에서 요구하는 기준을 충족하게 된다면 은행에 단계적인 또는 전면적인 증권업무를 허용하더라도 큰 문제는 없을 것으로 본다.

(2) 대고객 환매조건부채권 매수 업무의 허용

앞에서 본 것처럼, 은행의 대고객 RP 거래인 경우에는 매수 거래를 허용하지 않고 있다. 그런데 매수 거래인 경우에는 매수자인 은행이 매도자인 고객에게 자금을 대여하는 것, 즉 신용 공여가 되는데,[120] 은행이 대출 등 신용공여 업무를 영위할 수 있다는 점을 감안할 때 굳이 은행에게 허용하지 않을 이유는 없다고 본다. 특히 신용공여 업무가 제한되어 있는 증권회사에게는 대고객 RP 매수 업무(즉 담보부 대출 업무)는 허용하면서 은행에게 허용하지 않는 것은 잘 이해가 되지 않는다. 은행에게도 대고객 RP 매수 업무를 허용해야 한다고 본다.

(3) 증권보관(custodian) 업무의 규정화 필요

현재 외국은행 국내지점을 포함해서 국내 은행들은 외국인의 국내 증권투자와 관련하여 상임대리인(agent)으로서 해당 증권의 실물을 보관하고 그와

으나, 증권회사를 자회사로 소유한 은행과 증권업을 내부 겸영한 은행의 도산율이 각각 6.5% 및 7.6%에 그쳤다(위의 논문, 123면).

119) 미국에서 글래스-스티걸법의 폐지를 주장하는 학자들의 논거 중의 하나는 은행에 증권업무를 허용하여 은행을 더 경쟁력 있는 금융기관으로 만들기 위함이라는 것이다(Don More, "The Virtues of Glass-Steagall: An Argument against Legislative Repeal," *Columbia Business Law Review*, 1991, p. 437).

120) 「은행업감독규정」 〈별표 2〉 신용공여의 범위에는 '환매조건부채권매수'가 포함되어 있다.

관련되는 결제 등 기타 부대업무를 영위(custodian business)하는 경우가 많다. 이러한 업무가 은행이 영위할 수 있는 부수업무에 해당하는지에 대하여 논란이 많다. 현재 은행은 부수업무로서 보호예수 업무(지침 Ⅱ. 8호)와 수납 및 지급 대행 업무(지침 Ⅱ. 9호)를 영위할 수 있으므로, 이에 근거하여 이러한 증권 보관 업무를 수행할 수 있다고 보고 실무적으로 처리하고 있는데, 이러한 근거에 대하여 의문을 제기하는 견해도 있을 수 있다. 따라서 이러한 의문점을 해소하기 위해서는 부수업무지침에 명시적으로 증권 보관 및 그 부대 업무를 부수업무로 규정하는 것이 법적 불안정성에서 벗어나게 할 수 있는 방안이라고 본다.

6. 규정 방식의 전환: Negative 방식으로의 전환

마지막으로 현행 부수업무 규정 방식의 변경도 고려할 필요가 있다. 즉 열거주의 방식(positive system)에서 Negative 방식(즉 원칙적으로 모든 부수업무의 취급을 허용하되 예외적으로 제한하는 방식)으로 전환하는 것을 고려할 필요가 있다.[121] 부수업무의 범위가 현행처럼 열거주의로 된 경우에는 새로운 업무가 출현할 때마다 부수업무지침을 개정해야 하는 번거로움이 있고, 부수업무의 대폭적인 확대가 어려운 점이 있다. 이러한 문제점을 해소하는 방법으로서 자본시장통합법에서 시도하고 있는 것처럼(제41조), Negative 방식으로의 전환을 시도할 필요가 있다고 본다. 즉 은행은 부수업무 개시 전 일정 기일까지(예를 들어, 15영업일 또는 7영업일 전) 금융감독당국에 신고하게 하고, 금융감독당국은 신고한 부수업무가 은행의 건전성이나 고객의 보호, 금융시장의 안정성 등에 부정적인 영향을 미칠 가능성이 있는 경우에만 동 부수업무를 금지 또는 제한하거나 시정을 요구하는 방식으로 운영하는 것이다.

다만 이러한 Negative 방식으로의 전환에 있어서 유념해야 할 것은 부수업무 판단의 결정권자의 적극적인 태도가 필요하다는 점이다. 다시 말해서 부수업무 해당 여부에 대한 판단에 있어서 결정권자가 상당히 소극적인 태도를 견지한다면 오히려 현행 열거주의 방식보다도 더 어렵게 운영될 수 있다는 점이다. 이를 방지하게 위해서는 결정권자의 적극적인 태도뿐만 아니라 금지 또는 제한되는 분야를 가능한 자세히 명시적으로 규정해 놓아 결정권자

121) 이러한 방식이 채택되기 전에는 앞서 언급한 부수업무의 확대 등의 주장은 의미가 있을 것이다.

의 재량의 여지를 없애는 것이 필요할 것이다.

V. 결 론

은행의 부수업무도 고유업무 못지않게 은행 수익력 향상에 영향을 미칠 수 있다. 이런 점에서 부수업무를 확대하기 위한 법제도적 정비가 필요하다고 본다. 우선 부수업무를 체계적으로 규정하여 고유업무에 부수되는 업무와 은행이 소유하고 있는 자산 · 인력 등을 활용한 업무[122]로 나누어 구분하고, 부수업무로서 성격이 맞지 않은 것(유가증권의 인수·매출 업무, 국공채 및 회사채 매매 업무, 환매조건부채권 매매 업무 등 증권업무, 보험대리점 업무 등)은 겸영업무로 규정하는 것이 필요하다. 그리고 은행의 경쟁력을 향상시키기 위하여 부수업무를 확대해 줄 필요가 있으며, 특히 은행의 증권업무는 겸업화 추세를 감안할 때 그 업무 범위를 더욱 확대하는 것이 바람직하다고 본다. 또한 현행 24가지 유형의 부수업무에 대하여 보다 자세히 규정함으로써 그 범위 등 논란이 되는 문제를 해결할 필요가 있다. 그리고 궁극적으로는 부수업무 규제 방식을 Negative 방식으로 규정하여 업무 확대를 허용해주어야 한다. 더불어 부수업무 관련 유권해석의 공개 체제를 구축하여 이에 대한 정보를 공유하는 것이 필요하다. 특히 증권업무의 확대 방안은 많은 논란이 있을 수 있다고 본다. 그런데, 높은 수준의 이해상충 방지 장치를 구축하고 고도의 위험관리 기법을 갖춘다면 크게 우려할 문제는 아니라고 본다. 일단 은행에게 다양한 겸업 방법을 허용하여 은행이 가장 바람직한 방법을 선택하도록 하는 방안을 시도할 필요가 있다. 즉 금지를 할 것이 아니라 은행이 자체적으로 판단하여 가장 바람직한 겸영 방법을 선택하도록 그 선택의 폭을 넓혀주는 것이다. 결론적으로 이러한 다양한 겸영업무의 허용이 장기적으로는 은행의 경쟁력을 제고시킬 수 있는 방안이 될 것이라고 믿는다.

122) 이런 점에서 부수업무지침이 은행이 소유한 자산, 인력, 시설 등을 활용한 업무를 부수업무로 명시적으로 별도로 규정했더라면 국민은행의 프로축구단 창설도 가능했으리라고 본다.

제 2 절
증권회사의 겸영업무 및 부수업무 범위 규제*

Ⅰ. 서 론

증권회사는 매매업(dealing),[1] 위탁매매업(brokerage),[2] 인수업(underwriting)[3] 등 고유의 증권업 이외에도 증권거래법에서 허용하고 있는 겸영업무 및 부수업무를 영위할 수 있다. 최근 금융의 국제화 · 겸업화 및 혁신화(innovation) 등으로 금융 환경이 급격하게 변화함으로써 금융기관 간의 경쟁 또한 치열해지고 있다. 금융감독원이 발표한 2004년 중 증권회사의 영업 실적에 따르면, 증권회사의 당기순이익이 2003년에 비하여 급격히 감소한 것으로 나타났다.[4] 이는 그만큼 금융시장에서 금융기관 간의 경쟁이 심해지고 증권회사의 수익력이 약해지고 있다는 것을 뜻한다. 이를 반영하듯 2004년 말 재정경제부는 증권산업의 육성 방안을 발표하여 증권회사의 업무 영역을 확대하기 위한 조치를 마련하였다.[5] 이에 따라 2005년 3월 개정된 증권거래법 시행령 및 동법 시행규칙에 의하여 증권회사에게 종래 허용되어 왔던 통화 및 유가증권을 기초자산으로 하는 장외 파생금융상품 거래 이외에 상품(commodity) 파생상품 및 신용파생상품(credit derivatives) 거래를 허용하였고, 이와 더불어 신탁업도 겸영업무로서 허용하였으며, 이 외에 몇 가지 다른 부수업무도 추가적으로 허용

---

* 이 절의 내용은 「증권법연구」 제6권 제2호(한국증권법학회, 2005. 12)에 실린 글을 다소 수정 · 보완한 것이다.

1) 증권거래법 제2조 제8항 제1호.

2) 증권거래법 제2조 제8항 제2호 내지 제4호.

3) 증권거래법 제2조 제8항 제5호 내지 제7호.

4) 금융감독원 증권감독국, "2004회계연도 증권회사 영업실적," 보도자료, 2005. 6. 8, 1면.

5) 재정경제부, "증권산업 규제 완화 방안 추진," 보도자료, 2004. 12. 17.

하여 업무 범위의 확대를 통한 증권산업의 발전을 꾀하고자 하였다. 또한 정부의 동북아 금융중심지 국가 추진 전략에 있어서도 그 핵심은 금융기관의 업무 영역 확대 및 새로운 금융상품 개발의 촉진인데, 이런 면에 초점을 맞추어 이 절에서는 증권회사 업무 범위 규제의 개선 방안을 제시해 본다.

우선 Ⅱ.에서는 증권회사의 겸영업무를 증권거래법이나 다른 금융 관련법에서 허용하고 있는 겸영업무와 금융위원회(이하 "금융위"라 한다)의 겸영 인가를 받아 영위할 수 있는 겸영업무로 나누어 살펴보고, Ⅲ.에서는 증권회사의 부수업무에 대하여 증권업에 부수하는 업무 및 증권회사가 보유하고 있는 인력 · 자산 등을 활용하여 영위하는 업무로 나누어 살펴본다. Ⅳ.에서는 증권회사의 업무 범위 규제의 문제점을 지적하고, 그 법적 · 제도적 개선 방향에 대하여 논한다.

Ⅱ. 증권회사의 겸영업무

1. 개 관

증권거래법 제51조는 증권회사의 겸영업무 및 부수업무에 관한 기본적 사항을 규정하고 있다. 즉 증권회사는 겸영업무로서 첫째, 금융업(증권거래법 및 금융 관련법에서 규정하고 있는 업무를 말함)으로서 해당 법령에서 증권회사가 영위할 수 있도록 한 업무(증권거래법 제51조 제1항 제1호)[6](즉 법정 겸영업무)와 둘째, 증권거래법 시행령이 정하는 금융업으로서 그 업무의 성격상 증권회사가 겸업하는 것이 가능하다고 금융위가 인가한 업무(법 제51조 제1항 제2호)(즉 인가 겸영업무)를 영위할 수 있다.

증권거래법 제51조 제1항 제1호가 규정하고 있는 증권거래법에서 특별히 허용하고 있는 겸영업무는 신용공여업무(법 제49조) 및 증권저축업무(법 제50조)가 있으며, 금융 관련 해당 법령에서 증권회사가 영위할 수 있도록 한 업무로는 외국환거래법에 따른 외국환업무, 「간접투자자산 운용업법」(이하 "간투법"이라 한다)에 따른 판매회사업무, 수탁회사업무, 자산보관회사업무와 보험업법에 따른 보험대리

6) 이하에서는 증권거래법, 증권거래법 시행령 및 증권거래법 시행규칙을 '법,' '법 시행령,' 및 '법 시행규칙'이라고 각각 인용하기로 한다.

점 업무 또는 보험중개사 업무를 들 수 있다. 그리고 증권거래법 제51조 제1항 제2호가 규정하는 금융위가 인가하는 겸영업무로는 (i) 주권 및 이를 기초로 하는 하는 지수를 대상으로 하는 선물거래법에 의한 선물업으로서의 장내 파생금융상품 거래 업무, (ii) 장외 파생금융상품 거래 및 그 중개·주선 또는 대리 업무, (iii) 투자자문업무, (iv) 투자일임업무, (v) 신탁업무가 있다.

2. 법정 겸영업무

(1) 개 요

법정 겸영업무는 증권거래법에서 허용하고 있는 업무 및 다른 금융 관련법에서 허용하고 있는 업무로 나눌 수 있다. 증권거래법에서 규정하는 증권회사의 겸영업무는 증권업을 원할히 수행할 수 있도록 하기 위하여 허용한 업무로서 신용공여업무 및 증권저축업무가 있으며, 다른 금융 관련법에 따라 증권회사가 영위할 수 있는 겸영업무로서는 외국환거래법상의 외국환업무, 간투법상의 간접투자증권의 판매업무, 투자신탁재산의 보관 및 관리 업무, 투자회사재산의 보관 및 관리 업무와 보험업법상의 보험대리점 또는 보험중개사 업무를 들 수 있다.

이와 관련하여 증권회사가 해당 금융 관련법에서 증권회사가 영위할 수 있도록 하는 업무를 법정 겸영업무로 인정한 입법 방식은 그 장점이 크다고 평가될 수 있다. 즉 이러한 규정이 없을 때에는 다른 관련 법에서 증권회사가 영위할 수 있는 업무라고 할지라도 증권회사의 업무 규제에 관한 기본법인 증권거래법에서 허용하는 근거 규정이 없다는 이유로 영위할 수 없다는 법적 해석이 가능하기 때문이다. 예를 들어, 은행의 경우에 외국환거래법에 따라 외국환업무의 영위가 가능한데, 은행법에 다른 법령에 은행이 영위할 수 있도록 하는 업무를 겸영업무로서 영위할 수 있도록 허용하는 규정이 없기 때문에 은행이 이러한 외국환업무를 영위할 수 있느냐와 관련하여 논란이 있게 되는 것이다.[7] 한편 보험회사의 경우에도 해당 법령에서 보험회사가 영위할

7) 특히 은행의 장외 파생금융상품 거래 업무와 관련한 논의에 대해서는 고동원, "은행의 파생금융상품 거래 규제에 관한 법적 검토," 「상사법연구」, 제24권 1호(한국상

수 있도록 허용한 업무를 겸영업무로서 영위하도록 하고는 있으나, 그러한 업무의 범위를 보험업법 시행령이 정하는 금융업으로 제한함으로써(보험업법 제11조 제1항 제1호) 증권회사의 경우처럼 그 효용성이 크지는 않다고 하겠다.

(2) 신용공여 업무

증권회사는 유가증권과 관련하여 고객에게 금전의 융자 또는 유가증권 대여의 방법으로 신용공여 업무를 영위할 수 있다(법 제49조 제1항). 신용공여 업무는 증권회사가 위탁매매업무를 원활히 수행할 수 있도록 지원하기 위하여 증권거래법이 허용한 여신 업무로서 시장의 수급 조절에 활용되는 중요한 수단이며, 신용공여는 유가증권의 가수요(假需要) 조절을 통해 증권시장의 기복을 완충시키는 기능을 한다.[8]

증권거래법령이 규정하는 구체적인 신용공여 업무는 (ⅰ) '주식청약자금대출' 업무, (ⅱ) '신용거래' 업무(유가증권 매수 대금의 융자 업무인 '신용거래융자' 업무 및 매도 유가증권의 대여 업무인 '신용거래대주(貸株)' 업무가 있다), (ⅲ) '유가증권매입자금대출' 업무 및 (ⅳ) '예탁증권담보대출' 업무가 있다(증권업감독규정 제5-1조 제2항 각호). 즉 (ⅰ) 주식청약자금대출 업무는 유가증권의 모집 매출 또는 주권상장법인 또는 코스닥상장법인의 신주 발행에 따른 주권 매입 자금을 위한 1년 이내의 융자 업무를 말하며, (ⅱ) 신용거래 업무는 유가증권시장 또는 코스닥시장에서의 매매 거래를 위한 매수 대금의 융자(즉 신용거래 융자 업무) 또는 매도 유가증권의 대여 업무(즉 신용거래 대주 업무)를 말하고, (ⅲ) 유가증권매입자금대출 업무는 유가증권의 매입을 목적으로 하는 유가증권 담보 대출 업무이며, (ⅳ) 예탁증권담보대출 업무는 증권회사에 유가증권을 예탁하고 있는 거래 계좌를 가진 고객에 대한 대출로서 당해 예탁 유가증권을 담보로 하는 대출 업무를 말한다(법 시행령 제35조의15). 한편 위 (ⅱ)의 신용거래 업무는 증권회사로부터 대금이나 주식을 제공받는다는 점을 제외하고는 통상의 매매와 차이가 없다.[9] 신용거래는 증권시장의 수급을 증가시킴으로써 증권의 유동성을 높이지만, 반면에 투기에 이용될 가능성이 클 수 있는 문제점도 있기 때문에[10] 증권거래법령은 이에

사법학회, 2005. 5), 308-309, 312, 314면 참조.

8) 전홍렬, 「증권거래법해설」, 제1판(넥서스, 1997), 184면.

9) 김건식, 「증권거래법」, 제1판(두성사, 2000), 219면.

10) 위의 책, 219면.

대한 규제를 하고 있는 것이다.

그리고 증권회사는 인수한 유가증권을 매각하는 경우에 인수한 날로부터 3월이 되는 날까지는 당해 유가증권에 대한 매수 대금의 대부(貸付) 기타 신용공여를 하지 못한다(법 제49조 제4항). 이것은 증권회사가 인수한 유가증권의 처분을 촉진하기 위하여 신용을 제공함으로써 투자자의 판단을 흐리게 할 가능성을 막기 위한 것이다.[11] 증권거래법은 금융위로 하여금 신용공여에 대하여 그 한도와 담보의 비율 및 징수 방법 등에 관한 규정을 정하도록 위임하고 있는데(법 제49조 제3항), 증권업감독규정은 증권회사의 신용공여업무에 대하여 자세히 규정하고 있다(규정 제5-1조 내지 제5-24조).

(3) 증권저축업무

증권회사의 증권저축업무는 "소규모 자금을 예금 · 적금 등 저축의 방식으로 조성하여 이 자금으로 유가증권 투자를 하도록 유도하는 업무로서, 소액 투자자를 위하여 증권회사가 저축자로부터 납입받은 저축금액으로 자기 유가증권을 매도하거나 증권시장에 예탁을 한 후 체결된 유가증권을 보관 · 관리해 주는 업무이다."[12] 증권저축업무도 증권업의 원활한 수행을 위해 허용해 준 업무이다.[13]

증권회사의 증권저축 업무는 '할부식증권저축' 업무 및 '적립식증권저축' 업무가 있다(규정 제5-56조제2항 제1호 및 제2호). 즉 (i) 할부식증권저축 업무는 할부판매의 방법(즉 미리 자금을 융자받아 주식 등을사고 나중에 분할 상환하는 방법)으로 유가증권을 매도한 후 증권회사가 이를 보관하는 방법을 말하며, (ii) 적립식증권저축 업무는 첫째, 고객으로부터 미리 금전을 예탁받아 그 금전을 대가로 하여 유가증권을 매도(장외 거래)한 후 증권회사가 이를 보관하는 방법이나 둘째, 고객으로부터 미리 예탁받은 금전의 범위 안에서 고객이 유가증권시장 또는 코스닥시장(정보통신망 또는 전자정보처리장치를 이용한 방식으로 유가증권의 매매가 중개되는 경우를 포함함)에서 유가증권을 매수한 후 증권회사가 이를 보관하는 방법을 말한다(법 제50조 제2항, 법 시행령 제35조의16).[14]

11) 위의 책, 354면.
12) 전홍렬, 앞의 책, 183면.
13) 위의 책, 183면 참조.
14) 위의 책, 184면 참조.

한편 「조세특례 제한법」에 의하여 세제 혜택 적용을 받는 저축을 '세금우대증권저축'이라고 하며, 세금우대증권저축 이외의 증권저축을 '일반증권저축'이라고 분류하기도 한다(규정 제5-56조 제2항 제4호). 이 외에도 증권업감독규정은 계좌의 설정, 저축수수료 징수, 증권저축계약의 종료 및 해지 사유 등에 대하여 규정하고 있으며(규정 제5-56조, 제5-57조 및 제5-58조), 증권저축업무의 영위 방법 및 절차 기타 시행에 필요한 세부사항은 증권업협회가 정할 수 있도록 위임하고 있다(규정 제5-61조).[15]

(4) 외국환업무

외국환거래법령상 증권회사가 영위할 수 있는 외국환업무는 외국환업무취급기관으로 등록을 한 증권회사이면 다 영위할 수 있는 외국환업무와 일정한 요건을 충족하는 증권회사만이 영위할 수 있는 외국환업무로 나눌 수 있다.

1) 외국환업무취급기관으로 등록한 증권회사가 영위할 수 있는 외국환업무

우선 증권회사는 일정한 요건을 갖추어 외국환업무취급기관으로 기획재정부에 등록을 하면(외국환거래법 제8조, 법 시행령 제13조), (i) 외화증권의 매매(인수 및 위탁매매 포함) 업무, (ii) 증권투자(거주자의 외화증권 투자 및 외국인투자자의 국내 원화증권 투자)와 관련하여 당해 증권회사 고객과의 투자자금 환전을 위한 대외지급수단의 매매 및 환위험(換危險) 회피를 위한 선물환거래[16] 업무, (iii) 2002년 7월부터 허용된 외국환은행, 한국은행, 외국환평형기금, 종합금융회사, 다른 증권회사, 보험회사, 외국금융기관 등과의 대외지급수단의 매매 및 선물환거래(외환스왑 포함) 업무를 외국환업무로서 영위할 수 있다(외국환거래규정 제2-12조제2항 제1호 가목, 나목 및 다목). 그리고 아래 서술하는 외환 관련 장외 파생금융상품 거래 업무의 경우에 일정한 요건을 충족해야 하는 증권회사와 달리 외국환업무취급기관으로 등록한 모든 증권회사가 이러한 외국환업무를 영위할 수 있다.

15) 이와 관련하여 현행 증권업감독규정에서 세부적인 규정을 통하여 사실상 증권회사의 증권저축업무에 대하여 구체적인 규제를 가하고 있는 것은 증권거래법의 본질에 반하는 규제이므로 이를 삭제하고 자율규제기관에 이전하는 것이 바람직하다는 주장이 있다. 전삼현, 「증권사 설립 · 업무영역 규제의 문제와 대안」 제1판(자유기업원, 2004. 11), 117면.

16) '선물환거래'라 함은 대외지급수단의 매매계약일의 제3영업일 이후 장래의 약정한 시기에 거래 당사자 간에 매매계약시 미리 약정한 환율에 의하여 대외지급수단을 매매하고 그 대금을 결제하는 거래로서 선물거래법 제3조의 선물시장 및 해외선물시장 이외에서 이루어지는 거래를 말한다(외국환거래규정 제1-2조 제9호).

2) 일정한 요건을 충족하는 증권회사만이 영위할 수 있는 외국환업무

2002년 7월 증권거래법령이 개정되면서 일정한 요건을 충족하는 증권회사에게 장외 파생금융상품 거래 업무가 허용된 것과 발맞추어, 외국환거래법령도 2002년 7월부터 외국환업무취급기관으로 등록하고 일정한 요건을 충족하는 증권회사에게 (ⅰ) 선물환, 외환스왑, 통화스왑, 통화옵션, 금리스왑, 금리옵션 또는 이와 유사한 외환 관련 장외 파생금융상품 거래(즉 비거주자와의 외화 또는 원화 표시 장외 파생금융상품 거래 및 거주자간의 외화 표시 장외 파생금융상품 거래를 말한다) 및 (ⅱ) 통화 · 유가증권에 대한 권리를 대상으로 하는 외환 관련 장외 파생금융상품 거래를 외국환업무로서 영위할 수 있도록 허용하였다(외국환거래규정 제2-12조 제2항 제1호 라목 및 마목).[17)]

① 금리 · 통화 관련 외환 장외 파생금융상품 거래 업무 위 (ⅰ)의 외환스왑 등 외환 관련 장외 파생금융상품 거래 업무를 영위할 수 있는 증권회사는 금융위가 다음과 같은 조건을 갖추었다고 '확인'한 증권회사에 한정된다. 즉 (ⅰ) 자기자본이 1천억원 이상이며, (ⅱ) 영업용순자본비율이 300% 이상이고, (ⅲ) 금융위가 정하는 위험관리 및 내부통제에 관한 기준을 충족하는 증권회사이어야 한다(외국환거래규정 제2-12조 제2항 제1호 라목 단서). 이 요건은 후술하는 증권거래법령에 따라 장외 파생금융상품 거래 업무를 겸영하고자 하는 경우의 인가 요건보다 완화되어 있는 것이다. 즉 증권거래법령에 따른 장외 파생금융상품 거래 겸영 인가를 받은 증권회사는 자동적으로 외환 관련 장외 파생금융상품 거래를 영위할 수 있는 요건을 충족하는 셈이 되므로 장외 파생금융상품 거래 겸영 인가를 받게 되면 별도의 외국환거래법령상의 확인 절차를 밟을 필요는 없게 된다.

또한 이러한 외환 관련 장외 파생금융상품 거래 업무를 영위하는 경우에는 그 거래 상대방의 제한을 받게 된다. 즉 그 거래 상대방은 기관투자가,[18)] 국내 주권상장법인, 코스닥상장법인 및 비거주자에 한정되며, 개인과 거래하

---

17) 외국환업무로서의 장외 파생금융상품 거래의 경우 증권회사는 일정한 경우(액면금액의 20% 이상을 옵션프레미엄(premium) 등 선급수수료로 지급하는 거래를 하는 경우 등)에는 거래타당성 입증서류를 갖추어 한국은행에 신고를 해야 하는 경우가 있을 수 있으나(외국환거래규정 제7-40조 제2항), 원칙적으로 외국환거래법령상 한국은행에 대한 신고나 허가 없이 영위할 수 있을 것이다(외국환거래규정 제7-40조 제1항 제2호).

18) 외국환거래규정상 '기관투자가'는 외국환은행, 종합금융회사, 증권회사, 자산운용회사 및 보험회사를 말한다(외국환거래규정 제1-2조 제4호).

는 것은 금지된다(외국환거래규정 제2-12조 제2항 제1호 라목). 따라서 비거주자인 경우에는 개인은 제외되게 되는 셈이다. 한편 증권회사가 이러한 외환 관련 장외 파생금융상품 거래 업무를 영위하는 경우에도, 후술하는 증권거래법령상의 장외 파생금융상품 거래 겸영 증권회사에 적용되는 업무 방법의 제한 내용(법 시행령 제84조의28의 규정 내용, 다만거래 상대방의 제한 규정은 제외된다)이 적용된다(외국환거래규정 제2-12조 제2항 제1호 라목 단서).

② 통화 · 유가증권을 기초자산으로 하는 외환 관련 장외 파생금융상품 거래 업무 아래 일정한 요건을 갖춘 증권회사는 증권거래법령이 규정하고 있는 통화 · 유가증권에 대한 권리를 대상으로 하는 외환 관련 장외 파생금융상품 거래를 외국환업무로서 영위할 수 있다(외국환거래규정 제2-12조 제2항 제1호 마목). 그런데 후술하는 증권거래법령상의 장외 파생금융상품 거래와 달리 외국환거래법령에는 기초자산에 일반상품 및 신용위험은 포함되어 있지 않다. 따라서 해석상 일반상품을 기초자산으로 하는 외환 관련 장외 파생금융상품 거래 업무나 신용파생금융상품 거래 업무는 허용되지 않는다고 보아야 할 것이다.

그리고 일정한 요건을 갖춘 증권회사라 함은 위 (ⅰ)의 외환스왑 등 외환 관련 장외 파생금융상품 거래를 할 수 있는 요건(즉 자기자본 1,000억원 이상인 요건 등) 및 증권거래법 시행령 제36조의2 제2항 제1호에서 정하는 인가 기준(즉, 종합증권업 영위 및 영업용순자본비율이 300% 이상 등 장외 파생금융상품 거래 겸영 증권회사의 요건)을 동시에 충족하는 증권회사를 말한다(외국환거래규정 제2-12조 제2항 제1호 마목 단서).

그리고 위 (ⅰ)의 외환스왑 등 외환 관련 장외 파생금융상품 거래의 경우와 달리, 통화 · 유가증권을 기초자산으로 하는 외환 관련 장외 파생금융상품 거래에 대해서는 특별히 거래 상대방 등 거래 방법의 제한 규정을 두고 있지 않아서(외국환거래규정 제2-12조 제2항 제1호 마목 단서 참조) 논란이 되고 있다. 문언 해석상은 그러한 거래 방법의 제한이 없다고 보아야 할 것이나, 이는 그 취지에 맞지 않은 것으로 보이는바, 증권거래법 시행령 제84조의28에서 규정하고 있는 거래 상대방 제한 등의 거래 방법의 제한 규정이 적용되도록 외국환거래규정을 개정하는 것이 필요하다고 본다.[19]

(5) 간투법상의 판매 업무

증권회사는 간투법에 따른 판매회사의 업무를 법정 겸영업무로 영위할

19) 이에 관한 자세한 논의는 고동원, "증권회사의 파생금융상품 거래 규제에 관한 법적 고찰," 「비교사법」, 제12권 2호(한국비교사법학회, 2005. 6), 506-507면 참조.

수 있다(간투법 제26조 제1항). 이는 간투법이 증권회사를 판매회사 자격 금융기관의 하나로서 명시적으로 규정하고 있기 때문이다(간투법 제26조 제1항 제1호). 따라서 증권회사는 간투법상의 등록 요건[20]을 갖추어 금융위에 등록을 하면 간접투자증권[21]의 판매 및 환매 업무를 영위할 수 있다(간투법 제26조 제1항, 제2항 및 제5항). 그리고 간투법상 명시적으로 판매회사로서 증권회사를 규정하고 있는 점 및 등록 요건으로서 특별히 '상법상의 주식회사' 요건을 요구하고 있지 않는 점(간투법 제26조 제5항) 등에 비추어 보아 증권거래법상 증권회사로 간주되는 외국증권회사 국내 지점(법 제28조 제4항)도 간투법상의 다른 등록 요건을 충족하는 한 판매회사 등록을 하는 데 법적 문제는 없을 것이다.

한편, 증권회사의 경우에는 간접투자증권 판매 업무가 법정 겸영업무로 규정된 반면에, 은행의 경우에는 인가 겸영업무(은행법 시행령 제18조의3 제3호)로, 보험회사의 경우에는 부수업무로 규정되어 있어서(보험업법 시행령 제16조 제3항 제3호), 같은 업무에 대하여 각 법령이 서로 다르게 규정하고 있는 점을 알 수 있다.

이와 관련하여 간접투자증권의 판매 업무를 증권회사의 겸영업무로 규정하는 것에 대해서는 입법론적인 고려를 할 필요가 있다고 본다. 그 이유는 이러한 간접투자증권의 판매는 증권의 매매 내지는 발행시장에서의 중개·주선 또는 대리의 성질을 가지는 것인바, 증권업의 범주에 포함해서 규율하는 것이 더 바람직한 것으로 보기 때문이다.

(6) 간투법상의 수탁회사 업무 및 자산보관회사 업무

2005년 3월 증권거래법 시행령의 개정으로 증권회사가 신탁업을 겸영하

---

20) 판매회사 등록의 다른 요건은 (i) 임원 중 간투법 제8조 제1항 각 호의 1에 해당하는 자가 없을 것, (ii) 간투법 제57조의 규정에 의한 판매행위준칙을 갖추고 있을 것, (iii) 전산설비 등 대통령령이 정하는 물적 시설을 갖추고 있을 것, (iv) 기타 대통령령이 정하는 요건을 갖출 것이다(간투법 제26조 제5항). 다른 업무(예를 들어, 자산운용업무, 투자자문업무, 투자일임업무, 일반사무관리회사 업무 등) 요건과 달리 최저 자본금 또는 최저 출자액 요건을 요구하고 있지는 않는 점이 특징적이다. 이는 판매회사 등록 요건 중 상법상 주식회사라는 요건을 요구하고 있지 않고, 은행, 증권회사, 보험회사 등 금융기관으로 그 대상을 한정(간투법 제26조 제1항)하고 있기 때문으로 보인다.

21) '간접투자증권'이라 함은 투자신탁의 수익증권 및 투자회사의 주식을 말한다(간투법 제2조 제13호).

는 것이 가능하게 되었으므로, 증권회사도 신탁업법상의 신탁업 인가를 받는 한 간투법상 신탁 겸영 금융기관이 영위할 수 있는 수탁회사 업무(간투법 제23조)[22] 및 자산보관회사 업무(간투법 제24조)[23]도 영위할 수 있다고 보아야 할 것이다. 즉 간투법이 규정하는 일정한 요건[24]을 갖추어 금융위에 등록을 하면 수탁회사 업무 및 자산보관회사 업무를 증권회사의 겸영업무로서 영위할 수 있는 것이다(간투법 제23조 제1항 및 제3항, 제24조 제1항 및 제3항). 이것은 간투법이 명시적으로 신탁 겸영 금융기관을 동 업무 영위 자격 요건의 하나로 규정하고 있기 때문에 수탁회사 업무 및 자산보관회사 업무를 증권거래법 제51조 제1항 제1호의 법정 겸영업무로 볼 수 있는 것이다.[25] 이러한 해석이 가능한 이유는, 앞서 언급한 것처럼, 증권거래법이 규정하고 있는 입법 방식의 장점 때문이다. 즉 증권거래법이 다른 관련법에서 허용하고 있는 업무를 법정 겸영업무로 인정하기 때문에 증권거래법령상 별도의 개정 조치가 없어도 이러한 업무를 영위할 수 있게 되는 것이다.

한편 외국증권회사 국내지점도 신탁업법상의 신탁업 인가를 받는 한, 간투법상 수탁회사 업무 및 자산보관회사 업무를 영위하기 위한 등록 요건으로 "상법상의 주식회사"의 요건을 요구하고 있지 않기 때문에 이러한 수탁회사

22) 간투법상 수탁회사의 업무는 (i) 투자신탁재산의 보관 및 관리, (ii) 자산운용회사의 투자신탁재산 운용지시에 따른 자산의 취득 및 처분의 이행, (iii) 자산운용회사의 투자신탁재산 운용지시에 따른 수익증권의 환매대금 및 이익금의 지급, (iv) 자산운용회사의 투자신탁재산 운용지시 등에 대한 감시, (v) 간접투자재산에서 발생하는 이자 · 배당 · 수익금 · 임대료 등의 수령, (vi) 무상으로 발행되는 신주의 수령, (vii) 투자증권 상환금의 수입, (viii) 여유자금 운용이자의 수입 등의 업무이다(간투법 제23조 제2항 및 법 시행령 제32조 제1항).

23) 간투법상 자산보관회사의 업무는 (i) 투자회사재산의 보관 및 관리, (ii) 자산운용회사의 투자회사재산 운용 등에 대한 감시, (iii) 간접투자재산에서 발생하는 이자 · 배당 · 수익금 · 임대료 등의 수령, (iv) 무상으로 발행되는 신주의 수령, (v) 투자증권의 상환금의 수입, (vi) 여유자금 운용이자의 수입 등의 업무이다(간투법 제24조 제2항 및 법 시행령 제32조 제1항).

24) 수탁회사 및 자산보관회사의 또 다른 등록 요건은 (i) 임원 중 간투법 제8조 제1항 각 호의 1에 해당하는 자가 없을 것, (ii) 상근하는 임·직원 중 대통령령이 정하는 기준의 전문인력을 보유할 것, (iii) 전산설비 등 대통령령이 정하는 물적 시설을 갖추고 있을 것, (iv) 기타 대통령령이 정하는 요건을 갖출 것이다(간투법 제23조 제3항 및 제24조 제3항). 여기서도 최저 자본금 또는 출자액 요건은 적용되지 않는다.

25) 이것은 후술하는 것처럼 증권회사가 일반사무관리회사 업무를 영위할 수 있느냐와 관련하여 간투법상의 등록 요건 중 '상법상의 주식회사'라고 규정하고 있는 것(간투법 제25조 제1항 제1호)과 조금 다르게 보아야 할 것이다.

업무 및 자산보관회사 업무를 수행하는 데 문제 없을 것이다.

(7) 보험대리점 또는 보험중개사 업무

현행 보험업법 제91조는 은행 및 상호저축은행과 더불어[26] 증권회사에게 보험대리점 또는 보험중개사로 등록할 수 있도록 허용하고 있다. 다만 보험대리점 및 보험중개사 두 개의 업무를 동시에 등록할 수는 없고, 어느 하나만 등록할 수 있도록 하고 있다(보험업법 제87조 제2항 제2호 및 제89조 제2항 제2호). 따라서 증권회사의 보험대리점 또는 보험중개사 업무는 증권거래법 제51조 제1항 제1호에 따른 해당 금융관련법에서 허용한 법정 겸영업무가 될 것이다.

한편 증권회사가 보험대리점이나 보험중개사 업무를 영위하려면 보험업법령에 따른 등록 요건을 갖추어야 하며(보험업법 시행령 제30조 제2항 및 제34조 제2항), 보험업법령이 규정하는 모집 보험상품의 범위, 모집 방법, 영업기준 등에 관한 사항의 적용을 받게 된다(보험업법 제91조 제3항, 동법 시행령 제40조).

3. 인가 겸영업무

(1) 개 요

증권거래법 제51조 제1항 제2호에 따른 "대통령령이 정하는 금융업으로서 그 업무의 성격상 증권회사가 겸업하는 것이 가능하다고 금융위가 인가한 업무"로서 현행 증권거래법 시행령 제36조의2 제1항은 (i) 장내 파생금융상품 거래인 주식선물거래, 주식옵션거래, 주가지수선물거래 및 주가지수옵션거래 업무, (ii) 선도거래(forward) 등 장외 파생금융상품 거래 업무 및 그 중개·주선 또는 대리 업무, (iii) 투자자문 업무, (iv) 투자일임 업무 및 (v) 신탁 업무를 열거하고 있다. 신탁업은 증권거래법 시행령이 2005년 3월 개정되면서 증권회사의 업무 영역 확대의 일환으로 허용된 것이다. 그리고 증권거래법령은 일부 겸영업무의 경우에는 해당 겸영업무를 영위하기 위한 증권회사의 요건을 정하고 있다.

그러면 증권회사가 증권거래법상의 겸영업무 인가를 받으면 그 업무의

26) 보험업법 시행령은 한국산업은행, 중소기업은행 및 신용카드회사에게도 보험대리점 또는 보험중개사 등록을 허용하고 있다(제40조 제1항).

해당 관련 법령상 요구되는 인·허가나 등록을 하지 않고 해당 업무를 영위할 수 있는가? 그렇지는 않다. 즉 증권회사가 증권거래법상 겸영 인가를 받더라도 이러한 겸영업무를 영위하기 위해서는 별도로 해당 관련 법령에 따라 요구되는 금융위의 인·허가를 받거나 금융위에 등록을 하여야 한다.[27] 이는 우리나라가 전업주의(compartmentalism)를 취하고 있어 해당 업무에 대하여 별도로 규율하는 법이 있기 때문에 그렇다. 즉 증권거래법상의 겸영업무 인가와 해당 관련법령상의 해당 업무 영위를 위한 인·허가나 등록은 별개의 것이다.

그런데 증권거래법은 증권회사가 해당 관련 법상 요구되는 금융위의 인·허가를 받거나 금융위에 등록을 하면 증권거래법상의 겸영 인가를 받은 것으로 본다고 규정하고 있어(법 제51조 제2항), 해당 업무가 관련 법령상 인·허가나 등록을 요구하는 경우에 인·허가를 얻거나 등록을 하면 증권거래법상의 겸영 인가를 별도로 받을 필요는 없을 것이다.

(2) 주식 관련 선물거래 업무

금융위 인가를 받아야 하는 겸영업무로서는 '선물거래법에 의한 선물업'이 있다. 그러나 그 거래 대상은 주권 및 이를 기초로 하는 지수에 한정된다(법 시행령 제36조의2 제1항 제1호). 그리고 선물거래법상의 '선물업'이라 함은 선물(futures) 거래 및 옵션(option) 거래를 말한다(선물거래법 제3조 제1호 및 제5호). 따라서 증권회사는 겸영업무로서 주식선물거래, 주식옵션거래, 주가지수선물거래 및 주가지수옵션거래 업무를 직접 영위할 수 있다. 또한 "선물업을 영위할 수 있다"라고 함은 증권회사가 선물회사를 통하여 위탁거래를 하지 않고 자기의 계산으로 동 거래를 하거나 고객으로부터 위탁받아 동 거래를 영위할 수 있으며, 더 나아가 그 위탁의 중개 · 주선 또는 대리 업무도 영위할 수 있는 것(선물거래법 제3조 제5호)을 말한다. 따라서 증권회사가 위의 겸영이 허용된 거래를 제외한 선물시장에서의 거래는 선물회사를 통하여 위탁 거래를 하여야 한다(선물거래법 제3조 제5호 참조).

그리고 증권거래법령은 이러한 주식선물거래 등 장내 파생금융상품 거

27) 선물업을 영위하기 위해서는 선물거래법상 금융위로부터 선물업 허가를 받아야 하며(선물거래법 제37조 제1항), 투자자문업 및 투자일임업을 영위하기 위해서는 간투법상 금융위에 등록을 하여야 하고(간투법 제145조 제1항), 신탁업을 영위하기 위해서는 신탁업법상 금융위로부터 신탁업 인가를 받아야 한다(신탁업법 제3조 제1항).

래를 영위할 수 있는 증권회사의 요건에 대하여 특별히 제한하고 있지 않기 때문에 위탁매매업 허가만을 갖고 있는 증권회사도 이 업무를 영위할 수 있을 것이다(법 시행령 제36조의2 제2항 참조). 이 점이 아래 장외 파생금융상품 거래 업무, 투자자문 업무 및 투자일임 업무처럼 일정한 자격 요건을 갖춘 증권회사만이 영위할 수 있는 것과 다르다(법 시행령 제36조의2 제2항). 또한 위에서 언급한 것처럼, 증권회사가 위의 겸영업무를 영위하기 위해서는 해당 관련 법령인 선물거래법에 따른 금융위의 선물업 허가를 받아야 한다(선물거래법 제37조 제1항).[28] 외국증권회사 국내지점도 선물거래법상의 선물업 허가를 받는 데 큰 법적 문제점은 없을 것이다. 즉 선물업 허가 요건 중의 하나로서 특별히 '상법상의 주식회사' 요건을 요구하고 있지 않고, 자본금 요건이 있으나 외국증권회사 국내지점은 영업기금을 자본금으로 의제하므로(법 시행령 제15조의4 제1항) 이 요건을 충족하는 데도 법적 문제점은 없을 것이다. 따라서 외국증권회사 국내지점도 선물거래법령상의 선물업 허가 요건을 충족하는 한 주식 관련 선물거래 업무를 영위할 수 있다.

한편 위에서 언급한 것처럼, 선물거래법상 선물업 허가를 받으면 증권거래법상의 겸영 인가를 받은 것으로 간주하게 되므로(증권거래법 제51조 제2항), 이 경우 별도의 겸영 인가를 받을 필요는 없을 것이다.

(3) 장외 파생금융상품 거래 업무

금융위 인가를 받아야 하는 또 하나의 겸영업무는 통화, 유가증권, 일반상품, 금리 및 신용위험을 기초자산으로 하는 장외 파생금융상품 거래[29] 및 그 중개 · 주선 또는 대리 업무이다(법 시행령 제36조의2 제1항 제1의2호). 이러한 장외 파생금융상품 거래 업무는 다른 관련 법령에 의한 허가 · 인가 또는 등록을 요하지 아니하기 때문에, 다른 인가 겸영 업무와 달리 증권거래법령상의 겸영 인가를 받아

---

28) 선물업 허가 요건은 다음과 같다. 즉 (i) 자본금이 30억원 이상인 법인일 것, (ii) 위탁자의 보호가 가능하고 그 영위하고자 하는 선물업을 수행하기에 충분한 인력과 전산설비 등 물적시설을 갖추고 있을 것, (iii) 사업계획이 타당하고 건전할 것, (iv) 시행령이 정하는 주요출자자가 충분한 출자능력, 건전한 재무상태 및 사회적 신용을 갖추고 있을 것이다(선물거래법 제38조 제1항).

29) 전삼현, 앞의 책, 120면은 "장외파생상품거래란 선물 · 옵션 · 선도 · 스왑거래를 의미한다"라고 설명하고 있으나, 선물(futures)거래는 표준화된 계약 조건에 따라 공적인 거래소에서 이루어지는 거래인 장내(on exchange) 파생금융상품 거래의 하나로 분류되기 때문에 타당한 설명으로는 보이지 않는다.

야 할 것이다.

1) 통화 · 유가증권 · 금리 · 일반상품 및 신용위험을 기초자산으로 하는 장외 파생금융상품 거래 업무

허용된 장외 파생금융상품 거래의 범위는 증권거래법 시행령 및 동법 시행규칙이 규정하고 있다(법 시행령 제36조의2 제1항 제1의2호 및 법 시행규칙 제13조 제1항). 통화 · 유가증권 및 금리를 기초자산으로 하는 장외 파생금융상품 거래 업무는 2002년 7월부터 허용된 것이고, 일반상품(선물거래법 제2조 제1호의 규정에 의한 일반상품을 말함)[30] 및 신용위험을 기초자산으로 하는 장외 파생금융상품 거래 업무는 2005년 3월 증권거래법 시행령 및 동법 시행규칙이 개정되면서 허용되었다.

그리고 증권거래법 시행령 및 동법 시행규칙이 규정하고 있는 장외 파생금융상품 거래의 유형은 다음과 같다(법 시행령 제36조의2 제1항 제1의2호 및 법 시행규칙 제13조 제1항). 우선 선도거래[31]가 있다. 즉 (i) 유가증권[32] · 통화 · 일반상품, (ii) 유가증권 · 통화 · 일반상품의 가격 또는 금리 및 (iii) 유가증권 · 통화 · 일반상품의 가격 또는 금리를 기초로 하는 지수(위 (ii) 및 (iii)을 합하여 "지수 등"이라 한다)를 대상으로 선도거래를 할 수 있다. 둘째, 스왑거래가 가능하다. 스왑거래의 대상은 (i) 유가증권 · 통화 · 일반상품 및 (ii) 지수 등에 의하여 산출된 금전이다. 셋째, 옵션거래가 있다. 즉 (i) 위의 선도거래 및 스왑거래, (ii) 유가증권 · 통화 · 일반상품의 매매거래 및 (iii) 지수 등을 기준으로 약정된 수치의 차에 의하여 산출된 금전을 수수

30) 농산물 · 축산물 · 수산물 · 임산물 · 광산물 · 에너지에 속하는 물품 및 이 물품을 원료로 하여 제조하거나 가공한 물품 기타 이들과 유사한 것을 말한다(선물거래법 제2조 제1호).

31) 즉 '선도거래'라 함은 기초자산을 장래의 일정한 시기에 미리 정한 가격으로 수수할 것을 약정하는 거래(전매 또는 환매를 하는 경우에는 미리 약정한 가격과 전매 또는 환매시의 가격과의 차액을 수수하여 결제할 수 있는 거래를 포함함)나 지수 등을 기준으로 약정된 수치를 미리 정하고 장래의 일정한 시기에 당해 지수 등의 수치와의 차에 의하여 산출된 금전의 수수를 약정하는 거래를 말한다(법 시행규칙 제13조 제1항 제1호 및 제2호).

32) '유가증권'이라 함은 증권거래법 제2조 제1항 각 호의 규정에 따른 유가증권(유가증권시장이나 코스닥시장과 유사한 외국에 있는 시장, 즉 외국 거래소에서 거래되는 유가증권의 성질을 구비한 것도 포함됨)을 말한다(법 시행령 제36조의2 제1항 제1호의2 가목, 법 시행규칙 제13조 제1항 제1호 및 제1조의3 제3항 제1호). 즉 사채 · 주식 이외에 2003년 2월부터 포함된 주가연계증권 및 주식워런트증권과 2005년 3월부터 포함된 상법상 출자지분(즉 상법상 익명조합, 합자회사, 유한회사의 출자지분) 및 파생결합증권 등을 포함한다(법 제2조 제1항, 법 시행령 제2조의3).

하는 거래를 성립시킬 수 있는 권리를 일방 당사자에게 부여하고 그 권리를 부여받는 당사자가 상대방에게 그에 대한 대가를 지급할 것을 약정하는 거래를 할 수 있다. 넷째, 신용파생상품 거래가 있다. 즉 신용위험(당사자 또는 제3자의 신용등급의 변동·파산 또는 채무재조정 등을 말함)의 지표의 변동과 연계한 거래를 할 수 있다. 따라서 증권거래법령상 허용되는 증권회사의 장외 파생금융상품 거래는 유가증권, 통화, 일반상품, 금리 및 신용위험을 기초자산으로 하는 거래임을 알 수 있다.

다만 이러한 장외 파생금융상품 거래를 영위할 수 있는 증권회사는 일정한 요건을 갖추어야 한다.[33] 즉 (i) 매매업, 위탁매매업 및 인수업 등 세 가지 증권업 전부를 영위하고, (ii) 당해 증권회사의 주요 출자자가 부실금융기관의 최대주주 · 주요주주 또는 그 특수관계인이 아니어야 하며, (iii) 자기자본규제비율(즉 영업용순자본비율)을 300% 이상 유지하여야 하며, (iv) 장외 파생금융상품 거래에 관한 전문성을 갖춘 상근 임원 등 전문 인력을 확보하여야 하고, (v) 금융위가 정하는 위험관리기준 및 내부통제기준을 충족시켜야 하는 요건을 갖추어야 한다(법 시행령 제36조의2 제2항 제1호 및 법 시행규칙 제13조 제2항).[34]

또한 증권거래법령은 은행과 달리 증권회사가 장외 파생금융상품 거래를 영위할 때의 업무 방법에 대한 제한을 두고 있다. 즉 (i) 거래 상대방은 은행 · 종합금융회사 · 증권회사 · 보험회사 등 금융기관[35]이나 주권상장법인, 코스닥상장법인, 신용평가등급이 투자적격 이상인 법인, 정부투자기관, 신용평가등급이 투자적격 이상인 외국금융기관(외국금융기관이 장외 파생금융상품 거래의 이행을 보증한 자회사 포함) 등일 것,[36] (ii) 외국 거래소 시장에서의 거래를 제외하고는 단일의 거래 당사자간의 거래 방법에 의할 것, (iii) 거래 상대방의 신원을 확인하고 거래 위험 등을 거

---

33) 은행의 경우에는 장외 파생금융상품 거래가 은행의 부수업무로 규정되어 있어(「은행업무 중 부수업무의 범위에 관한 지침」 Ⅱ. 16호) 은행업 인가를 받은 모든 은행이 장외 파생금융상품 거래를 영위할 수 있다는 점과 다르다.

34) 2007년 3월 28일까지는 자기자본 1천억원 이상 요건을 요구하고 있었다. 이 자기자본 요건은 2005년 3월 증권거래법 시행규칙이 개정되면서 종전 3천억원 이상의 요건에서 완화되었으며(제13조 제2항), 2007년 3월 28일까지 2년간만 효력이 있는 일몰조항이었다(법 시행령 부칙 제1조 및 법 시행규칙 부칙 제2조).

35) 이 외에 농업협동조합중앙회, 수산업협동조합중앙회, 신용보증기금, 상호저축은행, 여신전문금융회사, 자금중개회사 등 그 범위가 넓다.

36) 이 외에도 증권거래법령은 거래 상대방으로서 기금, 공제사업 영위 법인, 우체국보험적립금, 간접투자기구(외국의 간접투자자산운용업자 포함), 선물회사, 정부, 지방자치단체를 열거하고 있다.

래 상대방에게 서면으로 고지할 것, (iv) 주권상장법인, 코스닥상장법인, 신용평가등급이 투자적격 이상인 법인, 정부, 지방자치단체, 정부투자기관 등 비전문가와의 거래시에는 장외 파생금융상품 거래 상품설명서를 미리 금융감독원장에게 제출할 것, (v) 매 장외 파생금융상품 거래시마다 당해 업무를 관장하는 상근 임원의 승인을 받을 것, (vi) 장외 파생금융상품 거래의 위험관리 등에 관하여 금융위가 정하는 사항[37]을 준수할 것, (vii) 특히, 신용파생상품 거래의 경우에는 거래 상대방(그 특수관계인을 포함)에 대한 위험금액이 증권회사 자기자본의 5%를 초과하지 않을 것[38] 등의 제한을 받는다(법 시행령 제84조의28, 법 시행규칙 제36조의18 제1항 내지 제4항).

2) 장외 파생금융상품 거래의 중개 · 주선 또는 대리 업무

이 외에도 장외 파생금융상품 거래 겸영 업무 인가 증권회사는 장외 파생금융상품 거래의 중개 · 주선 또는 대리 업무도 영위할 수 있다(법 시행령 제36조의2 제1항 제1호의2 후단). 이것은 은행의 경우 장외 파생금융상품 거래의 중개 등의 업무를 할 수 있는지 여부에 관해 은행법령상 명시적인 규정을 두고 있지 않아 논란이 되는 것과 비교되는 점이다.

(4) 투자자문업무

증권회사는 인가 겸영업무로서 간투법이 규정하고 있는 투자자문업을 영위할 수 있다(법 시행령 제36조의2 제1항 제2호).[39] 간투법상 '투자자문업'이라 함은 투자자문자산[40]의 가치 또는 투자자문자산에 대한 투자판단[41]에 관하여 구술 · 문서 그 밖의

---

37) 증권업감독규정 〈별표 3의2〉 위험관리 및 내부통제 등에 관한 평가기준(제1-15조 제1항 관련)에 의한 종합평가 결과가 양호 이상일 것 등의 요건이다.

38) 신용파생상품 거래의 위험금액 한도 제한은 2008년 3월 28일까지 3년간만 유효하다(법 시행령 부칙 제2조 및 법 시행규칙 부칙 제2조).

39) 2003년 10월 간투법이 제정되기 전에는 증권거래법이 투자자문업 및 투자일임업에 대하여 규정하고 있었다.

40) '투자자문자산'이라 함은 (i) 통화 · 유가증권 · 금리 또는 통화 · 유가증권 · 금리의 가격이나 이를 기초로 하는 지수, (ii) 간투법 시행령 제3조 제1호의 자산(수익증권, 사모투자전문회사의 지분, 보험회사에 대한 보험금지급청구권, 어음, 출자지분 등), (iii) 간투법 제87조 제3항 각 호의 방법(즉 단기대출 및 금융기관 예치)으로 운용되는 자산을 말한다(간투법 시행령 제4조 제1항 본문). 이외에도 투자자문업 및 투자일임업을 겸영하는 증권회사의 경우에는 부동산 및 지상권 · 전세권 · 임차권 등 부동산의 사용에 관한 권리도 투자자문자산에 포함된다(간투법 시행령 제4조 제1항 단서).

방법으로 조언을 하는 영업을 말한다(간투법 제2조 제5호 본문).[42] 다만, 불특정다수인을 대상으로 하여 발행되는 간행물 · 전자우편 등에 의한 조언으로서 간투법 시행령이 정하는 것[43]을 제외한다(간투법 제2조 제5호 단서).

그리고 투자자문업을 겸영업무로서 영위할 수 있는 증권회사는 매매업(dealing) 허가(법 제28조 제2항 제1호) 및 위탁매매업 허가(법 제28조 제2항 제2호)를 모두 갖고 있는 증권회사에 한한다(법 시행령 제36조의2 제2항 제2호). 또한 증권회사가 투자자문업을 영위하려면 간투법상 일정한 요건[44]을 갖추어 금융위에 등록을 하여야 한다(간투법 제145조 제1항). 그리고 간투법이 규정하고 있는 투자자문회사에 적용되는 규정들이 투자자문업무를 겸영하는 증권회사에게도 적용된다.[45]

또한 증권회사가 투자자문업을 겸영하는 경우에는 다음과 같은 업무 방법의 제한을 받는데, (ⅰ) 투자자문 고객의 계좌를 당해 고객의 다른 계좌와 분리하여야 하며, (ⅱ) 자기계산에 의한 유가증권의 매매 그 밖의 거래를 유리하게 또는 원활하게 할 목적으로 투자 조언 및 그 밖의 거래를 해서는 안 된다(법 시행령 제36조의2 제4항). 그리고 위에서 언급한 것처럼, 간투법상의 투자자문업 등록을 하면 증권거래법상의 겸영 인가를 받은 것으로 간주하게 되므로(법 제51조 제2항), 별도의 겸영 인가를 받을 필요는 없을 것이다.

---

41) 투자대상이 되는 투자자문자산의 종류 · 종목 · 수량 및 가격과 매매의 구분 · 방법 및 시기 등에 대한 판단을 말한다(간투법 제2조 제5호).

42) 이러한 투자자문업 영위를 위한 투자자문 계좌를 투자일임 계좌와 더불어 '종합자산관리계좌'라고 한다(증권업감독규정 제5-62조 제2항 제1호).

43) '시행령이 정하는 것'은 투자자문자산의 가치 또는 투자자문자산에 대한 투자판단에 관한 조언(이하 "투자조언")으로서 (ⅰ) 불특정다수인을 대상으로 발행 또는 송신되고, 불특정다수인이 수시로 구입 또는 수신할 수 있는 간행물 · 출판물 · 통신물 또는 방송 등을 통하여 등록 투자자문업자 외의 자가 투자조언을 하는 것 및 (ⅱ) 별도의 대가없이 다른 영업에 부수하여 투자조언을 하는 것을 말한다(간투법 시행령 제4조 제2항).

44) 투자자문업을 영위하려면 상법상의 주식회사로서 납입자본금이 5억원 이상이고(간투법 제145조 제1항 제1호), 시행령이 정하는 일정한 자격 요건(간투법 시행령 제132조 제1항 각 호)을 충족하는 운용전문인력을 상근 임직원으로서 2인 이상을 두어야 하며(간투법 시행령 제132조 제1항), 간투법 시행령이 정하는 주요 출자자의 요건을 충족하여야 한다(간투법 시행령 제132조 제4항).

45) 다만 간투법 제146조(겸업의 제한) 제1항, 제147조(투자자문회사의 행위 제한) 제1항 제1호 및 제2호, 제148조(임원 · 감독 등)(다만 증권거래법 제63조를 제외한다)의 규정은 투자자문업을 겸영하는 증권회사에게는 적용되지 않는다(간투법 제153조 제2항).

한편 증권회사의 투자자문업무 겸영과 관련하여 문제되는 것은 간투법상의 투자자문업 등록 요건 중의 하나인 "상법상의 주식회사로서 납입자본금이 5억원 이상"인 요건이다(간투법 제145조 제1항 제1호). 즉 외국증권회사 국내지점은 증권거래법상 증권회사로 간주되지만 상법상의 주식회사는 아니라는 점 때문에 외국증권회사 국내지점이 위의 등록 요건을 충족할 수 없어서 투자자문업 등록을 할 수 없느냐 하는 문제이다. 이에 대해서는 증권거래법상 외국증권회사 국내지점도 증권회사로 간주되는바(법 제28조의2 제4항), 증권회사에게 투자자문업을 겸영업무로 명시적으로 허용하고 있는 점을 감안할 때 해석상 외국증권회사 국내지점도 투자자문업을 영위할 수 있다고 볼 수 있다. 즉 보다 구체적으로 다음과 같이 생각해볼 수 있을 것이다. 증권거래법 제28조 제1항은 증권업 허가를 받으려면 주식회사이어야 하므로 증권업 허가를 받은 증권회사는 모두 주식회사가 되는 셈이다. 그런데 증권거래법 제28조의2 제4항은 허가 받은 외국증권회사 국내지점을 증권거래법에 의한 증권회사로 간주하는바, 이는 외국증권회사 국내지점을 주식회사인 증권회사와 동일하게 취급하겠다는 의도로 볼 수 있다. 따라서 외국증권회사 국내지점도 (그 지점이 주식회사인가 여부를 묻지 않고) 주식회사인 증권회사와 동일하게 취급되므로 간투법 등 다른 법률에서 국내 증권회사가 주식회사로서 자격 요건을 충족하는 경우에는 외국증권회사 국내지점도 주식회사인 국내 증권회사와 동일하게 취급할 수 있을 것이다.[46] 따라서 외국증권회사 국내지점의 경우에도 간투법상 요구하는 상법상의 주식회사라는 요건을 충족하였다고 볼 수 있다. 그러나 이에 대해서는 반론의 여지도 있기 때문에 이러한 문제를 해결하기 위해서는 간투법령에 외국증권회사 국내지점에게는 이러한 상법상의 주식회사라는 요건이 적용되지 않도록 명시적으로 규정할 필요가 있다고 본다. 한편 최저 납입자본금 요건은 외국증권회사 국내지점의 영업기금이 자본금으로 간주되기 때문에(법 시행령 제15조의4 제1항) 이 요건을 충족하는 데 법적 문제는 없을 것으로 본다.

---

46) 또한 외국증권회사 본점이 주식회사이므로 본점을 기준으로 하여 상법상의 주식회사 요건을 충족한다고 볼 수도 있다. 이는 상법 제621조가 외국회사를 우리나라에서 성립된 동종의 회사로 보기 때문에 본점을 기준으로 하여 보는 것도 큰 무리는 없을 것이다.

(5) 투자일임업무

증권회사는 간투법이 규정하고 있는 투자일임업을 인가 겸영업무로서 영위할 수 있다(법 시행령 제36조의2 제1항 제3호). 간투법상 '투자일임업'이라 함은 고객으로부터 투자자문자산의 가치 등의 분석에 기초한 투자판단의 전부 또는 일부를 일임받아 그 고객을 위하여 투자하는 영업을 말한다(간투법 제2조 제6호).[47] 그리고 투자자문업의 경우처럼, 증권의 매매업 및 위탁매매업 허가를 모두 갖고 있는 증권회사만이 투자일임업을 겸영할 수 있다(법 시행령 제36조의2 제2항 제2호). 또한 투자자문업과 마찬가지로 간투법이 규정하고 있는 등록 요건[48]을 갖추어 금융위에 등록을 하여야 한다(간투법 제145조 제1항 본문). 그리고 간투법이 규정하고 있는 투자자문회사에 적용되는 규정들이 투자일임업무를 겸영하는 증권회사에게도 적용된다.[49]

한편 증권회사가 투자일임업을 겸영하는 경우에는 다음과 같은 업무 방법의 제한을 받는바, (i) 투자일임 고객의 계좌를 당해 고객의 다른 계좌와 분리하여야 하며, (ii) 자기계산에 의한 유가증권의 매매 그 밖의 거래를 유리하게 또는 원활하게 할 목적으로 투자일임 계약 재산의 매매 그 밖의 거래를 해서는 안 되며, (iii) 투자일임 재산을 당해 증권회사가 발행한 유가증권에 투자해서는 안 된다(법 시행령 제36조의2 제4항). 그리고 위에서 언급한 것처럼, 간투법상의 투자일임업 등록을 하면 증권거래법상의 겸영 인가를 받은 것으로 간주하게 되므로(법 제51조 제2항), 별도의 겸영 인가를 받을 필요는 없을 것이다.

한편, 증권회사의 투자일임업무 겸영과 관련하여 간투법상의 투자일임업 등록 요건 중의 하나가 "상법상의 주식회사로서 납입자본금이 30억원 이상"인 요건이어서(간투법 제145조 제1항 제2호), 외국증권회사 국내지점이 이 요건을 충족할 수 있

47) 이러한 투자일임업 영위를 위한 투자일임 계좌를 투자자문 계좌와 더불어 '종합자산관리계좌'라고 한다(증권업감독규정 제5-62조 제2항 제1호).

48) 투자일임업을 영위하려면 상법상의 주식회사로서 납입자본금이 30억원 이상이고(간투법 제145조 제1항 제2호), 간투법 시행령이 정하는 일정한 자격 요건(간투법 시행령 제132조 제1항 각 호)을 충족하는 운용전문인력을 상근 임직원으로서 4인 이상을 두어야 하며(간투법 시행령 제132조 제1항), 간투법 시행령이 정하는 주요 출자자의 요건을 충족하여야 한다(간투법 시행령 제132조 제4항).

49) 다만 간투법 제146조(겸업의 제한) 제1항, 제147조(투자자문회사의 행위 제한) 제1항 제1호 및 제2호, 제148조(임원 · 감독 등)(다만 증권거래법 제63조를 제외한다)의 규정은 적용되지 않는다(간투법 제153조 제2항).

는지 여부와 관련해서는 위에서 논의한 투자자문업무의 경우와 같은 문제가 발생할 수 있을 것이다.

(6) 신탁업무

증권회사의 신탁업 인가 겸영업무는 2005년 3월 증권거래법 시행령이 개정되면서 증권회사에게 허용된 업무이다(법 시행령 제36조의2 제2항 제4호).[50] 증권회사가 신탁업을 겸영 업무로서 영위하려면 신탁업법상의 별도의 신탁업 인가를 받아야 한다(신탁업법 제3조 제1항).[51] 이에 따라 2005년 7월 29일 신탁업법이 일부 개정되어 증권회사가 신탁업을 겸영할 수 있도록 관련 조항이 개정되었는데, 신탁회사의 상호 사용(제7조 제1항), 임원의 자격(제8조의2), 고유자금 운용의 제한(제15조) 및 내부통제기준(제24조의4)에 관한 규정에 대해서 종전의 은행 이외에 증권회사에 대하여도 그 적용을 배제하도록 하는 개정 조치가 이루어졌다(신탁업법 제29조의3).[52]

신탁업은 증권회사가 취급할 수 있는 신탁업의 종류에 대하여 특별히 제한을 하고 있지 않기 때문에 증권회사가 신탁업법상 요구되는 최저 자본금 요건[53]을 충족하는 한 금전 신탁 이외에 유가증권, 금전채권, 동산, 토지와 그 정착물, 지상권, 전세권 및 토지의 임차권, 무체재산권(지적재산권을 포함)의 신탁 업무를 영위할 수 있다.[54] 따라서 증권회사는 인가 신청시 영위하고자 하는 신탁업무

---

50) 보험회사에 대해서도 신탁업 겸영이 허용되었다.

51) 신탁업법상 최저 자본금 요건 이외에 신탁업 인가 요건은 다음과 같다. 즉 (i) 수익자의 보호가 가능하고 그 영위하고자 하는 신탁업을 수행하기에 충분한 인력과 전산설비 등 물적 시설을 갖추고 있을 것, (ii) 사업계획이 타당하고 건전할 것, (iii) 신탁부문과 고유부문 간의 구분 관리 및 신탁상품 간의 구분 관리 계획이 적정할 것, (iv) 신탁업법 시행령이 정하는 주요출자자가 충분한 출자능력, 건전한 재무상태 및 사회적 신용을 갖추고 있을 것의 요건이다(신탁업법 제3조의3 제1항). 따라서 증권회사가 신탁업을 겸영하려면 위의 인가 요건을 다 충족하여야 한다.

52) 물론 보험회사에 대해서도 이 배제 조항은 적용된다.

53) 신탁업법상의 최저 자본금 요건은 다음과 같다. 즉 (i) 금전신탁 또는 종합재산신탁으로서 금전이 포함된 재산의 신탁의 인수업무를 행하는 경우에는 250억원 이상, (ii) 금전을 제외한 재산의 신탁 또는 종합재산신탁으로서 금전이 포함되지 아니한 재산의 신탁의 인수업무를 행하는 경우에는 100억원 이상이어야 한다(신탁업법 제3조 제2항). '종합재산신탁'이라 함은 하나의 신탁계약에 의하여 위탁자로부터 신탁 인수 가능 재산(즉 신탁업법 제10조 제1항에 열거된 재산) 중 2 이상의 재산을 종합하여 신탁의 인수를 하는 것을 말한다(신탁업법 제10조 제2항).

54) 신탁업법 제10조 제1항 각 호. 이와 관련하여 증권회사에 대한 신탁업 인가시 영

의 종류를 기재하여 인가를 받으면 그 범위 내에서 해당 신탁업무를 영위할 수 있을 것이다(신탁업법 시행령 제2조 제1항 제6호 및 제3조 제1항). 즉 현행 법령상 증권회사가 영위할 수 있는 신탁업무의 종류에는 제한이 없다고 볼 수 있다. 그리고 증권회사가 신탁업을 겸영하는 경우에는 신탁부문과 고유부문(즉 일반 증권업)은 구분·관리되어야 한다(신탁업법 제3조의3 제1항 제3호).

한편, 위 장외 파생금융상품 거래 업무나 투자자문 및 투자일임 업무와 달리, 증권거래법령은 신탁업을 겸영할 수 있는 증권회사의 요건에 대하여 특별히 규제하고 있지 않기 때문에 위탁매매업 허가만을 갖고 있더라도 신탁업법상의 신탁업 인가를 받는 한 신탁업 겸영 업무가 가능할 것이다. 그리고 위에서 언급한 것처럼, 신탁업법상의 신탁업 인가를 받으면 증권거래법상의 겸영 인가를 받은 것으로 간주하게 되므로(법 제51조 제2항), 별도의 겸영 인가를 받을 필요는 없게 될 것이다.

또한 외국증권회사 국내지점의 경우에도 신탁업 인가 요건으로 특별히 "상법상의 주식회사"의 요건을 요구하고 있지 않고, 최저 자본금 요건도 영업기금을 기준으로 하면 되므로(법 시행령 제15조의4 제1항) 다른 신탁업 인가 요건을 충족하는 한 신탁업을 겸영하는 데 법적 문제는 없을 것이다.

위할 수 있는 신탁업무의 종류를 제한하는 조건으로 인가를 할 수 있지 않느냐하는 논의가 있을 수 있지만, 2005년 7월 29일 개정된 신탁업법 제3조 제4항은 "금융위원회가 제1항의 규정에 따른 인가를 함에 있어 신탁업을 영위하고자 하는 금융기관의 업무 특성을 감안하여 대출업무의 제한 등 필요한 조건을 붙일 수 있다"라고 규정하고 있기 때문에, 해석상 인가 조건에 신탁업무 범위까지 제한한다고 볼 수는 없을 것이다. 참고로 개정 전에는 신탁업법 제3조 제4항이 "금융감독위원회는 제1항의 규정에 의한 인가에 조건을 붙일 수 있다"라고만 되어 있어서, 이 규정에 의거하여 증권회사의 신탁업무 범위에 제한을 할 수 있다고 주장할 가능성이 컸다고 볼 수 있었으나, 개정된 신탁업법상 이러한 주장의 가능성은 희박하게 되었다고 보아야 할 것이다.

Ⅲ. 증권회사의 부수업무

1. 개 관

증권거래법령상 증권회사는 부수업무로서 (i) 증권업과 관련된 업무 (ii) 증권회사가 소유하고 있는 인력·자산 또는 설비 등을 활용하는 업무 및 (iii) 기타 다른 법령에 의하여 허가·인가·승인 또는 등록 등을 필요로 하지 아니하는 업무를 영위할 수 있다(법 제51조 제1항 제3호). 증권거래법 시행령은 위의 (i) 및 (ii)의 부수업무의 범위에 대하여 자세히 규정하고 있다(법 시행령 제36조의2 제5항).

2. 증권업과 관련된 부수업무

증권거래법 시행령이 규정하고 있는 증권업과 관련된 부수업무는 다음과 같다.

(1) 유가증권 및 지분의 평가 업무

증권회사는 유가증권 및 지분의 평가 업무를 부수업무로서 영위할 수 있다(법 시행령 제36조의2 제5항 제1호 가목). 유가증권 및 지분 평가 업무는 투자기업의 출자 지분 회수시 당해 주식 가치의 평가 업무로서 유가증권 인수업에 부수되는 업무로 볼 수 있다.[55]

(2) M&A 중개·주선·대리 업무

증권회사는 기업의 매수 및 합병(M&A)의 중개·주선 또는 대리 업무를 부수업무로서 영위할 수 있다(법 시행령 제36조의2 제5항 제1호 나목). 이는 기업 매수·합병이 유가증권 평가 업무에서 출발하며 최종적으로는 공개매수나 주식 매매의 위탁에 의하여 성사된다는 관점에서 허용된 업무로서 인수업·매매업·위탁매매업의 부수업무라고 볼 수 있다.[56]

---

55) 전홍렬, 앞의 책, 187면.
56) 위의 책, 187면.

(3) 양도성예금증서의 매매 · 중개 업무

증권회사는 양도성예금증서(certificate of deposit: CD)의 매매 및 매매의 중개 업무를 부수업무로서 영위할 수 있다(법 시행령 제36조의2 제5항 제1호 다목). 이 경우 증권회사는 전일(전일 거래가 없는 경우에는 거래가 있었던 최근일) 거래된 양도성예금증서의 만기별 거래량, 대표수익률 등을 창구에 공시하여야 한다(증권업감독규정 제5-65조 제2항). 양도성예금증서 중개 업무는 양도성예금증서가 성격상 양도성이 부여된 예금증서로서 유가증권성(단기 회사채와 유사하다)이 크기 때문에 증권회사가 중개하도록 허용한 것이다.[57]

(4) 사채모집의 수탁 업무

증권회사는 회사의 사채 모집시 수탁 업무를 부수업무로서 영위할 수 있다(법 시행령 제36조의2 제5항 제1호 라목). 이는 회사채의 발행 및 상환 업무의 대행서비스 업무로서의 부수업무라고 볼 수 있다.[58]

(5) 유가증권 거래와 관련한 대리인 업무

증권회사는 유가증권 거래와 관련하여 대리인(agent) 업무를 부수업무로 영위할 수 있다(법 시행령 제36조의2 제5항 제1호 마목). 외국인 투자자를 위하여 취득 유가증권의 권리 행사 기타 사항 등을 대리 또는 대행하는 상임대리인의 업무(증권업감독규정 제7-16조)는 이 근거 규정에 의하여 영위하는 것이다.

(6) 경영 자문 업무

증권회사는 기업의 경영 · 구조조정 및 금융에 대한 상담 또는 조력 업무를 부수업무로 영위할 수 있다(법 시행령 제36조의2 제5항 제1호 바목). 기업 경영 자문 업무는 주간사 증권회사로서 금융설계사(financial planner)의 기능 수행과 관련된 서비스 업무이다.[59]

---

57) 위의 책, 187면.
58) 위의 책, 187면.
59) 위의 책, 187면.

(7) 유가증권의 대차(貸借)거래와 중개 등의 업무

증권회사는 유가증권의 대차(貸借)거래 및 그 중개·주선 또는 대리 업무를 부수업무로서 영위할 수 있다(법 시행령 제36조의2 제5항 제1호 사목). 유가증권 대차거래의 중개 업무와 관련하여 증권회사는 (i) 당사자간의 직접 중개 또는 (ii) 각 당사자와 증권회사의 대차거래 형식에 의한 간접 중개 방식으로만 할 수 있다(증권업감독규정 제5-66조 제1항). 또한 (ii)의 방식에 의한 유가증권 대차거래의 중개·주선·대리 업무를 영위함에 있어서도 차입자로부터 유가증권 또는 현금을 담보로 징구하여야 한다(증권업감독규정 제5-67조). 이외에도 증권회사는 유가증권 대차거래의 중개 등의 업무를 영위함에 있어서 체결된 대차거래 유가증권의 종목 및 수량 등의 거래 내역을 증권업협회를 통하여 당일 공시하여야 한다(증권업감독규정 제5-70조 제1항).

(8) 사모(私募) 유가증권의 인수·중개 등의 업무

증권회사는 사모(私募) 방식(private placement)으로 발행되는 유가증권의 인수 업무와 그 중개·주선 또는 대리 업무를 부수업무로서 영위할 수 있다(법 시행령 제36조의2 제5항 제1호 아목). 사모 유가증권 인수 업무는 사모 유가증권 발행시에 증권회사가 그 유가증권을 매입하는 업무를 말하는 것이다.

그런데 사모 유가증권 중개·주선 또는 대리 업무를 부수업무로 규정한 것은 문제가 있다고 생각한다. 그 이유는 그러한 중개 등의 업무를 부수업무로 규정하였다는 것은 증권거래법 제2조 제8항이 규정하는 '증권업'이 아니라는 것을 전제로 하는 것인데, 그렇다면 증권회사가 아닌 자가 사모 유가증권의 중개·주선 또는 대리 업무를 아무런 증권업 허가 없이 영위할 수 있다는 결과가 되는데, 이것이 과연 타당한지 의문이 들기 때문이다. 물론 사모 유가증권 인수의 경우에는 증권업의 규제 대상으로 삼을 필요는 없기 때문에 부수업무로 규정하는 것은 큰 문제가 없을 것이다. 따라서 사모 유가증권의 중개·주선 또는 대리 업무는 부수업무로 규정할 것이 아니라 증권업의 범위에 포함시켜 규제할 수 있도록 하는 것을 입법론적으로 고려할 필요가 있다고 본다.

(9) 대출채권의 매매 · 중개 등의 업무

증권회사는 대출채권의 매매 및 그와 관련된 거래와 그 중개 · 주선 또는 대리 업무를 부수업무로 영위할 수 있다(법 시행령 제36조의2 제5항 제1호 자목).

(10) 유가증권의 보호예수 업무

증권회사는 유가증권의 보호예수(custody) 업무를 부수업무로 영위할 수 있다(법 시행령 제36조의2 제5항 제1호 차목).

(11) 구조조정 관련 부동산의 임대 · 매매의 중개 또는 자문 업무

2005년 3월 증권거래법 시행령이 개정되면서 추가된 부수업무이다. 증권회사는 재무구조 개선 등 구조조정과 관련된 부동산의 임대와 매매에 대한 중개 및 자문 업무를 부수업무로서 영위할 수 있다. 즉 증권회사는 (i) 기업의 매수 및 합병의 중개 · 주선 또는 대리 업무나 (ii) 기업의 경영 · 구조조정 및 금융에 대한 상담 또는 조력 업무에 따른 업무를 수행하는 과정에서 고객인 기업이 보유한 부동산에 대하여 그 부동산의 임대 · 매매의 중개 또는 자문 업무를 영위할 수 있다(법 시행령 제36조의2 제5항 제1호 카목)

(12) 유가증권 가치분석 정보의 판매 업무

이 부수업무도 2005년 3월 증권거래법 시행령이 개정되면서 추가된 업무이다. 즉 증권회사는 유가증권의 가치분석 등에 관한 정보를 불특정 다수인에게 간행물 · 도서 또는 전자문서 등의 방법으로 판매하는 업무를 영위할 수 있다(법 시행령 제36조의2 제5항 제1호 타목).

(13) 제휴 금융기관에 대한 대출 알선 업무

이 부수업무도 2005년 3월 증권거래법 시행령이 개정되면서 추가된 업무이다. 즉 증권회사는 업무제휴 관계에 있는 금융기관으로 하여금 고객에게 금전을 대여하도록 중개 · 주선 또는 대리하는 업무를 영위할 수 있다(법 시행령 제36조의2 제5항 제1호 파목). 다만 해당 업무제휴 관계에 있는 금융기관은 「금융위원회의 설치 등에 관한 법률」 제38조의 규정에 따른 금융감독원의 검사 대상 금융기관에 한

한다(법 시행령 제36조의 2 제5항 제1호 파목). 그리고 제휴 금융기관에 대한 대출 알선 업무의 범위를 증권업과 관련된 것(예를 들어, 유가증권 매입자금의 대출 알선 업무)에 국한할 필요는 없을 것으로 본다.

⒁ 기타 총리령이 정하는 부수업무

증권거래법 시행령은 위의 (1) 내지 ⒀에 준하는 업무로서 총리령이 정하는 업무를 부수업무로서 영위하도록 규정하고 있으나(법 시행령 제36조의 2 제5항 제1호 하목), 현재 규정된 업무는 없다.

3. 증권회사의 소유 자산 등을 활용하는 부수업무

증권회사는 당해 증권회사가 소유하고 있는 인력 · 자산 또는 설비 등을 활용하는 다음과 같은 부수업무를 영위할 수 있다(법 시행령 제36조의2 제5항 제2호). 이 업무는 증권회사의 수입원 확대 차원에서 허용된 업무라고 볼 수 있다.

(1) 부동산 임대 업무

증권회사는 소유하고 있는 부동산의 임대 업무를 영위할 수 있다(법 시행령 제36조의2 제5항 제2호 가목). 은행의 경우와 달리 임대 면적에 대한 제한이 없으므로 소유하고 있는 부동산 전체에 대한 임대도 가능하다고 볼 수 있을 것이다.[60]

(2) 금고 대여 업무

증권회사는 고객을 위하여 금고를 대여하는 업무를 부수업무로서 영위할 수 있다(법 시행령 제36조의 2 제5항 제2호 나목).

(3) 복권 및 입장권의 판매 대행 업무

증권회사는 일반 대중을 상대로 하여 복권 및 입장권의 판매 대행 업무를 부수업무로서 영위할 수 있다(법 시행령 제36조의 2 제5항 제2호 라목).

---

60) 은행의 경우에는 임대 대상 부동산은 원칙적으로 해당 은행이 직접 사용하고 있어야 하며, 임대하고자 하는 부분도 직접 사용 면적의 1배 이내이어야 한다(「은행업무 중 부수업무의 범위에 관한 지침」 Ⅱ. 14호).

(4) 증권 관련 연수 업무

증권회사는 일반 대중을 상대로 하여 증권에 관한 연수 업무를 부수업무로서 영위할 수 있다(법 시행령 제36조의2 제5항 제2호 마목).

(5) 간행물 등의 출판 업무

증권회사는 간행물 및 도서의 출판 업무를 부수업무로서 영위할 수 있다(법 시행령 제36조의2 제5항 제2호 바목).

(6) 전신시스뎀 등의 대여 판매 업무

증권회사는 증권업과 관련된 전산시스템 또는 소프트웨어를 대여하거나 판매하는 업무를 영위할 수 있다(법 시행령 제36조의2 제5항 제2호 사목).

(7) 자산관리자 업무 및 유동화전문회사 업무의 수탁 업무

증권회사는 「자산유동화에 관한 법률」에 의한 자산관리자(servicer)의 업무와 유동화전문회사 업무의 수탁 업무를 부수업무로서 영위할 수 있다(법 시행령 제36조의2 제5항 제2호 아목). 즉 「자산유동화에 관한 법률」에 따르면, 유동화전문회사(신탁회사는 제외)는 자산관리위탁계약에 의하여 유동화 대상 자산보유자 등에게 유동화자산의 관리를 위탁하여야 하는데(법 제10조 제1항), 바로 증권회사는 자산보유자로서 유동화자산의 관리 업무를 수행할 수 있고, 이에 따라 유동화자산에 대한 債權推尋업무를 수행할 수 있는 것이다(법 제10조 제2항). 「자산유동화에 관한 법률」에 따르면, 유동화전문회사는 일정한 사항(유동화자산의 관리에 관한 사항이나 사원총회의 의결을 받아야 하는 사항 등)을 제외한 업무를 자산보유자 또는 기타 제3자에게 위탁해야 하는데(법 제23조 제1항), 이때 증권회사는 자산보유자 또는 제3자로서 이러한 수탁 업무를 영위할 수 있는 것이다. 이러한 수탁 업무에는 유동화증권의 발행 및 상환, 자산유동화계획의 수행에 필요한 계약의 체결 등의 업무가 있다(법 제22조 제1항).

(8) 전자문서 등에 의한 광고대행 업무

증권회사는 간행물 · 도서 또는 전자문서의 방법으로 행하는 광고대행 업무를 영위할 수 있는데, 이 경우 광고의 내용에는 기업가치에 대한 예측 정보나 매수를 추천하는 내용이 포함되어서는 안 된다(법 시행령 제36조의2 제5항 제2호 자목). 간행물 및 도서에 의한 광고대행 업무는 종전의 정보통신망을 이용한 전자문서의 방법 이외에 2005년 3월 증권거래법 시행령이 개정되면서 추가된 부수업무이다.

(9) 기타 총리령이 정하는 부수업무

증권거래법 시행령은 위의 (1) 내지 (8)에 준하는 업무로서 총리령이 정하는 업무를 부수업무로서 영위하도록 규정하고 있으나(시행령 제36조의2 제5항 제2호 자목), 현재 규정된 것은 없다.

4. 부수업무 영위의 사후 보고

2005년 3월 증권거래법 시행령이 개정되기 전에는 증권회사가 부수업무를 영위하고자 하는 경우에는 당해 업무 개시일 7일 전까지 금융위에 통보하도록 하였으나, 규제 완화 차원에서 이 사전 보고제가 폐지되고,[61] 현재는 증권회사가 분기별로 보고하는 업무보고서에서 해당 분기에 신규로 부수업무를 개시한 경우에는 부수업무의 종류 및 업무방법과 절차 등의 내용, 부수업무를 폐지한 경우에는 폐지 부수업무 및 폐지 시기와 사유 등의 내용과 해당 분기의 부수업무 영위 실적을 금융감독원에 보고하면 되도록 되었다(증권업감독업무시행세칙 〈별지 제1호 서식〉(업무보고서) Ⅸ. 부수업무 영위 현황 보고서).

Ⅳ. 증권회사 업무 범위 규제의 개선 방향

1. 자산운용업의 허용

현행 관련법상 증권회사의 자산운용 업무는 허용되고 있지 않다. 우선 증권거래법령은 명시적으로 자산운용업을 인가 겸영업무나 부수업무의 하나로 규정하고 있지 않고 있다. 그러면 해당 관련법에서 허용하는 법정 겸영업

61) 재정경제부 금융정책국, "「증권산업 규제 완화 방안」 등을 담은 「증권거래법 시행령 개정안」 차관회의 통과," 보도참고자료, 2005. 3. 17, 붙임 설명자료, 3면 참조.

무로 규정되어 있는지 살펴볼 필요가 있다. 현행 간투법 제4조는 자산운용업 허가를 신청할 수 있는 요건의 하나로서 상법상 주식회사를 언급하고 있다. 따라서 이 근거 조항에 의하여 증권회사(물론 외국증권회사 국내지점은 제외된다)가 다른 허가 요건을 충족하는 한 자산운용업 허가를 받을 수 있지 않느냐고 생각할 수도 있다. 그러나 간투법 제7조가 규정하고 있는 "자산운용"의 상호 사용 의무 조항에서 자산운용업 허가를 받을 수 있는 은행 · 보험회사 및 종합금융회사는 배제되고 있지만 증권회사는 명시적으로 배제되고 있지 않는 점 등으로 미루어 보아 증권회사는 현행법령상 자산운용업 허가를 받을 수 없다고 보아야 할 것이다. 그리고 만약 현행법령이 증권회사에게 자산운용업 허가를 허용할 의도였다면, 외국증권회사 국내지점도 동일하게 허용할 수 있도록 간투법 시행령 제11조의 자산운용업 영위 가능한 금융기관의 범위에 외국은행 국내지점이나 외국보험회사 국내지점과 같이 외국증권회사 국내지점도 같이 규정했어야 했으나, 간투법 시행령은 외국증권회사 국내지점을 명시하고 있지 않아 현행법령상 증권회사는 자산운용업 허가 대상이 아니라고 보아야 할 것이다.

그런데 증권회사가 자산운용업을 영위할 수 없는 특별한 이론적 근거는 없는 것으로 보인다. 특히 타 금융업 겸영 금지의 이유, 즉 전업주의(compartmentalism)를 취하는 이유가 겸영에 의한 시스템 위험의 증대[62] 및 이해상충 행위(conflicts of interest) 증대로 인한 투자자 보호의 미흡 등의 잠재적 문제 때문인데, 자산운용업의 경우 (i) 투자자에게 손익이 전부 귀속되는 금융업이고 자산운용업의 겸영으로 추가 발생하는 위험이 없으므로 시스템 위험에 영향을 미치지 않고, (ii) 다만 자산운용업 겸영으로 발생할 수 있는 문제는 이해상충 행위의 증대이나 이에 대한 규제는 차단벽(fire wall)을 통한 내부통제 규제 등으로 그 부작용을 막을 수 있기 때문에[63] 증권회사에게 자산운용업을 허용하더라도 큰 문제는 없다고 본다. 외국의 입법례를 보더라도 미국의 경우 증권업과 자산운용업의 상호 겸영을 금지하고 있지 아니하며, 일본의 경우에도 1998년 금융개혁법에 의하여 증권업과 자산운용업의 상호 겸영을

62) 일반적으로 시스템 위험은 (i) 금융기관이 불특정 다수의 투자자로부터 자금을 제공받고 (ii) 자금 제공자와 금융기관 사이에 운용자산 구조에 대한 정보 비대칭성이 높은 경우에 발생한다. 한국개발연구원, "금융회사 업무영역 개선방향에 대한 연구," 2004년도 한국금융학회 금융정책 심포지엄 발표 자료, 2004. 5. 28, 115면.

63) 위의 논문, 115-116면.

허용한 바 있다.[64]

2. 선물업의 전면 허용

위에서 살펴본 것처럼, 증권회사는 주식 관련 선물거래만을 겸영할 수 있다. 그런데 증권회사의 전면적인 선물거래업 영위를 금지할 특별한 이유는 없다고 본다. 일반적으로 겸영업무 금지 이유 중의 하나가 위에서 언급한 시스템 위험 상승 가능성 및 이해상충 행위에 따른 투자자 보호의 미흡 가능성 때문인데, 증권업과 선물업의 겸영의 경우에 증권업과 선물업은 투자자의 유가증권 및 파생금융상품 투자를 대행하는 기능을 수행할 뿐 불특정 다수의 투자자로부터 자금을 수취하여 운용하는 금융업이 아니기 때문에 시스템 위험과는 거리가 있고, 따라서 양자의 겸영이 시스템 위험의 증대를 가져올 가능성은 없다.[65] 또한 이해상충 행위의 증대 가능성의 문제도 증권업과 선물업의 겸영이 새로운 이해상충 행위의 유인을 야기한다고 볼 수도 없다.[66] 따라서 증권회사 업무 영역 확대의 방안으로서 선물업의 전면적 허용을 적극 검토할 필요가 있다고 본다. 미국의 경우에도 증권업과 선물업의 상호 겸영을 금지하고 있지 아니하며, 일본의 경우에도 1998년 금융개혁법에 의하여 증권업과 선물업의 상호 겸영을 허용한 바 있다.[67]

3. 일반사무관리회사 업무의 허용

현행 법령상 증권회사가 간투법상의 일반사무관리회사 업무[68]를 겸영업

64) 위의 논문, 114면.

65) 위의 논문, 115면.

66) 위의 논문, 115면. 증권업과 선물업에서 발생할 수 있는 이해상충 행위의 가능성은 유가증권 및 파생금융상품의 자기매매업과 중개업의 결합에도 존재하는데, 증권업자 및 선물업자가 자기계정에 보유하고 있는 상품을 투자자에게 불공정하게 권유 · 중개하여 이득을 취할 가능성은 증권업과 선물업의 전업에서도 존재하는 것이고 양자 겸영이 추가적으로 야기하는 문제는 아닌 것이다(위의 논문, 115-116면).

67) 위의 논문, 114면.

68) '일반사무관리회사'란 간투법상의 "투자회사의 위탁을 받아 투자회사재산의 운용 외에 투자회사의 운영에 관한 업무를 주된 업으로 하는 자"로서 금융위에 등록한 회

무로 영위할 수 있는지와 관련해서는 해석상 다소 논란이 있을 수 있다. 우선 증권거래법 제51조 제1항 제1호가 다른 금융 관련 법령에서 증권회사가 영위할 수 있도록 한 업무는 법정 겸영업무로서 영위할 수 있도록 하고 있기 때문에, 현행 간투법이 일반사무관리회사 등록 요건 중의 하나로서 비록 명시적으로 증권회사를 규정하고는 있지 않지만 상법상 주식회사일 것을 요구하므로(간투법 제25조 제1항 제1호), 증권회사(다만 외국 증권회사 국내지점은 제외될 것이다)가 다른 등록 요건[69]을 충족하여 등록을 하면 일반사무관리회사 업무를 영위할 수 있는 것 아니냐는 견해가 있을 수 있다. 그러나 증권거래법 제51조 제1항 제1호가 "… 해당 법령에서 증권회사가 영위할 수 있도록 한 업무"라고 규정하고 있기 때문에, 해석상 해당 관련법령이 명시적으로 증권회사가 영위할 수 있도록 허용한 업무에 한정해서 증권회사가 영위할 수 있도록 보는 것이 타당하다고 본다.[70] 이것은 간투법상 자산운용회사의 허가 요건의 하나로 상법상의 주식회사를 규정하고 있지만(간투법 제4조 제1항) 이에 근거하여 증권회사가 자산운용업을 영위할 수 있다고 보지는 않는 것과 같은 것이라고 볼 수 있다.[71]

따라서 이런 해석의 논란을 없애고 또한 증권회사의 업무 확대 측면에서도 증권회사에게 간투법상의 일반사무관리회사의 업무를 허용할 필요성이

사를 말한다(간투법 제25조 제1항). 따라서 투자신탁에는 해당하지 않는다. 그런데, 간투법상의 '일반사무관리회사' 정의에서 "투자회사재산의 운용 외에"라는 표현은 마치 일반사무관리회사가 투자회사재산의 운용 업무를 하면서 추가적으로 투자회사의 운영에 관한 업무를 하는 것처럼 읽히는 오해의 소지가 있고 또한 불필요한 표현이므로 삭제하는 것이 좋다고 본다.

69) 다른 등록 요건은 (i) 납입자본금 또는 출자액이 5억원 이상으로서 대통령령이 정하는 금액 이상일 것, (ii) 상근하는 임·직원 중 대통령령이 정하는 기준의 전문인력을 보유할 것, (iii) 전산설비 등 대통령령이 정하는 물적 시설을 갖추고 있을 것, (iv) 임원 중 간투법 제8조 제1항 각 호의 1에 해당하는 자가 없을 것, (v) 기타 대통령령이 정하는 요건을 갖출 것이다(간투법 제25조 제3항).

70) 그리고 현행 법령상 증권회사에게 일반사무관리회사 업무를 허용할 의도였다면, 외국증권회사 국내지점도 포함하기 위하여 간투법 제25조 제1항 제3호에서 규정하는 "그 밖에 대통령령이 정하는 금융기관"에 명시적으로 외국증권회사 국내지점을 포함했어야 했을 것인데, 간투법 시행령 제33조 제1항은 이를 포함하고 있지 않은 것으로 보아서 현행 법령상 증권회사에게 일반사무관리회사 업무를 허용하지 않은 근거로 볼 수 있을 것이다.

71) 물론 자산운용회사 허가와 관련해서는 "자산운용"의 상호 사용 조항(간투법 제7조)에서 명시적으로 증권회사를 배제하고 있지 않아서 이 조항이 증권회사가 자산운용업을 영위할 수 없다고 보는 더 큰 근거가 된다고 볼 수는 있을 것이다.

있기 때문에 관련법령의 개정이 필요하다고 본다. 이 경우 간투법을 개정해서 증권회사를 사무관리회사의 자격 요건으로 명시적으로 규정하는 방법(이 경우 외국 증권회사 국내지점도 포함할 수 있도록 하여야 할 것이다)이 있을 수 있으며(이 경우에는 법정 겸영업무가 될 것이다), 또는 증권거래법상의 인가 겸영업무로서 명시적으로 규정을 하는 방법이 있을 것이다(이 경우에는 외국증권회사 국내지점도 포함할 수 있도록 간투법 시행령 제33조 제1항을 개정하여 명시적으로 규정할 필요가 있을 것이다).

특히 일반사무관리회사의 업무가 투자회사의 운영, 투자회사 주식의 발행 및 명의개서, 투자회사재산의 계산, 법령 또는 정관에 의한 통지 및 공고, 이사회 및 주주총회의 소집 및 운영에 관한 업무 등(간투법 제25조 제2항, 간투법 시행령 제33조 제2항)인 점을 감안할 때, 이런 업무의 성격상 증권회사에게 굳이 허용하지 않을 이유는 없다고 본다.

4. 장외 파생금융상품 거래 업무의 요건 완화 및 부수업무화[72)]

위에서 살펴본 것처럼, 증권회사의 장외 파생금융상품 거래 업무는 일정한 요건을 충족한 증권회사에 한정되어 허용되어 있다. 물론 위험이 큰 장외 파생금융상품 거래를 취급할 수 있는 증권회사를 제한함으로써 도산의 가능성을 막으려는 취지로 이해되지만, 굳이 인가 요건을 제한할 필요가 없지 않은가 생각된다. 왜냐하면 자기자본이 적거나 종합증권회사가 아니라 할지라도 장외 파생금융상품 거래에 특화를 하고자 하는 증권회사에게는 위험 관리 시스템을 잘 갖추고 있는 한 굳이 막을 필요는 없다고 보기 때문이다. 따라서 현행 인가 요건을 완화할 필요가 있다고 본다.

더 나아가서는 증권회사의 장외 파생금융상품 거래 업무의 활성화를 위해서는 겸영 인가 제도를 폐지하고 부수업무로 규정하는 방안을 고려할 필요가 있다고 본다. 즉 은행의 경우처럼 모든 증권회사가 부수업무로서 장외 파생금융상품 거래를 영위할 수 있도록 하고, 다만 업무 방법에 제한을 두어 위험관리의 불충분 등 규정 위반시에는 일정 기간 장외 파생금융상품 거래 업무 정지 등의 제재 조치를 취하는 방법으로 규제하는 방안을 생각해볼 수 있을 것이다. 이러한 조치는 금융기관간의 규제의 통일성을 기한다는 측면에서도 필요한 것으로 생각된다.

---

72) 고동원, 앞의 논문(증권회사파생), 509-510면 참조.

5. 부수업무 범위의 확대

증권산업의 육성은 결국은 업무 범위의 확대에 있으며, 따라서 부수업무도 적극적으로 확대해 줄 필요가 있다. 증권거래법 시행령은 열거한 부수업무에 준하는 업무를 총리령으로 정할 수 있도록 규정하고 있으나(법 시행령 제36조의2 제5항 제1호 하목 및 제2호 자목), 현재 총리령으로 정한 부수업무는 없다.

이와 관련하여 증권회사의 수입 수수료 다변화 차원에서 다음과 같은 부수업무의 추가를 고려할 필요가 있다고 본다. 예를 들어, 수입인지의 판매 대행 업무,[73] 증권 관련 인터넷 정보서비스 제공 업무,[74] 증권금융 · 경제 관련 조사 및 연구 업무[75] 등을 들 수 있다. 이 외에도 현행 광고 대행 업무의 수단을 넓혀 주기 위하여 현행 "간행물 · 도서 또는 전자문서의 방법" 이외에 보다 탄력적인 해석이 가능한 "증권회사의 설비 등을 활용한 방법"이라는 문언을 추가하는 것을 고려할 만하다고 본다.

한편, 보험회사의 경우처럼,[76] 금융위가 제정한 「금융기관의 업무위탁 등에 관한 규정」(이하 "업무위탁규정"이라 한다)에 따라 금융기관이 증권회사에게 위탁한 업무를 명시적인 부수업무로 추가할 필요가 있는가가 문제될 수 있다. 즉 업무위탁규정에 따르면, 금융기관은 인가 등을 받은 금융업의 본질적인 요소를 포함하지 않은 업무 등을 제3자에게 위탁할 수 있는데(업무위탁규정 제3조 제1항), 이러한 업무를 부수업무로서 규정함으로써 증권회사가 영위할 수 없는 업무라 할지라도 당사자들이 합의하면 증권회사가 이러한 업무를 수탁할 수 있는가 하는 문제이다. 그러나 업무위탁규정은 위탁기관이 업무 위탁을 하려고 하는 경우에는 수탁기관이 관련 법규에 따라 수탁이 가능한지 여부 및 수탁기관이 수탁업무를 적절히 수행할 수 있는지 여부를 고려하도록 하고 있기 때문에(업무위탁규정 제3조 제3항), 설령 부수업무로 규정하더라도 증권회사가 영위할 수 없는 업무를 수탁할 수

73) 은행 및 보험회사의 경우 수입인지 판매 대행 업무를 부수업무로 영위하고 있다(「은행업무 중 부수업무의 범위에 관한 지침」 Ⅱ. 15호, 보험업법 시행령 제16조 제3항 제2호 다목).

74) 보험회사의 경우 보험 관련 인터넷 정보서비스 제공 업무를 부수업무로 영위할 수 있다(보험업법 시행령 제16조 제3항 제1호 마목).

75) 보험회사의 경우 금융 · 경제 관련 조사 및 연구 업무를 부수업무로 영위할 수 있다(보험업법 시행령 제16조 제3항 제2항 마목).

76) 보험법 시행령 제16조 제3항 제2호 바목.

는 없을 것이다. 따라서 이러한 규정을 하더라도 증권회사가 영위할 수 없는 업무를 수탁할 수 있다는 의미로 볼 수는 없기 때문에 이런 규정을 굳이 둘 필요는 없을 것이다.

또한 은행의 경우처럼,[77] 금융업을 영위하는 자의 금융상품 판매 대행 업무를 증권회사의 부수업무로 추가할 필요가 있는가 하는 문제이다. 생각하건대, 금융상품의 판매 대행 업무는 해당 관련 법령에서 판매 대행을 허용하는 경우에 가능하기 때문에, 증권회사의 경우 다른 법령에서 증권회사가 영위할 수 있도록 허용한 업무는 법정 겸영업무로 인정되므로 굳이 부수업무로 규정하지 않더라도 금융상품 판매 대행 업무를 영위할 수 있을 것이다.[78]

6. 인가 겸영업무의 신고제로의 변경

위에서 본 것처럼, 현행 증권거래법령은 법정 겸영업무 이외의 겸영업무는 금융위가 인가하도록 하고 있다. 물론 대상 겸영업무의 해당 관련 법령에서 금융위의 허가 · 인가를 받거나 등록을 한 업무는 증권거래법상의 겸영인가를 받은 것으로 간주하기 때문에 별도로 겸영인가를 받을 필요는 없으나, 장외 파생금융상품 거래 업무와 같은 경우는 여전히 금융위의 겸영 인가가 필요하다.

그런데 1997년 말 금융위기 이후 금융산업의 경쟁력 향상이 제일 큰 과제가 되었으며, 이 중 자본시장의 육성을 위한 증권산업의 발전 과제도 강조되고 있다. 이러한 증권산업의 육성의 핵심은 바로 증권회사의 업무 영역 확대에 있다고 본다. 이런 측면에서 업무 범위 규제 완화와 관련하여 현행 증권회사의 겸영업무 인가제를 폐지하고 사전 신고제로 운영할 필요가 있다고 본다.

이와 더불어 현행 증권거래법령에서 정하고 있는 인가 겸영업무 범위 지정 제도를 폐지하고 증권회사가 필요하다고 판단하는 업무를 해당 업무에 관련되는 법령이 허용하는 한 금융위에 사전 신고를 하고 해당 법령에서 요구

77) 「은행업무 중 부수업무의 범위에 관한 지침」 Ⅱ. 20호.

78) 물론 해당 관련 법령에서 증권회사를 판매 대행 회사로 특정하지 않는 경우에는 이러한 규정이 필요하다고 볼 수도 있으나, 그런 경우에는 오히려 인가 겸영업무로 규정하는 것이 더 타당할 것이다.

하는 허가 · 인가를 받거나 등록을 하여 업무를 영위하게 하는 것이다. 즉 어떤 업무가 은행의 겸영업무로서 타당한지는 각 해당 관련법에서 금융위가 허가 · 인가나 등록 심사시에 판단을 하면 되고, 일단 제도적으로는 증권회사가 필요한 업무를 겸영업무로서 영위할 수 있도록 열어주는 것이다. 다시 말해서 증권회사가 어떤 업무가 겸영업무로서 영위할 필요가 있는 업무인지 판단은 증권회사에게 일단 맡겨 보자는 것이다. 그리고 나서 감독당국이 해당 관련 법령에 따라 증권회사의 겸영업무 필요성에 대하여 판단을 하는 시스템으로 가는 것이다.

한편 이 경우 해당 관련 법령은 금융 관련 법령에만 한정할 필요는 없다고 본다. 그 이유는 설령 금융 관련 법령이 아니더라도 해당 관련 법령이 증권회사가 영위할 수 있도록 하는 업무이면 굳이 이를 허용하지 않을 이유는 없을 것이기 때문이다. 물론 이에 대해서는 증권회사가 금융 관련 업종의 업무가 아닌 업무를 영위하는 데 대해서 증권회사의 비금융업종 진출 또는 금융자본의 산업자본 지배라는 비판의 견해가 있을 수도 있으나, 업종의 다각화가 빠르게 진행되고 있고 증권회사의 수익원 다변화라는 측면에서는 해당 비금융업종 관련 법령이 허용하고 있는 한 굳이 증권거래법령에서 막을 이유는 없다고 본다. 이는 법정 겸영업무의 경우에도 마찬가지 사항이 될 것이다.

7. 외환 관련 신용파생상품 거래 및 일반상품 파생상품 거래의 허용 필요[79]

앞에서 살펴본 것처럼, 현행 증권거래법령은 증권회사의 인가 겸영업무로서 장외 파생금융상품 거래를 허용하고 있으며, 이러한 장외 파생금융상품 거래에는 신용파생상품 거래도 규정하고 있다. 그런데 외국환거래법령에는 아직 외환 관련 신용파생상품 거래를 허용되는 외국환업무로 규정하고 있지 않다. 따라서 증권회사의 외국환업무는 증권거래법상 다른 금융 관련 법령에서 허용되는 법정 겸영업무로 보아야 하는데, 외국환거래법령에서 별도로 허용하

79) 고동원, 앞의 논문(증권회사파생), 510-511면; 고동원, "금융기관의 신용파생상품 거래 규제의 현황 및 개선 방향," 「금융시스템 리뷰」, 제13호(한국은행 금융안정분석국, 2005. 7), 108-109면.

고 있지 않는 한 증권거래법령에서 허용하고 있더라도 외환 관련 신용파생상품 거래는 허용되는 업무로 볼 수 없을 것이다. 물론 증권회사 업무에 관한 기본법규인 증권거래법령이 허용하고 있으므로 당연히 외환 관련 신용파생상품 거래 업무도 허용되는 업무로 볼 수 있다는 견해도 있을 수 있다. 그러나 현행 규정의 해석상 외국환거래법령에서 허용하고 있지 않으면 설령 증권거래법령에서 허용하고 있더라도 영위할 수 없다고 보는 것이 타당할 것이다.

그런데 우리나라에서도 2008년 1월부터 실시되는[80] 신 바젤 자기자본 협약(바젤 Ⅱ)[81]은 신용파생상품 거래를 신용위험 경감 사유로 인정하고 있어,[82] 앞으로 신용파생상품 거래의 수요가 더 늘어날 것으로 예상되는데, 이에 따른 신용파생상품 거래 시장의 활성화 및 동 상품을 취급할 수 있는 국내 기관투자가의 육성의 필요성을 감안했을 때[83] 외환 관련 신용파생상품 거래를 업무로서 허용하도록 하는 외국환거래규정의 개정이 필요하다 할 것이다.

한편 앞서 언급한 것처럼, 증권거래법령상 일반상품 파생상품 거래 업무는 허용되지만, 외국환거래규정상 외환 관련 일반상품 파생상품 거래는 업무로서 규정되어 있지 않아, 동 거래가 허용되는지 여부에 대하여 위의 외환 관련 신용파생금품 거래와 같은 문제를 갖고 있는데, 이를 해결하기 위한 외국환거래규정의 개정이 필요하다.

8. 법 개정 조문안 예시

위의 개선 방안을 반영한 증권거래법 개정 조문안의 예시는 다음과 같이 생각해 볼 수 있다.

---

80) 금융감독원, "신BIS협약 도입과 관련 규정 개정 및 향후 일정," 보도자료, 2007. 6. 25, 2면.

81) 신 바젤 자기자본 협약(바젤 Ⅱ)의 주요 내용은 고동원, "신 바젤 자기자본 협약안의 주요 내용과 국내은행의 대응 방안에 관한 연구," 「경영법률」 제14집 제2호(한국경영법률학회, 2004), 95면 이하 참조.

82) Basel Committee on Banking Supervision, "Consultative Document: The New Basel Capital Accord," Bank for International Settlements, April 2003, at 21. 〈http://www.bis.org〉.

83) 고동원, 앞의 논문(신바젤), 125면.

현행 규정	개정안	비 고
제51조(겸업의 제한) ① 증권회사는 다음 각호의 업무외의 다른 업무를 겸영하지 못한다.	제51조(겸업의 제한) ① 증권회사는 다음 각호의 업무외의 다른 업무를 겸영하시 못한다.	제1호: 금융업 이외의 업무 허용 제2호: 신고제로 변경 제3호: 금융위로 이관
1. 금융업(이 법 또는 금융관련법령에서 규정하고 있는 업무를 말한다. 이하 이 조에서 같다)으로서 해당법령에서 증권회사가 영위할 수 있도록 한 업무	1. 이 법 또는 해당 관련 법령에서 증권회사가 영위할 수 있도록 한 업무	
2. 대통령령이 정하는 금융업으로서 그 업무의 성격상 증권회사가 겸업하는 것이 가능하다고 금융위원회가 인가한 업무	2. 업무의 성격상 겸업하는 것이 가능하다고 판단하여 증권회사가 미리 금융위원회에 신고한 업무	
3. 다음 각목의 1에 해당하는 것으로서 대통령령이 정하는 부수업무 가. 증권업과 관련된 업무 나. 증권회사가 소유하고 있는 인력·자산 또는 설비 등을 활용하는 업무 다. 기타 다른 법령에 의하여 허가·인가·승인 또는 등록 등을 필요로 하지 아니하는 업무	3. 다음 각목의 1에 해당하는 것으로서 금융위원회가 정하는 부수업무 가. 증권업과 관련된 업무 나. 증권회사가 소유하고 있는 인력·자산 또는 설비 등을 활용하는 업무 다. 기타 다른 법령에 의하여 허가·인가·승인 또는 등록 등을 필요로 하지 아니하는 업무	
② 증권회사가 제1항 제2호의 규정에 의한 금융업으로서 이 법 또는 다른 법령에 의하여 금융위원회의 허가 또는 인가를 받거나 금융위원회에 등록을 한 업무는 제1항 제2호의 규정에 의한 금융위원회의 인가를 받은 것으로 본다.	② 제1항 제2호의 신고 절차 및 제출 서류 등에 관한 구체적인 사항은 금융위원회가 정한다.	

V. 결 론

정부의 동북아 금융중심지 국가의 육성 방침에 비추어보았을 때 가장 중요한 것은 금융기관의 업무 영역 확대 및 금융상품 개발의 촉진이다. 증권회사의 업무 영역 확대 방안으로서 우선 증권 관련업인 자산운용업을 겸영업무로 허용하고 선물업도 전면적으로 허용해 줄 필요가 있다고 본다. 그리고 다른 금융기관들이 영위하고 있는 간투법상의 투자회사를 위한 일반사무관리회사 업무도 허용해 줄 필요가 있다고 보며, 이와 더불어 부수업무의 범위도 가능한 확대시켜 줄 필요가 있다. 또한 현행 인가 겸영업무로 영위하고 있는 장외 파생금융상품 거래 업무도 부수업무화하여 모든 증권회사가 영위할 수 있도록 할 필요가 있으며, 그 비중이 커져가고 있는 신용파생상품 시장의 중요성을 감안했을 때 현행 법령의 미비 때문에 업무로서 허용되지 않는 외환관련 신용파생상품 거래도 영위할 수 있도록 외국환거래법령의 정비가 필요하다고 할 것이다. 이와 더불어 증권거래법령상은 허용되지만 외국환거래법령상은 허용되지 않는 상품 파생상품 거래 업무도 허용될 수 있도록 외국환거래규정의 개정이 필요하다 할 것이다. 특히 증권회사의 업무 확대를 위해서는 현재 큰 실익이 없는 겸영업무 인가 제도를 신고제로 변경할 필요가 있다고 본다.

제 4 장

금융기관 파생금융상품 거래의 규제

제 1 절 은행 파생금융상품 거래의 규제
제 2 절 증권회사 파생금융상품 거래의 규제
제 3 절 보험회사 파생금융상품 거래의 규제
제 4 절 금융기관 신용파생상품 거래의 규제

제 1 절

은행 파생금융상품 거래의 규제*

I. 서 론

최근 전 세계적으로 파생금융상품(financial derivatives)[1]의 거래 규모가 급격히 증가하면서 금융거래에 따른 위험 회피 목적으로뿐만 아니라 투기 목적으로도 활용되는 파생금융상품에 대한 관심이 더욱 커지고 있다. 국제결제은행(BIS)에 의하면, 2004년 4월중 장외(Over-the-Counter: OTC) 파생금융상품의 일평균 거래 규모가 1조 2천억달러로 2001년 4월중에 비하여 무려 112%가 증가하였다고 한다.[2] 우리 나라의 경우에도 2003년 중 은행 등 금융기관의 파생금융상품 거래 규모가 명목금액 기준으로 21,548조원에 달하였으며, 전년에 비하여 87.2%가 증가하였다.[3] 파생금융상품은 환율 · 금리 · 주가 등의 변동에

* 이 절의 내용은 「상사법연구」 제24권 제1호(한국상사법학회, 2005. 5)에 실린 글을 수정 · 보완한 것이다.

1) 'Financial Derivatives'에 대한 국내에서 쓰는 용어는 일정하지 않은 것 같다. 단순히 '파생상품'이라고 쓰는 경우도 있으나, 금융거래의 성격이 강하고 또한 관련 법령(증권거래법령 및 외환거래법령)에서 '파생금융상품거래' 또는 '파생금융거래'라는 용어를 쓰고 있으므로 여기서는 '파생금융상품'이라는 용어를 사용하고자 한다.

2) Bank for International Settlements, *Triennial Central Bank Survey of Foreign Exchange and Derivatives Market Activity in April 2004 — Preliminary global results*, Sep. 2004, p. 2 〈http://www.bis.org/publ/rpfx04.pdf〉. BIS에서는 매 3년마다 세계 주요국 중앙은행을 대상으로 4월중 일평균 외환 및 장외 파생금융상품 거래 규모를 조사하여 발표하고 있다. 이에 대한 국내 자료는 한국은행 국제국, "BIS의 「세계 외환 및 장외 파생금융상품 거래 규모」 조사 결과," 보도자료, 2004. 9. 24 참조.

3) 금융감독원, "2003년 중 국내 금융회사의 파생상품 거래 현황," 보도자료, 2004. 2. 26, 1면.

2003년 중(말)금융기관별 파생금융상품 거래 현황 (단위: 조원, %)

구 분	거래 금액(비중)	거래 잔액(비중)
은 행	2,941(13.6)	979(95.7)

따른 가치 변동 위험을 회피할 목적으로 시작되었으나, 지금은 오히려 그러한 변동 위험으로부터 수익을 얻는 투기적인 거래도 많이 행하여지고 있다. 파생금융상품 거래는 그만큼 위험이 내재되어 있어 국가마다 파생금융상품 거래에 대해서는 위험 관리 기준의 설정 등 일정한 규제를 하고 있는 것이다. 우리 나라에서도 금융감독당국은 은행 등 금융기관들의 파생금융상품 거래에 대한 위험 관리 모범규준(best practice)을 제정[4]하는 등 관련 규정에서 파생금융상품 거래에 대한 규제를 하고 있다.

이 절에서는 금융기관 중 파생금융상품 거래 규모가 큰 은행[5]의 파생금융상품 거래에 대한 관련 법규의 규제 내용에 대하여 고찰하면서 법적 문제점 및 개선 방안을 찾아보고자 한다. 우선 Ⅱ.에서는 가장 기본적인 규정을 담고 있는 은행법령상의 파생금융상품 거래 규제에 대하여 그 내용 및 법적 문제점에 대하여 살펴본다. Ⅲ.에서는 외환 관련 파생금융상품 거래와 관련하여 외국환거래법령상의 규제에 대하여 고찰하며, Ⅳ.에서는 신탁겸영은행의 자산 운용과 관련하여 파생금융상품에 투자할 수 있는 범위에 대한 신탁업법령상의 규제에 대하여 살펴본다. Ⅴ.에서는 은행이 해외선물거래[6]를 직접 영위할 수 있는지 여부와 관련하여 선물거래법상의 규제 내용에 대하여 고찰해 본다.

증권회사	17,405(80.8)	15(1.5)
보험회사	54(0.3)	20(1.5)
신 탁*	647(3.0)	7(0.7)
기 타	501(2.3)	1(0.2)
합 계	21,548(100)	1,022(100)

*신탁: 은행신탁+투자신탁, 기타: 카드회사+선물회사+종합금융회사

출처: 위의 보도자료, 2면.

4) 「파생상품 업무처리 모범규준」(금융감독원, 2006. 12 제정)을 들 수 있다. 종전의 「금융회사의 파생상품거래에 대한 위험관리 모범규준」(금융감독원, 2002. 3 제정)을 보완하면서 명칭을 바꾼 것이다.

5) 금융감독원, 앞의 보도자료, 2면.

6) 선물거래법 제3조 제2호, 동법 시행령 제2조의2, 동법 시행규칙 제1조의2.

Ⅱ. 은행법령상의 파생금융상품 거래 규제

1. 개 관

은행의 파생금융상품 거래에 관하여는 금융위원회가 고시한 「은행업무 중 부수업무의 범위에 관한 지침」[7](이하 "부수업무지침"이라 한다)이 규정하고 있다. 은행은 고유업무(core business)로서 예금업무, 대출업무 및 내·외국환 업무를 영위할 수 있고, 이러한 고유업무에 부수되는 업무로서 금융위원회가 고시하는 업무, 즉 부수업무지침상에서 규정하고 있는 부수업무[8]를 영위할 수 있다. 동 지침은 은행의 부수업무(ancillary, incidental or auxiliary business)의 하나로서 Ⅱ. 16호에서 "파생상품거래"를 규정하고 있다.

이하에서는 2003년 7월 부수업무지침이 개정되기 전 은행이 어떤 파생금융상품 거래를 영위할 수 있었는지와 관련하여 제기된 문제점을 살펴보고, 현행 부수업무지침상 허용되는 파생금융상품 거래의 유형에 대하여 살펴보기로 한다.

2. 2003년 7월 부수업무지침 개정 前의 파생금융상품 거래에 관한 규정 내용 및 문제점[9]

(1) 개정 前 규정 내용

2003년 7월 3일 부수업무지침이 개정되기 전에는 부수업무지침 Ⅱ. 16호

---

7) 1998. 4. 1 재정경제부고시 제1998-18호로 제정되었다. 부수업무지침의 특징은 열거주의(positive system)로 규정되어 있다는 점이다. 또한 은행의 부수업무 범위에 관한 해석 권한은 금융위원회에 속한다(「은행업무 중 부수업무의 범위에 관한 지침」 Ⅲ. 기타).

8) 부수업무지침은 채무보증, 팩토링, 보험대리점, 수익증권 등 금융상품 판매대행 업무 등 24가지의 부수업무를 규정하고 있다.

9) 부수업무지침의 개정 전 논란 사항을 언급하는 이유는 개정 전의 규정 하에서 은행들이 장외 파생금융상품 거래를 영위할 수 있는지 여부에 대해서 법적 불안정성에 노출되었다는 점 등을 설명하기 위함이다.

는 "선물거래법 제3조 제1호 및 제2호의 규정에 의한 선물거래 및 해외선물거래 투자"로 규정하고 있었다.[10] 따라서 해석상 은행이 영위할 수 있는 파생금융상품 거래는 장내(on exchange) 파생금융상품인 선물거래 투자에만 한정되고, 스왑(swap)거래 등 장외 파생금융상품 거래는 영위할 수 없다고 하는 결과가 되었다. 그런데 문제는 그럼에도 불구하고 은행들은 계속 장외 파생금융상품 거래 업무를 영위하고 있었다는 사실이다. 따라서 이와 관련하여 은행이 장외 파생금융상품 거래 업무를 영위하는 것이 허용되는지 여부와 관련하여 다음과 같은 법적 논란이 있게 되었다.

(2) 장외 파생금융상품 거래 허용 여부와 관련한 논의

은행이 장외 파생금융상품 거래를 영위할 수 있는지 여부에 대하여는 외환 관련 장외 파생금융상품 거래인지 순수 원화 관련 장외 파생금융상품 거래인지에 따라 다소 논의의 차이가 있었다.

1) 외환 관련 장외 파생금융상품 거래의 허용 여부

우선 외환 관련 장외 파생금융상품 거래 허용 여부와 관련하여서는, 외국환거래법령상 은행은 외국환은행으로서 외환 관련 장외 파생금융상품 거래를 '외국환업무'[11]로서 영위할 수 있기 때문에(외국환거래법 시행령 제5조 제2호) 부수업무지침상 장외 파생금융상품 거래가 명시적으로 부수업무로 규정되어 있지 않음에도 불구하고 외환 관련 장외 파생금융상품 거래를 할 수 있는지 여부에 대하여 논란이 제기되었다. 이에 대해서는 다음과 같은 견해를 생각할 수 있었다.

우선 허용가능설의 입장이다. 그 근거를 살펴보면, 설령 부수업무지침에서 명시적으로 허용하고 있지 않더라도 별도의 법인 외국환거래법에 의하여 허용되므로 부수업무지침에 상관없이 영위 가능하다는 입장이었다.[12] 이에 반

10) 이 규정은 1999. 4. 3. 부수업무지침 개정에서 추가되었다.

11) 외국환거래법상 '외국환업무'는 외국환의 매매 · 보증, 대한민국과 외국간의 지급 · 추심 및 영수, 비거주자와의 예금 · 금전의 대차 또는 보증 등이 있다(법 제3조 제1항 제14호).

12) 유권해석 권한을 갖고 있었던 당시 재정경제부의 입장은 허용가능설의 입장을 취했던 것으로 보인다. 왜냐하면 재정경제부의 보도자료에 의하면 "장외 파생금융상품 거래는 외국환거래법에 의해 외국환업무의 일종으로 영위할 수 있도록 허용"했다고 언급하고 있기 때문이다. 재정경제부, "은행 부수업무 확대 및 정비," 보도참고자료, 2003. 7. 2, 붙임자료 4면.

하여 허용불가설의 입장은, 은행이 특정 업무를 영위하기 위해서는 은행 업무 규제의 기본법인 은행법(하위 규정인 부수업무지침 포함)에서 허용하고 있는 범위 내에서 영위가 가능하며, 따라서 별개의 다른 법(외국환거래법)에서 허용하고 있더라도 은행법(부수업무지침 포함)에서 허용하고 있지 않으면 그 업무 영위가 가능하지 않은데, 장외 파생금융상품 거래는 부수업무지침에서 허용하고 있지 않기 때문에 은행이 외환 관련 장외 파생금융상품 거래를 영위하는 것이 불가능하다는 입장이었다. 생각하건대, 외국환거래법은 외환 관련 거래에 대하여 특별히 규제하기 위하여 만들어진 법이므로 설령 은행법령상 명시되어 있지 않은 부수업무라 할지라도 그러한 특별법에서 은행에 허용된 업무라면 그 업무의 영위가 가능하다고 보는 것이 타당한 견해였다고 생각한다.

2) 원화 관련 장외 파생금융상품 거래의 허용 여부

한편 원화 관련 장외 파생금융상품 거래의 경우에는 외국환거래법이 적용되지 않기 때문에 부수업무지침상 허용되는지 여부에 대하여 더 큰 논란이 제기되었다. 이에 대해서는 우선 허용가능설의 입장이 있을 수 있었는데, 그 논거를 살펴보면, 첫째, 비록 부수업무지침이 명시적으로 허용하고 있지 않더라도 장외 파생금융상품 거래 관련 회계처리 지침(은행업감독업무시행세칙 〈별표 5〉 파생상품거래 회계처리 기준)이 있는 것으로 비추어 보아 이는 은행이 당연히 영위하는 것을 전제하고 제정된 것으로 볼 수 있는 점, 둘째, 스왑거래의 경우 여수신(與受信)거래에서 고정금리와 변동금리가 허용되므로 그 교환도 당연히 허용된다고 보아야 하기 때문에 내국통화의 금리스왑 거래는 당연히 은행이 영위할 수 있는 업무라는 점,[13] 셋째, 신용위험의 인수 및 관리가 은행업무의 본질적인 요소이므로 파생금융상품 거래도 은행의 신용 업무로서 은행이 당연히 영위할 수 있는 업무라는 점[14]을 들 수 있었다. 따라서 비록 부수업무지침상 명시적인 규정이 없어도 은행이 원화 관련 장외 파생금융상품 거래를 영위하는 것이 가능하다는 입장이었다. 이에 대하여 허용불가설의 입장은 부수업무지침이 열거주의(positive system) 방식을 취하고 있기 때문에 부수업무지침이 규정하고 있지

13) 김건식, 「스왑거래에 관한 법적 연구」, 한국금융연구원 연구보고서, 한국금융연구원, 1997, 78면 주) 184.

14) 정순섭, "파생상품의 금융규제법상 문제점," 「21세기 한국상사법학의 과제와 전망: 심당송상현선생화갑기념논문집」(박영사, 2002), 632면.

않은 원화 관련 장외 파생금융상품 거래는 허용할 수 없다는 입장이었다.

그러나 보다 큰 문제는 이러한 법적 불안정성에도 불구하고 은행들이 원화 관련 장외 파생금융상품 거래 업무를 영위하고 있었다는 점이었다. 이는 당시 부수업무 범위에 대한 결정권을 갖고 있던 재정경제부가 이러한 문제점에도 불구하고 부수업무지침을 개정하지 않아서 오랫동안 은행들이 법적 불안정성에 노출되게 되는 문제를 초래한 것이었다.

3. 현행 부수업무지침상 허용되는 파생금융상품 거래의 범위

(1) 개 요

2003년 7월 3일 부수업무지침 개정에 의하여 Ⅱ. 16호에 "파생금융상품 거래"라고 명시적으로 규정하게 되었고, 이어 2006년 3월 부수업무지침이 다시 개정되면서 "파생상품거래"라고 규정되었다. 그런데 여기서 문제되는 것은 부수업무지침이 단지 "파생상품거래"라고 규정하고 있어, 은행이 과연 어느 범위까지의 파생금융상품 거래 업무를 영위할 수 있는지의 문제이다. 좀 더 구체적으로 살펴보면, 첫째, 장내(on-exchange) 및 장외(over-the-counter: OTC) 거래 둘 다 영위할 수 있는지 여부, 둘째, 둘 다 영위하는 경우에 구체적으로 어떤 범위의 파생금융상품 거래를 업무로서 영위할 수 있는지에 대하여 의문이 들게 된다. 우선 첫 번째 의문에 대한 답은 부수업무지침이 특별히 장내 및 장외를 구분해서 규정하고 있지 않기 때문에 해석상 장내 및 장외 파생금융상품 거래 둘 다 영위할 수 있는 것으로 보는 것이 타당하다고 본다. 유권해석 권한을 갖고 있는 당시 재정경제부도 같은 입장을 취했다.[15]

그리고 파생금융상품 거래의 범위에 대해서도 부수업무지침이 그 유형에 대하여 특별히 규정하고 있지 않기 때문에 일반적으로 이해하고 있는 파생금융상품 거래를 업무로서 영위할 수 있다고 보는 것이 타당하다고 본다. 다만, 부수업무지침이 명시적으로 "일반상품 파생상품거래는 법인 고객의 위험회피

15) 2003년 7월 부수업무범위지침을 개정하면서 재정경제부가 발표한 보도자료에 의하면, "선물거래법에 의한 장내 파생금융상품 거래는 명시적으로 허용[하고 있으며,] … 장외 파생금융상품 거래를 은행업무로 명시[하였다]"라고 하고 있다(재정경제부, "은행 부수업무 확대 및 정비," 보도참고자료, 2003. 7. 2, 붙임자료 5면).

를 위한 경우에만 허용한다"(지침 Ⅱ. 16호 단서)라고 하고 있기 때문에 일반상품(commodity; 석유, 광물, 금속 등)을 기초자산으로 하는 파생상품 거래는 제한이 있게 될 것이다. 이하에서는 허용되는 파생금융상품 거래의 범위에 대하여 자세히 살펴보기로 한다.

(2) 장내 파생금융상품 거래의 범위

허용되는 장내 파생금융상품 거래의 범위는 선물거래법에 의한 장내 파생금융상품 거래로 보면 될 것이다. 따라서 은행은 선물거래법 제3조 제1호 및 제2호의 규정에 의한 국내 선물거래 및 해외 선물거래를 영위할 수 있을 것이다. 즉, 국내 선물시장에서 일반상품[16] · 금융상품[17] 및 특정 지수를 대상으로 하는 선물(futures)거래 및 옵션(option)거래를 영위할 수 있으며(선물거래법 제3조 제1호), 해외 선물시장에서도 위의 선물거래 및 옵션거래 또는 이와 유사한 거래를 영위할 수 있다(선물거래법 제3조 제2호). 그리고, 해외 선물거래를 제외하고는 국내 선물거래는 직접 고객과 거래하지는 못하고 선물회사를 통하여 거래하여야 한다(선물거래법 제51조 제1항).[18]

(3) 장외 파생금융상품 거래의 범위

부수업무지침은 파생금융상품 거래의 범위에 대하여 명시적으로 언급하고 있지 않으나, 첫째, 先渡금리계약(Forward Rate Agreement: FRA), 금리스왑, 금리옵션 등 금리(interest rate) 관련 장외 파생금융상품 거래가 가능할 것이

16) "일반상품"이라 함은 "농산물 · 축산물 · 수산물 · 임산물 · 광산물 · 에너지에 속하는 물품 및 이 물품을 원료로 하여 제조하거나 가공한 물품 기타 이들과 유사한 것"을 말한다(선물거래법 제2조 제1호).

17) "금융상품"이라 함은 "일반상품 외의 것으로서 통화 · 증권 · 채권 · 용역대가 기타 이들과 유사한 것"을 말한다(선물거래법 제2조 제2호).

18) 선물거래법상 해외 선물거래를 하고자 하는 자는 선물회사에 위탁하여 행하여야 하나(법 제51조 제1항), 은행의 경우는 선물거래법이 특별히 외국환거래법상의 외국환은행(즉 은행을 말함)에 대해서는 금융상품 및 이와 관련한 지수(용역대가 제외) 관련 해외 선물거래를 선물회사에 위탁하지 않고 직접 거래를 할 수 있도록 허용하고 있다(1995. 12. 29. 제정 선물거래법 부칙 제4조). 다만 동법 부칙 제4조는 선물거래법 시행 당시(즉 1996. 7. 1.)의 외국환은행에 대해서만 허용하고 있기 때문에, 그 후에 설립 인가를 받은 은행(외국은행 국내지점 포함)의 경우에도 해외 선물거래를 직접 영위할 수 있는지에 대해 논란이 있게 된다. 자세한 논의는 아래 Ⅴ. 참조.

다. 둘째, 선물환, 통화스왑, 통화옵션 등 통화(currency) 관련 장외 파생금융상품 거래도 가능할 것이다. 셋째, 주식(주가지수)선도, 주식스왑, 주식(주가지수) 옵션 등 주식(equity) 관련 장외 파생금융상품 거래도 가능할 것이다. 넷째, 신용파생상품(credit derivatives) 거래도 특별히 금지하고 있지 않기 때문에 가능하다고 보는 것이 타당할 것이다.

다만, 일반상품 관련 장외 파생상품 거래(이하 "상품 파생상품거래"라 한다)는 앞서 언급한 것처럼, 법인 고객과의 위험 회피를 위한 경우를 제외하고는 허용되지 않는다. 상품 파생상품거래의 허용 연혁을 살펴보면, 2003년 2월 당시 재정경제부는 유권해석으로 금융상품이 아닌 일반상품을 기초자산으로 하는 장외 상품 파생상품거래를 불허하는 입장[19]을 취했었다. 다만 금(gold) 관련 장외 상품 파생상품 거래는 부수업무로서 은행이 영위할 수 있다고 보았었다.[20] 따라서 은행은 금을 제외한 일반상품 파생상품 거래는 영위할 수 없었다가, 이에 대한 비판이 제기되면서[21] 2006년 3월 부수업무지침을 개정하여 제한적으로 상품 파생상품거래를 업무로서 영위할 수 있게 허용한 것이다.

(4) 장외 파생금융상품 거래의 중개 · 주선 또는 대리 업무 가능 여부

은행이 장외 파생금융상품 거래의 중개(brokerage) · 주선 또는 대리 업무(이하 "중개 등의 업무"라 한다)를 영위할 수 있는지 여부에 대하여 부수업무지침상 명시적인 규

19) 재정경제부, 앞의 보도참고자료, 붙임자료 5면.

20) 재정경제부, "'은행업무중부수업무범위에관한지침' 개정 건의에 대한 회신," 2004. 8. 12. 다만 동 유권해석은 금의 차입거래 및 실물자산을 기초로 한 파생상품 거래는 허용할 수 없다는 입장을 취했다.

21) 비판의 근거에 대해서는 고동원, "은행의 파생금융상품 거래 규제에 관한 법적 검토," 「상사법연구」 제24권 제1호(한국상사법학회, 2005. 5), 313면 참조. 즉 "문제는 재정경제부가 상품 파생금융상품 거래의 허용 불가의 근거로 드는 이유 중의 하나가 기초자산이 금융상품이 아니기 때문에 은행으로서 취급하기가 적합하지 않다는 것인데, 이것은 금융시장의 현실을 너무 모르고 내린 결정이 아닌가 싶다. 장외 파생금융상품 거래를 은행 업무로 허용한 이유 중의 하나로 금융혁신을 촉진하기 위해서 다양한 위험 헤지 수단이 필요하다는 점이 고려되었다면, 굳이 기초자산을 따질 필요가 없다고 본다. 특히 최근에 와서 날씨 · 환경 등 금융상품이나 일반상품 이외의 상품을 기초자산으로 하는 파생금융상품이 많이 개발되고 있고, 이러한 상품이 수익성이 있을 때 위험 관리에 대하여 필요한 감독을 충분히 한다는 전제하에 은행에게도 허용되도록 하는 것이 은행 수익 증대에 도움이 될 것이기 때문에 상품 관련 장외파생금융상품 거래도 은행에 허용하는 것이 바람직하다"라고 하고 있다.

정이 없다. 반면 증권회사의 경우에는 장외 파생금융상품 거래의 중개 등의 업무를 허용되는 업무로 명시적으로 규정하고 있다(증권거래법 시행령 제36조의2 제1의2 호). 따라서 은행의 경우에 이러한 업무를 영위할 수 있는지에 대하여 논란이 있을 수 있다. 즉 이에 대해서는 중개 등의 용어가 사용되고 있지 않아도 해석상 중개 등이 포함된 것으로 볼 수 있고, 또한 중개 등의 업무가 허용되지 않는다면 은행이 항상 파생금융상품 거래의 당사자가 되어야 하고, 이 경우에는 은행의 영업활동에 상당한 제약이 될 것이라는 이유로 은행이 장외 파생금융상품 거래의 중개 등의 업무를 영위할 수 있다고 주장할 수도 있을 것이다. 반면에 보수적인 입장에서 본다면 증권회사와 달리 명시적인 규정이 없는 현행 규정상 은행의 경우에는 이러한 업무를 영위할 수 없다고 보는 견해도 있을 수 있다. 따라서 은행의 파생금융상품 거래 업무의 활성화를 위해서 이러한 중개 등의 업무가 필요하다는 점을 감안했을 때 장외 파생금융상품 거래의 중개 등의 업무를 명시적으로 규정하는 것이 바람직하다고 본다.

4. 현행 규제의 개선 방안

(1) 파생금융상품 거래의 범위의 명확화 필요

앞에서 언급한 것처럼, 현행 부수업무지침이 단순히 "파생상품거래"라고 규정하고 있기 때문에 구체적으로 어떤 종류의 파생금융상품 거래가 허용되는지에 대하여 논란이 있을 수 있다. 따라서 이런 논란을 불식시키기 위해서는 부수업무지침에 허용되는 파생금융상품 거래의 형태에 대하여 규정을 하는 것이 바람직하다고 본다. 이는 증권회사나 보험회사의 경우에 허용되는 장외 파생금융상품 거래의 범위를 명시적으로 규정하고 있는 점[22]과 비교했을 때 개선되어야 할 사항이라고 본다. 물론 허용되는 파생금융상품 거래의 범위를 구체적으로 규정하는 것이 기술적으로 어렵고, 또한 예시 규정으로 하는 것보다 현행처럼 포괄적으로 규정하는 것이 더 바람직하다는 견해도 있을 수 있다. 그러나 선물거래법, 외국환거래법령, 증권거래법령, 보험업법령

22) 증권회사의 경우에는 증권거래법 시행규칙 제13조 제1항, 보험회사의 경우에는 보험업감독규정 [별표 9] 보험회사의 파생금융 거래기준(보험업감독규정 제5-2조 관련) 2. 파생금융거래의 범위 참조.

등에서도 파생금융상품 거래의 형태를 규정하고 있는 점을 볼 때 기술적으로 어려운 일은 아니라고 본다.

특히, 최근 에너지 · 날씨 · 환경 등을 기초자산으로 하는 파생금융상품 거래가 많아지면서 은행도 그러한 거래를 할 필요성이 제기되는데, 이렇게 범위가 명확하게 규정되지 않음으로 인해서 현행 규정상 그러한 거래가 허용되는지에 대해서도 논란이 있게 된다. 일반상품의 범위를 넓게 보아 이러한 거래도 일반상품의 범위에 포함한다고 보는 견해도 있을 수 있지만 그 반대의 견해도 충분히 제기될 수 있다. 따라서 이러한 에너지 · 날씨 · 환경 등을 기초자산으로 하는 파생금융상품 거래도 은행이 영위할 수 있도록 부수업무 지침을 개정할 필요성이 있다.

(2) 파생금융상품 거래 업무 방법 제한에 관한 규정의 신설 필요: 파생금융상품 거래시의 투자자 보호 조치 및 위험 관리 준수 의무 부여

또 하나의 문제점은 현행 관련 규정상 은행의 파생금융상품 거래의 업무 방법 제한에 대한 규정이 없다는 점이다. 이는 장외 파생금융상품 거래를 영위하는 증권회사의 경우에 장외 파생금융상품 거래의 위험 등을 거래 상대방에게 서면으로 고지하도록 하고 위험 관리 등에 관하여 금융위원회가 정하는 사항을 준수하도록 하는 등 업무 방법의 제한을 두고 있는 점(증권거래법 시행령 제84조의28)과 대비된다. 파생금융상품 거래가 본래 위험이 내재되어 있는 거래라는 특성을 감안했을 때 이러한 위험성의 고지 의무나 상품설명서의 감독당국에 대한 제출 의무 또는 위험 관리 준수 의무 등을 은행에도 부과하는 등 증권회사의 경우처럼 파생금융상품 거래의 업무 방법에 대한 제한 규정을 둘 필요성이 있다. 이와 관련하여 특히 주가지수연계예금이나 환율연계예금 등 파생금융상품 연계 예금의 경우 일반 대중들에게 많이 판매되고 있지만 아무런 업무 방법에 대한 제한(예를 들어, 고객에 대한 위험 고지 의무 등)이 없는데, 이러한 예금 상품도 실질적으로 위험성이 내재되어 있는 상품이란 점을 감안했을 때 파생금융상품 거래로 보아[23] 고객에 대한 위험 고지 의무 및 고객의 위험 부담 능력 파악 의무 등 업무 방법에 대한 제한을 둘 필요성이 있다고 본다.

---

23) 현재 감독당국의 입장은 주가지수연계예금 등을 파생금융상품으로 보지 않고 예금으로 보고 있는 것으로 판단된다.

(3) 일반상품 파생상품 거래의 제한 폐지 필요

앞서 본 것처럼, 상품 파생상품 거래 업무와 관련해서는 법인 고객과의 위험 회피 목적으로만 거래하도록 제한하고 있다. 이와 관련해서는 해석상 다음과 같은 문제점이 제기될 수 있다. 첫째, 거래 상대방인 법인이 일반상품 관련 위험을 가지고 있는 경우 그 법인과 일반상품 파생상품 거래를 하는 것은 당연하겠지만, 이러한 거래를 한 은행이 그 거래로 인한 은행 자신의 위험을 회피하기 위하여 다른 금융기관과 일반상품 파생상품 거래를 하는 것이 과연 허용되는지에 대해 의문이 있을 수 있다.

둘째, "법인 고객의 위험 회피를 위한 경우"의 범위에 대해서도 논란이 있을 수 있다. 즉 거래 상대방인 법인이 상품 관련 위험을 가지고 있다고 하는 것이 쉽게 판단되는 경우(예를 들어, 정유회사가 원유 도입에 따른 위험을 가지고 있는 경우)에는 큰 문제는 없지만, 그렇지 않은 경우(예를 들어, 거래 상대방인 법인이 선물회사를 통하여 일반상품 파생상품 거래를 하고 그 거래에 따른 위험을 회피하기 위하여 은행과 일반상품 파생상품 거래를 하는 경우)에도 법인 고객의 위험 회피를 위한 경우에 포함되는지가 명확하지 않는 점이 있다.

셋째, 거래 상대방인 법인과 1대 1로 위험을 회피하기 위한 거래만 허용되는 것인지, 아니면 여러 거래를 포괄하여 상대방의 위험을 회피하기 위한 거래도 허용되는 것인지도 불명확하다.

따라서 이러한 여러 가지 문제점을 감안할 때 굳이 일반상품 파생상품 거래를 "법인 고객의 위험 회피를 위한 경우"에만 한정하도록 할 필요가 있는지 의문이다. 필요에 따라서는 개인 고객과도 거래할 필요성이 있고, 특히 은행 자체적으로 위험 관리 체계가 잘 되어 있는 경우에까지 이러한 제한을 할 필요가 있는지 의문이다. 일단 허용을 하고 실제 거래 여부 결정은 은행이 자체적으로 판단하게 하는 것이 은행의 파생금융상품 거래를 활성화시키는 방안이라고 믿는다.[24]

24) 증권회사의 경우에도 증권거래법 시행령 및 동법 시행규칙이 2005년 3월 개정되면서 일반상품 장외 파생금융상품 거래가 허용되었다(법 시행령 제36조의2 제1항 제1의2호 및 법 시행규칙 제13조 제1항).

(4) 주가연계증권(ELS), 주식워런트증권(ELW) 및 파생결합증권 등의 발행 허용

앞으로 파생금융상품 시장은 크게 확대될 것으로 예상된다. 특히 2007년 8월에 제정되어 2009년 2월부터 시행하게 되는 「자본시장과 금융투자업에 관한 법률」(이하 "자본시장통합법"이라 한다)에 따른 상품의 포괄적 정의 규정에 의하여 앞으로 다양한 파생금융상품이 개발되고 그 거래 규모도 커질 것으로 예상된다. 자본시장통합법에 의하여 탄생하게 되는 금융투자회사는 이러한 다양한 파생금융상품을 개발하고 거래를 하게 됨으로써 경쟁력이 크게 높아질 것으로 예상된다. 그렇게 되는 경우, 은행에 대해서 현행의 규정 방식을 계속 유지한다면 은행의 파생금융상품 거래는 상대적으로 위축될 가능성이 있다. 그리고 기능별 규제(functional regulation)를 추구하는 자본시장통합법에 따를 때, 규제 차익이 없게 만드는 것도 필요한 일이다. 즉 은행과 금융투자회사 간에 형평성을 도모할 필요가 있다고 본다. 이런 점에서 증권회사가 발행하는 주식(equity)이 연결된 주가연계증권(Equity Linked Securities: ELS),[25] 주식워런트증권(Equity Linked Warrant: ELW)[26] 및 파생결합증권(Securitized Derivatives; 신용연계채권(Credit Linked Note: CLN) 등 포함)을 은행이 발행할 수 없다고 볼 수도 없는 것이다. 주식과 관련이 되기 때문에 증권회사(또는 금융투자회사)만이 영위해야 한다고 주장하는 것은 금융산업의 경쟁력 향상이라는 차원에서 본다면 크게 설득력이 없다고 본다.

이러한 입장에서 은행이 이러한 증권을 발행할 수 있도록 법적인 조치를

25) "주가연계증권"이라 함은 "당사자 일방의 의사표시에 의하여 특정 주권의 가격이나 주가지수의 수치의 변동과 연계하여 미리 정하여진 방법에 따라 주권의 매매나 금전을 수수하는 거래를 성립시킬 수 있는 권리를 표시하는 증권 또는 증서"를 말한다(증권거래법 시행령 제2조의3 제6호). 즉 주가나 주가지수의 변동에 따라 만기 지급액이 결정되는 증권이나 증서(원금에 일정액이나 원금의 일정 비율을 추가함)를 말한다.

26) "주식워런트증권"이라 함은 "특정 주권의 가격이나 주가지수의 수치의 변동과 연계하여 주권 또는 금전(당해 주권 · 증권 또는 증서의 가치에 상당하는 금전을 말한다)의 지급청구권을 표시하는 증권 또는 증서"를 말한다(증권거래법 시행령 제2조의3 제7호). 즉 주가나 주가지수 변동과 연계하여 사전에 정한 조건으로 주식의 매매 또는 금전 수수의 거래를 성립시킬 수 있는 권리를 표시하는 증권이나 증서를 말한다.

강구할 필요가 있는데, 우선 이러한 증권도 은행이 발행하는 채권(債券)의 한 유형으로 보아야 한다는 점을 감안할 때 현행 은행법 제33조 및 은행법 시행령 제19조를 개정하여 이러한 신종증권을 발행할 수 있는 법적 근거를 만드는 것이 필요하고,[27] 더 나아가서 부수업무지침상의 파생금융상품 거래 범위에도 명시적으로 규정하는 것이 필요하다고 본다. 물론 이러한 증권이 증권의 형식을 갖추고 있지만 실질적인 성격이 파생금융상품이라는 점을 감안하여 은행법 및 동법 시행령을 개정하지 않고 부수업무지침에 명시적으로 허용되는 파생금융상품 종류의 하나로 규정하는 방법도 생각해볼 수 있겠으나, 증권이라는 형식을 갖고 있는 한 형식을 무시해서 실질적인 면만을 고려하여 규정하는 방법은 법적인 측면에서 불완전한 면이 있기 때문에 전자의 방법을 검토하는 것이 바람직하다고 본다.

Ⅲ. 외국환거래법령상의 외환 관련 파생금융상품 거래 규제

1. 서 설

은행이 비거주자(외국 개인 또는 법인 등을 말함)와 파생금융상품 거래를 하는 경우 또는 은행이 거주자(국내 개인 또는 법인 등을 말함)와 외화 표시 파생금융상품 거래를 하는 경우에는 외국환거래법령 및 그 하위 규정인 「외국환거래규정」이 적용된다. 이하에서는 그 범위와 외환당국에 대한 신고 또는 허가의 필요 여부 등에 대하여 살펴보기로 한다.

2. 외환 관련 파생금융상품 거래의 범위

외국환거래법령은 은행의 외환 관련 파생금융상품 거래를 업무로서 영위할 수 있는 "외국환업무"의 하나로 규정하고 있다(외국환거래법 시행령 제5조 제2호). 이러한 외

27) 여기서 현행 은행법 제33조가 규정하는 "사채 기타 이에 준하는 채권"의 범위를 넓게 해석하여 이러한 신종증권을 포섭하는 해석론을 전개할 수도 있을 것이나, 논란이 될 수 있는 사항이므로 법적인 측면에서는 다소 불안정한 면이 없지 않다.

환 관련 파생금융상품 거래 업무로서는 우선 장내 파생금융상품 거래(외국환거래법 제3조 제1항 제17호)가 있고, 장외 파생금융상품 거래로서는 (i) 지급수단 · 증권 · 채권(債權) 기타 거래될 수 있는 상품("상품 등") 및 동 상품 등의 가격 또는 이자율과 이에 의하여 산출된 지수에 대한 선도(先渡)거래, (ii) 스왑거래, (iii) 옵션거래 및 (iv) 신용파생상품 거래가 있다(외국환거래법 시행령 제8조). 이 중 외국환거래법령은 기초자산으로서 "기타 거래될 수 있는 상품"이라고 정의를 하여 해석의 폭을 넓게 할 수 있도록 함으로써 일반상품(commodity) 등 다양한 상품을 기초자산으로 포함할 수 있도록 하고 있는 점이 특징적이다.

3. 신고 또는 허가 필요 여부 문제

한편, 외국환거래규정은 제7-40조에서 이러한 은행의 파생금융상품 거래에 대하여 한국은행총재에게 신고를 요하는 거래와 그렇지 않은 거래로 나누어 규정하고 있는데, 이에 대해 자세히 살펴본다.

(1) 신고 없이 가능한 외환 관련 파생금융상품 거래

은행은 한국은행에 대한 사전 신고를 해야 하는 외환 관련 장외 신용파생상품 거래의 경우(외국환거래규정 제7-40조 제2항 제1호)를 제외하고는 외국환은행으로서 그 외의 모든 외환 관련 파생금융상품 거래를 신고 없이 영위할 수 있다(동 규정 제7-40조 제1항 제2호).[28] 이는 외환 관련 파생금융상품 거래가 외국환은행으로서 은행이 영위할 수 있는 '외국환업무'에 해당하기 때문이다(외국환거래법 시행령 제5조 제2호).

(2) 한국은행에 신고를 요하는 외환 관련 장외 신용파생금융상품 거래

위에서 언급한 것처럼, 외국환거래규정상 은행의 외환 관련 장외 신용파생금융상품 거래는 한국은행에 사전 신고를 하여야 한다(제7-40조 제2항). 이러한 신고 제도를 운영하고 있는 이유는 신용파생상품 거래는 다른 파생금융상품 거

28) 물론 일정한 경우(액면금액의 100분의 20 이상을 옵션프레미엄(premium) 등 선급수수료로 지급하는 거래를 하는 경우 등)에는 지급 타당성의 입증서류를 제출하여 한국은행에 신고를 하는 경우도 있을 수 있으나(외국환거래규정 제7-40조 제2항), 기본적으로는 허가나 신고 없이 가능하다. 참고로 외환거래법령상 2006년 1월부터 자본거래에 대해서는 종전의 허가제도가 폐지되었다.

래에 비하여 위험이 높기 때문에 위험 관리 차원에서 외환당국에 대한 사전 신고를 요하도록 하고 있는 것으로 이해된다. 외국환거래규정은 '신용파생금융거래'의 정의를 다음과 같이 하고 있다(제1-2조 제11-1호).

"당사자 또는 제3자의 신용위험과 연계한 거래로서 당사자, 제3자 또는 기초자산의 채무불이행, 신용등급 하락 등 당사자간의 약정된 조건에 의한 신용사건(Credit Event) 발생시 신용위험을 거래당사자의 일방에게 전가하는 신용연계채권(Credit Linked Note), 총수익교환스왑(Total Return Swap), 신용스왑(Credit Default Swap), 신용옵션(Credit Default Option) 및 손실을 우선 부담(First to Default 또는 First Loss)시키는 합성담보부채권(Synthetic Collateralized Debt Obligations, Synthetic Collateralized Loan Obligations) 또는 이와 유사한 거래"를 말한다.

4. 외환 파생금융상품 거래의 중개 업무 영위와 관련한 문제

외국환거래법 제9조는 외환 관련 파생금융상품 거래의 중개를 포함한 외국환(외화증권 제외)의 매매 · 교환 · 대차의 중개 업무를 '업'으로 영위하고자 하는 자는 일정한 자본 · 시설 및 전문 인력을 갖추어 기획재정부장관의 인가를 받도록 규정하고 있다. 따라서 은행의 경우 외국환거래법상의 인가를 받지 않고는 외환 관련 파생금융상품 거래의 중개 업무를 할 수 없다는 결론에 이르게 된다. 그리고 실제로 은행에 대해서 외국환거래 중개 업무 인가를 내주지 않고 있다. 그러나 위에서 살펴본 것처럼 은행의 파생금융상품 거래 활성화를 위해서는 은행에 외환 관련 파생금융상품 거래의 중개 업무도 필요하다는 점을 감안했을 때 관련 당국이 입법적으로 해결해야 할 사안이라고 본다.

5. 외환 관련 신용파생상품 거래의 한국은행 사전 신고제에서 사후 보고제로의 변경

앞서 본 것처럼, 「외국환거래규정」상 은행이 외국환업무로서 행하는 외환 관련 신용파생상품 거래의 경우에는 한국은행에 사전 신고를 하여야 한다

(규정 제7-40조 제1항 제2호 및 제2항). 그런데 이러한 사전 신고 제도 때문에 시장 상황을 반영한 즉각적인 거래 실행에 큰 장애가 되는 문제점이 발생 수 있다. 즉 신용파생상품은 성질상 그 가격이 수시로 변동할 수 있는 상품이므로 신용파생상품 거래의 신고 후 신고 처리가 되기 전까지도 시장 상황의 변동에 따라 가격 변동의 위험이 발생할 수 있는데, 사전 신고 제도 때문에 이러한 가격 변동의 위험을 거래 당사자 중 일방이 부담하고 미리 정한 가격 조건으로 거래를 실행해야 하는 문제점이 발생할 수도 있다. 물론 이러한 사전 신고 제도의 취지가 외환당국이 위험성이 높은 신용파생상품 거래를 어느 정도 관리 · 통제하려는 의도로 보이지만, 지금은 은행들의 위험 관리 수준도 많이 높아졌고, 또한 다른 관련 감독규정에 의하여 별도의 위험 관리를 하고 있는 점 등을 감안할 때 이러한 사전 신고 제도는 폐지하고 사후 보고제로 운영해도 무방하다고 본다.

6. 은행법과 외국환거래법의 적용 문제

(1) 문제 제기

은행의 파생금융상품 거래와 관련하여 검토해야 하는 법적인 문제는 파생금융상품 거래에 대하여 규정하고 있는 은행법(부수업무지침 등 하위 규정 포함)과 외국환거래법(외국환거래규정 등 하위 규정 포함)의 관계 문제이다. 다시 말하면, 은행이 외환 관련 파생금융상품 거래를 행하는 경우에 은행법 및 외국환거래법 둘 다 적용되는지 아니면 외국환거래법만 적용되는지에 관한 문제이다. 이러한 문제는 파생금융상품 거래에만 한정되는 쟁점은 아니고 은행의 다른 업무에 대해서도 동일하게 적용되는 쟁점이며, 더 나아가 은행법과 다른 관련법과의 적용 문제에 대해서도 동일하게 부딪치게 되는 문제이다.

좀 더 자세히 살펴보면, 앞서 본 것처럼 부수업무지침상 은행은 상품 파생거래의 경우에는 법인 고객의 위험 회피를 위한 경우에만 한정하여 거래를 할 수 있는 반면에, 외국환거래규정상은 은행이 외국환업무의 하나로서 상품파생금융거래를 하는 경우에 그러한 제한이 없다. 그러면 은행이 외환 관련 상품 파생금융거래(예를 들어, 은행이 비거주자와 거래를 하는 경우)를 할 때 은행법도 적용되어 법인 고객과

위험 회피를 위한 경우에만 허용되는지 아니면 은행법은 적용되지 않고 외국환거래법만 적용되어 상대방 고객의 제한을 받지 않고 상품 파생금융거래를 할 수 있는지 여부가 법적으로 문제되는 것이다.

⑵ 견해 대립

이에 대해서는 여러 가지 견해가 있을 수 있다. 즉 첫째, 은행법(은행법에 근거하여 제정된 하위 규정인 부수업무지침도 포함)이 은행 업무에 적용되는 기본적인 법이므로 파생금융상품 거래가 은행과 거주자간 원화 표시 파생금융상품 거래이든 비거주자 또는 거주자와 외화 표시 파생금융상품 거래이든 상관없이 은행법이 적용되어야 한다는 견해,[29] 둘째, 은행법 제3조 제2항이 "[은행]법이 다른 법령에 우선하여 적용" 되므로 은행법이 우선 적용되어야 한다는 견해, 셋째, 외국환거래법은 특별히 외환 거래에 대하여 규제하기 위해 만들어진 특별법이므로 외국환거래법이 우선 적용되어야 한다는 견해[30]이다.

⑶ 사 견

위 세 가지 견해 중 세 번째 견해가 타당하다고 생각한다. 그 이유는 외국환거래법은 외환 관련 거래에 대하여 특별히 규제하기 위해 만들어진 법이라는 점을 감안할 때 별도의 법인 외국환거래법에서 특별히 허용하고 있다면 그러한 거래를 허용하는 것이 법 취지에도 맞는 것이라고 보기 때문이다. 물론 이 경우에 은행법이 다른 법령에 우선하여 적용한다는 은행법 제3조 제2항의 법조문에 충실할 수 없는 문제가 발생하기는 하지만, 외국환거래법

29) 금융감독 당국이 취하는 입장이다(이금호, 「신용파생금융거래법론」, 탐진, 2007. 8, 173면). 한편, 부수업무지침이 금융위원회 고시로 제정된 것이므로 법령인 외국환거래법과 충돌할 때는 당연히 법령이 우선하여 적용되어야 한다는 견해도 있을 수 있지만, 하위 규정도 상위 규정인 법령의 위임을 받아 제정된 것이므로(즉 부수업무지침은 은행법에 근거하여 제정된 것임) 하위 규정인 부수업무지침도 법령과 같이 보는 것이 타당할 것으로 본다.

30) 이러한 견해는 고동원, "금융기관 신용파생상품 거래 규제의 현황 및 개선 방향," 「금융시스템리뷰」제13호(한국은행, 2005. 7), 99면; 윤창현, "신용파생상품 현황 및 활성화 방안," 신용파생상품을 이용한 신용위험 관리 강화 방안 Workshop 발표 자료, 금융감독원/한국금융리스크관리전문가협회, 2004. 12. 8, 3면 및 7면; 이준희/한상일, "신용파생상품시장의 활성화 방향 ── 부도전염 및 신용위험관리를 중심으로," 「금융리스크리뷰」, 2004년 겨울호(한국예금보험공사, 2004. 12), 117면에서 찾아볼 수 있다.

의 규제 목적 등을 고려할 때 특별법 우선 원칙을 적용하는 것이 합리적인 해결 방법이라고 생각한다.

그러나 이러한 문제는 입법 기술상의 보완을 통하여 해결할 수 있다고 본다. 즉 부수업무지침에 "해당 관련 법령에서 은행이 영위할 수 있도록 한 업무를 부수업무로서 영위할 수 있다"라는 문구를 추가하게 되면, 부수업무 지침에 별도로 규정되어 있지 않은 업무라 할지라도(예를 들어, 개인 고객과의 상품 파생상품거래) 다른 법령에서 은행이 할 수 있도록 허용한 업무(예를 들어, 개인 고객과의 외환 관련 상품 파생상품거래)라면 그 영위가 가능하게 될 것이기 때문이다.

Ⅳ. 신탁업법령상 신탁겸영은행의 파생금융상품 거래 규제

1. 서 설

신탁업 겸영 인가를 받은 은행의 경우, 「간접투자자산 운용업법」 시행(2004년 1월 5일) 前에 설정한 불특정금전신탁과 종전과 마찬가지로 계속해서 신탁업법의 적용을 받게 되는 특정금전신탁의 신탁 자금 운용에 대해서는 여전히 신탁업법령이 적용되게 된다(간접투자자산운용업법 부칙 제14조 제1항 및 제2항). 따라서 신탁겸영은행의 파생금융상품 거래(즉, 자산운용 차원의 투자를 말함)의 허용 범위는 신탁업법, 동법 시행령 및 동법 시행규칙이 적용되게 된다. 그리고 거래 허용 범위도 점차 확대되어 왔다. 2005년 7월 전까지는 장내 파생금융상품에 대해서만 투자가 가능하였으나,[31] 2005년 7월 이후에는 장외 파생금융상품 거래도 가능해졌고, 2006년 4월에는 파생결합증권(securitized derivatives)에 대한 투자 및 위험 회피 목적의 신용파생상품 거래도 가능해졌다. 이하에서는 신탁겸영은행이 자산 운용 차원에서 투자가 가능한 파생금융상품 거래의 범위에 대해서 살펴본다.

31) 물론 2003년 4월부터 장외에서 거래가 이루어지는 주가연계증권(equity linked securities: ELS) 및 주식워런트증권(equity linked warrant: ELW)에 대한 투자는 가능했다.

2. 장내 파생금융상품 거래 투자 운용

신탁업법령상 신탁겸영은행은 유가증권시장, 코스닥시장, 선물시장 및 해외선물시장에서 이루어지는 통화 · 투자증권 · 금리 · 간접투자증권(투자신탁의 수익증권, 투자회사의 주식) · 부동산 · 실물자산(농산물, 광산물, 수산물 등) 또는 통화 · 투자증권 · 금리 · 간접투자증권 · 부동산 · 실물자산의 가격이나 이를 기초로 하는 지수를 대상으로 하는 선물거래 및 옵션거래에의 투자 운용이 가능하다(신탁업법 시행령 제11조 제9호, 간접투자자산운용업법 제2조 제8호 및 동법 시행령 제9조 참조). 특히 파생금융상품의 성격을 갖고 있는 주가연계증권(ELS) 및 주식워런트증권(ELW)에 대한 투자도 2003년 4월부터 가능해졌으며, 2006년 4월부터는 증권거래법이 규정하고 있는 파생결합증권에 대한 투자도 가능해졌다(신탁업법 시행령 제11조 제9호). 다만 여기서 유의해야 할 것은 주가연계증권, 주식워런트증권 및 파생결합증권은 증권거래법이 규정하는 증권을 말하므로(증권거래법 시행령 제2조의3 제6호, 제7호, 제8호), 주가연계증권과 주식워런트증권, 그리고 파생결합증권 중 주식연계증권은 증권거래법령상 장외 파생금융상품 거래 겸영 허가를 받은 증권회사(위탁매매업 또는 중개업, 인수업 및 매매업을 모두 영위하는 종합증권회사이고 영업용순자본비율 300% 이상 등의 일정한 요건을 충족해야 함)[32]가 발행하는 증권만 해당하게 된다는 점이다.

3. 장외 파생금융상품 거래 투자 운용

신탁겸영은행은 장외 파생금융상품에 대한 투자 운용도 가능하다. 즉 유가증권시장, 코스닥시장, 선물시장 및 해외선물시장 밖에서 통화 · 투자증권 · 금리 · 간접투자증권 · 부동산 · 실물자산 또는 통화 · 투자증권 · 금리 · 간접투자증권 · 부동산 · 실물자산의 가격이나 이를 기초로 하는 지수를 대상으로 하는 선도거래, 옵션거래 및 스왑거래에의 투자 운용이 가능하다(신탁업법 시행령 제11조제9호, 간접투자자산운용업법 제2조제9호 및 동법 시행령 제10조 참조). 또한 장내 파생금융상품 거래 투자와 마찬가지로 주가연계증권(ELS) 및 주식워런트증권(ELW)에 대한 투자도 장외 거래로서 이루어

---

32) 주가연계증권 및 주식워런트증권의 발행 가능 증권회사 요건에 대해서는 증권거래법 시행령 제36조의2 제2항 제1호, 동법 시행규칙 제13조 제2항 참조. 그리고 파생결합증권 중 주식연계증권의 발행 가능 증권회사 요건에 대해서는 증권거래법 시행규칙 제1조의3 제2항 제1호 참조.

지는 경우에 가능하며(2003년 4월부터 허용), 파생결합증권에 대한 투자도 가능하다(2006년 4월부터 허용)(신탁업법 시행령 제11조 제9호). 특히 2006년 4월부터 신용파생상품 거래 투자도 허용되었는데, 다만 위험 회피를 위한 경우(즉 신용위험 보장 매입(protection buy)의 경우)로만 제한된다는 점을 유의할 필요가 있다(신탁업법 시행령 제11조 제9호, 간접투자자산운용업법 제2조 제9호 및 동법 시행령 제10조 참조).[33)]

4. 신용파생상품 투자의 활성화 방안 필요

앞서 본 것처럼, 신탁겸영은행의 장외 파생금융상품 투자에 있어서 신용파생상품 중 신용위험 보장 매도(protection sale) 거래를 하는 것을 금지하고 있다. 이는 투자재산을 운용하는 데 있어서 신용위험을 회피(hedge)하기 위한 목적으로 하는 신용위험 보장 매입(protection buy) 거래의 경우에만 허용하겠다는 것으로 보인다. 그런데 신용파생상품 시장의 활성화 차원에서 위험 회피 목적이 아닌 보다 적극적인 투자로서 신용위험 보장 매도 거래의 허용도 검토할 필요가 있다고 본다. 그 이유는 신탁겸영은행이 신용파생상품 시장의 주요 투자자(즉 신용위험 보장 매도자로서의 투자자)가 될 수 있는데 이러한 신용위험 보장 매도 거래의 금지 규정 때문에 파생금융상품 시장의 활성화에 걸림돌이 되고 있기 때문이다. 물론 이러한 신용위험 보장 매도 거래의 경우에 위험성이 높아질 것은 분명하다. 따라서 우수한 금융인력의 확보와 투자재산을 운용하는 신탁겸영은행의 위험 관리 능력의 제고, 적절하고 효율적인 내부 통제체제 구축 등의 전제 조건이 잘 갖추어질 필요는 있을 것이다. 이러한 적극적인 신용파생상품 거래 투자 허용은 국내 신용파생상품 시장의 활성화를 도모할 수 있는 긍정적인 효과를 가져올 수 있을 것으로 본다.

---

33) 간접투자자산운용업법 시행령 제10조는 "신용파생상품 거래 중 신용사건 발생시 계약에 따라 기초자산의 원리금을 지급할 의무를 지는 경우를 제외한다"라고 하고 있는데, 이 의미는 신용위험 보장 매도(protection sale)가 아닌 신용위험 보장 매입(protection buy)의 경우만 허용하겠다는 뜻이다.

V. 선물거래법상 은행의 해외 선물거래 규제

1. 논의 배경

은행이 해외 선물거래를 선물회사를 통하지 않고 직접 영위할 수 있는지 여부와 관련하여 선물거래법 부칙 조항을 살펴볼 필요가 있다. 선물거래법상 원칙적으로 해외선물거래를 하고자 하는 자는 선물업자(금융위원회의 허가를 받은 자, 즉 선물회사)에 위탁하여야 한다(선물거래법 제51조 제1항). 따라서 은행도 선물업[34] 허가를 받지 않는 한 해외 선물거래를 하고자 하는 경우에는 선물회사에 위탁하여야 할 것이다. 그러나 아래에서 보는 것처럼 외국환은행인 은행은 선물거래법 부칙 규정에 의하여 직접 해외 선물거래를 할 수 있는 특별 규정이 있다.

2. 관련 규정 검토

1995년 12월 29일 제정된 선물거래법 부칙 4조에 의하면, 선물거래법 시행 당시(1996년 7월 1일) 외국환거래법에 의한 외국환은행은 금융상품(일반상품 이외의 것으로서 통화 · 증권 · 債權 등) 및 이와 관련한 지수(용역대가를 제외)의 해외 선물거래에 한하여 선물거래법에 의하여 허가를 받은 선물업자로 본다. 따라서 1996년 7월 1일 당시 외국환거래법에 따라 외국환은행으로 등록된 은행은 선물회사를 통하지 않고 직접 해외 선물거래를 할 수 있게 된다. 즉 1996년 7월 1일 당시 외국환은행으로서 등록된 은행은 자기 계산으로 해외선물거래를 영위할 수 있는 것이다(선물거래법 제3조 제5호).

문제는 그 당시 외국환은행으로서 등록된 은행이 고객(즉 위탁자)의 계산에 의한 해외 선물거래도 영위할 수 있는지 여부이다. 선물거래법 제3조 제5호는 선물업의 범위를 자기 계산뿐만 아니라 위탁자의 계산에 의한 선물거래를 포함하고 있기 때문에 문리적 해석을 한다면 당연히 은행은 고객의 계산에 의한 해외 선물거래도 영위할 수 있는 것으로 보는 것이 맞을 것이다. 그러나

---

34) 선물거래법상 '선물업'이라 함은 선물거래와 해외 선물거래를 자기의 계산으로 하거나 위탁받아 하는 영업 또는 그 위탁의 중개 · 주선 또는 대리를 하는 영업을 말한다(제3조 제5호).

과연 당시 은행에 해외 선물거래를 직접 영위할 수 있도록 허용한 취지가 고객의 계산에 의한 해외 선물거래도 허용하려는 취지였는지 의문이 든다. 이에 대한 관련 당국의 명확한 입장이 없어서 확인할 수 없지만 위탁자의 계산에 의한 해외 선물거래까지 허용한 것으로 보기는 어렵지 않은가 싶다. 하여튼 논란이 될 수 있는 부분이다.

또 하나 문제되는 점은 1996년 7월 1일 이후에 설립된 은행(외국은행 국내지점 포함)의 경우에는 외국환업무를 등록하더라도 해석상 해외 선물거래는 직접 영위할 수 없다는 결론이 되는데, 1996년 7월 1일 이전에 설립된 은행과 그 이후에 설립된 은행을 구별할 정책적인 이유가 있는지 의문이고, 그렇다면 그 이후에 설립된 은행에게도 직접 해외 선물거래를 영위할 수 있도록 입법적 해결을 할 필요가 있다고 본다.

3. 기타 고려 사항

우선 선물업자의 해외 선물거래는 외국환거래규정상 허가나 신고를 요하지 않는 거래이다(동 규정 제7-40조 제1항 제1호). 따라서 은행이 직접 해외 선물거래를 하는 경우에도 외국환거래규정상 허가나 신고를 요하지 않는다. 한편 선물업감독규정에 의하면 선물업자로 간주되는 외국환은행에 대하여도 선물거래법상의 금융감독원에 대한 각종 보고 의무 조항 등이 적용되게 된다(동 규정 제2조 제1항). 따라서 선물업자로 간주되는 외국환은행인 은행은 예를 들어, 월중 파생상품계약의 거래 실적과 손익, 월말 현재 선물옵션거래계좌를 개설 중인 위탁자의 수, 월중 수탁수수료 등을 금융감독원에 보고하여 한다(동 규정 제71조 제3항).

4. 은행의 국내 선물거래의 선물업자에 대한 위탁

위의 선물거래법 부칙 제4조의 규정은 해외 선물거래에만 적용되기 때문에 은행(설령 1996년 7월 1일 당시 외국환은행으로 등록된 은행이라 할지라도)이 국내 선물거래를 하고자 하는 경우에는 여전히 선물회사에 위탁하여야 한다.

Ⅵ. 결 론

국내 금융기관들의 파생금융상품 거래 규모가 최근에 급격히 증가되고 있다. 특히 국내 금융기관들의 파생금융상품 거래로 인한 수익이 늘어나면서[35] 거래 규모를 키우기 위한 시스템 구축 및 전문가 영업 등의 투자는 더 늘어나고 있으며,[36] 이에 따라 거래 규모도 앞으로 더 크게 증가할 것으로 예상된다. 이처럼 그 규모가 커지는 금융기관들의 파생금융상품 거래에 관하여 규제적인 측면에서의 법적인 정비 또한 중요한 것이다.

우선 은행에게 허용되는 파생금융상품 거래의 범위에 대하여 부수업무지침이 규정하지 않고 있어 그 허용 범위에 대하여 논란의 여지가 있을 수 있는데, 허용 범위에 대한 명확한 규정을 두는 것이 필요하고 본다. 그리고 일반상품 파생상품 거래의 제한을 폐지할 필요가 있다. 또한 장외 파생금융상품 거래의 중개 · 주선 또는 대리에 대한 업무의 영위도 가능한지에 대하여도 규정 정비가 필요하다고 본다.

---

35) 예를 들어, 2003년 중 국내 은행(외은지점 포함)들의 파생금융상품 거래 관련 트레이딩(trading) 부문의 이익은 5,260억원이었다(금융감독원, 앞의 보도자료, 5면).

36) 한국금융신문, "은행들 파생상품 역량 키우기 혈안," 2004. 11. 1일자 기사〈http://www.fntimes.com/sub〉.

제 2 절

증권회사 파생금융상품 거래의 규제*

Ⅰ. 서 론

최근 금융의 국제화·겸업화·혁신화 등으로 복합금융상품의 출현 등 금융 환경은 급격한 변화를 겪고 있다. 특히 파생금융상품(financial derivatives)의 거래 규모가 크게 증가하면서 위험 회피 목적이나 투기 목적으로도 활용되는 파생금융상품에 대한 관심이 더 커지고 있다. 증권회사의 경우 2002년 7월부터 일정한 요건을 갖춘 증권회사에 대하여 제한적으로 장외 파생금융상품 거래를 허용한 이래 더욱더 파생금융상품 거래에 대한 관심은 고조되고 있다. 특히 2009년 2월부터 시행되는 「자본시장과 금융투자업에 관한 법률」(이하 "자본시장통합법"이라 한다)에 따르면, 상품의 포괄적 정의에 따라 향후 다양한 종류의 파생금융상품이 개발되어 거래되고 이에 따라 파생금융상품 시장은 크게 활성화될 것으로 예상된다.

이 절에서는 자본시장통합법의 시행에 따라 증권업, 선물업, 자산운용업 등 자본시장 관련업을 겸영할 수 있게 되는 금융투자회사가 될 가능성이 큰 증권회사의 파생금융상품 거래에 대한 관련 법령상의 규제 내용에 대하여 고찰하면서 법적 문제점을 찾아봄으로써 향후 금융투자회사의 파생금융상품 거래에 대하여 필요한 개선 방향을 알아보고자 한다. 우선 Ⅱ.에서는 증권거래법, 동법 시행령 및 동법 시행규칙상 규정하고 있는 증권회사의 파생금융상품 거래 규제에 대한 내용에 대하여 살펴보면서 법적 문제점 및 개선 방안을 짚어보고, Ⅲ.에서는 외국환거래법, 동법 시행령 및 외국환거래규정상 규정하고 있는 증권회사의 외환 관련 파생금융상품 거래 규제 내용에 대하여

* 이 절의 내용은 비교사법 제12권 제2호(한국비교사법학회, 2005. 6)에 실린 글을 수정·보완한 것이다.

살펴본다. Ⅳ.에서는 증권회사의 장외 파생금융상품 거래의 활성화를 위한 개선 방안을 제시해 본다.

Ⅱ. 증권거래법령상의 파생금융상품 거래 규제

이하에서는 증권거래법령이 규정하고 있는 증권회사의 파생금융상품 거래 규제 관한 내용에 대하여 증권회사의 장내 파생금융상품 거래와 장외 파생금융상품 거래로 나누어 살펴보되, 장외 파생금융상품 거래에 관한 문제에 대하여 중점적으로 살펴보며, 이 외에도 관련 문제로서 증권거래법상의 유가증권에 속하면서 파생금융상품의 성격을 갖고 있는 주가연계증권(equity-linked securities: ELS) · 주식워런트증권(equity linked warrant: ELW) 및 2005년 3월부터 유가증권의 범위에 포함되었고 파생금융상품의 성격을 갖고 있는 파생결합증권(securitized derivatives)에 대하여도 고찰하며, 마지막으로 증권거래법령상의 장외 파생금융상품 거래 관련 규정의 적용 범위 문제에 대하여도 살펴본다.

1. 개 요

증권거래법령상 증권회사의 파생금융상품 거래에 대하여 규정하고 있는 조항들은 증권거래법 제51조 제1항, 동법 시행령 제36조의2 제1항 및 제2항, 제84조의28, 동법 시행규칙 제13조 및 제36조의18이다. 증권거래법상 증권회사의 파생금융상품 거래는 증권회사의 겸영업무로 규정되어 있다. 즉 증권회사는 장내 파생금융상품 거래로서 주식선물거래 및 주가지수선물거래를 겸영업무로서 직접 영위할 수 있으며(법 제51조 제1항 제2호, 시행령 제36조의2 제1항 제1호), 2002년 7월부터는 종합증권업 영위 등 일정한 요건을 충족하고 금융위원회(이하 "금융위"라 한다)의 겸영 인가를 받은 증권회사는 선도(forward)거래 및 스왑거래 등 장외 파생금융상품 거래를 겸영업무로서 영위할 수 있게 되었다(법 제51조 제1항 제2호, 동법 시행령 제36조의2 제1항 제1의2호 및 제2항 제1호). 이는 은행의 경우에 파생금융상품 거래가 은행의 부수업무로 규정되어 있는 것(「은행업무 중 부수업무의 범위에 관한 지침」 Ⅱ. 16호)과 다른 점이다. 특히 2005년 3월부터는 종전에 금지되어 왔던 신용파생상품(credit derivatives) 거래 및 일반상품 파생상품(commodity derivatives) 거래도 허용되어 증권회사의 장외 파생금융상품 거래의 범위는 더 늘어나게 되었다.

2. 허용된 장내 파생금융상품 거래

(1) 주식 관련 선물업: 주식선물거래 및 주가지수선물거래

증권회사에 허용된 장내 파생금융상품 거래는 주식선물거래 및 주가지수선물거래이다. 이의 근거 조항을 살펴보면, 증권거래법상 증권회사는 증권거래법 시행령이 정하는 금융업으로서 그 업무의 성격상 증권회사가 겸업하는 것이 가능하다고 금융위가 인가한 업무를 영위할 수 있는데(법 제51조 제1항 제2호), 이에 근거하여 증권회사는 선물거래법에 의한 선물업(주권 및 이를 기초로 하는 지수를 대상으로 하는 선물거래에 한함)을 겸영업무로서 영위할 수 있다(시행령 제36조의2 제1항제1호). 따라서 증권회사는 주식선물거래 및 주가지수선물거래를 선물업으로서 직접 영위할 수 있는 것이다. 즉 증권회사는 자기의 계산으로 동 거래를 하거나 고객으로부터 위탁받아 동 거래를 영위할 수 있으며, 더 나아가 그 위탁의 중개 · 주선 또는 대리 업무도 영위할 수 있다(선물거래법 제3조 제5호).

(2) 기타 선물거래

증권회사는 위의 주식선물거래 및 주가지수선물거래 이외의 선물거래를 하고자 하는 경우에는 선물회사를 통하여 위탁 거래를 하여야 한다(선물거래법 제3조 제5호참조).

3. 허용된 장외 파생금융상품 거래

2002년 7월부터 아래 일정한 요건을 충족하는 증권회사는 금융위의 겸영인가를 받아 장외 파생금융상품 거래 업무를 영위할 수 있다(법 시행령 제36조의2 제1항 제1의2호). 특히 2005년 3월 증권거래법 시행령 및 동법 시행규칙이 개정되면서 신용파생상품 거래 및 일반상품 파생상품 거래도 장외 파생금융상품 거래 업무의 하나로서 허용되었다는 점은 앞서 언급한 바 있다(법 시행령 제36조의2 제1항 제1호의2 나목 및 다목, 법 시행규칙 제13조 제1항 제1호 및 제5호).

(1) 장외 파생금융상품 거래 영위 가능 증권회사

증권거래법령은 모든 증권회사에게 장외 파생금융상품 거래를 허용한 것이 아니고, 다음과 같은 일정한 요건을 충족시키는 증권회사에게만 허용하고 있다(시행령 제36조의2 제2항 제1호, 시행규칙 제13조 제2항). 즉,

(i) 중개업(brokerage), 매매업(dealing) 및 인수업(underwriting) 허가를 모두 갖추고 있어야 한다.
(ii) 당해 증권회사의 주요 출자자가 부실금융기관의 최대주주 · 주요주주 또는 그 특수관계인이 아니어야 한다.
(iii) 자기자본규제비율(즉 영업용순자본비율)을 300% 이상 유지하여야 한다.
(iv) 장외 파생금융상품 거래에 관한 전문성을 갖춘 상근 임원 등 전문 인력을 확보하여야 한다.
(v) 금융위가 정하는 위험관리기준 및 내부통제기준을 충족시켜야 한다.[1][2]

(2) 허용된 장외 파생금융상품 거래의 범위

허용된 장외 파생금융상품 거래의 범위는 증권거래법 시행령 및 동법 시행규칙이 규정하고 있다(시행령 제36조의2 제1항 제1의2호 및 시행규칙 제13조 제1항). 장외 파생금융상품 거래의 허용 범위와 관련하여 주목할 점은 2005년 3월 증권거래법 시행령 및 시행규칙이 개정되면서 종전에 금지되었던 신용파생상품 거래가 허용되었으며, 또한 기초자산으로 종전의 통화 · 유가증권 이외에 일반상품(선물거래법 제2조 제1호의 규정에 의한 일반상품을 말함)[3]

---

1) 금융위가 정하는 위험관리 및 내부통제 등에 관한 평가기준(증권업감독규정 〈별표 3의2)〉의 종합평가 결과가 양호 이상일 것 등의 요건을 충족하여야 한다(증권업감독규정 제1-15조, 증권업감독규정시행세칙 제1-2조 및 〈별표 1〉 참조).

2) 한편, 2007년 3월 28일까지는 자기자본 1천억원 이상의 요건을 요구하고 있었으나 폐지되었으며, 이러한 자기자본 요건은 2002년 7월 허용할 때는 3천억원 이상이었으며, 2005년 3월 증권거래법 시행규칙이 개정되면서 1천억원 이상 요건으로 완화되었다(증권거래법 시행령 부칙 제1조 및 동법 시행규칙 부칙 제2조 참조).

3) 농산물 · 축산물 · 수산물 · 임산물 · 광산물 · 에너지에 속하는 물품 및 이 물품을 원료로 하여 제조하거나 가공한 물품 기타 이들과 유사한 것을 말한다(선물거래법 제2조 제1호).

도 포함되게 된 점이다.[4] 이는 은행의 경우에 신용파생상품 거래는 허용되는 것으로 보지만, 일반상품을 기초자산으로 하는 상품 파생상품거래의 경우는 법인 고객과의 위험 회피 목적으로 제한적으로 허용되어 있는 점과 다른 점이다.[5]

현행 증권거래법 시행령 및 시행규칙이 규정하고 있는 장외 파생금융상품 거래의 유형은 다음과 같다(시행령 제36조의2 제1항 제1의2호 및 시행규칙 제13조 제1항). 우선 선도거래(Forward)가 있다. 즉 (a) 유가증권[6] · 통화 · 일반상품, (b) 유가증권 · 통화 · 일반상품의 가격 또는 이자율 및 (c) 유가증권 · 통화 · 일반상품의 가격 또는 이자율을 기초로 하는 지수 (위 (b) 및 (c)를 합하여 "지수 등"이라 한다)를 대상으로 선도거래[7]를 할 수 있다. 둘째, 스왑거래가 가능하다. 스왑거래의 대상은 (a) 유가증권 · 통화 · 일반상품 및 (b) 지수 등에 의하여 산출된 금전이다. 셋째, 옵션거래가 있다. 즉 (a) 위의 선도거래 및 스왑거래, (b) 유가증권 · 통화 · 일반상품의 매매거래 및 (c) 지수 등을 기준으로 약정된 수치의 차에 의하여 산출된 금전을 수수하는 거래를 성립시킬 수 있는 권리를 일방 당사자에게 부여하고 그 권리를 부여받는 당사자가 상대방에게 그에 대한 대가를 지급할 것을 약정하는 거래를 할 수 있다. 넷째, 신용파생상품 거래가 있다. 즉 신용위험(당사자 또는 제3자의 신용등급의 변동·파산 또는 채무재조정 등을 말함)의 지표의 변동과 연계한 거래를 할 수 있다.

---

4) 일반상품은 2004년 4월 1일 증권거래법 시행령이 개정되면서 기초자산으로 추가되었으나 증권거래법 시행규칙에 반영이 되지 않아 사실상 일반상품을 기초자산으로 하는 파생금융상품 거래는 할 수 없었다.

5) 「은행업무 중 부수업무의 범위에 관한 지침」 Ⅱ. 16호.

6) '유가증권'이라 함은 증권거래법 제2조 제1항 각호의 규정에 따른 유가증권(유가증권시장이나 코스닥시장과 유사한 외국에 있는 시장, 즉 외국 거래소에서 거래되는 유가증권의 성질을 구비한 것도 포함됨)을 말한다(시행령 제36조의2 제1항 제1호의2 가목, 시행규칙 제13조 제1항 제1호 및 제1조의3 제3항 제1호). 즉 사채 · 주식 이외에 2003년 2월부터 포함된 주가연계증권 및 주식워런트증권과 2005년 3월부터 포함된 상법상 출자지분(즉 상법상 익명조합, 합자회사, 유한회사의 출자지분) 및 파생결합증권 등을 말한다(법 제2조 제1항, 시행령 제2조의3).

7) 즉 '선도거래'라 함은 유가증권 · 통화 · 일반상품 등의 기초자산을 장래의 일정한 시기에 미리 정한 가격으로 수수할 것을 약정하는 거래(전매 또는 환매를 하는 경우에는 미리 약정한 가격과 전매 또는 환매시의 가격과의 차액을 수수하여 결제할 수 있는 거래를 포함함)나 지수 등을 기준으로 약정된 수치를 미리 정하고 장래의 일정한 시기에 당해 지수 등의 수치와의 차에 의하여 산출된 금전의 수수를 약정하는 거래를 말한다(증권거래법 시행규칙 제13조 제1항 제1호 및 제2호).

따라서 현행 증권거래법령상 허용되는 증권회사의 장외 파생금융상품 거래는 유가증권, 통화, 일반상품, 이자율 및 신용위험을 기초자산으로 하는 거래임을 알 수 있다.

(3) 장외 파생금융상품 거래 업무 방법의 제한 및 평가

1) 업무 방법의 제한

장외 파생금융상품 거래가 허용된 증권회사라도 그 거래와 관련하여서는 다음과 같은 업무 방법의 제한을 받는다(시행령 제84조의28, 시행규칙 제36조의18 제1항 내지 제4항).

(i) 외국거래소시장에서의 거래를 제외하고는 단일의 거래당사자간의 거래 방법에 의하여야 한다.

(ii) 거래 상대방에 대한 제한이 있어, 법인세법 시행령 제61조 제2항 각 호의 1에 해당하는 자(은행·종금·증권회사·보험회사 등 금융기관),[8] 기금, 공제사업 영위 법인, 우체국보험적립금, 간접투자자산운용업법에 의한 간접투자기구(외국의 간접투자자산운용업자를 포함), 선물회사, 주권상장법인, 코스닥상장법인, 신용평가등급이 투자적격 이상인 법인, 정부, 지방자치단체, 정부투자기관, 신용평가기관의 신용평가등급이 투자적격 이상인 외국금융기관(외국금융기관이 장외 파생금융상품 거래의 이행을 보증한 자회사 포함)에 한한다.

(iii) 장외 파생금융상품 거래의 총위험금액이 자기자본의 30%를 초과해서는 안 된다.

(iv) 당해 증권회사가 영업용순자본비율(300% 이상) 요건에 미달하게 되는 경우에는 당해 요건을 충족할 때까지 새로운 장외 파생금융상품 거래가 중지되고 미종결(未終結)거래의 정리 또는 위험 회피에 관련되는 업무만을 영위할 수 있다.

(v) 주권상장법인 또는 코스닥상장법인, 신용평가등급이 투자적격 이상인 법인, 정부, 지방자치단체, 정부투자기관 등과 거래를 할 때에는 장외 파생금융상품 거래의 상품설명서를 미리 금융감독원장에게 제출하여야 한다.[9]

---

8) 이 외에 농업협동조합중앙회, 수산업협동조합중앙회, 신용보증기금, 상호저축은행, 여신전문금융회사, 자금중개회사 등 그 범위가 넓다.

9) 이는 파생금융상품 거래 비전문가를 보호하기 위하여 상품설명서 신고 제도를 운

(vi) 매 장외 파생금융상품 거래시마다 당해 업무를 관장하는 상근임원의 승인을 얻어야 한다.

(vii) 거래 상대방의 신원을 확인하고 거래 위험 등을 거래 상대방에게 서면으로 고지하여야 한다.

(viii) 월별 거래 내역을 다음달 10일까지 금융감독원장에게 보고하여야 한다.

(ix) 장외 파생금융상품 거래의 위험 관리 등에 관하여 금융위가 정하는 사항[10]을 준수하여야 한다.

(x) 신용파생상품 거래의 경우에는 그 거래 상대방(그 특수관계인을 포함한다)에 대한 위험금액이 자기자본의 5%를 초과하지 않아야 한다.[11]

이 중 신용파생상품 거래의 1인당 위험금액의 한도를 정한 것은 증권회사가 장외 신용파생상품 거래를 통하여 그 계열회사 등에 부당한 지원을 하는 것을 방지하기 위한 목적이다.[12] 위 업무 방법의 제한 중 특징적인 것은 거래 상대방을 제한하고 있다는 점과 파생금융상품 비전문가 등과 거래를 할 때는 상품설명서를 사전에 감독당국에 제출하게 하여 감독당국이 어느 정도 개입할 수 있게 하고 있는 점 및 거래 상대방에 대한 위험 고지 의무 등을 들 수 있다.

2) 평가 및 개선 방향

이러한 업무 방법에 제한을 두는 것은 바람직한 것으로 보인다. 그 이유는 파생금융상품 거래라고 하는 것이 본래 위험이 내포된 거래이므로 증권회사 자체도 위험 관리를 철저히 하는 등 내부적인 통제시스템을 구축할 필요가 있는 것이고, 또한 거래 상대방(특히 파생금융상품 거래의 비전문가인 고객)에게도 이러한 위험성을 미리 고지하는 등의 조치를 취하는 것이 나중에 분쟁 발생을 예방할 수 있는 방안이 되기 때문이다. 이것은 은행의 경우에 파생금융상품 거래의 업무 방

영하고 있는 것이다.

10) 증권업감독규정 제1-15조는 〈별표 3의2〉 위험관리 및 내부통제 등에 관한 평가기준(제1-15조 제1항 관련)에 의한 종합평가 결과가 양호 이상일 것 등의 요건을 규정하고 있다.

11) 신용파생상품 거래에 대한 제한은 2005년 3월 증권거래법 시행령 및 시행규칙이 개정되면서 추가된 것으로서 2008년 3월 28일까지 3년간만 유효하다(시행령 부칙 제2조, 시행규칙 부칙 제2조).

12) 재정경제부 증권제도과, "증권거래법시행규칙 개정안(재정경제부령 제429호)," 2005. 3. 31, 2면. http://www.mofe.go.kr에서 자료실 → 최근 법령 484번에서 검색 가능.

법에 대한 제한 규정을 두지 않고 있는 것과 대비되는 점이다.

다만 위의 업무 방법 제한 중에서 다음과 같은 몇 가지 점에서는 개선되어야 할 필요성이 있다고 본다. 첫째는 단일의 거래당사자와 거래를 하도록 제한하는 규정이다. 2005월 3월부터는 증권회사가 파생결합증권을 발행하여 다수 당사자와 거래하는 것이 가능한데 계약의 방법으로 하는 장외 파생금융상품 거래의 경우에 반드시 단일의 당사자와 거래하도록 하는 규제를 할 필요가 있는가 하는 점이다. 또한 증권회사가 동일한 조건의 파생금융상품 거래를 다수 당사자와 하는 경우[13]에도 이 조항에 위반되는지 문제가 있을 수 있다. 따라서 이러한 거래 상대방 제한 규제는 폐지하는 것이 바람직하다고 본다. 둘째는 신용파생상품 거래의 1인당 위험금액의 한도를 정하고 있는 규정이다. 즉 거래 상대방의 신용도 등을 고려하지 않고 일률적으로 규율하는 것이 합리적인가 하는 점이다. 거래 상대방의 신용도에 따라 위험 한도액을 다르게 정하도록 하는 것이 좋을 것으로 본다. 셋째로 장외 파생금융상품 거래의 위축을 초래할 수 있는 사항들(예를 들어, 앞서 본 자기자본의 30% 이내의 총위험금액 제한 등)은 점차적으로 시장의 추이를 보면서 완화하는 조치를 취하는 것이 바람직하다고 본다.

4. 장외 파생금융상품 거래의 중개 · 주선 또는 대리 업무

장외 파생금융상품 거래의 겸영이 허용된 증권회사는 장외 파생금융상품 거래의 중개 · 주선 또는 대리 업무(이하 "중개 등의 업무"라 한다)도 가능하다(시행령 제36조의2 제1항 제1호의2 후단). 이것은 은행의 경우 장외 파생금융상품 거래의 중개 · 주선 또는 대리 업무를 할 수 있는지 여부에 관해 은행법규상 명시적인 규정을 두고 있지 않는 것과 대조적이다.

5. 주가연계증권(ELS) 및 주식워런트증권(ELW)의 발행

(1) 발행 주체의 제한

2003년 2월 파생금융상품의 성격을 갖고 있는 주가연계증권(ELS) 및 주

13) 예를 들어, 은행의 주가지수연계예금 거래와 같이 증권회사가 여러 고객에게 동일한 조건으로 판매하는 파생금융상품을 개발하는 경우를 생각할 수 있을 것이다.

식워런트증권(ELW)의 발행을 증권회사에게 허용하면서 모든 증권회사에게 허용한 것이 아니고, 일정한 요건을 충족하여 장외 파생금융상품 거래 겸영 인가를 받은 증권회사에 대해서만 허용하고 있다(법 제2조 제1항 제9호, 시행령 제2조의3 제6호 및 제7호, 시행규칙 제1조의3). 그리고 동 증권은 증권거래법령상의 유가증권으로 인정된다(법 제2조 제1항제9호, 시행령 제2조의3 제6호 및 제7호). 따라서 일반 증권회사는 해당 증권업 허가를 갖고 있는 한 그러한 주가연계증권 및 주식워런트증권을 매매, 인수 및 중개하는 업무를 영위할 수 있다.

(2) 주가연계증권 및 주식워런트증권의 법적 성격과 관련된 쟁점: 유가증권인지 또는 파생금융상품인지에 관한 쟁점

주가연계증권 및 주식워런트증권은 파생금융상품의 성격이 혼재되어 있어 명시적으로 유가증권의 하나로 규정하기 전에는 동 증권이 형식적인 면을 중시하여 유가증권에 해당하는지 아니면 실질적인 면을 중시하여 파생금융상품으로 보아야 하는지에 대한 논란이 있었다. 현행 증권거래법 시행령은 장외 파생금융상품 거래 겸영 증권회사가 발행한 주가연계증권이나 주식워런트증권을 유가증권에 포섭함으로써 이 논란의 문제를 해결하고 있다. 그러나 이와 관련하여 다음과 같은 법적 쟁점은 계속 제기될 수 있다.

첫째, 증권거래법령 해석상 장외 파생금융상품 거래 겸영 영위 증권회사가 아닌 일반 증권회사도 증권거래법령상의 유가증권은 아니지만 신종증권인 주가연계증권이나 주식워런트증권을 발행할 수 있는지에 관한 문제이다. 이에 대해서는 우선 증권거래법령상 장외 파생금융상품 거래 겸영 영위 가능 증권회사만 발행한 위 두 가지 유형의 신종증권만을 증권거래법령상 유가증권으로 간주하는 것이기 때문에 일반 증권회사도 증권거래법령상의 유가증권으로 간주되지 않는 주가연계증권이나 주식워런트증권을 발행할 수 있다고 보는 견해가 있을 수 있다. 이렇게 보게 되면 일반 증권회사가 발행한 이러한 증권은 증권거래법의 적용 대상이 되지 않고 따라서 공모로 발행하더라도 유가증권신고서를 제출할 필요도 없게 되는 등 투자자 보호 조항들을 적용할 수 없게 되는 문제점이 발생하게 된다. 한편 다른 견해로는 일반 증권회사가 발행하는 주가연계증권이나 주식워런트증권이 증권거래법령상의 유가증권으로 인정되지 않으면 그러한 신종증권은 결국 파생금융상품으로 볼 수밖에 없으며 그 경우 일반 증권회사는 장외 파생금융상품 거래 겸영 영위 인가를 받지 않았기 때문에 그러한 신종증권을 발행할 수 없다고 하는 견해가 있을 수 있다. 후자의 견해가 합리적으로 보이지만, 이러한 해석의 차이는 결국 신종증권의 발행 주체를 제한하는 입법 방식을 취했기 때문에 나오는 문제인바, 발행 주체의 제한을 없애 문제점을 해결하는 것이 필요하다고 본다.

둘째, 증권회사가 위 두 가지 형태 이외의 다른 비슷한 유형의 신종증권을 발행하는 경우 여전히 증권거래법상의 유가증권인지 여부에 대한 논란의 여지가 남아 있게 되는 문제이다. 물론 다음에서 보는 파생결합증권이 2005년 3월부터 유가증권으로 인정되게 되어 주식연계증권(equity linked note: ELN), 금리연계증권, 환율연계증권(FX linked note), 상품연계증권, 신용연계증권(credit linked note: CLN) 등의 다양한 파생결합증권이 유가증권으로 간주되게 되었으나, 아직도 그 범위에 포함되지 않는 인플레이션(inflation)연계증권 등 다양한 종류의 신종증권이 나올 수 있다. 이러한 다양한 신종증권 상품을 유가증권으로 수용하기 위한 하나의 방법은 현행 증권거래법상의 유가증권의 종류를 열거하는 방식에서 유가증권의 개념을 포괄적으로 정의하는 방안도 생각할 수 있을 것이다.[14] 이런 측면에서 중간단계로서 유가증권과 파생금융상품의 성격이 결합된 파생결합증권을 증권거래법상의 유가증권으로 인정하여 유가증권의 범위를 확대한 것은 일단 바람직한 방향으로 평가되며, 자본시장통합법은 바로 이러한 점을 감안하여 포괄주의에 따른 금융상품의 정의 방식을 취하고 있는 것이다.

셋째, 외국증권회사의 국내 지점도 장외 파생금융상품 거래 겸영 영위 인가를 받은 경우에 이러한 주가연계증권 및 주식워런트증권을 발행할 수 있느냐하는 문제이다. 이에 대해서는 지점의 성격상 국내지점 자체가 이러한 증권을 발행할 수 없다고 보는 견해도 있을 수 있으나, 겸영 영위 인가를 받

14) 물론 이에 대해 포괄주의로 규정하는 경우 모든 파생금융상품 거래가 증권화만 되면 유가증권으로 간주하게 되어 사실상 파생금융상품 거래에 대한 규제가 불가능해지지 않겠느냐는 주장도 있을 수 있으나, 유가증권으로 편입되더라도 증권거래법령상 필요한 규제는 할 수 있으므로 큰 문제는 없다고 생각한다. 그리고 미국 증권거래법상의 투자계약(investment contract)과 같은 포괄적인 유가증권의 개념도 장외 파생금융상품을 포함하지 않는다는 이유 등을 들어 포괄주의 입법에 반대하는 견해도 있다. 임지웅, "주가연계상품의 금융규제법상 문제점," 「BFL」 제1호(서울대학교 금융법센터, 2003. 9), 43면.

은 지점의 경우에는 본점인 외국증권회사의 설립 준거법상 해당 외국증권회사가 이러한 증권을 발행하는 것을 허용하고 있다면 그 국내지점도 이러한 신종증권을 발행할 수 있다고 볼 수 있을 것이다.

(3) 주가연계증권 및 주식워런트증권의 매매 · 인수 · 중개 업무 가능 여부

장외 파생금융상품 거래 겸영 증권회사가 발행하는 주가연계증권 및 주식워런트증권은 증권거래법상의 유가증권으로 인정되기 때문에(시행령 제2조의3 제6호 및 제7호), 일반 증권회사는 해당 증권업 허가를 갖고 있는 한 그러한 주가연계증권 및 주식워런트증권을 매매 · 인수 및 중개하는 업무를 영위할 수 있다.

6. 파생결합증권(Securitized Derivatives)의 발행

(1) 파생결합증권의 개념

주가연계증권 및 주식워런트증권 이외에도 다양한 종류의 파생금융상품이 결합된 증권이 발행될 수 있으므로 2005년 3월부터는 기존의 주가연계증권이나 주식워런트증권 이외의 파생결합증권(securitized derivatives)의 발행도 증권회사에 허용하였다. 동 증권은 증권거래법령상의 유가증권에 해당한다(법 제2조 제1항 제9호, 시행령 제2조의3 제8호). 파생결합증권은 금리 · 통화 · 주식 등 관련 파생금융상품과 전통 유가증권(株式 · 債券)이 결합된 증권으로서 주식연계증권, 금리연계증권(逆변동금리연계증권 등), 환율연계증권, 상품연계증권, 신용연계증권 등을 말한다.[15] 즉 증권거래법 시행령은 파생결합증권을 (ⅰ) 증권거래법이 규정하고 있는 유가증권의 가격 · 이자율 또는 이를 기초로 하는 지수의 수치, (ⅱ) 외국거래소에서 거래되는 유가증권, 통화 및 일반상품의 가격 · 이자율 또는 이를 기초로 하는 지수의 수치 또는 지표나 (ⅲ) 신용위험(당사자 또는 제3자의 신용등급의 변동 파산 또는 채무재조정 등을 말함)의 지표의 변동과 연계하여 미리 정하여진 방법에 따라 이익을 얻거나 손실을 회피하기 위한 계약상의 권리를 나타내는 증권이나 증서(주가연계증권 및 주식워런트증권을 제외함)를 말한다고 규정하고 있다(시행령 제2조의3 제8호, 시행규칙 제1조의3 제3항). 따라서 파생결합증권의 기초자산은 증권거래법이 규정하는 유가증권, 외국거래소에 거래되는

15) 재정경제부, "증권업 규제 완화 방안 추진," 보도자료, 2004. 12. 17, 붙임자료 5면.

유가증권, 통화, 일반상품, 이자율 및 신용위험이 된다. 이러한 파생결합증권은 주가연계증권이나 주식워런트증권도 다 포함될 수 있는 개념으로 볼 수 있으나, 증권거래법은 명시적으로 주가연계증권이나 주식워런트증권을 파생결합증권의 범위에서 제외하고 있다(시행령 제2조의3 제8호, 시행규칙 제1조의3 제3항 참조).

한편 위 파생결합증권이 증권거래법령상의 유가증권에 해당되기 위해서는 추가적인 조건을 충족하여야 하는바, (i) 파생결합증권의 발행자는 파생결합증권의 인도와 동시에 그 대금을 전액 수령하여야 하며, (ii) 파생결합증권의 소유자는 파생결합증권의 존속 기간 동안 파생결합증권의 인도와 동시에 지급된 대금 이외에 어떠한 명목으로 추가적인 지급 의무를 부담해서는 안된다(그러나 그 소유자가 파생결합증권에 대한 매매 또는 거래를 성립시킬 수 있는 권리를 행사하는 경우는 제외한다)(시행규칙 제1조의3 제2항 제2호 및 제3호).

(2) 발행 주체의 제한

파생결합증권의 발행 주체에 대해서 증권거래법령은 주식과 연계된 파생결합증권의 발행 주체만 장외 파생금융상품 거래 겸영 인가를 받은 증권회사에 한정하고 있다(시행규칙 제1조의3 제2항 제1호). 따라서 해석상 그 외의 금리연계증권, 환율연계증권, 상품연계증권, 신용연계증권 등의 발행 주체는 제한이 없다고 볼 수 있다(시행령 제2조의3 제1항 제8호 및 시행규칙 제1조의3 제2항 제1호 참조). 즉 일반 증권회사도 주식연계증권 이외의 파생결합증권을 발행할 수 있을 것이다. 그러나 주식연계증권의 경우에만 발행 주체에 제한을 둘 필요가 있는지 의문이 든다. 즉 위험이 보다 큰 신용연계증권의 경우에는 발행 주체에 제한을 두지 않으면서 주식연계증권만 발행 주체에 제한을 두는 것이 타당한지 의문이다.

(3) 파생결합증권의 매매 · 인수 · 중개 업무 가능 여부

파생결합증권이 유가증권으로 인정됨으로써 일반 증권회사는 해당되는 증권업 허가를 받은 경우에는 파생결합증권의 매매 · 인수 및 중개 업무가 가능하다.

7. 증권거래법령상의 장외 파생금융상품 거래 관련 규정의 적용 범위에 관한 문제

한편 증권거래법령상의 파생금융상품 거래 관련 규정의 적용 범위에 관한 문제가 있을 수 있다. 즉 관련 규정이 "거주자간의 원화 관련 장외 파생금융상품 거래"뿐만 아니라 "외환 관련 장외 파생금융상품 거래"[16]에도 적용되느냐 하는 문제이다. 이는 외국환거래법령이 외환 관련 장외 파생금융상품 거래에 대해서 별도로 규정하고 있기 때문이다. 국내 거주자간의 원화 표시 장외 파생금융상품 거래에 대해서는 외국환거래법령이 적용될 여지가 없으므로 당연히 증권거래법령이 적용될 것이다. 그런데 문제는 외환 관련 장외 파생금융상품 거래에 대해서도 증권거래법령이 적용되느냐 하는 것이다. 이 문제는 결국 증권거래법령의 성격을 어떻게 파악하느냐 하는 데 있다. 즉 증권거래법령을 증권회사의 영위 업무에 대하여 규정하고 있는 기본적 법령이라고 본다면 외환 관련 장외 파생금융상품 거래에도 당연히 적용되는 것으로 볼 수 있을 것이다. 다시 말해서 증권회사의 장외 파생금융상품 거래가 외환 관련 거래의 성격을 갖고 있는 경우에는 증권거래법령 및 외국환거래법령의 규정이 둘 다 적용되는 것으로 보게 될 것이다.[17] 이런 해석은 현행 증권거래법령이 외환 관련 장외 파생금융상품 거래에도 적용될 수 있는 규정[18]이 있

16) '외환 관련 장외 파생금융상품 거래'란 거주자와 비거주간의 원화 또는 외국환 관련 장외 파생금융상품 거래 및 거주자간의 외국환 관련 장외 파생금융상품 거래를 말하며(외국환거래법 시행령 제5조 제1호 및 제2호), '거주자간 원화 관련 장외 파생금융상품 거래'란 그 이외의 거주자간의 원화가 개재된 장외 파생금융상품 거래를 의미한다.

17) 둘 다 적용된다고 보는 견해는 임지웅, 앞의 논문, 34면 각주 35). 둘 다 적용된다고 보는 견해에서는 증권회사가 통화 · 유가증권을 기초자산으로 하는 외환 관련 장외 파생금융상품 거래를 하는 경우 증권거래법령상 규정하고 있는 거래 상대방의 제한 규정이 당연히 적용된다고 보게 될 것이다.

18) 증권거래법령이 외환 관련 파생금융상품 거래에 관하여 규정하고 있는 예를 살펴보면, 증권거래법 시행령이 증권회사의 장외 파생금융상품 거래의 상대방으로서 외국금융기관과의 거래를 허용하고 있는데(제84조의28 제2호 및 시행규칙 제36조의18 제2항 제9호), 이 경우는 당연히 외환 관련 장외 파생금융상품 거래에 해당할 것이며, 증권거래법 시행규칙이 외국거래소에서 거래되는 유가증권을 장외 파생금융상품 거래의 기초자산의 하나로 규정하고 있는데(제13조 제1항 제1호 및 제1조의3 제3항 제1호), 이 경우도 외환 관련 장외 파생금융상품 거래에 해당할 것이다.

는 것으로 보아 이해할 수 있다.

그런데 문제는 증권회사의 장외 파생금융상품 거래는 증권거래법 제51조 제1항 제2호에 근거한 인가 겸영업무로서 영위하고 있다는 것이고, 외국환거래법령에 따른 증권회사의 외환 관련 파생금융상품 거래는 증권거래법 제51조 제1항 제1호의 규정에 의하여 증권회사의 법정 겸영업무[19]로서 영위되고 있는 점이다. 즉 두개의 겸영업무는 별도의 근거 규정에 의거하여 영위되고 있다는 것이다.[20] 그렇다면 두 개의 겸영업무는 별개의 근거 규정에 따른 별도의 규제를 받는 것으로 보는 것이 논리적으로 타당한 해석일 것이다. 그런데 현행 증권거래법령은 외환 관련 장외 파생금융상품 거래에도 적용되는 규정이 있어서 법체계면에서 혼란을 주고 있다. 이에 대한 규정 정비를 하여 증권거래법령상의 규정은 국내 거주자간의 원화 표시 장외 파생금융상품 거래에만 적용되도록 규정하고, 외환 관련 장외 파생금융상품 거래에 대해서는 외국환거래법령만이 적용되도록 규정하는 것이 체계적인 면에서 바람직하다고 본다.

Ⅲ. 외국환거래법령상의 외환 관련 장외 파생금융상품 거래 규제

증권회사의 외환 관련 장외 파생금융상품 거래와 관련하여서는 외국환거래규정이 적용된다(외국환거래규정 제2-12조 제2항 제1호). 동 규정에 따르면, 증권회사의 외환 관련 장외 파생금융상품 거래는 외국환업무의 하나로서 모든 증권회사가 영위할 수 있는 선물환거래와 일정한 요건을 갖춘 증권회사만이 영위할 수 있는 금리 · 통화 · 유가증권 등을 기초자산으로 하는 외환 관련 장외 파생금융상품 거래로 나눌 수 있다.

19) 증권거래법 제51조 제1항 제1호는 "금융업으로서 해당 금융관련법령에서 증권회사가 영위할 수 있도록 한 업무"를 증권회사의 겸영업무의 하나로서 규정하고 있는바, 이 근거 규정에 의하여 외국환거래법령에 따른 증권회사의 외환 관련 장외 파생금융상품 거래가 외국환업무로서 영위되는 것으로 볼 수 있다.

20) 예를 들어, 뒤에서 보는 것처럼 외환스왑 등 금리 · 통화 관련 외환 장외 파생금융상품 거래의 경우에는 별도의 거래 가능 증권회사의 요건 및 거래 상대방 제한 규정을 두고 있어서 증권거래법령상의 장외 파생금융상품 거래 겸영 증권회사 요건과 다르다.

1. 선물환거래

증권회사는 증권투자(거주자의 외화증권 투자 및 외국인 투자자의 국내 원화증권 투자)와 관련하여 당해 증권회사 고객과의 투자자금 환전과 관련한 대외지급수단의 매매 및 환위험 회피를 위한 선물환거래[21]를 할 수 있다(외국환거래규정 제2-12조 제2항제1호 나목). 이 외에도 2002년 7월부터는 증권회사에게 외국환은행, 한국은행, 외국환평형기금, 종합금융회사, 다른 증권회사, 보험회사, 외국금융기관 등과의 대외지급수단의 매매 및 선물환거래(외환스왑 포함)를 할 수 있도록 허용되었다(외국환거래규정 제2-12조 제2항 제1호 다목). 이러한 선물환거래는 아래에서 언급하고 있는 일정한 외환 관련 장외 파생금융상품 거래와 달리 모든 증권회사가 영위할 수 있다.

2. 외환 관련 장외 파생금융상품 거래

2002년 7월 증권거래법령에 따라 증권회사에게 장외 파생금융상품 거래를 허용해주는 것과 발맞추어, 외국환거래법령에서도 외국환업무취급기관으로서의 증권회사에게 외환 관련 장외 파생금융상품 거래의 허용 범위를 종전보다 확대해주었다. 다만 일정한 요건을 갖춘 증권회사에게만 허용하고 있다.

(1) 금리 · 통화 관련 외환 장외 파생금융상품 거래의 허용

1) 허용되는 장외 파생금융상품 거래의 범위

우선 2002년 7월부터 아래 일정한 요건을 갖춘 증권회사에 대하여 선물환, 외환스왑, 통화스왑,[22] 통화옵션, 금리스왑, 금리옵션 또는 이와 유사한 외

---

21) '선물환거래'라 함은 대외지급수단의 매매계약일의 제3영업일 이후 장래의 약정한 시기에 거래 당사자 간에 매매계약시 미리 약정한 환율에 의하여 대외지급수단을 매매하고 그 대금을 결제하는 거래로서 선물거래법 제3조의 선물시장 및 해외선물시장 이외에서 이루어지는 거래를 말한다(외국환거래규정 제1-2조 제9호).

22) '통화스왑'(currency swap)이라 함은 서로 다른 통화로 표시된 자금을 필요로 하는 두 거래 당사자가 계약 기간 동안 원금에 기초하여 상이한 통화로 표시된 이자를 지급하고 만기일에는 계약 시점에 미리 약정한 환율에 의해 원금을 교환하는 거래를 말하며, 금리스왑(interest rate swap)에서와 같은 이자 지급뿐만 아니라 원금에 대한 현금 흐름까지 교환하기로 약속하는 것이다. 통화스왑이 금리 조건을 교환한다는 점에서 금리스왑과 같지만, 첫째 거래 개시 시점과 종료 시점에서 원금의 실질적인 교

환 관련 파생금융상품 거래를 외국환업무로서 영위할 수 있도록 허용하였다(외국환거래규정 제2-12조 제2항 제1호 라목).[23] 다만 그 거래 상대방은 기관투자가,[24] 국내 주권상장법인, 코스닥상장법인 및 비거주자에 한정되며, 특히 주의할 점은 개인과 거래하는 것은 금지된다는 점이다(외국환거래규정 제2-12조 제2항 제1호 라목). 즉 비거주자인 경우에는 개인은 제외된다.

한편 외국환거래규정이 신용파생상품 거래를 허용되는 외환 관련 파생금융상품 거래로서 명시적으로 규정하고 있지 않고 있어서 증권회사가 외환 관련 신용파생상품 거래를 외국환업무로서 영위할 수 있는지에 대해서 의문이 있을 수 있다.[25] 특히 2005년 3월 증권거래법 시행령 및 동법 시행규칙이 개정되면서 장외 파생금융상품 거래 겸영 인가 증권회사에게 신용파생상품 거래도 허용하였기 때문에(시행령 제36조의2 제1항 제1의2호 다목, 시행규칙 제13조 제1항 제5호), 외국환거래규정상 외환 관련 신용파생상품 거래 업무가 허용되는지 여부에 대한 논란이 더 커졌다. 물론 외국환거래규정상의 장외 파생금융상품 거래의 허용 취지가 증권거래법령상 허용되는 것은 허용하겠다는 취지인 점을 감안했을 때 넓게 해석한다면 외환 관련 신용파생상품 거래도 영위 가능한 장외 파생금융상품 거래 업무에 포함된다고 볼 수도 있으나, 외국환거래법령상 명시적인 허용 규정이

환이 수반된다는 점과, 둘째 서로 다른 통화간의 교환으로서 외환스왑의 성격을 갖는다는 점에서 금리스왑과 다르다.

23) 이 경우 증권회사는 일정한 경우(액면금액의 100분의 20 이상을 옵션프레미엄 등 선급수수료로 지급하는 거래를 하는 경우 등)에는 한국은행에 거래 타당성 입증서류를 제출하면서 사전 신고를 해야 할 의무가 있으나(외국환거래규정 제7-40조 제2항), 그 이외에는 원칙적으로 외국환거래법령상 한국은행에 대한 사전 신고 없이 영위할 수 있을 것이다(외국환거래규정 제7-40조 제1항 제2호).

24) 외국환거래규정상 '기관투자가'는 외국환은행, 종합금융회사, 증권회사, 자산운용회사 및 보험회사를 말한다(외국환거래규정 제1-2조 제4호).

25) 이것은 은행의 경우에 한국은행에 사전 신고를 하면 외환 관련 신용파생상품 거래를 할 수 있는 것과 대비된다(외국환거래규정 제7-40조 제2항). 이와 관련하여 증권회사가 외환 관련 신용파생상품 거래를 대고객 업무로서가 아니고 자신의 계산(예를 들어, 투자 및 이와 관련된 위험 헤지 목적)으로 하는 경우에는 외국환거래규정 제7-40조 제2항에 의거하여 한국은행에 신고를 하면 가능하다는 견해가 있을 수 있다. 이금호, "파생금융거래 관련 법적 이슈 검토," 「경영법률」 제14집 제2호(한국경영법률학회, 2004), 210면 주 6). 물론 '업무'인지 '투자'인지를 구별하는 것이 쉽지는 않지만, 예를 들어, 증권회사가 신용위험 보장 매수자(protection buyer)로서 신용파생상품 거래를 하는 경우는 기존에 보유하고 있는 채권의 신용위험을 회피(hedge)하기 위한 것이므로 이를 굳이 허용하지 않을 이유는 없다고 본다.

없는 한 그렇게 보는 것이 쉽지는 않을 것이다. 따라서 증권거래법령상의 신용파생상품 거래의 허용 취지를 감안했을 때 외환 관련 신용파생금융상품 거래를 허용하는 규정을 외국환거래규정에 명시적으로 두는 것이 바람직하다고 본다. 또한 앞에서 살펴본 것처럼, 2005년 3월 증권거래법 시행령 및 동법 시행규칙이 개정되면서 신용연계증권 등 파생결합증권이 유가증권으로 인정되어 일반 증권회사도 동 증권을 발행하고 매매도 가능하게 된 점을 감안했을 때 외환 관련 신용파생상품 거래의 허용 필요성은 더 커진다고 할 수 있다. 그리고 외환 관련 신용파생상품 거래를 허용할 경우에는 한국은행 총재에 대한 사후 보고제로 운영하도록 하는 것이 바람직하다고 본다.

2) 영위 가능 증권회사의 요건

위와 같은 외환 관련 장외 파생금융상품 거래를 영위할 수 있는 증권회사는 금융위가 다음과 같은 조건을 갖추었다고 '확인'한 증권회사에 한정된다. 즉 (i) 확인 서류 제출하는 날의 직전 분기말 기준 자기자본이 1천억원 이상이며, (ii) 확인 서류 제출하는 날의 직전 분기말 기준으로 영업용순자본비율이 300% 이상이고, (iii) 금융위가 정하는 위험관리 및 내부통제에 관한 기준을 충족하는 증권회사이어야 한다(외국환거래규정 제2-12조 제2항 제1호 라목 단서).

이 요건은 증권거래법령에 따라 장외 파생금융상품 거래를 겸영하고자 하는 경우의 인가 요건보다 대체적으로 완화되어 있음을 알 수 있다(다만 자기자본 요건은 증권거래법령상은 폐지되어 이 요건은 차이가 있다).[26] 따라서, 자기자본 요건만 충족하면 증권거래법령에 따른 장외 파생금융상품 거래 겸영 인가를 받은 증권회사는 자동적으로 외환 관련 장외파생금융상품 거래를 영위할 수 있는 요건을 충족하는 셈이 되므로 장외파생금융상품 거래 겸영 인가를 받게 되면 별도의 확인 절차를 밟을 필요는 없을 것이다. 실무적으로도 감독당국은 이렇게 처리하는 것으로 보인다. 그런데 감독당국은 외환 관련 장외 파생금융상품 거래를 영위하고자 하는 경우에도 '확인' 절차가 아닌 '겸영 인가' 절차를 밟는 것으로 보인다. 그러나 외국환거래규정이 명시적으로 '확인'이라고 규정하고 있는데, 감독당국이 겸영 인가

26) 2005년 3월 증권거래법 시행령 및 동법 시행규칙이 개정되기 전에는 증권거래법령상의 장외 파생금융상품 거래 겸영 인가 요건 중 자기자본 요건은 3천억원 이상이었다. 따라서 개정 전에는 외환 관련 파생금융상품 거래 영위 가능 증권회사의 요건과 증권거래법령상의 파생금융상품 거래 겸영 인가 요건에서 큰 차이가 있었다.

를 하는 것은 규정에 맞게 운용하는 것은 아니라고 본다.

그리고, 최저 자기자본 1천억원 이상인 요건은 증권거래법령상 장외 파생금융상품 거래 겸영 영위 인가 요건과 비교했을 때 폐지해야 할 것으로 보인다. 그 이유는 이러한 자기자본 요건은 증권거래법령상으로는 2007년 3월 폐지되었는데, 외국환거래규정은 존치하고 있어 형평성을 잃고 있기 때문이다. 물론 외환 관련 장외 파생금융상품을 취급할 수 있는 증권회사에 대하여 더 엄격한 기준을 적용할 필요가 있다고 주장할 여지도 있으나, 이러한 요건 적용 제도의 도입 취지나 그 배경을 살펴볼 때 그러한 이유가 크게 설득력이 있어 보이지는 않는다.

한편 증권회사가 이러한 외환 관련 장외 파생금융상품 거래를 하는 경우에도 거래 상대방의 제한 규정을 제외한 증권거래법령상의 장외 파생금융상품 거래 겸영 증권회사에 적용되는 업무 방법의 제한 내용(시행령 제84조의28)이 적용된다(외국환거래규정 제2-12조 제2항 제1호 라목 단서).

(2) 통화 · 유가증권을 기초자산으로 하는 외환 관련 장외 파생금융상품 거래의 허용

또한 아래 일정한 요건을 갖춘 증권회사는 2002년 7월부터 증권거래법령이 규정하고 있는 통화 · 유가증권에 대한 권리를 대상으로 하는 외환 관련 장외 파생금융상품 거래를 외국환업무로서 영위할 수 있다(외국환거래규정 제2-12조 제2항 제1호 마목). 이와 관련하여 일반상품을 기초자산으로 하는 외환 관련 장외 파생금융상품 거래나 외환 관련 신용파생상품 거래가 허용되는지 여부가 문제될 수 있는데, 외국환거래규정이 "증권거래법령에 의한 통화, 유가증권에 대한 권리를 대상으로 하는 파생금융거래"라고 명시적으로 규정하고 있어서(제2-12조 제2항 제1호 마목 본문), 그러한 거래는 허용되지 않는다고 볼 수밖에 없을 것이다. 그런데 외환 관련 통화 · 유가증권을 기초자산으로 하는 장외 파생금융상품 거래를 허용하는 취지가 증권거래법령에서 허용하고 있는 장외 파생금융상품 거래를 외환과 관련되는 경우에도 허용하기 위한 것임을 감안할 때, 2005년 3월 증권거래법 시행령 및 동법 시행규칙의 개정에 의하여 기초자산으로서 일반상품도 포함되고 신용파생상품 거래도 허용하였기 때문에, 외환 관련 파생금융상품 거래의 경우도 그 기초자산에 일반상품도 포함하고 신용파생상품 거래도 허용하도록 규정 정비를 하여야 할 것으로 본다.

일정한 요건을 갖춘 증권회사라 함은 위 Ⅲ. 2.(1)의 외환스왑 등 외환 관련 장외 파생금융상품 거래를 할 수 있는 요건(즉 자기자본 1천억원 이상인 요건 등) 및 증권거래법 시행령 제36조의2 제2항 제1호에서 정하는 인가 기준(즉, 장외 파생금융상품 거래 겸영 증권회사의 요건)을 동시에 충족하는 증권회사를 말한다(외국환거래규정 제2-12조 제2항 제1호 마목 단서). 즉 증권거래법령이 규정하고 있는 인가 요건이 더 엄격하므로(자기자본 요건은 제외) 외국환거래법령상의 최저 자기자본 요건만 충족하여 증권거래법령상의 장외 파생금융상품 거래 겸영 인가를 받으면 당연히 통화 · 유가증권에 대한 권리를 대상으로 하는 외환 관련 장외 파생금융상품 거래도 영위할 수 있을 것이다.

이 경우 증권거래법령상의 거래 상대방의 제한 등 거래 방법의 제한 규정(즉 시행령 제84조의28의 규정)이 적용되는지 의문이 있을 수 있다. 외국환거래규정 제2-12조 제2항 제1호 마목은 "다만, [외국환거래규정 제2-12조 제2항 제1호] 라목 단서 … [에서] 정하고 있는 인가기준을 동시에 충족하는 경우"로 규정하고 있는바, '라목 단서'의 의미가 '인가기준' (즉 '확인' 요건)에만 해당하는 것이므로 '마목'의 해석상 거래 상대방 제한은 없는 것으로 보게 될 것이다. 이에 대해서 앞서 본 것처럼 외환 관련 장외 파생금융상품 거래에 대해서는 외국환거래법령 뿐만 아니라 증권거래법령도 적용된다고 보는 견해에 따르게 된다면, 증권거래법 시행령 제84조의28의 조항이 규정하고 있는 거래 상대방 제한 및 기타 업무 방법의 제한 규정이 적용된다고 보게 될 것이다. 그러나 증권회사의 외환 관련 장외 파생금융상품 거래가 증권거래법 제51조 제1항 제1호의 근거 규정에 따라 증권회사가 겸영하는 별도의 업무라고 본다면 이러한 해석이 타당한지가 의문이다. 따라서 외국환거래규정 제2-12조 제2항 제1호 마목 규정의 취지가 증권거래법령상 허용되고 있는 통화 · 유가증권을 기초자산으로 하는 장외 파생금융상품 거래를 외환 관련 거래의 경우에도 허용하는 취지인 점을 감안했을 때, 증권거래법령상의 거래 상대방 제한 등 업무 방법의 제한 규정을 외환 관련 장외 파생금융상품 거래에도 적용하는 것이 타당하며, 이렇게 하기 위해서는 외국환거래규정 제2-12조 제2항 제1호 마목에 거래 상대방 제한 등 업무 방법 제한 내용을 명시적으로 규정할 필요가 있을 것이다. 그리고 증권거래법령상 장외 파생금융상품 거래 겸영 인가 요건과 외국환거래법령상 외환 관련 장외 파생금융상품 거래 영위 요건도 그 기준이 동일하게 적용될 수 있도록 규정할 필요가 있다.

한편 증권거래법령상의 거래 상대방 제한 규정이 외환 관련 통화 · 유가증권을 기초자산으로 하는 장외 파생금융상품 거래에 적용된다고 보면, 특히 통화를 기초로 하는 외환 관련 장외 파생금융상품 거래의 경우에는, 위의 금리 · 통화 관련 외환 장외 파생금융상품 거래 영위 가능 증권회사(즉 Ⅲ. 2. (1)의 요건을 충족하는 증권회사)와 증권거래법령상의 장외 파생금융상품 거래 겸영 인가 조건을 충족하는 증권회사(즉 Ⅲ. 2. (2)의 요건을 충족하는 증권회사)는 그 거래 상대방에서 차이가 나게 된다.[27]

3. 외환 관련 장외 파생금융상품 거래의 중개 업무 영위와 관련한 문제

외국환거래법 제9조는 외환 관련 장외 파생금융상품 거래의 중개를 포함한 외국환(외화증권 제외)의 매매 · 교환 · 대차의 중개 업무를 '업'으로 영위하고자 하는 자는 일정한 자본 · 시설 및 전문 인력을 갖추어 기획재정부장관의 인가를 받도록 규정하고 있다. 따라서 증권회사의 경우 외국환거래법상의 인가를 받지 않고는 외환 관련 장외 파생금융상품 거래의 중개 업무를 할 수 없다는 결론에 이르게 된다. 그리고 실무적으로 기획재정부는 증권회사에 대해서 외국환거래 중개 업무 인가를 내주지 않고 있는 것으로 알고 있다.

그런데 문제는 장외 파생금융상품 거래 겸영 증권회사는 장외 파생금융상품 거래의 중개 · 주선 · 대리 등의 업무를 영위할 수 있다는 증권거래법령상의 규정(시행령 제36조의2 제1항 제1호의2 후단)과의 문제이다. 즉 증권거래법령이 장외 파생금융상품 거래의 중개 등의 업무를 허용하고 있으므로 외환 관련 파생금융상품 거래의 중개 업무도 영위할 수 있지 않느냐는 점이다. 그러나 외국환거래법은 외환 관련 거래에 대하여 특별히 규제하기 위하여 만들어진 법이고, 증권회

27) 이렇게 되면 증권거래법령상 인가 요건이 보다 까다로운 장외 파생금융상품 거래 겸영 인가를 받은 증권회사의 경우에는 거래 상대방이 비거주자인 경우에 투자적격 이상인 외국금융기관으로 제한된다는 점에서 보다 요건이 완화된 금리 · 통화 관련 외환 파생금융상품 거래 영위 가능 증권회사의 경우(거래 상대방이 비거주자인 경우 개인을 제외한 모든 비거주자와 거래를 할 수 있다)와 비교했을 때 오히려 그 범위가 좁게 되는 불합리한 점이 있게 된다. 반면에 거래 상대방이 거주자인 경우에는 증권거래법령상의 장외 파생금융상품 거래 겸영 인가 증권회사의 경우에 그 범위가 넓게 된다.

사의 외환 관련 장외 파생금융상품 거래 등 외국환업무는 외국환거래법령에 따라 이루어지는 것이므로, 증권거래법령에서 파생금융상품 거래의 중개 등의 업무를 허용하고 있더라도 외환 관련 파생금융상품 거래의 중개 업무는 외국환거래법에 따라 인가를 받지 않고는 영위할 수 없다고 보아야 할 것이다. 그런데 증권회사 업무 규제의 기본법인 증권거래법령에서 파생금융상품 거래의 중개 등의 업무를 허용한 취지를 감안할 때 외환 관련 파생금융상품 거래의 중개 업무도 허용하는 것이 바람직한 것으로 보이는바, 외국환거래법상 적극적으로 인가를 해 주든지, 아니면 외국환거래법의 개정을 통하여 증권회사에게는 동 인가를 면제하는 입법적인 조치가 있어야 할 것으로 본다.

Ⅳ. 증권회사 장외 파생금융상품 거래의 활성화 방안

여기서는 증권회사 장외 파생금융상품 거래 업무의 활성화를 위하여 필요한 개선 방향에 대하여 논의하기로 한다.

1. 장외 파생금융상품 거래 영위 인가 요건의 완화

위에서 살펴본 것처럼, 장외 파생금융상품 거래를 영위할 수 있는 증권회사의 자격 요건(종합증권업 영위, 최저 영업용순자본비율 등)을 엄격히 정해 놓은 이유는 장외 파생금융상품 거래에 따라 위험이 커지게 되는데 이러한 위험을 잘 관리할 수 있는 대형 증권회사에게만 허용하겠다는 취지로 판단된다. 물론 제도 도입 초기이므로 영위 가능 대상 증권회사를 제한적으로 허용한 취지는 이해되나, 그 동안 많은 경험과 노하우가 축적되었고, 한편으로 증권회사의 업무 확장을 통한 증권산업 육성 등의 필요성을 감안했을 때 장외 파생금융상품 거래 겸영 증권회사의 자격 요건을 완화 내지는 폐지할 필요가 있다. 예를 들어, 3가지 증권업 허가를 모두 갖추는 요건은 필요 없다고 본다. 즉 증권업 허가의 종류에 상관없이 충분히 장외 파생금융상품 거래에 따른 위험 관리를 잘 할 수 있는 증권회사에게는 다른 요건을 충족하는 한 장외 파생금융상품 거래 업무를 허용하도록 할 필요가 있다고 본다.

이러한 진입 규제 완화가 자체적인 위험 관리 능력 수준의 향상 등 증권회사의 경쟁력을 향상시킬 수 있는 방안이라고 생각한다. 물론 이러한 진입 규제 철폐에 따른 감독은 철저히 이루어질 필요는 있다. 즉 금융감독 당국이 정하는 일정한 위험 관리 수준을 충족하지 못하는 경우에는 개선 조치나 업무 정지 등의 조치를 내리게 하여 사후 감독을 강화할 필요는 있을 것이다.

2. 장외 파생금융상품 거래 겸영 인가 제도의 폐지 및 부수업무화

더 나아가서는 현재 운영되고 있는 장외 파생금융상품 거래 겸영 인가 제도를 폐지하고 장외 파생금융상품 거래를 모든 증권회사가 영위할 수 있도록 부수업무로 규정하는 방안을 고려할 필요가 있다. 즉 은행의 경우처럼 모든 증권회사가 부수업무로서 장외 파생금융상품 거래를 영위할 수 있도록 하고, 다만 업무 방법에 제한을 두어 위험 관리의 불충분 등 규정 위반시에는 일정 기간 파생금융상품 거래 업무 정지 등의 제재 조치를 취하는 방법으로 규제하는 방안인 것이다. 이러한 조치는 다음과 같은 점에서도 필요하다고 본다. 즉 위에서 살펴본 것처럼, 현행 증권거래법령상 주식연계증권을 제외한 파생결합증권의 경우 일반 증권회사도 발행할 수 있는데, 이 경우에는 일반 증권회사도 장외 파생금융상품 거래 겸영 인가를 받지 않고 파생결합증권을 사모(私募) 또는 공모(公募)로 발행하여 다수의 고객을 상대로 실질적으로 장외 파생금융상품 거래를 할 수 있게 되고, 또한 자신이 발행한 파생결합증권을 매매 · 인수 · 중개하는 업무를 할 수 있게 되므로 사실상 장외 파생금융상품 거래 겸영 인가 제도가 무의미하게 되는 문제가 있기 때문에 굳이 인가 제도를 유지할 실익이 없다고 하겠다.

3. 외국환업무로서 외환 관련 신용파생상품 거래의 허용 필요

2005년 3월 증권거래법령이 개정되면서 장외 파생금융상품 거래 겸영 인가 증권회사에게 신용파생상품 거래가 허용되었다. 이는 최근 늘어가고 있는 신용위험 회피(hedge) 수요를 충족하고 증권회사를 투자은행으로 발전시키기 위한 업무 기반을 마련한다는 점에서[28] 바람직한 방향으로 평가된다. 특히 우리 나라에서도 2008년 1월부터 실시되는 신 바젤 자기자본 협약(바젤 Ⅱ)[29]은 신용파생상품 거래를 신용위험 경감 사유로 인정하고 있어, 신용파생상품 거래의 수요가 더 늘어날 것으로 예상되는데, 이에 따른 신용파생상품 거래 시장의 활성화 및 동 상품을 취급할 수 있는 국내 기관투자가의 육성의 필요성을 감안했을 때,[30] 증권회사에게도 신용파생상품 거래 업무를 허용한 것은 바람직한 조치였다고 본다. 다만 신용파생상품 거래를 영위할 수 있는 증권회사는 증권거래법령상의 장외 파생금융상품 거래 겸영 인가를 받은 증권회사에게만 허용되므로 이를 취급할 수 있는 증권회사 범위의 확대 조치가 필요할 것이다. 따라서 신용파생상품 거래에 대한 내부적인 위험 관리 체제가 잘 갖추어져 있는(즉 감독당국이 요구하는 기준을 충족하는) 증권회사에게는 장외 파생금융상품 거래 겸영 인가에 상관없이 신용파생상품 거래를 할 수 있도록 허용하는 조치를 취하는 것이 바람직하다고 본다.

또한 앞에서 언급한 것처럼, 외국환거래법령상은 외환 관련 신용파생상품 거래를 증권회사의 영위 가능 장외 파생금융상품 거래의 범위에 명시적으로 규정하고 있지 않아 문제가 될 수 있으므로, 증권거래법령상 신용파생상품 거래가 허용된 것과 마찬가지로 외환 관련 신용파생상품 거래 업무도 증권회사에게 허용하도록 하는 규정 정비가 있어야 할 것이다. 그리고 이 경우에는 현재의 한국은행 사전 신고제에서 사후 보고제로 변경하는 것이 바람직하다고 본다.

4. 채무보증 금지 조항에 대한 예외 규정 신설 필요

한편 증권회사의 신용파생상품 거래와 관련하여 검토할 법적 문제는 증권거래법상의 증권회사의 채무보증 금지 조항(제54조의3 제1항 제3호)의 문제이다. 즉 증권회사가 신용파생상품 거래를 통하여 신용 위험을 부담하는 경우(즉 증권회사가 신용위험 보장 매도자(protection seller)인 경우)에는 지급보증과 유사한 경제적 효과를 가지기 때문에 동 조항에

28) 재정경제부, 앞의 보도자료, 붙임자료 7면.

29) 신 바젤 자기자본 협약(바젤 Ⅱ)의 주요 내용은 고동원, "신 바젤 자기자본 협약안의 주요 내용과 국내은행의 대응 방안에 관한 연구," 「경영법률」 제14집 제2호(한국경영법률학회, 2004), 95면 이하 참조.

30) 위의 논문, 125면.

위반되는 것이 아니냐 하는 문제가 제기될 수 있다. 생각하건대, 신용파생금융상품 거래가 법적인 의미에서의 채무보증이 아니고, 더 나아가서는 증권거래법령이 신용파생상품 거래를 증권회사의 겸영 업무로서 명시적으로 허용하고 있으므로 위의 채무보증 금지 조항에 대한 예외로 인정하는 것이 타당하다고 본다. 그러나 그 반대의 견해도 있을 수 있기 때문에 논란의 소지를 없애기 위해서는 채무보증 금지 조항에 신용파생상품 거래를 예외 규정으로 명시하여 해결하는 방법을 강구할 필요가 있다. 다만 이렇게 할 경우 신용파생상품 거래를 통하여 채무보증 금지 조항을 회피할 가능성도 있기 때문에 규제 및 감독의 강화를 통하여 이러한 탈법적인 거래가 이루지지 않도록 보완을 할 필요는 있을 것이다.

V. 결 론

최근 은행 · 증권회사 등 국내 금융기관들의 파생금융상품 거래 규모가 급격히 증가되고 있다. 특히 증권회사의 경우 정부의 증권산업 육성 정책 방침에 비추어 보았을 때 업무 영역 확대의 일환으로 장외 파생금융상품 거래의 확대 필요성은 더 커 보인다. 이런 면에서 관련 규정의 정비가 필요한데, 우선 신용파생상품 거래 허용과 관련하여 증권회사의 채무보증 금지 조항이 문제될 수 있는바, 동 조항에 신용파생상품 거래에 대한 예외 규정을 두는 것이 바람직하고, 둘째는 증권회사에게도 외환 관련 장외 파생금융상품 거래의 중개 업무를 영위할 수 있도록 현행 외국환거래법상의 인가 제도에 대한 예외 규정을 둘 필요가 있다고 생각되며, 셋째 외환 관련 신용파생상품 거래 업무를 영위할 수 있도록 외국환거래법령의 개정이 요구된다고 할 것이다.

한편 증권회사의 장외 파생금융상품 거래의 활성화를 위한 방안으로는 첫째, 현행 장외 파생금융상품 거래 겸영 인가 증권회사의 요건 중 세 가지 증권업 허가 취득 요건을 삭제하여 내부적으로 위험 관리가 잘 되어 있으면서 이 업무를 특화하려는 증권회사에게도 장외 파생금융상품 거래 업무를 영위할 수 있도록 하고, 더 나아가서는 장외 파생금융상품 거래의 겸영 인가 제도를 폐지하고 부수업무로 규정하여 장외 파생금융상품 거래의 활성화를 도모하는 것이 필요하다는 점이며, 둘째는 신 바젤 자기자본 협약의 시행에 따라 수요가 늘어날 것으로 예상되는 신용파생상품 거래도 현재의 장외 파생금융상품 거래 겸영 인가 증권회사뿐만 아니라 위험 관리 체계가 잘 갖추어진 일반 증권회사도 영위할 수 있도록 허용하는 조치를 취하고, 외환 관련 신용파생상품 거래의 경우에는 외국환업무로 명시적으로 규정하는 조치를 취하는 것이 필요하다고 본다.

제 3 절

보험회사 파생금융상품 거래의 규제*

Ⅰ. 서 론

최근 금융의 혁신화 등으로 새로운 신종상품인 파생금융상품(financial derivatives) 거래 규모가 크게 증가하면서 금융거래에 따른 위험 회피(hedge) 목적뿐만 아니라 투기(speculation) 목적으로도 활용되는 파생금융상품에 대한 관심이 커지고 있다. 전 세계적으로도 파생금융상품의 거래 규모가 늘어나고 있는 추세이며, 우리 나라에서도 파생금융상품 거래는 크게 증가하고 있다.[1] 국내 금융기관들의 파생금융상품 거래로 인한 수익이 늘어나면서[2] 거래 규모를 키우기 위한 시스템 구축 및 전문가 영입 등의 투자는 더 늘어나고 있으며, 이에 따라 거래 규모도 앞으로 더 크게 증가할 것으로 예상된다. 특히 2009년 2월부터 시행되는 「자본시장과 금융투자업에 관한 법률」(이하 "자본시장통합법"이라 한다)에 따라 금융상품의 포괄적 정의 체제로 가게 되면 날씨나 환경(이산화탄소 배출권 등) 등 다양한 기초자산의 파생금융상품이 출현하게 되면서 파생금융상품 거래는 더욱 활성화될 것으로 보인다.

---

* 이 절의 내용은 「상사법연구」 제25권 제1호(한국상사법학회, 2006. 5)에 실린 글을 다소 수정 · 보완한 것이다.

1) 2003년 중 국내 금융기관의 파생금융상품 거래 규모가 명목금액 기준으로 21,548조원에 달하여 전년 대비 87.2%가 증가하였으며(금융감독원 감독총괄국, "2003년 중 국내 금융회사의 파생상품 거래 현황," 보도자료, 2004. 2. 26, 1면), 거래 잔액 기준으로도 2004년 3월 말 기준으로 1,163조원에 달하여 전년 동기 대비 80.4%가 증가하였다(금융감독원 감독총괄국, "2004년 1/4분기 중 금융회사의 파생상품 거래 현황," 보도자료, 2004. 6. 14, 붙임자료 1면).

2) 예를 들어, 2003년 중 국내 은행(외국은행 국내지점 포함), 증권회사 및 보험회사들의 파생금융상품 거래 관련 트레이딩(trading) 부문의 이익은 7,645억원으로서, 영업이익 중 파생금융상품 거래 이익이 차지하는 비율은 8.5%이었다(금융감독원, 앞의 보도자료(2004. 2. 26), 5면).

이 절에서는 금융기관 중 아직 파생금융상품 거래가 크게 활성화되어 있지 않은 보험회사의 파생금융상품 거래에 대한 관련 법령상의 규제 내용에 대하여 고찰하면서 법적 문제점 및 파생금융상품 거래의 활성화를 위한 개선 방안을 찾아보고자 한다. 우선 Ⅱ.에서는 보험업법, 동법 시행령 및 보험업감독규정이 규정하고 있는 보험회사의 파생금융상품 거래 규제에 관한 내용에 대하여 살펴보고, Ⅲ.에서는 외국환거래법, 동법 시행령 및 외국환거래규정이 규정하고 있는 보험회사의 외환 관련 파생금융상품 거래 규제 내용에 대하여 살펴본다. Ⅳ.에서는 보험회사의 현행 파생금융상품 거래 규제의 문제점을 짚어 보면서 개선 방안을 제시해 본다.

Ⅱ. 보험업법령상의 파생금융상품 거래 규제

1. 개 요

보험업법령상 보험회사의 파생금융상품 거래 규제는 보험업법 제105조(금지 또는 제한되는 자산운용) 제1항 제7호 및 제2항과 제106조(자산운용의 방법 및 비율) 제1항 제11호 및 제2항, 보험업법 시행령 제49조(금지 또는 제한되는 자산운용) 제3항 제1호 및 제4항과 제50조(자산운용의 비율) 제2항 제3호, 보험업감독규정 제5-2조(외국환 및 파생금융거래의 투자 기준), [별표 8] 보험회사의 외국환거래 기준 및 [별표 9] 보험회사의 파생금융거래 기준에서 규정하고 있다. 보험회사의 파생금융상품 거래는 은행이나 증권회사의 경우에 '업무'로서 규제하는 것[3]과 달리 자산 운용의 차원에서 규제하는 점이

3) 은행의 경우에는 금융위원회 고시인 「은행업무 중 부수업무의 범위에 관한 지침」 Ⅱ. 16호에서 "파생상품거래"라고 규정하고 있어 은행의 부수업무에 속하며, 증권회사의 경우에는 장내 파생금융상품 거래로서 주식선물거래 및 주식옵션거래, 주가지수선물거래 및 주가지수옵션거래를 겸영 업무로서 직접 영위할 수 있으며(증권거래법 제51조 제1항 제2호, 동법 시행령 제36조의2 제1항 제1호), 장외 파생금융상품 거래는 일정한 요건을 충족하고 금융위원회의 장외 파생금융상품 거래 겸영 업무 인가를 받은 증권회사가 겸영 업무로서 영위할 수 있다(증권거래법 제51조 제1항 제2호, 동법 시행령 제36조의2 제1항 제1의2호 및 제2항 제1호). 은행의 파생금융상품 거래 규제에 관한 법적 고찰 내용은 고동원, "은행의 파생금융상품 거래 규제에

다른 점이라고 하겠다. '업무'가 아니고 '자산 운용'으로 파생금융상품 거래를 한다는 의미는 보험회사가 파생금융상품의 적극적 개발을 하거나 고객을 상대로 거래를 한다는 것이 아니라 투자 차원에서 파생금융상품 거래를 하는 것을 뜻하는 것으로 이해할 수 있다. 물론 실제로 '업무'로서 하는 거래와 '자산 운용'으로 하는 거래와의 구별이 쉽지는 않을 것이다.

보험회사는 자산 운용으로서 장내 파생금융상품 거래와 장외 파생금융상품 거래를 할 수 있다. 즉 보험회사는 선물거래법에 의한 선물거래 등의 장내 파생금융상품 거래에 투자할 수 있으며(보험업법 제105조 제2항, 동법 시행령 제49조 제4항), 외화 신용연계채권(債券)(credit linked note: CLN) 및 외화 합성담보부채권(債券)(synthetic collateralized debt obligations: Synthetic CDO)[4] 등 파생금융상품의 성격을 갖고 있는 신종 외화증권(보험업감독규정 [별표 8] 제5호)에 대한 투자뿐만 아니라 선도거래(forwards), 스왑거래(swap), 옵션거래(option), 신용파생상품 거래(credit derivatives) 등 기타 장외 파생금융상품 거래(보험업감독규정 [별표 9] 제2호)에 대한 투자도 할 수 있다. 아래에서는 보험회사가 자산 운용으로서 투자할 수 있는 파생금융상품 거래에 대하여 살펴본다.

2. 보험업법령상 허용되는 파생금융상품 거래

보험업법령상 투자할 수 있는 파생금융상품 거래는 다음과 같은 장내 파생금융상품 거래와 장외 파생금융상품 거래가 있다.

(1) 장내 파생금융상품 거래

1) 허용 범위

보험회사가 자산 운용으로 투자할 수 있는 장내 파생금융상품 거래는

관한 법적 검토," 「상사법연구」 제24권 제1호(한국상사법학회, 2005. 5), 305-326면 참조; 증권회사의 파생금융상품 거래 규제에 관한 법적 검토 내용은 고동원, "증권회사의 파생금융상품 거래 규제에 관한 법적 고찰," 「비교사법」 제12권 2호(한국비교사법학회, 2005. 6), 485-516면 참조.

4) 여기서 말하는 외화 신용연계채권 및 외화 합성담보부채권은 외국환거래규정 제1-12조 제11-1호에서 정의하고 있는 채권(債券)을 말한다. 따라서 합성담보부채권은 손실을 우선 분담(first to default 또는 first loss)시키는 조건의 합성담보부채권을 말한다.

(i) 선물거래법에 의한 선물거래 및 해외선물거래, (ii) 유가증권지수의 선물거래, (iii) 유가증권옵션거래가 있다(보험업법 제105조 제2항, 동법 시행령 제49조 제4항).

2) 한 도

보험회사가 투자할 수 있는 장내 파생금융상품 거래에는 그 한도가 적용되는데, 현행 보험업법령상 유가증권지수의 선물거래, 유가증권옵션거래 또는 해외선물거래를 위한 위탁증거금의 총합계액은 보험회사 총자산의 3% 이내이어야 한다(보험업법 106조 제1항 제11호, 동법 시행령 제50조 제2항 제3호).[5] 그런데 위 허용된 장내 파생금융상품 거래 중 선물거래법에 의한 선물거래는 한도 적용 대상에서 제외되고 있는데, 보험회사의 선물거래에 대한 투자 금액이 많은 점을 고려할 때 동 선물거래만 한도 적용에서 제외될 만한 특별한 이유는 없을 것으로 본다.[6] 입법 불비로 보이며 이에 대한 규정 정비가 있어야 할 것으로 본다.

---

5) 보험회사가 투자할 수 있는 장내 파생금융상품 거래 중 선물거래법에 의한 선물거래는 한도 적용을 받지 않을 것이다. 그 이유는 보험회사의 자산 운용 비율을 규정하고 있는 보험업법 제106조 제1항 제11호가 "[보험업법] 제105조 제2항의 규정에 의한 대통령령이 정하는 거래 또는 해외선물거래"(저자 강조)에 대해서만 자산 운용 비율이 적용되도록 규정하고 있기 때문에 보험업법 제105조 제2항에서 규정하고 있는 "선물거래법에 의한 선물거래"는 한도 적용을 받지 않는 것으로 해석해야 할 것이다(보험업법 제105조 제2항은 장내 파생금융상품 거래로서 "선물거래법에 의한 선물거래 또는 이와 유사한 거래로서 대통령령이 정하는 거래"라고 규정하고 있다). 보험업법 제106조 제1항 제11호의 "대통령령이 정하는 거래"는 해외선물거래, 유가증권지수의 선물거래 및 유가증권옵션거래가 있다(보험업법 시행령 제49조 제4항). 그런데 보험업법 시행령에서 해외선물거래를 포함하고 있으나, 보험업법 제106조 제1항 제11호는 '해외선물거래'를 다시 언급하고 있어 중복되게 규정되어 있는바, 규정 정비가 필요하다고 본다. 그리고 보험업법 제106조 제1항 제11호는 자산 운용 한도(즉 위탁증거금의 합계액 한도)를 "총자산의 100분의 5"로 규정하고 있으나, 보험업법 제106조 제2항(즉 보험회사의 자산 운용 비율은 자산 운용의 건전성 제고 또는 보험 계약자의 보호를 위하여 필요한 경우 시행령이 정하는 바에 따라 법이 규정하고 있는 자산 운용 비율의 50% 범위 안에서 인하 조정할 수 있다는 규정)에 따라 보험업법 시행령 제50조 제2항 제3호는 위탁증거금의 합계액을 총자산의 3%로 규정하고 있다.

6) 저자가 파악한 바로는 감독 실무상으로도 선물거래법에 의한 선물거래도 자산 운용 한도 적용 대상에 포함하여 운용하고 있는 것으로 알고 있다.

(2) 장외 파생금융상품 거래

1) 개 요

보험회사가 자산 운용으로서 투자할 수 있는 장외 파생금융상품 거래의 범위에 대해서는 보험업법 제105조 제1항 제7호, 동법 시행령 제49조 제3항 제1호, 보험업감독규정 제5-2조 및 [별표 8]과 [별표 9]에서 규정하고 있다. 보험회사의 장외 파생금융상품 거래는 개정 보험업법이 시행된 2003년 8월 30일부터 그 거래 범위가 크게 확대되었다. 즉 이전에는 파생금융상품 거래를 보험회사의 자산 운용 재산의 범위에서 기타 분류되지 않은 자율 운용 재산의 범위에 포함시켜 총자산의 5% 이내에서(물론 다른 자율 운용 재산을 포함하여) 제한적으로 허용하였었지만, 그 이후에는 보험회사의 파생금융상품 거래를 자산 운용의 주요 유형으로 분류하여 그 거래의 범위를 확대하였다.[7)]

2) 규정 체계

보험회사의 장외 파생금융상품 거래에 대한 규정 체계를 살펴보면, 보험회사는 자산운용의 안정성을 크게 해할 우려가 있는 행위로서 '보험업법 시행령이 정하는 행위'로 자산을 운용할 수 없다(보험업법 제105조 제1항 제7호). '보험업법 시행령이 정하는 행위'는 금융위원회가 정하는 기준(즉 보험업감독규정 [별표 8] 및 "별표 9"에 규정되어 있는 기준)을 충족하지 아니하는 외국환 거래 및 파생금융상품 거래(신용파생상품 거래를 포함)를 말한다(보험업법 시행령제49조 제3항). 다시 말해서 보험회사는 금융위원회가 정하는 기준인 보험업감독규정 [별표 8] 및 [별표 9]에 규정되어 있는 외국환 거래 및 파생금융상품 거래(신용파생상품 거래를 포함)를 자산 운용으로 할 수 있는 것이다.

보험업감독규정 [별표 8]은 허용되는 외국환 거래를 열거하면서 그 중에서 일정한 요건을 충족하는 신종 외화증권(즉 외화 표시 신용연계채권, 외화 신용연계예금 및 외화 합성담보부채권 등 신용파생상품 거래가 내재된 외화증권을 말함)에 대한 투자를 허용하고 있다(보험업감독규정 [별표 8] 제5호 및 제6호). 또한 보험업감독규정 [별표 9]는 투자 가능한 장외 파생금융상품 거래의 범위로서 선도거래, 스왑거래, 옵션거래 및 신용파생상품 거래를 열거하면서(보험업감독규정 [별표 9] 제2호), 한도 적용을 받는 장외 파생금융상품 거래와 한도 규제 적용을 받지 않는 장외 파생금융

---

7) 이금호, "파생금융거래 관련 법적 이슈 검토," 「경영법률」 제14집 제2호(한국경영법률학회, 2004. 3), 211면은 그 이유를 보험회사의 자산 규모가 대형화되면서 파생금융상품 거래에 대한 수요가 증대되었기 때문이라고 설명하고 있다.

상품 거래로 나누어 규정하고 있다(보험업감독규정 [별표 9] 제3호 및 제4호).

3) 허용되는 장외 파생금융상품 거래의 범위

보험업법령상 보험회사가 자산 운용으로 할 수 있는 장외 파생금융상품 거래의 유형은 다음과 같다.[8] 물론 한도 적용을 받는 장외 파생금융상품 거래는 그 한도 범위 내에서 할 수 있다.

① 선도거래 우선 보험회사는 다음과 같은 선도(先渡)거래를 할 수 있다. 즉 보험회사는 (i) 지급수단[9]·증권·채권(債權)·기타 거래될 수 있는 상품(이하 "상품 등")을 대상으로 장래의 일정한 시기에 미리 정한 가격으로 수수할 것을 약정하는 거래(전매 또는 환매를 하는 경우에는 미리 약정한 가격과 전매 또는 환매시의 가격과의 차액을 수수하여 결제할 수 있는 거래를 포함한다)뿐만 아니라 (ii) 상품 등의 가격, 이자율, 상품 등의 가격 또는 이자율에 의하여 산출된 지수(이하 "지수 등")를 대상으로 약정된 수치를 미리 정하고 장래의 일정한 시기에 당해 지수 등의 수치와의 차에 의하여 산출된 금전의 수수를 약정하는 거래를 할 수 있다(보험업감독규정 [별표 9] 제2호 가목 및 나목).

② 스왑거래 또한 보험회사는 스왑거래를 할 수 있다. 즉 보험회사는 장래의 일정 기간 동안 미리 정한 가격으로 상품 등을 교환하거나 지수 등에 의하여 산출된 금전을 교환할 것을 약정하는 거래를 할 수 있다(보험업감독규정 [별표 9] 제2호 다목).

③ 옵션거래 보험회사는 옵션거래도 할 수 있다. 즉 보험회사는 (i) 위의 선도거래 및 스왑거래, (ii) 상품 등의 매매거래 및 (iii) 지수 등을 기준으로 약정된 수치의 차에 의하여 산출된 금전을 수수하는 거래를 성립시킬 수 있는 권리를 일방 당사자에게 부여하고 그 권리를 부여받는 당사자가 상대방에게 그에 대한 대가를 지급할 것을 약정하는 거래를 할 수 있다(보험업감독규정 [별표 9] 제2호 다목).

④ 신용파생상품 거래 보험회사의 신용파생상품 거래는 크게 두

8) 아래 선도거래, 스왑거래, 옵션거래 및 신용파생상품 거래의 정의 내용은 외국환거래법령상의 정의 내용과 같다(외국환거래법 시행령 제8조). 이는 보험업법 시행령이 허용되는 파생금융상품 거래의 정의를 외국환거래법 시행령 제8조에 규정되어 있는 거래라고 하고 있기 때문이다(보험업법 시행령 제49조 제3항 제1호).

9) '지급수단'이라 함은 정부지폐·은행권·주화·수표·우편환·신용장과 환어음·약속어음·여행자카드·그 밖에 지급받을 수 있는 내용이 표시된 우편 또는 전신에 의한 지급지시 등을 말한다(보험업감독규정 [별표 9] 제2호 바목). 이 정의 조항은 외국환거래규정상의 정의 내용과 같다(외국환거래규정 제1-2조 제30호).

가지 유형으로 구분할 수 있다. 즉 첫 번째는 외화 신용연계채권, 외화 신용연계예금(credit linked deposit: CLD)[10] 및 외화 합성담보부채권 등 신용파생상품 거래가 내재된 신종 외화증권 투자 거래이며, 두 번째는 이외의 기타 신용파생상품 거래가 있다.

우선 외국환 거래의 하나로 규정하고 있는 투자 가능한 외화 신용연계채권, 외화 신용연계예금 및 외화 합성담보부채권은 다음과 같은 조건을 충족하여야 한다. 첫째, 외화 신용연계채권 및 외화 신용연계예금의 경우에는 기초자산의 신용평가 등급이 국제적인 외국 신용평가기관으로부터 투자적격 등급 이상을 얻은 경우에 한하며, 기초자산의 발행자가 비거주자인 경우에는 발행자가 정부 · 정부기관 또는 금융기관이고 당해 기초자산에 대하여 국제적인 외국 신용평가기관으로부터 우수 등급(S&P 기준 A- 이상 및 이에 준하는 타 신용평가기관의 신용등급) 이상을 얻은 경우에 한한다(보험업감독규정 [별표8] 제5호 가목). 둘째, 외화 합성담보부채권도 신용평가 등급이 국제적인 외국 신용평가기관으로부터 투자적격 등급 이상을 얻은 경우에 한하며, 기초자산에 비거주자의 신용위험이 포함된 경우에는 당해 외화 합성담보부채권이 국제적인 외국 신용평가기관으로부터 우수등급(S&P 기준 A- 이상 및 이에 준하는 타 신용평가기관의 신용등급) 이상을 얻은 경우이어야 한다(보험업감독규정 [별표 8] 제5호 나목). 이러한 신종 외화증권에의 투자는 보험회사의 자산 운용 한도 규제의 적용을 받지 않는다(보험업감독규정 [별표9] 제4호 나목).

두 번째로 위의 외화 신용연계채권, 외화 신용연계예금 및 외화 합성담보부채권 이외의 기타 신용파생상품 거래에 대해서는 보험업감독규정 [별표 9]가 투자 가능한 파생금융상품 거래의 하나로서 “당사자 또는 제3자의 신용위험과 연계한 거래 …”를 규정하고 있다. 다만 동 규정은 자산 운용 한도 규제를 받는 파생금융상품 거래와 한도 규제를 받지 않는 파생금융상품 거래를 나누어 규정하고 있는데, 신용파생상품 거래의 경우에 그 거래 한도는 약정금액(수수료(premium)를 지급하는 거래의 경우는 수수료 금액)을 기준으로 일반계정[11]의 경우에는 직전 분기말 총자산의 3% 이내, 특별계정[12]의 경우에는 각 규제 대상 특별계정 자산의 3%

10) 외화 신용연계예금에 대한 투자는 2006년 6월부터 허용되었다.

11) 아래 특별계정에 속하지 않는 자산에 대한 계정을 말하며, 생명보험회사의 종신보험계약, 상해보험계약 등이 일반계정에 속한다.

12) 생명보험회사의 연금저축계약, 퇴직보험계약, 변액보험계약 등에 대하여 준비금에 상당하는 자산의 전부 또는 일부를 그 밖의 자산과 구별하여 이용하기 위한 계정을

한도 이내이어야 한다(보험업감독규정 [별표 9] 제3호 나목).[13] 다시 말해서 보험회사는 보험업감독규정이 규정하는 한도 등의 기준을 충족하는 기타 신용파생상품 거래에는 투자할 수 있는 것이다.[14]

⑤ 원화 표시 신종증권 투자 보험회사는 이외에도 파생금융상품의 성격이 내재된 원화 표시 주가지수연동예금(equity linked deposit: ELD), 원화 표시 주가연계증권(equity linked securities: ELS),[15] 원화 표시 주식워런트증권(equity linked warrant: ELW),[16] 원화 표시 주가연계수익증권(equity linked fund: ELF)에 대한 투자도 가능하다. 다만 사모방식으로 발행된 증권 및 「금융 실명거래 및 비밀보장에 관한 법률」 제2조 제1호 가목 내지 거목의 금융기관(즉 일반은행, 특수은행, 종합금융회사, 보험회사) 이외의 금융기관에 대한 예금은 제외된다(보험업감독규정 [별표 9] 제4호 다목). 그리고 이러한 원화 표시 신종증권에 대한 투자는 그 거래 한도의 적용을 받지 않는다(보험업감독규정 [별표 9] 제4호 다목).

4) 한도가 적용되는 장외 파생금융상품 거래

한편 보험업감독규정 [별표 9]는 자산 운용으로서 투자할 수 있는 장외 파생금융상품 거래에 대하여 위험 관리 측면에서 한도 규제를 받는 장외 파

말한다(보험업법 제108조 제1항, 동법 시행령 제52조).

13) 2007. 6. 28. 보험업감독규정이 개정되면서 종전의 0.5%에서 3%로 상향 조정되었다.

14) 2005년 5월 31일 발표된 금융감독원 정례브리핑자료는 "보험회사의 경우 신용파생금융상품을 포함한 파생금융거래가 원칙적으로 금지[되고 …], 다만 국제신용평가기관에서 투자등급(BBB 이상)을 부여받은 기관이 발행하는 CLN 및 합성담보부증권(Synthetic CDO) 투자는 허용[한다]"라고 하고 있는바, 마치 기타 신용파생상품 거래는 허용되지 않는 것처럼 이해할 수 있어 혼동을 준다(금융감독원 신용감독국, "신용파생상품 거래에 대한 감독기준 정비 방안," 정례브리핑자료, 2005. 5. 31, 2면). 그러나 관련 보험업감독규정을 자세히 들여다보면, 한도 규정을 충족하는 기타 신용파생상품 거래는 법규상 할 수는 있는 것이다. 이금호, 앞의 논문, 221면도 "보험회사의 경우 신용파생금융거래에 대해서는 자산운용의 대상으로 금지하고 있으나 … 일부 신용파생거래의 경우 신종유가증권으로 분류하여 보험회사의 자산 운영의 탄력성을 부여하였다"라고 서술하고 있으나, 기타 신용파생상품 거래까지 금지하고 있는 의미라면 이것은 의문이다.

15) '주가연계증권'이라 함은 주가나 주가지수의 변동에 따라 만기 지급액이 결정되는 증권이나 증서(원금에 일정액 또는 원금의 일정 비율을 추가함)를 말한다(증권거래법 시행령 제2조의3 제6호 참조).

16) '주식워런트증권'이라 함은 주가나 주가지수 변동과 연계하여 사전에 정한 조건으로 주식의 매매 또는 금전 수수의 거래를 성립시킬 수 있는 권리를 표시하는 증권이나 증서를 말한다(증권거래법 시행령 제2조의3 제7호 참조).

생금융상품 거래와 한도 규제를 받지 않는 장외 파생금융상품 거래로 나누어 규정하고 있다. 우선 한도가 적용되는 장외 파생금융상품 거래를 보면 다음과 같다.

장외 파생금융상품 거래의 경우 그 거래 한도는 약정금액(수수료(premium)를 지급하는 거래의 경우에는 수수료 금액임)을 기준으로 일반계정의 경우에는 직전 분기말 총자산의 3%이며, 특별계정의 경우에는 직전 분기말 각 규제 대상 특별계정 자산의 3%이다(보험업감독규정 [별표 9] 제3호 나목).[17] 그리고 수수료를 영수(領受)하는 장외 파생금융상품 거래 및 영수하지 아니하는 장외 파생금융상품 거래가 복합된 경우에는 개별 장외 파생금융상품 거래를 기준으로 거래 한도가 각각 적용된다(보험업감독규정 [별표 9] 제3호 다목). 유가증권 · 예금 등과 장외 파생금융상품 거래가 복합된 경우에는 개별 장외 파생금융상품 거래를 기준으로 거래 한도가 각각 적용된다(보험업감독규정 [별표 9] 제3호 다목). 수수료 지급 또는 영수 거래의 구분 및 수수료 금액의 산정은 거래의 실질구조에 따라 적용한다(보험업감독규정 [별표 9] 제3호 라목).

5) 한도를 적용받지 않는 장외 파생금융상품 거래

위험성이 그다지 크지 않다고 판단되는 다음과 같은 장외 파생금융상품 거래의 경우에는 한도 규제를 받지 않는다.

① 일정한 위험 회피(hedge) 거래 요건을 충족하는 장외 파생금융상품 거래 　　다음과 같은 일정한 위험 회피(hedge) 거래 요건을 충족하는 파생금융상품 거래는 한도 적용을 받지 않는다. 예를 들어, (i) 위험 회피 수단으로 최초 지정하는 시점에 위험 회피 종류, 위험 관리 목적, 위험 회피 전략을 공식적으로 문서화하여야 하고, (ii) 위험 회피 수단으로 최초 지정된 이후에 높은 위험 회피 효과를 기대할 수 있어야 하며, (iii) 위험 회피 대상 항목은 자산 · 부채 또는 확정계약으로서 개별적으로 식별 가능하여야 하고, (iv) 위험 회피 대상 항목이 非금융상품인 경우 회피 대상 위험은 전체 공정가액 변동 위험이어야 하며,[18] (v) 위험 회피 대상 항목이 非금융상품 관련 예상 거래인 경우 회피 대상 위험은 전체 현금흐름의 변동 위험 또는 환율 변동에

17) 2007. 6. 28. 보험업감독규정이 개정되면서 종전의 0.5%에서 3%로 상향 조정되었다.

18) 이에 반하여 위험 회피 대상 항목이 금융상품의 경우에는 전체 공정가액 변동 위험뿐만 아니라 시장이자율 변동, 환율 변동, 신용 변화 중 하나 또는 이들 항목의 결합에 따른 공정가액 변동 위험도 회피 대상 위험이 될 수 있다(보험업감독규정 [별표 9] 제4호 가목 (4)).

따른 현금흐름의 변동 위험이어야 한다[19]는 조건의 파생금융상품 거래에는 한도가 적용되지 않는다(보험업감독규정 [별표 9] 제4호 가목).

② 일정한 기준을 충족하는 신종 외화증권 투자　　위에서 언급한 일정한 기준을 충족하는 외화 신용연계채권, 외화 신용연계예금 및 외화 합성담보부채권에 대한 투자에 대해서는 한도 적용을 받지 않는다(보험업감독규정 [별표 9] 제4호 나목).

③ 파생금융상품 거래가 내재된 일정한 원화 표시 예금 또는 신종증권 투자 또한 위에서 본 바와 같이 파생금융상품 거래가 내재된 원화 표시 주가지수연동예금, 원화 표시 주가연계증권, 원화 표시 주식워런트증권, 원화 표시 주가연계수익증권에 대한 투자의 경우에도 한도 적용을 받지 않는다(보험업감독규정 [별표 9] 제4호 다목).

그런데 이러한 원화 표시 주가지수연동예금이나 원화 표시 주가연계증권 등을 투자 한도 예외로 인정하는 합리적인 이유가 있는지 의문이다. 위험회피(hedge) 거래는 위험의 회피를 목적으로 하는 것이라는 점에서, 그리고 신종 외화증권은 투자등급이라는 요건을 갖추었다는 점에서 한도 예외로 취급할 충분한 이유가 있다고 본다. 그러나 주가지수 연동예금이나 주가연계증권은 직접 주식에 투자하는 것보다 훨씬 높은 위험을 부담할 수도 있는데 한도 예외로 하는 이유의 타당성을 발견하기가 어렵다. 특히 동일한 내용의 거래를 스왑거래계약으로 하거나 동일한 내용의 예금 거래를 외국은행과 하는 경우 또는 동일한 내용의 증권 투자 거래를 외국회사와 하는 경우에는 한도 적용을 받게 되는데, 그 거래 내용에 있어서 실질이 같은데 원화 표시라고 하는 점 때문에 달리 규제하는 합리적 이유가 있는지 의문이 든다. 물론 국내의 원화 표시 주가지수나 주가 연계 상품의 활성화를 위하여 규제를 완화하였다고 볼 수도 있지만, 그것은 보험회사의 재무 건전성에 대한 감독을 유연하게 하여 보험회사의 자산 운용 위험을 증가시키는 것을 대가로 다른 정책 목적을 달성하려고 하는 것으로 볼 수밖에 없을 것이다. 이에 대한 재고가 필요하다고 본다.

---

19) 이에 반하여 위험 회피 대상 항목이 금융상품 관련 예상 거래인 경우에는 전체 현금흐름의 변동 위험뿐만 아니라 시장이자율 변동, 환율 변동, 신용 변화 중 하나 또는 이들 항목의 결합에 따른 현금흐름의 변동 위험도 회피 대상 위험이 될 수 있다(보험업감독규정 [별표 9] 제4호 가목 (5)).

④ 일정한 요건을 충족하는 금리 관련 장외 파생금융상품 거래 다음의 요건을 충족하는 금리 관련 장외 파생금융상품 거래의 경우에도 한도가 적용되지 않는다. 즉, (i) 자산과 부채의 듀레이션(duration) 불일치로 인한 자산부채종합관리(asset-liability management: ALM) 위험 회피 목적이고, (ii) ALM 위험 회피 수단으로 최초 지정하는 시점에 위험 관리의 목적 및 위험 회피 전략을 공식적으로 문서화하며,[20] (iii) 위험 회피 수단으로 최초 지정된 이후에 높은 금리 위험 해소 효과를 기대할 수 있는 경우 등의 요건을 충족하는(보험업감독규정 [별표 9] 제4호 라목) 금리 관련 장외 파생금융상품 거래를 하는 경우에는 한도 적용을 받지 않게 된다.

3. 신용연계채권(CLN) 매입 거래가 채무보증으로 볼 수 있는지 여부에 관한 논의

(1) 문제 제기

보험업법상 보험회사는 타인을 위한 채무보증을 할 수 없다(제113조). 따라서 경제적인 효과면에서 보증과 비슷한 CLN 매입 거래(즉 보험회사 입장에서는 신용위험 보장매도자(protection seller)가 되는 거래)가 보험업법에서 규정하고 있는 채무보증으로 볼 수 있는지 여부에 대하여 문제가 될 수 있다. 만약 채무보증으로 보게 된다면 보험회사는 CLN 매입 거래를 할 수 없게 될 것이다. 이에 대해서는 CLN 매입 거래가 채무보증의 한 형태라고 보는 견해와 보험업법상 규정하고 있는 채무보증에 해당하지 않는다는 견해가 있을 수 있는데[21] 그 내용을 살펴보면 다음과 같다.

(2) CLN 매입이 채무보증의 한 형태라고 볼 수 있는 근거

CLN 매입이 채무보증의 한 형태라고 볼 수 있는 근거는 CLN 거래에서 reference entity(기초자산의 발행회사 등, 이하 "기초자산 발행회사"라 한다)의 신용도에 연계하여 발행되는 채권(債券)인 CLN을 보험회사가 매입하는 것은 보험회사가 기초자산 발행회사의 기초자산 상환 채무를 보증한 것과 유사한 경제적 효과가 있기 때문에 보험회

20) 이 문서에는 위험 회피 수단, 위험의 속성 및 위험 회피 수단의 위험 회피 효과에 대한 평가 방법 등을 포함시켜야 한다(보험업감독규정 [별표 9] 제4호 다목 (2)).

21) 위 두 가지 상반된 견해는 저자가 분석한 것이다.

사의 동 CLN의 매입은 제3자(즉, 기초자산 발행회사)를 위한 채무보증이라고 볼 수 있다는 것이다.

(3) CLN 매입이 채무보증이 아니라고 볼 수 있는 근거

이에 대하여 CLN 매입이 채무보증이 아니라고 볼 수 있는 근거는 다음과 같은 것을 들 수 있다. 첫 번째로는 보증채무는 주채무와 별도로 양도하는 것이 불가능하지만, CLN은 증권으로서 자유롭게 양도할 수도 있다는 점이다(물론 실제로 CLN은 고도의 위험 때문에 임의로 아무에게나 양도할 수 있도록 하지는 않는다는 점에서 이 근거는 그다지 설득력이 있지는 않을 것이나 이론적으로 양도가 불가능한 것은 아닐 것이다).[22] 두 번째로는 보증의 경우에는 반드시 채무보증에 의하여 담보되는 주채무가 존재하여야 하고, 주채무가 없으면 보증도 성립하지 않으며, 주채무가 소멸하면 보증채무도 함께 소멸하는 부종성(附從性)이 있지만, CLN 매입의 경우에는 CLN 발행자가 기초자산을 보유할 의무가 없는 경우도 있고 그러한 경우에는 보증에 의하여 담보되는 주채무가 존재하지 않게 되는 차이가 있게 된다는 점이다. 세 번째로는 보증인은 보증채무를 이행함으로써 주채무자에 대한 구상권(求償權)을 갖게 되지만, CLN 매입의 경우에는 신용사건(credit event)[23] 사유가 발생한 때에 CLN 발행자가 기초자산을 CLN 매입자인 보험회사에게 인도하는 조건이 아닌 한(즉 기초자산의 시장가치에 상당하는 금액을 CLN 매입자인 보험회사가 지급받는 경우에는) 보험회사가 기초자산 발행회사에 대하여 債權(claims)을 가지지 않게 되므로 CLN 매입은 법률적으로 보증과 구별되는 차이가 있다는 점을 들 수 있다.

---

22) 물론 이러한 주장에 대해서는 (ⅰ) 보증채무도 채권자의 동의를 얻어 타인이 인수할 수 있다는 점(이른바 면책적 채무인수의 경우) 및 (ⅱ) CLN이 실제로 양도하기가 어렵다는 점은 CLN 매입자가 신용위험 보장매도자(protection seller)로서 보장 의무를 지고 있기 때문이라는 점을 감안할 때, 이는 보증인이 보증채무를 임의로 타인에게 인수시킬 수 없는 이유와 실질적으로 다를 바 없다는 점을 들어 CLN 매입과 채무보증의 차이가 없다고 주장할 여지도 있을 것이다.

23) "2003 ISDA(International Swap and Derivatives Association) Credit Derivatives Definitions"은 '신용사건'으로 (ⅰ) 파산(bankruptcy), (ⅱ) 채무불이행(failure to pay), (ⅲ) 기한의 이익 상실(obligation acceleration), (ⅳ) 지급불능사유 또는 지급정지선언(repudiation/moratorium), (ⅴ) 구조조정(restructuring)을 들고 있다(Section 4.1.~Section 4.9).

(4) 사 견

위와 같이 보험회사의 CLN 매입 거래에 대해서 채무보증에 해당하는지 여부에 대하여 견해가 나누어질 수 있다. 그러나 비록 CLN 매입 거래가 경제적인 면에서 보증과 유사한다고 하더라도 여러 가지 점에서 일반적인 보증과 그 성격이 다르므로 채무보증으로 볼 필요는 없으며, 따라서 보험회사의 CLN 매입 거래는 허용된다고 보는 것이 타당하다고 본다.

Ⅲ. 외국환거래법령상 허용된 외환 관련 파생금융상품 거래

1. 선물환거래

외국환거래법령상 보험회사는 외국환업무취급기관으로서 외국환은행, 한국은행, 외국환평형기금, 외국환업무취급기관인 종합금융회사 · 증권회사 · 다른 보험회사 및 외국 금융기관과 선물환거래[24](외환스왑 포함)를 외국환업무로서 영위할 수 있다(외국환거래규정 제2-12조 제2항 제3호 라목). 즉 보험회사는 은행 등의 금융기관이 참가하는 외환시장에서 외환스왑 거래를 포함한 선물환거래를 업무로서 영위할 수 있는 것이다. 이러한 선물환거래는 2002년 7월부터 보험회사에게 허용된 것이며,[25] 외국환거래법령상 외환당국에 대한 신고 없이 영위할 수 있다(외국환거래규정 제7-40조 제1항 제2호). 그리고 보험회사가 이러한 선물환거래를 외국환업무로서 영위한다는 점이 아래에서 언급하고 있는 다른 유형의 외환 관련 파생금융상품 거래가 보험회사의 자산 운용 차원에서 규제되는 것과 다른 점이라고 하겠다.

24) '선물환거래'라 함은 대외지급수단의 매매계약일의 제3영업일 이후 장래의 약정한 시기에 거래 당사자 간에 매매계약시 미리 약정한 환율에 의하여 대외지급수단을 매매하고 그 대금을 결제하는 거래로서 선물거래법 제3조의 선물시장 및 해외선물시장 이외에서 이루어지는 거래를 말한다(외국환거래규정 제1-2조 제9호).

25) 외환시장에서의 선물환거래는 보험회사와 더불어 증권회사에게도 2002년 7월에 허용되었다(외국환거래규정 제2-12조 제2항 제1호 다목).

2. 기타 외환 관련 파생금융상품 거래

보험회사는 외국환업무로서 영위하는 위의 외환시장에서의 선물환거래(외환스왑 포함)를 제외하고 기타 외환 관련 파생금융상품 거래[26]를 자산 운용 차원에서 하고자 하는 경우에는 한국은행에 사전 신고를 하여야 한다(외국환거래규정 제7-40조제2항).[27] 따라서 보험회사는 지급수단·증권·채권(債權)을 대상으로 하는 외환 관련 선도거래 등의 파생금융상품 거래뿐만 아니라, 일반상품(농산물·광산물 등 금융상품이 아닌 상품)을 대상으로 하는 외환 관련 파생금융상품 거래, 그리고 보유하고 있는 자산의 신용위험을 회피하기 위하여 하는 신용위험 보장 매입(protection buy) 거래 이외에 신용위험 보장 매도(protection sale) 거래(예를 들어, CLN 매입 거래) 등의 신용파생상품 거래도 한국은행에 사전 신고를 하면 가능하다.[28]

다만 (i) 액면금액의 20% 이상을 옵션프레미엄 등 선급수수료로 지급하는 파생금융상품 거래를 하는 경우, (ii) 이미 체결된 파생금융거래를 변경·취소 및 종료할 경우에 이미 체결된 파생금융상품 거래에서 발생한 손실을 새로운 파생금융상품 거래의 가격에 반영하는 거래를 하고자 하는 경우나 (iii) 파생금융상품 거래를 자금 유출입·거주자의 비거주자에 대한 원화 대출·거주자의 비거주자로부터의 자금조달 등의 거래에 있어 외국환거래법이나 동법 시행령 및 외국환거래규정에서 정한 신고 등의 절차를 회피하기 위하여 행하는 경우에는 한국은행에 사전 신고를 하면서 한국은행 총재가 인정

---

26) '외환 관련 파생금융상품 거래'란 거주자와 비거주간의 원화 또는 외국환 관련 파생금융상품 거래 및 거주자간의 외국환 관련 파생금융상품 거래를 말한다(외국환거래법 시행령 제5조 제1호 및 제2호 참조).

27) 2006년 1월 1일 외국환거래규정이 개정되기 전까지는 한국은행에 사전 신고를 하거나 허가를 받도록 하고 있었다. 그러나 2006년 1월 1일부터 자본거래에 대한 허가제가 폐지되면서 과거 허가를 받던 사항이 이제는 신고 사항으로 변경되게 되었다.

28) 2006년 1월 1일 외국환거래규정이 개정되기 전에는 지급수단·증권·債權을 대상으로 하는 외환 관련 선도거래 등의 기타 파생금융상품 거래나 신용위험 보장 매도(protection sale) 거래인 신용파생상품 거래는 한국은행 총재의 허가 사항이었다. 한편 신용위험 보장 매입 신용파생상품 거래는 정부의 동북아 금융 허브 추진 방침에 따른 해외투자 활성화 방안에 따라 규제 완화 차원에서 2005년 7월 1일 외국환거래규정이 개정되면서 한국은행 총재 허가 사항에서 신고 사항으로 이미 되었었다(재정경제부 국제금융국, "해외투자 활성화 방안," 보도자료, 2005. 6. 14, 10면; 재정경제부 국제금융국, "외국환거래규정 개정," 보도자료, 2005. 6. 29, 1면 참조).

하는 거래 타당성 입증서류를 제출하여야 한다(외국환거래규정 제7-40조 제2항 제1호 내지 제3호).

Ⅳ. 현행 규제의 개선 방향

1. 파생금융상품 거래 한도의 상향 조정

앞에서 본 것처럼, 보험회사가 외화 신용연계채권, 외화 신용연계예금 및 외화 합성담보부채권 이외의 기타 신용파생상품 거래를 하고자 하는 경우에는 자산 운용 한도 규제의 적용을 받게 된다. 예를 들어, 약정금액을 기준으로 일반계정의 경우 분기말 총자산의 3% 이내이어야 하고, 특별계정의 경우에는 직전 분기말 각 규제대상 특별계정 자산의 3% 이내이어야 한다(보험업감독규정 [별표9] 제3호 나목).

그런데 우리 나라에서도 2008년 1월부터 실시되는 신 바젤(Basel) 자기자본 협약[29]이 신용파생상품 거래를 신용위험 경감 사유로 인정하고 있어,[30] 신파생상품 거래의 수요가 더 늘어날 것으로 예상되는데,[31] 이에 따른 신용파생상품 거래 시장의 활성화 및 동 상품을 취급할 수 있는 국내 기관투자가 육성의 필요성을 감안할 때[32] 보험회사들의 신용파생상품 거래를 활성화시킬

29) 신 바젤 자기자본 협약(바젤 Ⅱ)의 주요 내용은 고동원, "신 바젤 자기자본 협약안의 주요 내용과 국내은행의 대응 방안에 관한 연구," 「경영법률」 제14집 제2호(한국경영법률학회, 2004. 3), 95면 이하 참조.

30) Basel Committee on Banking Supervision, "Consultative Document: The New Basel Capital Accord," Bank for International Settlements, April 2003, p. 21. 〈http://www.bis.org〉.

31) 아래 표에서 보는 것처럼, 보험회사의 신용파생상품 거래 실적은 CLN 거래 이외에는 없는 것으로 나타났다.

2002년 말 및 2003년 말 신용파생상품 거래 잔액 현황 (단위: 조원, %)

구 분	2002년 말			2003년 말		
	CDS	CLN	합 계	CDS	CLN	합계(증감률)
은행	0.28	0.60	0.88	0.29	0.48	0.77 (△13.6)
보험	-	1.78	1.78	-	1.81	1.81 (49.9)
합계	0.28	2.38	2.66	0.29	2.29	2.58 (18.5)

- CDS: Credit Default Swap, CLN: Credit Linked Notes
- TRS(Total Return Swap) 및 CO(Credit Option) 거래는 없음
- 은행, 보험회사 외에는 신용파생상품 거래 실적 없음

출처: 금융감독원 감독총괄국, 앞의 보도자료(2005. 6. 14), 붙임자료 9면.

32) 고동원, 앞의 논문(신바젤협약), 125면.

필요성이 있다. 따라서 보험업감독규정 [별표 9] 제3호 나목에서 규정하고 있는 파생금융상품 거래의 한도를 상향 조정하고, 더 나아가서 장기적으로는 내부 위험 관리 체계가 잘 갖추어진 보험회사에게는 동 거래 한도를 적용하지 않도록 하는 조치를 취하는 것이 바람직하다고 본다.

또한 동 거래 한도의 상향 조정은 신용파생상품 거래 이외의 기타 다른 파생금융상품 거래의 한도도 늘어나게 되어 보험회사의 파생금융상품 거래가 활성화될 것으로 생각된다.

2. 채무보증 금지 조항에 예외 규정 신설 필요

보험회사는 채무보증 업무를 할 수 없는데(보험업법 제113조), 보험회사가 CLN 매입 거래 등 신용파생상품 거래를 통하여 신용위험을 부담하는 경우(즉 보험회사가 신용위험 보장 매도자(protection seller)인 경우)에는 채무보증과 유사한 경제적 효과를 가지기 때문에 동 조항에 위반되는지 여부에 대하여 논란이 있다는 점을 언급하였다.

이에 대해서는 신용파생상품 거래가 법적인 의미에서의 채무보증이 아니라는 점을 들어 동 조항에 위반하지 않는다는 주장을 할 수 있을 것이고, 더 나아가서는 보험업법령이 신용파생상품 거래를 명시적으로 허용하고 있으므로 이것은 채무보증 금지 조항에 대한 예외로 법이 인정한 것이라고 해석할 수도 있을 것이다. 그리고 보험업법 제113조가 단서 조항에서 "이 법의 규정에 의하여 채무의 보증을 할 수 있는 경우에는 그러하지 아니하다"라고 규정하고 있어서 신용파생상품 거래가 이 예외 규정에 해당한다고 볼 수도 있으나, 신용파생상품 거래는 여기서 의미하는 '보증'에는 해당하지 않기 때문에 이 또한 해결책이 될 수는 없을 것이다.

따라서 신용파생상품 거래가 채무보증과 유사한 성격을 갖고 있어 보험업법 제113조에 위반될 수 있는 가능성도 있다는 점을 인정할 때 이런 문제점을 해결하기 위해서는 보험업법 제113조 채무보증 금지 조항에 명시적으로 신용파생상품 거래를 예외 사항으로 규정하는 것이 바람직하다고 본다. 다만 이럴 경우 이러한 신용파생상품 거래를 통하여 채무보증 금지를 회피할 가능성도 없지 않기 때문에 규제 및 감독을 통하여 이러한 탈법적인 거래가 이루지지 않도록 보완을 할 필요는 있을 것이다.

3. 외환 관련 파생금융상품 거래시의 사후 보고제 도입 필요

앞에서 본 바와 같이, 현행 외국환거래법령상 보험회사의 외환 관련 파생금융상품 거래는 외국환업무로서 영위하는 외환시장에서의 선물환거래(외환스왑 포함)를 제외하고는 한국은행 총재에게 사전 신고를 하여야 한다. 그러나 사전 신고제는 운영하기에 따라서는 거래 당사자에게는 규제 부담이 될 수 있다. 물론 외환당국 입장에서는 위험성이 높은 파생금융상품 거래를 어느 정도 감시 및 관리(monitoring)할 필요성은 인정될 수 있지만, 다른 관련 규정에 의하여 위험 관리 등을 하고 있는 점[33] 등을 감안했을 때 규제 완화 차원에서 장기적으로는 보험회사들의 위험 관리 수준이 높아진 후에는 사후 보고제로 운영하여 보험회사의 파생금융상품 거래의 활성화를 도모할 필요가 있다고 본다.

4. 장외 파생금융상품 거래의 업무화

위에서 본 것처럼, 보험회사의 장외 파생금융상품 거래는 업무로서가 아니고 자산 운용 차원에서 규제하고 있다. 따라서 보험회사는 신용연계채권이나 합성담보부채권의 경우 동 채권을 발행하는 거래(즉 상품 개발을 하는 적극적인 업무 행위)는 할 수 없다. 이것은 은행이나 증권회사가 업무로서 장외 파생금융상품 거래를 할 수 있는 것과 비교했을 때, 또한 파생금융상품 시장의 활성화라는 측면에서도 현재의 자산 운용 규제 차원보다는 업무로서 허용을 함으로써 보험회사가 보다 적극적으로 장외 파생금융상품 거래를 할 수 있도록 하는 것이 필요하다고 본다. 이는 일본의 경우 보험회사의 파생금융상품 거래를 업무로 인정하고 있는 점[34]을 감안했을 때 보다 적극적으로 검토를 해 볼 사항이라고 본

---

33) 예를 들어, 보험회사는 「보험업감독업무시행세칙」에 의거하여 외국환 위험 관리 예시 기준에 따른 위험 관리를 하고 있는바, 여기에는 파생금융상품 거래 위험 관리 기준도 별도로 규정하고 있다(보험업감독규정 제5-25조, 보험업감독업무시행세칙 제3-8조 및 [별표 2]).

34) 日本 保險業法 제98(1)조(딜러). 물론 일본의 경우 보험회사는 위험 회피를 위한 파생금융상품 거래(즉 '최종 수요자(end-user)'로서의 거래)도 허용된다(日本 保險業法 제97(2)조). 이에 대해서는 정순섭, "파생상품의 금융규제법상 문제점," 「21세기

다. 물론 이에 대해서는 은행이나 증권회사와 달리 근본적으로 자산·부채 위험 관리시 장기적인 안정성을 최우선으로 하여야 하는 보험회사의 성격상 장외 파생금융상품 거래를 업무로서 영위하는 것이 적절치 않다는 주장도 있을 수 있다. 그러나 보험산업의 경쟁력 향상을 위한 보험회사의 업무 확대의 필요성 등을 감안했을 때 보험산업의 육성을 위하여 장기적인 과제로 검토할 필요는 있다고 본다. 물론 장외 파생금융상품 거래를 업무로서 허용하더라도 보다 엄격한 규제를 할 필요는 있을 것이다.

V. 결 론

국내 금융기관의 최근 파생금융상품 거래 현황을 보면, 보험회사의 파생금융상품 거래 규모가 그 금액 기준으로 했을 때 은행·증권회사 등의 금융기관에 비해 아주 작은 것으로 나타나고 있다.[35] 이는 은행이나 증권회사의 경우 파생금융상품 거래가 업무로서 취급이 가능한 반면에 보험회사의 경우에는 자산 운용 차원에서 할 수 있는 점에서도 그 원인을 찾아볼 수 있을 것이다. 그러나 앞으로 금융의 혁신화(innovation) 등에 힘입어 큰 수익원이 되고 있는 파생금융상품 시장은 더 확대될 것으로 보이며, 이런 점에서 보험회사의 파생금융상품 거래의 활성화 필요성은 크다고 본다.

따라서 보험회사의 파생금융상품 거래 활성화를 위한 개선 방안을 요약하면 다음과 같다. 우선 현행 규정상의 파생금융상품 거래 한도를 상향 조정하여 활성화시킬 필요가 있으며, 보험업법상의 채무보증 금지 조항에 파생금

한국상사법학의 과제와 전망: 심당송상현선생화갑기념논문집」(박영사, 2002), 644면.

35) 2003년 중(말) 금융기관별 파생금융상품 거래 현황

(단위: 조원, %)

구 분	거래 금액(비중)	거래 잔액(비중)
은행	2,941(13.6)	979(95.7)
증권회사	17,405(80.8)	15(1.5)
보험회사	54(0.3)	20(1.5)
신탁*	647(3.0)	7(0.7)
기타	501(2.3)	1(0.2)
합계	21,548(100)	1,022(100)

*신탁: 은행신탁+투자신탁, 기타: 신용카드회사+선물회사+종합금융회사

출처: 금융감독원 감독총괄국, 앞의 보도자료(2004. 2. 26), 2면.

융상품 거래를 명시적 예외 조항으로 두어 채무보증 금지 조항 위반 여부에 대한 논란이 일어나지 않도록 할 필요가 있고, 또한 외환 관련 장외 파생금융상품 거래의 경우에는 한국은행에 대한 사후 보고제로 운영하고, 더 나아가서는 보험회사의 파생금융상품 거래를 활성화시키기 위하여 현행 자산 운용 차원의 규제에서 은행이나 증권회사의 경우처럼 '업무'로 규제를 하는 것을 장기적인 과제로 검토할 필요가 있다고 본다.

한편 자본시장통합법이 시행되어 동일한 금융기능에 대하여 동일한 규제를 가하는 기능별 규제(functional regulation) 방식이 도입되면, 파생금융상품을 취급하는 금융투자회사(동법의 제정으로 증권업, 선물업, 자산운용업 등을 겸영하게 되는 금융기관)에게 적용되는 규제가 보험회사나 은행에게도 동일하게 적용되도록 하여 규제의 형평성을 도모할 필요가 있다고 본다. 마지막으로 복잡한 파생금융상품을 잘 이해하고 다룰 수 있는 금융 전문 법률가를 포함한 금융 전문 인력의 양성도 시급한바, 이에 대한 정부의 대폭적인 재정적 지원이 필요함을 강조하고자 한다.[36)]

36) 최영렬, "장외신용파생상품에 대한 미국의 규제 동향과 시사점," 「증권법연구」 제6권 제1호(한국증권법학회, 2005. 6), 219면도 파생금융상품 전문 인력의 양성을 강조하고 있다.

제 4 절

금융기관 신용파생상품 거래의 규제*

Ⅰ. 서 론

신용파생상품 거래(credit derivative transactions)는 신용위험(credit risk)이 있는 대출자산 · 채권(債券) 등과 같은 기초자산(underlying assets)[1]으로부터 신용위험만을 분리하여 매매하는 금융거래 계약으로서 기초자산의 손실 위험에 대하여 보험에 가입하는 것과 유사한 효과를 가지고 있다. 즉 이러한 신용파생상품 거래는 신용위험을 이전하는 신용위험 보장 매입자(protection buyer)(이하 "보장매입자"라 한다)[2]와 그러한 신용위험의 전부 또는 일부를 인수하는 신용위험 보장 매도자(protection seller)(이하 "보장매도자"라 한다)[3]로 구성되는 기본 구조를 가진다. 보장매입자의 입장에서는 신용파생상품 거래가 금융거래에서 발생하는 신용위험을 타방 당사자에게 이전하는 신용위험 관리 기법의 하나가 되지만, 보장매도자 입장에서는 신용위험을 인수함으로써 위험성이 커지는 양면적인 특성을 가지게 된다.

이러한 신용파생상품 거래는 신 바젤 자기자본 협약(이하 "바젤Ⅱ"라 한다)이 신용위험

* 이 절의 내용은 「금융시스템리뷰」 제13호(한국은행, 2005. 7)에 실린 글을 수정 · 보완한 것이다.

1) 기초자산 이외에 참조자산(reference assets)이라는 용어도 사용되는데, 일반적으로 신용파생상품 거래의 대상이 되는 구체적인 자산이 특정되고 신용보장 매입자(protection buyer)가 당해 자산을 보유하는 경우에는 대개 기초자산이라는 용어를 많이 사용되며, 제3자의 신용등급과 같이 원 채무(原 債務)를 특정하기 어렵거나 신용보장 매입자가 거래의 대상이 되는 자산을 보유하지 않은 경우에는 참조자산이라는 용어를 많이 사용하고 있는 것으로 보인다(김동진, "신용파생금융상품 및 이를 이용한 신용위험관리," 한양대학교 국제금융대학원 석사학위논문, 2000. 6, 11면). 여기서는 특별한 언급이 없는 한 기초자산이라는 용어를 사용하고자 한다.

2) 즉 신용위험 양도자(risk seller)가 될 것이다.

3) 즉 신용위험 인수자(risk buyer)가 될 것이다.

경감 사유로 인정하고 있어,[4] 앞으로 신용파생상품 거래의 수요는 더 늘어날 것으로 예상된다. 우리나라의 경우에도 2008년 1월부터 바젤 Ⅱ가 실시되고 있어 우리나라 신용파생상품 시장은 더 확대될 것으로 기대된다.[5]

이 절에서는 그 중요성이 커지고 있는 신용파생상품 거래에 대하여 은행, 증권회사, 보험회사 및 자산운용회사 등 금융기관의 신용파생상품 거래에 관한 현행 관련 법령상의 규제 내용을 살펴보면서 문제점을 분석하고 신용파생상품 거래의 활성화를 위한 법적 · 제도적 개선 방향을 제시하고자 한다. 우선 Ⅱ.에서는 신용파생상품 거래의 의의, 기능 및 유형에 대해서 알아보며, Ⅲ.에서는 현행 관련 법령상의 금융기관 신용파생상품 거래 규제의 현황을 살펴보고, Ⅳ.에서는 현행 규제의 문제점을 지적하고 개선 방향을 제시한다.

Ⅱ. 신용파생상품 거래의 개요

1. 신용파생상품 거래의 의의 및 기능

신용파생상품 거래는 보장매입자가 대출이나 유가증권 투자 등의 여러 금융거래를 통하여 보유하고 있는 기초자산에 내재되어 있는 제3자(reference entity, 기초자산 발행회사 등)의 신용위험의 전부 또는 일부를 보장매도자에게 이전시키는 계약을 말한다. 보장매입자는 신용위험을 이전하는 대가로 일정한 수수료(premium)를 보장매도자에게 지급하며, 보장매도자는 수수료를 받

4) Basel Committee on Banking Supervision, "Consultative Document: The New Basel Capital Accord," Bank for International Settlements, April 2003, at 21. 〈http://www.bis.org〉.

5) 국내 금융기관의 신용파생상품 거래 현황을 살펴보면, 2004년 말 현재 원화 표시 신용파생상품 거래는 전무한 실정이며, 외환 관련 신용파생상품 계약 잔액은 2004년 말 현재 2.7조원으로 대부분 외국 금융기관이 매도한 신용위험을 국내 은행 및 보험회사가 수수료를 받고 매수하는 형태로 거래가 되었으며, 이 중 은행이 0.8조원으로 29.6%를 차지하였고, 보험회사는 1.9조원으로 70.4%를 차지하였다. 상품별로는 신용연계채권(credit-linked note)이 2.4조원으로 88.9%를 차지하였으며, 신용위험스왑(credit default swap)이 0.3조원으로 11.1%를 차지하였다(금융감독원 신용감독국, "신용파생상품 거래에 대한 감독기준 정비 방안," 정례브리핑자료, 2005. 5. 31, 13면. "이하 "금융감독원 신용감독국(2005)"이라 한다").

는 대신에 보장매입자의 기초자산에 신용사건(credit event)[6]이 발생할 경우 보장매입자에게 약정된 손실보상금을 지급하게 된다.

이러한 신용파생상품 거래는 위험 관리 수단으로서의 순기능을 하기도 하지만 보장매도자의 입장에서는 건전성이 악화될 가능성도 있는 역기능도 가지고 있다. 즉 신용파생상품 거래의 순기능으로서는 첫째, 신용파생상품 거래가 활성화될 경우 신용위험 보장 매도 및 매수를 통해 신용위험 보유 총량을 정밀하게 조절함으로써 신용위험 관리 수단의 선진화를 도모할 수 있으며, 둘째, 보장매입자의 입장에서는 신용파생상품 거래를 통하여 위험가중자산을 감소시킴으로서 국제결제은행(BIS) 자기자본 비율의 하락을 막아 바젤 Ⅱ의 실시에 효과적으로 대응할 수 있고, 셋째, 신용파생상품 거래로 기업 대출 신용위험을 회피(hedge)할 경우 그만큼 신용위험 노출(exposure) 감소 효과가 발생하여 추가 대출 여력을 확보할 수 있으므로 중소기업 대출 등 기업 여신의 활성화를 도모할 수 있다.[7] 반면에 보장매도자의 입장에서는 신용파생상품 거래 관련 신용사건은 발생 확률은 낮지만 발생 시에는 대규모 손실 발생 가능성이 높아 보장매도자인 금융기관의 건전성이 악화될 가능성이 있는 위험도 있다.[8]

2. 신용파생상품 거래의 유형

신용파생상품 거래의 유형은 여러 가지가 있을 수 있으나, 어기에서는 우리 나라 외국환거래규정[9]상에서 규정하고 있는 신용파생상품 거래의 유형을 중심으로 하여 살펴보기로 한다. 외국환거래규정 제1-2조 제11-1호는 그 유형으로서 (ⅰ) 신용위험스왑(credit default swap), (ⅱ) 총수익교환스왑(total return swap), (ⅲ) 신용위험옵션(credit default option), (ⅳ) 신용연계채권(credit

6) "2003 ISDA(International Swap and Derivatives Association) Credit Derivatives Definitions"은 신용사건으로 (ⅰ) 파산(bankruptcy), (ⅱ) 채무불이행(failure to pay), (ⅲ) 기한의 이익 상실(obligation acceleration), (ⅳ) 지급불능사유 또는 지급정지선언(repudiation/moratorium), (ⅴ) 구조조정(restructuring)을 들고 있다(Section 4.1.~Section 4.9).

7) 금융감독원 신용감독국(2005), 앞의 브리핑자료, 11면.

8) 위의 자료, 11면.

9) 재정경제부고시 제1999-9호(1999년 3월 31일 고시)로 제정되었다.

linked note) 및 (ⅴ) 손실을 우선 부담(first to default 또는 first loss)시키는 합성 담보부채권(synthetic collateralized debt obligations) 거래를 열거하고 있다.

(1) 신용위험스왑(credit default swap)

신용위험스왑(이하 "CDS")이란 보장매입자가 보장매도자에게 정기적으로 일정한 약정 수수료를 지급하고 기초자산에 관련된 신용사건이 발생하면 보장매도자가 약정에 따라 손실보상액을 지급하는 조건의 계약이다.[10] 즉 보장매입자는 보유한 기초자산의 부도 등 신용사건이 발생하면 그 손실을 보장매도자로부터 보장받는 대신에 보장매도자에게 일정한 수수료를 지급하고, 만약 신용사건이 발생하지 않게 되면 특별한 현금 지급 없이 거래가 종결하게 되는 것이다. CDS는 비교적 구조가 단순하며 기초자산에 대한 지급보증과 비슷하다고 볼 수 있다. 〈그림 4-1〉은 CDS의 거래 구조를 나타내고 있다.

그림 4-1| CDS의 거래구조

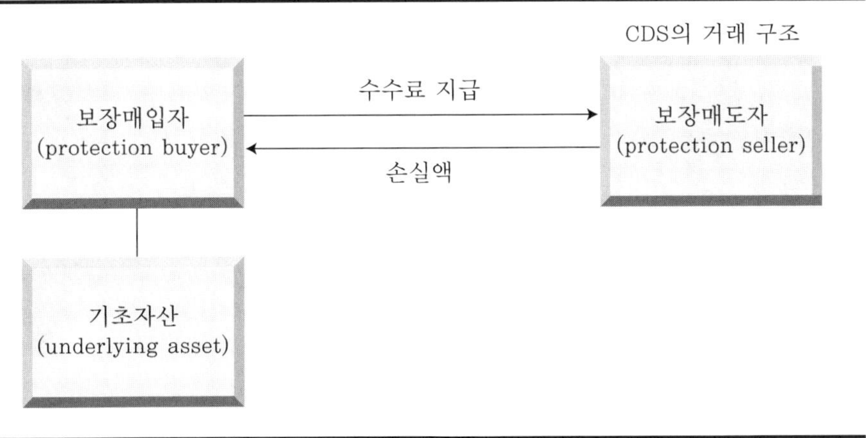

(2) 총수익교환스왑(total return swap)

총수익교환스왑(이하 "TRS")은 보장매입자가 일정한 계약기간 동안 기초자산에서 발생하는 이자, 자산가치 변동분 등 모든 현금흐름의 총수익(total return)을 보장매도자에게 지급하고, 보장매도자는 약정된 고정 또는 변동 금리를 보장

10) John C. Hull, *Options, Futures and other Derivatives*, Practice Hall, 2003, p. 637.

그림 4-2] TRS의 거래 구조

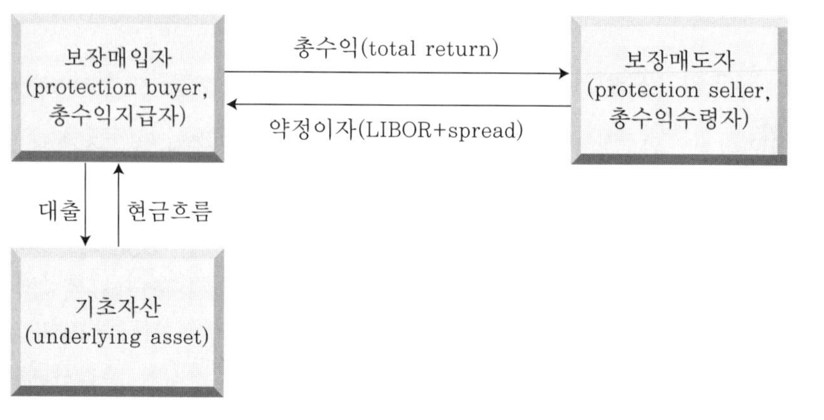

매입자에게 지급하며, 만기가 되면 보장매입자는 기초자산을 보장매도자에게 양도하고 보장매도자는 기초자산의 원금을 지급하는 조건의 계약이다.[11] 즉 보장매입자는 기초자산에 대한 위험을 보장매도자에게 이전하는 셈이 된다. 다시 말해서 보장매입자는 거래 상대방과의 거래 관계는 그대로 유지하지만 거래 관계에서 발생하는 모든 위험 및 수익은 보장매도자에게 귀속하게 되며, 보장매도자는 직접 조달자금 없이도 보장매입자의 거래 상대방에게 신용을 공여한 것과 동일하게 되는 효과가 있게 된다.[12] TRS에서는 신용사건의 발생과 상관없이 정상인 경우에도 기초자산의 시장가치를 반영하여 지급이 이루어진다는 점에서 CDS와 차이가 있다. 〈그림 4-2〉는 TRS의 거래 구조를 나타내고 있다.

(3) **신용위험옵션**(credit default option)

신용위험옵션은 옵션매입자가 일정한 수수료를 옵션매도자에게 지급하는 대신 약정된 금액으로 기초자산을 매입(credit call option) 또는 매도(credit put option)할 수 있는 권리를 보유하는 계약을 말한다. 신용위험옵션 중 기초

11) *Id.* at 644.

12) 금융감독원 신용감독국, "신용파생상품을 이용한 신용위험관리 선진화 및 기업금융 활성화 추진 관련 워크샵 개최," 보도자료, 2004. 12. 8, 17면. [이하 "금융감독원 신용감독국(2004)"이라 한다].

그림 4-3| 신용위험옵션의 거래 구조

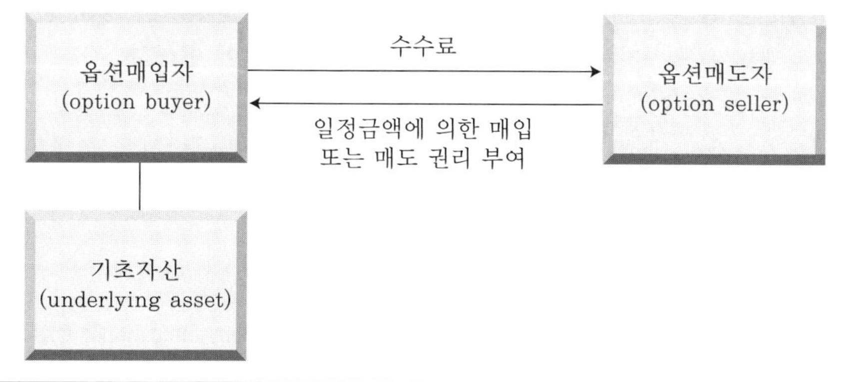

자산이 신용 스프레드(spread)인 경우를 신용스프레드옵션(credit spread option)이라고 하며 가장 대표적인 신용위험옵션이다. 〈그림 4-3〉은 신용위험옵션의 거래 구조를 나타낸 것이다.

(4) **신용연계채권**(credit-linked note: CLN)

신용연계채권(이하 "CLN")이란 일반 채권에 신용파생상품의 특성이 내재(embedded)된 債券을 말한다. 일반적으로 보장매입자(債券 발행자)는 기초자산 발행회사(reference entity)의 신용위험에 연계된 債券(즉 신용 연계채권)을 투자자인 보장매도

그림 4-4| CLN의 거래 구조

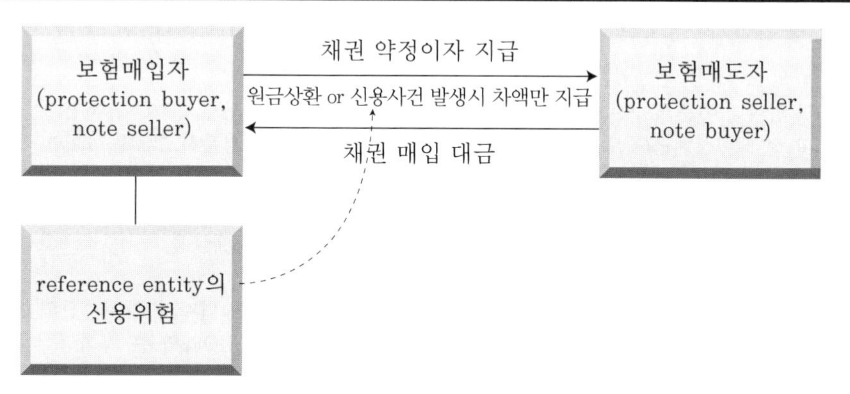

자에게 발행하고(보장매도자는 동 債券 매입 대금을 지급함) 그 대가로 계약기간 중에는 약정된 방식으로 債券 이자를 보장매도자에게 지급하며, 신용사건이 발생하지 않을 경우에는 보장매입자는 만기시에 원금을 상환하고, 신용사건이 발생하는 경우에는 보장매입자는 원금을 상환하는 대신 약정 조건에 따라 상계하여 차액만 지급하거나 기초자산 발행회사가 발행한 증권의 시장가치에 해당하는 금액을 지급하는 조건을 가진다. 〈그림 4-4〉는 CLN의 거래 구조를 나타낸 것이다.

(5) 합성담보부채권(債券)(synthetic collateralized debt obligations: CDO)

일반적으로 담보부채권(擔保附債券)(collateralized debt obligations: CDO)은 債券이나 대출 등의 자산을 담보로 하여 발행되는 자산담보부증권을 말하며, 담보 대상의 유형에 따라 다양한 종류가 있을 수 있는바, 담보 대상이 債券이냐 대출이냐에 따라 채권담보부채권(債券擔保附債券)(collateralized bond obligations: CBO) 및 대출담보부채권(collateralized loan obligations)(이하 "CLO")으로 구분할 수 있다.[13] 합성(synthetic)담보부채권(이하 "合成 CDO")은 신용파생상품을 증권화한 형태로서, 자산유동화 구조에 CDS, TRS 등의 신용파생상품을 결합하여 특수목적회사(SPV)가 발행한 債券을 뜻하며,[14] 보통 다수의 기초자산 집합(pool)에 대출자산 및 債券이 혼합되는 경우를 말한다.[15] 즉 합성(synthetic)이란 CDS, TRS 등 여러 가지 신용파생상품을 활용하여 기초자산 집합을 실제로 양도하지 않고, 동 기초자산을 연계시켜 증권화함으로써 신용위험을 투자자인 제3자에게 이전시키는 것을 뜻한다.[16] 다시 말해서 보장매입자는 여러 대출 또는 채권 등의 기초자산 집합에 내재된 신용위험을 SPV에 이전하고, SPV는 동 신용위험과 연계된 債券(즉 CDO)을 발행하는 것이다.[17] 이러한 合成 CDO

13) 김형태/이준희, "신용파생상품에 관한 연구," 한국증권연구원, 2004. 3, 46면.

14) 성태홍/정해근/최도성, 「파생금융상품과 금융위험관리」(경문사, 2003), 436면. 합성담보부채권은 개념적으로 CLN과 거의 동일하지만, 자산유동화의 구조와 유사하다는 의미에서 합성 CDO라고 한다(위의 책, 436면).

15) 이명희, "Synthetic CDO의 주요 내용과 시사점," 「외환국제금융 리뷰」 제1호(한국은행 국제국, 2003. 5), 62면.

16) 성태홍 외, 앞의 책, 436면. 合成 CDO에 있어서는 보장매입자가 기초자산의 법적 소유권을 이전하지 않고 보유한다는 점이 전통적인 일반 CDO와의 큰 차이점이다(위의 책, 436면).

17) 최문성/우신욱, "최근 국내 장외파생금융거래의 동향과 시사점," 「외환국제금융 리

는 기초자산 집합의 신용사건 발생시 CDO의 신용 등급에 따라 債券이 전액 또는 부분 손실 처리된다는 점에서 전형적인 신용파생상품으로 볼 수 있다.[18)]

이 중 합성대출담보부채권(Synthetic CLO)의 거래 구조를 설명하면 다음과 같다. 우선 자산 보유자인 보장매입자는 SPV를 설립하여 보장매입자의 대출자산 집합을 기초자산으로 하는 CLO를 발행하여 실질적 보장매도자인 투자자를 모집한다. 동 CLO는 신용사건 발생시 손실 분담 순위를 감안하여 신용도가 각기 다른 3~4종류의 債券(즉 선순위, First Loss 및 Second Loss)을 발행하며, 이 경우 우선 손실 부담 포지션(first loss position, 즉 기초자산의 집합에서 발생한 손실 중 일정 수준을 우선적으로 부담하는 것)은 통상 보장매입자가 인수한다. SPV는 CLO로 조달된 자금으로 위험가중치가 낮은 국채 등 저위험(低危險) 자산을 취득하며, SPV는 낮은 위험 자산을 보장매입자의 대출자산 집합에 대한 신용보강(담보) 수단으로 하는 CDS계약을 보장매입자와 체결한다.[19)] 〈그림 4-5〉는 합성대출담보부채권(합성 CLO)의 거래 구조를 나타낸 것이다.

그림 4-5| 합성 CLO의 거래 구조

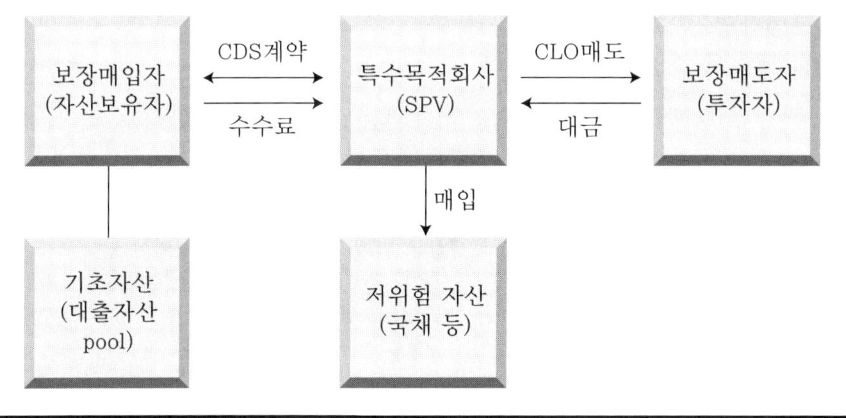

뷰」 제 4 호(한국은행 국제국, 2004. 12), 64면.

18) 위의 논문, 64면; 이명희, 앞의 논문, 63면.

19) 금융감독원 신용감독국(2004), 앞의 보도자료, 18-19면.

Ⅲ. 금융기관별 관련 법령상의 규제 현황

1. 은행의 경우

(1) 은행법령상의 규제

은행업무 범위에 관한 기본적인 근거 법령인 은행법령은 신용파생상품 거래를 은행이 취급할 수 있는 업무의 하나로서 명시적으로 규정하고 있지 아니하다. 따라서 은행이 신용파생상품 거래를 취급할 수 있는지 여부에 대한 논란이 있을 수 있다.[20] 그러나 금융위원회가 고시한 「은행업무 중 부수업무의 범위에 관한 지침」[21](이하 "부수업무지침"이라 한다)의 Ⅱ. 16호에서 은행이 영위할 수 있는 부수업무의 하나로서 "파생상품거래"를 규정하고 있기 때문에, 해석상 일반적으로 파생금융상품 거래의 하나로 분류되는 신용파생상품 거래도 은행의 부수업무의 하나로서 영위할 수 있다고 볼 수 있을 것이다.[22]

그렇다면 부수업무지침이 은행과 거주자와의 원화 표시 신용파생상품 거래에 대해서만 적용되는 것인지 아니면 은행과 거주자 또는 비거주자와의 외환 관련 신용파생상품 거래에도 적용되는 것인지가 문제될 수 있다. 왜냐하면 외국환거래법령이 외국환은행으로서의 은행이 영위하는 외환 관련 신

---

20) 따라서 은행의 원화 표시 신용파생상품 거래에 대한 취급 근거법이 없다고 하면서 마치 은행이 거주자와의 원화 표시 신용파생상품 거래는 취급할 수 없는 것처럼 설명하는 견해들이 있다(윤창현, "신용파생상품 현황 및 활성화 방안," 신용파생상품을 이용한 신용위험 관리 강화 방안 Workshop 발표 자료, 금융감독원/한국금융리스크관리전문가협회, 2004. 12. 8, 3면 및 6면; 이준희/한상일, "신용파생상품시장의 활성화 방향—부도전염 및 신용위험관리를 중심으로," 「금융리스크리뷰」, 2004년 겨울호(한국예금보험공사, 2004. 12), 117면 각주 20)).

21) 1998년 4월 1일 재정경제부고시 제1998-18호로 제정되고, 2006년 3월 21일 재정경제부고시 제2006-7호로 가장 최근 개정되었다. 부수업무지침의 특징은 열거주의(positive system)로 규정되어 있다는 점이다. 한편 은행의 부수업무 범위에 관한 해석 권한은 금융위원회에 속한다(동 지침 Ⅲ. 기타).

22) 이는 2005년 3월 증권거래법 시행령의 개정에 의하여 일정한 요건을 충족하는 증권회사에 대하여 신용파생상품 거래를 허용한 사실을 볼 때도(시행령 제36조의2 제1항 제1호의2 다목) 은행의 경우에 신용파생상품 거래를 영위할 수 있다고 보는 것이 타당할 것이다.

용파생상품 거래를 외국환업무의 하나로 별도로 규정하고 있기 때문이다(외국환거래법제3조 제14호, 동법 시행령 제5조 제2호, 제8조 제5호 및 제14조 제1호).[23] 이에 대하여는 은행법령(하위 규정인 부수업무지침 포함)은 은행 업무 규제에 관한 기본법령이므로 은행이 영위하는 모든 업무에 대하여 적용되어서 부수업무지침이 은행과 거주자와의 원화 표시 신용파생상품 거래든 비거주자 또는 거주자와의 외환 관련 신용파생상품 거래든 다 적용된다고 보는 견해가 있을 수 있다. 그러나 현행 법령의 합리적 해석은 외국환거래법령은 외환 관련 거래를 규제하기 위하여 제정된 법령이므로(즉 특별법적인 성격을 갖고 있으므로) 외환 관련 신용파생상품 거래에 대해서는 외국환거래법령만이 적용된다고 보는 것이 타당하다고 본다.[24]

더 나아가 현행 은행법령상 허용되는 신용파생상품 거래의 범위에 대하여도 논란이 있을 수 있으나, 일반적으로 이해되는 신용파생상품 거래의 종류로서 다른 법령(예를 들어, 외국환거래규정, 증권거래법 시행규칙 및 보험업감독규정)에서 규정하고 있는 신용파생상품 거래의 정의 및 종류를 준용할 수 있을 것이다.

(2) 외국환거래법령상의 규제

위에서 살펴본 것처럼, 은행의 외환 관련 신용파생상품 거래에 대해서는 외국환거래법령이 적용된다. 외국환거래법령은 외국환은행으로서 은행의 외환 관련 신용파생상품 거래 등 파생금융상품 거래를 외국환업무의 하나로 규정하면서(외국환거래법 제3조 제14호, 동법 시행령 제5조 제2호, 제8조 제5호 및 제14조 제1호), 외환 관련 신용파생상품 거래시에는 한국은행 총재에게 사전 신고를 하도록 규정하고 있다(외국환거래규정 제7-40조 제2항 제1호).[25] 외국환거래규정은 다른 법규와 달리 비교적 구체적으로 신용파생상품 거래의 유

---

23) 외국환거래법령이 없다면 당연히 부수업무지침상의 파생금융상품 거래는 원화이든 외환 관련 거래이든 다 포함된다고 보게 될 것이다.

24) 윤창현, 이준희/한상일도 외환 관련 신용파생상품 거래는 외국환거래법령만이 적용되는 것으로 보고 있다(윤창현, 앞의 발표자료, 3면, 6면; 이준희/한상일, 앞의 논문, 117면). 만약 은행법령이 외환 관련 신용파생상품 거래에도 적용된다고 보는 경우, 신용파생상품 거래가 부수업무지침에 규정되지 않아 은행이 동 상품을 취급할 수 없다고 본다면 은행이 외환 관련 신용파생상품 거래도 영위할 수 없다는 결론이 되는데, 그렇게 되면 외국환거래법령이 외환 관련 신용파생상품 거래를 외국환업무로서 규정하여 허용하고 있는 것과 맞지 않게 되는 모순이 생기게 된다.

25) 은행의 신용파생상품 거래 이외의 다른 장외 파생금융상품 거래시에는 신고를 요하지 않는다(외국환거래규정 제7-40조 제1항 제2호).

형을 규정하고 있는데(동 규정 제1-2조 제11-1호), 그 종류로서 CLN, TRS, CDS, 신용위험옵션 및 손실을 우선 부담(first to default 또는 first loss)시키는 합성담보부채권(Synthetic CDO)을 들고 있다.[26] 물론 외국환거래규정이 "기타 이와 유사한 거래"라고 포괄적으로 규정하고 있기 때문에 위의 유형 이외의 다른 종류의 신용파생상품 거래도 포함되는 것으로 볼 수 있을 것이다.

(3) 신탁업법령상의 규제

신탁업 겸영 인가를 받은 은행의 경우, 특정금전신탁 및 「간접투자 자산운용업법」 시행(2004년 1월 5일) 前에 설정한 불특정금전신탁이 신탁자금 운용에 대해서는 신탁업법령이 적용되게 된다(간접투자자산운용업법 부칙 제14조 제1항 및 제2항). 따라서 신탁겸영은행이 신탁자금의 운용으로서 신용파생상품 거래를 할 수 있는지 여부에 대해서는 신탁업법령이 적용되게 되는데, 현행 신탁업법령에 따르면 2006년 4월부터 신용파생상품 거래에 대한 투자가 허용되었다. 다만 위험 회피(hedge)를 위한 경우로만 제한된다(신탁업법 시행령 제11조 제9호, 간접투자자산운용업법 제2조 제9호 및 동법 시행령 제10조 참조).[27]

2. 증권회사의 경우

(1) 증권거래법령상의 규제

2005년 3월 증권거래법 시행령 및 동법 시행규칙이 개정되면서 증권거래법령이 규정하고 있는 일정한 요건을 충족하여 금융위원회의 장외 파생금융

---

26) 외국환거래규정은 신용파생상품 거래를 "당사자 또는 제3자의 신용위험과 연계한 거래로서 당사자, 제3자 또는 기초자산의 채무불이행, 신용등급 하락 등 당사자간의 약정된 조건에 의한 신용사건(Credit Event) 발생시 신용위험을 거래당사자의 일방에게 전가하는 신용연계채권(Credit Linked Note), 총수익교환스왑(Total Return Swap), 신용스왑(Credit Default Swap), 신용옵션(Credit Default Option) 및 손실을 우선 부담(First to Default 또는 First Loss)시키는 합성담보부채권(Synthetic Collateralized Debt Obligations, Synthetic Collateralized Loan Obligations) 또는 이와 유사한 거래"라고 하고 있다(외국환거래규정 제1-2조 제11-1호).

27) 간접투자자산운용업법 시행령 제10조는 "신용파생상품 거래 중 신용사건 발생시 계약에 따라 기초자산의 원리금을 지급할 의무를 지는 경우를 제외한다"라고 하고 있는데, 이 의미는 신용위험 보장 매도(protection sale)가 아닌 보장 매입(protection buy)의 경우만 허용하겠다는 뜻이다.

상품 거래 겸영 업무 인가를 받은 증권회사에 대하여 종전에 금지되어 왔던 신용파생상품 거래를 허용하였다(증권거래법 시행령 제36조의2 제1항 제1의2호 다목 및 동법 시행규칙 제13조 제1항 제5호). 즉 현행 법령상 모든 증권회사가 신용파생상품 거래를 영위할 수 있는 것이 아니고, 장외 파생금융상품 거래 겸영 업무 인가를 받은 증권회사에 한정된다. 다시 말해서 증권회사의 신용파생상품 거래는 은행과 달리 부수업무가 아니고 겸영 업무로 규정되어 있는 것이다.[28]

증권거래법 시행규칙은 신용파생상품 거래를 "신용위험(당사자나 제3자의 신용등급의 변동 · 파산 또는 채무재조정 등을 말한다)의 지표의 변동과 연계한 거래… "라고 정의하고 있어(제13조 제1항 제5호), 외국환거래규정과 달리 신용파생상품 거래를 비교적 간단히 규정하고 있으며, 그 구체적인 종류에 대하여도 규정하고 있지 않다.

한편 신용파생상품 거래를 영위할 수 있는 장외 파생금융상품 거래 겸영 업무 인가 증권회사의 요건은 (i) 종합증권회사(즉 중개업(brokerage), 매매업(dealing) 및 인수업(underwriting) 허가를 모두 갖추고 있는 증권회사)일 것, (ii) 자기자본규제비율(즉 영업용순자본비율)을 300% 이상 유지할 것, (iii) 금융위원회가 정하는 위험관리기준 및 내부통제기준을 충족시킬 것 등의 요건이다(증권거래법 시행령 제36조의2 제2항 제1호 및 동법 시행규칙 제13조 제2항).

또한 증권거래법령은 은행과 달리 증권회사가 신용파생상품 거래 등 장외(場外) 파생금융상품 거래를 영위할 때의 업무 방법에 대한 제한을 두고 있다. 즉 (i) 거래 상대방은 은행 · 종합금융회사 · 증권회사 · 보험회사 등 금융기관[29]이나 주권상장법인, 코스닥상장법인, 신용평가등급이 투자적격 이상인 법인, 정부투자기관, 신용평가등급이 투자적격 이상인 외국금융기관(외국금융기관이 장외 파생금융상품 거래의 이행을 보증한 자회사 포함) 등일 것,[30] (ii) 외국거래소시장에서의 거래를 제외하고는 단일의 거래 당사자간의 거래 방법에 의할 것, (iii) 거래 상대방의 신원을 확인하고 거래 위험 등을 거래 상대방에게 서면으로 고지할 것, (iv) 주권상장법

28) 은행의 경우에 신용파생상품 거래가 은행의 부수업무로 규정되어 있어 은행업 인가를 받은 모든 은행이 신용파생상품 거래를 영위할 수 있다는 점과 다르다.

29) 이외에 농업협동조합중앙회, 수산업협동조합중앙회, 신용보증기금, 상호저축은행, 여신전문금융회사, 자금중개회사 등 그 범위가 넓다.

30) 이외에도 증권거래법령은 거래 상대방으로서 기금, 공제사업 영위 법인, 우체국보험적립금, 간접투자기구(외국의 간접투자자산운용업자 포함), 선물회사, 정부, 지방자치단체를 열거하고 있다.

인, 코스닥상장법인, 신용평가등급이 투자적격 이상인 법인, 정부, 지방자치단체, 정부투자기관 등 비전문가와의 거래시에는 장외 파생금융상품 거래 상품설명서를 미리 금융감독원장에게 제출할 것, (ⅴ) 매 장외 파생금융상품 거래시마다 당해 업무를 관장하는 상근임원의 승인을 받을 것, (ⅵ) 장외 파생금융상품 거래의 위험 관리 등에 관하여 금융위원회가 정하는 사항[31]을 준수할 것, (ⅶ) 특히, 신용파생상품 거래의 경우에는 거래 상대방(그 특수관계인을 포함)에 대한 위험액이 자기자본의 5%를 초과하지 않을 것[32] 등의 제한을 받는다(증권거래법 시행령 제84조의28, 시행규칙 제36조의18 제1항 내지 제4항).

이 외에도 장외 파생금융상품 거래 겸영 업무 인가 증권회사는 신용파생상품 거래 등 장외 파생금융상품 거래의 중개·주선 또는 대리 업무(이하 "중개 등의 업무")도 영위할 수 있다(증권거래법 시행령 제36조의2 제1항 제1호의2 후단). 이것은 은행의 경우 장외 파생금융상품 거래의 중개 등의 업무를 할 수 있는지 여부에 관해 은행법령상 명시적인 규정을 두고 있지 않는 것과 다른 점이다.

한편, 2005년 3월 증권거래법 시행령 및 동법 시행규칙이 개정되면서 유가증권과 파생금융상품의 성격이 결합된 신종증권인 파생결합증권(securitized derivatives)이 유가증권의 하나로 규정되게 되었다(증권거래법 제2조 제1항 제9호, 동법 시행령 제2조의3 제8호).[33] 이러한 파생결합증권에는 주식과 연계된 증권, 금리와 연계된 증권, 환율과 연계된 증권, 상품과 연계된 증권뿐만 아니라 신용위험과 연계된 증권(즉 신용파생상품의 하나가 된다) 등을 들 수 있다(증권거래법 시행령 제2조의3 제8호 및 동법 시행규칙 제1조의2 제2항).[34] 그리고 증권거래법령상 주식과 연계된 파생결합증권의 발행 주체는 장외 파생금융상품 거래 겸영 업무

31) 증권업감독규정 〈별표 3의2〉 위험관리 및 내부통제 등에 관한 평가기준(제1-15조 제1항 관련)에 의한 종합평가 결과가 양호 이상일 것 등의 요건이다.

32) 신용파생상품 거래의 위험액 한도 제한은 2008년 3월 28일까지 3년간만 유효하다(증권거래법 시행령 부칙 제2조 및 동법 시행규칙 부칙 제2조).

33) 파생결합증권이 증권거래법령상의 유가증권에 해당되기 위해서는 다음과 같은 추가 조건을 충족하여야 한다. 즉 (ⅰ) 파생결합증권의 발행자는 파생결합증권의 인도와 동시에 그 대금을 전액 수령하여야 하며, (ⅱ) 파생결합증권의 소유자는 파생결합증권의 존속 기간 동안 파생결합증권의 인도와 동시에 지급된 대금 이외에 어떠한 명목으로 추가적인 지급 의무를 부담해서는 안 된다(그러나 그 소유자가 파생결합증권에 대한 매매 또는 거래를 성립시킬 수 있는 권리를 행사하는 경우는 제외한다)(증권거래법 시행규칙 제1조의3 제2항 제2호 및 제3호).

34) 재정경제부, "증권산업 규제 완화 방안 추진," 보도자료, 2004. 12. 17, 붙임자료 5면 참조.

인가를 받은 증권회사에 한정되는데(증권거래법 시행규칙 제1조의3 제2항 제1호), 해석상 주식과 연계된 증권을 제외하고는 발행 주체에 제한을 두고 있지 않는 것으로 보게 되므로, 일반 증권회사도 주식과 연계된 증권 이외의 파생결합증권을 발행할 수 있다고 볼 수 있을 것이다. 그러므로 신용파생상품의 하나로 분류되는 신용위험과 연계된 증권의 경우에는 비록 장외 파생금융상품 거래 겸영 업무 인가를 받지 않은 증권회사도 발행할 수 있으며, 또한 신용위험과 연계된 증권이 증권거래법령상의 유가증권으로 간주되기 때문에 일반 증권회사도 신용위험과 연계된 증권의 매매 · 중개 및 인수의 업무(해당 증권업 허가를 얻는 경우)도 영위할 수 있을 것이다.

(2) 외국환거래법령상의 규제

증권거래법 제51조 제1항 제1호는 증권회사의 겸영 업무의 하나로서 다른 금융 관련 법령에서 증권회사가 영위할 수 있도록 하는 업무를 규정하고 있다. 이에 따라 외국환거래법령은 증권회사에 대하여 일정한 외국환업무를 영위할 수 있도록 규정하고 있다. 그러한 외국환업무에는 금리 · 통화 · 유가증권을 기초자산으로 하는 외환 관련 장외 파생금융상품 거래가 포함된다(외국환거래규정 제2-12조 제2항 제1호).[35] 그러나 외국환거래규정은 증권거래법령과 달리 신용파생상품 거래를 증권회사에 허용되는 외환 관련 장외 파생금융상품 거래 업무의 하나로서 명시적으로 규정하고 있지 않다. 따라서 증권회사가 외환 관련 신용파생상품 거래를 업무로서 영위할 수 있는지에 대해서 의문이 있게 된다. 특히 2005년 3월 증권거래법 시행령 및 동법 시행규칙이 개정되면서 장외 파생금융상품 거래 겸영 업무 인가 증권회사에 대하여 신용파생상품 거래도 허용하였기 때문에, 외국환거래법령상 외환 관련 신용파생상품 거래가 증권회사에 허용되는 업무인지 여부가 더 문제가 된다. 이에 대해서는 증권회사의 업무에 대한 기본 규제법인 증권거래법령이 허용하고 있다는 점, 그리고 외국환거래법령상의 장외 파생금융상품 거래의 허용 취지가 증권거래법령상 허용되는 장외 파생금융상품 거래를 외환과 관련된 거래라도 허용하겠다는 취지인 점을 감안하여 넓게 해석한다면, 외환 관련 신용파생상품 거래도 영

35) 물론 자기자본이 1,000억원 이상 등 일정한 요건을 충족한 증권회사에 한정된다(외국환거래규정 제2-12조 제2항 제1호 라목 및 마목).

위 가능한 장외 파생금융상품 거래에 포함된다고 보는 견해도 있을 수 있을 것이다. 그러나 증권회사의 외국환업무에 대하여는 외국환거래법령이 별도로 적용되므로 외국환거래법령상 명시적인 허용 규정이 없는 한 그렇게 보기는 어렵다고 본다.[36]

3. 보험회사의 경우

(1) 보험업법령상의 규제

보험업법령은 보험회사의 신용파생상품 거래를 자산 운용의 차원에서 규제하고 있다. 이는 은행이나 증권회사의 경우에 신용파생상품 거래를 '업무'로 보고 규제를 하는 것과 다른 점이라고 할 수 있다.

보험회사의 자산 운용과 관련하여 보험업법령은 자산 운용의 안정성을 크게 해할 우려가 있는 행위로서 보험업감독규정 [별표 8](외국환거래 기준) 및 [별표 9](파생금융상품 거래 기준)에 규정되어 있는 기준을 충족하지 못하는 외국환거래 및 파생금융상품 거래(신용파생상품 거래를 포함)를 자산 운용으로 할 수 없다고 규정하고 있다(보험업법 제105조 제1항 제8호 및 동법 시행령 제49조 제3항). 다시 말해서 보험회사는 「보험업감독규정」에 규정되어 있는 외국환거래 및 파생금융상품 거래에 대한 투자를 자산 운용으로서 할 수는 있는 것이다. 아래에서는 보험회사가 자산 운용으로서 투자할 수 있는 신용파생상품 거래에 대하여 살펴본다.

1) 신종 외화증권(외화 신용연계채권, 외화 신용연계예금 및 외화 합성담보부채권)에의 투자

보험업감독규정은 보험회사는 외국환거래규정 제1-2조 제11-1호에서 규정하는 외화 표시 신용연계채권, 신용연계예금(credit linked deposit: CLD)[37] 및

36) 물론 증권회사가 외환 관련 신용파생상품 거래를 대고객 '업무'로서가 아니고 자신의 계산(예를 들어, 투자 및 이와 관련된 위험 회피 목적)으로 하는 경우에는 외국환거래규정 제7-40조 제2항에 의거하여 한국은행에 사전 신고를 하면 가능하다는 견해가 있을 수 있다(이금호, "파생금융거래 관련 법적 이슈 검토," 「경영법률」 제14집 제2호(한국경영법률학회, 2004. 3), 210면 주 6) 참조). '업무'인지 '투자'인지를 구별하는 것이 쉽지는 않지만, 예를 들어 증권회사가 신용위험 보장매입자로서 신용파생상품 거래를 하는 경우에는 기존에 보유하고 있는 채권(債券)의 신용위험을 회피(hedge)하기 위한 것이므로 허용된다고 볼 수 있을 것이다.

37) 외화 신용연계예금은 2006년 6월부터 허용되었다.

합성담보부채권(Synthetic CDO) 등 신용파생상품 거래가 내재된 신종 외화증권에 투자할 수 있다고 규정하고 있다(동 규정 [별표 8] 제5호). 즉 보험업법령은 신용파생상품 거래의 한 유형으로 분류되는 외화 표시 신용연계채권, 신용연계예금 및 합성담보부채권 거래를 외화증권 투자로 보아 외국환거래로 규제를 하고 있는 점이 특징적이다.

다만 투자 가능한 외화 표시 신용연계채권, 신용연계예금 및 합성담보부채권은 다음과 같은 조건을 충족하여야 한다. 첫째, 외화 신용연계채권 및 신용연계예금의 경우에는 기초자산의 신용평가 등급이 국제적인 외국 신용평가기관으로부터 투자적격등급 이상을 얻은 경우에 한하며, 기초자산의 발행자가 비거주자인 경우에는 당해 기초자산에 대하여 국제적인 외국 신용평가기관으로부터 우수등급(S&P 기준 A- 이상 및 이에 준하는 타 신용평가기관의 신용등급) 이상을 얻은 경우에 한한다(보험업감독규정 [별표 8] 제5호 가목). 둘째, 외화 합성담보부채권도 신용평가 등급이 국제적인 외국 신용평가기관으로부터 투자적격 등급 이상을 얻은 경우에 한하며, 기초자산에 비거주자의 신용위험이 포함된 경우에는 당해 합성담보부채권이 국제적인 외국 신용평가기관으로부터 우수등급(S&P 기준 A- 이상 및 이에 준하는 타 신용평가기관의 신용등급) 이상을 얻은 경우이어야 한다(보험업감독규정 [별표 8] 제5호 나목). 이러한 신종 외화증권에의 투자는 보험회사의 자산 운용 한도 규제의 적용을 받지 않는다(보험업감독규정 [별표 9] 제4호 나목).

2) 기타 신용파생상품 거래

위의 외화 표시 신용연계채권, 신용연계예금 및 합성담보부채권 이외의 기타 신용파생상품 거래에의 투자 여부에 대해서는 보험업감독규정 [별표 9] 보험회사의 파생금융거래 기준이 정하고 있다. 즉 보험업감독규정 [별표 9]는 투자 가능한 파생금융상품 거래의 하나로서 "당사자 또는 제3자의 신용위험과 연계한 거래 …"를 규정하고 있다.[38] 다만 동 규정은 자산 운용 한도 규제를 받는 파생금융상품 거래와 한도 규제를 받지 않는 파생금융상품 거래로 나누어 규정하고 있는데, 한도 적용을 받는 신용파생상품 거래의 경우에 그

38) 2005년 5월 31일 발표된 금융감독원 정례브리핑자료는 "보험회사의 경우 신용파생상품을 포함한 파생금융거래가 원칙적으로 금지[되고 …], 다만 국제신용평가기관에서 투자등급(BBB 이상)을 부여받은 기관이 발행하는 CLN 및 합성담보부증권(Synthetic CDO) 투자는 허용[한다]"라고 하고 있는바, 마치 기타 신용파생상품 거래는 허용되지 않는 것처럼 생각할 수 있어 혼동을 준다(금융감독원 신용감독국(2005), 앞의 브리핑자료, 2면).

거래 한도는 약정금액(프리미엄을 지급하는 거래의 경우는 프리미엄 금액)을 기준으로 일반계정[39]의 경우에는 직전 분기말 총자산의 3% 이내, 특별계정[40]의 경우에는 각 규제 대상 특별계정 자산의 3% 한도 이내이어야 한다(보험업감독규정 [별표 9] 제3호나목).[41] 다시 말해서 보험회사는 보험업감독규정이 규정하는 기준을 충족하는 기타 신용파생상품 거래에 투자할 수 있는 것이다.

(2) 외국환거래법령상의 규제

외국환거래법령은 보험회사의 외환 관련 신용파생상품 거래를 영위할 수 있는 외국환업무로 규정하고 있지 않다.[42] 다만 보험회사가 외환 관련 신용파생상품 거래를 업무로서가 아니고 자산 운용 차원에서 하고자 하는 경우에는 외국환거래규정 제7-40조 제2항의 규정에 의하여 한국은행 총재에게 사전 신고를 하면 가능할 것이다. 이는 보험업법령이 보험회사의 신용파생상품 거래를 업무로서가 아니고 자산 운용으로 규제를 하고 있는 점과 같다고 볼 수 있다. 따라서 보험업법령상 자산 운용 차원에서 허용하고 있는 외화 표시 신용연계채권, 외화 표시 신용연계예금, 외화 표시 합성담보부채권 및 (보험업감독규정상의 거래 한도 이내의) 기타 외환 관련 신용파생상품 거래는 한국은행 총재에게 사전 신고를 하면 가능할 것이다.

4. 자산운용회사(간접투자기구)

간접투자자산운용업법령은 신용파생상품을 간접투자기구(투자신탁 및 투자회사)가 투자할 수 있는 장외 파생금융상품 거래의 하나로 규정하고 있다(간접투자자산운용업법 시행령 제10조).[43] 다만 신용파생상품 거래는 신용위험을 회피하기 위한 목적

39) 아래 특별계정에 속하지 않는 자산에 대한 계정을 말하며, 생명보험회사의 종신보험계약, 상해보험계약 등이 일반계정에 속한다.

40) 생명보험회사의 연금저축계약, 퇴직보험계약, 변액보험계약 등에 대하여 준비금에 상당하는 자산의 전부 또는 일부를 그 밖의 자산과 구별하여 이용하기 위한 계정을 말한다(보험업법 제108조 제1항, 동법 시행령 제52조).

41) 2007. 6. 28. 보험업감독규정이 개정되면서 종전의 0.5%에서 3%로 상향 조정되었다.

42) 보험회사의 외국환업무는 거주자와의 외화 표시 보험·재보험, 비거주자와의 보험·재보험, 외화대출, 외화대출채권의 매매, 기관투자가와의 대외지급수단의 매매 및 선물환 거래(외환스왑 포함)이다(외국환거래규정 제2-12조 제2항 제3호).

의 신용위험 보장 매입(protection buy) 거래만 할 수 있고, 신용위험 보장 매도(protection sale) 거래는 할 수 없다(간접투자자산운용업법 시행령 제10조).[44)]

Ⅳ. 현행 규제의 개선 방향

아래에서는 금융기관의 신용파생상품 거래 규제에 관한 현행 법령상의 문제점을 지적하면서 그 개선 방안을 제시한다.

1. 은행의 부수업무지침에 신용파생상품 거래의 규정화

앞에서 언급한 것처럼, 현행 부수업무지침이 단순히 “파생상품거래”라고 규정하고 있기 때문에 신용파생상품 거래가 허용되는 업무인지 허용된다면 구체적으로 어떤 종류의 신용파생상품 거래가 허용되는지에 대하여 논란이 있을 수 있다. 따라서 이런 논란을 없애고 보다 명확하게 하기 위해서는 부수업무지침의 Ⅱ. 16호에 파생금융상품 거래의 종류로서 신용파생상품 거래를 규정하면서 허용되는 신용파생상품 거래의 유형도 규정하는 것이 바람직하다고 본다. 이 경우 증권회사나 보험회사의 경우에 두고 있는 장외 파생금융상품 거래의 범위에 관한 명시적인 규정[45)] 및 외국환거래규정상의 신용파생상품 거래의 정의 조항을 참고할 필요가 있을 것이다.

그리고 부수업무지침이 외환 관련 신용파생상품 거래에 대하여도 적용되는지 여부에 대한 논란을 해결하기 위해서도 현행 부수업무지침에 “다른 금융 관련 법령에 의하여 은행이 영위할 수 있도록 허용되는 업무”를 추가하여, 외환 관련 신용파생상품 거래에 대하여는 외국환거래법령만이 적용되도

43) 간접투자기구별 운용 대상 자산의 종류는 간접투자자산운용업법 제70조 및 [별표2] 참조.

44) 간접투자자산운용업법 시행령 제10조는 “기초자산의 신용위험과 관련된 거래 중 신용사건 발생시 계약에 따라 기초자산의 원리금을 지급할 의무를 지는 경우를 제외한 거래”라고 하고 있기 때문에, 이 의미는 신용위험 보장 매도 거래를 제외한 거래가 되는 것이다. 그리고, 신용파생상품 거래 투자는 2006년 4월부터 허용되었다.

45) 증권회사의 경우에는 증권거래법 시행규칙 제13조 제1항, 보험회사의 경우에는 보험업감독규정 [별표 9] 보험회사의 파생금융 거래기준 2. 파생금융거래의 범위 참조.

록 하는 것이 논란을 없애는 방안이라고 본다.

2. 은행의 신용파생상품 거래 중개 등의 업무 허용

은행이 신용파생상품 거래의 중개 등의 업무를 영위할 수 있는지 여부에 대하여도 부수업무지침은 여전히 명시적인 규정을 두고 있지 않아서, 명시적인 규정을 두고 있는 증권회사의 경우와 달리(증권거래법 시행령 제36조의2 제1의2호), 은행이 신용파생상품 거래의 중개(仲介) 등의 업무를 영위할 수 있는지에 대하여도 분명하지 않다. 이에 대해서는 중개 등의 용어가 사용되고 있지 않아도 해석상 중개 등이 포함된 것으로 볼 수 있고, 또한 중개 등의 업무가 허용되지 않는다면 은행이 항상 신용파생상품 거래의 당사자가 되어야 하며 이 경우에는 은행의 영업 활동에 상당한 제약이 될 것이라는 이유로 은행이 신용파생상품 거래의 중개 등의 업무를 영위할 수 있다고 보는 견해도 있을 수 있다.[46] 그러나 증권회사와 달리 명시적인 규정이 없는 현행 규정상 은행의 경우에 이러한 중개 등의 업무를 영위할 수 있다고 보기는 어려울 것이다. 따라서 신용파생상품 거래의 활성화 측면에서도 신용파생상품 거래의 중개 등의 업무를 명시적으로 부수업무지침에 규정하는 것이 바람직하다고 본다.

한편, 은행의 외환 관련 신용파생상품 거래의 중개 등의 업무와 관련해서는 외국환거래법령이 적용되게 되는바, 현행 외국환거래법 제9조는 외환 관련 파생금융상품 거래의 중개를 포함한 외국환(외화증권 제외)의 매매 · 교환 · 대차의 중개 업무를 '업(業)'으로 영위하고자 하는 자는 기획재정부장관의 인가를 받도록 규정하고 있다. 따라서 은행의 경우 외국환거래법상의 인가를 받지 않고는 외환 관련 신용파생상품 거래의 중개 업무를 할 수 없게 된다. 그리고 실제로 은행에 대해서 동 중개 업무 인가를 내주지 않고 있는 것으로 알고 있다.[47] 그러나 은행의 신용파생금융상품 거래 활성화를 위해서는 은행에 외환 관련 신용파생상품 등 파생금융상품 거래의 중개 업무도 필요한바, 입법적인 해결이 필요하다고 본다.

---

46) 고동원, "은행의 파생금융상품 거래 규제에 관한 법적 검토,"「상사법연구」제24권 제1호(한국상사법학회, 2005. 5), 315면 참조.

47) 위의 논문, 318면.

3. 은행의 신용파생상품 거래에 대한 업무 방법 제한 규정의 신설

현행 관련 규정상 은행의 신용파생상품 거래의 업무 방법 제한에 대한 규정은 없다. 이는 장외 파생금융상품 거래를 영위하는 증권회사의 경우에 신용파생상품 거래 등 장외 파생금융상품 거래의 위험 등을 거래 상대방에게 서면으로 고지하도록 하고 위험 관리 등에 관하여 금융위원회가 정하는 사항을 준수하도록 하는 등 업무 방법의 제한을 두고 있는 점(증권거래법 시행령 제84조의28)과 대비된다. 신용파생상품 거래가 본래 위험이 내재되어 있는 거래라는 특성을 감안했을 때 이러한 위험성 고지 의무나 상품설명서의 감독당국 제출 의무 및 위험 관리 준수 의무 등을 은행에도 부과할 필요성이 있고, 따라서 증권회사의 경우처럼 신용파생상품 거래의 업무 방법에 대한 제한 규정을 은행법령 및 외국환거래법령에 둘 필요성이 있다고 본다.

4. 신용파생상품 거래 업무 취급 가능 증권회사의 확대

앞서 본 것처럼, 2005년 3월 증권거래법 시행령 및 동법 시행규칙이 개정되면서 장외 파생금융상품 거래 겸영 업무 인가 증권회사에 대하여 신용파생상품 거래가 허용되었다. 이는 최근 늘어가고 있는 신용위험 회피(hedge) 수요를 충족하고 증권회사가 투자은행으로 발전하기 위한 업무 기반을 마련한다는 점에서[48] 바람직한 방향으로 평가된다. 특히 우리 나라에서도 2008년 1월부터 실시되는 바젤 Ⅱ가 신용파생상품 거래를 신용위험 경감 사유로 인정하고 있어, 신용파생상품 거래의 수요가 더 늘어날 것으로 예상되는바, 이에 따른 신용파생상품 거래 시장의 활성화 및 동 상품을 취급할 수 있는 국내 기관투자가의 육성의 필요성[49] 등을 감안했을 때 증권회사에게도 신용파생상품 거래를 허용한 것은 바람직한 조치였다고 본다. 다만 신용파생상품 거래를 영위할 수 있는 증권회사는 증권거래법령상 장외 파생금융상품 거래 겸영 업무 인가를 받은 증권회사에게만 허용되므로 이를 취급할 수 있는 증권회사

---

48) 재정경제부, 앞의 보도자료, 붙임자료 7면.

49) 고동원, "신 바젤 자기자본 협약안의 주요 내용과 국내 은행의 대응 방안에 관한 연구," 「경영법률」 제14집 제2호(한국경영법률학회, 2004. 3), 125면.

의 확대가 요구된다. 따라서 우선 장외 파생금융상품 거래 겸영 업무 인가 증권회사의 요건을 완화하고(예를 들어, 종합증권업 허가 요건의 폐지 등), 더 나아가 신용파생상품 거래에 대한 내부적인 위험 관리 체계가 잘 갖추어져 있는 증권회사에게는 장외 파생금융상품 거래 겸영 업무 인가에 상관없이 신용파생상품 거래를 할 수 있도록 허용하는 조치를 취하는 것이 바람직하다고 본다.

5. 증권회사의 외환 관련 신용파생상품 거래 업무의 허용

외국환거래법령은 외환 관련 신용파생상품 거래를 증권회사의 영위 가능 장외 파생금융상품 거래 업무의 범위에 명시적으로 규정하고 있지 않아서, 논란이 있지만 해석상 증권회사는 외환 관련 신용파생상품 거래를 업무로서 영위할 수 없다고 보아야 할 것이다. 그런데 증권거래법령상 신용파생상품 거래가 허용된 취지를 감안하면 외환 관련 신용파생상품 거래를 업무로서 굳이 허용하지 않을 이유가 없다고 본다. 따라서 외국환거래법령의 규정 정비가 있어야 할 것이다.

6. 증권회사 및 보험회사의 채무보증 금지 조항에 예외 규정 신설

증권거래법상 증권회사는 채무보증 업무를 할 수 없다(증권거래법 제54조의3 제1항 제3호). 즉 증권회사가 신용파생상품 거래를 통하여 신용위험을 부담하는 경우(즉 증권회사가 보장매도자인 경우)에는 채무보증과 유사한 경제적 효과를 가지기 때문에 동 조항에 위반되는지 여부에 대하여 논란이 있을 수 있다. 이에 대해서는 신용파생상품 거래가 법적인 의미에서의 채무보증이 아니고, 더 나아가서는 증권거래법령상 신용파생상품 거래가 증권회사의 겸영 업무로서 명시적으로 허용되고 있으므로 이것은 채무보증 금지 조항에 대한 예외로 법이 인정한 것이라고 볼 수도 있을 것이다. 그러나 논란의 소지를 없애기 위해서는 채무보증 금지 조항에 명시적으로 신용파생상품 거래를 예외 사항으로 규정하는 것이 바람직하다고 본다.

한편 보험회사의 경우에도 증권회사처럼 보험업법상 채무보증 업무를 할 수 없다(보험업법 제113조). 마찬가지로 논란의 소지를 없애기 위해서는 채무보증 금

지 조항에 명시적으로 신용파생상품 거래를 예외 사항으로 규정하는 것이 바람직하다고 본다.[50)]

7. 외환 관련 신용파생상품 거래의 사후 보고제 도입

은행의 경우 외환 관련 신용파생상품 거래 업무는 한국은행에 사전 신고를 하고 있다(외국환거래규정 제7-40조 제1항 제2호). 그러나 이러한 사전 신고제는 시장 상황을 반영한 즉각적인 거래 실행에 큰 장애가 되고 있어 신용파생상품 거래 활성화에 걸림돌이 되고 있다. 물론 이러한 사전 신고 제도의 취지가 외환당국이 위험성이 높은 파생금융상품 거래를 어느 정도 관리·통제하려는 의도로 보이지만, 지금은 은행들의 위험 관리 수준도 많이 높아졌고, 또한 다른 관련 감독규정에 의하여 별도의 위험 관리를 하고 있는 점 등을 감안할 때 이러한 사전 신고 제도는 폐지하고 사후 보고제로 운영해도 무방하다고 본다.

증권회사의 경우에도 향후 외환 관련 신용파생상품 거래 업무를 허용할 경우 신용파생상품 거래의 활성화 차원에서 사후 보고제로 운영하는 것이 필요하다. 특히 외국환거래법령상 외환 관련 장외 파생금융상품 거래 겸영 업무 증권회사에 적용되는 업무 방법의 제한 규정(예를 들어, 거래 상대방별 위험액 한도 및 내부 위험관리 기준 준수 등)의 적용을 받게 되는 한[51)] 사후 신고제로 운영하여도 무방하다고 본다.

보험회사의 경우도 현행 외국환거래법령상 외화 신용연계채권, 외화 신용연계예금, 외화 합성담보부채권 및 기타 외환 관련 신용파생상품 거래를 하고자 하는 경우에는 현재 한국은행 총재에게 사전 신고를 하여야 하지만(외국환거래규정 제7-40조 제2항), 신용파생상품 거래의 활성화 측면에서 사후 보고제로 운영할 필요가 있다고 본다. 물론 외환당국 입장에서는 위험성이 높은 신용파생상품 거래를 감시(monitoring)하고 사전 규제할 필요성이 인정되지만, 다른 관련 규

50) 보험업법 제113조는 단서 조항에서 "이 법의 규정에 의하여 채무의 보증을 할 수 있는 경우에는 그러하지 아니하다"라고 규정하고 있어서 이 예외 규정에 의하여 해결될 수 있다고 볼 수도 있으나, 신용파생상품 거래는 여기서 의미하는 '보증'에는 해당하지 않기 때문에 이 또한 해결책이 될 수 없을 것이다.

51) 현행 외국환거래규정 제2-12조 제2항 제1호 라목 단서의 규정에 의하여 외환 관련 장외 파생금융상품 거래를 영위하는 증권회사의 경우 내부 위험관리 기준 준수 등의 업무 방법 제한도 받게 되는바, 신용파생상품 거래도 마찬가지로 그러한 규정의 적용을 받는 것으로 전제할 수 있을 것이다.

정에 의하여 위험 관리 등을 하고 있으므로[52] 사후 보고제로 운영하여도 무방하다고 본다.

8. 간접투자기구(자산운용회사)의 신용파생상품 투자 범위의 확대

앞서 본 것처럼, 현행 간접투자자산운용업법령은 간접투자기구가 신용파생상품 중 신용위험 보장 매도(protection sale) 거래를 하는 것을 금지하고 있다. 이는 간접투자재산을 운용하는 데 있어서 신용위험을 회피(hedge)하기 위한 목적으로 하는 신용위험 보장 매입 거래의 경우에만 허용하겠다는 것으로 보인다. 그런데 신용파생상품 시장의 활성화 차원에서 위험 회피 목적이 아닌 보다 적극적인 투자로서 신용위험 보장 매도(protection sale) 거래의 허용도 검토할 필요가 있다고 본다. 그 이유는 간접투자기구가 신용파생상품 시장의 주요 투자자(즉 신용위험 보장 매도자로서의 투자자)가 될 수 있는데 이러한 보장 매도 거래의 금지 규정 때문에 신용파생상품 시장의 활성화에 걸림돌이 되고 있기 때문이다. 물론 이러한 보장 매도 거래의 경우에 위험성이 높아질 것은 분명하다. 따라서 우수한 금융전문인력의 확보와 간접투자재산을 운용하는 자산운용회사의 위험 관리 능력의 제고(提高), 적절하고 효율적인 내부 통제체제 구축 등의 전제 조건이 잘 갖추어질 필요는 있을 것이다. 이러한 간접투자기구의 적극적인 신용파생상품 거래 투자 허용은 국내 신용파생상품 시장의 활성화를 도모할 수 있는 긍정적인 효과를 가져올 수 있을 것으로 본다.

9. 금융기관별 규제 수준의 동일화

신용파생상품 거래 규제와 관련하여 또 하나 개선해야 할 점은 앞에서 본 것처럼 각 금융기관마다 규제의 정도가 다르다는 점이다. 특히 고객을 상대로 신용파생상품 거래 업무를 하는 은행 및 증권회사의 경우 취급 가능 기

52) 예를 들어, 보험회사는 「보험업감독업무시행세칙」에 의거하여 외국환 위험 관리 예시 기준에 따른 위험 관리를 하고 있는데, 이에는 파생금융상품 거래 위험 관리 기준도 별도로 규정하고 있다(보험업감독규정 제5-25조, 보험업감독업무시행세칙 제3-8조 및 [별표 2]).

관 및 업무 방법 제한 등의 면에서 서로 다른데, 동일한 상품이라는 점을 감안했을 때 그 규제도 동일한 수준과 방법으로 이루어질 필요가 있다고 본다. 또한 보험회사의 경우도, 물론 고객을 상대로 신용파생상품 거래를 하는 것은 아니지만, 신용파생상품 거래에 투자할 수 있다는 점에서 투자 대상으로서의 신용파생상품 거래에 대한 규제가 은행 및 증권회사에 대한 규제와 조화를 이루도록 관련 법규를 정비할 필요가 있을 것이다.

V. 결 론

신용파생상품 시장은 새로운 금융상품 시장으로서 앞으로 그 활용도가 더 커질 것으로 생각된다. 이런 점에서 신용파생상품 시장의 활성화가 필요하며, 그렇기 때문에 신용파생상품 시장을 취급하는 금융기관 등 기관투자가의 육성 또한 필요하다. 이는 정부가 추진하는 동북아 금융중심지 국가 육성 전략에 따라 추진하고 있는 파생금융상품 시장의 활성화 방안[53]에 비추어 보아서도 성장 가능성이 큰 시장으로 파악된다. 특히 신용파생상품 시장의 활성화를 위해서 중요한 것은 복잡한 신용파생상품을 잘 이해하고 위험 관리를 잘 할 수 있는 금융전문 인력을 양성하는 체제를 구축하는 것이고, 이를 위해서 국가 차원의 적극적인 지원이 있어야 할 것이다.

53) 정경민, "자본 흐름 터줘 '금융 허브' 만들기," 중앙일보 2005. 6. 4, 4면.

제 5 장

은행 규제의 법적 개선 과제

제 1 절 은행 경영지배구조의 법 · 제도적 개선 방향
제 2 절 은행 자회사 규제의 개선 방향
제 3 절 신 바젤 자기자본 협약의 시행과 국내은행의 대응 방안

제 1 절

은행 경영지배구조의 법 · 제도적 개선 방향*

I. 서 론

우리나라 경제 위기를 가져온 1997년 말 금융위기 이후의 최대의 화두는 '기업지배구조'(corporate governance) 개선일 것이다. 이는 기업 및 금융기관 등의 부실이 금융위기를 초래한 한 원인이 되었고, 그러한 부실의 원인을 제공한 것 중의 하나가 기업이나 금융기관의 취약한 지배구조였다는 것에 근거를 두고 있다고 볼 수 있다. 이에 따라 정부는 1997년 말 금융위기 이후 법적 정비를 통하여 기업 및 금융기관 등의 지배구조 개선을 위한 여러 조치를 취해왔다. 은행의 경우도 예외는 아니어서 대주주 및 경영진에 대한 견제 및 경영의 투명성 확보 등을 위하여 사외이사 중심의 이사회 제도를 도입하였고, 감사의 역할 기능 제고를 위하여 감사위원회 제도를 새로이 도입하였으며, 은행 임직원의 법규 준수 여부를 감시하는 준법감시인(compliance officer) 제도 등의 새로운 제도를 도입하였다. 이에 따라 1997년 말 금융위기 이후 은행의 경영지배구조는 많이 개선되었다고 볼 수 있다. 그러나 이러한 새로운 제도의 도입에도 불구하고 최근 금융의 국제화 · 겸업화 · 혁신화(innovation) 등 금융 환경의 급격한 변화에 따라 은행의 경쟁력을 향상시키고 선진국 수준의 은행으로 발전시킬 필요성은 여전히 존재한다고 본다. 따라서 이러한 목표를 달성하기 위해서 선진화된 은행 경영지배구조를 유지할 필요성은 그 어느 때보다도 높다 할 것이다. 이런 점에서 현행 은행 경영지배구조의 문제점을 파악하고 그 개선을 위한 방안을 마련하는 것은 필요할 것이다. 특히 정부의 동북아금융 중심지(hub) 육성 전략에 비추어 볼 때, 은행 등 금융기관의 선진화

---

* 이 절의 내용은 「증권법연구」 제8권 제2호(한국증권법학회, 2007. 12)에 실린 글을 다소 수정 · 보완한 것이다.

는 필수적인 과제이고, 이에 따라 은행 경영지배구조의 선진화도 피할 수 없는 과제라고 본다.

이 절에서는 현행 은행 경영지배구조의 현황을 살펴보면서 그 법적 · 제도적 문제점을 분석하고, 앞으로 바람직한 은행 경영지배구조 구축을 위한 개선 방안을 제시하고자 한다. Ⅱ.에서는 1997년 말 금융위기 이후 도입된 새로운 은행의 경영지배구조 제도를 은행법, 증권거래법 등 관련 법령 및 감독규정을 중심으로 하여 살펴보며, Ⅲ.에서는 현행 은행 경영지배구조의 문제점을 분석한 후 향후 바람직한 개선 방향을 법 · 제도적인 측면에서 제시하고자 한다.

Ⅱ. 현행 은행 경영지배구조의 현황

현행 은행법령상 은행의 경영지배구조는 사외이사 중심의 이사회 제도, 감사위원회 제도, 내부통제(internal control) 제도 및 준법감시인 제도로 구분하여 볼 수 있다. 이 중 사외이사 중심의 이사회 제도가 가장 중요한 은행 경영지배구조라고 할 수 있다. 이하에서는 현행 은행 경영지배구조에 대하여 법적인 측면에서 분석해 본다. 특히 사외이사 및 감사위원회에 관련된 사항은 증권거래법에도 규정이 있어서[1] 주권상장법인[2]인 은행의 경우에 증권거래법의 규정을 어떻게 적용할 것인가에 대한 법적 해석이 다를 수 있어 이에 대하여 중점적으로 고찰해 본다.

1. 상법 및 증권거래법의 적용 문제

우선 은행의 이사회, 사외이사 및 감사위원회 관련된 사항은 은행이 주식회사의 형태를 취하고 있기 때문에 은행법에 규정되지 않은 사항에 대해서

1) 증권거래법 제191조의16 및 제191조의17.

2) "주권상장법인"이라 함은 "유가증권시장에 상장된 주권을 발행한 법인"을 말한다(증권거래법 제2조 제13항 제3호). 물론 은행이 코스닥상장법인인 경우에도 증권거래법이 적용될 것이다. 그러나 현재 은행의 경우 코스닥상장법인은 없기 때문에 이하에서는 주권상장법인인 경우에 대해서만 논의하기로 한다.

는 상법이 적용된다. 또한 주권상장법인인 은행의 경우에는 증권거래법도 적용된다. 그런데 증권거래법이 적용되는 경우에 증권거래법 규정과 은행법 규정이 충돌되는 경우 어느 규정을 우선하여 적용할 것인가에 대해서는 논란이 있게 된다. 이에 대해서 은행법이 증권거래법에 대하여 특별법적인 성격을 갖고 있으므로 은행법을 우선 적용해야 한다는 견해가 있을 수 있고, 은행법 및 증권거래법 둘 다 적용하여 보다 강화된 요건을 적용해야 한다는 견해가 있을 수 있다. 생각하건대, "[은행]법은 상법 기타 법령에 우선하여 적용한다"라고 규정하고 있는 은행법[3] 제3조 제2항을 감안하면 은행법이 증권거래법에 대하여 특별법적인 성격을 갖고 있다고 보아 은행법이 우선 적용된다고 보는 견해가 타당하다고 생각한다.[4] 이에 대해서는 관련된 문제에서 더 자세히 논의하기로 한다. 물론 상장법인인 은행의 경우에 은행법에 규정되지 않은 사항에 대해서는 증권거래법 규정이 당연히 적용될 것이다.

2. 사외이사 중심의 이사회 제도 운영

(1) 개 관

1) 제도의 취지

1997년 말 금융위기 이후 은행 경영지배구조 개선의 획기적인 조치의 하나는 2000년 4월부터 도입한 사외이사 중심의 이사회 제도이다. 이는 과거 은행 부실의 한 원인이 내부 이사로 구성된 이사회가 대주주 및 경영진의 독단과 전횡을 효율적으로 대처하지 못한 데 기인한다고 보아, 이러한 문제점을 시정하고 이사회 기능 강화를 통한 경영의 투명성 확보 및 경영지배구조의 선진화 기반을 구축하기 위하여 미국 등 선진국에서 운영하고 있는 사외이사 중심의 이사회 제도를 도입한 것이다.

---

3) 이하에서 은행법을 인용할 때에는 '법'이라고 하기로 한다.

4) 같은 견해로는 정찬형(편집대표), 「주석 금융법 Ⅰ(은행법)」(한국사법행정학회, 2007. 1), 91, 102면(정대화 집필 부분). 그 반대의 견해로는 이재용, "주식회사의 업무집행에 대한 감사 · 감독제도에 관한 연구," 고려대학교 대학원 박사학위 논문, 2005. 6, 144면.

2) 사외이사의 정의

은행법은 '사외이사'를 "상무에 종사하지 아니하는 이사"로 정의하고 있다(제22조 제2항). 특히 은행법은 사외이사의 선임 절차에 대하여 별도로 규정하고 있고, 「은행업감독규정」은 사외이사의 자격 요건을 별도로 규정하고 있기 때문에(은행업감독규정 제19조), 좀 더 자세히 정의를 하자면 "은행법령이 규정하는 일정한 자격 요건을 충족하고 은행법령의 규정에 따라 선임되는 은행의 상무에 종사하지 아니하는 이사"로 볼 수 있다.[5] 따라서 사외이사가 아닌 비상임(비상근)이사(즉 은행법령이 정하는 일정한 자격 요건을 충족하지 않고 은행법령이 규정한 선임한 절차에 따르지 않고 선임된 상무에 종사하지 아니하는 이사)를 둘 수 있는지 여부에 대하여 논란이 있게 된다. 이 문제에 대해서는 별도로 자세히 논하기로 한다.

3) 적용 법규 문제

사외이사 제도에 적용되는 법규를 살펴보면, 우선 상법은 사외이사에 대하여 특별히 규정하고 있지 않기 때문에 이사에 일반적으로 적용되는 이사의 임기 등에 관한 상법 규정이 사외이사에 대하여 적용될 것이다. 그리고 주권상장법인인 은행의 경우에는 증권거래법도 적용될 것이다. 그런데 증권거래법 제191조의16 제4항은 "… 은행법 … 에 의하여 선임된 … 사외이사는 [증권거래]법에 의하여 선임된 사외이사로 본다"라고 규정하고 있는데,[6] 이 규정과 관련해서는 해석의 차이가 있을 수 있다. 즉 증권거래법상의 사외이사에 관한 규정 전부가 주권상장법인인 은행에는 적용되지 않는다는 견해가 있을 수 있는 반면에, 위 조문이 "은행법에 의하여 선임된 사외이사"라고 하고 있기 때문에 단지 사외이사의 선임 절차나 자격 요건 등 선임에 관한 내용만 은행법 규정이 적용된다고 보는 견해가 있을 수 있다. 생각하건대, 조문의 해석상 사외이사의 선임 절차나 자격 요건 등 선임과 관련해서만 은행법 규정이 적용되고, 나머지 사외이사의 구성 비율 등에 대해서는 여전히 증권거래법의 규정이 적용되는데, 이 경우에는 은행법 규정과의 충돌 여부를 살펴보고 은행법에 규정된 사항에 대해서는 은행법 제3조 제2항에 의거하여 은행

5) 따라서 입법론적으로는 증권거래법 규정처럼(제2조 제19항), "당해 은행의 상무에 종사하지 아니하는 이사로서 은행법령의 규정에 의하여 선임되는 자"로 정의하는 것이 바람직하다.

6) 설령 이 조항이 없더라도 은행법이 다른 법령에 우선하여 적용된다는 은행법 제3조 제2항에 근거하여 사외이사의 선임 등에 관한 사항은 은행법이 적용된다고 볼 수 있을 것이다.

법 규정이 우선 적용되고, 은행법과 충돌이 되지 않는 사항에 대해서는 증권거래법 규정이 적용된다고 해석함이 타당하다고 본다.

따라서 은행이 주권상장법인인지 여부에 따라서 논의가 달라지므로 아래에서는 주권비상장법인인 은행의 경우와 주권상장법인인 은행의 경우로 나누어 살펴본다.

(2) 주권비상장법인인 은행의 경우

1) 사외이사의 구성 비율

사외이사에 대하여 주권비상장법인인 은행의 경우에는 은행법 규정만이 적용될 것이다. 현행 은행법은 은행의 이사회 구성은 사외이사를 3인 이상 두도록 하고 있으며, 특히 사외이사의 수가 전체 이사수의 100분의 50(즉 50%) 이상이 되도록 하고 있다(법 제22조 제2항).

2) 사외이사의 자격 요건

사외이사도 은행법상 임원에 해당하기 때문에 임원의 자격 요건에 대하여 규정하고 있는 은행법 제18조 제1항[7] 및 제2항, 그리고 사외이사의 결격 요건에 대하여 별도로 규정하고 있는 은행업감독규정 제19조 제1항이 적용될 것이다.

3) 사외이사의 선임 절차

사외이사의 선임 절차를 살펴보면, 은행은 사외이사 후보를 추천하기 위하여 상법 제393조의2의 규정에 의한 이사회 산하 위원회로서 사외이사후보추천위원회를 설치하여야 한다(법 제22조 제3항). 따라서 사외이사후보추천위원회 구성 등에 관한 사항은 상법 규정이 적용되어, 동 위원회는 2인 이상의 이사로 구성되어야 하며(상법 제393조의2 제3항), 동 위원회의 위원의 선임·해임권은 이사회가 갖게 된다(상법 제393조의2 제2항 제3호). 그리고 동 추천위원회는 사외이사가 총 위원의 2분의 1 이상이 되어야 한다(법 제22조 제3항 후단). 다만 새로 설립되는 은행이 최초로 이사회를 구성하는 경우에는 동 추천위원회의 구성에 있어서 사외이사가 총 위원의 2분의 1 이상이 될 필요는 없다(법 제22조 제5항).

---

7) 임원의 결격 요건을 규정하고 있는 이 조문은 당연히 사외이사에게도 적용될 것이다.

4) 사외이사후보추천위원회가 추천한 후보를 주주총회가 반드시 선임해야 하는지 여부 문제

주주총회는 사외이사후보추천위원회에서 추천한 자를 반드시 사외이사로 선임하여야 하는가? 이에 대해서는 은행법이 명시적으로 "사외이사는 사외이사후보추천위원회의 추천을 받은 자 중에서 주주총회에서 선임하여야 한다"라고 규정하고 있어서(법 제22조 제4항, 밑줄 친 부분은 저자 강조), 주주총회는 동 추천위원회에서 추천을 한 자를 반드시 선임해야 하는 것으로 보는 견해가 있을 수 있으나, 이사의 선임권은 주주총회의 고유 권한이므로 주주총회가 동 추천위원회에서 추천한 자를 반드시 선임할 의무는 없다고 보는 것이 타당하다고 생각한다. 그리고 사외이사의 사임 또는 사망 등의 사유로 이사회 구성의 법정 요건(즉 사외이사의 수가 전체 이사 수의 100분의 50 이상이 되어야 한다는 요건)에 합치되지 아니할 때에는 그 사유가 발생한 날 이후 최초로 소집되는 주주총회일자까지 이사회의 구성이 법정 요건에 합치하도록 하여야 한다(법 제22조 제6항). "주주총회"라고 하고 있기 때문에 정기주주총회뿐만 아니라 임시주주총회도 포함될 것이다.

(3) 주권상장법인인 은행의 경우

1) 사외이사의 구성 비율 문제

주권상장법인인 경우에는 은행법뿐만 아니라 증권거래법도 적용될 것이다. 다만 은행법에 의하여 선임된 사외이사는 증권거래법에 의하여 선임된 사외이사로 본다고 규정하고 있는 증권거래법 제191조의16 제4항의 해석과 관련해서는, 앞에서 논의한 것처럼, 사외이사의 자격 요건이나 선임 절차 등 선임과 관련된 사항에 대해서만 은행법 규정이 적용되고, 나머지 사외이사의 구성 비율 등에 대해서는 여전히 증권거래법도 적용된다고 보는 것이 타당할 것이다. 이렇게 본다면 사외이사의 구성 비율과 관련하여 자산총액이 2조원 이상인 주권상장법인인 경우 사외이사의 수가 전체 이사수의 과반수가 되어야 한다고 규정하고 있는 증권거래법 규정(제191조의16 제1항 단서 및 동법 시행령 제84조의23 제2항)과[8] 은행의

8) 이는 2003년 12월 31일 증권거래법 개정(법률 7025호)시 사외이사의 수가 이사 총수의 2분의 1 이상이 되어야 한다는 규정을 개정한 것이다. 그 취지는 "2분의 1 이상"이라는 것은 50%인 경우도 포함되는데, 이 경우 사외이사 수와 상임이사 수가 동

사외이사의 수는 전체 이사 수의 50% 이상이 되어야 한다는 규정(법 제22조 제1항)과의 충돌이 발생하게 된다. 이에 대해서는 은행법 및 증권거래법 둘 다 충족시켜야 한다는 견해가 있을 수 있고, 은행법이 증권거래법에 대하여 특별법적인 성격을 갖고 있으므로 은행법에 따라 50% 이상이 되는 요건만 충족하면 된다는 견해도 있을 수 있다. 그러나 앞에서 논의한 것처럼, 은행법 제3조 제2항에 근거하여 특별법적인 성격을 갖고 있는 은행법이 적용되어 50% 이상 요건을 충족하면 된다고 보는 견해가 타당하다고 생각한다.[9] 그러나 뒤에서 논의하는 것처럼, 사외이사의 경영진 견제 역할을 충실히 하기 위해서는 가부동수(可否同數)가 될 수 있는 50% 이상 요건보다는 과반수 또는 그 이상의 요건을 규정하는 것이 보다 바람직하다고 본다.[10]

2) 사외이사 결격 요건 문제

은행법 제18조 제1항 및 은행업감독규정 제19조 제1항은 사외이사의 결격 요건에 대하여 규정하고 있다. 그런데 증권거래법도 사외이사의 결격 요건을 규정하고 있어서 사외이사의 결격 요건을 규정하고 있는 증권거래법 제54조의5 제4항(즉 증권거래법 제191조의16 제3항에 따라 준용되는 조항)과의 충돌 문제가 발생한다. 사외이사의 자격 요건이 사외이사의 선임과 관련된 조항이라고 본다면 증권거래법 제191조의16 제4항에 의거하여 은행법(은행법에 근거하여 규정된 은행업감독규정도 포함될 것이다. 이하 같다)에 규정된 사외이사 결격 요건만이 적용될 것이다. 예를 들어, 증권거래법 제191조의16 제3항 전단이 준용하고 있는 증권거래법 제54조의5 제4항은 최대주주와 그 특수관계인, 주요주주 및 그의 배우자와 직계존속 등 이해관계자가 사외이사가 될 수 없도록 규정하고 있는데, 사외이사 선임과 관련된 조항이라고 본다면 은행법이 적용되고 따라서 이러한 결격 요건은 은행법에 규정되어 있지 않기 때문에 그러한 이해관계자도 은행의 사외이사가 될 수 있게 되는 것이다. 이에 대해서는 사외이사 결격 요건은 사외이사의 선임과 관련 없는 규정이라고 볼 수도 있으나, 이러한 결격 요건에 해당하는 자는 사외이사로 선임될 수 없기 때문에 선임과 관련된 규정이라고 보는 것이 타당하다고 생각한다. 설령

수(同數)가 되어 당초 사외이사 도입의 취지인 사외이사 중심의 이사회 운영에 걸림돌이 되는 문제점을 해소하기 위한 것으로 이해된다.

9) 같은 견해로는 정찬형(편집대표), 앞의 각주 4)의 책, 91, 102면(정대화 집필 부분); 반대의 견해는 이재용, 앞의 각주 4)의 논문, 144면.

10) 과반수 요건을 규정하는 것이 타당하다고 보는 견해는 이재용, 위의 논문, 144면.

사외이사의 선임과 관련 없는 규정이라고 보더라도(즉 증권거래법이 적용된다고 하더라도) 은행법이 사외이사의 자격 요건을 별도로 규정하고 있기 때문에 은행법이 다른 법령에 우선하여 적용한다는 은행법 제3조 제2항에 의거하여 은행법이 증권거래법에 우선하여 적용한다고 보아 여전히 은행법상의 사외이사 자격 요건을 충족하여야 한다는 결론에 도달할 수 있을 것이다.[11] 따라서 주권상장법인인 은행의 경우, 사외이사의 선임과 관련된 사항은 은행법만이 적용되고, 은행법은 이러한 이해관계인이 사외이사로 선임되는 것에 대하여 특별히 금지하고 있지 않기 때문에, 주권상장법인인 은행의 경우에도 당해 은행의 최대주주나 주요주주 등 이해관계인이 사외이사로 선임될 수 있는 것으로 보는 것이 타당할 것이다.

3) 사외이사 선임 절차

주권상장법인인 은행의 경우 사외이사의 선임 절차에 대해서는, 위에서 논의한 것처럼, 증권거래법의 규정이 적용되지 않기 때문에 은행법 규정만이 적용되는 것으로 보아야 할 것이다. 따라서 사외이사후보추천위원회의 추천을 받은 자 중에서 주주총회에서 사외이사를 선임하게 된다(법 제22조 제3항 및 제4항).[12]

3. 감사위원회 제도의 운영

(1) 개 관

1997년 금융위기 이후 2000년 1월부터[13] 종전의 감사 제도가 효율적으로

11) 그런데 정찬형(편집대표), 앞의 각주 4)의 책, 271면(정찬형 집필 부분)은 자산 총액이 2조원 이상인 주권상장법인인 은행의 경우에는 증권거래법에 의한 사외이사 결격 사유도 적용된다고 설명하고 있어, 은행법 및 증권거래법 둘 다 적용된다고 보고 있는 것으로 보이나 의문이다.

12) 이와 관련하여 정찬형(집필대표), 앞의 각주 4)의 책, 276면(정찬형 집필 부분)은 사외이사후보추천위원회는 소액주주(6개월 계속하여 의결권 있는 발행주식 총수의 1% 이상을 보유한 주주)가 추천하는 사외이사 후보를 포함시켜야 한다는 증권거래법 제54조의5 제3항 제2문 규정이 자산 총액 2조원 이상인 주권상장법인인 은행의 경우에도 적용해야 한다고 설명하고 있으나, 이는 증권거래법 제191조의16 제4항(은행법에 의하여 선임된 사외이사는 증권거래법에 의하여 선임된 사외이사로 본다는 조항)을 고려하지 않고 설명하고 있는 것으로 보여 그 타당성에 의문이 든다.

13) 2000년 1월 은행법 개정은 시행 시기가 2000년 4월이었지만 감사위원회 규정은 공포한 2000년 1월부터 효력이 발생하였다(은행법 부칙 제1조 참조).

작동하지 않은 점을 인식하고, 은행에 대하여 감사 대신에 감사위원회를 의무적으로 두도록 하는 제도 개선을 하였다(법 제23조의2 제1항).[14] 즉 은행법은 상법 제415조의2의 규정에 따른 이사회 산하 위원회로서 감사위원회를 두도록 규정하고 있다(법 제23조의2 제1항). 따라서 은행의 감사위원회에 대해서는 은행법뿐만 아니라 상법의 적용을 받게 된다. 상법상 감사위원회는 상법상의 감사의 역할과 동일하므로(상법 제415조의2 제6항), 이사의 직무 집행을 감사할 권한을 갖고 있으며, 이사에 대한 영업에 관한 보고 요구 및 은행 업무와 재산상태에 대한 조사권을 보유하게 된다(상법 제415조의2 제6항, 제412조).[15]

한편 증권거래법도 자산총액이 2조원 이상인 주권상장법인(이하 "대규모 주권상장법인"이라 한다)에 대해서는 감사위원회의 설치를 의무화하고 있으므로(증권거래법 제191조의17, 동법 시행령 84조의23 제4항), 대규모 주권상장법인인 은행의 경우에는 증권거래법도 적용되어야 할 것이다. 물론 이에 대해서는 앞에서 언급한 것처럼 은행법이 증권거래법에 대한 특별법적인 성격을 갖고 있으므로 두 개의 규정이 충돌될 때는 은행법이 우선 적용하는 것으로 보는 것이 타당할 것이다. 따라서 주권비상장법인인 은행의 경우, 자산총액이 2조원 미만인 주권상장법인(이하 "소규모 주권상장법인"이라 한다)인 은행의 경우, 그리고 대규모 주권상장법인인 은행의 경우에 감사위원회 구성 등에서 차이가 날 수 있기 때문에 이하에서는 나누어 살펴보기로 한다.

(2) 주권비상장법인인 은행의 경우

1) 개 요

주권비상장법인인 은행의 경우에는 증권거래법이 적용되지 않아 감사위원회와 관련하여 상법과 은행법만이 적용될 것이다. 감사위원회는 상법에 따라 3인 이상의 이사인 위원으로 구성되며(법 제23조의2 제1항, 상법 제415조의2 제2항), 은행법 규정에 따라 총 위원 중 3분의 2 이상을 사외이사로 구성하여야 한다(법 제23조의2 제2항). 따라서 사외이사가 3분의 2 이상을 차지하게 되면 어느 정도 대주주의 영향력을 배제할 수 있기 때문에, 최대주주나 그 이해관계인 등이 감사위원회 총 위원의

---

14) 상법의 적용을 받는 일반 기업의 경우에는 감사위원회 제도가 선택적이나(상법 제415조의2 제1항), 은행의 경우에는 은행법에 의하여 반드시 설치되어야 하는 제도이다.

15) 은행법에 규정되지 않은 사항은 상법의 규정이 적용되기 때문이다.

3분의 1을 초과할 수 없다고 규정하고 있는 상법 제415조의2 제1항 단서 규정은 배제하고 있다(법 제23조의2 제5항).

2) 감사위원의 자격 요건

감사위원회의 위원도 우선 이사가 되어야 하기 때문에 은행법 제18조 제1항 및 제2항이 규정하는 임원 자격 요건을 충족하여야 하며, 사외이사인 감사위원의 경우에는 추가로 은행업감독규정 제19조 제1항이 규정하는 사외이사 결격 요건이 추가로 적용되게 된다. 또한 사외이사가 아닌 감사위원(이하 "상근감사위원"이라 한다)에 대해서는 은행법 제23조의2 제3항 및 은행업감독규정 제17조가 추가로 적용되는데, 이에 대해서는 아래에서 자세히 논하기로 한다.

3) 사외이사가 아닌 감사위원(상근감사위원)의 결격 요건

상근감사위원에 대해서는 은행법 제23조의2 제3항이 별도의 자격 요건을 규정하고 있는데, 특히 당해 은행의 주요주주나 상근 임직원인 자 등을 상근감사위원의 결격 요건으로 규정하고 있다. 이는 감사위원회의 독립성을 제고하고자 둔 규정으로 이해된다. 구체적으로 살펴보면, 은행법 제23조의2 제3항은 상근감사위원은 증권거래법 제191조의12 제3항 각호의 1에 해당해서는 안된다고 규정하고 있다. 즉 (ⅰ) 미성년자, 금치산자 또는 한정치산자, (ⅱ) 파산자로서 복권되지 아니한 자, (ⅲ) 은행법에 의하여 해임되거나 면직된 후 2년을 경과하지 아니한 자, (ⅳ) 당해 은행의 주요주주, (ⅴ) 당해 은행의 상근 임직원 또는 최근 2년 이내에 상근임직원이었던 자, (ⅵ) 당해 은행의 경영에 영향을 미칠 수 있는 자로서 주요주주의 배우자 및 직계존비속, 상근임원의 배우자 및 직계존비속, 계열회사의 상근임직원 또는 최근 2년 이내에 상근 임직원이었던 자는 상근감사위원이 될 수 없다(법 제23조의2 제3항 본문, 증권거래법 제191조의12 제3항, 동법 시행령 제84조의19 제3항).[16] 다만 위의 (ⅴ)에 해당하는 자 중 당해 은행의 상근감사위원으로 재임중인 자는 상근감사위원이 될 수 있다(법 제23조의2 제3항 단서). 이는 상근감사위원의 연임을 허용하고 있는 규정이다.

은행업감독규정 제17조도 상근감사위원의 결격 요건에 대하여 별도로 규정하고 있다. 따라서 상근감사위원은 은행법 제23조의2 제3항 및 은행업감

---

16) (ⅲ)의 요건과 관련하여 증권거래법 제191조의12 제3항 제4호는 "이 법[즉 증권거래법]에 의하여 …"라고 표현하고 있으나, 은행의 경우에 적용하여야 하므로 은행법이라고 보는 것이 타당할 것이다.

독규정 제17조가 규정하고 있는 별도의 결격 요건이 추가로 적용될 것이다.

4) 감사위원의 선임권자 문제

주권비상장법인인 은행의 경우에 감사위원(상근감사위원 및 사외이사인 감사위원 모두 해당)을 누가 선임하느냐에 대해서는 증권거래법이 적용되지 않기 때문에 상법 및 은행법만이 적용될 것이다. 상법상 감사위원회는 이사회 산하 위원회의 하나이고(상법 제415조의2, 제393조의2), 그 산하 위원회의 위원 선임권은 이사회가 갖고 있다(상법 제393조의2 제2항 제3호). 그런데 은행법 제3조 제2항에 의거하여 은행법이 상법 규정과 충돌하는 경우에는 은행법이 우선 적용되기 때문에 은행법 규정을 검토할 필요가 있는데, 관련 규정은 은행법 제23조의3 제4항이다. 즉 은행법 제23조의3 제4항은 "감사위원회의 위원의 사임 또는 사망 등의 사유로 감사위원회의 구성 요건(즉 사외이사가 총 위원의 3분의 2 이상이 되어야 한다는 요건)을 충족시키지 못하는 경우에는 그 사유가 발생한 날 이후 최초로 소집되는 정기주주총회에서 그 요건에 합치하여야 한다"고 규정하고 있어서, 이 규정을 근거로 감사위원의 선임권은 주주총회에 있다고 주장할 수도 있는데, 그 근거로서는 충분하지 않다고 본다. 왜냐하면 감사위원이 결원이 되는 경우에 기존 사외이사 중에서 이사회가 선임할 수도 있기 때문이다. 입법자의 의도가 감사위원의 선임 권한을 주주총회에 주려고 했다면, 사외이사의 선임 규정(법 제22조 제4항)처럼, 감사위원은 주주총회에서 선임한다고 명시적으로 규정했어야 하는 것이 타당하다고 본다. 이렇게 본다면 결국은 감사위원의 선임 권한은 은행법이 적용되지 않고 상법 규정에 따라 이사회에 있다고 보는 것이 타당하다고 생각한다. 이러한 해석은 "의결권 있는 발행주식 총수의 3%를 초과하는 수의 주식을 가진 주주는 감사위원회의 위원이 되는 사외이사 선임에 있어서 그 초과하는 주식에 관하여 의결권을 행사하지 못한다"라고 하고 있는 증권거래법의 규정(제191조의17 제2항, 제54조의6 제6항)(즉, 이 규정은 감사위원회의 위원이 되는 사외이사는 주주총회에서 선임하도록 하는 규정이라고 해석할 수 있다)이 은행법에 명시적으로 없다는 점에서도 그 타당성이 있다고 본다.

이사회가 감사위원의 선임 권한을 갖고 있다고 본다면, 감사위원회의 구성 요건을 충족하지 못하는 경우에 정기주주총회에서 그 요건에 합치하도록 하여야 한다는 은행법 제23조의3 제4항의 규정은 큰 의미가 없다고 본다.[17]

17) 만약 입법자의 의도가 감사위원의 선임권을 주주총회에 주려고 했다면 이 조항만으로는 부족하고 명시적으로 감사위원은 주주총회에서 선임한다는 규정을 두는 것

물론 기존 사외이사 중에서 감사위원을 선임할 수 없는 경우에는 이 규정이 의미가 있을 수도 있지만, 그렇다고 해도 정기주주총회까지 기다리게 하는 것은 문제가 있다고 본다. 오히려 결원 사유가 발생한 후 최초로 소집되는 주주총회(즉 임시주주총회나 정기주주총회)에서 선임되도록 하는 것이 더 낫다고 본다. 증권거래법도 이러한 경우 정기주주총회가 아닌 주주총회라고 규정하고 있다(제191조의17 제2항, 제54조의6 제4항)는 점을 참고할 필요가 있다.

5) 감사위원의 선임 절차

감사위원의 선임 절차와 관련하여 은행법은 감사위원회의 위원 후보 추천에 대해서 별도로 규정하고 있으므로, 감사위원회의 위원 후보는 사외이사 전원으로 구성된 '감사위원후보추천위원회'에서 추천하게 된다(법 제24조 전단). 동 추천위원회는 재적 사외이사 3분의 2 이상의 찬성으로 의결해야 한다(법 제24조 후단). 따라서 이사회가 감사위원 선임권이 있다고 본다면, 동 추천위원회가 추천한 후보 중에서 이사회가 감사위원을 선임하게 된다.[18] 다만 외국인이 설립하는 은행[19]과 은행법 제15조 제3항의 규정에 따라 금융위원회(이하 "금융위"라 한다)의 승인을 얻어 외국인이 의결권 있는 발행주식 총수의 50%를 초과하는 은행의 경우[20]에

이 타당했을 것이다.

18) 이사회에서 감사위원을 선임하는데 그 선임 전에 사외이사 전원으로 구성되는 감사위원후보추천위원회의 추천을 사전 절차로 거치게 하는 것은 상당히 이례적이라는 점에서 이러한 추천 제도를 둔 것은 주주총회에서의 선임을 전제로 한 조항이라고 주장할 여지도 있으나, 현행 감사위원에 관한 규정인 은행법 제23조의2의 문구상 주주총회에서 선임한다고 해석하는 것은 상당히 무리가 있어 보이며, 만약 입법자의 의도가 감사위원의 선임권을 주주총회에 주려고 했다면 이는 입법 과오라고 볼 수밖에 없을 것이다.

19) "외국인이 설립하는 은행"이라 함은 (i) 외국인(외국인투자촉진법 제2조 제1항 제1호에 의한 외국인을 말함)이 단독으로 또는 대한민국 국민 또는 법인(외국인투자촉진법 제2조 제1항 제2호 및 제3호에 의한 대한민국 국민 또는 법인을 말함)과 합작으로 투자하여 외국인투자촉진법에 의한 외국인투자기업으로 등록된 은행이면서 (ii) 동일 외국인이 보유하는 당해 은행의 의결권 있는 주식수가 당해 은행의 의결권 있는 발행주식 총수의 50%를 초과하는 은행을 말한다(은행법 시행령 제18조).

20) 은행법 제26조는 "… [은행법] 제15조 제3항의 규정에 의하여 외국인이 의결권 있는 발행주식 총수의 100분의 50을 초과하는 주식을 보유하는 금융기관에 대하여는 …"이라고 규정하고 있기 때문에(밑줄 친 부분은 저자 강조), 은행법 제15조 제3항의 규정에 따라 금융위의 승인을 얻어 외국인이 50% 초과하는 주식을 보유하고 있는 은행을 말하는 것이지, 외국인이 금융위의 승인을 얻지 않고 보유하고 있는 의결권 있는 발행주식 총수가 50% 초과하는 경우(예를 들어, 10% 이하씩 다수의 외국인

는 동 추천위원회의 구성 의무가 면제된다(법 제26조). 즉 최초 설립되는 외국계 은행(합작투자은행 포함)이나 기존 주식을 외국인이 취득하여 외국계 은행이 되는 경우에는 동 추천위원회 구성 의무가 면제되는 것이다.

6) 상근감사위원을 의무적으로 두어야 하는지 여부 문제

상근감사위원을 의무적으로 두어야 하는지에 대해서 은행법상 명문의 규정이 없어 의문이 있을 수 있다. 생각하건대, 현행 은행법 제23조의2 제2항은 "감사위원회는 총 위원의 3분의2 이상을 사외이사로 구성하여야 한다"라고만 하고 있고, 상근감사위원을 의무적으로 두어야 한다고 규정하고 있지 않기 때문에, 법 해석상은 전체 감사위원을 사외이사로 구성하는 경우에는 상근감사위원을 두지 않아도 되는 것으로 보아야 할 것이다. 이에 대해서 은행법 제23조의2 제3항이 "사외이사가 아닌 감사위원회의 위원은 증권거래법 제191조의12 제3항 각호의 1에 해당되어서는 아니 된다"라고 하고 있고, 은행업감독규정 제17조도 상근감사위원의 결격 요건을 따로 규정하고 있어, 마치 상근감사위원을 의무적으로 두어야 하는 것으로 이해할 수도 있는데, 그렇게 볼 것은 아니고, 만약 은행이 상근감사위원을 두는 경우에는 증권거래법상의 결격 요건 및 은행업감독규정상의 결격 요건이 적용된다는 것으로 해석하는 것이 타당할 것이다.[21]

(3) 소규모 주권상장법인인 은행의 경우[22]

1) 개　요

앞에서 본 것처럼, 소규모 주권상장법인인 은행의 경우에는 감사위원회와 관련하여 상법과 은행법이 적용될 것이다. 다만 뒤에서 논의하는 것처럼,

---

이 보유하고 있는 경우)를 말하는 것은 아니다. 이런 점에서 정찬형/도제문, 「은행법」, 제2판(박영사, 2005), 147면에 "은행법 제15조 제3항의 규정에 의하여"를 생략하고 단지 "…외국인이 의결권 있는 발행주식 총수의 50%를 초과하는 주식을 보유하는 은행에 대하여는…"이라고 설명하고 있는 것은 마치 전체 외국인이 보유하고 있는 발행주식 총수가 50%를 넘는 은행의 경우(예를 들어, 국민은행의 경우)에도 감사위원후보추천위원회 제도가 적용되지 않는 것처럼 오해할 수 있는 소지가 있다.

21) 현재 한국외환은행을 제외하고는 정관에서 상근감사위원을 두도록 되어 있어서 실무적으로는 상근감사위원을 선임하고 있다.

22) 소규모 주권상장법인인 은행이 실제 존재하기가 어렵기 때문에 이 부분은 이론적인 논의에 불과할지도 모른다.

소규모 주권상장법인인 은행의 경우에는 상근감사위원의 선임과 관련해서는 증권거래법이 적용된다고 볼 수 있다. 따라서 감사위원회의 구성, 감사위원의 자격 요건(상근감사위원의 결격 요건 포함), 감사위원의 선임 절차 등에 대해서는 위에서 언급한 은행법 규정이 적용될 것이다. 이하에서는 증권거래법이 적용된다고 볼 수 있는 상근감사위원의 선임에 대한 부분을 자세히 검토해 본다.

2) 감사위원의 선임권자 문제

소규모 주권상장법인인 경우에 감사위원의 선임권자가 누구인가에 대해서는 사외이사인 감사위원과 상근감사위원으로 나누어 살펴볼 필요가 있다. 그 이유는 주권상장법인의 최대주주 및 그 특수관계인 등의 경우 당해 법인의 의결권 있는 발행주식총수의 3%를 초과하는 주식 부분에 대해서는 상근감사위원의 선임에 있어서 의결권을 행사하지 못한다고 규정하고 있는 증권거래법 제191조의11 제1항이 있기 때문이다. 이 조항의 해석과 관련해서는 다음과 같이 견해가 나누어질 수 있다. 즉 증권거래법은 대규모 주권상장법인인 경우에만 감사위원회 설치를 의무화하고 있으므로(제191조의17 제1항) 증권거래법 제191조의11 제1항도 대규모 주권상장법인의 경우에만 적용된다고 보는 견해이다. 이에 반하여 상근감사위원의 선임에 대해서는 감사위원회에 관한 일반적인 규정인 증권거래법 제191조의17과는 별도의 조항에서 규정하고 있는 점[23] 및 증권거래법 제191조의11 제1항이 단지 "주권상장법인"이라고 규정하고 있는 점에 비추어 보아, 소규모 주권상장법인이라 할지라도 자발적으로 감사위원회를 두든 다른 관련법에 따라 감사위원회를 두든(은행의 경우에 해당할 것이다) 일단 감사위원회를 두면 이 조항(제191조의11 제1항)이 적용된다고 보는 견해인데, 이 견해가 타당하다고 생각한다. 따라서 이 견해에 따르면, 소규모 주권상장법인인 은행의 경우에는 상근감사위원의 선임과 관련해서는 증권거래법이 추가적으로 적용되고, 따라서 증권거래법 제191조의11 제1항에 근거하여 해석상 상근감사위원의 선임권자는 주주총회에 있다고 보는 것이 타당할 것이다. 물론 증권거래법 제191조의11 제1항만으로 주주총회가 선임권이 있다고 보는 데 충분하지 않다고 주장할 수도 있으나 선임권을 부여했다고 해

23) 사외이사인 감사위원의 선임에 있어서 의결권 있는 발행주식 총수의 3%를 초과하는 주식은 의결권이 제한된다는 증권거래법 제54조의6 제6항은 자산총액이 2조원 이상인 대규모 주권상장법인인 경우에만 적용된다(증권거래법 제191조의17 제2항).

석하여도 큰 무리가 없다고 생각한다.[24)]

그런데 사외이사인 감사위원의 선임과 관련해서는 상법과 은행법만이 적용되기 때문에 주권비상장법인인 은행의 경우와 마찬가지로 이사회가 선임권이 있다고 보는 것이 타당할 것이다.

(4) 대규모 주권상장법인인 은행의 경우

1) 개 요

대규모 주권상장법인인 은행의 경우에는 상법 및 은행법뿐만 아니라 증권거래법도 적용되게 된다. 이는 사외이사의 선임에서 은행법에 의하여 선임된 사외이사는 증권거래법에 의하여 선임된 이사로 본다는 별도의 증권거래법 규정(제191조의16 제4항)이 감사위원회 위원 선임에 대해서는 규정하고 있지 않다는 점에 비추어 보아도 감사위원회 구성에 있어서는 증권거래법 규정이 적용된다고 보는 것이 타당할 것이다. 따라서 상법이나 은행법에 규정되어 있지 않은 사항인 경우에는 증권거래법이 적용된다. 관련된 규정은 증권거래법 제191조의17 제2항이 준용하고 있는 제54조의6 제2항 내지 제6항이다. 증권거래법이 적용됨으로써 주권비상장법인이거나 소규모 주권상장법인인 은행과의 차이점을 살펴보면, 감사위원의 선임권자 문제(즉 이사회인가 아니면 주주총회인가 하는 문제)와 감사위원의 자격 요건(즉 감사위원 중 1인 이상은 회계 또는 재무 전문가이어야 한다는 증권거래법 제54조의6 제2항 제2호의 요건)과 관련한 사항을 들 수 있다.

2) 사외이사인 감사위원의 선임권자 문제

우선 사외이사인 감사위원을 누가 선임하는가 하는 문제이다. 은행법이나 증권거래법에 명시적인 규정이 없어서 해석상 논란이 될 수 있는데, 앞서 언급한 것처럼, 증권거래법 제191조의17 제2항이 준용하고 있는 제54조의6

24) 이철송(2006)도 같은 견해를 취하고 있다. 즉 "사외이사가 아닌 감사위원에 관해서는 증권거래법 제191조의11 제1항에 의해 주주총회에서 선임하는 것으로 해석되고 있으며, …"라고 하고 있다(이철송, 「회사법 강의」 13판(박영사, 2006), 671면 각주1)). 임충희(2001)도 같은 견해이다. 즉 "증권거래법에 의하면 감사위원회 위원으로서 사내이사는 주주총회에서 선 · 해임되고, 그 경우에는 최대주주와 그 특수관계인 등이 소유하는 주식에 관하여는 의결권을 제한하고 있다"라고 하고 있다(임충희, "감사위원회제도의 현상과 과제," 「상사법연구」 제20권 제3호(한국상사법학회, 2001. 11), 315면). 증권거래법의 경우도 좀 더 명확하게 규정하여 입법적인 해결을 하는 것이 필요하다고 본다.

제6항은 의결권 있는 발행주식 총수의 3%를 초과하는 주식을 가진 주주는 그 초과하는 주식에 대하여는 감사위원회의 위원이 되는 사외이사를 선임하는데 있어서 의결권을 행사하지 못한다는 상법 제409조 제2항의 규정을 준용하고 있는 점에 비추어 보아 감사위원이 되는 사외이사는 주주총회에서 선임하는 것으로 해석할 수 있을 것으로 본다.[25] 즉 입법자의 의도가 감사위원의 선임권을 주주총회에 주려고 한 것이 아닌가 생각된다. 물론 그 반대의 견해도 있을 수 있다. 이러한 규정만으로 주주총회가 사외이사인 감사위원 선임권을 갖고 있다고 보기가 어렵고, 따라서 상법 규정에 따라 이사회가 감사위원의 선임권이 있다고 보는 견해이다. 따라서 현행 규정만으로 사외이사인 감사위원의 선임권이 주주총회에 있다고 보기는 충분하지 않을 수도 있으므로,[26] 입법론적으로는 감사위원은 주주총회에서 선임한다는 명시적인 규정을 두는 것이 바람직하다고 본다.

한편, 이러한 주주총회의 절차를 거쳐 선임된 사외이사에 대해서 다시 이사회의 선임 절차를 거쳐야 하는지에 대한 문제가 제기될 수 있고, 더 나아가서 이사회의 선임 절차를 거치게 된다면 이사회가 그러한 자를 선임하는 것을 거부할 수 있는가 하는 문제가 발생할 수 있다.[27] 우선 별도의 이사회의

---

25) 이철송(2006)도 같은 취지의 설명을 하고 있다. 즉 "대규모상장법인의 사외이사인 감사위원의 경우는 증권거래법 제54조의6 제6항 및 제191조의17에 의해 주주총회에서 선임하는 것을 전제로 하는 규정을 두고 있다"고 설명하고 있다(이철송, 앞의 각주 24)의 책, 671면 각주1)). 증권거래법이 적용되는 대규모 상장법인인 경우에 감사위원의 선임과 관련해서는 실무상 세 가지 경우가 있다고 한다. 즉 "(1) 일반 이사와 달리 감사위원이 되는 이사를 주주총회에서 선임하고 이사회의 선임 결의를 거치지 않는 방법, (2) 주주총회에서 먼저 이사를 선임하고 다시 새로운 결의로 이들 이사 중에서 감사위원이 되는 자를 선임하여 이사회의 선임 결의는 거치지 않는 방법, (3) 주주총회에서 이사의 감사위원 적격을 확인하는 성격의 결의를 거친 후에는 이사회에서 그 자를 감사위원으로 선임하는 결의를 거치는 방법"이 있다고 한다(김건식, "법적 시각에서 본 감사위원회," 「BFL」 제13호(서울대학교 금융법센터, 2005. 9), 38-39면; "좌담회: 감사위원회의 법과 실무," 「BFL」 제13호(서울대학교 금융법센터, 2005. 9), 10면(고창현 발언) 참조). 이 논문 및 좌담회는 감사위원의 선임 기관 문제 등 감사위원회에 관련된 실무상 문제에 대하여 자세히 논하고 있다.

26) 그렇기 때문에 이철송(2006)도 "주주총회에서 선임하는 것을 전제로 하는 규정"이라고 표현하고 있는 것으로 보인다(이철송, 위의 책, 671면 각주 1)).

27) 전우현(2004)도 비슷한 논의를 하고 있다. 즉 "현행법상 감사위원의 선임과 해임에 관한 권한을 이사회가 행사하게 되는 결과 비록 주주총회에서 감사위원이 될 이사를 선임한다고 하더라도 이사회에서 그 자를 감사위원으로 선임하지 않은 경우에는 주

선임 절차가 필요한지 여부에 대해서는 최고의사결정기관인 주주총회에서 선임되었기 때문에 별도의 이사회에서의 선임 절차가 필요 없다고 보는 견해와, 상법상 감사위원의 선임은 이사회 권한이기 때문에 이사회의 별도 선임 절차를 추가적으로 거쳐야 한다는 견해가 대립될 수 있다. 생각하건대, 해석상 사외이사인 감사위원을 주주총회에서 선임한다고 본다면 이는 증권거래법이 별도로 규정하고 있는 것이어서 상법 규정에 대한 특별 규정이라고 보아 이사회의 별도 선임 절차가 필요 없다고 보는 것이 타당하다고 본다.[28)]

한편, 별도의 추가적인 이사회의 선임 절차가 필요하다고 보았을 때는 주주총회에서 선임된 감사위원이 되는 사외이사를 이사회가 반드시 선임해야 하는지에 대해서도 견해가 나누어질 수 있다. 즉 이사회의 감사위원 선임 권한은 상법에 의해 주어진 것이고, 한도 초과 주식에 대하여 의결권을 행사할 수 없다는 증권거래법 규정만으로 이사회의 감사위원 선임권을 배제했다고 보기가 어려운 점 등을 들어 비록 주주총회에서 선임된 감사위원이라 할지라도 이사회가 거부할 수 있다는 견해가 있을 수 있고, 회사의 최고의결기관인 주주총회에서 선임을 했으면 그 선임을 존중해서 이사회의 감사위원 선임 거부권은 배제된다고 보는 견해가 있을 수 있다. 생각하건대, 후자의 견해처럼, 회사의 최고의결기관인 주주총회에서 감사위원을 선임했으면 이사회의 감사위원 선임 거부권은 배제된다고 보는 것이 타당하다고 생각한다.

3) 사외이사가 아닌 감사위원(상근감사위원)의 선임권자 문제

한도 초과 주식에 대해서 의결권을 제한하는 증권거래법 제54조의6 제6항이 "감사위원회의 위원이 되는 사외이사"라고 하고 있어서, 상근감사위원의 경우에는 선임권자가 누구인가에 대하여 의문이 있을 수 있다. 이에 대

주총회의 결의가 실효성이 없게 되는 문제가 따른다"라고 하고 있다(전우현, "주식회사 감사위원회제도의 개선에 관한 일고찰," 「상사법연구」 제23권 제3호(한국상사법학회, 2004. 11), 266면).

28) 그러나 실무상으로는 주주총회에서 이사의 감사위원 적격을 확인하는 성격의 결의를 거친 후에 이사회에서 그 자를 감사위원으로 선임하는 결의를 거치는 경우도 있다고 한다(김건식, 앞의 각주 25)의 논문, 39면). 이는 증권거래법상 감사위원의 선임권자가 명확히 규정되어 있지 않기 때문에 의결권을 제한하는 증권거래법의 규정에도 불구하고 상법의 취지를 존중하여 이사회에서 선임하는 것으로 보는 것 같다. 실무상 행하여지고 있는 감사위원 선임의 나머지 두 가지 경우는 이사회 선임 절차를 거치지 않고 있다(위의 논문, 39면).

해서는 증권거래법 제191조의11 제1항을 살펴보아야 한다.[29] 즉 동 조항은 주권상장법인의 최대주주 및 그 특수관계인 등은 당해 법인의 의결권 있는 발행 주식 총수의 3%를 초과하는 주식에 대하여 상근감사위원의 선임에 있어서 의결권을 행사할 수 없다고 규정하고 있다. 따라서 사외이사인 감사위원의 선임의 경우와 마찬가지로 이 조항을 근거로 상근감사위원도 주주총회에서 선임한다고 보는 것이 타당하다고 본다.[30] 그러나 그 반대의 견해도 있을 수 있으므로(즉 상법 규정에 따라 이사회가 선임한다는 견해) 입법론적으로 명확하게 할 필요가 있으며, 감사위원의 중요성을 감안했을 때 주주총회에서 선임하도록 규정하는 것이 좋다고 본다.

4) 감사위원의 회계 또는 재무 전문가의 자격 요건 구비 문제

또 하나의 문제는 대규모 주권상장법인인 은행의 경우에 감사위원 중 1인 이상은 증권거래법 시행령이 정하는 회계 또는 재무 전문가이어야 한다는 증권거래법 제54조의6 제2항 제2호 규정[31]의 적용 문제이다. 이에 대해서는 감사위원의 자격 요건은 은행법에서 규정하고 있기 때문에 은행법 규정만이 적용된다고 보는 견해도 있을 수 있으나, 은행법이 규정하고 있는 사항은 결격 요건(법 제18조 제1항, 제23조의2 제3항)이고 금융에 대한 경험과 지식을 갖춘 자라는 적극적 요건(임원 요건인 법 제18조 제2항)도 증권거래법이 규정하고 있는 회계 또는 재무 전문가 요건과

29) 이러한 내용은 주권상장법인의 감사위원회에 관하여 규정하고 있는 증권거래법 제191조의17에서 규정하고 있지 않아 관련 조항을 찾기가 어렵다. 법 개정 시에는 증권거래법 191조의17에서 규정하는 것이 좋을 것으로 본다.

30) 이철송(2006)도 같은 견해로 "사외이사가 아닌 감사위원에 관해서는 증권거래법 제191조의11 제1항에 의해 주주총회에서 선임하는 것으로 해석되고 있으며, …"라고 하고 있다(이철송, 앞의 각주 24)의 책, 671면 각주 1)).

31) 증권거래법 시행령이 정하는 회계 또는 재무 전문가는 "(i) 공인회계사의 자격을 가진 자로서 그 자격과 관련된 업무에 5년 이상 종사한 경력이 있는 자, (ii) 재무 또는 회계 분야의 석사학위 이상의 학위를 가진 자로서 연구기관 또는 대학에서 재무 또는 회계 관련 분야의 연구원 또는 전임강사 이상의 직에 5년 이상 근무한 경력이 있는 자, (iii) 주권상장법인 또는 코스닥상장법인에서 재무 또는 회계 관련 업무에 임원으로 5년 이상 또는 임 직원으로 10년 이상 근무한 경력이 있는 자, (iv) 정부·지방자치단체·정부투자기관·금융감독원·한국증권선물거래소 또는 증권관계기관에서 재무 또는 회계 관련 업무 또는 이에 대한 감독업무에 5년 이상 근무한 경력이 있는 자, (v) 「금융위원회의 설치 등에 관한 법률」 제38조의 규정에 의한 검사 대상 기관(이에 상당하는 외국금융기관을 포함한다)에서 재무 또는 회계 관련 업무에 5년 이상 근무한 경력이 있는 자"이다(제37조의7 제2항).

는 다르기 때문에 충돌하는 문제는 없으며 따라서 이러한 자격 요건에 대해서는 증권거래법이 적용된다고 보는 것이 타당하다고 본다. 따라서 이러한 추가적인 요건이 적용된다고 보아야 할 것이다. 또한 감사위원회의 대표는 사외이사이어야 한다는 증권거래법 제54조의6 제2항 제3호의 규정도 마찬가지로 보아야 할 것이다.

5) 기 타

위에서 언급한 사항 이외의 나머지 감사위원회에 관한 사항은 주권비상장법인인 은행의 경우에 적용되는 내용(은행법상의 상근감사위원의 결격 요건, 감사위원의 선임 절차, 상근감사위원을 두어야 하는지 여부 문제 등)이 동일하게 적용될 것이다.

4. 내부통제 제도 및 준법감시인 제도의 운영

(1) 내부통제 제도의 운영

2000년 1월 개정되어 4월부터 시행된 은행법은 은행으로 하여금 내부통제 제도를 운영하도록 하고 있다(법 제23조의3 제1항). 즉 은행은 "법령을 준수하고 자산운영을 건전하게 하게 하며 예금자를 보호하기 위하여 당해 [은행]의 임원 및 직원이 그 직무를 수행함에 있어서 따라야 할 기본적인 절차와 기준"인 '내부통제기준'을 정하여야 한다(법 제23조의3 제1항). 내부통제기준에는 (i) 업무의 분장 및 조직 구조에 관한 사항, (ii) 자산의 운용 또는 업무의 영위 과정에서 발생하는 위험의 관리에 관한 사항, (iii) 임·직원이 업무를 수행함에 있어서 반드시 준수하여야 하는 절차에 관한 사항, (iv) 경영의사 결정에 필요한 정보가 효율적으로 전달될 수 있는 체제의 구축에 관한 사항, (v) 임·직원의 내부통제기준 준수 여부를 확인하는 절차 방법 및 내부통제기준을 위반한 임·직원의 처리에 관한 사항, (vi) 임·직원의 유가증권 거래 내역의 보고 등 불공정거래 행위를 방지하기 위한 절차나 기준에 관한 사항, (vii) 내부통제기준의 제정 또는 변경 절차에 관한 사항, (viii) 준법감시인의 임면 절차에 관한 사항이 포함되어야 한다(법 시행령 제17조의2 제1항). 그리고 은행이 내부통제기준을 제정하거나 변경하고자 하는 경우에는 이사회의 결의를 거쳐야 한다(법 시행령 제17조의2 제2항).

(2) 준법감시인 제도의 운영

1997년 말 금융위기 이후 2000년 4월부터 경영지배구조 개선의 일환으로 내부통제 기능 강화를 위하여 미국 등 선진국에서 실시하고 있는 준법감시인 제도를 도입하였다. 준법감시인은 은행의 내부통제기준의 준수 여부를 점검하고 위반시 조사하여 감사위원회에 보고하는 자이다(법 제23조의3 제2항). 은행법은 준법감시인의 자격 요건을 규정하고 있는데, 예를 들어 은행 등 금융기관에서 10년 이상 근무한 경력 등의 자격 요건을 요구하고 있다(법 제23조의3 제4항). 준법감시인은 선량한 관리자의 주의로서 그 직무를 수행하여야 하며, (i) 자산운용에 관한 업무, (ii) 당해 은행이 영위하는 은행업무와 그 부수업무 및 (iii) 당해 은행이 겸영하는 겸영업무를 수행해서는 안 된다(법 시행령 제17조의3 제4항). 또한 은행은 준법감시인이 그 직무를 수행함에 있어서 자료나 정보의 제출을 임·직원에게 요구하는 경우에는 당해 임·직원으로 하여금 이에 성실히 응하도록 하여야 한다(법 시행령 제17조의3 제5항).

한편 준법감시인 제도와 관련한 실무상 문제는 감사위원회(특히 상근감사위원) 및 준법감시인의 역할이 중복되거나 불분명하여 업무에 혼선을 초래할 수 있다는 점이다. 물론 금융감독원의 내부통제 및 경영지배구조 관련 검사업무 편람에 의하면, "감사위원회(감사)는 주주를 대신하여 경영진(이사회) 이외의 제3자로서 경영진(이사회)이 수행한 업무 및 회계 등의 적정성 여부를 감사하는 제도인 반면, 준법감시인은 경영진이 내부통제 제도를 스스로 마련하고 임·직원이 업무를 수행하기 이전에 관련 법규 위반 여부 등을 스스로 점검하게 하는 제도"라고 하여[32] 이들 양자를 구분하고 있으나, 실제 업무상 이의 구분이 쉽지는 않을 것이다.

Ⅲ. 현행 제도의 문제점과 개선 방안

이하에서는 은행 경영지배구조의 법적 · 제도적 문제점을 분석하면서 그

32) 금융감독원, 「검사업무 편람(Ⅵ)—내부통제 및 경영지배구조 관련—」, 2000. 12, 65면.

개선 방안을 모색하여 보고자 한다.

1. 사외이사 제도의 개선 방안

(1) 사외이사의 전문성 등 적극적 요건 규정화

1) 현행 규정

현행 은행법에 따르면, 임원의 결격 요건 이외에 적극적 자격 요건으로서 "금융에 대한 경험과 지식을 갖춘 자로서 은행의 공익성 및 건전 경영과 신용질서를 해할 우려가 없는 자"라고 하여 추상적으로 규정하고 있다(법 제18조 제3항).

2) 문제점 및 개선 방안

최근 금융의 혁신화 및 겸업화 추세에 따라 복합금융상품의 출현 등 은행의 업무가 복잡해지고 전문화되고 있으므로 은행 업무의 결정 및 집행에 있어서 보다 전문적인 지식이 요구된다고 할 것이다. 그런데 은행의 상임이사의 경우에는 주로 은행에서 근무한 경력이 있는 자가 선임되므로 별 문제가 없다고 볼 수 있겠으나, 사외이사의 경우에는 금융 업무에 종사하지 않거나 관련 경험이나 지식이 부족한 자가 선임될 가능성이 있다. 그리고 위의 임원에 대한 적극적 자격 요건을 규정한 조항이 다소 추상적이기 때문에 감독당국이 임원의 자격 요건을 심사함에 있어서 이러한 요건을 제대로 심사할 수 있을지도 의문이다.

은행의 주요 업무를 결정하고 그 집행을 담당하는 이사들의 전문성을 강화할 필요가 있다. 따라서 상임이사를 비롯한 사외이사의 적극적 자격 요건을 좀 더 구체적으로 정함으로써 은행 업무에 전문성을 가진 자를 선임하도록 할 필요가 있다. 이는 바젤은행감독위원회(Basel Committee on Banking Supervision)가 2006년 2월 발표한 「은행 경영지배구조 강화 방안 지침」(Enhancing Corporate Governance for Banking Organizations)에서도 이사는 그 직책에 상응한 충분한 자격을 갖추어야 한다고 제시한 점[33]에서도 그 필요성을

33) Basel Committee on Banking Supervision, *Enhancing Corporate Governance for Banking Organizations*, Feb. 2006, pp. 6, 7(이하 "2006 Basel Guidance"라 한다): "Board members should be qualified for their positions, have a clear understanding of their role in corporate governance and be able to exercise sound judgment about the affairs of the

인정할 수 있다. 김우진(2006)도 임원의 적극적 자격 요건을 도입할 것을 주장하고 있다. 즉 임원의 적극적 자격 요건으로서 전문성을 평가할 수 있는 최소 요건을 감독규정에 설정할 것을 제안하고 있다.[34] 박재하(2005)도 사외이사의 선임에 있어서 전문성 요건을 강화할 필요가 있다고 주장하고 있다.[35] 그러면 현행 규정을 어떻게 개정하여야 하는 점에 대하여 생각해보면, "금융 관련 분야에 종사하였거나 금융 관련 연구를 수행한 자 또는 금융 관련 자격을 가진 자 등 금융에 대한 경험과 지식을 갖춘 자"로 개정하는 것을 고려할 수 있을 것이다.[36]

(2) 대주주 등 이해관계자의 사외이사 결격 요건 규정화

1) 현행 규정

현행 은행법 및 은행업감독규정은 은행의 사외이사 자격 요건으로서 그 결격 요건을 규정하고 있다(법 제18조 제1항 및 은행업감독규정 제19조 제1항). 예를 들어, 금융관련법령을 위반하여 벌금 이상의 형의 선고를 받은 자나 당해 은행에 대하여 세무·회계·법률·경영자문 등의 용역을 제공하는 자는 사외이사가 될 수 없다(법 제18조 제1항, 은행업감독규정 제19조 제1항). 그런데 은행법은 증권거래법과 달리 주요주주나 최대주주 및 그 특수관계인 등의 이해관계자를 사외이사 결격 요건으로 규정하고 있지 않다. 따라서 주권비상장법인인 은행의 경우에는(예를 들어, 한국씨티은행이나 금융지주회사의 산하 자회사인 신한은행, 우리은행, 하나은행 등의 경우) 증권거래법이 적용되지 않기 때문에 은행의 대주주나 그 특수관계인도 은행의 사외이사가 될 수 있을 것이다. 주권상장법인인 은행의 경우에도, 앞

---

bank." "The board should have adequate collective knowledge of each of the types of material financial activities the bank intends to pursue. In addition, the board should have sufficient knowledge and expertise to enable effective governance and oversight."

34) 김우진, "은행의 경영지배구조 개선방안," 공청회 자료(한국금융연구원, 2006. 11). 22면.

35) 박재하, 「은행지배구조의 평가와 과제」, 금융조사보고서 2005-12(한국금융연구원, 2005. 12), 45면.

36) 이러한 주장에 대해서는 사외이사 자격을 갖춘 자들을 찾기가 어려워 사외이사의 선임에 어려움이 있을 수 있고, 경영진을 견제하는 사외이사 제도 취지에도 적합하지 않다는 주장이 제기될 수도 있으나, 금융에 대한 경험 및 지식을 갖춘 인력 자원은 충분하다고 보며, 이러한 전문 지식을 갖춘 자만이 경영진을 견제하는 사외이사의 역할을 충분히 수행할 수 있다고 본다. 특히 다른 일반 기업과 달리 전문성이 요구되는 은행에 대해서는 더욱 더 전문가가 필요하다고 생각한다.

에서 논의한 것처럼, 해석상 논란의 여지는 있지만 증권거래법의 적용이 배제되어 그러한 이해관계자도 사외이사가 될 수 있다고 보는 것이 타당할 것이다.

2) 문제점 및 개선 방안

은행의 주요주주나 최대주주 및 그 특수관계인 등 이해관계자가 은행의 사외이사가 되는 경우 그러한 사외이사가 은행 경영진 및 더 나아가서는 대주주를 감시 · 견제하는 역할을 충실히 수행할 수 있을지 의문이다.[37] 그러한 자는 아무래도 대주주의 의견을 반영하기 쉽고 이에 따라 경영진을 견제하는 역할을 충분히 수행하기가 어렵다고 본다. 따라서 은행의 경우에도 경영진 및 대주주를 감시 · 견제하는 사외이사의 역할을 충실히 수행할 수 있도록 하기 위하여 당해 은행의 주요주주나 최대주주 및 그 특수관계인 등 이해관계자를 사외이사의 결격 대상으로 규정하여 대주주의 전횡을 막고 사외이사의 독립성을 확보할 수 있는 경영지배구조를 갖추는 것이 필요하다고 본다. 이는 사외이사를 의무적으로 두어야 하는 증권회사 및 보험회사의 경우에도 그러한 이해관계자를 사외이사의 결격 요건으로 규정하고 있는 점(증권거래법 제54조의5 제4항, 보험업법 제15조 제4항)에 비추어 보아서도 설득력이 있다. 김우진(2006)도 은행의 경영진뿐만 아니라 지배주주에 대한 이사회의 독립성을 강화하기 위하여 은행의 지배주주나 특수관계인을 사외이사 선임 자격에서 제한하도록 제안하고 있다.[38] 또한 앞에서 언급한 것처럼, 사외이사 자격 요건의 중요성을 감안할 때 현재 은행업감독규정에 규정되어 있는 사외이사 자격 요건 사항을 법에 규정하는 것이 타당하다고 본다.[39] 증권회사 및 보험회사의 경우에도 사외이사의 결격 요

37) 사외이사의 역할이 대주주까지 견제하느냐에 대해서는 견해가 나누어질 수 있으나, 일반적으로 사외이사제도는 대주주(지배주주 또는 주요주주)의 견제 수단의 하나로 보고 있는 것 같다. 같은 견해는 전우현, 앞의 각주 27)의 논문, 261면. 또한 바젤은행감독위원회의 「은행 경영지배구조 강화 방안 지침」에서도 "이사회는 은행과 주주에 해가 되거나 이익을 침해하는 지배주주의 위법 또는 부적절한 영향력으로부터 은행을 보호할 책임이 있다"고 규정하고 있어(2006 Basel Guidance, p. 7), 사외이사는 지배주주의 견제 역할도 수행하고 있다고 볼 수 있다. 이에 대하여 사외이사는 간접적으로 경영진 견제를 통하여 대주주의 경영진에 대한 불법 또는 부당한 요구를 견제할 수는 있지만 직접적으로 대주주를 견제할 법적인 권한이 없다는 점에서 반대하는 견해가 있을 수 있다.

38) 김우진, 앞의 각주 34)의 자료, 23면.

39) 이 경우 입법 기술면에서는 증권거래법상의 사외이사 결격 요건이 잘 규정되어 있

건은 법에 규정되어 있다(증권거래법 제54조의5 제4항, 보험업법 제15조 제4항)는 점을 참고할 필요가 있다.

(3) 사외이사 임기의 법 규정화

1) 현행 규정

사외이사 등 이사의 임기는 은행법에 규정되어 있지 않다. 따라서 상법 규정이 적용되어 사외이사를 포함한 이사의 임기는 3년을 초과할 수 없게 된다(상법 제383조 제2항). 실무적으로는 대부분의 은행의 경우 정관으로 사외이사의 임기를 1년으로 규정해 놓고 있다.[40] 또한 사외이사의 연임 여부에 대해서는 14개 일반은행 모두 연임을 허용하고 있으며, 대부분의 은행이 총 임기에 대한 제한을 두지 않은 것으로 파악되고 있다.[41]

2) 문제점 및 개선 방안

은행 경영의 일관성을 유지하고 은행 경영 전략의 보다 장기적인 수립 필요성을 감안했을 때 사외이사의 임기 1년은 짧다고 생각한다. 또한 1년이라는 임기 규정 때문에 사외이사는 연임되기 위하여 경영진 및 대주주를 적극적으로 견제하지 못하는 경우가 많이 있을 수 있다. 따라서 사외이사가 경영진 및 대주주에 대한 감시 · 견제의 임무를 충실하게 수행할 수 있도록 은행법에 사외이사의 임기를 2년 내지 3년으로 장기화하여 임기 동안 경영진 및 대주주의 영향을 받지 않고 독립적으로 임무를 수행하도록 할 필요가 있다. 이는 1997년 말 금융위기 이후 경영지배구조의 개선을 위한 방안의 핵심인 사외이사 제도의 도입 취지를 달성하는 또 하나의 중요한 수단이 될 수 있다고 본다. 박재하(2005)도 "사외이사의 임기 관련 규정을 강화하여 사외이사가 안정적으로 업무 수행에 임할 수 있는 여건을 조성할 필요가 있다"라고 주장하고 있으며,[42] 김우진(2006)도 사외이사의 임기를 2년 내지 3년으로 연장

고 또한 다른 금융기관과의 형평성을 고려하여, 보험업법의 경우처럼, "증권거래법 제54조의5 제4항 각 호의 1에 해당하는 자는 사외이사가 될 수 없다"는 규정을 두는 것을 고려해볼 만하다(보험업법 제15조 제4항 참조).

40) 박재하, 앞의 각주 35)의 보고서, 27면에 따르면, "사외이사의 임기는 SC제일은행, 광주은행을 제외한 모든 은행이 1년으로 규정하고 있으며, SC제일은행과 광주은행은 상법상 이사의 임기인 3년으로 규정하고 있는 것으로 나타났다"라고 기술하고 있다.

41) 위의 보고서, 28면. 다만 국민은행만이 사외이사의 총 임기를 10년으로 제한하고 있으며, 70세를 정년으로 하고 있다(위의 보고서, 28면).

42) 위의 보고서, 44면.

하는 방안을 주장하고 있다.[43)]

다만 임기를 2년 내지 3년으로 연장하는 경우 단임으로 할지 아니면 연임으로 할지에 대해서는 의견이 나누어질 수 있다. 이와 관련하여 김우진(2006)은 은행 경영지배구조 개선 방안 공청회에서 세 가지 안을 제시하였는데, 첫 번째 안은 사외이사의 임기를 2년으로 연장하되 연임을 허용하는 것이고, 두 번째 안은 사외이사의 임기를 3년 단임으로 하되 교차 임명될 수 있도록 하여 1/3 이상의 사외이사는 은행장의 주기와 차별화하는 방안이며, 세 번째 안은 사외이사후보추천위원회를 사외이사만으로 구성함을 전제로 사외이사 임기를 현행 1년으로 유지하고 연임을 허용하는 방안이다.[44)] 생각하건대, 연임을 허용하는 경우에는 앞에서 지적한 것처럼 사외이사가 연임을 위해서 경영진 및 대주주를 감시 · 견제하는 역할을 충분히 잘 수행할 수 없을 가능성이 크기 때문에 단임으로 하는 것이 보다 바람직하다고 본다. 물론 이에 대해서는 유능한 사외이사의 연임을 막는 문제가 발생할 수 있다고 주장할 수도 있지만,[45)] 아직 사외이사의 독립성 확보가 충분히 되지 않고 있는 실정을 감안할 때 경영진 및 대주주 감시 역할이 궤도에 오르기 전까지는 단임제를 실시하는 것을 고려해 볼 필요가 있다고 본다.

(4) 사외이사 비중의 강화

1) 현행 규정

현행 은행법은 은행의 업무집행에 관한 의사결정 기관인 이사회의 구성에 있어서 사외이사를 3인 이상 두도록 하고 있으며, 특히 사외이사의 수가 전체 이사의 50% 이상이 되도록 규정하고 있다(법 제22조 제2항). 이러한 규정은 사외이사 중심으로 이사회가 운영될 수 있도록 하려는 취지로 이해된다. 특히, 앞에서 논의한 것처럼, 자산총액이 2조원 이상인 주권상장법인인 은행의 경우

43) 김우진, 앞의 각주 34)의 자료, 24-25면.

44) 위의 자료, 24-25면. 이 공청회에서 토론자로 나온 지동현 박사는 임기를 연장하고 연임을 허용하는 의견을 피력하면서(유능한 사외이사의 계속 선임 필요성 등의 이유), 다만 이러한 사항은 은행이 자율적으로 결정할 사항이지 법 규정화할 사항은 아니라는 주장을 했다. 이 내용은 김우진, 「은행의 경영지배구조 개선」(한국금융연구원, 2007. 3), 43-46면에 나와 있다.

45) 또한 법에 규정을 함으로써 획일적으로 적용하는 것이 타당한지에 대한 의문을 제기할 수도 있을 것이다.

에는 사외이사의 수가 전체 이사수의 과반수가 되어야 한다는 증권거래법의 규정(제191조의16 제1항 단서)과의 충돌 문제가 발생할 수 있는데, 해석상 특별법적 성격을 갖고 있는 은행법이 적용되어 여전히 사외이사 수가 전체 이사 수의 50% 이상이 되도록 구성해야 한다는 견해가 타당하다고 언급한 바 있다.

2) 문제점 및 개선 방안

사외이사 수가 전체 이사 수의 50%가 되는 경우, 즉 사외이사 수가 전체 이사 수에서 차지하는 비중이 크지 않은 경우에, 과연 사외이사가 경영진 및 대주주를 감시 · 견제하는 역할을 충분히 수행할 수 있을지 의문이 든다. 경영진을 견제하고 더 나아가서 대주주의 전횡을 막기 위해서는 사외이사의 독립성을 보장하고 이를 강화하기 위한 제도적 장치가 필요하다고 본다.

미국이나 영국의 경우에는 사외이사의 수가 전체 이사 수의 50% 내지 80%에 이르는 등 사외이사의 비중이 비교적 높다.[46] 이는 그만큼 대주주 및 경영진을 감시 · 견제하는 역할을 담당하는 사외이사의 중요성을 말해 주는 것으로서 앞에서 말한 사외이사의 독립성 확보를 위해서도 사외이사의 비중을 현행 50% 이상에서 보다 높게 상향 조정할 필요가 있다고 생각한다. 이 경우 대안으로서 생각해 볼 수 있는 것은 사외이사의 수를 전체 이사의 70% 이상으로 하는 것을 입법론적으로 고려할 수 있을 것이다. 이는 2004년 말 현재 14개 일반은행의 사외이사 구성 비율이 71.3%에 이르는 점[47]을 감안할 때 상향 조정하더라도 큰 문제는 없을 것으로 본다.

한편, 2007년 8월 개정된 금융지주회사법(시행은 2007년 11월)에 따르면, 금융지주회사의 완전자회사 및 완전손자회사[48]의 경우에는 경영의 건전성 등이 금융위가 정하는 요건에 해당하는 경우에 한하여 사외이사의 설치를 면제해주도록 하고 있는데(완전자회사인 은행의 경우에 해당될 것이다)(제41조의4),[49] 이는 문제가 있다고 본다. 왜냐

46) 오현탁/이재갑/김병용, "은행지배구조 개선에 관한 연구," 「전북대학교 논문집」 제32집(전북대학교, 2001), 79면.

47) 박재하, 앞의 각주 35)의 보고서, 21면.

48) "완전자회사"라 함은 지주회사가 지분 100%를 소유하고 있는 회사를 말하며, "완전손자회사"라 함은 자회사가 지분 100%를 소유하고 있는 회사를 말한다.

49) 재정경제부 금융정책국 금융정책과, "금융지주회사법 개정안 차관회의 통과," 보도자료, 2006. 10. 27, 1-2면 참조. 동 보도자료는 "경영의 건전성 등이 금감위가 정하는 요건"이라 함은 "완전자회사(완전손자회사)는 이사회 의결사항을 지주회사(자회사)에 보고토록 하고, 지주회사(자회사)는 필요시 수정 의결 등을 요구하고 이를 공

하면 아무리 금융지주회사가 자회사의 주식 100%를 보유해서 그 자회사의 소수주주가 없다고 하더라도 사외이사의 역할이 경영진을 견제하고 더 나아가서 대주주를 견제하는 역할을 수행하는 점을 생각할 때 견제 역할을 수행하는 자가 없게 된다는 것은 문제이기 때문이다. 이런 점을 인식해서인지 당시 재정경제부의 당초 입법 예고안에는 사외이사의 설치 면제 요건이 없었으나, 후에 확정된 개정안에서는 경영의 건전성 등이 일정한 요건에 해당하는 경우에 한해서 사외이사의 설치를 면제하는 규정을 두어 다소 제한을 하고 있다. 재정경제부는 이렇게 제한 조항을 두게 된 이유를 "사외이사 설치를 완전히 면제할 경우 지주회사(자회사)가 완전자회사(완전손자회사)에 손실을 끼치는 것을 방지하기 곤란한 측면을 반영"한 것이라고 설명하고 있다.[50] 그러나 금융위가 정하는 요건(예를 들어, 자회사의 경영에 대한 금융지주회사의 책임이 명확한 경우 등)에 해당한다는 이유로 사외이사의 설치를 면제해주는 것은 사외이사의 역할의 중요성을 감안할 때 설득력이 없다고 본다. 이와 관련하여 김우진(2005)에서도 "완전지주회사와 완전자회사의 관계에서 소액주주가 없기 때문에 소액주주의 입장을 대변하는 사외이사를 두지 않을 수 있다 하더라도, 사외이사가 다양한 이해관계자(종업원, 채권자 등)의 입장을 대변해야 한다고 할 때 상위 의사결정자에게 책임을 물을 수 있는 다중대표소송제(multiple derivative suit) 등의 제도적 장치가 없는 우리나라에서 사외이사를 없애는 것은 시기상조라는 의견도 있음에 유의할 필요가 있다"라고 언급하고 있는 것을 참고할 필요가 있다.[51]

시하는 등 자회사(손자회사)의 경영에 대한 금융지주회사(자회사)의 책임이 명확한 경우 등"을 예시로 들고 있다. 한편, 동 보도자료는 사외이사의 설치의 면제 사유를 "완전자회사와 완전손자회사의 경우에는 사외이사제도로서 보호할 소수주주가 존재하지 않음에도 불구하고 사외이사 설치의무를 엄격히 준수하도록 하는 것은 불필요한 기관을 설치하도록 강제하는 것으로 금융지주회사 및 완전자회사 등에 과도한 규제로 작용"하기 때문이라고 설명하고 있다(위의 보도자료, 1면). 김우진(2005)도 완전자회사인 은행의 경우에 사외이사의 설치가 필요 없다고 주장하고 있다. 즉 "은행법 등을 적용받는 완전자회사의 경우 소액주주가 존재하지 않고 지주회사와는 경제적 단일체라는 점 등을 감안할 때 소수주주를 보호하기 위한 사외이사 및 감사위원회 제도는 중요한 의미를 가지지 못하게 된다"라고 설명하고 있다(김우진, "금융지주회사제도의 발전 방향,"「계간 금융동향—분석과 전망」 제15권 제2호(한국금융연구원, 2005년 여름), 130면). 더 나아가 "미국과 일본의 사례에서도 지주회사 산하의 자회사에 대해서는 독립적인 사외이사 및 감사위원회의 구성을 요하지 않고 있다"고 설명하고 있다(위의 논문, 130-131면).

50) 위의 각주 49)의 보도자료, 2면.

2. 감사위원회 제도의 개선 방안

(1) 상근감사위원의 의무화

1) 현행 규정

앞에서 본 것처럼, 현행 은행법의 해석상 상근감사위원을 의무적으로 둘 필요는 없다. 따라서 전부 사외이사만으로 구성되는(즉 비상근 감사위원만으로 구성되는) 감사위원회를 운영할 수도 있다. 이에 따라 한때 외국계 은행은 상근감사위원을 두지 않은 적이 있었다.[52)]

2) 문제점 및 개선 방안

일반적으로 회사에서 감사의 역할은 중요하다. 특히 공공성이 강조되는 은행에서 업무 집행이 제대로 수행되었는지 상시 감시하는 역할은 더 중요하다고 할 수 있다. 따라서 사외이사만으로 구성되는 감사위원회가 업무집행에 대한 상시 감사 역할을 충분히 잘 수행할 수 있을지 의문이 든다.[53)] 이런 점에서 상시 감사 업무를 담당하는 자가 필요하며, 따라서 상근감사위원을 두는 것이 필요하다고 본다. 김우진(2006)은 사외이사 위주의 감사위원회 운영에 따른 상시 기능의 약화를 방지할 수 있도록 상근감사위원 제도를 적극적으로 활용할 필요가 있다고 하면서 상근감사위원 선임을 권고하거나 은행의 경영 평가에 반영할 것을 제안하고 있는데,[54)] 이러한 권고만으로는 부족하고 의무화 규정을 은행법에 두는 것이 보다 바람직하다고 본다.[55)]

---

51) 김우진, 앞의 각주 49)의 논문, 131면.

52) 외국계 사모투자펀드인 뉴브리지캐피탈(Newbridge Capital)이 인수했던 제일은행을 말한다.

53) 이에 대해 김건식(2005)은 상근감사위원을 두는 것을 반대하고 있다. 그 근거로 "상근을 하게 되면 감사위원회의 독립성이 훼손될 가능성이 커진다. 따로 생업이 있는 일반 감사위원과는 달리 상근 감사위원은 아무래도 그 자리 유지에 더 신경을 쓰고 그 결과 감사 대상인 경영진의 눈치를 보게 되기 십상이다. 또한 상근 감사위원과 일반 감사위원과의 사이에 정보의 격차가 생기고 일반 감사위원이 상근 감사위원에 의존함으로써 상근 감사위원이 감사위원회를 지배할 우려가 있다"라고 주장하고 있다(김건식, 앞의 각주 25)의 논문, 41면).

54) 김우진, 앞의 각주 34)의 자료, 26면.

(2) 감사위원의 전문성 강화

1) 현행 규정

은행업감독규정은 상근감사위원의 결격 요건에 대하여 별도로 규정하고 있으나(제17조), 상근감사위원의 전문성 요건(예를 들어, 회계나 재무 전문가) 같은 적극적 요건을 규정하고 있지 않다. 물론 앞에서 본 것처럼, 증권거래법이 적용되는 대규모 주권상장법인인 은행의 경우에는 감사위원 중 1인 이상은 회계나 재무 전문가로 구성되어야 할 것으로 보이지만, 그렇지 않은 은행의 경우에는 여전히 회계나 재무 전문가를 의무적으로 감사위원으로 둘 필요는 없게 된다.

2) 문제점 및 개선 방안

감사위원회의 역할을 강화하고 독립성을 확보하기 위해서 전문성 있는 감사위원으로 구성하는 것이 바람직하다고 본다. 이러한 면에서 사외이사인 감사위원은 그렇다 할지라도 특히 상근감사위원의 경우에는 일정한 경력을 가진 회계나 재무 전문가로 선임하도록 규정할 필요가 있다.[56] 이는 바젤은행감독위원회의 「은행 경영지배구조 강화 방안 지침」이 감사위원회는 회계나 재무 전문가 등으로 구성되어야 한다고 규정[57]하고 있는 점에 비추어 보아도 그 필요성을 알 수 있다. 구체적인 자격 요건은 증권거래법 시행령 제37조의7 제2항[58]을 참고하면 될 것으로 본다.

---

55) 물론 이에 대해 미국식 이사회 제도와 감사위원회 제도를 도입한 점을 감안할 때 법에 의무화 규정을 두는 것이 타당하지 않다는 반대의 견해가 있을 수는 있을 것이다.

56) 김우진(2006)은 "감사위원에 대한 적극적 요건은 정관 또는 내규에 규정되어 있으나 타 직위와의 일관성 확보를 위해 적극적 자격 요건을 감독규정에 규정"해야 한다고 주장하고 있으나(김우진, 앞의 각주 34)의 자료, 26면), 감독규정보다는 법에 그 근거 규정을 두는 것이 더 바람직하다고 본다. 전우현(2004)도 "감사위원은 회계와 재정 사항에 대한 전문성이 있는 자로 한다는 규정과 같은 내용이 마련되어야 한다"고 하고 있다(전우현, 앞의 각주 27)의 논문, 267면).

57) 2006 Basel Guidance, p. 8, no. 23.

58) 앞의 각주 31) 참조.

(3) 감사위원회의 독립기관화

1) 현행 규정

은행의 감사위원회는 이사회의 산하 위원회의 하나이다(법 제23조의2 제1항, 상법 제415조의2 제1항). 이에 따라, 감사위원은 이사 중에서 선임되며(상법 제393조의2 제2항 제3호), 이사회는 산하 위원회인 감사위원회가 결의한 사항에 대하여 다시 결의할 수 있는 권한이 있다(상법 제393조의2 제4항).[59] 이러한 재결의는, 정관에서 그 비율을 높게 정하지 않는 한, 이사 과반수의 출석과 출석 이사의 과반수로 하게 된다(상법 제391조 제1항).

2) 문제점 및 개선 방안

이사회의 재의결 허용은 문제점이 있다. 즉 감사위원회가 결정한 사항에 대하여 다시 업무 집행기관인 이사회가 재의결할 수 있다는 것은 감사위원회의 독립성을 해칠 가능성이 높다. 또한 업무집행에 관한 의사결정에 참여하는 이사가 다시 감사위원으로서 업무집행을 담당한 이사의 직무를 감사한다는 것은 그 직무 집행의 객관성과 공정성을 해할 가능성이 있다.[60] 그리고 앞에서 살펴본 것처럼, 주권비상장법인의 경우에는 피감사자인 이사회가 감사위원을 선임하게 됨으로써 감사위원회의 독립성을 훼손할 가능성도 여전히 존재한다.

이러한 문제점을 해결하기 위해서는 상법상의 감사처럼 이사회에 대응한 독립기관화하는 것이 바람직하다고 본다.[61] 즉 현행처럼 이사회 산하 기관

59) 여기에 대해서는 감사위원회의 경우에는 이사회 재의결 조항이 적용되지 않는 부정설이 있다. 즉 상법이 감사위원회에 대하여 특별한 규정을 두고 감사의 권한을 부여하고 있기 때문에 일반 이사회 산하 위원회처럼 감사위원회의 결정 사항을 이사회가 재의결할 수 없다는 근거를 든다(홍복기, "주식회사의 경영지배구조에 관한 개정시안," 「저스티스」 통권 제94호(한국법학원, 2006. 10), 21면). 하여튼 이러한 해석상의 의문을 해소하고 감사위원회의 독립성을 강화하기 위하여 2006년 상법 개정안은 감사위원회에 대해서는 이사회 재의결 조항을 배제하고 있다(상법 개정안 제415조의2 제6항 참조).

60) 정찬형, 「회사법강의」 제3판(박영사, 2006. 10), 673면; 전우현, 앞의 각주 27)의 논문, 266면.

61) 김상규/윤선희(2000)에서도 "감사위원회의 독립성 확보를 위한 설문조사에서도 이사회 내의 위원회로 하지 말고 독립기관의 성격을 갖도록 해야 한다는 답변이 47.4%로서 1위를 차지하였다"라고 하고 있다(김상규/윤선희, 「사외이사와 감사위원회제도의 개선에 관한 연구」(한국상장사협의회, 2000. 12), 92면 "표" 14(임충희, 앞의 각주 24)의 논문, 314면에서 재인용)).

이 아닌 이사회와 대응한 별도의 기관으로서 설치하고, 감사위원도 이사회가 아닌 주주총회에서 선임하고 해임하도록 할 필요가 있다. 물론 이러한 문제는 은행의 경우에만 해당하는 것은 아니지만 상법의 특별법인 은행법을 개정함으로써 일단 은행의 경우에 먼저 시도할 필요가 있다. 이렇게 하기 위해서는 "감사위원회가 상법 제415조의2의 규정에 의한 위원회"라는 조항을 개정하여 주주총회에서 선임하는 3인 이상의 감사위원(사외이사가 3분의 2 이상)으로 구성되는 별도의 기관이라는 것을 명시적으로 둘 필요가 있다. 김우진(2006)도 감사위원회의 통할권을 강화하기 위해서 감사위원회의 의결 사항에 대한 재의결권 정족수를 재적이사의 3분의 2 이상으로 상향 조정할 것을 제안하고 있으나,[62] 이러한 재의결권에 대한 개선만으로는 감사위원회의 독립성을 확보하는 데는 한계가 있다고 본다.

(4) 감사위원 선임권자의 일원화—주주총회로

1) 현행 규정

앞에서 본 것처럼, 은행이 주권비상장법인인가 또는 소규모 주권상장법인이냐 대규모 주권상장법이냐에 따라 관련 규정의 해석상 감사위원의 선임권자가 다르다는 것을 알 수 있었다. 즉 주권비상장법인인 은행의 경우에는 증권거래법이 적용되지 않기 때문에 상법 및 은행법 규정에 따라 이사회가 그 선임권이 있다고 볼 수 있으며, 소규모 주권상장법인인 경우 사외이사인 감사위원은 이사회가 선임권이 있는 반면에 상근감사위원은 해석상 주주총회가 그 선임권이 있다고 볼 수 있다. 또한 대규모 주권상장법인인 경우에는 증권거래법이 적용되어 해석상 사외이사인 감사위원 및 상근감사위원 전부 주주총회가 그 선임권이 있다고 볼 수 있다.

2) 문제점 및 개선 방안

피감사기관인 이사회가 감사위원을 선임한다는 것은 감사위원회의 독립성에 문제가 있다. 물론 김건식(1999)은 "감사위원을 주주총회에서 선·해임하도록 하지 못한 이유가 이사회는 사외이사가 과반수 이상을 차지하므로 이사회에서도 선임해도 독립성이 문제되지 않으며, 주주총회에서 선임한다고 해서 반드시 독립성이 확보된다는 보장이 없고, 위원의 교체시에 일일이 주주

62) 김우진, 앞의 각주 34)의 자료, 25면.

총회를 소집해야 한다는 불편도 있기 때문이다"라고 설명하고는 있으나,[63] 이에 동의하기가 어렵다. 사외이사를 선임하는 경우에는 대주주의 의결권이 제한을 받지 않으므로 반드시 독립성 있는 사외이사가 선임된다고 보장할 수는 없다. 따라서 감사위원의 선임에 있어서는 대주주 등의 의결권을 제한하는 방식으로 주주총회에서 선임하도록 하는 것이 독립성을 확보하는 방안이라고 본다. 은행법에 명시적인 규정을 두어 입법적인 해결을 하는 것이 현행 규정상의 해석상 논란을 불식시킬 수 있다고 본다.

3. 임원제도의 개선 방안

(1) '임원'에 관한 정의 필요

1) 현행 규정

현행 은행법 제18조 제1항은 임원의 결격 요건에 대하여 규정하고 있다.[64] 즉 은행법상의 임원에 해당하게 되면 은행법 제18조 제1항 및 은행업감독규정 제17조 내지 제19조에 규정되어 있는 여러 가지 자격 요건의 제한을 받는 반면, 임원이 아닌 일반 직원의 경우에는 그러한 요건의 적용을 받지 않는다. 또한 금융위가 제정한 「금융기관 검사 및 제재에 관한 규정」에 따르면, 은행의 임원과 일반 직원에 대한 제재 조치의 내용도 다르다(제18조, 제19조). 따라서 결국 임원에 해당하는지 여부가 해당 당사자에게는 크게 문제된다.

그런데 현행 은행법령상 임원의 정의가 되어 있지 않아 임원의 범위가 명확하지 않다. 이에 대해서는 우선 은행의 은행장, 등기이사(상임이사 및 사

63) 김건식, "상법개정요강안에 대한 발표의견(Ⅱ)," 상법개정공청회자료, 1999. 9. 14, 38면(임충희, 앞의 각주 24)의 논문, 314면에서 재인용).

64) 은행법 제18조 제1항은 미성년자, 한정치산자 또는 금치산자, 파산자로서 복권되지 않은 자, 금융관련법령에 의하여 벌금 이상의 선고를 받고 집행이 종료되지 않은 자, 금융관련법령을 위반하여 해임 또는 징계면직 처분을 받고 5년이 경과하지 않은 자 등을 임원의 결격 요건으로 규정하고 있다. 한편, 과거 논의되었던 은행의 외국인 이사 수 제한 및 거주지 제한 요건 신설 움직임과 관련하여 외국인의 임원 자격 요건에 대하여 살펴보면, 외국인 임원의 결격 요건은 1997년 1월 13일 개정 은행법에서 추가되었으나(이 경우에도 외국인과 합작 설립된 은행의 경우 등에는 예외적으로 외국인 임원이 가능하였다), 1998년 5월 25일 개정 은행법에서는 이 요건이 폐지되어 현재는 외국인도 위 결격 요건에 해당하지 않는 한 임원이 될 수 있다.

외이사) 이외에 부행장 · 부행장보 등 소위 '집행임원'(officer, '집행간부'로 불리기도 한다)[65]도 포함된다는 견해[66]와 은행장 및 등기이사(상임이사 및 사외이사, 그리고 감사위원 포함)만으로 보아야 한다는 견해[67]가 있다. 감독당국의 입장도 「은행업감독규정」에서 임원의 자격 요건을 구체화하면서 은행장 및 상근감사위원, 상임이사 및 사외이사의 자격 요건에 대해서만 규정하고 집행임원에 대한 자격 요건에 대하여는 별도로 규정하고 있지 않은 것으로 보아서는 집행임원을 은행법상의 임원으로 보지 않는 것으로 보인다.

2) 문제점 및 개선 방안

위와 같이 은행법은 은행의 '임원'에 대한 정의 규정을 두고 있지 않아 임원의 범위에 대하여 논란이 제기되고 있다.[68] 이는 1997년 말 금융위기 이전에는 대부분의 은행의 경우 등기이사가 집행임원(상무이사, 전무이사 등)을 겸함으로써 별 문제가 없었으나, 1997년 말 금융위기 이후 은행에 대한 경영지배구조 개선의 조치가 취해지면서 은행의 이사회가 사외이사 중심으로 운영되고, 이에 따라 부행장 · 부행장보 등의 집행임원 제도를 두게 됨에 따라 과거 등기이사 및 감사를 임원으로 보는 제도가 맞지 않게 되었기 때문이다. 그러나 현행 규정의 해석상 이러한 집행임원을 은행법상의 임원으로 보는 데에는 어려움이 있다. 그 이유 중의 하나로 은행업감독규정에는 임원의 자격 요건을 구체화하면서 은행장 및 상근감사위원, 상임이사 및 사외이사의 자격 요건만 따로 규정하고 집행임원에 대한 자격 요건을 별도로 두고 있지 않은 것을 들 수 있다. 또한 은행법에 명시적인 임원 정의 규정이 없으므로 상법 규정이 적용되어 상법상의 임원 정의인 등기이사 및 감사(상법 제296조)로 한정하는 것이 타당하다고 본다.

현실적으로 부행장 · 부행장보 등 등기이사가 아닌 집행임원이 은행의 업무집행에 관여하는 정도가 크며 그 역할이 이사 못지않게 중요하다는 점을

65) 따라서, 여기서 '집행임원'의 개념은 '등기된 이사나 감사가 아니면서 은행의 업무를 집행하는 자'로 보게 된다.

66) 정찬형/도제문, 앞의 각주 20)의 책, 125면은 "은행장 · 부행장 · 부행장보 · 전무이사 · 상무이사 등의 직책명을 갖고 있는 자는 … 「상임임원」으로 추정된다"라고 설명하고 있다.

67) 고동원, "은행법상의 몇 가지 문제점에 관한 고찰," 「상사법연구」 제22권 제5호(한국상사법학회, 2004. 2), 191면.

68) 상법상 '임원'은 등기이사 및 감사를 의미한다(상법 제296조 참조).

고려할 때 집행임원도 임원의 범위에 포함할 필요가 있으며, 이를 해결하기 위해서는 은행법에 임원에 대한 정의 조항을 두는 것이 바람직하다고 본다.[69] 이러한 집행임원을 포함할 수 있는 개정 조문안을 생각해보면, "은행장 · 이사 · 감사위원회의 위원[70]과 이사가 아니면서 부행장 · 부행장보 · 본부장 · 상무 등 기타 은행의 업무를 집행할 권한이 있는 것으로 인정될 만한 명칭을 사용하여 은행의 업무를 집행하는 자"를 고려해 볼 수 있을 것이다. 이에 대해서는 현행 보험업법(제13조)처럼 "이사 · 감사 또는 사실상 이와 동등한 지위에 있는 자로서 대통령령이 정하는 자"(즉 상법 제401조의2 제1항 각 호의 1의 자인 소위 '업무집행관여자')로 규정[71]하자는 견해도 있을 수 있으나, 부행장 · 부행장보 · 상무 등이 "이사 · 감사와 사실상 동등한 지위에 있는 자"라고 볼 수 있는지는 의문이다.

---

69) 물론 이에 대해서는 각 은행별로 직제가 상이하고 구체적으로 어느 범위까지를 집행임원으로 볼지가 명확하지 않은 상태에서 은행법상 집행임원을 포함시킬 경우 금융감독 당국의 자의적 규제가 있을 수 있다는 점은 있을 수 있을 것이다. 그러나 이 문제는 집행임원의 범위를 보다 명확하게 규정함으로써 해결할 수 있는 문제라고 본다.

70) 현행 은행법은 감사를 두지 않고 감사위원회만 구성하도록 하고 있으므로(제23조의2 제1항) 감사위원회 위원만이 해당하고, 만약 감사를 두는 경우에는 감사도 포함되어야 할 것이다. 그리고 감사위원회는 이사회 산하 위원회이므로 이사가 감사위원이 된다.

71) 보험업법 제13조는 임원의 정의를 "이사 · 감사 또는 사실상 이와 동등한 지위에 있는 자로서 대통령령이 정하는 자"라고 하고 있어 임원의 범위를 넓게 보고 있다. 보험업법 시행령 제19조는 "상법 제401조의2 제1항 각 호의 1에 해당하는 자"를 말한다고 규정하고 있는데, 이는 소위 "업무집행관여자" 를 말하는 것으로서 "(ⅰ) 회사에 대한 자신의 영향력을 이용하여 이사에게 업무집행을 지시한 자, (ⅱ) 이사의 이름으로 직접 업무를 집행한 자, (ⅲ) 이사가 아니면서 명예회장, 회장, 사장, 부사장, 전무, 상무, 이사 기타 회사의 업무를 집행할 권한이 있는 것으로 인정될 만한 명칭을 사용하여 회사의 업무를 집행한 자"를 뜻한다. 증권거래법상 증권회사의 임원에 대한 정의는 없다. 다만 하위 규정인 증권업감독규정에서 '임원'의 정의를 "주주총회나 법원에서 선임한 이사 및 감사"라고 하고 있어(제6-1조 제2항 제5호), 등기이사 및 감사만을 임원으로 보고 있다. 그리고 증권거래법상 증권금융회사의 경우에는 "사실상 임원의 업무를 수행하는 자"도 임원의 범위에 포함시키고 있어(제149조) 집행임원을 포섭할 수 있는 가능성을 열어두고 있는 것으로 보이나, 역시 법에서 '임원'의 정의가 없어서 명확하지 않다. 또한 「금융기관 검사 및 제재에 관한 규정」 제26조는 은행의 여신업무와 관련한 제재에서 임원의 범위를 "본부장, 집행간부 등 비등기임원과 동 임원이 참여하는 여신협의체의 위원이 되는 본점 부서장을 포함"한다고 규정하고 있어 임원의 범위를 확대하여 규정하고 있으나, 역시 '임원'의 정의가 없는 상태에서 '비등기임원'이라고 하는 말은 정확한 표현은 아닌 것으로 보인다.

(2) 임원의 자격 요건을 법에 규정화

1) 현행 규정

현행 은행법은 임원의 자격 요건에 대하여 적극적 요건 및 결격 요건을 규정하면서 그 구체적인 사항은 금융위가 정하도록 위임하고 있다(법 제18조 제1항, 제2항 및 제3항). 이에 따라 은행업감독규정은 은행장, 상근감사위원, 상임이사 및 사외이사의 결격 요건에 대하여 자세한 사항을 규정하고 있다(제17조 및 제19조).

2) 문제점 및 개선 방안

은행 임원의 자격 요건은 중요한 사항이다. 특히 은행 이사회 및 경영진의 업무 집행 결정은 은행 경영에 큰 영향을 미치므로 은행 임원의 역할은 그 만큼 크다고 할 수 있다. 따라서 이러한 중요한 임무를 수행하는 임원의 자격 요건에 대해서 은행법의 하위규정인 감독규정에 위임하는 것은 문제가 있다고 본다. 따라서 종전 은행업감독규정에서 규정하고 있는 임원의 자격 요건을 법에 규정하면서 동시에 새로 임원의 범위에 포함되는 부행장 · 부행장보 · 상무 등의 집행임원의 자격 요건도 같이 규정을 하는 것이 바람직하다고 본다.

한편, 임원 재직 중 임원의 자격 요건을 충족하지 못하는 경우 당연 퇴임이 되는지 아니면 별도의 주주총회(이사인 경우)나 이사회(집행임원의 경우)의 해임 결의가 필요한지에 대해서도 의문이 있을 수 있는데, 사유 발생일로부터 당연 퇴임이 되는 사유로 보는 것이 타당하다고 본다. 특히 이사인 은행장의 자격 요건을 별도로 정하는 경우 은행장의 자격 요건을 충족시키지 못하는 경우에 은행장직에서만 퇴임하면 되는 것인지 아니면 이사직에서도 퇴임하는 것인지에 대해서도 의문이 있을 수 있는데, 이 문제는 각각의 자격 요건을 따져 보아 해당하는 직위에서만 퇴임을 하도록 하는 것이 타당하다고 본다.

4. 기타 개선 방안

(1) 이사후보추천위원회 제도의 도입

1) 현행 규정

현행 은행법상 사외이사후보추천위원회 제도는 도입되었으나(법 제22조 제3항), 상임이사에 대한 후보추천위원회 제도는 과거 은행장후보추천위원회 제도가 1997년 1월 은행법 개정으로 도입되었다가 2002년 4월 은행법 개정으로 폐지된 것 이외에는 아직 도입된 바 없다.[72]

2) 문제점 및 개선 방안

상임이사의 경우 별도의 후보추천위원회 제도가 없기 때문에 상법에 따라 주주총회의 선임 절차만 거치면 된다. 그런데 은행의 업무 집행을 결정하는데 있어서 상임이사의 역할이 중요하다는 점에서 이러한 상임이사의 업무 집행의 독립성을 강화하도록 하기 위해서 상임이사의 선임 과정에 있어서 투명성을 확보하는 것이 필요하다고 본다. 따라서 은행장을 비롯한 상임이사 선임 과정의 투명성을 확보하기 위해서는 현행 사외이사후보추천위원회 제도를 확대 · 개편하여 이사후보추천위원회(물론 이 위원회에서 사외이사 후보도 추천하게 될 것이다)를 두는 것이 바람직하다고 본다.

한편 이사후보추천위원회의 구성과 관련해서는 선임 절차의 투명성, 공정성 및 독립성을 확보하기 위하여 위원회 구성은 전원 사외이사로 할 필요가 있다. 이사후보추천위원회가 도입되지 않는 경우, 현행 사외이사후보추천위원회 구성도 전원 사외이사로 구성할 필요가 있다.

(2) 준법감시인 자격 요건의 폐지

1) 현행 규정

앞서 언급한 것처럼, 1997년 금융위기 이후 금융기관의 경영지배구조 개선 조치의 일환으로 내부통제 기능 강화를 위하여 미국에서 실시되고 있는 준법감시인 제도가 은행을 비롯한 각 금융기관에 도입되었다.[73] 은행의 경우

72) 물론 2002년 4월 은행법 개정으로 은행장후보추천위원회 제도가 폐지되었지만 각 은행별로 자율적으로 비상설 기구인 은행장후보추천위원회를 두는 경우가 있다(예를 들어, 국민은행의 경우를 들 수 있다).

준법감시인 제도는 2000년 4월 도입되었다. 준법감시인은 은행의 내부통제 기준의 준수 여부를 점검하고 위반시 조사하여 감사위원회에 보고하는 자이다(법 제23조의3 제1항). 은행법은 준법감시인의 자격 요건에 대하여 규정하고 있는데(법 제23조의3 제4항), 2002년 개정 은행법에 의해 종전보다 그 자격 요건이 강화되었다.[74] 현행 은행법상 준법감시인의 요건은 다음과 같다(법 제23조의3 제4항).[75]

① 한국은행 또는 「금융위원회의 설치 등에 관한 법률」 제38조의 규정에 의한 검사대상 기관(이에 상당하는 외국 금융기관을 포함함)에서 10년 이상 근무한 경력이 있는 자

② 금융관계분야의 석사 이상의 학위소지자로서 연구기관 또는 대학에서 연구원 또는 전임강사 이상의 직에 5년 이상 근무한 경력이 있는 자

③ 변호사 또는 공인회계사의 자격을 가진 자로서 당해 자격과 관련된 업무에 5년 이상 종사한 경력이 있는 자

④ 기획재정부 · 금융위 · 증권선물위원회 또는 금융감독원에서 5년 이상 근무한 경력이 있는 자로서 당해 기관에서 퇴임 또는 퇴직한 후 5년 이상 경과한 자

2) 문제점 및 개선 방안

우선 준법감시인 자격 요건과 관련하여 문제되는 점은 준법감시 업무 근무 여부와 상관없이 무조건 금융기관 근무 기간을 그 요건으로 하고 있다는 점이다. 예를 들어 금융기관에서 준법감시 업무와 전혀 무관한 업무(예를 들어, 운전, 건물 관리 등의 총무 업무 또는 비서 업무)라도 10년 이상의 경력을 가진 자는 준법감시인이 될 수 있지만,

73) 각 금융기관의 준법감시인 제도 설치의 근거 조항을 살펴보면, 증권회사의 경우 증권거래법 제54조의4, 보험회사의 경우 보험업법 제17조, 자산운용회사의 경우 간접투자자산운용업법 제11조, 여신전문금융회사의 경우 여신전문금융업법 제50조의6, 상호저축은행의 경우 상호저축은행법 제22조의3, 신용협동조합중앙회의 경우 신용협동조합법 제76조의3(신용협동조합 자체는 준법감시인을 둘 필요가 없다)이다. 내용은 은행법의 규정과 사실상 동일하며, 다만 관련 법에서 준법감시인을 의무적으로 두어야 하는 금융기관의 요건을 정하고 있는 점이 다소 다른 점이다.

74) 2002년 4월 1일(시행은 2002년 7월 1일) 은행법을 개정할 때 종전 은행법 시행령에서 규정하고 있던 준법감시인 자격 요건을 은행법에서 규정하면서 자격 요건을 강화하였다. 예를 들어, 종전에는 은행 등 금융기관 경력 요건이 2년이었으나 10년으로 상향 조정되었다.

75) 이외에도 소극적 요건으로서 (ⅰ) 은행법 제18조 제1항 각 호의 1에 해당되어서는 안 되며, (ⅱ) 최근 5년간 금융관련법령을 위반하여 금융위 또는 금융감독원장으로부터 주의 · 경고의 요구 등에 해당하는 조치를 받은 사실이 없어야 한다(법 제23조의3 제4항 제2호 및 제3호).

준법감시 업무를 8~9년 담당한 자는 준법감시 업무에는 능통하지만 현행법상 준법감시인이 될 수 없는 불합리한 점이 있다는 점이다.[76] 두 번째 문제점은 위 ③의 자격 요건과 관련하여 "변호사"의 범위에 외국에서 변호사 자격증을 취득한 사람도 포함될 수 있느냐 하는 문제가 있는데, 만약 외국 변호사를 이에 포함하지 않는다고 본다면, 외국에서 준법감시 업무를 담당하였던 자의 경우 준법감시 업무에 능통할 수 있는데, 이러한 자도 마찬가지로 준법감시인이 될 수 없다는 점이 또한 문제된다.[77] 이는 공인회계사의 자격 요건도 마찬가지로 적용될 것이다. 세 번째 문제점은 위의 ④의 자격 요건과 관련하여 감독기관 근무 경력자인 경우에 "퇴직 후 5년 이상"이라는 경과 기간을 두고 있는 것은 감독기관과 피감독기관과의 유착을 통한 폐단을 막기 위한 것으로 보이는데, 굳이 이러한 경과 기간을 두어서 준법감시 업무에 정통한 감독기관의 직원을 준법감시인으로 임명하는 것을 막을 필요가 있는지 의문이다.[78]

준법감시인 제도는 1997년 말 금융위기 이후 외국의 제도를 도입한 것으로서 초창기 이 제도의 정착을 위해서는 준법감시인의 자격 요건 등에 대하여 법에 자세히 규정하는 것도 필요할 수도 있다고 본다. 그러나 법에서 이를 일률적으로 규정하는 것은 오히려 준법감시 업무의 적임자를 선임할 수 없게 만드는 결과를 초래할 수도 있다. 영국이나 홍콩의 경우에도 준법감시인 자격 요건을 별도로 법령에 규정하고 있지는 않다.[79] 따라서 준법감시인 제도가 도입된 지 수년이 지나 어느 정도 제도가 정착된 점, 그리고 준법감시인 자격 요건을 법령에 두고 있지 않는 외국의 사례 등을 살펴볼 때, 준법감시인의 자격 요건 중 과거 근무 경력 기간 등을 규정하고 있는 적극적인 요건을 법에 규정할 필요는 없다고 판단된다.[80] 즉 해당 은행이 스스로 잘 판단하여 준법

76) 김동진, "현행 금융감독제도의 문제와 개선 방안,"「금융법연구」 제1권 제2호(한국금융법학회, 2004. 12), 64면.

77) 위의 논문, 64면.

78) 감독기관 직원의 준법감시인 자격 요건에 대한 자세한 비판 내용은 위의 논문, 64면, 각주 16) 참조.

79) 위의 논문 65면, 각주 17)에는 "홍콩상하이은행(HSBC)을 통하여 확인해 본 결과, 영국 및 홍콩 법규상으로는 준법감시인의 자격 요건에 대하여 관련 법규에 규정하고 있지 않거나 또는 규정하고 있더라도 준법감시인의 자격 요건을 명시하고 있지는 않다"라고 기술하고 있다.

감시 업무를 효율적으로 잘 수행할 수 있는 능력이 있는 자를 선임하게 하면 될 것으로 판단된다. 다만 소극적 요건[81]을 유지시킬 필요는 있다고 본다. 이러한 준법감시인 자격 요건의 폐지는 규제 완화 차원에서도 적극적으로 시행해야 할 사항이라고 본다.

(3) 내부통제기준 준수 평가에 따른 혜택 부여

1) 현행 규정

2000년 4월 은행법이 개정되면서 은행의 경영지배구조 개선 차원에서 은행법은 은행으로 하여금 내부통제기준을 정하도록 의무화하였다. 즉 은행법 제23조의3 제1항은 은행은 "법령을 준수하고 자산 운영을 건전하게 하며 예금자를 보호하기 위하여 당해 은행의 임원 및 직원이 그 직무를 수행함에 있어서 따라야 할 기본적인 절차와 기준"인 내부통제기준을 정하여야 한다고 규정하고 있다. 내부통제기준에는 앞서 언급한 것처럼, 업무의 분장 및 조직구조에 관한 사항이나 자산의 운용 또는 업무의 영위 과정에서 발생하는 위험의 관리에 관한 사항, 그리고 임·직원이 업무를 수행함에 있어서 반드시 준수하여야 하는 절차에 관한 사항 등을 포함하여야 한다(법 시행령 제17조의2 제1항). 내부통제기준과 관련하여 금융위는 금융감독원의 검사 결과 법령을 위반한 사실이 드러난 은행에 대하여는 법령 위반 행위의 재발 방지를 위하여 내부통제기준의 변경을 권고할 수 있다(법 시행령 제17조의2 제3항).

2) 문제점 및 개선 방안

최근 금융의 겸업화 · 혁신화 등으로 복합금융상품이 출현하는 등 은행의 업무가 복잡화 · 전문화되어가고 이와 더불어 은행도 운영 위험(operational risk), 법적 위험 등 등 다양한 위험이 발생할 가능성이 커지고 있다. 이에 따라 이러한 다양한 위험을 관리할 수 있는 체제를 갖추는 것 또한 중요하다. 이런 점에서 은행의 내부통제 체제를 잘 수립하여 운영하는 것이 위험 관리 측면에서 필요하다. 따라서 은행의 내부통제 체제를 잘 구축하여 효율적인 위험 관

80) 위의 논문 65면도 같은 견해를 피력하고 있다.

81) 소극적 요건은 은행법 제18조 제1항 각 호의 사유에 해당하지 않을 것 및 금융 관련 법령을 위반하여 감독당국으로부터 제재조치를 받은 사실이 없을 것(법 제23조의3 제4항 제2호 및 제3호)을 말한다.

리를 할 수 있는 장치를 마련하는 것이 필요한데, 이를 위해서는 단지 법규에 의해서 강제해서는 안 되고, 은행 자체가 이런 내부통제 체제의 중요성을 인식하고 이를 잘 활용할 수 있는 체제를 구축하는 것이 필요하다. 이런 점에서 내부통제 체제를 잘 갖추고 준수하는 은행에 대해서는 다양한 혜택을 부여하여 은행 스스로가 내부통제기준을 잘 준수할 수 있도록 할 필요가 있다.

현행 보험업법령은 효율적인 내부통제기준을 정하여 이를 잘 준수하고 있는 보험회사에 대해서는 금융감독원의 검사 기간의 단축, 검사 생략 또는 감독당국의 제재를 감면할 수 있는 근거 조항을 두고 있다(보험업법 제17조 제8항). 따라서 은행법에도 이와 같은 근거 규정을 두어서 은행의 내부통제기준 준수에 따른 여러 가지 혜택을 부여함으로써 은행 스스로가 효과적인 내부통제기준을 준수하도록 유도하는 것이 바람직하다고 본다.[82]

(4) 증권거래법 적용 문제의 해결

앞에서 본 것처럼, 증권거래법이 적용되는 대규모 주권상장법인인 은행의 경우에는 감사위원회의 선임권자 및 감사위원의 자격 요건 등의 면에서 주권비상장법인인 은행의 경우와 차이가 있게 된다. 그러나 주권상장법인인 은행이건 주권비상장법인인 은행이건 규제의 면에서 차이를 둘 필요가 없다고 본다. 이런 면에서 규정 정비가 이루어져야 할 것으로 생각한다. 즉 은행법에 증권거래법상의 사외이사나 감사위원회 관련 규정을 은행에는 적용을 배제하는 명시적인 조항을 두어[83] 은행법에서 일관성 있게 규정하는 것이 바

82) 공정거래위원회가 운영하고 있는 자율준수 프로그램도 같은 취지로 이해할 수 있다. 즉 자율준수 프로그램 운영업체가 우발적으로 「독점규제 및 공정거래에 관한 법률」을 위반했을 경우 두 단계에 걸친 제재 수준의 경감이 가능하다. 이에 의하면, (i) 자율준수 프로그램을 실질적으로 도입하여 운영하는 경우 과징금의 20% 범위 내에서 감경하거나, 법 위반 사실의 공표 명령의 1단계 하향 조정, 검찰 고발 면제가 가능하며, (ii) 사건 착수 이전에 위법 행위를 자진 시정하고 위반 책임자를 제재 조치한 경우에는 과징금의 50% 범위 내에서 감경하거나, 법 위반 사실의 공표 명령 면제, 검찰 고발 면제가 가능하다(김화진, 「이사회: 운영원리와 법률적 책임」 초판(박영사, 2005), 229면). 자세한 사항은 공정거래위원회, 「자율준수프로그램 설명 자료」(2002) 참조.

83) 물론 현행 은행법 제3조 제2항이 은행법이 다른 법령에 우선하여 적용한다는 규정이 있어서 이 규정으로 은행법이 우선 적용된다고 볼 수도 있지만, 보다 명확하게 하기 위해서는 은행법에 증권거래법의 적용을 배제하는 규정을 두는 것이 더 바람직

람직하다고 본다. 더불어 앞서 살펴본 것처럼, 해석상 논란이 되는 사외이사나 감사위원회에 관한 은행법상의 규정들도 정비 · 보완되어야 할 것이다.

Ⅳ. 결 론

이 글의 초점은 경영지배구조의 개선을 통한 은행 경쟁력 향상 방안을 모색하는 것이다. 이런 점에서 여기서 강조하고자 하는 것은 현행 사외이사 중심의 이사회제도를 강화하여 사외이사 비중을 확대하자는 것이다. 그리고 사외이사가 경영진 및 대주주 견제의 역할을 충실히 하기 위해서는 독립성을 확보하는 것이 필요하며, 그런 점에서 대주주의 특수관계인 등 이해관계인을 사외이사 결격 요건으로 추가할 필요가 있으며, 사외이사의 임기를 현행 1년에서 2년 내지 3년으로 연장할 필요가 있다. 특히 은행 사외이사의 업무가 전문성이 요구되므로 사외이사의 전문성 등의 적극적 요건을 규정화할 필요가 있다. 또한 이사회를 견제하는 감사위원회의 역할도 강화할 필요가 있다. 이를 위해서 상근감사위원을 두는 것을 의무화할 필요가 있으며, 감사위원 중 1인 이상을 회계 또는 재무 전문가로 선임하게 함으로써 전문성을 강화시킬 필요가 있으며, 특히 감사위원회의 이사회에 대한 감시 역할을 충실히 수행하기 위하여 이사회 산하 위원회가 아닌 이사회에 대응하는 독립기관화하는 것을 적극 검토할 필요가 있다. 그리고 주권상장법인인 은행의 경우 증권거래법이 적용되면서 해석상 감사위원의 선임권자에 대한 논란이 있으므로(주주총회인지 이사회인지) 이를 입법적으로 해결할 필요가 있다. 이외에도 준법감시인 자격 요건을 법 규정에서 삭제하여 은행에 자율성을 부여하는 방안도 효율적인 준법감시인제도의 운영 방안이라고 생각한다. 또한 현재 불비(不備)되어 있는 임원의 범위에 대한 정의 규정의 신설도 필요하다 할 것이다. 그러나 보다 중요한 것은 이러한 제도적 정비 못지않게 개별 은행들의 경영지배구조 개선에 대한 확고한 의지 및 운영이라고 본다. 위에서 제시한 제도 개선으로 우리나라 은행의 경영지배구조가 향상되어 선진화된 은행으로 발전할 수 있기를 기대해 본다.

하다고 본다.

제 2 절

은행 자회사 규제의 개선 방향*

Ⅰ. 서　　론

은행이 업무를 확대하는 방법은 직접 다른 업무를 겸영하는 방법이 있으나, 또 하나의 방법은 자회사를 설립하여 그 자회사를 통하여 업무를 확대하는 것을 생각할 수 있다. 물론 현행법상 금융지주회사를 통한 업무 확대 방법(즉 은행이 금융지주회사를 설립하고 그 산하에 자회사를 두는 방법)도 생각해볼 수 있을 것이다. 2000년 10월 금융지주회사법이 제정된 이후에는 현재 우리나라는 금융지주회사를 통한 대형화 · 겸업화가 이루어지고 있다. 그러나 현행 관련법을 자세히 살펴보면, 은행이 금융지주회사를 통하지 않고 직접 자회사를 설립하여 증권 · 보험 등 여러 영역에 진출할 수 있는 길도 있다.

이 절에서는 은행법령상 규정하고 있는 은행의 자회사(자은행을 포함한다)에 관련된 규정의 내용을 법적인 측면에서 살펴보면서 문제점을 지적하고 개선 방향을 제시하고자 한다. 이를 위해서 은행법, 동법 시행령, 「은행업감독규정」 및 「은행업감독업무시행세칙」 등의 관련 감독 규정 및 다른 관련 법령(외국환거래법령, 「금융산업의 구조개선에 관한 법률」 등)을 검토해 본다. 우선 Ⅱ.에서는 관련법령상의 은행 자회사 규제 대한 전반적인 내용을 고찰하며, Ⅲ.에서는 자은행에 대하여는 자회사에 적용되는 규제 이외에 특별히 추가적으로 적용되는 사항이 있으므로 별도의 장으로 해서 이에 대한 내용을 살펴보며, Ⅳ.에서는 이의 논의를 토대로 하여 은행 자회사 관련 규제의 개선 방향에 대하여 법 · 제도적인 측면에서 제시해 본다.

---

* 이 절의 내용은 「규제연구」 제16권 제2호(한국규제학회, 2007. 12)에 실린 글을 다소 수정 · 보완한 것이다.

Ⅱ. 은행 자회사에 대한 규제 내용

1. 총 설

(1) 개 관

은행법상 은행은 일정한 경우를 제외하고는 다른 회사의 의결권 있는 발행 주식 총수(출자지분을 포함함)(이하에서 다른 특별한 언급이 없으면 출자지분을 포함하는 것으로 한다)의 15%를 초과하여 보유할 수 없다(은행법 제37조 제1항).[1][2] 다만 「은행업감독규정」 제49조에서 정하는 금융업종에 속하는 회사의 경우이거나 기업 구조 조정을 위해서 은행이 기존 대출을 출자전환하고 금융위원회(이하 "금융위"라 한다)가 승인한 회사의 경우에는 당해 회사의 의결권 있는 발행 주식 총수의 15%를 초과하여 보유할 수 있는데, 은행법은 그러한 회사를 '자회사'라고 정의하고 있다(법 제37조 제2항 본문).[3] 따라서 은행의 자회사는 크게 '금융자회사'와 '비금융자회사'로 나눌 수 있다. 금융자회사로는 은행, 증권회사, 보험회사, 자산운용회사, 여신전문금융회사, 상호저축은행 등의 금융기관

1) 이하 인용할 때는 '법'이라 한다.

2) 정찬형(편집대표), 「주석 금융법(Ⅰ) (은행법)」, 서울: 한국사법행정학회, 2007, 482면(도제문 집필 부분)은 은행법 제37조의 취지를 "은행의 타 회사 소유 지분을 일정한도 이하로 규제함으로써 금융자본의 산업자본 지배를 방지하는 데 목적이 있다"라고 설명하고 있으나, 은행은 제한적이기는 하지만 산업자본인 비금융회사를 자회사로 둘 수 있는 점 및 비금융회사의 의결권 있는 주식 15%까지는 자유로이 소유할 수 있다는 점 등을 감안할 때 과연 금융자본의 산업자본 지배를 방지하는 목적인지 의문이 든다. 은행법 제37조의 취지는 은행의 자산 운용의 건전성을 위해 둔 규정이라고 이해하는 것이 더 타당하다고 본다. 이러한 취지의 설명으로는 국회 재정경제위원회, "금융기관의합병및전환에관한법률개정법률안 심사보고서," 1996. 12, 39면 참조. 오히려 금융자본의 산업자본 지배를 방지하는데 목적이 있는 것은 「금융산업의 구조 개선에 관한 법률」 제24조일 것이다(위 심사보고서, 39면). 동법 제24조에 대한 자세한 분석과 검토 내용은 고동원, "「금융산업의 구조개선에 관한 법률」 제24조의 쟁점 분석과 개선 과제," 「금융연구」 제20권 1호(한국금융연구원, 2006. 6), 23-67면 참조(이하 "금산법논문"이라 한다).

3) 이는 상법상의 자회사 정의 규정에 대한 특칙이다. 이는 은행법 제3조가 은행법이 상법에 우선하여 적용한다고 규정하고 있기 때문이다. 상법상은 다른 회사의 발행주식 총수의 50%를 초과하는 주식을 가진 회사를 '모회사'라고 하고, 그 다른 회사를 '자회사'라고 정의하고 있다(제342조의2 제1항).

이 포함된다(은행업감독규정 제49조). 비금융자회사는 은행업감독규정 제49조가 정하는 금융업종 이외의 회사가 해당된다. 특히 금융자회사가 은행의 경우에는 은행법은 '자은행'이라고 정의를 하고 별도의 규제 사항을 규정하고 있다(법 제37조 제5항내지 제8항).[4] 한편 은행의 자회사에 대한 출자에 있어서는 은행법령상의 출자금액 한도 규제 등 여러 가지 규제가 적용된다(법 제37조 제2항, 동법 시행령 제21조 제1항, 은행업감독규정 제50조 제1항 및 제52조 제1항). 그리고 은행이 자회사에 대하여 출자를 한 때에는 7일 이내에 금융위에 보고하여야 한다(법 제37조 제4항).

(2) '다른 회사'의 종류 및 외국회사의 포함 여부 문제

은행법 제37조가 명시적으로 '다른 회사'의 의결권 있는 주식뿐만 아니라 의결권 있는 출자지분도 포함하고 있기 때문에 그 대상 회사는 주식회사뿐만 아니라 상법상의 합자회사나 유한회사도 포함하게 될 것이다.[5] 한편, 단지 '다

4) 2002년 4월 은행법이 개정되기 전에는 은행은 다른 은행의 주식을 소유할 수 없도록 되어 있었으나(개정 전 은행법 제38조 제9호), 동 개정에 의하여 은행이 다른 은행의 주식을 소유할 수 있게 되었다.

5) 상법상 합명회사, 합자회사 및 유한회사는 주식이 아닌 출자지분을 갖게 된다. 따라서 의결권 있는 출자지분을 갖고 있는 회사이냐를 검토해 보면, 합명회사는 그 대상 회사에 속하지 않게 될 것이다. 그 이유는 무한책임사원만으로 구성되는 합명회사의 경우에는 "회사는 다른 회사의 무한책임사원이 되지 못한다"는 상법 규정(제173조)에 의하여 은행은 합명회사의 무한책임사원이 될 수 없으므로 합명회사의 지분을 취득할 수 없기 때문이다. 한편, 무한책임사원과 유한책임사원으로 구성되는 합자회사의 경우에는 다소 검토를 요한다. 은행이 유한책임사원이 되는 데에는 제한이 없으므로 유한책임사원의 지분이 의결권이 있는지를 검토해 보아야 한다. 일반적으로 업무집행권이 있는 경우에는 의사 결정에 참여할 수 있는 권리, 즉 의결권도 발생한다. 합자회사의 유한책임사원이 업무집행권이 있느냐에 대해서는 그 견해가 나누어진다. 즉 통설의 입장에 따르면, "유한책임사원은 회사의 업무집행을 할 수 없다"는 상법 제278조는 회사의 내부관계에 불과하므로 정관 또는 총사원의 동의에 의하여 유한책임사원에게 업무집행권을 부여하는 것이 가능하다고 보는데(정찬형, 「상법강의(상)」, 서울: 박영사, 2005, 536면), 이 견해에 따르면 유한책임사원은 의결권이 있다고 볼 수 있다. 그러나, 상법 제278조가 강행규정이라고 보아 정관의 규정으로도 유한책임사원에게 업무집행권을 인정할 수 없다는 견해(이철송, 「회사법강의」, 서울: 박영사, 2003, 161면)에 따르면, 상법상 특별히 총사원의 동의를 요하는 경우(회사의 조직변경(상법 제286조), 정관의 변경(상법 제269조, 제204조), 해산 결의(상법 제269조, 제227조 제2호))를 제외하고는 유한책임사원의 의결권은 부정될 것이다. 즉 제한적인 의결권을 갖게 된다고 볼 수 있을 것이다. 이렇게 본다면 합자회사의 유한책임사원은 최소한 제한적인 의결권은 가지기 때문에 그 대상 회사의 범위에는 포함된다

른 회사'라고 하고 있어서 외국법령에 따라 설립된 외국회사도 그 범위에 포함되는지에 대해 논란이 있을 수 있다. 그러나, 자회사의 대상 범위 및 자산 운용 차원에서의 투자 대상의 범위를 고려할 때 외국회사를 배제할 이유는 없다고 본다. 따라서, 해석상 외국회사도 그 범위에 포함되는 것으로 보는 것이 타당하다고 본다. 예를 들어, 우리나라의 유한회사와 주식회사의 성격을 둘 다 갖고 있는 외국법상의 유한책임회사(limited liability company)도 우리나라 상법상 정확하게 일치하는 회사 형태는 아니지만 어쨌든 회사 형태이므로 그 범위에 포함된다고 보아야 할 것이다. 다만, 외국회사를 자회사로 두는 경우에는, 후술하는 바와 같이, 다소 애매한 점은 있으나 외국 금융자회사를 둘 수 있으나, 외국 비금융자회사를 둘 수는 없다고 해석하는 것이 타당하다고 본다.

(3) 회사가 아닌 조합 등에의 출자 문제

은행법은 '다른 회사'라고 하고 있기 때문에 해석상 투자 대상이 조합 형태인 경우(민법상의 조합이나 상법상의 익명조합)나 우리나라 조합과 유사한 외국법상의 파트너십(partnership)의 경우에는 15% 제한이 적용되지 않는 것으로 볼 수밖에 없을 것이다. 즉 15% 기준을 초과하여 제한 없이 소유할 수 있고, 또한 자회사에도 해당하지 않게 될 것이다. 그러나 입법론적으로는 자산 운용의 건전성 측면이나 자회사 관리 측면에서 조합이나 파트너십 등을 제외할 이유도 없다고 보므로, 이러한 조합이나 파트너십도 포함할 수 있도록 조치를 취할 필요가 있다고 본다.[6]

(4) 무의결권 주식의 취득 문제

은행법은 명시적으로 "의결권 있는 주식 또는 출자지분"이라고 하고 있기 때문에 은행이 다른 회사의 의결권 없는 주식(예를 들어, 이익배당 우선주)이나 의결권이 없는 출자지분(예를 들어, 업무집행권이 없거나 경영권 행사 권한이 없는 출자지분, 즉 합자회사의 유한책임사원 지분을 생각할 수 있을 것이다)을 소유하는 경우에는 동 15% 기준 제한을 받지 않을 것이다. 따라서, 15% 기준 계산시 그러한 지

고 보아도 무리가 없을 것이라고 생각한다.

6) 미국 은행지주회사법도 '회사'의 범위에 파트너십이나 단체(association)를 포함하고 있다. 12 U.S.C. Section 1841(b).

분은 포함되지 않으며, 동 15%를 초과하여 소유할 수도 있다. 그러므로 동 15%를 초과하여 소유하더라도 자회사에 해당하지 않고, 그렇기 때문에 자회사에 대한 은행법령상의 여러 규제가 적용되지 않게 된다.

한편, 15% 기준 계산에 포함되지 않는 우선주가 의결권이 부활하는 경우에는 어떻게 처리하여야 하는지에 대해서는 명시적인 규정이 없어서 논란이 있을 수 있다. 이와 관련하여, 자회사가 되기 위해 승인을 얻어야 하는 경우에는, 의결권이 부활하기 전에 미리 승인을 얻는 방법도 고려해 볼 수가 있으나, 주주 각자가 우선적 배당을 하지 않을지 여부를 결정하는 것은 아니므로 의결권 부활 여부를 미리 알고 승인을 얻도록 하는 것은 크게 타당성이 있어 보이지는 않는다. 따라서, 이러한 경우에는 사후 승인을 받도록 하거나 사후에 처분하는 방법이 타당하게 보이는데, 이 경우에도 일정한 유예기간을 부여하는 것이 보다 바람직하다고 본다. 즉, 무의결권 우선주는 의결권을 부여하지 않는 것을 원칙으로 하여 발행된 것이고, 의결권이 부활하는 것은 일시적인 것에 불과하므로 무의결권인 상태에서 주식을 취득한 이후에 의결권이 부활하였다고 하여 바로 사후 승인을 받도록 하는 것은 합리성이 떨어진다고 본다. 해결 방법으로서 일정 기간(예를 들어, 1년 내지 2년 정도)의 유예기간을 두고, 그 기간 동안 의결권 부활 상태가 계속되는 경우에는 사후 승인을 받도록 하거나, 그렇지 않으면 그 이후 일정 기간(예를 들어, 6개월 정도) 이내에 처분하도록 하는 것이 보다 바람직한 방향으로 판단된다. 보다 명확하게 하기 위한 입법 조치가 필요하다고 본다.

(5) 상법 및 다른 금융 관련 법상의 자회사 정의 규정

이하에서는 상법 및 다른 금융관련법상의 자회사 정의 규정을 살펴봄으로써, 은행과 어떤 차이가 있는지를 살펴본다.

1) 상 법

상법상 자회사의 정의는 다른 회사의 발행주식 총수의 50%를 초과하여 취득하고 있는 경우이다(상법 제342조의2 제1항). "발행주식 총수의 50%를 초과하는 경우"를 말하기 때문에 의결권 없는 주식도 포함하게 되는 점이 다르다. 물론 해석상 의결권 있는 주식을 기준으로 하여야 한다는 주장도 있다.[7] 그리고 왜

7) 이철송, 「회사법강의」 제14판, 서울: 박영사, 2007, 329면.

50%를 기준으로 삼고 있느냐에 대해서는 명확한 설명을 하기가 어렵다고 보이나, 입법정책의 문제라고 설명할 수밖에 없지 않을까 생각한다. 이는 다른 나라의 입법례를 참고[8]하여 그 기준을 정한 것이라고 파악된다.

2) 증권거래법

증권회사의 자회사 정의는 증권회사가 (i) 의결권 있는 발행주식(출자지분 포함, 이하 같다) 총수의 50%를 초과하여 소유하고 있는 경우, (ii) 의결권 있는 발행주식 총수의 30%를 초과하여 소유하면서 최대주주인 경우 또는 (iii) 위의 (i) 또는 (ii)의 회사와 합하여 의결권 있는 발행주식 총수의 30%를 초과하여 소유하면서 최대주주인 회사의 경우이다(증권업감독규정 제2-8조 제6호 가목, 나목 및 다목). 이러한 자회사 기준의 정의는 「주식회사의 외부감사에 관한 법률」상의 연결재무제표 작성 범위 대상 회사인 지배회사·종속회사의 정의를 준용한 것이다(법 제1조의2 제2호, 동법 시행령 제1조의3 제1항 제1호, 제2호, 제3호).

3) 보험업법

보험회사의 자회사 정의는 은행과 마찬가지로 의결권 있는 발행주식(출자지분 포함) 총수의 15%를 초과하여 보유하는 회사이다(보험업법 제109조 및 제115조).

4) 금융지주회사법

금융지주회사의 자회사의 경우에는 발행주식 총수(즉 의결권 없는 주식도 포함한다)를 기준으로 최다출자자로서 주권 비상장법인인 경우에는 50% 이상, 주권상장법인 또는 코스닥상장법인인 경우에는 30% 이상을 소유하여야 한다(「독점규제 및 공정거래에 관한 법률」제8조의2 제2항 제2호).[9][10]

---

8) 독일(§17 abs. 2 AktG), 미국(Model Business Corporation Act §7.21(b)), 프랑스(회사법 제355조)의 경우를 참고한 것으로 보인다(위의 책, 329면).

9) 금융지주회사법은 금융지주회사에 관하여 금융지주회사법에 특별한 규정이 없는 경우에는 상법과 「독점규제 및 공정거래에 관한 법률」이 적용된다고 하고 있으나(제62조), 자회사 주식 소유 기준은 금융지주회사법이 별도로 규정하고 있기 때문에(금융지주회사법 제43조의2 제1항) 금융지주회사법상의 자회사 주식 소유 기준이 적용된다.

10) 2007년 4월 「독점규제 및 공정거래에 관한 법률」이 개정되어, 자회사 기준이 주권비상장법인인 경우에는 50% 이상에서 40% 이상으로, 주권상장법인 또는 코스닥상장법인인 경우는 30% 이상에서 20% 이상으로 하향 조정되었으나, 금융지주회사법에 특례조항(제43조의2 제1항)이 있으므로 금융지주회사법에 따라 50% 이상 및 30% 이상의 요건이 적용된다.

5) 평 가

위에서 살펴본 것처럼, 보험업법을 제외하고는 상법이나 증권거래법 및 금융지주회사법은 자회사의 정의를 은행과 다르게 하고 있음을 알 수 있다. 그러면 왜 이러한 차이가 나는가? 이에 대한 답은 매우 어렵다고 본다. 이는 각 관련 해당 법이 그 규제의 목적이 다르기 때문에 차이를 두고 있다고 설명할 수도 있으나, 보다 설득력 있는 답은 입법 정책의 문제라고 보아야 하지 않을까 생각한다.[11] 물론 이러한 입법 정책의 판단에 있어서는 과거의 운용 경험 사례(예를 들어, 다른 회사의 경영에 대한 영향력 행사 기준 등) 및 다른 나라의 입법례(예를 들어, 미국 은행지주회사법(Bank Holding Company Act of 1956)의 '지배'(control) 기준인 25% 기준(12 U.S.C. Section 1841(a)(1)) 등)도 참고가 될 수는 있을 것이다.[12]

2. 자회사의 의의 및 유형

(1) 금융자회사의 의의 및 유형

'금융자회사'는 은행법상 은행이 금융업종 회사의 의결권 있는 주식이나 출자지분의 15%를 초과하여 소유하고 있는 금융업종의 회사를 말한다(법 제37조 제2항). 금융업종 자회사의 유형은 은행업감독규정 제49조가 규정하고 있는데, 은행, 증권회사, 보험회사, 신탁회사, 상호저축은행, 자산운용회사 등이 해당된다.[13] 특히 「간접투자자산 운용업법」에 의한 사모투자전문회사(private equity

11) 이철송, 위의 책, 329면도 "母子관계를 인정하느냐 하는 것은 중요한 입법정책의 문제이다"라고 설명하고 있다.

12) 이러한 정책적 판단에 있어서 금융업종의 경우 해당 금융업종 회사의 위험 관리 능력이나 금융시스템에 미치는 영향 등이 고려될 수는 있을 것이다.

13) 은행업감독규정 제49조는 다음과 같은 업종을 열거하고 있다. 1) 은행법에 의한 은행업, 2) 장기신용은행법에 의한 장기신용은행업무, 3) 증권거래법에 의한 증권업, 4) 보험업법에 의한 보험업, 5) 종합금융회사에관한법률에 의한 종합금융회사업무, 6) 신탁업법에 의한 신탁업, 7) 상호저축은행법에 의한 상호저축은행업무, 8) 여신전문금융업법에 의한 여신전문금융업, 9) 신용정보의이용및보호에관한법률에 의한 신용정보업, 10) 중소기업창업지원법에 의한 중소기업창업투자업, 11) 선물거래법에 의한 선물업, 12) 은행업무의 수행과 직접 관련된 금융전산업 및 금융연구업, 13) 팩토링업, 14) 자산유동화에관한법률에 의한 유동화전문회사업무 및 자산관리업무, 15) 주택저당채권유동화회사법에 의한 주택저당채권유동화회사업무, 16) 산업발전법에 의한 기업구조조정전문회사업무, 17) 간접투자자산운용업법에 의한 자산운용회사업무, 투자회사업무, 투자자문업무, 일반사무관리회사업무 및 사모투자전문회사업무, 18) 간접투자자산운용업법에 의한 사모투자전문회사의 지분 소유를 목적으로 하는 회사

fund: PEF)의 경우에는 은행이 사모투자전문회사의 업무집행사원 또는 무한책임사원이 되거나 유한책임사원으로서 사모투자전문회사 출자총액의 30%를 초과하여 지분을 보유하면 자회사로 간주하고 있다(은행업감독규정 제49조의2). 즉, 은행법 제37조에 따르면, 원칙적으로 은행이 사모투자전문회사의 의결권 있는 출자지분의 15%를 초과하여 소유하여야 자회사가 되는데(다시 말하면, 의결권을 행사할 수 있는 사원(업무집행권이 있는 사원 등)으로서 출자총액의 15%를 초과하여 출자지분을 소유하고 있어야 하는데), 그렇지 않더라도 업무집행사원이나 무한책임사원이 되는 경우 또는 유한책임사원으로서 출자총액의 30%를 초과하여 지분을 보유하는 경우에는 특별히 자회사로 보겠다는 취지인 것이다.[14)]

좀 더 자세히 논의하면 다음과 같다. 「간접투자자산 운용업법」상 사모투자전문회사는 합자회사의 형태를 취하므로(법 제144조의2 제4항, 제144조의3 제1항), 무한책임사원과 유한책임사원으로 구성된다. 상법상 회사는 다른 회사의 무한책임사원이 될 수 없지만(제173조), 「간접투자자산 운용업법」은 사모투자전문회사에 대해서는 상법 제173조를 배제하는 조항을 두고 있기 때문에(법 144조의3 제4항), 은행은 무한책임사원이 될 수 있다. 사모투자전문회사의 업무 집행은 업무집행사원이 수행하는데, 업무집행사원은 무한책임사원 중 정관에 의해 정해지게 된다(법 제144조의10 제1항). 따라서 무한책임사원 중 업무집행사원이 일반적인 의결권을 행사하게 된다. 다만, 사원 전원의 동의를 요하는 경우[15)]에는 업무집행사원이 아닌 무한책임사원도 의결권을 가진다. 그리고, 이 경우 의결권의 수는 1인당 1의결권이 된다.[16)] 따라서 의결권 있는 출자지분이 15%가 되지 않을 수도 있기 때문에 은

의 업무, 19) 사회기반시설에대한민간투자법 제8조의2에 따라 주무관청에 의하여 지정을 받은 민간투자대상사업(법인세법 제51조의2 제1항 제6호에 해당하는 회사를 통하여 영위하는 경우에 한한다), 20) 은행의 자기자본 조달업무(당해 은행의 자기자본 조달만을 목적으로 설립되고, 의결권 있는 발행주식 또는 지분 총수를 소유한 경우에 한한다), 21) 기타 위의 1) 내지 20)에 준하는 것으로 금융위가 인정하는 업무.

14) 따라서, 은행업감독규정 제49조 제18호가 규정하는 "사모투자전문회사업무"라고 하는 것은 금융업종의 일종이라는 의미에 그치고, 사모투자전문회사의 업무집행 결정권이 있는 출자지분의 15%를 초과하여야 한다는 의미는 없게 될 것이다. 그러나, 은행업감독규정 제49조의2가 특례 규정을 두고 있으므로 사모투자전문회사를 금융업종의 하나로 규정하지 않더라도 큰 문제는 없을 것이다.

15) 예를 들어, 정관의 정함에 따라 무한책임사원의 지분을 타인에 양도하는 경우(간접투자자산운용업법 제144조의14 제2항 단서), 정관의 변경(상법 제204조), 해산 결의(상법 제227조 제2호) 등을 들 수 있다.

16) 이에 대해서는 정관에 사원의 출자금액 또는 출자지분에 따라 의결권을 갖게 하는 것으로 정할 수 있다는 입장에서는 동 지분에 따라 의결권을 행사할 수도 있을 것이

행이 업무집행사원이나 무한책임사원이 되면 바로 자회사로 간주하고 있는 것이다. 한편, 사모투자전문회사의 유한책임사원의 경우에는 업무집행권이 없으므로[17] 원칙적으로 의결권을 행사할 수 없으며, 다만 총사원의 동의를 요하는 경우[18]에만 유한책임사원도 의결권을 가진다. 이 경우에도 1인당 1의결권을 가진다고 보아야 할 것이다. 따라서 제한적인 의결권을 갖고 있는 유한책임사원의 경우에는 30% 기준으로 자회사 여부를 판단하겠다는 것으로 파악된다. 하여튼 사모투자전문회사의 경우에는 자회사 판단 기준인 15% 기준에 예외가 적용되고 있는 것이다.

그리고, 금융업종 자회사의 범위에는 자은행도 포함되므로 자은행에 대하여 따로 규정하고 있지 않는 한 "자회사"라고 하는 경우에는 자은행도 포함하는 것으로 이해하여야 할 것이다. 또한 은행법상 자은행을 제외한 금융자회사를 두려고 하는 경우에는 금융위 승인이 필요한지 여부에 대해서는, 후술하는 것처럼 견해가 나누어질 수 있지만, 금융위 승인이 필요 없다고 보는 것이 타당하다고 본다.

(2) 비금융자회사의 의의 및 유형

은행법상 '비금융자회사'는 은행이 기업구조 조정 촉진 목적으로 금융위의 승인을 얻어 의결권 있는 주식이나 출자지분의 15%를 초과하여 소유하고 있는 비금융업종의 자회사를 말한다(법 제37조 제2항). 비금융자회사의 범위는 은행업감독규정 제49조가 규정하고 있는 금융업종 이외의 회사를 말한다(은행업감독규정 제51조 제1항).

다. 이에 대한 논의는 윤희웅/이진국, "사모투자전문회사의 합자회사 형태에 따른 법적 문제점," 「BFL」 제10호, 서울대학교 금융법센터, 2005. 3, 20면 참조.

17) 사모투자전문회사의 유한책임사원이 업무집행권이 없다는 근거로서는 (i) 사모투자전문회사의 업무집행권은 무한책임사원 중에서 정관에 업무집행사원으로 정한 무한책임사원이 갖는다는 규정(간접투자자산운용업법 제144조의10 제1항) 및 (ii) 유한책임사원은 사모투자전문회사의 재산인 주식 또는 지분의 의결권 행사에 영향을 미치지 못한다는 규정(동법 제144조의3 제5항)을 들 수 있다.

18) 총사원의 동의를 얻어야 하는 경우는 무한책임사원의 경우와 같다. 즉 정관의 정함에 따라 무한책임사원의 지분을 타인에 양도하는 경우(간접투자자산운용업법 제144조의14 제2항 단서), 정관의 변경(상법 제204조), 해산 결의(상법 제227조 제2호) 등을 들 수 있다.

한편, 금융위의 승인을 얻는 경우에 15%를 초과하여 소유하고 있는 상태에서 추가로 주식이나 출자지분을 취득하는 경우에도 승인을 얻어야 하는지 의문이 들 수 있다. 이에 대해 은행업감독규정은 명시적으로 추가 승인을 얻어야 한다고 규정하고 있다(제51조 제1항 본문). 한편, 주식이나 출자지분을 추가로 취득하지 아니하였음에도 불구하고 의결권 있는 발행주식 수 또는 출자지분의 변동 등의 사유로 인하여 15% 한도를 초과하게 된 경우에는 어떻게 되는가? 은행업감독규정은 그러한 경우에는 동 사유 발생일로부터 15일 이내에 승인을 신청할 수 있도록 규정하고 있다(제51조 제1항 단서).

3. 자회사에 대한 출자액 한도 규제

은행이 자회사를 소유하고자 하는 경우에는 은행법령상의 출자액 한도 규제가 적용된다. 다시 말해서 아무런 제한 없이 무한정 자회사의 주식이나 지분을 소유할 수는 없다. 이에 대해 은행법령은 크게 두 가지 한도 규제를 규정하고 있다. 첫 번째는 모든 자회사(즉 자은행도 포함한 금융자회사 및 비금융자회사)에 대한 출자 총합계액은 당해 은행 자기자본[19]의 15% 이내이어야 한다는 것이다(법 제37조 제2항 제1호 및동법 시행령 제21조 제1항). 이 경우는 아래 두 번째 경우와 달리 당해 은행이나 자회사에 요구되는 경영실태평가 등급 요건 등이 적용되지 않는다.

두 번째는 다음과 같은 일정한 요건을 충족하는 경우에는 모든 자회사에 대한 출자 총합계액[20]이 은행 자기자본의 30% 이내까지 출자할 수 있다는 것이다. 즉 (i) 당해 은행의 경영실태 평가 등급 결과가 1등급 또는 2등급이면

---

19) '자기자본'이라 함은 "국제결제은행(B I S) 기준에 따른 기본자본과 보완자본의 합계액"을 말한다(은행법 제2조 제1항 제5호). '기본자본'(core capital)은 "자본금 · 내부유보금 등 은행의 실질 순자산으로서 영구적 성격을 지닌 것"을 말하며, '보완자본'(supplementary capital)은 "후순위채무(subordinated debts) 등 기본자본에 준하는 성격의 자본으로서 은행의 영업활동에서 발생하는 손실을 보전할 수 있는 것"을 말한다(은행법 시행령 제1조의2).

20) 이 경우 원본 보전 약정이 있는 신탁계정에서의 출자액을 포함한다(은행업감독규정 제50조 제3항). 그런데 은행 자기자본의 15% 기준에서 자회사에 대한 출자 총합계액의 경우에는 은행법령이 구체적으로 규정하고 있지 않은데, 30% 기준에서 규정하는 것처럼 원본 보전 약정이 있는 신탁계정에의 출자액을 포함하는 것으로 보아야 할 것이다. 그러나 법령에 이를 명확히 하여야 할 필요가 있을 것으로 본다.

서, 전년 말 현재 국제결제은행(BIS) 기준 자기자본비율이 8% 이상이고, 전년 말 현재 원화유동성비율이 100% 이상이며, (ii) 이미 출자한 금융자회사의 경우(비금융자회사는 적용되지 않는다)에 금융자회사의 경영실태 평가 등급 결과[21]가 1등급 내지 3등급이 되는 요건(법 제37조 제2항 제2호, 동법 시행령 제21조 제2항, 은행업감독규정 제50조 제1항)을 충족하면, 모든 자회사에 대한 출자 총합계액이 은행 자기자본의 30% 이내까지는 출자할 수 있다.[22] 그리고 은행이 자회사로부터 준비금 또는 재평가적립금의 자본 전입에 따라 발행된 주식을 교부받는 경우나 이익배당을 주식으로 받는 경우에는 위의 (i) 및 (ii)의 요건을 충족한 것으로 본다(은행업감독규정 제50조 제2항).

4. 자회사에 대한 관리 및 경영실태 평가

「은행업감독업무시행세칙」은 은행으로 하여금 자회사에 대한 경영관리를 하도록 하고 있다. 즉, 은행은 자회사의 영업성과와 재무상태에 대한 경영평가를 매년 실시하는 등 자회사 업무를 적절히 지도하여 경영의 건전성을 유지하여야 한다(제34조). 이 외에도 금융감독원은 금융자회사에 대하여 경영실태 평가를 하는 등(비금융자회사는 평가대상에서 제외된다)(은행업감독규정 제50조 제4항, 은행업감독업무시행세칙 제33조및<별표 13>) 자회사에 대한 관리를 하고 있다. 그리고 은행은 자회사에 대하여 신규 출자(신규 설립하거나 인수하는 경우 포함)를 하거나 지분율이나 자본금 등 출자 현황이 변경되는 경우에는 금융위에 보고하여야 한다(법 제37조 제4항, 은행업감독업무시행세칙 제36조).

5. 자회사와의 거래 규제

은행과 자회사는 이해관계의 충돌 가능성이 많고, 또한 관계회사간의 부당지원에 따른 공정성의 훼손 가능성 등이 있기 때문에, 은행법은 자회사와의 거래에 대한 여러 가지 규제를 가하고 있다. 여기서 자회사는 자은행을 포

---

21) 은행 자회사의 경영실태평가 결과는 1등급(우수), 2등급(양호), 3등급(보통), 4등급(취약), 5등급(위험)의 5단계 등급으로 구분하며, 평가등급 산정을 위한 구체적인 사항은 금융감독원장이 정한다(은행업감독규정 제50조 제4항).

22) 다만, 법령의 규정에 따라 출자하는 경우와 금융위가 불가피한 것으로 인정하는 경우에는 동 30% 출자한도를 초과할 수 있다(은행업감독규정 제50조 제1항 제3호 단서).

함하는 것으로 보아야 할 것이다. 왜냐하면 자회사와의 거래 규제에 관해 은행법이 특별히 자은행을 배제하고 있지 않기 때문이다(법 제37조 제3항 참조).

(1) 자회사에 대한 신용공여 제한

우선 은행은 당해 자회사에 대한 신용공여[23] 한도 제한을 받는다. 즉 은행은 원칙적으로 자회사 각각에 대하여는 당해 은행 자기자본의 10%, 자회사 전체에 대하여는 당해 은행 자기자본의 20%를 초과하여 신용공여를 할 수 없다(법 제37조 제3항 제1호, 은행업감독규정 제52조 제1항 본문). 다만, (ⅰ) 은행 이사회에서 합병하기로 결의한 자회사에 대한 유동성 지원이 불가피한 경우나 (ⅱ) 은행 공동으로 경영 정상화를 추진 중인 자회사에 대하여 유동성을 지원하기로 합의한 경우에는 위의 한도를 초과하여 신용공여를 할 수 있다(은행업감독규정 제52조 제1항 단서). 은행이 추가적인 신용공여를 하지 아니하였음에도 불구하고 일정한 경우에 해당하여[24] 위의 10%, 20% 한도를 각각 초과하게 된 때에는 이를 적합하게 하기 위한 계획을 한도초과일로부터 1월 이내에 금융감독원장에게 제출하여야 한다(은행업감독규정 제52조 제2항). 또한, 은행은 자회사 주식을 담보로 하는 신용공여와 자회사의 주식을 매입시키기 위한 신용공여를 해서는 안 된다(법 제37조 제3항 제2호). 그리고 은행은 금융위가 정하는 소액대출[25]을 제외하고는 자회사의 임원과 직원에 대하여 대출을 해서는 안 된다(법 제37조 제3항 제3호).

한편, 자회사에 대한 신용공여와 관련하여 은행의 대주주에 대한 신용공여 한도를 규정하고 있는 은행법 제35조의2가 자회사에 대해서도 추가적으로 적용되는지에 대하여 논란이 있을 수 있다. 즉 은행법 제35조의2는 대주주

23) '신용공여'라 함은 "대출, 지급보증 및 유가증권의 매입(자금지원적 성격의 것에 한한다) 기타 금융거래상의 신용위험을 수반하는 은행의 직접·간접적 거래"를 말한다(은행법 제2조 제1항 제7호). 구체적인 신용공여의 범위는 은행법 시행령 제1조의3, 은행업감독규정 제3조 및 〈별표 2〉에 규정되어 있다.

24) 1) 환율 변동에 따른 원화 환산액의 증가, 2) 당해 은행의 자기자본 감소, 3) 자회사간의 합병 또는 영업의 양수도, 4) 지급보증대지급금 발생, 5) 금리 상승에 따른 사채지급보증액 증가, 6) 은행 대차대조표 계정과목의 변경, 7) 신용공여의 범위 변경, 8) 비금융회사의 의결권 있는 발행 주식의 15%를 초과하는 주식을 소유하게 되는 경우에 해당하는 것을 말한다(은행업감독규정 제52조 제2항).

25) 일반자금 대출의 경우 20백만원(급부 포함) 이내, 주택자금 대출(일반자금 대출 포함)의 경우 50백만원 이내를 말한다(은행업감독규정 제53조 및 제56조 제1호, 제2호).

(법 제2조 제1항 제10호) 및 그 대주주의 특수관계인(법 시행령 제1조의4)[26]에게 할 수 있는 신용공여의 금액을 제한하고 있는데, 은행의 자회사가 특수관계인의 범위에 포함되는 경우 은행의 자회사에 대한 신용공여도 은행법 제35조의2가 적용되어야 하는지에 대한 문제이다. 생각하건대, 자회사에 대한 신용공여 제한은 자회사에 대한 신용공여에 대하여 별도로 규정하고 있는 은행법 제37조를 적용하면 충분하고, 은행법 제35조의2의 취지가 이러한 자회사에 대한 신용공여 제한까지 포섭하려는 것으로 보기가 어려운 점, 그리고 은행에 대주주가 있는 지 여부에 따라 자회사에 대한 거래가 달리 규제되는 문제점 등을 감안할 때, 형식적으로는 적용 가능하다고 볼 수도 있지만, 은행법 제35조의2를 은행의 자회사에 대한 신용공여에까지 적용하는 것은 합리적인 해석은 아니라고 본다. 그러나, 이러한 문제를 해결하기 위해서는 이에 대한 보다 명확한 규정을 할 필요가 있다고 본다.

(2) 자회사와의 거래 행위 규제

은행은 자회사와의 거래에 있어서 통상의 조건(arms-length terms)에 따라야 하며, 다음과 같은 행위를 하는 것이 금지된다. 즉 1) 정당한 사유 없이 자회사를 우대하는 행위, 2) 정당한 사유 없이 자회사가 부담하여야 할 경비를 부담하는 행위, 3) 자회사 경영의 독립성 및 건전성을 침해하는 행위, 4) 자회사 또는 고객에게 이익상충의 우려가 있는 거래를 하도록 영향력을 행사하는 행위, 5) 업무상 지득(知得)한 고객에 대한 정보를 고객의 동의 없이 자회사에 제공하거나 자회사로부터 제공받는 행위를 해서는 안 된다(은행업감독규정 제52조 제3항). 이 외에도 금융감독원장은 은행의 건전 경영을 위하여 필요한 최소한의 범위 내에서 은행과 자회사와의 거래를 제한하는 등 필요한 조치를 취할 수 있다(은행업감독규정 제52조 제4항).[27]

---

26) 은행법 시행령 제1조의4는 특수관계인의 범위로서 「독점규제 및 공정거래에 관한 법률」상의 기업집단에 속하는 회사 등을 규정하고 있다.

27) "자회사와의 거래 제한 조치는 불이익 부과 처분이므로 모은행과 자회사의 거래 제한에 관한 법적 근거를 보다 명확해야 한다"는 주장에 대해서는 진홍수, "최근 은행법상의 주요 법적 이슈 검토"(자료), 「은행법연구」 제2집, 은행법연구회, 2006. 12, 157면 참조.

6. 해외 현지법인 자회사 신설시 금융감독당국과의 협의

은행법상 은행이 외국에 지점·대리점 기타 영업소 또는 사무소를 외국에 신설하고자 하는 경우에는 사전에 그 신설 계획을 작성하여 금융위와 '협의'하여야 한다(법 제13조).[28] 이에 근거하여 「은행업감독규정」은 은행이 대한민국 이외의 지역에서 지점 및 국외 사무소와 국외 지역에 소재하는 자회사("현지법인"이라고 정의하고 있음)[29]를 신설하고자 하는 경우에는 사전에 그 계획을 제출하여 금융감독원장과 협의하도록 하고 있다(은행업감독규정 제13조).[30]

따라서, 해외 자회사를 새로 설립하는 경우에는 은행법 제37조상으로는 금융위 승인이 필요 없지만, 은행업감독규정 제13조에 근거하여 금융감독원장과 협의하여야 한다. 그런데 기존 해외 회사를 인수하여 현지법인화하는 경우에도 설립 시와 마찬가지로 보아 금융감독원장과 협의를 해야 하는 지에 대해서는 명확하지가 않다. 왜냐하면 은행법 및 은행업감독규정상 "신설"이라는 의미가 새로 설립하는 것뿐만 아니라 기존 회사의 인수까지 포함하는지가 명확하지 않기 때문이다. 생각하건대, 현지법인을 새로 설립하는 것이나 기존 회사의 주식을 인수하여 현지법인화 하는 것을 굳이 구분할 이유가 없

28) 「은행업감독업무시행세칙」에 따르면, 은행이 국외지점, 국외사무소 또는 현지법인의 신설 계획 협의시에 제출하여야 하는 서류로서, (i) 국외지점·현지법인의 경우 국외지점·현지법인 신설 계획서(진출 형태, 설치 지역, 설치 목적, 주요 취급 업무, 설치 시기 등), (ii) 국외사무소의 경우에는 국외사무소 신설계획서(설치 지역, 설치 목적, 주요 업무 활동, 설치 시기, 지점 또는 현지법인 전환 계획 유무 등), (iii) 진출국 감독당국의 업무규제 내용 및 외국은행 영업현황이 있다(동 세칙 제9조 제1항 및 〈별표 2〉).

29) 은행업감독규정상의 '자회사'는 은행법 제37조가 규정하는 자회사로 보는 것이 타당할 것이다.

30) 이와 관련하여 은행법은 외국에서 지점 등을 신설하는 경우만을 사전 협의 대상으로 규정하고 있고, 현지법인 은행을 설립하거나 인수하는 경우에는 은행법에 따라 금융위와 사전 협의를 하여야 하는지가 명확하지 않지만, 현지법인 은행 설립·인수 시에도 은행법에 의한 사전 협의 대상에 해당된다고 보아야 한다고 하면서, 현지법인 은행의 설립·인수의 경우에도 사전 협의 대상임을 은행법에 명확하게 규정하는 것이 바람직하다는 견해가 있다(정찬형(편집대표), 앞의 책, 160면(진홍수 집필 부분)). 타당한 주장이라고 본다. 같은 견해로는 고동원, "금융 선진화의 기반 구축을 위한 은행법상 몇 가지 규제의 개선 방안," 「기업법연구」 제20권 제2호(한국기업법학회, 2006. 6), 295면(이하 "금융선진화논문"이라 한다).

다는 점에서 기존 회사의 인수까지 포함하는 것으로 보는 것이 타당하다고 본다.[31] 그러나, 보다 명확히 하기 위해서는 인수까지 포함하도록 하는 문구(예를 들어, 새로운 현지법인 설립과 다른 회사의 주식이나 출자지분의 취득으로 인한 현지법인화)로 수정하는 것이 필요하다고 본다.

7. 외국환거래법령상의 규제: 해외 금융자회사 설립시 기획재정부장관에 대한 사전 신고

은행이 해외 자회사를 신설하고자 하는 경우에는 외국환거래법령도 적용된다. 「외국환거래규정」 제9-10조는 "금융기관이 금융 · 보험업에 대한 해외직접투자[32]를 하고자 하는 경우에는 기획재정부장관에 신고하여 수리를 받아야 한다"라고 규정하고 있는데,[33] 은행은 금융기관에 속할 것이고, 다만 은행업감독규정 제49조가 규정하고 있는 금융업종이 "금융 · 보험업"에 다 포함될지는 외국환거래규정이 정의를 하고 있지 않아 다소 불명확점이 없지 아니하나 "금융 · 보험업"의 범위를 넓게 보아[34] 포함된다고 보아도 큰 무리가 없을 것이라고 본다. 즉, 은행이 해외 금융자회사를 신설하거나 주식을 인수하여 현지법인화 하는 경우에는 외국환거래법령상 기획재정부장관에게 사전 신고를 하여 수리를 받아야 할 것이다.[35]

8. 「금융산업의 구조개선에 관한 법률」상의 금융감독당국 승인 문제

한편 「금융산업의 구조개선에 관한 법률」(이하 "금산법"이라 한다) 제24조에 따르면, 동

31) 정찬형(편집대표), 앞의 책, 160면(진홍수 집필 부분)도 "현지법인 은행 설립 · 인수시에도…사전 협의 대상에 해당된다고 본다"라고 하고 있다.

32) "해외직접투자"의 정의는 외국환거래법 제3조 제1항 제16호 및 동법 시행령 제7조가 규정하고 있는데, 의결권 있는 주식 또는 출자지분 15%를 초과하여 취득하는 것은 이에 해당된다.

33) 당해 현지법인의 향후 3년간의 사업계획서 등 일정한 서류를 제출하여야 한다(외국환거래규정 제9-10조 제1항).

34) 그 범위가 상당히 넓은 통계청장이 고시하는 "한국표준산업분류"에 의한 "금융 및 보험업"을 의미하는 것으로 볼 수 있을 것이다.

35) 은행법상 해외 비금융자회사를 둘 수 있다고 본다면, 외국환거래규정상 외국환은행장에게 신고하여 수리를 받으면 된다(제9-5조).

일계열 금융기관이 다른 회사의 의결권 있는 주식 20% 이상을 취득하거나 5% 이상 소유하면서 사실상 지배하고자 하는 경우에는 금융위의 승인을 얻도록 하고 있다. 따라서, 은행이 자회사를 두고자 하는 경우에는 금산법상의 승인 문제가 발생하게 된다. 이하에서는 국내 금융자회사의 경우와 해외 금융자회사의 경우가 서로 다르므로 나누어서 살펴보기로 한다.

(1) 국내 금융자회사의 경우

은행이 국내 자회사를 두는 경우(즉 자회사를 신설하거나 기존의 주식을 인수하여 자회사를 두는 경우를 포함한다. 이하 같다)에 금산법 제24조상의 금융위 승인이 필요한지가 문제될 수 있다. 금산법 제24조에 의하면, 동일계열 금융기관(은행이 포함됨)이 다음의 어느 하나에 해당하는 경우에는 금융위의 승인을 얻어야 한다. 즉 (i) 동일계열 금융기관이 다른 회사의 의결권 있는 발행주식 총수의 20% 이상을 소유하게 되는 경우 또는 (ii) 동일계열 금융기관이 다른 회사의 의결권 있는 발행주식 총수의 5% 이상 소유하면서 동일계열 금융기관 또는 동일계열 금융기관이 속하는 기업집단이 당해 회사를 사실상 지배하는 것으로서 '시행령이 정하는 경우[36]'에는 금융위 승인을 얻어야 한다(여기서는 은행법과 달리 출자지분은 포함하고 있지 않다)(금산법 제24조 제1항 제1호 및 제2호). 다만, 금융기관의 해당 설립 근거법에 따라 "인가 · 승인 등"을 얻은 경우에는 금산법상의 별도의 금융위 승인은 필요 없다(금산법 제24조 제1항 단서).

따라서, 뒤에서 논의하는 것처럼, 은행법 제37조 제2항에 따르면 은행이 금융업종의 자회사를 두는 경우에는 별도의 금융위 승인이 필요 없는데(다만, 자은행의 경우에는, 뒤에서 논하는 것처럼, 은행법 제15조에 따라 금융위 승인을 받아야 하는 경우가 있는데 그 경우는 달리 보아야 할 것이다),[37] 이런 경우에도 금산법상의 승인이 필요한지가 문제될 수 있다. 다시 말해서 은행법 제37조 제2항의 해석상 금융위 승인을 얻은 것으로 간주하여 금산법상의 승인이 필요 없는 것 아니냐 하는 논의의 문제이다.

이에 대해서는 (i) 해당 설립 근거법에서 일정한 한도를 넘는 경우에 금융감독당국의 승인이 필요 없다는 것은 금융감독당국의 인가나 승인을 얻

36) '시행령이 정하는 경우'라 함은 (i) 주식 소유 비율이 제1위에 해당하거나 또는 (ii) 주식의 분산도로 보아 주주권 행사에 의한 지배 관계가 형성되는 것을 말한다(금산법 시행령 제6조 제2항).

37) 그 반대의 견해도 있다(윤희웅/이진국, 앞의 논문, 22면).

은 것으로 간주할 수 있다는 점 및 (ii) 해당 설립 근거법에서 인가 · 승인 등을 얻은 경우에 금산법상의 승인이 필요 없다는 점을 감안할 때 더욱이 해당 설립 근거법에서 금융감독당국의 승인이 필요하지 않는 경우에는 당연히 금산법상의 승인도 필요 없다고 볼 수 있다는 점을 들어 제24조 제1항 단서 조항과 같게 취급을 해야 한다는 견해가 있을 수 있다.[38]

그러나 다음과 같은 이유로 설립 근거법상 승인을 얻은 것으로 볼 수 없다고 생각한다. 첫째, 금융기관 해당 설립 근거법상의 주식 소유 규제 목적과 금산법상의 주식 소유 규제 목적이 서로 다르다는 점이다. 즉, 금융기관 해당 설립 근거법상의 주식 소유 규제 목적은 자산 건전성의 규제인 반면에, 금산법상의 주식 소유 규제 목적은 금융기관을 이용한 지배력 확장의 규제라고 볼 수 있다. 다시 말해서 해당 설립 근거법에 따라 자산 운용 한도 이내이거나 한도를 넘더라도 금융감독당국의 승인 필요 없이 주식을 소유하는 행위는 해당 금융기관의 자산 건전성 측면에서는 큰 문제가 되지 않을 수도 있으나, 지배력 확장이라는 측면에서는 문제가 될 수 있는 것이기 때문에 규제할 필요성이 있고, 따라서 설령 해당 설립 근거법상 감독당국의 승인이 필요 없다고 하더라도 금산법상의 승인이 필요하다는 점이다.[39]

둘째, 금융기관 해당 설립 근거법에서 금융감독당국의 승인 필요 없이 주식을 소유하는 행위에 대해서 자동적으로 금산법상의 승인이 필요 없다고 보면 실질적으로 금산법의 존재 의의가 없기 때문이다. 금산법 제24조 제1항 단서 조항의 취지는 해당 설립 근거법에 의해서 금융감독당국의 인가나 승인을 받는 경우에는 금융감독당국이 자산 건전성 규제의 측면과 지배력 확장 규제의 측면을 모두 심사하여 승인할 수 있기 때문에 별도의 금산법상의 승인을 받는 번거로움을 줄이기 위한 것이다. 따라서, 해당 금융기관 설립 근거법에서 인가나 승인을 얻은 경우에 별도의 금산법상의 승인을 요구하지 않는 것은 이해가 될 수 있다. 그러나 해당 금융기관 설립 근거법에서 인가나 승인을 얻지 않는 경우에도 금산법상의 승인을 얻지 않도록 한다면 금융기관을 이용한 지배력 확장을 규제할 방법이 없게 되는 문제점이 있게 된다.[40]

---

38) 고동원, 앞의 논문(금산법논문), 55면 참조.

39) 위의 논문, 56면.

40) 위의 논문, 56면.

셋째, 금산법 제24조 제1항 단서가 "당해 금융기관의 설립 근거가 되는 법률에 의하여 인가 · 승인 등을 얻은 경우"라고 규정하고 있어서, 설립 근거법에서 적극적인 인가 등의 행위를 한 경우를 의미하는 것으로 보아야 하고, 따라서 문언 해석상 해당 설립 근거 법률에 따라 "인가 · 승인 등을 얻지 않은 경우"에는 금산법상 제24조 제1항 단서가 적용되지 않는다는 점이다.[41]

결론적으로 해당 금융기관 설립 근거법에서 감독당국의 승인을 요하지 않는 경우에도 금산법상의 승인 사유에 해당하면 별도의 승인을 얻어야 한다고 보는 것이 타당할 것이다.[42] 금융감독 당국도 이런 입장에서 금융기관 해당 설립 근거법에서 금융위의 승인이 필요 없는 경우에도 별도의 금산법상의 승인을 얻어야 한다고 보고 실무상 그렇게 처리하고 있다.[43] 따라서 은행이 금융업종의 자회사를 두는 경우에 은행법상의 승인이 필요 없다고 하더라고 금산법상의 승인 요건에 해당하면 금융위의 승인을 받아야 할 것이다. 물론 비금융업종의 자회사를 두는 경우에는 은행법상 승인을 요하므로 금산법상의 승인은 필요 없을 것이다.

그러면 은행이 금융업종 자회사를 두는 경우에 구체적으로 언제 금산법상의 승인이 필요한가? 우선 은행이 동일계열 금융기관과 함께 금융업종 회사의 의결권 있는 발행주식 총수의 20% 이상을 소유하는 경우이다(예를 들어, 25% 소유의 경우)(금산법 제24조 제1항 제1호).[44] 두 번째는 은행이 동일계열 금융기관과 함께 금융업종 회사의 의결권 있는 주식을 15% 초과하면서 20% 미만으로 소유하는 경우(예를 들어, 17% 소유의 경우를 들 수 있다. 15% 기준이 나오는 것은 은행법상 자회사 기준이 15% 기준이기 때문이다)에 동일계열 금융기관 또는 그 소속 기업집단이 최대주주가 되거나 또는 주주권 행사에 의한 지배관계가 형성되는 경우[45]

41) 위의 논문, 56면.

42) 위의 논문, 56면.

43) 금융감독위원회/금융감독원, 「우리은행의 우리제일호사모투자전문회사에 대한 출자 승인」, 보도자료, 2004. 12. 24, 1면.

44) 다만 주의하여야 할 것은 금산법은 은행법과 다르게 출자지분은 포함하고 있지 않다는 점이다(제24조 제1항). 따라서 해석상 다른 회사의 출자지분을 20% 이상 소유하고 있어도 금산법상 승인은 필요 없다고 보게 된다. 물론 은행업감독규정이 주식의 범위에 출자지분도 포함하여 규정하고 있으므로(제54조) 실무상 출자지분도 포함하여 운용하고 있으나, 법에 명시적인 규정 없이 하위 규정에 정하여 운용하는 것이 타당한지는 의문이다.

45) "지배관계가 형성되는 경우"에 대해서는 금산법 및 동법 시행령이 침묵을 지키고 있다. "임원의 임면 등의 방법으로 대상 회사의 경영에 대하여 지배적인 영향력을 행

이다(금산법 제24조 제1항 제2호, 동법 시행령 제6조 제2항).

반면에 은행이 금융업종 자회사를 두는 때에 금산법상 금융위 승인이 필요하지 않게 되는 경우는 은행이 동일계열 금융기관과 함께 금융업종 회사의 의결권 있는 주식을 15% 초과 20% 미만으로 소유하면서 은행을 포함한 동일계열 금융기관 또는 그 소속 기업집단이 최대주주가 아니면서 주주권 행사에 의한 지배관계가 형성되지 않는 경우이다(금산법 제24조 제1항 제2호, 동법 시행령 제6조 제2항 참조).

(2) 해외 금융자회사의 경우

은행이 해외 금융업종 자회사를 두는 경우에는 은행법 제37조 제2항의 해석상 금융위의 승인이 필요 없지만, 은행법 제13조 및 은행업감독규정 제13조에 따라 금융감독원과 사전 협의를 하게 된다.[46] 따라서 금산법 제24조상의 '다른 회사'의 범위에 해석상 외국회사도 포함된다고 보는 경우, 금융감독원과의 '협의'가 금산법이 규정하고 있는 금융기관 해당 설립 근거법상의 '인가 · 승인 등'에 포함되는지가 문제된다. 즉 '협의'가 '인가 · 승인 등'에 포함된다고 보면 금산법상의 별도의 승인이 필요 없지만, 포함되지 않는다고 보면 위 국내 금융자회사의 경우에서 논한 것처럼, 금산법상의 승인이 필요한 경우가 발생하게 된다. '협의'의 법적 성격을 "감독당국의 동의"를 의미하는 것으로 보아야 한다는 견해에 따르면,[47] 사실상 승인과 같다고 볼 수도 있을 것이다. 그러나, 은행법 제13조 및 은행업감독규정 제13조는 '협의'의 기준에 대해서 규정하고 있지 않은데, 승인이 일반적으로 그 요건 및 기준을 정하고 있는 점과 비교할 때 '협의'가 승인에 해당한다고 단정할 수 있을지는 의문이다. 현재 실무상 은행의 해외 자회사 설립 시 금산법상의 승인 없이 은행법상의 협의만으로 하는 것은 '협의'를 승인으로 보거나, 아니면 금산법상의 '다른 회사'의 범위에 외국회사는 제외하는 것으로 보아서 그렇게 처리하는

사하거나 당해 회사의 업무집행이나 주요 의사결정에 사실상 영향력을 행사하는 경우"라고 보는 견해가 있다(고동원, 앞의 논문(금산법논문), 63면).

46) 앞서 언급한 것처럼, 관련 규정상은 해외 현지법인을 신설하는 경우에만 금융감독원과 협의를 하도록 규정하고 있으나, 해석상 주식을 인수하여 현지법인화 하는 경우도 포함하는 것으로 보는 것이 타당하므로 두 가지 경우를 다 생각할 수 있을 것이다.

47) 정찬형(편집대표), 앞의 논문, 159-160면(진홍수 집필 부분).

것으로 이해된다.

따라서 이러한 문제를 해결하기 위해서는 해석에 의존하기 보다는 입법적으로 해결하는 것이 바람직하다고 본다. 즉, 금산법상의 '인가 · 승인 등'의 범위에 '협의'도 포함하도록 명시적인 규정을 두거나, 금산법 제24조의 '다른 회사'의 범위에 외국회사를 명시적으로 제외하도록 하는 것이다.[48] 특히 금산법 제24조의 취지(즉, 금융기관의 지배력 확장을 막고 금융자본의 산업자본 지배를 방지하기 위한 목적)를 감안할 때 그러한 폐해를 가져올 가능성이 거의 없는 외국회사까지 규제할 필요는 없다고 보기 때문에,[49] 금산법 제24조의 '다른 회사'의 범위에 외국회사가 제외될 수 있도록 명시적인 규정을 두는 입법적 해결을 도모하는 것이 보다 근원적인 해결책이라고 본다.[50]

Ⅲ. 자은행에 대한 규제 내용

은행법은 은행을 자은행으로 둘 수 있도록 허용하면서 특별히 자은행에 대한 거래 규제를 더 강화하고 있다. 그 이유는 동일 업종을 영위하는 기관이므로 다른 금융자회사에 비해 모은행과의 이해상충의 문제가 더 클 수 있기 때문에 강화된 규제 요건을 적용하는 것으로 이해된다. 이하에서는 자은행에 관련되는 사항에 대하여 살펴보기로 한다.

1. 자은행의 의의

은행이 다른 은행의 의결권 있는 주식 15%를 초과하여 소유하고 있는 경우의 그 다른 은행을 자(子)은행이라고 하며, 당해 은행을 모(母)은행이라고 한다(법 제37조 제5항 전단). 또한 은행법은 모은행과 자은행이 합하여 자은행이 아닌 다른 은행의 의결권 있는 발행 주식 총수의 15%를 초과하여 주식을 소유하는 경

48) '협의'제도를 '신고'제도로 해야 한다는 주장에 대해서는, 고동원, 앞의 논문(금융선진화논문), 295면.

49) 고동원, 앞의 논문(금산법논문), 64면.

50) 유권해석기관인 재정경제부도 다른 회사의 범위에 외국회사는 포함하지 않는 것으로 해석하였다(재정경제부의 금융감독원장에 대한 의견 회신, 2003. 11. 29).

우 그 다른 은행을 당해 모은행의 자은행으로 본다고 규정하고 있다(법 제37조 제5항 후단).

2. 자은행과의 거래 제한

모은행과 자은행과의 거래에 대해서는 은행과 다른 자회사와의 거래 제한보다 더 강화된 제한을 가하고 있다.

(1) 자은행의 모은행 및 다른 자은행에 대한 신용공여 제한

자은행은 일정한 기준을 초과하여 모은행 및 당해 모은행의 다른 자은행에 대하여 신용공여를 할 수 없다(법 제37조 제6항 제3호). 즉 (i) 자은행은 모은행에 대하여 신용공여를 할 수 없으며, (ii) 자은행은 다른 자은행에 대하여 신용공여를 하고자 하는 경우에는 당해 자은행 자기자본의 10% 이내에서 해야 하며, (iii) 자은행의 다른 자은행에 대한 신용공여의 총합계액은 당해 자은행 자기자본의 20% 이내이어야 한다(법 시행령 제21조 제5항).[51]

(2) 자은행의 모은행 및 다른 자은행의 주식 소유 제한

자은행은 모은행 및 다른 자은행이 발행한 주식을 원칙적으로 소유할 수 없다(법 제37조 제6항 제1호). 다만, (i) 자은행이 모은행의 새로운 다른 자은행이 발행한 주식을 이미 소유하고 있는 경우, (ii) 모은행의 새로운 자은행이 당해 모은행 또는 그 자은행이 발행한 주식을 이미 소유하고 있는 경우, (iii) 상법 제342조의2 제1항의 규정(주식의 포괄적 교환, 주식의 포괄적 이전, 자은행이 모은행 및 다른 자은행의 주식을 가지고 있는 다른 은행을 흡수합병하거나 영업 전부를 양수하는 경우, 또는 자은

---

51) 다만, (i) 자은행이 모자은행 관계를 형성하기 이전에 이미 모은행에 신용공여를 한 경우, (ii) 자은행이 모은행의 새로운 자은행에 대하여 이미 다른 자은행의 신용공여 기준인 당해 자은행 자기자본의 10% 및 다른 자은행에 대한 신용공여 총합계액 기준인 당해 자은행 자기자본의 20% 한도를 초과한 경우, (iii) 환율 변동에 따른 원화 환산액의 증가, 당해 자은행의 자기자본의 감소, 다른 자은행의 합병 또는 영업의 양수 또는 기타 금융위가 인정하는 불가피한 사유로 인하여 자은행의 신용공여기준(모은행에 대한 신용공여 금지, 다른 자은행에 대한 신용공여 한도 기준인 자기자본의 10%, 다른 자은행에 대한 총 신용공여 한도인 자기자본의 20% 기준)에 위반하게 되는 경우에는 그 사유가 발행한 날로부터 2년 이내에 그 기준에 적합하도록 하여야 하며, 자은행의 신용공여 규모 등에 비추어 부득이하다고 인정되는 경우 금융위는 그 기간을 연장할 수 있다(은행법 시행령 제21조 제5항 단서, 제21조 제6항).

(행의 권리를 실행함에 있어 그 목적을 달성하기 위하여 필요한 경우)에 의하여 자은행이 모은행 및 다른 자은행이 발행한 주식을 소유하는 경우에는 예외이다(법 시행령 제21조 제3항). 이러한 예외의 경우에도 계속 소유할 수 있는 것이 아니라 소유한 날로부터 2년 이내에 처분하여야 한다(법 시행령제21조 제4항 본문). 다만, 금융위는 자은행이 소유한 주식 규모, 증권시장의 상황 등에 비추어 부득이하다고 인정되는 경우에는 그 기간을 연장할 수 있다(법 시행령 제21조 제4항 단서).

(3) 자은행의 다른 은행 주식 소유 제한

자은행은 다른 은행의 의결권 있는 발행주식의 15%를 초과하여 주식을 소유할 수 없다(법 제37조 제6항 제2호). 예외를 두고 있지 않기 때문에 은행은 손자은행을 둘 수 없는 것으로 보아야 한다.

(4) 자은행의 모은행 및 다른 자은행의 주식 담보 신용공여 금지

은행법 시행령은 자은행의 건전 경영을 저해하거나 금융거래자의 이익을 침해할 우려가 있는 행위의 하나로서 자은행이 모은행 및 다른 자은행이 발행한 주식을 담보로 신용공여를 하는 것을 금지하고 있다(법 제37조 제6항 제4호, 동법 시행령 제7항 제1호 전단).[52] 이는 자은행이 모은행이나 다른 자은행의 주식을 담보로 취득하여 신용공여를 해주는 경우, 신용공여를 받은 자가 상환을 하지 못할 때에는 모은행이나 다른 자은행의 주식을 취득하게 되는데, 이는 자은행의 모은행 및 다른 자은행의 주식 취득 금지 규정(법 제37조 제6항 제1호)을 위반하게 되는 문제점이 있기 때문이다.

(5) 자은행의 모은행 및 다른 자은행의 주식을 매입시키기 위한 신용공여 금지

은행법 시행령은 자은행의 건전 경영을 저해하거나 금융거래자의 이익을 침해할 우려가 있는 행위의 하나로서 자은행이 모은행 및 다른 자은행이 발

52) "모은행 등이 발행한 주식을 담보로 하거나…"로 되어 있어서 "신용공여"에 연결되는 것인지 명확하지 않은 점이 있다. "…주식을 담보로 하는 신용공여나…"로 문구를 수정하는 것이 좋을 것으로 본다. 은행법 제37조 제3항 제2호의 경우에는 그렇게 되어 있다.

행한 주식을 매입시키기 위한 신용공여를 하는 것을 금지하고 있다(제7항 제1호 후단). 이것도 마찬가지로 신용공여를 받은 자가 상환을 하지 못하는 경우에 모은행 및 다른 자은행의 주식을 취득할 가능성이 있어서[53] 금지하는 것으로 이해된다.

(6) 자은행의 모은행 및 다른 자은행의 임직원에 대한 대출 제한

은행법 시행령은 자은행의 건전 경영을 저해하거나 금융거래자의 이익을 침해할 우려가 있는 행위의 하나로서 자은행이 모은행 및 다른 자은행의 임원 또는 직원에 대한 대출을 금융위가 정하는 소액대출[54]을 제외하고는 금지하고 있다(제21조 제7항 제2호). 이는 모은행이나 다른 자은행의 임직원은 자은행의 이해관계자가 되므로 그러한 이해관계를 이용하여 대출을 받는 경우 대출금 관리에 어려움이 있을 수 있는 가능성 등을 고려한 것으로 보인다.[55]

(7) 자은행과 모은행 및 다른 자은행과의 상호 신용공여시 적정 담보 확보 의무

자은행과 모은행 및 다른 자은행 상호간에 신용공여를 하는 경우에는 은행법 시행령이 정하는 기준에 따라 적정한 담보를 확보하여야 한다(법 제37조 제7항). 즉, 자은행이 모은행이나 다른 자은행에 대하여 신용공여를 하는 경우에는 신용공여 금액의 150% 범위 내에서 유가증권·부동산 등 담보의 종류에 따라 금융위가 정하는 비율[56] 이상의 담보를 확보하여야 한다(법 시행령 제21조 제8항 본문). 이 규정은 모은행 및 자은행의 건전성 강화 뿐만 아니라 모은행과 자은행과의 부

53) 신용공여를 받은 자가 지급불능이나 파산 등의 경우를 생각할 수 있을 것이다.

54) 일반자금 대출의 경우 20백만원(급부 포함) 이내, 주택자금 대출(일반자금 대출 포함)의 경우 50백만원 이내를 말한다(은행업감독규정 제53조 및 제56조 제1호, 제2호).

55) 한국은행 은행감독원, 「은행법해설」, 1993, 184면.

56) (i) 예·적금, 정부 및 한국은행에 대한 채권, 정부 및 한국은행이 보증한 채권, 정부 및 한국은행이 발행 또는 보증한 증권에 의해 담보된 채권의 경우는 담보 비율이 100%, (ii) 지방자치법에 의한 지방자치단체, 지방공기업법에 의한 지방공기업(다만, 결손이 발생하는 경우 정부 또는 지방자치단체로부터 제도적으로 결손보전이 이루어 질 수 있는 기관에 한한다), 정부투자기관관리기본법에 의한 투자기관 및 이에 준하는 기관("공공기관 등")에 대한 채권, 공공기관 등이 보증한 채권, 공공기관 등이 발행 또는 보증한 증권에 의해 담보된 채권의 경우는 담보 비율이 110%, (iii) (i) 및 (ii) 이 외의 자산의 경우는 담보 비율이 130%이다(은행업감독규정 제52조의4).

당한 거래를 방지하기 목적이 있다고 볼 수 있다. 다만, 당해 자은행과 모은행 및 다른 자은행의 구조조정에 필요한 신용공여 등 금융위가 정하는 요건에 해당하는 경우에는 적정한 담보 확보 의무가 면제된다(법 제37조 제7항 단서).

⑻ 자은행과 모은행 및 다른 자은행과의 상호간 불량 자산 거래 제한

자은행과 모은행 및 다른 자은행 상호간에는 은행업감독규정이 규정하는 자산건전성 분류에 따른 '요주의' 이하의 불량 자산을 거래해서는 안된다(법 제37조 제8항 본문, 동법 시행령 제21조 제9항, 은행업감독규정 제52조의5 제1항). 다만, 당해 자은행과 모은행 및 다른 자은행의 구조조정에 필요한 거래 등 금융위가 정하는 요건에 해당하는 경우에는 불량 자산 거래 금지 의무가 면제된다(법 제37조 제8항 단서). 이러한 거래 제한은 모은행 및 자은행의 건전성 강화와 모은행과 자은행과의 부당 거래를 방지하기 목적이 있다고 볼 수 있다.

3. 자은행 설립시 은행법상 주식 한도 초과 보유에 대한 금융감독당국의 승인 문제

⑴ 문제 제기

은행법 제37조의 해석상 금융자회사의 경우에는 별도의 금융위 승인이 필요 없다. 그러면 금융자회사에 포함되는 자은행을 두는 경우(즉, 새로 설립하거나 기존 은행을 인수하는 경우를 다 포함한다)에 아무런 승인 없이 의결권 있는 주식 15%를 초과하여 소유할 수 있는가? 다시 말해서 은행법상 일정한 한도를 초과하여 은행 주식을 보유하고자 하는 자는 일정한 요건을 충족하여 금융위의 승인을 얻어야 하는데(법 제15조),[57] 이 규정이 적용되느냐 하는 문제이다.

⑵ 검 토

여기에 대해서는 금융자회사의 경우 은행법 제37조에 따라 별도의 금융

57) 원칙적으로 시중은행(전국을 영업구역으로 하는 은행)의 경우는 의결권 있는 발행 주식 총수의 10%, 지방은행의 경우는 의결권 있는 발행 주식 총수 15%를 초과하여 은행의 주식을 보유하고자 하는 자는 일정한 요건을 충족하여 금융위 승인을 얻어야 한다.

위 승인을 받을 필요가 없으므로 금융자회사에 속하는 자은행의 경우도 금융위의 별도 승인이 필요 없다고 볼 수도 있으나, 그렇게 볼 것은 아니라고 본다. 왜냐하면, 은행법 제15조의 해석상 은행이라고 해서 특별히 금융위 승인이 필요 없다고 볼 근거도 없으며, 특히 한도 초과 보유 요건을 규정하고 있는 은행법 시행령 및 은행업감독규정의 규정을 보더라도 명시적으로 은행에 대한 요건을 규정하고 있는 점(법 시행령 제5조 및 <별표>한도초과보유주주의 초과보유요건, 은행업감독규정 제15조 및 <별표 2-2> 한도초과보유주주의 초과보유요건)[58] 등을 감안할 때, 자은행을 두려고 하는 경우에 은행법 제15조에 따른 금융위의 한도 초과 보유 승인을 얻어야 한다고 보는 것이 타당하다고 본다. 따라서, 이 경우에는 금산법 제24조 제1항 단서 규정에 의하여 금산법상의 금융위 승인은 필요 없게 될 것이다.

Ⅳ. 은행 자회사 규제의 문제점 및 개선 방향

1. 해외 자회사도 포함되는지 여부에 대한 규정의 명확화

(1) 문제 제기

은행의 자회사 범위에 해외 자회사도 포함되는가? 은행법 제37조는 다른 "회사"라고만 하고 있고, 금융자회사의 유형에 해외 자회사가 포함되는지 명확히 규정되어 있지 않아 문제이다(은행업감독규정 제49조 참조). 특히 은행이 해외 비금융자회사도 둘 수 있는지는 더욱 불분명한 점이 있다. 물론 은행법 제37조가 단지 "다른 회사"라고 하고 있기 때문에 해석상 15%까지는 해외 회사의 의결권 있는 주식이나 출자지분을 자산운용(portfolio) 차원에서 자유로이 투자할 수는 있을 것이다. 이하에서는 금융자회사와 비금융자회사로 나누어 살펴본다.

(2) 검 토

1) 금융자회사의 경우

우선 해외 금융자회사도 포함되는지 여부에 대해서 살펴보면, 2004년 3월 30일 은행업감독규정 제49조가 개정되기 전까지는 "은행법(해외 관련법령을 포함한다. 이 조문에

58) 예를 들어, 재무건전성 요건에서 은행의 경우 BIS 자기자본비율이 8% 이상이어야 한다.

서 같다)에 의한 은행업"이라고 규정하고 있어서 해외 금융자회사도 포함하는 것이 명확하였으나, 동 개정에 의하여 "해외 관련법령을 포함한다"라는 문구가 삭제되고 동 규정 제49조 제20호에 "제1호 내지 제19호에 열거된 업무에 준하는 것으로서 금융위원회가 인정하는 업무"가 추가되면서 해외 금융자회사도 포함되는지 여부가 불명확해졌다. 개정 취지에 따르면, "은행의 자회사 업종을 국내 금융 관련 법률에서 정하고 있는 금융업을 기준으로 규정하고 있어 은행이 현지법인을 설립하고자 하는 경우, 금융 관련 법령의 차이로 인해 자회사 업종 해당 여부가 불명확하거나 국내에 해당 업종이 없는 경우가 발생될 가능성이 있어"[59] 이를 보완하기 위해 개정을 했다고 하는데, 동 규정 제49조 제20호 문구에 의하여 해외 금융자회사도 포함된다고 해석할 수 있는지 상당한 의문이 든다. 제20호의 문구는 건별로 금융위가 금융자회사에 해당하는지 여부에 대하여 판단을 하겠다는 것인데,[60] 이것은 금융위에 과도한 재량권을 주는 것이 되고, 또한 판단 기준이 애매할 수 있기 때문에 오히려 법적 불안정성을 초래할 가능성이 크다. 물론 금융자회사의 판단에 있어서 감독당국에 탄력성을 부여하기 위하여 그러한 문구를 추가한 것으로 이해할 수도 있지만, 오히려 불명확성을 초래할 가능성이 클 수 있다. 특히 명백히 국내 금융업종에 속하는 해외 회사(예를 들어, 은행, 증권회사 등)까지도 국내 금융업종에 포함되지 않기 때문에 제20호의 문구상 금융위가 건별로 판단해야 한다는 해석도 가능한데, 이 경우에는 더욱 문제다. 종전처럼 해외 금융관련법령을 포함한다는 명시적인 규정을 두면서 해외 자회사의 경우에 대해서는 "기타 제1호 내지 제19호에 준하는 것으로 금융위가 인정하는 업무"라고 하는 것이 더 타당하다고 본다.

그리고 은행업감독규정 제49조의 개정 취지에 따르면, 해외 회사가 "국내에 해당 업종이 없는 경우가 발생할 가능성이 있어서" 제49조 제20호를 신

59) 금융감독원 사이트 규정 변경 예고 162번, 2004년 3월 12일자, www.fss.or.kr에서 검색 가능.

60) 정찬형(편집대표), 앞의 논문, 160면 각주 19)(진홍수 집필 부분)도 "해외 현지법인이 영위하고자 하는 업무가 자회사 업종에 해당하는지 여부는 개별 사안별로 금융위원회의 인정을 받도록 하고 있다"라고 설명하고 있는데, 명백히 국내 금융업종에 속하는 해외 회사(예를 들어, 은행, 증권회사 등)를 자회사로 두려고 하는 경우까지 금융감독당국이 사안별로 판단을 할 수 있다는 의미라면 이는 문제이다.

설한다고 설명하고 있는데, 과연 “이에 준하는 업무”의 범위에 국내 해당 업종이 없는 회사까지 포함할 수 있는지도 의문이다. 여전히 국내 업종에 해당하지 않는 업무를 영위하는 해외 회사를 자회사의 범위에 두려면 은행업감독규정의 개정을 통하여 포섭하는 것이 타당하다고 본다.

2) 비금융자회사의 경우

은행이 비금융업종의 해외 자회사도 둘 수 있는지도 명확하지 않다. 비금융업종의 자회사는 은행업감독규정 제49조가 규정하는 금융업종 이외의 회사를 말한다(은행업감독규정 제51조 제1항). 은행법 제37조 제2항이 비금융업종 자회사를 둘 수 있는 경우를 “기업구조 조정 촉진을 위해 필요한 것으로 금융위원회의 승인을 얻은 경우”로 제한하고 있으므로, 비록 이론적으로는 해외 기업의 경우에도 투자한 회사의 구조조정 촉진을 위해 필요한 경우도 있어서 해외 비금융업종 자회사를 둘 수 있다고 볼 수도 있다. 그러나 비금융자회사의 허용 취지가 국내 기업에 대한 여신과 관련하여 출자 전환 기업을 자회사로 두는 것을 제한적으로 허용하기 위한 것이라는 점을 감안했을 때, 해석상 해외 비금융자회사는 허용되지 않는다고 보는 것이 타당하다고 생각한다.[61] 물론 자회사 기준인 15%까지는 해외 비금융업종 회사의 지분을 자유로이 취득할 수는 있을 것이다. 이에 대해서는 기업구조 조정 촉진 목적의 대상이 반드시 국내 기업에 제한하는 것은 아니라는 이유로 해외 비금융업종 회사도 자회사로 둘 수 있다는 견해가 있을 수 있으나, 비금융자회사의 허용 취지를 감안할 때 그렇게 볼 수 있는지는 의문이다.

(3) 소결—제언

결론적으로 은행이 금융업종 해외 자회사를 둘 수 있는지 여부가 문구상 애매하므로 은행업감독규정에 명확하게 규정할 필요가 있으며, 비금융업종 해외 자회사도 둘 수 있는 지 여부가 명확하지 않은 점이 있으므로 은행법에서 비금융업종 해외 자회사를 배제하는 문구를 추가하는 것이 바람직하다고 본다.

61) 고동원, 앞의 논문(금융선진화논문), 293-294면.

2. 은행법상 금융자회사(자은행 제외) 설립시 금융감독당국의 승인이 필요한지 여부에 대한 규정 정비[62)]

(1) 문제 제기

은행 자회사 규정과 관련하여 은행법 제37조 제2항은 "[은행]은 [제37조] 제1항의 규정에 불구하고 [금융위]가 정하는 업종에 속하는 회사 또는 기업구조조정 촉진을 위해 필요한 것으로 [금융위]의 승인을 얻은 경우에는 의결권 있는 발행주식의 100분의 15를 초과하는 주식을 소유할 수 있다"라고 규정하고 있다. 여기서 법문의 해석상 금융위가 정하는 금융업종, 즉 금융자회사의 경우에도 금융위 승인이 필요한지가 명확하지 않아 문제가 있다. 다만 자은행의 경우에는, 앞서 살펴본 것처럼, 은행법 제15조에 따라 승인을 받아야 하므로 그 경우에는 이 논의는 적용되지 않을 것이다.

(2) 검 토

은행법 제37조 제2항의 해석과 관련하여 금융자회사의 경우에도 금융위 승인을 받아야 하는 것으로 보는 견해가 있다.[63)] 그러나, 금융감독 당국은 금융자회사의 경우에는 금융위 승인이 필요 없는 것으로 보는 입장인 것으로 파악된다.[64)] 그 근거는 은행 자회사에 대하여 규정하고 있는 은행업감독규정을 들 수 있다. 즉, 비금융자회사에 대하여 규정하고 있는 은행업감독규정 제51조는 금융감독원장에게 승인신청서를 제출하도록 규정하고 있는 반면에, 금융자회사에 대하여 규정하고 있는 은행업감독규정 제49조는 금융위의 승인에 대한 언급이 없기 때문이다.

---

62) 위의 논문, 299-300면; 고동원, 앞의 논문(금산법논문), 35-36면.

63) 윤희웅/이진국, 앞의 논문, 22면. 동 논문은 은행법상 금융자회사의 경우에도 금융위 승인이 필요하다는 견해를 피력하고 있다. 즉 "은행은 원칙적으로 사모투자전문회사의 의결권을 15% 이상 가질 수 없고, 15% 이상의 의결권을 가지기 위하여서는 금융위의 승인을 얻어야 한다"라고 설명하고 있다(참고로 사모투자전문회사는 은행업감독규정 제49조가 규정하는 금융업종 자회사에 속한다).

64) 금융감독원 조사연구국, 금융감독정보 제2002-33호(2002. 8. 19-8.24), 16면은 "금융위 규정(은행업감독규정 제49조)상 자회사 업종에 해당하는 경우 은행법상의 금융위 승인 불요"라고 서술하고 있다.

생각하건대, 비금융자회사의 경우에는 은행이 비금융업종 회사를 지배하는 것은 금융과 산업의 분리라는 측면에서 볼 때 바람직한 것이 아닌바, 은행이 비금융자회사를 소유하는 것을 원칙적으로 금지하고 예외적으로 허용하는 취지로 보여지므로 이 경우에 금융위 승인을 얻도록 하는 것은 타당할 것으로 보이나, 금융자회사의 경우에는 그러한 문제가 없기 때문에 금융위 승인이 필요 없다고 보는 것이 타당하다고 본다. 따라서 금융자회사의 경우에는 금융위의 승인이 필요하지 않다고 해석하는 것이 타당하다고 본다.

(3) 소결—제언

그러나, 이러한 해석상의 논란의 소지를 없애기 위해서는 현행 조문의 자구를 수정할 필요가 있다. 즉 현행 문구를 "…금융위원회가 정하는 업종에 속하는 회사 또는 기업구조조정 촉진을 위해 필요하여 금융위원회의 승인을 얻은 회사의 경우에는…"으로 수정함으로써 금융위 승인이 필요 없다는 것을 명확히 할 필요가 있다.

3. 외국은행 국내지점도 자회사를 둘 수 있는지 여부에 대한 규정의 명확화

(1) 문제 제기

은행법상 외국은행 국내지점(이하 "외은지점"이라 한다)도 국내 은행으로 간주하기 때문에(법 제59조 제1항 전단), 외은지점도 은행법 제37조가 적용되어 자회사를 소유할 수 있는가라는 의문이 제기된다.

(2) 검　토

이에 대해서는 자회사를 둘 수 있다는 견해와 그렇지 않다는 견해로 나누어질 수 있다. 우선 자회사를 둘 수 있다는 견해는 (i) 은행법은 외은지점이 자회사를 소유하는 것을 금지하는 규정을 두지 않고 있는 점 및 (ii) 은행법상 외은지점도 국내 은행으로 간주되므로 은행법 제37조를 적용하는 데 문제가 없다는 점을 들 수 있다. 이 경우는 결국 외은지점의 본점이 자회사를 두게 되는 것으로 보게 될 것이다. 이에 대해 자회사를 둘 수 없다는 견해는 (i) 은행법상 금지 규정이 없지만 관련 규정인 「은행업감독업무시행세칙」 제3조가 명시적으로 자회사에 관련되는 규정(즉 동 세칙 33조 내지 37조에서 규정하고 있는 자회사 경영실태 평가, 자회사 관리, 자회사 출자 보고 등에 관한 규정)의 적용을 배제하고 있는 점(즉, 외은지점이 자회사를 둘 수 없기 때문에 관련 규정을 배제하고 있는 점),[65] (ii) 「외국인투자촉진법」은 국내 지점을 폐쇄하여 국내 법인으로 전환하는 경우 그 지점의 청산자금으로만 출자를 하도록 하고 있는 점(제2조 제7호 마목)을 감안할 때 반대 해석으로 지점의 청산자금 이외의 자금으로는 현지법인을 설립할 수 없다는 점, 그리고 국내 지점이 자회사를 소유할 수 있도록 허용한다면 결국은 외국인투자촉진법상의 투자 절차를 거치지 않고 투자할 수 있게 되어 불합리하다는 점, (iii) 외은지점의 경우 본점의 자본금이 아닌 금융위가 인정하는 영업기금을 자본금으로 의제하고 있어서(은행법 시행령 제26조) 국내 은행의 경우와 다르다는 점 및 (iv) 독립적 법인격이 없는 지점 자체가 자회사를 소유한다고 하는 것은 지점의 성질상 허용하기가 어렵다는 점[66] 등을 들 수 있다. 금융감독 당국도 외은지점은 자회사를 소유할 수 없다는 입장을 취하고 있는 것으로 파악된다.

(3) 소결—제언

생각하건대, 지점의 성질을 고려하여 상위 법은 아니지만 하위 규정인 「은행업감독업무시행세칙」이 명시적으로 자회사 관련 규정을 적용 배제하고 있는 점[67] 및 외국인투자촉진법의 규정 등을 고려할 때 외은지점은 자회사를 소유할 수 없다고 보는 견해가 타당하다고 생각한다. 이렇게 본다면 외은지

65) 금융감독 당국은 「은행업감독업무시행세칙」 제3조가 외은지점에 대해 은행의 금융채 발행에 관한 규정(동 세칙 제32조)도 배제하고 있는 점을 근거로 외은지점은 금융채를 발행할 수 없다고 보고 있다. 또한 은행법이 명시적으로 외은지점에 대하여 적용 배제를 하고 있는 동일인 주식보유한도(법 제59조 제1항 단서)에 관한 사항도 동 세칙에서 외은지점에 대하여는 적용 배제를 하고 있다(동 세칙 제9조 내지 11조의4).

66) 물론 지점도 본점의 일부라는 법률적인 측면에서는 본점이 국내지점을 통하여 자회사를 소유할 수 있다고 주장할 여지는 있을 것이다.

67) 이에 대해서는 하위 규정보다 상위 규정인 법 해석이 앞서야 한다는 이유로 「은행업감독업무시행세칙」 제3조를 근거로 삼을 수 없다는 주장이 제기될 수도 있을 것이다.

점은 다른 회사의 주식이나 출자지분을 15% 초과하여 소유할 수 없게 되고, 15% 한도 이내에서 주식이나 출자지분을 소유할 수밖에 없을 것이다.[68] 그러나 논란의 소지를 없애기 위해서는 은행법에 명시적으로 외은지점은 자회사를 둘 수 없다는 규정을 추가하는 것이 바람직하다고 본다.

4. 사모투자전문회사(PEF)의 자회사 요건 규정의 체계 정비

위에서 살펴본 것처럼, 은행업감독규정 제49조의2는 「간접투자자산 운용업법」에 의한 사모투자전문회사(PEF)의 경우에는 은행이 사모투자전문회사의 업무집행사원 또는 무한책임사원이 되거나 유한책임사원으로서 사모투자전문회사 출자총액의 30%를 초과하여 지분을 보유하는 경우 특별히 자회사로 간주하고 있다. 이는 앞서 본 것처럼 은행법 제37조가 규정하고 있는 자회사의 정의 기준(다른 회사의 의결권 있는 발행 주식 또는 출자지분의 15% 초과 소유 기준)에 대한 예외가 되는데, 법체계상 이러한 예외 사항을 하위 규정인 은행업감독규정에서 규정하고 있는 것은 문제이므로 법에 명시적으로 규정하는 것이 바람직하다고 하겠다.

5. 자회사 기준의 변경 필요

현행 은행법 제37조는 자산 운용의 건전성을 도모하기 위한 목적과 자회사 규제의 목적 두 가지를 갖고 있다고 볼 수 있다. 이런 두 가지 목적을 갖고 있는 제37조가 추구하는 규제의 합리성을 도모하기 위한 개선 방안을 제시하면 다음과 같은 방안을 생각할 수 있다.

첫째는 은행의 자산 운용의 폭을 넓혀주기 위한 방안으로서 현행 15% 기준을 25%로 상향 조정하고,[69] 대신에 의결권 없는 주식이나 출자지분을 포

---

68) 이런 점에서 국내 은행과의 차별이라고 주장할 여지도 없으나, 지점으로 진출한 이상 감수해야 할 사항으로 보아야 하며, 본점을 통한 투자를 하는 것이 바람직하다고 본다.

69) 참고로 1998년 2월 은행법이 개정되기 전에는 은행 자회사 기준은 10%이었다. 그리고 상향 조정시 그 기준에 대해서는 여러 가지 안이 제시될 수 있을 것이나, 미국 은행지주회사법(Bank Holding Company Act of 1956)상의 지배(control) 기준인 25%(12

함하는 방안이다.[70] 둘째는, 현행 자회사의 정의는 소유하고 있는 의결권 있는 주식 또는 출자지분만으로 판단하기 때문에 의결권 있는 주식이나 출자지분을 15% 이하로 갖고 있으면서 실질적으로 지배하는 회사의 경우는 자회사의 범위에 포함되지 않아 규제할 수 없는 문제점이 있게 되므로, 이러한 문제점을 해결하기 위해서 자회사의 정의를 '실질적 지배'의 관점에서 정의를 하는 방안이다.[71] 이 경우 여러 가지 방안을 생각해 볼 수 있으나, 미국 은행지주회사법(Bank Holding Company Act)상의 '지배'(control)의 개념을 원용하는 방안을 고려해볼 수 있을 것이다.[72] 즉 (i) 다른 회사의 의결권 있는 주식이나 출자지분 25%를 초과하여 소유하는 경우이거나[73] (ii) 다른 회사의 이사 과

U.S.C Section 1841(a)(1))를 하나의 기준으로 제시할 수 있을 것이다.

70) 물론 이에 대해서는 은행의 자산 건전성을 해칠 수 있는 가능성이 높다는 점 등의 이유로 반대하는 견해도 있을 것이다. 그러나 은행의 총투자금액의 한도(주식을 포함한 유가증권의 투자 한도는 은행 자기자본의 60% 이내, 은행법 제38조 제1호)가 적용되고, 또한 은행 스스로가 위험 관리를 철저히 한다면 은행 건전성에 크게 영향을 미치지는 않을 것으로 본다. 그리고 자산 건전성 유지 측면에서는 의결권 없는 주식이나 출자지분도 포함할 필요가 있을 것이다. 이런 비판에 대한 대안으로 생각할 수 있는 것은 금융자회사와 비금융자회사의 자회사 기준을 달리 두어 규정하는 방안을 고려할 수 있다. 즉 금융자회사의 경우에는 현행처럼 15%를 자산 운용 한도로 정하고(즉 15% 한도 내에서는 자유로이 소유하는 것을 허용하고) 금융자회사의 기준을 25%로 상향 조정하면서 실질적 지배의 개념을 도입하는 것이다. 그러면 이 경우에는 15% 초과 25%까지는 주식이나 출자지분을 소유할 수 없고, 금융자회사를 두려면 25%를 초과하여 소유하게 하는 것이다. 물론 25% 이하로 소유하더라도 실질적 지배를 하게 되면 자회사로 포섭되는 것은 여전히 마찬가지가 된다. 이는 금융지주회사법에서도 일단 자회사를 두게 되면 50%(비상장 자회사의 경우) 또는 30%(상장 자회사의 경우) 이상 소유하여야 하고, 그렇지 않은 경우에는 5%까지만 소유할 수 있게 하는 것(즉 5% 초과하면서 20% 또는 40%까지는 소유할 수 없게 하는 것)(금융지주회사법 제44조)과 같은 것이라고 볼 수 있다. 한편 비금융회사의 경우에는 현행처럼 15% 기준을 적용하여 15% 초과하여 소유하고 있으면 자회사로 보는 것(물론 실질적 지배 개념도 적용될 것이다)을 대안으로 고려해 볼 수 있을 것이다. 비금융자회사의 경우는 기업구조 조정 등의 아주 제한적인 목적에 한해서만 자회사를 허용하는 것이므로 금융자회사와 차별을 두는 것이다.

71) 진홍수, 앞의 자료, 157면은 자회사의 개념을 은행이 실질적으로 지배(지배 · 종속관계 형성)하는 회사로 변경할 것을 주장하고 있는데, '실질적 지배'의 관점을 생각하게 된 것은 진홍수 前 금융감독원 팀장의 도움을 받았음을 밝힌다.

72) 12 U.S.C Section 1841(a)(1). 또한 연방인가은행(national banks)의 자회사(financial subsidiary) 판단 기준도 이러한 지배(control) 기준을 적용하고 있다. Financial Services Modernization Act (Gramm-Leach-Bliley Act), Section 121(a)(1).

73) 자회사 기준은 경영에 영향력을 행사하는 기준이 되어야 하기 때문에 의결권 있는

반수를 선임할 수 있는 권한을 행사할 수 있는 등 당해 회사의 경영에 직·간접적으로 지배적인 영향력을 행사할 수 있는 경우를 생각해 볼 수 있다. 이렇게 되면 다른 회사의 주식이나 출자지분을 25% 이하로 보유하고 있더라도 경영에 실질적 영향력을 행사하게 되면 자회사로 포섭하게 되어 자회사에 대한 경영평가 및 관리 등 여러 가지 규제를 할 수 있게 되는 장점이 있게 될 것이다.[74] 따라서 두 번째 방안을 취하는 것이 보다 합리적이라고 본다. 다만 이러한 상향 조정을 하는 경우, 개별 회사에 대한 주식 투자 한도가 높아진다는 점을 감안하여 은행 자체적으로 위험 관리 능력을 제고시키기 위한 방안 등을 강구할 필요는 있을 것이다.

V. 결 론

은행법 제37조는 다른 회사에 대한 출자 규제를 함으로써 은행의 자산 건전성을 도모하고, 동시에 자회사에 대한 규정을 함으로써 자회사에 대한 거래 규제 및 자회사 경영 평가 등 자회사를 효율적으로 관리하고자 하는데 있다. 이러한 목적을 갖고 있는 은행법 제37조와 관련 규정들을 살펴본 결과 개선해야 할 점들이 몇 가지 나타나고 있다. 첫째, 규정 해석상 은행이 해외 자회사를 둘 수 있는지 여부가 명확하지 않은데 이를 명확하기 위한 규정 개정이 필요하다. 둘째, 금융업종 자회사를 두려고 하는 경우에 금융감독 당국의 승인을 얻어야 하는지가 현행 문구상 명확하지 않으므로 승인이 필요 없도록 조문을 수정할 필요가 있다. 셋째, 외국은행 국내지점이 자회사를 둘 수 있는지 여부가 해석상 나누어지는데, 지점의 성격상 자회사를 두는 것이 맞지 않으므로 입법적 해결을 할 필요가 있다. 넷째, 은행의 자회사 정의 규정의 합리화를 도모하고 자산 운용의 폭을 넓혀주기 위하여 현재의 자회사 정

주식이나 출자지분을 포함한 것이다.

74) 물론 이에 대해서는 실질적 지배의 개념을 도입함으로써 실질적 지배의 기준을 구체적으로 제시하는 것이 어려워 규제의 투명성이 떨어지고, 은행으로서는 예측가능성이 줄어들게 되며, 금융감독 당국의 자의성이 개입될 수 있는 소지가 있을 수 있는 문제점은 있을 수 있지만, 가능한 실질적 지배의 기준을 구체적으로 제시한다면 이런 문제는 해소할 수 있을 것이다.

의 기준인 15% 기준을 상향 조정하여 25% 기준으로 하면서 '실질적 지배'의 개념을 도입하는 것이 필요하다. 결론적으로 이러한 여러 문제점을 해결하기 위한 입법적 조치를 함으로써 규제의 합리성을 도모할 필요가 있다고 본다. 이러한 제도 개선으로 은행의 업무 효율성을 도모하고, 은행의 해외 진출 및 투자의 활성화를 통하여 은행산업의 경쟁력이 향상되길 기대해 본다.

제 3 절

신 바젤 자기자본 협약의 시행과 국내 은행의 대응 방안*

I. 서 론

금융감독의 기본 목적은 은행의 건전성을 확보하여 예금자를 보호하고 금융제도의 안정성을 확보하여 효율적이고 경쟁적인 금융시스템을 유지하는 것이다. 이 중에서 건전성 규제(prudential regulation)[1]는 가장 중요한 감독 수단의 하나이다. 이 건전성 규제 중에서도 더욱 중요한 것은 은행의 자기자본 적정성(capital adequacy) 관련 규제로서 바젤은행감독위원회(Basel Committee on Banking Supervision)(이하 "바젤위원회"라 한다)[2] 기준 자기자본 비율 규제이다. 이와 관련하여, 1988년 7월 바젤위원회는 신용위험[3](credit risk)을 감안한 은행의 자기자본 비율 규제 기준[4]을 발표하여 13개의 바젤위원회 회원국[5]의 은행으로 하여금 준수하도록 하였고, 더 나아가서 1996년 1월 바젤위원회는 금리 · 환율 · 주가 등의 시장위험(market risk)이 증가함에 따라 시장위험을 반영한 자기자본 비율 규제 개정[6]의 기준을 발표하였다.

---

* 이 절의 내용은 「경영법률」 제14집 제2호(한국경영법률학회, 2004. 3)에 실린 글을 다소 수정 · 보완한 것이다.

1) 건전성 규제로서는 (i) 자기자본의 적정성 관련 규제, (ii) 자산건전성 관련 규제, (iii) 편중 여신 규제 등이 있을 수 있다.

2) 바젤은행감독위원회에 대해서는 고동원, "BIS 자기자본 규제 제도," 「국제법무연구」 제1권 제1호(경희대학교 국제법무대학원, 1998. 12), 179~180면 참조.

3) '신용위험'이란 거래 상대방이 채무를 이행할 수 없는 위험을 말한다.

4) 「자기자본 규제에 관한 국제적 통일 기준」(International Convergence of Capital Measurement and Capital Standards)을 말한다. 이에 대한 소개로는 위의 논문, 181~191면 참조.

5) 회원국은 미국, 일본, 영국, 독일, 프랑스, 캐나다, 이탈리아, 네덜란드, 벨기에, 스웨덴 등의 G10 국가에 스위스, 룩셈부르크 및 스페인을 포함한 13개 국가를 말한다.

6) 「시장위험을 반영한 자기자본 규제 개정」(Amendments to the Capital Accord to

그 후 자산의 증권화(securitization) 등 금융 혁신의 진전과 국제 금융위기 등으로 은행산업, 위험 관리 관행, 감독기법 및 금융시장 등이 크게 변화함에 따라[7] 현행 자기자본 비율 규제 제도의 문제점이 나타나게 되고, 이에 따라 새로운 자기자본 비율 규제 제도의 필요성이 생기게 되었다. 따라서 바젤위원회는 그 동안의 변화된 금융시장 여건을 반영하고 자기자본 비율 규제 제도를 개편하여 그 합리성을 높이기 위하여 1999년 6월 「새로운 자기자본 규제 제도에 대한 협의안 초안」(Consultative Paper on a New Capital Adequacy Framework)(제1차 협의안)을 발표하였으며, 이어 이에 대한 각국들의 의견을 반영한 '제2차 협의안'(Second Consultative Paper)을 2001년 1월 발표하였고, 2003년 4월에는 '제3차 협의안'(Third Consultative Paper)을 발표하여 각국으로부터의 의견을 수렴한 후 최종적으로 확정하여 바젤위원회 회원국의 은행을 대상으로 2007년부터 실시하고 있다.[8]

이 절에서는 이러한 바젤위원회에서 새로 발표한 자기자본 비율 규제 개편안[9](「신 바젤 자기자본 협약」(The New Basel Capital Accord), 이하 "신 협약"이라 한다)에 대하여 개편의 배경 및 그 주요 내용에 대하여 살펴보고, 새로운 자기자본 비율 규제 제도의 실시에 따른 국내 은행 및 금융감독 당국의 대응 방안에 대하여 고찰해 보고자 한다. 우선 Ⅱ.에서는 신 협약의 제정 배경에 대하여 간략히 살펴보고, Ⅲ.에서는 신 협약의 주요 내용에 대해서 고찰한 후에, Ⅳ.에서는 새로운 자기자본 비율 규제 제도가 실시됨으로 인해서 영향을 받게 되는 국내 은행 및 금융감독 당국의 대응 방안에 대해서 생각해 보기로 한다.

Incorporate Market Risks)을 말한다. 이에 대한 소개로는 위의 논문, 191-199면 참조.

7) Secretariat of the Basel Committee on Banking Supervision, "*The New Basel Capital Accord: an explanatory note*," Bank for International Settlements, Jan. 2001, at 1. http://www.bis.org에서 검색 가능(이하 "*2001 Explanatory Note*"라 한다).

8) BIS Press Release, "*The New Basel Capital Accord*," Jan. 15, 2004, at 1. http://www.bis.org/publ/babsca.htm에서 검색 가능(이하 "BIS Press Release"라 한다); 금융감독원, "신 BIS협약 도입과 관련 규정 개정 및 향후 일정," 보도자료, 2007. 6. 25, 3면.

9) 이 절에서는 '제3차 협의안'의 내용을 검토한다.

Ⅱ. 신 바젤 자기자본 협약의 제정 배경

은행의 건전성 규제의 중요한 부분의 하나는 자기자본비율 규제이다. 이러한 자기자본 비율 규제는 1988년 7월에 바젤위원회에서 제정한 「자기자본 규제에 관한 국제적 통일 기준」(International Convergence of Capital Measurement and Capital Standards)을 토대로 하고 있다. 이러한 바젤위원회 자기자본 비율 규제는 원칙적으로 바젤위원회 회원국의 국제 업무를 영위하는 은행에게만 적용되는 것이나, 비회원국에서도 동 기준을 채택하도록 권고하고 있다. 특히, 비회원국의 은행이 회원국에서 국제금융 업무를 하기 위하여서는 이러한 바젤위원회 기준에 따른 자기자본 비율을 준수하여야 하고, 또한 국제금융 시장에서의 신인도를 제고하고 은행의 경영 위험을 효율적으로 관리하기 위해서도 이러한 자기자본 비율 규제를 준수하는 것이 바람직하기 때문에, 각국은 이러한 바젤위원회의 자기자본 비율 규제 제도를 도입하여 자국의 국제금융 업무를 영위하는 은행으로 하여금 이를 준수하도록 하고 있다.[10] 한편, 1988년 신용위험을 반영한 자기자본 비율 규제 제도가 실시된 이후, 파생금융상품의 거래가 증가하고 금리·환율·주가 등 시장가격의 변동에 따라 시장위험이 더욱 증가함에 따라, 1996년 1월 바젤위원회는 「시장위험을 반영한 자기자본 규제 개정」(Amendments to the Capital Accord to Incorporate Market Risks)을 제정하여 1997년 말부터 바젤위원회 회원국의 은행에 대하여 이를 준수하도록 하고 있다.[11]

---

10) 우리 나라도 1992년 7월 당시 한국은행 은행감독원이 바젤위원회 자기자본 규제 기준을 반영한 규정을 제정하여 국내 은행으로 하여금 1993년 말부터는 자기자본 비율을 7.25% 이상, 1995년 말부터 자기자본 비율을 8% 이상 유지하도록 하여 왔다. 이에 대한 규정의 변경 등 자세한 내용은 고동원, 앞의 논문, 183면 각주 50) 참조. 현재 신용위험을 반영한 자기자본 비율 규제에 대한 규정은 금융감독원이 제정한 은행업감독업무시행세칙, 〈별표 3〉 경영지표별 비율 산정방식 중 1. 위험가중자산에 대한 자기자본비율 산출 기준 참조. 그러나 뒤에서 보는 것처럼, 1999년 2월 은행법 개정에 의하여 금융감독위원회가 경영지도기준을 정함에 있어서 국제결제은행(B I S)이 권고하는 은행의 건전성 감독에 관한 원칙을 충분히 반영하도록 하고 있기 때문에(은행법 제45조 제3항), 이제는 새로운 자기자본 비율 규제 제도를 도입하여 실시할 수밖에 없을 것으로 본다.

11) 우리 나라는 2002. 1. 1일부터 시장위험을 반영한 자기자본 비율 규제 제도를 시행

그러나 이러한 신용위험 및 시장위험을 반영한 은행의 자기자본 비율 규제 제도(이하 "현행 협약"이라 한다)는 그 동안 자산의 증권화 등 금융혁신의 진전, 그리고 위험 관리 관행의 변화 및 새로운 금융상품의 개발 등에 따른 금융 시장의 변화 등 금융 환경이 크게 변화함에 따라 여러 가지 문제점이 나타나게 되었고, 이에 따라 그 제도 개선이 요구되었다. 즉, 현행 협약은 차주의 신용위험 및 은행이 직면하는 복잡한 위험을 충분히 반영하지 못하는 문제점[12]이 나타나게 되었을 뿐만 아니라, 은행이 위험 노출(exposure)에 대해서 담보 · 보증 · 위험 회피(hedge) 등을 통해 적극적으로 신용위험을 축소시키는 경우에는 위험 가중치를 완화할 필요가 있으나 현행 협약은 그러한 것을 반영하고 있지 못하며, 금융시스템의 안정성을 증진시키기 위한 감독당국의 감독 기능 및 시장 규율(market discipline)의 강화 필요성도 제기되었다.[13]

이에 따라 바젤위원회는 그 동안의 금융 시장의 변화를 반영하고 은행의 자기자본 비율 규제의 합리성을 높이기 위하여, 위에서 언급한 것처럼, 1999년 6월 새로운 자기자본 비율 규제 제도에 대한 '제1차 협의안'을 발표하였으며, 2001년 1월에는 '제2차 협의안', 2003년 4월에는 '제3차 협의안'을 각각 발표하였고, 비회원국들을 포함한 세계 각국으로부터의 의견을 반영하여 협의안을 확정한 후 바젤위원회 회원국의 은행을 대상으로 2007년부터 실시하고 있다[14]는 점은 위에서 언급한 대로이다. 이와 관련하여 바젤위원회는 2003년 8월 '제3차 협의안'에 대한 각국으로부터 접수된 의견(comments)을 발표함과 동시에 「새로운 자기자본 협약안의 국가간 이행을 위한 고급 원칙」(High-level Principles for the Cross-border Implementation of the New Accord)에 관한 보고서를 발표한 바 있다.[15]

하고 있다(은행업감독업무시행세칙, 〈별표 3-2〉 시장리스크 기준 자기자본비율 산출 기준 참조).

12) 예를 들어, 현행 협약의 자기자본 비율 규제 제도는 국가 또는 은행에 대한 채권(債權)의 위험가중치가 당해 국가나 은행의 개별적인 신용도가 아닌 OECD 국가 또는 OECD국가의 은행인지 여부에 따라 결정되는 등 차주의 신용위험을 정확하게 반영하지 못하는 등 합리성이 부족하다는 문제점이 제기되었다.

13) 금융감독원 은행감독국, "바젤위원회의 새로운 자기자본규제(안)" 업무참고자료, 2001. 4, 1면.

14) BIS Press Release, at 1; 금융감독원, 위의 보도자료, 3면.

15) *Id*.

표 3-1| 신 바젤 자기자본 협약의 근거(rationale): 좀 더 유연하고 위험에 민감한 구조의 필요성

현행 바젤 자기자본 협약	신 바젤 자기자본 협약
위험 대비 자기자본에만 중점을 둠	은행의 자체적인 위험 측정 방법, 감독당국의 점검 기능 및 시장 규율 강조
획일적인 방법(one size fits all)	유연성, 다양한 위험 측정 방법 제시, 위험 관리 능력 제고를 위한 유인책 제공
개괄적인 구조(broad brush structure)	위험에 보다 민감한 구조(more risk sensitivity)

출처: Secretariat of the Basel Committee on Banking Supervision, *"The New Basel Capital Accord: an explanatory note,"* Bank for International Settlements, Jan. 2001, at 1. http://www.bis.org에서 검색 가능.

요약하자면, 현행 협약은 은행 도산의 위험 및 은행 도산에 따라 발생할 수 있는 잠재적 비용을 감소시키는 데 중요한 은행의 자기자본 총액에 중점을 두고 있는 반면에, 신 협약은 은행 자체 내부의 통제 및 관리, 감독당국의 점검 기능 및 시장 규율에 보다 중점을 둠으로써 금융시스템의 안정성 및 금융기관의 건전성을 제고하는 데 그 목적을 두고 있다고 볼 수 있다.[16] 또한, 신 협약은 다소 복잡하지만 은행이 좀 더 위험에 민감한 다양한 분석 방법을 사용하도록 허용하고 있는 점도 특징적이라고 할 수 있다.[17]

위의 〈표 3-1〉은 신 협약의 근거(rationale) 내지 필요성에 대한 분석을 정리해 놓은 것이다.

Ⅲ. 신 바젤 자기자본 협약의 주요 내용

1. 개 요

바젤위원회가 발표한 신 협약은 크게 세 부분으로 구성되어 있다. 즉, (i) 현재의 자기자본 비율 규제의 내용을 일부 개선한 최저 자기자본 비율

16) *2001 Explanatory Note*, at 1.

17) *Id.* at 2.

규제 제도(Minimum Capital Requirements)(Pillar Ⅰ), (ii) 은행의 자기자본 적정성에 대한 감독당국의 감독 강화(Supervisory Review Process)(Pillar Ⅱ), (iii) 시장 규율(Market Discipline)의 제고(Pillar Ⅲ)를 그 주요 내용으로 하고 있다.

첫째, 신 협약의 최저 자기자본 비율 규제 제도는 은행의 신용위험, 시장위험 및 운영위험(operation risk)을 감안하여 위험가중자산을 계산하고 자기자본을 위험가중자산의 8% 이상 적립하도록 규제하고 있다. 즉, 신 협약에서는 현행의 자기자본 비율 규제 대상인 신용위험 및 시장위험 이외에 운영위험을 그 대상으로 새로이 추가하였다. 그리고 신 협약은 신용위험을 측정하는데 있어서 현행의 표준방식(Standardised Approach)보다 더 세분화된 방법으로 신용위험을 측정하는 방향으로 개선하고, 표준방식 이외에 내부 등급 방식(Internal Ratings-Based Approach)을 허용하여 정교한 내부 신용 평가 모형을 갖

그림 3-1| 신 바젤 자기자본 협약의 개요

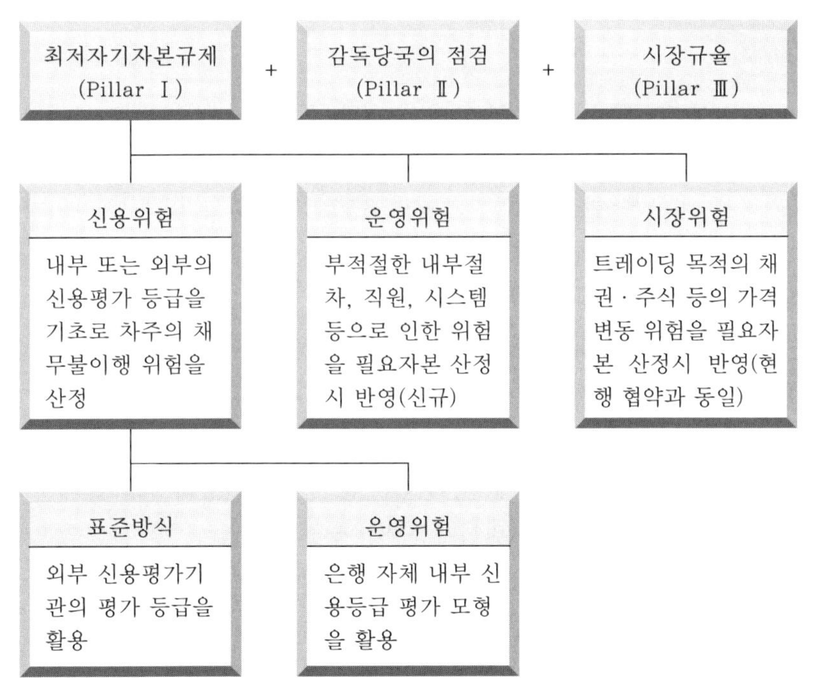

출처: 홍동수/김용선, "신바젤협약 도입이 국내 은행산업에 미치는 영향과 대응 방향,"「금융시스템 리뷰」제 9 호(한국은행, 2003. 7), 57면.

춘 은행에 대해서는 위험 산정에 있어서 은행의 재량을 많이 허용하고 있다.

둘째, 신 협약은 은행의 자기자본 적정성에 대한 감독당국의 감독 기능을 강화하고 있다. 즉, 신 협약에 따르면 각국의 감독당국은 은행의 최저 자기자본 산정의 적정성 여부에 대하여 점검 평가하고 그 결과 은행의 자기자본이 일정한 기준에 미치지 못하는 경우에는 해당 은행에 대하여 적절한 조치를 취할 것을 요구할 수 있다. 이는 감독당국의 은행에 대한 감시 기능의 강화를 통하여 은행으로 하여금 최저 자기자본 비율 규제 기준을 잘 준수하도록 하기 위한 것이다.

셋째, 신 협약은 시장규율을 통한 규제의 중요성을 인식히고 은행의 위험 수준 및 자기자본 적정성에 대한 공시(public disclosure) 강화를 강조하고 있다. 즉, 이는 시장참가자들의 은행에 대한 감시·평가 기능을 강화함으로서 최저 자기자본 비율 규제 기준을 준수하도록 유도하기 위한 것으로 볼 수 있다.

앞의 〈그림 3-1〉은 신 협약의 주요 내용을 정리한 것이다.

(1) 서 설

신 협약에 따르는 자기자본 비율은 현행 협약과 마찬가지로 자기자본을 분자로 하고, 위험가중자산(risk-weighted assets)을 분모로 하여 산정되며, 최저 자기자본 비율은 현행과 마찬가지로 8%로 규정하고 있다.[18] 자기자본의 범위는 변경이 없어 자본금, 이익잉여금 등 기본자본(core capital)과 부채성 자본조달수단(hybrid capital instruments) 및 기한부 후순위채무(subordinated term debts) 등 보완자본(supplementary capital)으로 구성되어 있다.[19] 현행 협약은 위험가중자산의 총액을 계산할 때 신용위험 및 시장위험만 감안하는 반면에, 신 협약은 신용위험 및 시장위험 이외에 추가로 운영위험을 감안하여 위험가중자산 총액이 계산된다. 즉, 신 협약에 따른 총위험가중자산의 합계는 측정방법면에서 달라진 신용위험 위험가중자산액에, 시장위험 및 운영위험에 대한 각각의 필요 자기자본에 12.5(즉, 최저 자기자본 8%의 역수)를 곱해 산정된 금액을 합하여 계

18) Basel Committee on Banking Supervision, "*Consultatie Document: Overview of the New Basel Capital Accord,*" Bank for International Settlements, April 2003, at 3. http://www.bis.org에서 검색 가능(이하 "*Overview of 2003 Third Consultatve Paper*"라 한다).

19) 구체적인 자기자본의 범위에 대한 설명은 고동원, 앞의 논문, 184-186면 참조.

산된다.

즉, 신 협약에 따른 자기자본 비율 산출 방식은 다음과 같게 된다.

$$\text{자기자본 비율} = \frac{\text{자기자본}}{(\text{신용위험 위험가중자산}) + (\text{시장위험에 대한 필요 자기자본} \times 12.5) + (\text{운영위험에 대한 필요 자기자본} \times 12.5)} \times 100$$

한편, 신 협약에서의 시장위험에 대한 취급은 현행 협약과 비교하여 변경된 사항이 없다.[20] 따라서, 신 협약의 최저 자기자본 비율 규제에 관한 변경 사항은 크게 (i) 신용위험 측정 방법의 개선 및 (ii) 운영위험의 위험가중자산에의 포함으로 요약할 수 있다. 이하에서는 위 변경된 두 가지 사항에 대하여 구체적으로 살펴보고자 한다.

(2) 신용위험 측정 방법의 개선

1) 서 설

신 협약상의 신용위험 측정 방법의 특징은 현행 협약상의 일률적이고 획일적 방법(one-size-fits-all approach)[21]을 지양하고, 은행 및 금융감독당국에 은행의 경영상태 및 금융시장 구조의 발전 단계에 따라 가장 적합하다고 판단되는 방식을 선택하도록 허용하여 위험 민감도(risk sensitivity)를 증가시켰다는 점이다.[22] 즉, 신 협약상 신용위험 측정 방식은 (i) 표준 방식(Standardised Approach)과 (ii) 내부 등급 방식(Internal Ratings-Based Approach)을 선택하도록 허용하고 있으며, 내부 등급 방식은 다시 (a) 기초 내부 등급 방식(Foundation Internal Ratings-Based Approach)과 (b) 고급 내부 등급 방식(Advanced Internal Ratings-Based Approach)의 두 가지 방식을 허용하고 있다.[23] 위 방식 중 표준 방식과 내부 등급 방식의 큰 차이점은 차주의 신용도를 평가할 때 표준 방식은 일정한 자격 요건을 구비하여 각국 금융감독 당국의 인정을 받은 외부 신

20) 시장위험을 반영한 자기자본 비율 규제에 대한 설명은 위의 논문, 191-199면 참조.

21) 즉, 현행 협약상의 바젤위원회가 제시한 표준 방식(즉, 거래 상대방의 신용도, 채권(債權)의 만기, 담보 및 보증 유무 등을 기준으로 위험도에 따라 부여되어 정해진 가중치(0%, 10%, 20%, 50%, 100%)를 대차대조표 해당 자산에 곱하여 산출하는 방식)에 따른 신용위험 측정 방식을 말한다.

22) *Overview of 2003 Third Consultative Paper*, at 3.

23) *Id*.

용평가기관(external credit assessment institutions)의 신용 등급을 이용하도록 하고, 내부 등급 방식은 은행 자체가 개발한 신용 등급 평가 모형에 따라 계산된 신용 등급을 이용하도록 하는 점이다.

아래에서는 현행 협약상의 신용위험 측정 방법을 개선한 표준 방식에 의한 신용위험 측정 방법과 새로이 허용된 내부 등급 방식에 의한 신용위험 측정 방법에 대하여 구체적으로 살펴보도록 한다.

2) 표준 방식에 의한 신용위험 측정 방법

① 개 요 신 협약은 표준 방식에 의한 신용위험을 측정하는 경우에 위험 민감도를 더 높이기 위하여 외부 신용평가기관에 의한 신용등급을 이용한다는 점이 현행 협약과 다른 점이다.[24] 외부 신용평가기관은 일정한 요건(즉, 평가의 독립성, 투명성, 신뢰성, 평가 방법의 엄격성 및 체계성, 정보의 공개성 여부 등)[25]을 구비하고 각국의 감독당국에 의하여 인정된 기관으로 한정된다.[26]

국가, 은행, 기업 및 자산유동화증권(asset securitization securities) 등에 대한 위험노출(exposure)에 대하여서는 외부 신용평가기관의 신용등급을 활용하여 바젤위원회가 규정한 위험가중치(최저 0%에서 최고 350%까지)에 따라 위험가중자산을 산출하게 된다. 즉, 현재 1~2단계로 나누어져 있는 국가, 은행 및 기업에 대한 채권(債權)의 위험가중치를 3~5단계로 확대하여 외부 신용평가기관의 신용 평가 결과를 활용하도록 하는 점이 현행 협약과 다른 점이다.

② 위험노출(exposure)별 위험가중치

㉠ 국가에 대한 채권(債權)의 위험가중치 현행 협약상 국가(중앙은행 포함)에 대한 채권(債權)(claims on sovereigns)의 위험가중치에 대해서는 당해 국가가 OECD에 가입하고 있는지 여부에 따라 회원국에게는 0%, 비회원국에게는 100%의 위험가중치가 적용되고 있으나, 신 협약에서는 외부 신용평가기관의 당해 국가에 대한 신용 평가 결과에 따라 0%에서 150%까지 5단계(0%, 20%, 50%, 100%, 150%)로 구분하여 위험가중치를 차등 적용하도록 하고 있다.[27]

---

24) *Id.*

25) Basel Committee on Banking Supervision, "*Consultative Document: The New Basel Capital Accord*," Bank for International Settlements, April 2003, at 14~15. http://www.bis.org에서 검색 가능(이하 "*2003 Third Consultative Paper*"라 한다).

26) *Id.* at 7.

㉡ 은행에 대한 채권(債權)의 위험가중치 은행에 대한 채권(債權)(claims on banks)의 경우는, 현행 협약상은 OECD 회원국의 은행에게는 20%, OECD 비회원국의 은행에게는 100%의 위험가중치가 적용되고 있으나, 신 협약에서는 은행에 대한 채권의 위험가중치 산정의 방법으로서 두 가지 방안을 제시하고 있으며, 각국의 감독당국이 그 중 어느 하나를 선택할 수 있도록 하고 있다.[28] 즉, 첫째 방안은 은행에 대한 채권에 대해서는 해당 국가의 위험가중치보다도 한 단계 높은 위험가중치를 일률적으로 적용하는 것이고, 둘째 방안은 외부 신용평가기관이 평가한 해당 은행 자체에 대한 신용 평가 결과에 따른 위험가중치를 적용하는 것이다.[29] 더 나아가서 해당 은행 자체의 신용 평가에 따라 신용 등급을 평가하는 경우에도, 해당 채권의 원 만기(original maturity)가 3개월 이하인 경우에는 20%를 최저 한도로 해서 원 만기가 3개월 초과한 채권에 해당하는 위험가중치보다도 한 단계 낮은 위험가중치를 적용하는 것으로 하고 있다.[30]

그리고 증권회사에 대한 채권에 대해서는 해당 증권회사가 신 협약에 대응하는 자기자본 비율 규제의 적용을 받는 증권회사인 경우에는 은행과 같이 취급해서 위험가중치를 계산하며, 그렇지 못하는 경우에는 일반 기업과 동일한 취급을 받도록 하고 있다.[31]

㉢ 기업에 대한 채권(債權)의 위험가중치 기업(보험회사를 포함함)에 대한 위험가중치 적용도 현행 협약상으로는 100%로 단일화되어 있으나, 신 협약은 당해 기업의 외부 신용평가기관의 신용 평가 결과에 따라 20% 내지 150%의 4단계(20%, 50%, 100%, 150%)로 구분하여 위험가중치를 차등 적용하도록 하고 있다.[32] 다만, 각국의 재량 하에 감독당국은 외부 신용평가기관의 신용 등급에 상관없이 은행으로 하여금 기업에 대한 채권에 대하여 일률적으로 100% 위험가중치를 적용하도록 할 수 있지만, 이 경우에는 해당 은행은 금융감독

27) *Id.*
28) *Id.* at 9.
29) *Id.*
30) *Id.* 다만, 이 경우에도 신용등급이 B- 이하인 은행에 대해서는 당해 채권의 위험가중치는 원 만기가 3개월 이하가 되는 경우에도 동 위험가중치는 변동 없이 150%가 된다. *Id.*
31) *Id.* at 10.
32) *Id.*

당국의 사전 승인을 얻어야 하며, 일단 이 방식을 채택하는 경우에는 계속적으로 이 방식을 사용하여야 한다.[33]

㉣ 자산유동화증권에 대한 위험가중치 자산유동화증권의 경우에도 신 협약은 신용 등급의 결과에 따라 20% 내지 350%의 위험가중치를 두어 달리 규정하고 있으며, 다만 신용 등급이 일정 수준 이하(Standard & Poor's 신용등급에 의한 B+ 이하)이거나 무등급(unrated)인 경우에는 원칙적으로 자기자본에서 차감하게 된다.[34]

㉤ 기타 위험노출(exposure)에 대한 위험가중치 이외의 위험노출에 대해서는 고정 위험가중치를 사용하도록 허용하고 있다. 즉, 일정한 조건을 만족시키는 소매금융(retail portfolio)(개인이나 소규모 기업에 대한 위험노출)[35]에 대해서는 연체 대출(past due loans)을 제외하고는 75%의 위험가중치가 적용된다.[36] 그리고, 주택담보 채권(claims secured by residential property)에 대해서는 위험가중치가 35%이며, 상업용 부동산 담보 채권(claims secured by commercial real estate)의 경우에는 위험가중치는 100%가 적용된다.[37] 90일을 초과하는 연체 대출의 경우에는 특별대손충당금(special provisions)을 제외한 담보되지 않은 부분(unsecured portion of any loan)에 대한 위험가중치는 (i) 특별대손충당금이 총 연체금액의 20% 보다 적은 경우에는 150%이고, (ii) 특별대손충당금이 총 연체금액의 20% 이상에 해당하는 경우에는 100%이며, (iii) 특별대손충당금이 총 연체금액의 50% 이상이 되는 경우에는 100%이지만 감독당국의 재량 하에 50%까지로 낮출 수 있다.[38] 이 외의 기타 위험노출에 대해서는 그 위험가중치는 일률적으로 100%가 적용된다.[39]

㉥ 부외(簿外) 항목에 대한 위험가중치 부외 항목(off-balance sheet items)에 대해서는 현행 협약과 마찬가지로 신용환산율(credit conversion factors)을 적용하여 그 해당하는 자산에 대하여 위험가중치를 산정한다. 다만,

---

33) *Id*. at 11.

34) *Id*. at 105-106.

35) 예를 들어, 회전신용(revolving credits), 신용카드, 자동차대출 및 자동차리스, 소규모기업에 대한 약정 등을 들 수 있다. *Id*. at 11.

36) *Id*.

37) *Id*. at 12.

38) *Id*.

39) *Id*. 물론 이 절에서 언급되지 않은 위험노출에 대하여 특별히 따로 위험가중치가 적용되는 경우에는 그 해당 위험노출에 적용되는 위험가중치가 적용될 것이다.

장외 파생상품에 대한 상대방 위험가중치는 특별한 한도에 구속되지 않는다.[40] 원 계약 만기가 1년 이하인 약정(commitments)에 대해서는 20%의 신용환산율이 적용되며,[41] 원 계약 만기가 1년 초과인 약정의 경우에는 50%의 신용환산율이 적용된다.[42] 사전 통지없이 항시 무조건적으로 취소할 수 있는 기타 약정의 경우에는 현행 협약과 마찬가지로 0%의 신용환산율이 적용된다.[43] 이 외에도 단기의 자동결제성 무역 관련 신용장(예를 들어, 선박에 의하여 담보된 하환신용장 등)에 대해서는 현행 협약과 마찬가지로 20%의 신용환산율이 적용된다.[44] 또한, 은행의 환매조건부채권매매(repurchase/reverse repurchase: RP) 또는 증권대차 거래(securities lending/borrowing transactions)시에 은행이 담보로 증권을 제공하거나 증권을 대여해 주는 경우에는 100%의 신용환산율이 적용된다.[45]

㉦ 정리: 표준 방식에 의한 신용 등급별 위험가중치 다음 〈표 3-2〉는 위에서 서술한 표준 방식에 따른 신용 등급별로 적용되는 위험가중치를 정리한 것이다.

③ 신용위험 경감(輕減) 사유의 확대 신 협약은 신용위험 경감 수단의 사유를 현행 협약보다 더 확대하고 있다. 즉, 은행의 신용위험 경감과 관련하여 현행 협약상 OECD 회원국의 중앙정부나 공공부문에 의하여 발행한 증권(securities) 등으로 제한되어 있는 담보(collateral)의 인정 범위를 기초 자산(원채무자)보다 낮은 위험가중치를 적용받는 일정한 조건을 충족하는 금융 자산(financial assets)으로 확대하였다.[46] 즉, 담보 제공 대상을 기존의 예금 및 채권(債券) 이외에 금(gold), 일정한 조건을 충족시키는 주식(equities)과 뮤추얼 펀드(mutual fund) 및 양도 가능한 간접투자증권(collective investments in transferable

40) *Id.* at 13.

41) 현행 협약상은 신용환산율이 0%이다. Bank for International Settlements, "*International Convergence of Capital Measurement and Capital Standards*," July 1988 (updated to April 1997), at 77(이하 "*1988 Capital Accord*"라 한다).

42) *2003 Third Consultative Paper*, at 13. 1년 초과 약정인 경우에 현행 협약상도 그 신용환산율은 여전히 50%이다(*1988 Capital Accord*, at 77).

43) *2003 Third Consultative Paper*, at 13.

44) *Id.* at 14.

45) *Id.*

46) *Id.* at 17~21; 이용회, "BIS의 자기자본규제제도 개편방향과 우리의 대응과제", 「금융시스템 리뷰」 제1호(한국은행, 1999. 8), 11면.

표 3-2| 표준 방식의 주요 위험노출별 및 신용 등급별 위험가중치(%)

	AAA ~ AA-	A+ ~ A-	BBB+ ~ BBB-	BB+ ~ BB-	B+ ~ B-	B- 미만	무등급 (unrated)
국 가	0	20	50	100	100	150	100
은 행							
제1안	20	50	100	100	100	150	100
제2안							
3개월 초과	20	50	50	100	100	150	50
3개월 이하	20	20	20	50	50	150	20
기 업	20	50	100	100	150	150	100
자산유동화증권	20	50	100	350	자기자본에서 차감		

주: 1) 바젤위원회는 신용 등급의 예시로 Standards & Poor's의 신용 등급을 들었다.
2) 은행에 대한 채권(債權)의 경우 감독당국의 판단에 따라 제1안이나 제2안을 선택할 수 있다. 제1안은 일률적으로 해당 국가 위험가중치보다 한 단계 높은 위험가중치를 적용하는 것이다. 제2안은 은행 자체의 신용 등급에 따른 위험가중치를 적용하는 것이며, 이 경우 해당 자산의 원 만기(original maturity)가 3개월을 초과하는지 여부에 따라 그 위험가중치도 다르게 정하고 있다.

출처: Basel Committee on Banking Supervision, "*Consultative Document: The New Basel Capital Accord*," Bank for International Settlements, April 2003, at 7, 9, 10, 106. http://www.bis.org에서 검색 가능.

securities) 등으로 확대하였다.[47] 이 외에도 신 협약은 보증(guarantees) 이외에 보증과 유사한 성격을 갖고 있는 신용파생상품(credit derivatives)도 일정한 조건을 충족하는 경우(신용파생상품의 조건이 직접적이고 명시적이며 취소불가능하고 무조건적인 경우)[48]에는 신용위험 경감 사유로 인정하고 있다.[49]

3) 내부 등급 방식에 의한 신용위험 측정 방법

① 개 요 신 협약의 또 하나의 큰 특징은 신용위험을 측정하는 데 있어서 내부 등급 방식(Internal Ratings-Based Approach)을 새로이 채택하였다는 점이다. 내부 등급 방식은 은행 자체의 내부 신용 등급 평가 모형에 기초하여 위험노출별 신용위험을 측정하는 방식으로서 이러한 방식을 적용하기 위해서는 해당 은행의 자체 신용 등급 평가 모형이 감독당국이 인정하는

47) *Id.* at 22-23.

48) 이외에도 해당 은행이 위험 관리 과정에 관련된 최소한의 운영 조건을 만족시키고 있다고 감독당국이 인정하여야 한다(*Id.* at 21).

49) *Id.*

요건을 충족시켜야 한다. 내부 등급 방식의 경우에는 크게 (i) 기업, 은행 및 국가, (ii) 소매금융 및 (iii) 자산유동화증권 등의 세 가지 위험노출별로 위험 측정 방법이 다양하다.

② 기업, 은행 및 국가에 대한 위험노출 　　우선 기업, 은행 및 국가에 대한 위험노출의 경우에는 다음의 네 가지 양적 위험 요소(quantitative inputs)를 고려하여 위험을 측정한다. 즉, (i) 부도가능성율(Probability of default: PD)(즉, 주어진 기간 동안에 차주가 부도날 가능성을 측정하는 요소), (ii) 부도시 손실률(Loss given default: LGD)(즉, 부도가 발생할 때 손실로 처리되는 위험노출의 부분을 측정하는 요소), (iii) 부도시 위험노출(Exposure at default: EAD)(즉, 대출 약정의 경우 부도시 인출 가능성이 있는 금액을 측정하는 요소), (iv) 만기(Maturity: M)(즉, 위험노출의 잔존 경제적 만기를 측정하는 요소)의 네 가지 위험 요소를 고려하여 위험을 측정한다.[50]

이러한 양적 위험 요소 중 어떤 요소를 기준으로 하여 위험가중치를 산정하느냐에 따라 기초 내부 등급 방식(Foundation Internal Ratings-Based Approach)과 고급 내부 등급 방식(Advanced Internal Ratings-Based Approach)으로 나누어진다. 즉, 고급 내부 등급 방식에 의하는 경우에는 위 네 가지 양적 위험 요소 전부에 대해 은행 자체가 추정한 수치(estimates)를 활용하는 반면에, 기초 내부 등급 방식의 경우에는 위 네 가지 위험 요소 중 차주의 부도가능성율(PD)만 은행 자체의 추정치를 이용하고, 부도시 손실률(LGD), 부도시 위험노출(EAD) 및 만기(M)는 바젤위원회가 제시한 기준에 의거하여 위험가중치를 계산한다.[51]

③ 소매금융(小賣金融)에 대한 위험노출 　　소매금융(retail exposures)의 경우에는 기초 내부 등급 방식은 사용되지 않으며, 고급 내부 등급 방식만 사용되는데, 이 경우에는 만기(M)를 제외한 위 세 가지 양적 위험 요소 전부에 대하여 은행 자체 추정치를 활용한다.[52]

④ 자산유동화증권(資産流動化證券)에 대한 위험노출 　　내부 등급 방식을 이용하여 자산유동화증권의 위험가중치를 산정하는 경우, 투자부적격등급의 자산유동화증권에 대해서는 표준 방식보다 높은 위험가중치가 적용이 되나, 투자적격등급의 자산유동화증권에 대해서는 표준 방식보다 다소 낮은 위

50) *Overview of 2003 Third Consultative Paper*, at 5.

51) *Id*.

52) *Id*. at 6.

험가중치를 적용한다.[53)]

⑤ 신용위험 경감(輕減) 사유 확대 한편, 고급 내부 등급 방식을 이용하는 은행은 부도가능성률(PD) 또는 부도시 손실률(LGD)의 요소를 감안(adjustment)하여[54)] 보증 및 신용파생상품을 이용하여 신용위험을 감경할 수 있다.[55)] 그리고, 보증인(guarantor)의 자격 요건에 대한 제한은 없으나, 은행은 보증인 유형별로 자기자본 비율 규제 목적상 인정되는 기준을 확실하게 정하여야 한다.[56)]

(3) 운영위험의 추가

신 협약의 또 하나 특징은 운영위험을 위험 측정 대상의 하나로서 추가하고 있다는 점이다. 운영위험이란 부적절(inadequate)하거나 실패한(failed) 내부 절차, 직원, 시스템으로부터 발생하거나 또는 외부 사유로 인해 발생하는 손실 위험을 말한다.[57)] 이러한 운영위험은 계량화가 어렵기 때문에 현행 협약에서는 그 측정 대상 위험으로 포함시키지 못했으나, 신 협약은 세 가지 측정 방식을 제시하고 있다. 즉, 신 협약은 1) 기본 지표 방식(Basic Indicator Approach: BIA), 2) 표준 방식(Standardised Approach: SA) 및 3) 고급 측정 방식(Advanced Measurement Approach: AMA)의 세 가지 방식을 제시하고 있다.[58)]

우선, 기본 지표 방식(BIA)은 과거 3년간 평균 연 총수익(average annual gross income)의 일정 비율(바젤위원회가 제시한 15%)을 필요 자기자본으로 산정하는 방식이다.[59)] 표준 방식(SA)은 은행의 영업 활동을 기업금융, 무역 및 영업, 소매금융, 상업금융, 지급 및 결제, 대리점 서비스, 자산관리 및 소매중개 등 8개 부문으로 나누고, 각 영업 부문별 총수익(gross income)에 일정 비율(12%에서 18%까지)[60)]을 곱한

---

53) 홍동수/김용선, "신바젤협약 도입이 국내 은행산업에 미치는 영향과 대응 방향", 「금융시스템 리뷰」 제9호(한국은행, 2003. 7), 59면.

54) 다만, 그 중 어느 하나의 요소를 선택하는 경우에는 일관성 있게 그 요소만을 이용하여야 한다(*2003 Third Consultative Paper*, at 61).

55) *Id*.

56) *Id*. at 86.

57) *Id*. at 120. 운영위험의 정의에는 법적 위험(legal risk)은 포함되지만 전략 및 평판 위험(strategic and reputational risk)은 제외된다. *Id*.

58) *Id*.

59) *Id*. at 121.

금액의 합계액을 필요 자기자본으로 산정하는 방식이다.[61] 또한, 고급 측정 방식(AMA)은 일정한 양적 및 질적 기준[62]을 충족하는 은행의 내부 운영위험 측정 시스템에 기초하여 필요 자기자본을 산정하는 방식으로서 감독당국의 승인을 얻어야 하는 방식이다.[63]

2. 자기자본 적정성(Capital Adequacy)에 대한 감독당국의 감독 강화(Supervisory Review Process): Pillar Ⅱ

신 협약은 은행의 자기자본의 적정성에 대한 감독당국의 감독을 강화하는 내용을 규정하고 있다. 즉, 신 협약에서는 감독당국의 감독 강화를 통해 위험 관리 체계 및 자기자본의 적정성을 점검하고 필요한 경우에는 금융감독당국으로 하여금 은행들이 발생하는 위험을 줄이고 자기자본을 보전하기 위한 적절한 조치를 취할 것을 요구하고 있다.[64] 이러한 금융감독 당국의 감독 강화의 목적은 은행들로 하여금 은행의 영업 활동에서 발생할 수 있는 모든 위험을 보전할 수 있는 충분한 자기자본을 보유하도록 유도하고, 은행들이 위험을 감시(monitoring)하고 관리하는 데 있어서 더 나은 위험 관리 기술을 개발하고 이용하도록 하는 데 있다.[65]

또한, 신 협약에서는 현행 협약과 마찬가지로 은행의 경영진(management)이 은행이 충분한 자기자본을 보유하도록 하는데 책임을 지고 있다는 것을 강조하고 있다.[66] 이외에도 신 협약은 금융감독 당국이 다음의 세 가지 부문에 대해서도 적절히 잘 대응하도록 할 것을 요구하고 있다. 즉, 1) 최저 자기

60) 기업금융: 18%, 무역 및 영업: 18%, 소매금융: 12%, 상업금융: 15%, 지급 및 결제: 18%, 대리점 서비스: 15%, 자산관리: 12%, 소매중개: 12%로 나누어진다. *Id.*

61) *Id.*

62) (ⅰ) 해당 은행의 이사회 및 경영진이 운영위험에 대한 전반적인 관리를 하고 있어야 하며, (ⅱ) 해당 은행은 건전한 위험 관리 시스템 및 완벽하게 실행되는 위험 관리 시스템을 보유하고 있어야 하며, (ⅲ) 내부 통제 및 감사 부문뿐만 아니라 주요 영업 부문에서도 충분한 자원(resources)이 존재하고 있어야 한다. *Id.* at 123.

63) *Id.*

64) *Id.* at 138.

65) *Id.*

66) *Id.*

자본 비율 규제(Pillar Ⅰ)에서 포섭되고 있지 않은 신용 집중 위험(credit concentration risk), 2) 최저 자기자본 비율 규제(Pillar Ⅰ)에서는 고려되고 있지 않은 요소인 은행계정(banking book)의 금리 위험, 영업 및 전략 위험과 3) 은행의 외부 요인(예를 들어, 영업 순환 효과(business cycle effects))의 세 가지 부문에 대해서도 금융감독 당국이 적절히 잘 대응할 것을 요구하고 있다.[67)]

한편, 바젤위원회는 금융감독 당국의 점검 및 감독 강화와 관련하여 다음의 네 가지 원칙을 제시하고 있다. 즉, 1) 은행은 자신의 적정한 자기자본을 유지하기 위한 전략 및 위험 형태와 관련하여 전체적인 자기자본의 적정성을 평가하기 위한 절차를 거쳐야 하며,[68)] 2) 감독당국은 은행의 자기자본 비율 준수 여부를 감시(monitoring)하고 확인할 뿐만 아니라, 은행의 내부 자기자본의 적정성 평가 및 전략을 점검하고 평가하여 그 결과에 만족하지 못하는 경우에는 적절한 조치를 취하여야 하며,[69)] 3) 금융감독 당국은 은행이 최저 자기자본 규제 비율 이상을 유지하면서 영업을 하도록 감독하여야 하고,[70)] 4) 금융감독 당국은 은행의 자기자본 비율이 최저 수준보다 떨어지지 않도록 조기에 개입하여 하며, 만약에 자기자본 비율이 최저 수준 이상 유지되지 않거나 회복되지 않는 경우에는 신속한 시정조치를 취하는 것이 요구된다.[71)]

3. 시장 규율(Market Discipline)의 제고(提高): Pillar Ⅲ

시장 규율의 제고(Pillar Ⅲ)는 은행의 위험 수준 및 자기자본의 적정성에 대한 공시(public disclosure) 강화를 그 주요 내용으로 하고 있다. 이러한 시장 규율은 최저 자기자본 비율 규제(Pillar Ⅰ) 및 금융감독 당국의 감독 강화(Pillar Ⅱ)를 보완하기 위한 것이며, 이러한 공시에 의하여 시장 참가자들이 은행의 자기자본 및 위험 노출 평가 과정에 대한 중요한 정보를 평가할 수 있게 되고 그럼으로써 시장 규율에 의한 규제가 가능하게 된다.[72)]

---

67) *Id.*
68) *Id.* at 139.
69) *Id.* at 142.
70) *Id.* at 144.
71) *Id.*
72) *Id.* at 154.

신 협약에 따르면, 공시는 원칙적으로 6개월 주기로 행하여져야 하며, 예외적으로 해당 은행의 위험 관리 목적과 정책 및 보고 체계 등에 관한 질적인(qualitative) 정보는 1년 단위로 공시하는 것이 허용된다.[73] 이외에 국제 업무를 영위하는 은행이나 다른 주요 은행(significant banks)[74]은 기본자본 비율 및 자기자본 비율(Tier I and total capital adequacy ratios)과 그 구성 내역을 분기별로 공시하여야 한다.[75] 또한, 은행은 변화에 민감한 위험 노출 등의 정보는 분기별로 공시하여야 한다.[76]

4. 현행 협약과 신 바젤 협약의 주요 내용 비교

다음 〈표 3-3〉은 현행 협약과 신 협약의 주요 내용을 비교하여 정리한 것이다.

Ⅳ. 국내 은행과 감독당국의 대응 방안

이하에서는 우리 나라가 신 협약의 새로운 제도를 도입하여 시행할 때 국내 은행 산업에 미치는 영향에 대하여 살펴본 후에, 이러한 신 협약의 도입 · 실시와 관련하여 국내 은행 및 감독당국의 대응 방안에 대하여 고찰해 보고자 한다.

1. 신 바젤 협약 도입이 국내 은행 산업에 미치는 영향

신 바젤 협약이 국내에 도입 · 실시될 때 국내 은행 산업에 미치는 영향은 다음과 같은 것을 생각할 수 있다.[77]

첫째, 신 협약은 신용위험을 세분화하여 차등화 할 뿐만 아니라 새로이

73) *Id.* at 156.

74) 주요(significant) 자회사 은행을 포함한다. *Id.*

75) *Id.*

76) *Id.*

77) 이 내용은 홍동수/김용선, 앞의 논문, 63~68면을 참고했다.

표 3-3| 현행 협약과 신 바젤 협약의 주요 내용 비교

<table>
<tr><th>항 목</th><th colspan="3">현행 협약</th><th>신 협약</th></tr>
<tr><td>적용대상</td><td colspan="3">-국제업무를 영위하는 은행</td><td>-국제업무를 영위하는 은행</td></tr>
<tr><td>자기자본비율 산출시 반영되는 위험</td><td colspan="3">-신용위험
-시장위험</td><td>-신용위험
-시장위험
-운영위험</td></tr>
<tr><td rowspan="6">신용위험</td><td colspan="3">-표준모형: 소속 국가 및 기관에 따라 일률적인 위험가중치* 적용
* 0%, 10%, 20%, 50%, 100%</td><td rowspan="6">-표준방식: 외부 신용평가등급에 따라 위험가중치 차등화*
* 0%, 20%, 50%, 100%, 150%
-내부등급방식
•기초방식: 차수의 부도율은 은행이 자체 평가, 기타 위험 요소는 바젤위원회가 결정
•고급방식: 모든 위험 요소를 은행이 자체평가</td></tr>
<tr><td>구 분</td><td>OECD국가</td><td>기타 국가</td></tr>
<tr><td>국 가</td><td>0%</td><td>100%</td></tr>
<tr><td>은 행</td><td>20%</td><td>100%</td></tr>
<tr><td>기 업</td><td>100%</td><td>100%</td></tr>
<tr><td>주택담보</td><td>50%</td><td>50%</td></tr>
<tr><td>시장위험</td><td colspan="3">-표준 방법
-내부모형</td><td>(현행과 동일)</td></tr>
<tr><td>운영위험</td><td colspan="3">(없음)</td><td>-기초지표방식: 과거 3년간 총수입의 15%를 필요자본으로 부과
-표준방식: 8개 영업부문별 총수입의 12%~18%를 필요자본으로 산출하고 이를 단순 합산
-고급측정방식: 사업부문별 손실자료 등을 감안하여 은행 자체적으로 운영위험을 측정</td></tr>
<tr><td>감독당국의 점검</td><td colspan="3">(없음)</td><td>-위험관리체계 및 자기자본의 적정성 점검
-은행계정의 금리위험, 스트레스테스팅(stress testing) 등의 적정성 점검 등</td></tr>
<tr><td>시장규율</td><td colspan="3">(없음)</td><td>-자본적정성, 위험 수준 등 공시 의무화</td></tr>
</table>

출처: 홍동수/김용선, "신바젤협약 도입이 국내 은행산업에 미치는 영향과 대응 방향," 「금융시스템 리뷰」 제9호(한국은행, 2003. 7), 62면.

운영위험을 추가하기 때문에, 위험가중자산 총액이 증가될 가능성이 크고, 이에 따라 국내 은행의 자기자본 비율이 현재보다 상당히 하락할 수 있으며, 이

러한 자기자본 비율 하락은 국내 은행의 자산 운용에 제약을 가하게 되고 이에 따라 수익성도 떨어질 가능성이 있다.[78)]

둘째, 신 협약에서는 신용 등급이 낮은 기업에 대한 신용공여의 위험가중치가 높아지는 반면에 소매금융과 신용이 좋은 기업에 대한 신용공여에 대한 위험가중치는 낮아지기 때문에 은행은 보다 안전한 자산의 운용을 선호할 것이고, 따라서 중소기업 금융이 위축될 우려가 있다.[79)] 더 나아가서 은행의 안전 자산 선호 현상이 심화될 경우에는 금융시장의 자금 흐름이 왜곡되어 중앙은행의 통화신용정책 파급 경로가 제대로 작동되지 않을 가능성도 있다.[80)]

셋째, 신 협약이 도입되었을 때 은행의 위험노출 위험가중치가 외부 신용평가기관의 신용 평가 결과에 의하여 결정이 되므로 새로운 기준에 의하는 경우에는 국내 은행들의 대외 신인도가 떨어질 가능성이 크며,[81)] 이에 따라 선진국 주요 은행들이 대외 신인도가 떨어지는 국내 은행에 대한 신용공여를 축소하거나 위험 프리미엄을 추가로 요구할 가능성이 커지므로 이 경우에는 국내 은행들의 외화자금 조달 비용이 상승할 가능성이 있다.[82)]

넷째, 신 협약상 은행의 자산유동화증권 위험 노출에 대한 위험가중치가 현행 협약에 비하여 크게 높아져 자산유동화 금융 시장이 위축될 가능성이 있다.[83)]

다섯째, 신 협약상 증대된 위험 민감도는 경기변동 국면의 진폭을 현행 협약에 비해 확대시킬 가능성이 있다.[84)] 즉, 신 협약상 내부 등급 방식을 적용

78) 위의 논문, 63면.
79) 앞의 논문, 64면.
80) 앞의 논문, 65면.
81) 이용회, 앞의 논문, 13면.
82) 홍동수/김용선, 앞의 논문, 66면.
83) 위의 논문, 67면. 이는 신 협약에서는 자산유동화 증권 발행을 통한 규제자본 회피거래(capital arbitrage)를 막기 위해 투자부적격 등급 또는 무등급 순위 증권(tranche)에 대해 동일한 등급의 기업 대출보다 훨씬 높은 250%~1,250%의 위험가중치를 적용하게 되기 때문이다(위의 논문, 67면). 그리고, 1,250%의 위험가중치는 신 협약에서는 신용등급이 BB- 미만일 경우 자본에서 위험노출(exposure) 금액을 차감하도록 되어 있는데, 이를 위험가중치로 환산할 경우에 계산되는 수치이다(위의 논문, 67면 주 12).
84) 위의 논문, 68면.

하는 은행들은 경기 상승기에는 위험을 과소 평가하여 여신을 확대함으로써 경기 과열을 초래하는 반면에, 경기 하강기에는 위험을 과대 평가하여 불황의 폭을 깊게 하는 경기 순응적인(procyclical) 형태를 보일 가능성이 있다.[85]

그러나, 신 협약을 도입했을 때 긍정적인 효과도 있을 수 있다. 신 협약의 국내 도입 · 실시는 국내 은행의 위험 관리 체계를 강화시키고 해당 위험에 상응하는 자기자본을 적립하도록 함으로써 금융시스템의 안정성을 높일 수 있으며, 선진화된 위험 관리 기법을 갖춘 은행의 출현을 촉진시켜 경쟁력을 높이는 등의 효과가 있을 수도 있다.[86]

2. 국내 은행 및 감독당국의 대응 방안

(1) 적용 대상 은행의 단계적 시행 방안

신 협약의 도입에 따른 새로운 자기자본 비율 규제 제도의 실시는 국내 은행들의 자기자본 확충 등 자기자본 비율의 향상을 위한 여러 가지 부담이 있을 것으로 예상되며, 더 나아가서는 위험 관리 수준의 제고를 위한 여러 가지 제도의 개선도 요구될 것이다. 따라서 이 새로운 제도를 도입하여 실시하더라도 단계적으로 실시하는 것이 바람직할 것으로 본다. 우선, 비교적 규모가 큰 시중은행[87]들부터 시행하고 나중에 규모가 작은 지방은행으로 확대 적용하는 방안이나 국제 업무를 취급하지 않은 은행들에게는 당분간 적용 예외를 두는 방안도 고려할 필요가 있다고 본다.

(2) 감독당국과 국내 은행들과의 협조 강화

신 협약에 따른 새로운 자기자본 비율 규제 제도를 도입하였을 때 국내 은행들에게 미치는 영향이 크므로 그 당사자인 국내 은행들과 감독당국이 합동으로 새로운 제도에 대한 연구를 하면서 철저한 준비를 할 필요가 있다고

85) 위의 논문, 68면.

86) 위의 논문, 69면.

87) 시중은행은 전국을 영업 구역으로 하는 은행을 말하며, 지방은행에 대비된다. 시중은행은 지방은행보다 자본 및 자산 등의 면에서 규모가 크고, 국제 업무를 취급하고 있다.

본다. 더 나아가서 새로운 제도 실시의 책임을 맡고 있는 금융감독 당국은 당사자인 국내 은행들의 의견을 수렴하여 반영하고, 필요시에는 관련 전문가도 참여시켜 새로운 제도를 실시할 때 국내 은행들에게 부정적인 영향을 미칠 수 있는 문제점을 미리 파악 · 분석하여 대처하는 것이 필요하다고 본다. 특히, 신 협약이 각국 감독당국에 재량권을 주고 있는 사항[88]에 대해서는 국내 은행들의 위험 관리 수준 등을 고려하여 결정하는 것이 필요한데, 이 경우에는 국내 은행들의 의견을 수렴하는 절차를 거쳐 가장 적합한 기준을 설정하는 것이 필요하다고 본다.

(3) 국내 은행들의 위험 관리 체계 수준의 선진화

신 협약의 주 목적 중의 하나는 은행들의 위험 관리 체계의 수준을 높이는데 있다고 볼 수 있다. 따라서 국내 은행들도 새로운 제도의 도입에 따라 요구되는 위험 관리 수준을 향상시키는데 주력할 필요가 있다고 본다. 이를 위해서는 부도 자료 등 관련 자료를 금융기관간 또는 신용평가회사와 공유하고 이용하는 시스템을 확보하고,[89] 신 협약에서 이용되고 있는 부도가능성률, 부도시손실률, 부도시의 위험노출 등의 위험 관리 요소들을 정확하게 측정할 수 있는 새로운 위험 관리 체계를 시급히 개발할 필요가 있다고 본다.

더 나아가서 감독당국도 국내 은행들의 위험 관리 체계에 대한 점검 및 평가 결과를 은행 경영실태평가[90]에 반영할 때 그 비중을 높이는 등 국내 은행들로 하여금 위험 관리에 중점을 두도록 유도하여 위험 관리의 선진화를 꾀할 필요가 있다고 본다. 이 외에도 국내 은행뿐만 아니라 감독당국도 위험 관리 전문가[91]를 양성할 수 있는 연수 또는 교육 프로그램을 개발하는 것도 필요하다고 본다.

---

88) 예를 들면, 무등급 여신에 대한 위험가중치, 외부 신용평가기관의 선정 및 신용등급 전환 기준 등을 들 수 있다(위의 논문, 71면 각주 26)).

89) 위의 논문, 69면.

90) 은행업감독규정 제33조, 은행업감독업무시행세칙 제27조 내지 제29조, 〈별표 9〉 참조.

91) 이와 관련하여, 2001년 금융감독위원회로부터 사단법인 설립 허가를 받은 금융위험 관리 전문가 모임인 사단법인 한국금융위험관리전문가협회(Korea Association of Risk Professionals)의 활동은 주목할 만하다고 하겠다. 자세한 사항은 협회 홈페이지인 http://risk.or.kr/ 참조.

⑷ 신용파생상품 시장의 활성화 및 취급 기관투자가의 확대

신 협약에서는 신용위험 측정시 일정한 조건을 충족하는 신용파생상품(credit derivatives)을 보증과 같은 효과를 갖는 것으로 인정하고 있다. 즉, 신용파생상품을 이용함으로써 상대방의 위험 노출에 대한 위험을 감경하는 효과를 거둘 수 있는데, 새로운 자기자본 비율 규제 제도가 시행되면 신용파생상품의 이용도가 높아질 것으로 예상된다. 따라서 신용파생상품에 대한 수요에 부응하기 위하여 신용파생상품의 시장을 활성화하는 것이 필요한데, 이를 위해서는 신용파생상품을 취급할 수 있는 국내 기관투자가(institutional investors)를 육성하는 것이 필요하다.[92)]

⑸ 경영 합리화의 제고

신 협약의 실시에 따라 위험가중자산의 증가가 예상되는바, 이에 대응하여 위험이 높은 자산을 축소하기 위한 여러 가지 방안을 강구하는 것도 필요하다고 본다. 이를 위해서는 은행들은 자산 규모의 확대 등 양적 성장의 경영 전략보다는 자산 관리 체계의 구축과 강화 등 은행의 건전성 및 수익성 제고 위주의 질적 성장의 경영 합리화 전략을 추구하는 것이 바람직하다고 본다.

⑹ 관련 감독규정(規程)의 개정

신 협약의 도입에 따른 새로운 제도를 실시하는 경우에는 관련 규정에 새로운 제도를 반영하여야 하는바, 현재는 금융감독원장이 제정하는 「은행업

---

92) 은행의 경우에는 은행의 부수업무의 하나로서 '파생상품거래'를 허용하고 있는바(「은행업무 중 부수업무의 범위에 관한 지침」 Ⅱ. 16호), 명시적으로 신용파생상품 거래를 규정하고 있지는 않으나, 해석상 가능하다고 볼 수 있을 것이다. 그리고, 실무적으로도 은행은 신용파생상품 거래를 하고 있으며, 위 지침 제정권자인 금융위원회도 이에 대하여 부정적인 입장에 있지 않은 것으로 알고 있다. 그러나, 보다 명확하게 하기 위해서는 허용되는 파생금융상품 거래의 종류에 대하여 더 자세히 규정할 필요가 있다고 본다. 한편, 증권회사의 경우에도 2005년 3월부터 일정한 요건을 충족하는 증권회사에 대하여 신용파생상품 거래를 허용했다(증권거래법 시행규칙 제13조 제1항). 보험회사의 경우에도 신용파생상품 거래를 취급하도록 허용하고 있다(보험업법 시행령 제49조 제3항 제1호, 보험업감독규정 [별표 9] 보험회사의 파생금융거래기준(보험업감독규정 제5-2조 관련) 제2호 마목).

감독업무시행세칙」에 현행 협약의 내용이 규정되어 있지만, 은행의 자기자본 비율 규제 제도는 은행 건전성 판단의 중요한 기준임을 감안했을 때 신 협약의 새로운 제도는 그 상위 규정인 금융위원회가 제정하는 「은행업감독규정」에 규정하는 것이 더 바람직하다고 본다.[93)]

Ⅴ. 결 론

은행의 건전성 규제 중 중요한 것이 자기자본의 충실화에 관한 규제이며, 이와 관련하여서는 바젤위원회가 제시한 은행의 자기자본 비율 규제 기준이 중요하게 다루어지고 있다. 신용위험 및 시장위험을 감안한 현행의 자기자본 비율 규제 제도는 최근의 자산의 증권화 등 금융 혁신의 진전과 금융시장의 변화 등 금융 환경이 급격하게 변화함에 따라 문제점이 나타나게 되었다. 이에 따라 바젤위원회는 1999년 1월 현행의 자기자본비율 규제 제도를 변경하는 새로운 자기자본 비율 규제에 관한 협약안(신 바젤 자기자본 협약안)을 발표하였으며, 각국의 의견을 수렴하여 최종 확정한 후, 2007년 말부터 바젤위원회 회원국의 은행으로 하여금 새로운 자기자본 비율 규제 제도를 준수하도록 하고 있다.

신 바젤 자기자본 협약의 주요 내용은 다음과 같이 정리할 수 있다. 첫째, 현행 협약상의 신용위험 측정 방법의 개선 및 운영위험의 추가 등 현행 자기자본 비율 규제 제도의 개선이고(Pillar Ⅰ), 둘째는 은행의 자기자본 적정성을 유지하기 위한 각국 감독당국의 은행에 대한 감독을 강화하는 것이며(Pillar Ⅱ), 셋째는 공시제도를 강화함으로써 시장 규율의 기능을 제고하는 것이다(Pillar Ⅲ). 그 중 신용위험 측정 방법의 개선의 내용에 대해서는, 신 협약은 현행의 신용위험 측정 방법인 표준 방식보다 더 세분화된 방법으로 외부

93) 물론 최근에는 하위 규정인 「은행업감독업무시행세칙」을 개정할 때도 금융위원회의 승인 절차를 거치는 것으로 알고 있으나(금융감독원 사이트의 규정변경예고 중 2004. 3. 12일자(163번) 은행업감독규정 중 개정 규정안 및 동 시행세칙 중 개정 세칙 승인안 참조), 동 세칙은 금융감독원장이 제정하는 것이므로(동 세칙 제1조) 자기자본 비율 규제에 대한 사항은 금융위원회가 제정하는 감독규정에 반영하는 것이 바람직할 것으로 본다.

신용평가기관의 신용 등급을 이용하여 신용위험을 측정하도록 하고, 표준 방식 이외에 내부 등급 방식을 허용하여 은행으로 하여금 보다 정교한 은행 내부 신용 평가 모형을 이용하도록 하고 있는 점이 특징적이라고 할 수 있다.

우리 나라의 경우 바젤위원회 회원국은 아니지만 은행법의 규정상 이러한 새로운 제도를 도입하여 실시할 수밖에 없다고 본다. 새로운 자기자본 비율 규제 제도를 도입하여 시행하는 경우에는 국내 은행의 위험 관리 체계 강화 등의 긍정적인 면도 있을 수 있으나, 위험가중자산의 증가에 따른 자기자본 비율의 하락, 안전 자산 선호에 따른 중소기업 금융의 위축, 국내 은행들의 대외 신인도 하락에 따른 외화자금 조달 비용의 상승, 자산유동화 금융시장의 위축 등의 부정적인 영향도 생각할 수 있다.

따라서, 이러한 신 협약 제도의 도입에 따른 국내 은행 및 감독당국의 다양한 대응 방안이 요구되는데, 이 중 특히 중요한 것은 당사자인 국내 은행들의 경우 위험 관리 기법의 고도화 등 위험 관리 체계의 선진화 및 위험 관리 전문가의 양성 등 다각도의 노력을 기울여야 할 필요가 있다는 것이고, 더불어 자산 규모의 확대 등 양적 성장 보다는 은행의 건전성 및 수익성 제고 위주의 질적 성장을 위한 경영 합리화 전략을 추구하는 것이 필요하다는 점이다. 그리고 감독당국 입장에서는 신 협약이 신용파생상품을 신용위험 경감 사유로 인정하고 있어 신용파생상품의 수요가 늘어날 것으로 예상되므로, 이에 따른 신용파생상품 시장의 활성화를 위한 정책을 실시할 필요가 있다는 점이다.

제 6 장

외국은행 국내지점에 대한 규제

제 1 절 외국은행 국내지점의 설립에 관한 규제
제 2 절 외국은행 국내지점의 폐쇄에 관한 규제

제 1 절
외국은행 국내지점의 설립에 관한 규제*

Ⅰ. 서 론

현행 은행법상 외국은행이 국내에서 영업 활동을 할 수 있는 방법에는 우선 새로운 자회사 은행이나 합작은행을 설립하는 방법, 기존의 국내 은행을 인수하여 자회사로 두는 방법 또는 국내 지점이나 대리점을 설립하는 방법이 있다.[1] 이 중 새로운 자회사 은행 또는 합작은행을 설립하거나 기존 국내 은행을 인수하여 자회사로 두는 방법은 은행법에 따라 자격 요건 등의 조건을 충족하고 감독당국의 인가를 받아 새로운 국내 은행을 설립하거나 감독당국의 승인을 받아 기존 국내 은행의 주식을 취득하면 된다.[2] 그리고 자회사

---

* 이 절의 내용은「상사법연구」제23권 제2호(한국상사법학회, 2004. 9)에 실린 글을 다소 수정 · 보완한 것이다.

1) 자회사 은행 또는 합작은행의 설립 근거 조항은 은행법 제8조, 기존의 국내 은행 인수와 관련된 근거 조항은 은행법 제15조, 외국은행의 국내 지점 또는 대리점 설립 근거 조항은 은행법 제58조 참조. 이 외에도 은행법상 외국은행은 영리 목적의 영업 활동을 하지는 않지만 국내 시장 조사 또는 본·지점이나 고객과의 업무연락 등의 사무를 수행하는 국내 사무소(은행업감독규정 제4조)도 감독당국의 인가를 받아 설치할 수 있다(은행법 제58조 제1항).

2) 국내 은행 설립시 감독당국이 인가 여부를 결정할 때에는 사업계획의 타당성, 자본금 및 주주 구성과 주식인수자금의 적정성, 발기인 또는 경영진의 경영능력과 성실성 및 공익성을 확인하여야 한다(은행법 제8조 제2항). 기존의 국내 은행의 주식을 인수하는 경우에도 시중은행의 의결권 있는 주식 10%를 초과하여 취득하고자 할 때에는 은행법 시행령에 규정되어 있는 한도 초과 보유 요건을 충족하여야 한다. 은행법 제15조 제5항, 동법 시행령 제5조 및 [별표] 한도초과보유주주의 초과보유요건(제5조 관련). 한도 초과 보유와 관련한 자세한 사항은 고동원, "은행법상의 몇 가지 문제점에 관한 고찰",「상사법연구」제22권 제5호(한국상사법학회, 2004. 2), 159~162면 참조. 금융위원회가 미국 씨티그룹(Citicorp Inc.)에 대하여 한미은행의 의결권 있는 주식 10%를 초과하여 취득하는 것을 승인해 준 것은 외국은행의 기존 국내 은행을 인수하는 첫 사례가 되었다. 금융감독원, "씨티그룹에 대한 (주)한미은행의 주

은행 또는 합작은행을 설립하지 않거나 기존 국내 은행을 인수하지 않을 때 선택할 수 있는 방법은 외국은행의 국내 지점(이하 "외은지점"이라 한다) 또는 대리점을 설치하는 방법이다. 이 중 대리점 설립 방법은 은행법상 허용되고 있는 방법이긴 하지만 실제로 그 사례가 없는바, 현재 외국은행들이 국내에서 영업을 하고 있는 형태는 국내에 지점을 설립하는 방법이 보편적이라고 할 수 있다. 우리 나라는 1967년에 미국의 체이스맨해턴은행(Chase Manhattan Bank)이 최초로 국내에 외은지점을 설립[3]한 이래, 2007년 3월 말 현재 15개국 36개 외국은행들이 지점을 설치하여 영업을 하고 있다.[4]

현행법상 외은지점의 설립 및 영업 활동 등은 은행법에 의해 규제를 받고 있다. 외국의 입법례는 외국은행 국내 지점에 대하여 별도의 법을 제정하여 규제를 하는 경우도 있으나,[5] 우리 나라의 경우에는 국내 은행과 동일하게 (물론 일부 조항은 적용을 받지 않지만) 은행법의 적용을 받도록 하고 있다(은행법 제59조 제1항 전단).[6]

한편, 우리 나라는 외은지점의 설립에 대하여 인가 제도를 채택하고 있다.[7] 즉, 외국은행이 국내에서 영업 활동을 하기 위해서는 은행법 및 관련 규정에 따라 감독당국인 금융위원회(이하 "금융위"라 한다)로부터 그 국내 지점 설립 인가를 받아야 한다(법 제58조 제1항). 아래 논의하는 바와 같이 은행법상 외국은행은 국내에 복수의 지점을 개설할 수 있으며, 각 지점을 개설할 때마다 감독당국의 인가를 받아야 한다(법 제58조 제1항, 제59조 제2항). 따라서, 외국은행의 국내지점 설립의 절차는 최초의 지점을 설립할 때의 절차와 추가 지점을 설립할 때의 절차로 나누어 볼 수 있다. 두 가지 경우 전부 감독당국의 인가를 받아야 하는 점에서는 동일하

식 취득 승인," 보도자료, 2004. 3. 26(http://www.fss.or.kr/kor/nav/framecheck.jsp에서 검색 가능) 참조.

3) 한국은행, 「우리나라의 금융제도」, 1999, 71면.

4) 금융감독원, "'06회계연도중 외은지점 영업실적," 보도자료, 2007. 7. 16, 1면.

5) 미국의 International Banking Act of 1978 (12 U.S.C. Section 3101 *et seq*) 및 이의 주요 부분을 개정하여 제정된 Foreign Bank Supervision Enhancement Act of 1991 (12 U.S.C. Section 3101 *et seq*) 참조. 물론 다른 법에도 외국은행을 규제하는 사항이 들어 있으나, 이 두 가지 법이 외국은행 지점 등의 설치 및 영업 활동 등에 대하여 규정하고 있는 기본법이라고 할 수 있다.

6) 이하 인용시 "법"이라 한다.

7) 이 인가제도는 외국증권업자가 국내에 증권지점을 설치하고자 할 때 금융위원회의 '허가'를 받아야 하는 점과 다르다(증권거래법 제28조의2).

나 그 설립 절차 및 인가 심사 조건 등에서 다소 차이가 있으므로, 최초 외은지점 설립시와 추가 외은지점 설립시로 나누어 그 인가 요건 및 절차 등에 대하여 고찰하고자 한다.

이 절에서는 외은지점의 설립에 대한 은행법, 동법 시행령 및 관련 감독규정 그리고 적용되는 관련 다른 법 및 규정상의 규제에 대하여 살펴보면서 문제점에 대한 분석을 하고 개선 방안에 대해서 고찰하고자 한다. 이를 위해 우선 Ⅱ.에서는 최초 외은지점 설립시의 절차 및 감독당국의 인가 심사 기준 등을 살펴보고, Ⅲ.에서는 추가 외은지점 설립시의 절차 및 인가 심사 기준 등에 대해서 고찰하며, Ⅳ.에서는 외은지점 설립에 대한 규제의 문제점을 종합적으로 분석하면서 그 개선 방안을 제시한다.

Ⅱ. 최초 외은지점 설립에 대한 규제 내용

1. 서 설

최초 외은지점 설치시에는 금융위로부터 인가를 받는 것 이외에도 영업소 설치 등기, 세무서에 사업자 등록, 한국은행을 통한 갑기금의 도입, 기획재정부에 외국환업무 등록 등의 절차를 거쳐야 한다. 아래에서는 이러한 절차 내용에 대하여 자세히 살펴본다.

2. 설립 절차 및 관련 규제 내용

(1) 설립 절차의 개요

실무적으로 행해지는 최초 외은지점의 설립 절차는 다음과 같다.

1) 금융위에 외은지점 설립 예비인가 신청
2) 금융위의 외은지점 설립 예비인가
3) 금융위에 외은지점 설립 인가[8] 신청

8) 실무상으로는 '본인가'라는 용어가 많이 사용된다. 그러나, 금융위가 제정한 「은행업인가지침」에서는 '본인가' 대신에 '인가'라는 용어를 사용하고 있다. 따라서 이 절

4) 금융위의 외은지점 설립 인가

5) 관할 등기소에 영업소 설치 등기

6) 관할 세무서에 사업자등록

7) 영업기금으로서의 갑기금 도입

8) 외국환업무 등록(외국환업무를 영위하려고 하는 경우)

9) 금융위에 외은지점 영업 개시 보고

이하에서는 위의 최초 외은지점 설립시의 절차에 대하여 은행법, 동법 시행령, 은행업인가지침,[9] 기타 관련 법 및 규정을 중심으로 하여 살펴보기로 한다.

(2) 금융위원회의 설립 인가

1) 설립 인가 절차

외은지점의 설립 인가와 관련하여 은행법 제58조 제1항은 은행법 시행령이 정하는 바에 따라 금융위의 인가를 받도록 규정하고 있으며, 은행법 시행령 제24조의5 제3항은 금융위가 인가의 세부 요건, 인가 신청 서류 및 기타 필요한 사항을 정할 수 있다고 규정하고 있다. 이에 따라, 금융위가 제정한 은행업인가지침은 외은지점의 설립 인가 절차 및 그 인가 조건에 대하여 자세히 규정하고 있다.[10] 은행업인가지침에 의하면 외은지점의 설립 인가 절차는 2단계의 인가 절차를 거치도록 하고 있는데, 제1단계의 예비인가와 제2단계의 인가로 나누어 살펴볼 수 있다.

① 예비인가 절차

㉠ 절차 안내 　　금융감독원장은 인가를 받고자 하는 자 또는 그 대리인(이하 "신청인"이라 한다)의 인가 절차, 심사 기준, 신청 서류 등 인가 관련 제반 문의 사

에서 '인가'라는 용어는 예비인가에 대한 본인가로서의 의미로 사용되기도 하고 예비인가와 본인가 전체를 포괄하는 의미로 사용되기도 한다.

9) 1999. 7. 23. 제정 및 2002. 9. 13. 개정된 것을 인용하였다.

10) 은행업인가지침 제2장 절차 및 제3장 인가심사기준 제17호. 이 제2장 절차 항목은 외은지점의 설립시에만 적용되는 것이 아니고 은행 설립이나 합병 등의 다른 인가시에도 공통으로 적용되는 사항이다. 은행업인가지침은 다른 규정과 달리 '제1조' 등의 조항 표시가 없다. 따라서 이 절에서는 편의상 '호'라고 표시를 하고 그 아래 항목은 '목'이라고 하기로 한다.

항에 대하여 서면으로 안내하거나 면담 · 협의할 수 있다(은행업인가지침 제2장제4호).[11]

㉡ 예비인가 신청서의 접수 신청인은 은행업인가지침 〈별표 2〉에서 정하는 예비인가 신청서 및 그 첨부서류를 금융위에 제출한다(지침 제2장 제5호).

㉢ 신청 사실의 공고 및 의견 수렴 금융위는 예비인가 신청이 있는 경우 의견 수렴 등을 위하여 신청 일자, 신청인, 신청 취지 및 내용, 의견 제시 방법 및 기간 등을 보도자료 및 인터넷 홈페이지 등을 통하여 공고한다(지침 제2장 제6호 가목). 또한, 금융위는 필요하다고 판단되는 경우 신청 사실의 공고와는 별도로 예비인가 신청에 대하여 이해관계인의 의견을 요청할 수 있으며(지침 제2장 제6호 나목), 이 경우 금융위는 접수된 의견 중 신청인에게 불리하다고 판단되는 의견에 대하여는 신청인에게 이를 통보하고 기한을 정하여 소명하도록 할 수 있다(지침 제2장 제6호 다목). 이 외에도 금융위는 금융 시장에 중대한 영향을 미칠 우려가 있는 등 필요하다고 판단되는 경우에는 공청회를 개최할 수 있다(지침 제2장 제6호 라목).

㉣ 예비인가의 심사 금융감독원장은 신청 내용의 진위 여부를 확인하고 이해관계인, 일반인 및 관계기관 등으로부터 제시된 의견을 감안하여 신청 내용이 인가 심사 기준에 부합하는지를 심사하며(지침 제2장 제7호 가목), 신청 내용의 확인 등을 위하여 실지 조사를 실시할 수도 있다(지침 제2장 제7호 다목).

㉤ 예비인가 금융위는 신청인의 예비인가 신청에 대하여 은행업인가지침 제3장에서 정하고 있는 인가심사기준에 따라 예비인가 여부를 결정한다(지침 제2장 제8호 가목). 금융위는 예비인가시에 조건을 붙일 수 있으며 예비인가를 거부하는 경우에는 서면으로 통보한다(지침 제2장 제8호 나목). 예비인가와 관련하여 그 효력에 대하여 의문이 있을 수 있는데, 이에 대하여 은행업인가지침은 명시적으로 "예비인가는 인가 사항에 대한 사전 심사 및 확실한 실행을 위하여 인가 이전에 예비적으로 행하여지는 인가권자의 의사표시를 말하며 인가의 효력을 가지지 아니한다"(지침 제2장 제7호 다목)라고 규정하고 있어, 예비인가 자체만으로는 인가의 법적 효력을 갖는다고 보기에는 어렵다고 판단된다.

㉥ 예비인가의 생략 고객보호 등을 위하여 신속히 처리할 필요가 있거나 예비인가 신청시 인가 요건을 갖추었다고 판단되는 경우에는 예비인가 절차를 생략할 수 있다(지침 제2장 제11호 가목).

---

11) 이하 인용할 때는 "지침"이라 한다.

② 인가 절차

㉠ 인가 신청서의 접수 신청인은 예비인가의 내용 및 조건을 이행한 후 은행업인가지침 〈별표 2〉에서 정하는 인가 신청서 및 그 첨부서류를 금융위에 제출한다(지침 제2장 제9호).

㉡ 인 가 금융위는 신청인의 인가 신청에 대하여 은행업인가지침 제3장의 인가심사기준에 부합한지 여부에 대하여 심사한 후 인가 여부를 결정한다(지침 제2장 제10호 가목). 금융위는 인가시 조건을 붙일 수 있으며 인가를 거부하는 경우에는 서면으로 통보한다(지침 제2장 제10호 나목). 금융감독원장은 예비인가의 내용 및 조건의 이행 여부를 확인하기 위하여 실지조사를 실시할 수 있다(지침 제2장 제10호 다목). 신청인은 인가일로부터 6월 이내에 그 인가 대상 행위를 실행하여야 하며, 다만 인가시 그 기간을 따로 정하였거나 그 기간의 연장을 승인받은 경우에는 그러하지 아니하다(지침 제2장 제10호 라목).[12] 따라서, 인가일로부터 6월 이내의 기한 내에 인가 대상 행위를 실행하지 못하는 경우에는 인가의 효력은 없어진다고 보아야 하며, 이 경우에는 다시 새로운 외은지점 설립 절차를 밟아야 할 것이다.

2) 인가 심사 기준

① 서 설 금융위가 외은지점의 설립 인가를 하고자 하는 경우에는 당해 외국은행의 본점 및 대표자에 관한 사항을 확인하여야 하며(법 시행령 제24조의5 제1항), 금융위는 인가의 세부 요건 등 필요한 사항을 정할 수 있다(법 시행령 제24조의5 제3항). 이에 따라 금융위가 제정한 은행업인가지침은 최초 외은지점 설립 인가 심사 기준에 대하여 규정하고 있다.

② 인가 심사 기준 은행업인가지침은 최초 외은지점 설립시의 인가 심사 기준을 (i) 인가를 신청하는 외국은행 본점에 관한 사항, (ii) 설립되는 외은지점에 관한 사항 및 (iii) 설립되는 외은지점의 대표자에 관한 사항으로 나누어 규정하고 있다.

③ 외국은행 본점에 관한 사항 우선 외국은행 본점에 관한 사항으로서는 (i) 본국 감독당국의 적법한 설립 동의가 있을 것, (ii) 본국에서 은행업 영위 인가를 받고, 그 감독당국으로부터 체계적인 감독을 받고 있을 것, (iii) 재무상태 및 경영상태가 양호하며 국제적인 신인도가 인정될 것,[13] (iv)

12) '인가일'에 대한 논의와 '인가 대상 행위를 실행하여야 한다'는 의미에 대해서는 아래 각각 Ⅳ. 2. 및 Ⅳ. 3. 참조.

외은지점의 운영에 필요한 국제 업무 취급 경험 및 업무 능력을 보유하고, 모든 국내외 영업점을 체계적으로 관리하고 있을 것을 그 심사 기준으로 정하고 있다(지침 제3장 제17호 가목 1)).

④ 외은지점에 관한 사항　설립되는 외은지점에 관한 사항으로서는 (i) 외은지점의 운영에 필요한 영업기금, 조직 및 인력을 갖출 것, (ii) 업무범위 및 규모에 부합하는 영업시설 및 전산체계를 갖출 것, (iii) 위험 관리, 내부통제 및 필요 여신심사체계를 갖출 것, (iv) 외은지점의 영업계획의 타당성이 인정될 것, (v) 외은지점, 본점 및 관계회사의 영업활동과 관련하여 감독상 필요한 정보를 충분히 제공할 수 있을 것을 그 심사 기준으로 규정하고 있다(지침 제3장 제17호 가목 2)).

이 중 (i), (ii) 및 (iii)의 요건은 2002년 9월 13일 은행업인가지침 개정 전에는 "외은지점의 운영에 필요한 영업기금, 조직, 업무운영체계 및 내부통

구 분	예비인가	인 가
외국은행 최초 국내지점 설립	1. 예비인가신청서 2. 신청 은행의 대표자로 서명한자가 적법한 대표자임을 증명하는 서류 3. 본국에서 은행업 영위를 인가받은 사실을 증명할 수 있는 서류 4. 경영층 명단 및 주요 이력 5. 한국내 지점 설치가 신청 은행의 본국 관련 법규 등에 저촉되지 않음을 증명하는 서류, 본국 감독당국의 승인 서류 6. 최근 3년간 영업현황 및 연차보고서 7. 최근 3년간 BIS기준 자기자본비율 및 명세 8. 지점 운영 계획 및 영업 계획 9. 신청 은행의 국제업무 취급 현황 및 기 진출 해외 점포에 대한 관리 현황 또는 관리 계획 10. 신청 은행의 한국과의 거래관계 11. 추진일정	1. 인가신청서 2. 신청 은행의 대표자로 서명한자가 적법한 대표자임을 증명하는 서류 3. 대한민국내의 영업 활동에 있어 대한민국의 법령, 정부관계당국, 금융위원회 및 금융감독원의 명령 · 지시 및 은행 상호간의 협약사항을 준수할 것을 서약하는 각서 4. 신청 금융기관의 정관 5. 설치하고자 하는 지점의 대표자가 될 자의 성명과 권한 및 그 권한을 표시하는 정당한 위임장과 이력서

13) 1997년 2월 이전에는 외국은행의 자산 규모가 세계 500대 은행이어야 한다는 조건이 있었다(한국은행, 앞의 책, 72면). 금융통화운영위원회 제정(1995. 12. 7.) 「금융기관감독규정」 제15조 및 한국은행 은행감독원 제정(1995. 12. 22.) 「금융기관감독업무시행세칙」 제11조 제1항 참조.

제제도를 갖출 것"으로 되어 있었으나, 이에 관한 사항을 보다 구체적으로 규정하여 보완하고, 특히 전산체계와 관련하여서는 많은 외은지점들이 전산 시설을 해외 본점이나 다른 해외 지점에 이전하면서 외은지점들의 국내 전산 시스템 자체 설비의 구축 여부에 대한 문제점이 나타나게 됨에 따라 이를 보완하기 위하여 전산체계 구축에 관한 사항을 추가적으로 명시한 것으로 이해된다.

⑤ 외은지점 대표자에 관한 사항　외은지점 대표자에 관한 사항으로서는 외은지점 대표자(즉, 지점장)는 경영에 관한 충분한 지식과 경험, 성실성 등 경영 능력을 구비하고 법규 준수 면에서 하자가 없을 것을 그 심사 기준으로 정하고 있다(지침 제3장 제17호 가목 3)).

3) 인가 신청 서류

다음의 표는 은행업인가지침상에서 규정하고 있는 최초 외은지점 설립인가(예비인가 및 인가) 신청시 제출하여야 하는 서류의 목록이다(지침 <별표 2>).

한편, 은행업인가지침은 신청 서류의 양식은 규정하고 있지 않는데, 신청인의 편의를 위해서는 적어도 예비인가신청서나 인가신청서 양식은 은행업인가지침에 규정할 필요가 있다고 본다.[14]

(3) 영업소 설치 등기

외국은행은 금융위의 설립 인가를 얻고 나서 상법(제614조)의 규정에 따라 관할 등기소에 외은지점 영업소 설치 등기를 하여야 한다.[15] 따라서, 상법 및 상업등기법(제111조 내지 제113조)[16]에 따라 관할 등기소에 관련 서류를 갖추어 영업소 설치 등기를 하여야 한다.

---

14) 예를 들어, 증권업감독규정은 별지 제2호 및 제7호에 각각 외국증권업자의 국내지점(영업소) 설치 예비허가 신청서 및 설치 허가 신청서 양식을 규정하고 있다.

15) 상법 제614조에 의하면, 외국회사가 국내에서 영업을 하고자 하는 경우에는 국내에서 대표자를 정하고 영업소를 설치하여야 하며, 이 경우 외국회사는 동종의 회사 또는 가장 유사한 회사의 지점과 동일한 등기를 하도록 되어 있다(상법 제614조 제1항 및 제2항). 또한, 등기시에는 국내 대표자의 성명과 그 주소를 등기하도록 되어 있다(상법 제614조 제3항).

16) 등기에 관한 사항은 2007년 8월 3일 제정된 상업등기법이 자세히 규정하고 있다. 종전에는 비송사건절차법이 규정하고 있었다.

(4) 관할 세무서에 사업자 등록

외은지점도 영업 활동을 하므로 외은지점의 영업소 설립 등기를 하고 나서 부가가치세법에 의거하여 설립 인가서 사본 등을 첨부하여 관할 세무서에 사업자등록을 하여야 한다(부가가치세법 제5조, 동법 시행령 제7조 및 제8조).

(5) 영업기금으로서의 갑기금(甲基金) 도입

1) 영업기금의 범위

은행법은 외은지점에 대해서는 은행법 시행령이 정하는 영업기금을 자본금으로 본다고 규정하고 있다.[17] 은행법 시행령이 정하는 영업기금은 갑기금과 을기금으로 나누어 진다(은행업감독규정 제10조 제1항). 갑기금은 1) 외은지점의 설치 및 영업행위를 위하여 그의 본점이 한국은행에 외화자금을 매각하여 당해 지점에 공급한 원화자금, 2) 은행법 제40조의 규정(즉, 법정 적립금을 말함)[18]에 의한 당해 외은지점의 적립금에서 전입하는 자금 및 3) 외은지점을 추가로 설치하기 위하여 이미 국내에 설치된 외은지점의 이월이익잉여금에서 전입하는 자금으로 구성된다(법 시행령 제26조 제1호 내지 제3호).[19] 외은지점의 갑기금은 30억원 이상이어야 한다(은행업감독규정 제10조 제3항).[20] 을기금은 (i) 외은지점이 외화자금을 환매조건부로 한국은행에 매각하여 보유·운용하는 원화자금[21] 및 (ii) 외은지점이 그의 본점 또는 국외지점으로부터 상환기간이 1년을 초과하는 조건으로 차입한 자금 중 국내에서 운용하는 자금을 말한다(법 시행령 제26조 제4호 내지 제5호, 은행업감독규정 제10조 제4항 제1호 및 제2호).[22] 을기금은 위의 (i)

17) 은행법 제63조 및 동법 시행령 제26조. 하나의 외국은행이 국내에 복수 지점을 두는 경우에는 각 지점의 영업기금을 합산하여 이를 당해 외국은행지점의 자본금으로 본다(은행업감독규정 제10조 제8항).

18) 외은지점의 경우에는 자본금(즉, 영업기금)의 총액에 달할 때까지 결산할 때마다 결산 순이익금의 10% 이상을 적립하여야 한다(은행법 제40조 및 동법 시행령 제23조).

19) 은행업감독규정 제10조 제2항은 이 세 가지 항목을 갑기금이라고 하고 있다.

20) 다만, 주의할 것은 여러 외은지점이 있을 때는 갑기금은 각 지점마다 30억원 이상이어야 한다는 점이다(은행업감독규정 제10조 제3항).

21) 한국은행이 제정한 「외화자산 국내운용규정」은 이 거래를 '외환스왑거래'라고 하고 있다(외화자산 국내운용규정 제24조). 실무적으로는 '스왑자금'이라고 불리운다.

22) 을기금 중 위의 ii)의 자금은 소위 '본지점 장기차입금'을 말하는 것으로서 2000. 7. 2일부터 새로이 인정된 자금이다. 그 도입 배경을 살펴보면, 한국은행이 외은지점의 한국은행과의 스왑자금으로 인정되는 을기금의 외환스왑거래 한도를 감축하게 됨에

및 (ⅱ)의 자금을 합한 것으로서 외은지점 대차대조표상의 자본총계의 200%를 초과할 수 없다(은행업감독규정 제10조 제4항 본문).

2) 금융위원회의 갑기금 인정

최초 외은지점 설립시 갑기금을 도입하려고 하는 경우에 금융위의 외은지점 설립 인가만 받으면 다른 절차 없이 자동적으로 갑기금을 도입할 수 있는지가 문제될 수 있다. 이와 관련하여 은행업감독규정은 외국은행의 최초 국내지점 설립에 따른 갑기금은 금융위가 인정한다고 규정(은행업감독규정 제12조 제4항)하고 있으므로, 금융위는 외은지점 설립 인가 절차와 동시에 갑기금 인정 절차를 거쳐야 할 것이다.[23]

3) 한국은행에 외화자금 매각

은행법 시행령상 외은지점의 설치를 위하여 외국은행 본점이 한국은행에 외화자금을 매각하여 당해 지점에 공급한 원화자금을 갑기금의 하나로 보고 있으므로, 금융위의 갑기금 인정을 받고 나서 신청인인 외국은행 본점은 한국은행에 외화자금을 매각하여 원화자금을 조달하여야 한다.[24] 이 경우 실무적으로 한국은행은 신청인으로부터 외은지점의 등기부등본, 금융위의 설립인가서 사본 및 금융위의 갑기금 인정서 사본 등의 서류를 징구하고 있는데, 이와 관련하여 금융위의 설립인가서 및 갑기금 인정서는 예비인가시가 아닌 인가시에 발급되므로, 영업점 임차료 등을 위하여 필요한 자금인 갑기금을 인가 후에만 도입할 수밖에 없게 되어 아래 Ⅳ. 1.에서 논의하는 문제점이 발생하고 있다.

(6) 외국환업무 등록

1) 서 설

신설 외은지점이 외국환업무를 영위하고자 하는 경우에는 외국환거래법, 동법 시행령 및 외국환거래규정에 따라 외국환업무 등록을 하여야 한다.

따라(외화자산 국내운용규정 제25조) 그 보전책으로 본점이나 국외지점으로부터의 장기차입금을 인정해 준 것이다.

23) 실무상으로도 외은지점 설립 인가서에 갑기금 인정 사항도 추가하여 처리하고 있다.

24) 외국은행 본점이 한국은행에 외화자금을 매각하는 경우에는 외국환거래규정에서 정하고 있는 매매기준율(외국환거래규정 제1-2조 제6호)을 적용하게 된다(외화자산 국내운용규정 제7조 제6호).

2) 등록 신청 서류

외국환거래법, 동법 시행령 및 외국환거래규정에 따르면, 외국환업무[25]를 업으로 영위하고자 하는 자는 (i) 명칭, (ii) 외국환업무취급기관의 본점 및 국내 영업소의 소재지[26] 및 (iii) 외국환의 취급 범위, (iv) 자본 · 시설 및 전문 인력에 관한 사항 등이 기재된 외국환업무등록신청서(외국환거래규정 <별지 제2-1호> 서식)에 (a) 당해 금융기관의 설립인가서(외은지점의 경우에는 본국 정부의 본점 설립인가서 사본 또는 이에 갈음하는 서류 사본), (b) 당해 금융기관의 최근 대차대조표 및 손익계산서,[27] (c) 외국환업무를 취급하고자 하는 국내 영업소 내역(영업소명 · 소재지)의 서류[28]를 첨부하여 기획재정부장관에게 제출하여야 한다(외국환거래법제8조 제1항,동법 시행령 제13조 제1항, 외국환거래규정 제2-1조 제1항 및 동 〈별지 제2-1호 서식〉 외국환업무등록신청서).

3) 금융감독원에 외국환업무취급기관의 국내 영업소 신설에 대한 신고 여부 문제

한편, 외국환거래규정에 의하면, 외국환업무 등록과 관련하여 외국환업무취급기관의 국내 영업소를 신설하고자 하는 경우에는 금융위(은행업감독규정에 의거하여 금융감독원에 위임(은행업감독규정 제62조 제1항))에게 신설하고자 하는 날의 7일 전까지 신고하도록 하고 있는데(외국환거래규정 제2-1조 제2항 제1호, 은행업감독규정 제62조 제1항), 외은지점도 이에 해당하여 별도로 금융감독원에 신고를 해야 하는지가 문제될 수 있다.

외은지점도 국내 영업소에 해당하여 별도로 금융감독원에 신고해야 한

---

25) 외국환거래법상 '외국환업무'는 외국환의 발행 또는 매매, 비거주자와의 예금 · 금전의 대차 또는 보증, 거주자와 비거주자간의 신탁 · 보험 및 파생금융거래 등을 말한다(외국환거래법 제3조 제1항 제14호 및 동법 시행령 제5조). 또한, '외국환'이라 함은 대외지급수단 · 외화증권 및 외화채권(債權)을 말한다(외국환거래법 제3조 제1항 제11호). 외국환업무취급기관에 따라 위 열거한 외국환업무 중 취급할 수 있는 외국환업무의 범위에 차이가 있으며(외국환거래법 시행령 제14조 및 외국환거래규정 제2-12조), 외은지점을 포함한 은행의 경우에는 위 열거한 모든 업무를 영위할 수 있다(외국환거래법 시행령 제14조 제1호).

26) 국내 영업소의 소재지에 관한 사항은 국내 금융기관을 염두에 두고 만들어진 문구이어서 외은지점의 경우에는 적용하기가 어려울 것으로 보인다. 따라서, 외은지점의 경우에는 외은지점 자체의 소재지(즉, 주소지)를 외국환업무취급기관의 본점으로 보아 취급하면 될 것으로 생각한다.

27) 새로 설립되는 외은지점의 대차대조표 및 손익계산서는 등록 신청 단계에서는 준비가 되지 않을 것이다. 설령 준비된다 하더라도 영업기금인 자본금 이외에 다른 금액이 나타나지는 않을 것이기 때문에 신청 금융기관의 재무상태를 파악하려는 목적을 달성할 수는 없을 것이다. 따라서, 이 경우에는 외국은행 본점의 대차대조표 및 손익계산서로 대체하여도 무방하지 않을까 생각한다.

28) 외은지점의 경우에는 외국환업무취급기관의 본점으로 보고 국내 영업소로 보지 않는다면 이 서류는 필요 없을 것이다.

다는 견해가 있을 수 있으나, 국내 영업소 신설의 경우에 별도로 금융감독원에 신고하도록 하는 것은 국내 금융기관의 경우에 본점이 일단 외국환업무취급기관으로 등록을 하고 난 후에 새로운 지점을 설립하여 외국환업무를 취급하고자 하는 경우에는 금융감독원에 신고만 하면 가능하도록 하는 취지인 점을 감안했을 때, 외은지점의 경우에는 외국환업무취급기관의 본점으로 보아 이미 외국환업무취급기관으로서 기획재정부장관에게 외국환업무 등록을 하기 때문에 별도로 금융감독원에 국내 영업소 신설의 신고를 할 필요는 없을 것으로 본다.[29]

4) 등록 요건

외국환거래법 시행령상 외국환업무 등록 요건은 (i) 금융위가 정하는 당해 금융기관에 적용되는 재무건전성 기준에 비추어 자본 규모 및 재무 구조가 적정할 것, (ii) 외국환거래 및 지급 등에 관한 자료를 중계·집중·교환하는 기관(즉, 외환정보집중기관)과 전산망이 연결되어 있을 것, (iii) 외국환업무 및 그에 따른 사후관리를 원활하게 수행할 수 있는 전산설비를 갖출 것, (iv) 외국환업무에 2년 이상 종사한 경력이 있는 자를 영업소별로 2명 이상 확보할 것이다(외국환거래법 시행령 제13조 제2항). 기획재정부장관은 신청인이 위의 등록 요건을 갖추었다고 인정되는 때에는 신청인에게 등록증을 교부하여야 한다(외국환거래법 시행령 제13조 제4항).

이 중 (i)번 항목의 "금융위가 정하는 당해 금융기관에 적용되는 재무건전성 기준"이라 함은 은행의 경우에는 최저자본금 요건 및 위험가중자산에 대한 자기자본 비율 8% 이상의 기준을 말한다(은행업감독규정 제61조). 따라서 외은지점의 경우에 최저 자본금 요건은 최저 갑기금 금액인 30억원 이상을 말하는 것으로 보아야 할 것이다. 또한, 위 (iv)의 요건 중 외국 금융기관에서 외국환업무를 담당한 자도 외국환 전문 인력에 해당될 수 있는지가 문제될 수 있으나, 어차피 동 규정의 취지가 외국환업무 취급 경력자 내지는 전문가를 두어야 한다는 것으로 이해되는바, 외국환 전문 인력이 국내 금융기관에서 근무를 했던지 외국 금융기관에서 근무를 했던지 상관할 바가 아니므로 외국 금융기관에서 외국환업무를 담당했던 자도 이에 해당된다고 보는 것이 타당할 것으로 본다.

5) 등록 사항의 변경 신고

외국환업무 등록을 한 외국환업무취급기관이 그 등록 사항 중 (i) 명칭,

29) 실무적으로도 별도의 신고를 받고 있지 않는 것으로 알고 있다.

(ii) 외국환업무취급기관의 본점 및 국내 영업소의 소재지 및 (iii) 외국환업무 취급 범위에 변경이 있는 경우에는, 이 중 (a) 외국환업무취급기관의 명칭, 외국환업무취급기관의 본점의 소재지 및 외국환업무 취급 범위의 변경의 경우에는 기획재정부장관에게, 그리고 (b) 외국환업무취급기관의 국내 영업소의 소재지 변경의 경우에는 금융위(은행업감독규정에 의거하여 금융감독원에게 위임)(은행업감독규정 제62조 제1항)에, 각각 변경하고자 하는 날의 7일 전까지 제출하여야 한다(외국환거래법 제8조 제4항, 동법 시행령 제16조 제1항 제1호 및제2항, 외국환거래규정 제2-1조 제2항 제1호 및 제2호).[30]

이와 관련하여 위에서 논의한 것처럼, 외은지점의 소재지가 변경되는 경우에 있어서는 국내 영업소의 소재지를 변경하는 경우에 해당하는 것으로 보아 금융감독원에 별도로 신고하여야 하는지가 문제될 수 있다. 외은지점도 국내 영업소에 해당하여 금융감독원에 별도로 신고하여야 한다는 주장이 제기될 수도 있겠으나, 외은지점은 외국환업무취급기관의 본점으로 보아 기획재정부장관에게 그 변경 신고를 하면 별도로 금융감독원에 신고할 필요는 없다고 보는 것이 타당할 것이다.[31]

또 하나의 문제는 위에 규정한 세 가지 변경 사항 이외에 외국환업무등록신청서상에 기재된 외국환업무취급기관의 대표자나 자본금 등이 변경되었을 때도 그 변경 사항을 신고하여야 하는지에 관한 것이다. 그러한 변경 사항도 신고하여 한다는 견해도 있을 수 있으나, 외국환거래법 시행령이 명시적으로 신고하여야 할 사항을 위의 세 가지에 한정하고 있으므로 그 이외의 사항에 변경이 있는 경우에는 신고할 의무는 없다고 보는 것이 타당할 것이다.

(7) 영업 개시 보고

실무적으로 외은지점 설립 인가서에는 그 조건으로 인가 대상 행위를 실행하고 나서 금융위에 보고하도록 명시하고 있는데, 아래 Ⅳ. 3.에서 논의하는 것처럼 '인가 대상 행위 실행'과 그 시기에 대하여 논란이 있을 수 있지만, 영업 개시 시점을 그 실행일로 보아 보고하는 것이 타당할 것으로 본다.

30) 기획재정부장관에게 제출하는 변경 신고서 양식은 외국환거래규정 〈별지 제2-2호〉 외국환업무등록내용변경신고서를 사용하면 되고, 금융감독원에 제출하는 변경 신고서 양식은 은행업감독업무시행세칙의 〈별책서식〉 제33호 서식에 규정되어 있다.

31) 실무적으로도 외은지점의 경우 소재지가 변경이 되는 경우에 금융감독원에 별도로 신고를 하고 있지 않는 것으로 알고 있다.

한편, 「은행업감독업무시행세칙」상 은행(외은지점 포함)은 인가받은 사항의 실행을 하는 경우에는 금융감독원장에게 보고하도록 규정하고 있는데(제99조 제3항제1호), 이 규정도 외은지점의 설립시에도 적용되어 금융감독원장에게 보고하여야 하는지가 문제될 수 있는데, 외은지점 설립시에는 그 인가 신청인이 외국은행 본점이고 외은지점이 아니므로 이 규정은 적용되지는 않는다고 보는 것이 타당할 것으로 본다.

Ⅲ. 추가 외은지점의 설립에 대한 규제 내용

1. 서 설

은행법 제59조 제2항은 "하나의 외국[은행]이 대한민국내에 2 이상의 지점 또는 대리점을 두는 경우 당해 지점 또는 대리점 전부를 하나의 [은행]으로 본다"라고 규정하고 있어, 은행법은 외국은행이 국내 지점을 설립한 후 추가 지점을 국내에 설립하는 것을 허용하고 있다. 즉, 복수 지점을 두는 것을 허용하고 있다.

기본적으로 추가 외은지점 설립 절차는 최초 외은지점 설립 절차와 동일하다.[32] 다만, 은행업인가지침은 추가 지점 설치시 그 인가 심사 기준 및 신청 서류에 대하여 다르게 규정하고 있다. 아래에서는 그 관련 내용을 자세히 살펴본다.

2. 설립 절차 및 관련 규제 내용

(1) 설립 절차의 개요

실무적으로 행해지는 추가 외은지점 설립 절차는 다음과 같이 정리할 수

32) 물론 예비인가 절차가 생략된다면 그 절차가 최초 외은지점 설립 절차와 다를 것이고, 추가 외은지점이 기존 외은지점과 동일한 행정구역에 있는 경우에는 영업소 설치 등기 및 사업자 등록의 절차가 필요 없으며, 본점으로부터 갑기금을 도입하지 않을 경우에는 갑기금 도입 절차가 필요 없을 것이다.

있다.

1) 금융위에 추가 외은지점 설립 예비인가 신청[33)]
2) 금융위의 추가 외은지점 설립 예비인가
3) 금융위에 추가 외은지점 설립 인가 신청
4) 금융위의 추가 외은지점 설립 인가
5) 관할 등기소에 영업소 설치 등기(기존 외은지점과 다른 행정구역에 있는 경우)
6) 관할 세무서에 사업자등록(기존 외은지점과 다른 행정구역에 있는 경우)
7) 영업기금으로서의 갑기금 도입(외국은행 본점으로부터 외화자금을 들여오는 경우)
8) 외국환업무 등록(외국환업무를 영위하려고 하는 경우)
9) 금융위에 영업 개시 보고

---

33) 실무적으로는 신청인이 요청하는 경우에는 추가 외은지점 설립시 예비인가 절차를 생략하고 있다고 한다. 이는 은행업인가지침상 예비인가를 생략할 수 있는 경우로서 (i) 고객보호 등을 위하여 신속히 처리할 필요가 있거나 (ii) 예비인가 신청시 인가 요건을 갖추었다고 판단되는 경우가 있는데(은행업인가지침 제2장 제11호 가목), 금융위는 (ii)의 사유에 해당한다고 판단하여 그렇게 처리하고 있는 것으로 이해된다. 그러나, 아래 Ⅳ. 1.에서 논의하는 바와 같이, 본점으로부터 들여온 자금을 추가 외은지점의 갑기금으로 사용하는 경우에는, 현행처럼 (예비인가가 아닌) 인가 후에 갑기금을 도입하도록 하게 하면 신청인이 한국은행에 외화자금을 매각하여 자금을 조달하지 않고 기타 다른 방법으로 자금을 조달하여 사무실 임차를 하고 전산시설 등을 갖추게 되는데, 이 경우에는 외국환거래법 위반 등의 법적 문제가 발생할 수 있다. 그러나 원칙적으로는 예비인가 후에 갑기금이 도입되고 그 자금으로 영업시설 등을 갖추어 지점 개설 준비를 하는 것이 타당하므로 여전히 예비인가 및 인가의 절차로 나눌 필요성은 있다고 하겠다. 물론 기존 지점의 이월이익잉여금에서 전입하는 자금을 추가 외은지점의 갑기금으로 사용하는 경우(은행법 시행령 제26조 제3호)에는 미리 금융위의 갑기금 인정을 받는다면 이 자금으로 지점 개설 준비를 할 수 있으므로 이 경우에는 예비인가 없이 바로 인가를 해도 가능할 것으로 보이나, 그렇지 않고 본점으로부터 갑기금을 도입하여야 하는 경우에는 여전히 한국은행에 외화자금을 매각하여야 하기 때문에, 예비인가 후에 갑기금을 도입하도록 하는 절차는 필요할 것이다. 따라서, 기존 지점의 이월이익잉여금에서 전입하는 자금을 갑기금으로 사용하고자 하는 경우에는 예비인가 절차 생략의 필요성이 인정되므로 그 경우에는 예비인가 절차를 생략할 수 있다는 조항을 명시적으로 규정하는 것이 바람직하다고 본다. 참고로, 신탁업인가지침은 외국신탁회사가 추가로 지점을 설치하는 경우에는 예비인가 절차를 생략할 수 있다고 명시적으로 규정하고 있다(신탁업인가지침 제2장 제11호 가목 4)).

(2) 금융위원회의 설립 인가

1) 설립 인가 절차

금융위의 추가 외은지점 설립 인가의 절차는 위에서 서술한 최초 외은지점 설립 인가 절차와 동일할 것이다.[34] 이와 관련하여 추가 외은지점의 설립 인가 신청시에 그 신청인을 외국은행 본점의 대표자가 아닌 기존의 외은지점 대표자의 명의로 할 수 있는지에 대하여 논란이 있을 수 있다. 은행법이 추가 지점을 설립할 때도 최초 외은지점 설립시와 마찬가지로 별도의 인가를 받도록 하고 있는 점을 고려할 때, 그 신청인은 외국은행 본점의 대표자의 명의가 되어야 하는 것이 타당할 것이다.[35] 다만, 외국은행 본점 대표자의 위임을 받은 기존 외은지점의 대표자가 그 위임장에 근거하여 신청인 명의로 하는 것은 가능하다고 본다.[36]

2) 인가 심사 기준

은행업인가지침상 추가 설립되는 외은지점의 인가 심사 기준도 (i) 외국은행 본점에 관한 사항, (ii) 외은지점 및 (iii) 추가 설립되는 외은지점의 대표자에 관한 사항에 대하여 각각 규정하고 있다.

① 외국은행 본점에 관한 사항 　우선 외국은행 본점에 관한 사항으로서는 (i) 본국 감독당국의 적법한 설립 동의가 있을 것 및 (ii) 재무상태 및 경영상태가 양호하며 국제적인 신인도가 인정될 것을 요건으로 하고 있다(지침제3장 제17호 나목 1)).

② 외은지점에 관한 사항 　외은지점에 관한 사항으로서는 (i) 국내에 이미 설치된 당해 외은지점의 경영상태 및 관계법규 준수 상태가 양호할 것, (ii) 추가 외은지점의 운영에 필요한 영업기금, 조직, 업무 운영체계 및 내부통제제도를 갖출 것,[37] (iii) 추가 외은지점의 영업계획의 타당성이 인정

34) 물론 추가 외은지점 설립 인가시 예비인가 절차를 생략하는 경우에는 예비인가 절차에 관한 사항은 적용되지 않을 것이다.

35) 같은 견해로는 한국은행 은행감독원, 「은행법해설」(1993), 238면.

36) 실무적으로도 그렇게 한 사례가 있는 것으로 알고 있다.

37) 추가 외은지점 설립의 경우도 최초 외은지점 설립시와 다르게 취급할 이유가 없으므로 이 부분도 최초 외은지점 설립시의 요건처럼 인력 및 전산체계의 구비 요건 등 구체적인 사항을 규정할 필요가 있다고 본다(은행업인가지침 제3장 제17호 가목 2) 참조).

될 것을 요건으로 하고 있다(지침 제3장 제17호 나목 2)).

③ 외은지점의 대표자에 관한 사항 이 외에도 추가 설립되는 외은지점의 대표자에 관한 사항으로서 추가 외은지점 대표자는 경영에 관한 충분한 지식과 경험, 성실성 등 경영능력을 구비하고 법규 준수 면에서 하자가 없을 것을 그 요건으로 하고 있다(지침 제3장 제17호 나목 3)).

3) 인가 신청 서류

은행업인가지침상 추가 외은지점 설립시의 인가(예비인가 및 인가) 신청 서류는 다음과 같다(지침 <별표 2>).

구 분	예비인가	인 가
외국은행 추가지점 설립	1. 예비인가신청서 2. 신청 은행의 대표자로 서명한 자가 적법한 대표자임을 증명하는 서류 3. 한국내 지점 설치가 신청 은행의 본국 관련 법규 등에 저촉되지 않음을 증명하는 서류, 본국 감독당국의 승인 서류 4. 최근 3년간 영업현황 및 연차보고서 5. 최근 3년간 BIS기준 자기자본비율 및 명세 6. 지점 운영계획 및 영업계획 7. 추진 일정	1. 인가신청서 2. 신청 은행의 대표자로 서명한자가 적법한 대표자임을 증명하는 서류 3. 설치하고자 하는 지점의 대표자가 될 자의 성명과 권한 및 그 권한을 표시하는 정당한 위임장과 이력서

(3) 영업소 설치 등기(기존 외은지점과 다른 행정구역에 있는 경우)

추가 외은지점이 기존 외은지점과 같은 행정구역에 있는 경우에는 별도의 등기를 할 필요는 없고, 추가 외은지점 지점장의 지배인 등기만 하면 된다. 다만, 추가 외은지점이 기존 외은지점과 다른 행정구역에 있는 경우에는 추가 외은지점에 대한 별도의 영업소 설치 등기를 관할 등기소에 해야 한다.

(4) 관할 세무서에 사업자 등록(기존 외은지점과 다른 행정구역에 있는 경우)

추가 외은지점이 기존 외은지점과 다른 행정구역에 있는 경우에는 별도의 사업자 등록을 관할 세무서에 해야 한다.

(5) 영업기금으로서의 갑기금 도입(본점으로부터 외화자금을 들여오는 경우)

국내에 설치된 기존 외은지점의 이월이익잉여금에서 전입하는 자금이 갑기금의 하나로서 인정되므로(법 시행령 제26조 제3호) 이 자금을 추가 외은지점의 갑기금으로 사용하려는 경우에는 별도로 외국은행 본점으로부터 외화자금을 들여올 필요가 없으나, 만약 추가로 본점으로부터 외화자금을 도입하려고 하는 경우에는 최초 외은지점 설립시의 갑기금 도입 절차를 거쳐야 할 것이다. 다만 도입 시기와 관련하여서는 여전히 아래 Ⅳ. 1.에서 논의되는 문제점이 있다.

(6) 외국환업무 등록

추가 외은지점이 외국환업무를 영위하고자 하는 경우에 추가 외은지점에 대한 외국환업무 등록을 별도로 하여야 하는지, 아니면 기존 외은지점이 외국환업무 등록을 하고 있기 때문에 추가 외은지점은 별도의 외국환업무 등록을 할 필요가 없는지에 대하여 의문이 있을 수 있다. 그러나 위에서 살펴본 것처럼, 추가 외은지점은 외국환업무취급기관의 국내 영업소로 보기는 어렵고[38] 또한 별도의 인가를 필요로 한다는 점을 고려해 볼 때, 추가 외은지점이 외국환업무 등록을 하고자 하는 경우에는 최초 외은지점 설립시의 외국환업무 등록과 같은 절차를 거쳐 외국환거래법 및 관련 규정상 적용되는 절차에 따라 등록 서류를 갖추어 외국환업무 등록을 하는 것이 타당할 것으로 본다.

(7) 영업 개시 보고

최초 외은지점 설립시와 동일하게 금융위가 인가서에 인가 대상 행위의 실행 사실을 보고하도록 조건을 부과하는 경우에는 영업을 개시한 후에 금융위에 보고하여야 한다.

38) 외국환업무취급기관의 국내영업소의 신설 및 폐지는 금융위에 대한 신고로서 가능하다(외국환거래규정 제2-1조 제2항 제1호).

Ⅳ. 외은지점 설립 규제의 개선 방안

아래에서는 외은지점 설립에 관한 규제와 관련하여 문제되는 점에 대하여 분석을 하고 그 개선 방안을 제시하고자 한다.

1. 갑기금(甲基金) 도입 시기와 관련한 문제점 및 개선 방안

위에서 살펴본 것처럼, 실무적으로 갑기금의 도입은 금융위의 (예비인가 아닌) 인가가 나고 나서 이루어지고 있다. 이는 한국은행이 외국은행 본점의 외화자금 매각 신청시 금융위의 설립 (예비인가서가 아닌) 인가서 사본 및 갑기금 인정서 사본을 첨부서류로 징구하고 있고 있기 때문이다. 한국은행이 (예비인가가 아닌) 인가 후에만 외화자금의 매각을 허용하는 이유 중의 하나는 은행업인가지침상 예비인가는 인가의 효력을 갖지 않기 때문에(지침 제2장 제8호 다목) 금융위가 예비인가 후 인가를 해 주지 않을 가능성도 있어서 예비인가서만 갖고서는 지점 설립이 확실하게 이루어진다는 것을 확신할 수가 없기 때문이다.

그러나, (예비인가가 아닌) 인가 후에 갑기금을 도입하도록 하는 것은 다음과 같은 문제점이 있다고 본다. 첫째, 최초 외은지점의 설립 인가 심사 기준으로서 업무범위 및 규모에 부합하는 영업시설 및 전산체계를 갖출 것(지침 제3장 제17호 가목 2) 나))을 그 요건의 하나로서 규정하고 있는데, 그러한 요건에 부합하는지를 심사하려면 영업소가 설치되고 나서 영업시설 및 전산시설이 구비되어 있는지 확인하여야 하므로 예비인가 후에 갑기금을 도입하여 그 자금으로 사무실을 임차하거나 매입하여 영업시설 및 전산시설을 갖추도록 하는 것이 필요한데, 현행처럼 인가 후에 갑기금을 도입하도록 하면 인가 전에 지점 개설 준비에 필요한 자금을 조달하는 방법에 문제가 있을 수 있다.[39] 둘째, 현행처럼

39) 현행처럼 인가 후에 갑기금을 도입하는 경우에 어떻게 사무실 임차 비용이나 전산시설의 구입 비용을 충당하느냐가 문제될 수 있다. 외국은행 국내사무소를 지점으로 승격시키는 경우에는 동 국내사무소의 사무실을 지점 영업소로 사용할 수도 있기 때문에 큰 문제가 없을 수도 있겠으나(물론 그 경우에도 전산시설의 추가 비용 조달의 문제점은 여전히 있지만), 그렇지 않은 경우에는 동 자금 조달의 문제가 생길 수 있게 된다. 과거의 사례에 의하면 신청인이 기타 다른 방법으로 동 비용을 조달한 경우

인가 후에 갑기금을 도입하도록 하는 경우에는 외은지점의 설립 인가시 예비인가와 인가로 구분하는 의미가 퇴색될 것이다. 즉, 예비인가와 인가로 구분하는 이유 중의 하나는 예비인가 후에 신청인이 지점 개설 준비를 위한 행위를 하여 인가 후에 바로 영업을 개시할 수 있도록 하는 취지도 있다. 셋째, 외은지점 설립 (예비인가가 아닌) 인가신청서의 양식을 보면 설립하는 외은지점의 주소를 기입하도록 되어 있는데, 이는 인가 신청시 영업소가 확정될 것을 의미하는 것으로 보아야 할 것이다.[40] 이 중 가장 중요한 이유는 첫 번째 사유를 들 수 있을 것이다.

이런 측면에서 예비인가 후 갑기금의 도입이 가능하도록 하기 위해서 다음과 같은 개선이 필요하다고 본다. 첫째, 한국은행이 예비인가 후에 외화자금을 매입할 수 있도록 은행업인가지침에 "외은지점 설립시 예비인가 후에 갑기금을 도입할 수 있다"라는 명시적인 규정을 두어야 하고, 한국은행 관련 규정에도 명시적으로 이에 관한 규정을 두는 것이 필요하다. 둘째, 금융위가 갑기금 인정서를 현행처럼 인가시에 내 줄 것이 아니라 예비인가시에 내주도록 하는 것이 필요하다. 셋째, (예비인가 아닌) 인가 신청 첨부서류로서 갑기금을 도입한 사실을 증명할 수 있는 서류를 제출하도록 규정할 필요가 있다.[41]

한편, 현재는 외국은행 본점이 한국은행에게만 외화자금을 매각하도록 하고 있는데, 외국환거래법에 의한 외국환업무취급기관에게도 외화자금을 매각할 수 있도록 허용하여 신청인에게 그 선택의 폭을 넓혀 주는 것도 필요하다고 본다.[42]

도 있었으나, 이는 외국환거래법 위반 등의 법적 문제를 야기할 수 있다.

40) 물론 예비인가 신청서에도 설립되는 외은지점의 주소를 기재하도록 하고 있으나 예비인가 신청 단계에서는 이 부분은 기재하지 않아도 무방할 것으로 본다.

41) 참고로, 외국신탁회사가 국내에 최초 지점을 설치하는 경우에도 예비인가와 인가로 나누어지며, 이 경우에는 인가 신청 첨부서류로서 영업기금 보관증명서 및 신탁업인가지침에서 정하는 전산설비를 갖추었음을 증명하는 서류를 명시적으로 규정하고 있어 예비인가 후에 영업기금을 도입할 것을 요구하고 있다(신탁업인가지침 [별지 제5호] 외국금융기관 지점 등 설치 (예비)인가 신청서의 〈인가〉 첨부서류 목록 3호 및 6호).

42) 외국신탁회사가 국내에 지점을 설치하는 경우에는 한국은행 또는 외국환업무취급기관(저자 강조)에 외화자금을 매각할 수 있도록 하고 있다(신탁업법 시행령 제16조의4 제2항 제1호). 한편, 외국증권업자의 국내 증권지점 설치시에는 외국환업무취급

2. 인가 효력 발생일과 관련한 문제점 및 개선 방안

은행업인가지침은 "신청인은 인가일로부터 6월 이내에 인가 대상 행위를 실행하여야 한다"라고 규정하고 있다(지침 제2장 제10호 라목)(밑줄 친 부분은 저자 강조). 이는 인가의 효력이 '인가일'로부터 발생한다고 해석이 된다. 인가의 효력 발생일이 중요한 이유는 예를 들어, 인가 효력 발생일 전에 외은지점을 설치하고 영업을 개시하였을 때는 은행법 위반이 되는 문제가 생겨 처벌의 대상이 될 수 있고,[43] 인가일로부터 6월 이내에 인가 대상 행위를 실행하지 않았을 때는 인가가 취소되는 문제가 발생하기 때문이다. 지금까지 이러한 사례는 없지만 현실적으로 이러한 문제가 발생할 수도 있다.

이 경우에 구체적으로 인가의 효력이 언제부터 발생하는지가 논란이 될 수 있다. 즉, '인가일'이 언제인지에 대하여 문제가 될 수 있다. 이와 관련하여서는 그 견해가 나누어질 수 있는데, (i) 금융위의 인가 의결일로 보아야 한다는 견해, (ii) 금융위가 인가 사실을 신청인에게 통보하는 날(즉, 금융위가 내부 공식 문서 송달 규정에 의거하여 인가 문서를 발송하는 날)로 보아야 한다는 견해, (iii) 신청인이 동 인가 사실을 금융위로부터 통보받은 날(즉, 금융위의 인가 문서가 신청인에게 도달한 날)로 보아야 한다는 견해가 있을 수 있다.[44] 실무상으로는 금융위의 의결일을 인가일로 보고, 금융위의 인가 문서 공문에 금융위의 의결일을 인가일자로 명시하여 신청인에게 통지하고 있다.

생각하건대, 법의 일반 원리적 규정으로 볼 수 있는 민법상의 도달주의(민법 제111조) 및 일반적인 행정행위의 효력 발생 요건을 상대방에게 통지하여 도달되는 시점으로 보고 있는 점[45] 등을 감안할 때, 신청인이 외은지점 인가 사실을 금융위로부터 통지받은 날을 인가 효력 발생일로 보는 것이 타당하다고

기관에 외화자금을 매각할 수 있도록 하고 있다(증권거래법 시행령 제15조의3 제2항).

43) 처벌의 근거 조항에 대한 문제점에 대해서는 아래 Ⅳ. 4. 참조.

44) 은행법, 동법 시행령 및 은행업인가지침상 인가를 했을 때 동 인가 사실을 공고하게 하는 규정이 없다. 외은지점의 설립 인가 사실은 다른 이해관계자에게도 중요할 수 있기 때문에 다른 법률의 예처럼(신탁업법 제3조의2, 금융지주회사법 제6조), 인가 사실을 관보에 공고하고 컴퓨터통신 등을 이용하여 일반인에게 알리도록 규정할 필요가 있을 것이다. 하여튼 현행 규정하에서는 공고일이 인가 효력 발생일이 될 수 있다는 견해는 성립하지 않을 것이다. 신탁업의 인가 효력 발생일과 관련하여 논의되는 견해에 대해서는 금융감독원, 「신탁업법해설」 2002, 46면 참조.

생각한다. 따라서 현행 은행업인가지침상의 '인가일로부터'를 '신청인이 인가 사실을 통보받은 날로부터'로 변경하는 것이 바람직하다고 본다.

3. '인가 대상 행위 실행'의 의미와 관련한 문제점 및 개선 방안

은행업인가지침은 "신청인은 인가일로부터 6월 이내에 인가 대상 행위를 실행하여야 한다"라고 규정하고 있는데(지침 제2장 제10호 라목)(밑줄 친 부분은 저자 강조), 외은지점 설립 인가와 관련하여 '인가 대상 행위를 실행'한다는 의미가 무엇인지에 대하여 의문이 있을 수 있다. 이와 관련하여서는 (i) 외은지점 설립의 등기를 등기소에 하는 것이라는 견해, (ii) 영업을 개시하기 위하여 일정한 영업점을 확보하고 전산 설비 등의 물적 설비 및 직원 등의 인적 설비 등을 갖추는 등 영업 개시 준비를 하는 것으로 충분하다는 견해, (iii) 영업 개시 준비를 하여 고객을 상대로 실질적으로 은행업의 영업을 개시하는 것이어야 된다는 견해가 있을 수 있다. 위와 같은 해석의 차이는 위의 현행 은행업인가지침상의 규정이 외은지점 설립 인가뿐만 아니라 은행의 합병 인가 등의 다른 인가 사항에 대하여도 일반적으로 적용되는 것이기 때문에 발생하는 것이다.

생각하건대, 외은지점 설립 인가는 외국은행이 국내에서 은행업을 영위하기 위하여 인가를 받는 것(법 제58조 제1항)이기 때문에 위의 (i)이나 (ii)의 견해보다는 외은지점이 은행업의 영업을 개시하였을 때를 그 인가 대상 행위를 실행하였다고 보는 (iii)의 견해가 타당하다고 생각한다. 그러나 은행업인가지침의 개정을 통하여 이에 대한 명확한 규정을 할 필요가 있는데, 외은지점 설립 인가시의 경우에는 별도로 규정하여 '인가 대상 행위를 실행하여야 한다'를 '은행업의 영업을 개시하여야 한다'라고 변경하는 것이 바람직하다고 본다.[46)]

---

45) 박윤흔, 「행정법강의(상)」(박영사, 2002), 410면. 이와 관련하여, 행정절차법도 "송달은 다른 법령 등에 특별한 규정이 있는 경우를 제외하고는 송달받을 자에게 도달됨으로써 그 효력이 발생한다"라고 규정하고 있고(행정절차법 제15조 제1항), 사무관리규정도 "문서는 수신자에게 도달됨으로써 그 효력을 발생한다"라고 규정하고 있다(사무관리규정 제8조 제2항).

46) 실무적으로는 인가 대상 행위를 실행하였을 때는 신청인으로 하여금 금융위에 보고하도록 하고 있기 때문에 신청인이 인가 대상 행위를 실행하는 시점을 스스로 판단하여 어느 특정한 날을 인가 대상 행위를 실행한 날로 간주하여 보고하고 있다. 즉, 이 경우에는 그 특정한 날이 은행업을 개시한 날인지 여부를 신청인이 판단하여

4. 인가를 받지 않은 외은지점 설립시의 벌칙 적용 문제점 및 개선 방안

은행법상 외국은행이 인가를 받지 않고 외은지점을 설립했을 때의 벌칙 적용 근거 조항이 모호한 문제점이 있다. 은행법 제68조 제1항은 "[은행][47]의 임원 · 지배인 · 대리점주 또는 청산인이나 그 직원이 … [은행법] 제58조 제1항(지점 · 대리점 또는 사무소를 설립하기 위하여 인가를 받아야 하는 경우를 제외한다)의 규정을 위반한 때에는(법 제68조 제1항 제15호)(밑줄 친 부분은 저자 강조) 1년 이하의 징역 또는 3천만원 이하의 벌금에 처한다"라고 규정하고 있다. 따라서 은행법 제58조가 규정하고 있는 외은지점 설립 인가 이외의 나머지 사항인 외은지점이나 국내 대리점을 폐쇄하는 경우에 금융위의 인가를 받지 않게 되면 위 은행법 제68조 제1항의 적용을 받게 된다. 이는 외은지점을 폐쇄하는 경우 그 처벌 대상인 외은지점의 임원(외은지점의 국내 대표자가 이에 해당됨(법 제58조 제1항)), 지배인, 청산인 또는 직원이 존재하기 때문이다. 그런데, 외은지점의 설립시에는 그 처벌 대상인 외은지점의 직원 등이 존재하지 않기 때문에 외은지점 설립의 경우에 있어서는 은행법 제68조 제1항이 적용되지 않을 것이다.

그러면, 외국은행이 인가를 받지 않고 국내지점을 설립하여 은행업을 영위하였을 때 처벌 근거 조항이 문제될 수 있는데, 현행 은행법에서는 그 명시적인 조항을 찾아볼 수 없다. 다만, 굳이 찾는다면 은행법 제66조 제1호의 "[은행법] 제8조 제1항의 규정에 의한 인가를 받지 아니하고 은행업을 영위한 자"에 대하여 벌칙을 적용하는 조항을 적용할 수밖에 없을 것으로 보이나, 이는 정확하게 말하자면 그 근거 조항이 되기에는 문제점이 있다고 본다. 그 이유는 은행법 제8조 제1항의 은행업 인가 조항은 은행을 신설하는 경우에 적용되는 조항이고, 은행법 제58조의 외국은행의 국내지점 설립 인가의 근거 조항이 되는 것은 아니기 때문이다. 즉, 은행법 제8조는 "은행업을 영위하고자 하는 자는 금융위원회의 인가를 받아야 한다"라고 되어 있고, 은행법 제58조 제1항은 외국은행이 대한민국에서 은행업을 영위하기 위하여 국내지점을

하게 된다. 참고로 신탁업법 제6조는 인가받은 날로부터 6월 이내에 "영업을 개시" 하도록 명시적으로 규정하고 있다.

47) 은행법에서는 외은지점도 은행으로 간주된다(은행법 제59조 제1항).

설립하고자 하는 경우에는 인가를 받도록 명시적으로 규정하고 있어서 외은 지점 설립시에는 은행법 제58조가 적용되는 것이지 은행법 제8조가 적용되는 것은 아니기 때문이다. 또한, 은행업인가지침이 은행법 제8조에 의한 은행업의 영위에 대한 인가와 은행법 제58조에 의한 외은지점의 설립에 대한 인가를 명시적으로 구분하여 규정하고 있는 점(지침 제1장 제2호 1) 및 3))도 그 근거 조항을 달리 보고 있기 때문이다.

이와 관련하여, 2002년 은행법 개정 전에는 제67조가 "금융위원회의 인가를 받지 아니하고 은행업을 영위하는 자는 3년 이하의 징역에 처한다"라고 규정하고 있었기 때문에 외국은행이 인가를 받지 않고 국내지점을 설립하여 은행업을 영위하는 경우에도 이에 해당한다고 보아 개정 전 제67조가 적용된다고 해석하는 것이 타당하다고 볼 수 있었으나, 현행 개정 조항[48]처럼 제8조 제1항을 명시적으로 언급하고 있는 문구상으로는 설립 인가를 받지 않은 외은지점의 경우에도 적용되는 처벌 조항으로 보기는 어렵다고 본다. 이는 개정 작업을 하면서 간과한 부분이 아닌가 생각된다. 따라서 보다 명확하게 하기 위해서는 외은지점의 설립시 인가를 받지 않은 경우에 적용되는 벌칙 조항을 별도로 두는 것이 바람직하다고 본다.

5. 복수 지점 설립 인가와 관련한 문제점 및 개선 방안

은행법은 외국은행이 국내에 복수 지점을 두는 것을 허용하고 있다. 즉, 은행법 제59조 제2항은 "하나의 외국[은행]이 대한민국 내에 2 이상의 지점 또는 대리점을 두는 경우(밑줄 친 부분은 저자 강조) 당해 지점 또는 대리점 전부를 하나의 금융기관[즉, 은행]으로 본다"라고 규정하고 있기 때문에 외국은행은 2 이상의 복수 지점을 국내에 둘 수 있는 것이다. 그렇다면 외국은행이 국내지점을 설립하고 나서 추가로 외은지점을 설립하는 경우에도 금융위의 인가를 별도로 얻어야 하는지에 대하여 의문이 있을 수 있으나, 은행법 제58조 제1항의 해석상 추가 외은지점을 설립하는 경우에도 금융위의 인가를 별도로 얻어야 한다고 보는 것이 타당할 것이다.[49] 감독당국도 그렇게 보고 은행업인가지침에

48) 현행 개정 조항은 은행법 제66조 제1호이다.

49) 같은 견해로는 정찬형/도제문, 「은행법」 초판(박영사, 2003), 359면.

서 추가 외은지점 설립시의 인가 조건 및 제출 서류 등에 대하여 별도로 규정하고 있다.

이와 관련하여, 1998년 개정 전 은행법 제37조의2는 "외국[은행]이 대한민국내에서 은행업을 영위하기 위하여 지점 또는 대리점을 신설하고자 할 때에는 지점 또는 대리점마다 … 인가를 받아야 한다"(밑줄 친 부분은 저자 강조)라고 규정하고 있어, 추가 외은지점 설립시에도 인가 대상임을 명시적으로 밝히고 있었으나, 개정 은행법은 그러한 '지점마다'라는 표현이 빠져 있어 추가 외은지점 설립시 인가를 별도로 받아야 하는지에 대하여 의문이 생길 수 있는 것이다. 따라서 개정 전 규정처럼 '지점마다'의 표현을 추가하는 것이 바람직하다고 본다.

한편, 1998년 개정 전 은행법 제37조의2는 "외국[은행]이 대한민국내에서 은행업을 영위하기 위해서 지점 또는 대리점을 신설하고자 할 때에는 … 인가를 받아야 한다"라고 되어 있었고, "지점 또는 대리점의 폐쇄 · 이전 또는 사무소의 설립 · 폐쇄 인가의 경우에도 또한 같다"라고 되어 있어, 은행업을 영위할 수 있는 것은 지점 또는 대리점에 국한되는 것이 명확했으나, 현행 은행법은 그 문언이 "외국[은행]이 대한민국내에서 은행업을 영위하기 위하여 지점 · 대리점 또는 사무소를 설립하거나 …"로 되어 있어 마치 사무소도 은행업을 영위하는 것으로 오해할 소지가 있다. 그런데 사무소는 은행업을 '업'으로 하는 것이 아니고 시장조사 및 본점과의 연락 업무 등을 담당할 뿐[50] 은행업을 영위하는 영업소가 아니다. 따라서 현재의 문언을 개정 전과 같이 사무소의 설립 부분에 대하여는 별도의 문장으로 규정하는 것이 더 나을 것으로 본다.

6. 최초 외은지점 대표자의 은행법상의 자격 요건 명시와 관련된 문제점 및 개선 방안

외은지점의 '국내 대표자'는 은행법상의 임원으로 간주되기 때문에(법 제59

50) 은행업감독규정 제4조. '사무소'의 정의에 대한 서술은 위 각주 1) 참조. 이와 관련하여 사무소의 업무 수행 범위에 대해서 논란이 있을 수 있으므로, 사무소에 대한 정의는 법률에 규정하고 더 구체적인 사항은 은행법 시행령이나 감독규정에서 규정하는 것이 바람직하다고 본다.

조 전단) 최초 설립되는 외은지점의 대표자(즉, 지점장)는 은행법상의 임원이 될 것이고, 따라서 은행법 및 은행업감독규정에서 규정하고 있는 임원의 자격 요건(법 제18조, 은행업감독규정 제18조)을 충족하여야 한다.

그러나 현행 은행업인가지침에서는 최초 신설되는 외은지점 대표자의 자격 요건으로서 은행법 및 은행업감독규정에서 규정하고 있는 자격 요건을 충족할 것을 명시적으로 규정하고 있지 않으며,[51] 신청 서류에도 이에 관한 서류를 그 신청 서류의 하나로서 명시하지 않고 있다. 물론 실무적으로는 감독당국은 신청인인 외국은행 본점이 외은지점 대표자의 자격 요건을 충족하고 있다는 확인서를 신청 서류의 하나로 제출하도록 요구하고 있다. 그러나 명시적인 규정이 없는 상태에서 이것은 문제가 있다고 본다. 따라서, 은행업인가지침상에 최초 외은지점 신설시의 외은지점 대표자가 은행법 및 관련 규정에서 요구하는 자격 요건을 충족하고 있는지에 대한 사항을 명시적으로 규정하고, 이에 관한 확인서 서류도 은행업인가지침상의 인가 신청 첨부 서류의 하나로서 규정할 필요가 있다.

한편, 은행업감독규정 제20조는 외은지점은 그 대표자를 선임하고자 하는 경우에는 자격 기준에의 적합 여부를 확인하고 그 결과를 대표자의 선임 후에 금융감독원장에게 보고하도록 하고 있다. 이와 관련하여, 이미 신청인인 외국은행 본점이 외은지점 대표자의 자격 요건 충족 확인서를 제출하였음에도 불구하고, 외은지점 설립 후에 외은지점이 이 조항에 의거하여 별도로 보고하여야 할 의무가 있는지가 문제될 수 있다. 그러나 이미 신청인인 외국은행 본점이 외은지점 설립 인가 신청시 인가 신청 서류의 하나로 외은지점의 대표자가 자격 요건을 충족하고 있다는 확인서를 제출할 뿐만 아니라 어차피 선임 보고 의무의 목적이 외은지점 대표자가 자격 요건을 충족하고 있는지 여부에 대하여 감독당국이 확인할 수 있도록 하기 위한 것이므로 외은지점 설립 후에 외은지점 대표자의 선임 보고 의무는 적용되지 않는다고 보는 것이 타당할 것이다.

---

51) 은행 신설시의 인가 심사 기준에는 발기인 및 임원이 은행법상의 자격 요건을 충족할 것을 그 심사 기준의 하나로 명시적으로 규정하고 있다(은행업인가지침 제3장 제12호 나목 1)).

7. 예금자보호법상의 출연금 납부 의무와 관련한 문제점 및 개선 방안

(1) 최초 외은지점 설립시의 출연금 납부 의무

예금자보호법 및 동법 시행령상 부보금융기관인 은행은 영업 또는 설립의 인가 또는 허가를 받은 경우에는 업무를 개시한 날로부터 1월 이내에 납입자본금의 1%를 출연금으로서 예금보험공사에 납부하여야 한다(예금자보호법 제24조 제4항 및 동법 시행령 제14조제1항). 따라서 외은지점은 예금자보호법상 은행인 부보금융기관에 해당하고(예금자보호법 제2조 제1호 자목), 외은지점의 영업기금은 은행법상 자본금으로 의제되므로(법 제63조 및 법 시행령 제26조), 위 규정에 따라 최초 외은지점 설립시에는 업무를 개시한 때로부터 1월 이내에 영업기금 금액(대부분은 최초 지점 설립시 도입한 갑기금액이 될 것임)에 1%를 곱한 금액을 출연금으로 예금보험공사에 납부하여야 한다. 주의할 점은 업무를 개시한 때로부터 1월 이내에 납부하도록 하고 있으므로 납부 기준 금액은 최초 지점을 설립하여 영업을 개시한 때로부터 1월 이내에 외은지점이 보유하고 있는 영업기금 금액이 된다는 점이다. 따라서, 최초 갑기금 도입시에는 갑기금 최저 금액인 30억원만 도입하고 영업 개시일로부터 1월이 지나서 추가로 갑기금을 도입하게 되더라도 여전히 출연금의 산정 기준은 처음 도입된 갑기금 금액이 된다.

(2) 추가 외은지점 설립시의 출연금 납부 의무의 여부

추가 외은지점 설립시에도 위 출연금 납부 의무가 적용되는지에 관하여 의문이 있을 수 있다. 관련 규정은 이에 대해 명확하게 규정하고 있지 않아, 납부 의무가 있다고 보는 견해와 그렇지 않다는 견해로 나누어질 수 있다. 납부 의무가 없다고 하는 견해의 근거로는, (i) 예금자보호법상 부보금융기관은 외은지점 전체를 말하는 것으로 보아야 한다는 점, (ii) 예금자보호법상 예금보험기금에 납부하는 보험료도 복수 지점 전체의 예금 금액을 기준으로 한다는 점(예금자보호법 제2조 제2호 참조) 및 (iii) 은행업감독규정상도 외국은행이 국내에 복수의 지점을 두는 경우에는 각 지점의 영업기금을 합산하여 이를 당해 외국은행의 자본금으로 본다(은행업감독규정 제10조 제8항)고 규정하고 있는 점 등을 들 수 있다. 반면에 납부 의무가 있다고 하는 견해의 근거로는 (i) 예금자보호법 시행령은 부보금융기관이 설립의 인가를 받은 때에는(밑줄 친 부분은 저자 강조) 출연금을 납부하도록 규정하고 있는 점, (ii) 외국은행의 추가 지점 설립시에도 별도의 인가를 받고 있는 점 및 (iii) 추가 지점에도 갑기금(30억원 이상)을 별도로 보유하도록 하고 있는 점(은행업감독규정 제10조 제3항)을 들 수 있다.

생각하건대, 현행 예금자보호법 시행령 제14조가 "부보금융기관이 설립의 인가를 받은 때"라고 규정하고 있고, 추가 외은지점 설립시의 경우에 별도의 인가를 받도록 하고 있는 점 및 추가 외은지점에도 자본금으로 간주되는 영업기금에 속하는 갑기금을 별도로 보유하도록 하고 있는 현행 규정상으로는 해석상 납부 의무가 있다고 보는 것이 타당하다고 본다.[52] 그러나 보다 명확한 규정을 두어 확실하게 할 필요가 있다고 본다.

8. 추가 외은지점 대표자도 은행법상의 '국내 대표자'에 해당하는지 여부 문제

추가 설립되는 외은지점의 대표자(즉, 지점장)도 은행법상의 임원으로 간주되어 은행법 및 은행업감독규정에서 정하고 있는 자격 요건을 충족하여야 하는지가 문제가 될 수 있다. 생각하건대, 관련 조항인 은행법 제59조 제1항의 전단이 "외국[은행]의 국내 대표자는 [은행]법에 의한 [은행]의 임원으로 본다"라고 하고 있으므로 규정의 해석상 '국내 대표자'만이 임원으로 간주되기 때문에, 추가 설립되는 외은지점의 대표자를 별도로 국내 대표자로 선임하거나 추가 외은지점의 대표자를 기존의 외은지점 대표자와 국내 공동대표자로 선임하지 않는 한, 추가 외은지점의 대표자는 은행법상의 임원으로 보기는 어렵고 따라서 자격 요건 관련 규정이 적용되지 않는다고 보아야 할 것이다. 또한, 동일한 행정구역내에 기존 외은지점 및 추가 외은지점이 있는 경우(예를 들어, 서울특별시 내에 있는 경우)에 추가 외은지점의 대표자인 지점장을 지배인으로 등기하고 있는 점으로 비추어 보아도 추가 외은지점의 대표자를 국내 대표자로 보는 것은 타당하지 않다고 본다.

실무적으로는 감독당국이 추가 외은지점의 대표자인 지점장도 국내 대

52) 저자가 예금보험공사에 비공식적으로 확인한 바에 따르면, 실무적으로 추가 외은지점 개설시에도 예금보험공사는 출연금을 징수하고 있다고 한다.

표자로 보아 은행법상의 자격 요건 충족 여부 확인 보고를 하도록 요구하고 있는 것으로 알려져 있는데, 이는 잘못된 해석으로 보아야 할 것이다. 따라서 이를 보다 명확하게 하기 위해서는, 추가 외은지점의 지점장을 국내 대표자로 별도로 선임하거나 국내 공동대표자로 선임하지 않는 한, 추가 외은지점의 지점장은 국내 대표자에서 제외된다는 규정을 두어 논란의 여지를 없애는 것이 바람직하다고 본다.

9. 설립 후 인가 요건을 위반한 경우의 인가 취소 여부와 관련한 문제

외은지점이 설립 인가를 받고 영업을 개시한 후에 (i) 인가 신청서 및 그 첨부 서류의 내용이 나중에 허위(false)로 판명되거나 (ii) 설립 인가 요건이나 인가 조건에 위반하는 경우에 인가 취소 사유가 될 수 있는지에 대하여 의문이 있을 수 있다. 설립 인가 요건의 위반의 경우로는 예컨대, 설립 인가 시 인가 요건을 충족한 외은지점의 영업시설 및 전산체계 등이 나중에 그 해당 요건을 갖추지 못한 경우를 들 수 있을 것이다.

우선 전자의 경우(즉, (i)의 경우)에는 은행법은 이에 관하여 입법적으로 해결하고 있는 것으로 보여진다. 즉, 은행법 제53조 제2항 제1호는 은행(외은지점 포함)이 "허위 기타 부정한 방법으로 은행업의 인가를 받은 경우"에는 은행업의 인가를 취소할 수 있도록 하고 있다(법 제53조 제2항 제1호). 즉, 외은지점의 설립 인가는 결국에는 은행업 영위에 대한 인가도 동시에 하는 것으로 볼 수 있기 때문에(법 제58조 제1항) 은행법 제53조 제2항 제1호가 적용될 수 있을 것이다.[53)]

후자의 경우(즉, (ii)의 경우)는 확실하지 않다. 즉, 은행법 제53조 제2항 제2호는 은행(외은지점 포함)이 "인가내용 또는 인가조건에 위반한 경우"에도 은행업의 인가를 취소할 수 있도록 규정하고 있다(법 제53조 제2항 제2호). 이 경우 '인가내용'이 무엇을 의

53) 다만, 신청서류에 부정확하게(incorrect) 기재하여 인가를 받은 경우에 동 사유가 "허위 또는 기타 부정한 방법"에 해당하는 지 여부는 해석의 여지가 있을 수 있다. 그러나 인가 취소 여부는 여전히 인가권자의 재량권에 의하여 결정될 것이다. 참고로 싱가포르중앙은행법은 승인 신청과 관련하여 제공된 정보가 중요한 부분에 있어서 허위(false)이거나 판단을 그르치게 한(misleading) 경우에는 승인을 취소할 수 있다고 규정하고 있다(The Monetary Authority of Singapore Act, Art. 28(5)(a)).

미하는지에 대하여 논란의 여지가 있을 수 있다. 넓게 보아 감독당국이 인가 요건을 심사했을 때 갖추어진 요건도 포함하는 것으로 볼 수도 있으나, 단지 인가를 한 내용(예를 들어, 은행업을 영위하도록 한 인가 내용 그 자체)만을 의미하는 것으로 볼 수도 있으므로, 이를 보다 명확하게 하기 위해서는 설립 인가 요건을 위반한 경우에 인가 취소 사유가 될 수 있도록 명시적으로 규정하는 것이 바람직하다고 본다.[54]

10. 인가 요건 등에 관한 사항의 규정 체계의 문제점 및 개선 방안

현행 규정상 외은지점 설립 인가 요건에 대해서는 금융위가 제정한 은행업인가지침이 규정하고 있다. 그러나 설립 인가 요건은 중요한 사항이므로 하위 규정인 감독규정에서 정하는 것보다는 상위 법률 및 시행령에서 규정하는 것이 바람직하다고 본다. 따라서 우선 은행법에서 그 인가 요건에 대한 대략적인 사항을 규정하고 자세한 인가 요건은 은행법 시행령에서 규정하는 것이 바람직할 것으로 본다.[55] 그리고 은행업인가지침에서는 그 절차, 인가 신청 서류 목록 및 인가신청서 양식 등에 대해서 규정하는 것이 좋을 것으로 본다.

V. 결 론

정부의 금융중심지 국가 추진과 관련하여 외국은행의 국내 진출을 용이

54) 이는 시중은행 주식의 한도 초과 보유 승인의 경우에 승인을 얻은 후 승인 요건을 충족하지 않았을 때 승인 취소가 될 수 있는가 하는 문제와 같다고 볼 수 있다. 2002년 개정 은행법에 의하여 금융위가 한도 초과 보유 주주에 대하여 적격성 심사를 하고 있고, 위반시에는 위반 부분에 대한 주식 처분 명령권을 발할 수 있으므로, 현재는 유지 요건으로 보는 데 문제가 없을 것이다(은행법 제16조의4 참조). 한편, 인가를 취소할 수 있는 경우에도 그 취소 사유는 위반 대상 행위가 중대한 경우로 제한되어야 하며, 경미한 사항에 대한 위반의 경우에는 금융시장 안정 유지 차원에서 영업정지나 과태료 등의 경미한 제재를 하여야 한다는 주장이 있다(금융감독원, 「신탁업법 해설」, 2002, 160면).

55) 현재는 인가 요건에 관한 대략적인 사항은 은행법 시행령에서 규정하고(제24조의5 제1항), 인가의 세부 요건 등에 대해서는 은행법 시행령에 근거하여(제24조의5 제3항) 은행업인가지침에서 규정하고 있다.

하게 할 필요가 있다. 외국은행의 국내 진입은 특히 선진국 은행들인 경우 선진국의 금융기법을 받아들일 수 있는 좋은 기회가 되어 국내 금융산업의 발전에 도움이 될 수 있을 것이다. 이런 측면에서 외국은행들이 국내지점을 설치하고자 하는 경우에 장애가 되는 요소는 없애는 것이 필요하다고 본다. 정부의 기본적인 정책도 외국은행을 적극적으로 유치하는 방향으로 하여야 금융중심지 국가 추진의 발판이 될 수 있을 것이다.

이와 더불어 현행 법령상 외은지점 설치시의 법적 장애 요소가 있다면 이를 시정하는 것이 필요하다. 갑기금 도입 시기 문제, 복수 외은지점 설치 근거 조항의 미비, 인가를 받지 않고 외은지점을 설치하는 경우의 벌칙 조항의 부재, 추가 외은지점의 예금자보호법상의 출연금 납부 의무의 불명확 등 개선 과제를 생각할 수 있다. 그리고 인가 요건 등은 은행법 및 은행법 시행령에서 규정하고, 은행업인가지침에서는 인가 절차, 신청서류 목록 및 인가신청서 양식에 대하여 규정하는 것을 검토할 필요가 있다. 마지막으로 인가 심사시 감독당국은 심사료(fee)를 징구하고 있지 않으나, 특정 신청인을 위하여 인가 심사가 이루어지고 있는 점 및 감독당국의 재정 확충이 필요한 점 등을 감안했을 때 심사료를 징구하는 것도 고려해 볼 필요가 있다고 본다.

제 2 절
외국은행 국내지점의 폐쇄에 관한 규제*

Ⅰ. 서 론

현재 우리 나라에서 외국은행이 영업 활동을 하는 보편적인 형태는 국내지점(이하 "외은지점"이라 한다)을 설치하는 것이다. 물론 현행 은행법상 외국은행이 국내에서 영업활동을 할 수 있는 방법은 새로운 국내 자회사 은행 또는 합작은행을 설립하거나 기존의 국내 은행을 인수하여 자회사로 두는 방법이 있지만,[1] 과거 한미은행이 설립될 때 미국 Bank of America가 국내 기업들과 합작하여 설립한 경우와 최근 미국 씨티은행(Citibank)이 한미은행을 인수하여 자회사로 둔 경우[2] 및 영국 Standard Chartered은행이 제일은행을 인수하여 자회사로 둔 경우 이외에는 현재 다른 사례는 없다.[3] 그리고 은행법상 외국은행은 국내 대리

---

* 이 글은 「인권과정의」 제341호(대한변호사협회, 2005. 1)에 실린 글을 다소 수정 · 보완한 것이다.

1) 자회사 은행 또는 합작은행의 설립 근거 조항은 은행법 제8조, 기존의 국내 은행 인수와 관련된 근거 조항은 은행법 제15조 참조. 이외에도 은행법상 외국은행은 영리목적의 영업활동을 하지는 않지만 국내 시장 조사 또는 본·지점이나 고객과의 업무 연락 등의 사무를 수행하는 국내 사무소(은행업감독규정 제4조)도 감독당국의 인가를 받아 설치할 수 있다(은행법 제58조 제1항). 기존의 국내 은행의 주식을 인수하는 경우 시중은행의 의결권 있는 주식 10%를 초과하여 취득하고자 할 때에는 은행법 시행령에 규정되어 있는 한도 초과 보유 요건을 충족하여야 한다(은행법 제15조 제5항, 동법 시행령 제5조 및 [별표] 한도초과보유주주의 초과보유요건(제5조 관련)). 한도 초과 보유와 관련한 자세한 사항은 고동원, "은행법상의 몇 가지 문제점에 관한 고찰," 「상사법연구」 제22권 제5호(한국상사법학회, 2004. 2), 159~162면 참조.

2) 당시 금융감독위원회는 미국 씨티그룹(Citicorp Inc.)(씨티은행의 지주회사)에 대하여 한미은행의 의결권 있는 주식 10%를 초과하여 취득하는 것을 승인해 주었다. 금융감독원, "씨티그룹에 대한 (주)한미은행의 주식 취득 승인," 보도자료, 2004. 3. 26(http://www.fss.or.kr/kor/nav/framecheck.jsp).

3) 당시 금융감독위원회는 보도자료를 통하여 「은행업인가지침」을 개정하여 외국 금

점을 설치하여 영업을 할 수 있도록 허용하고는 있으나,[4] 현재 국내 대리점을 설치한 사례는 없다. 한편 1967년에 미국의 체이스맨해턴은행(Chase Manhattan Bank)이 최초로 국내에 외은지점을 설립[5]한 이래, 2007년 3월 말 현재 15개국 36개 외국은행들이 지점을 설치하여 영업을 하고 있다.[6]

현행법상 외은지점의 설립, 영업 활동 및 폐쇄 등은 은행법에 의해 규제를 받고 있다. 외국의 입법례는 외국은행 국내 지점에 대하여 별도의 법을 제정하여 규제를 하는 경우도 있으나,[7] 우리 나라의 경우에는 국내 은행과 동일

융회사가 국내에 은행 설립을 신청할 경우의 인가 심사 기준을 마련하였다고 하면서, 이에 따라 앞으로 외국 금융회사들이 현재의 지점 설립 방식 이외에 국내에서 현지법인 방식으로 국내 은행 산업에 진출할 수 있게 되었다고 하였다(금융감독원, "국내에도 현지법인 은행 설립할 수 있는 길 열려," 보도자료, 2004. 7. 22 (http://www.fss.or.kr/kor/nav/framecheck.jsp)). 이는 은행업인가지침이 개정되기 전에는 외국 금융회사(은행, 증권회사 및 보험회사 및 동 지주회사)가 국내에 현지법인 은행을 설립할 수 있는 길이 막혀 있었던 것으로 이해할 수도 있으나(동 보도자료는 애매한 표현을 쓰고 있다. 즉 "외국 금융회사(지주회사 포함)가 국내 은행을 설립하고자 할 경우 현재 이의 심사기준이 제대로 마련되어 있지 않아 인가하기 어려웠으므로 …"(저자 강조) 라고 하고 있어, 그 의미가 명확하지 않다), 법적으로 은행업인가지침 개정 전에도 은행법 및 은행업인가지침상 외국 금융회사의 현지법인 자회사 은행이 설립되는 것이 금지되었다고 볼 수는 없다. 왜냐하면 은행법 제8조 및 은행업인가지침이 외국은행이 자회사 은행을 설립하는 것을 명시적으로 금지하고 있지 않았으며, 또한 은행업인가지침상의 은행업 영위 인가 심사 기준의 하나인 주주 구성 계획(은행업인가지침 제3장 제12호 가목 3))에는 은행법 제15조가 규정하고 있는 한도 초과 보유 요건을 충족하도록 되어 있어서, 그 한도 초과 보유 주주가 외국 금융회사의 경우에 적용되는 요건이 별도로 있기 때문에 외국 금융회사가 동 요건 및 기타 규정된 다른 요건을 충족하는 경우에는 자회사 은행을 설립하는 것이 가능하다고 볼 수 있었기 때문이다. 이번 은행업인가지침의 개정은 외국 금융회사의 경우에 추가 되는 요건을 규정한 것으로서(그 추가된 요건은 대부분 외은지점 설립시 적용되는 요건이다), 오히려 그 요건을 더 강화한 것으로 보는 것이 타당하다고 생각한다. 물론 이번 은행업인가지침 개정 전에는 감독당국이 정책적으로 현지법인 은행을 설립하는 것을 허용하지 않았던 것으로 이해할 수도 있으나, 법적으로 그 전에도 현지법인 은행을 설립하는 것이 불가능했다는 것은 아니라고 보아야 할 것이다. 이러한 논의는 합작은행의 경우에도 마찬가지로 적용될 수 있고, 따라서 현행 법령상 외국 금융회사가 국내에 합작은행을 설립하는 것을 금지하고 있다고 볼 수는 없을 것이다.

4) 외국은행의 국내 대리점 설치 근거 조항은 은행법 제58조 제1항 참조.

5) 한국은행, 「우리나라의 금융제도」, 1999, 71면.

6) 금융감독원, "'06회계연도중 외은지점 영업실적," 보도자료, 2007. 7. 16, 1면.

7) 미국의 International Banking Act of 1978 (12 U.S.C. Section 3101 *et seq*) 및 이의 주요 부분을 개정하여 제정된 Foreign Bank Supervision Enhancement Act of 1991 (12

하게 (물론 일부 조항은 적용을 받지 않지만) 은행법의 적용을 받도록 하고 있다(은행법 제59조 제1항 전단). 우리 나라는 외은지점의 폐쇄에 대하여 인가 제도를 채택하고 있다.[8] 즉 외국은행이 국내에서 영업 활동을 중단하고 철수하기 위하여 국내지점을 폐쇄고자 하는 경우에는 은행법 및 관련 규정에 따라 감독당국인 금융위원회(이하 "금융위"라 한다)로부터 국내 지점의 폐쇄 인가를 받아야 한다(은행법 제58조 제1항).

이 절에서는 외은지점의 폐쇄에 대한 은행법, 동법 시행령 및 관련 감독규정, 그리고 관련 다른 법령상의 규제에 대하여 살펴보면서 문제점에 대한 분석을 하고 개선 방안을 모색하고자 한다. 우선 Ⅱ.에서는 감독당국의 외은지점 폐쇄 인가 절차 및 인가 심사 기준, 그리고 청산 절차 등 외은지점 폐쇄 절차의 내용을 살펴보고, Ⅲ.에서는 외은지점의 폐쇄에 대한 관련 법령상의 규제의 법적 문제점을 분석하면서 그 개선 방안을 제시한다.

Ⅱ. 외은지점의 폐쇄에 관한 규제 내용

외은지점이 폐쇄되는 경우는 외국은행 스스로가 그 국내 지점을 폐쇄하는 경우(아래 Ⅱ. 1.)와 은행법상의 외은지점 설립 인가 취소 사유가 발생하여 당연폐쇄되는 경우(아래 Ⅱ. 2.)로 나눌 수 있다. 그러나 후자의 사례는 실제로 거의 찾아볼 수 없기 때문에 아래에서는 외국은행이 자발적으로 국내 지점을 폐쇄하는 경우에 관련된 절차에 대하여 자세히 살펴보기로 한다.

1. 폐쇄 절차 및 관련 규제 내용

(1) 폐쇄 절차의 개요

외은지점의 폐쇄 절차는 다음과 같이 정리할 수 있다.

1) 금융위에 외은지점 폐쇄 예비인가 신청

2) 금융위의 외은지점 폐쇄 예비인가

U.S.C. Section 3101 *et seq*) 참조.

8) 이 인가 제도는 외국증권업자가 국내 증권지점을 폐쇄하고자 할 때 금융위원회에 보고를 해야 하는 점과 다르다(증권거래법 제36조 제2호 참조).

3) 금융위에 외은지점 폐쇄 인가[9] 신청
4) 외은지점의 자산 · 부채 이전 및 처분
5) 금융위의 외은지점 폐쇄 인가
6) 기획재정부에 외국환업무 폐업 신고(외국환업무를 영위하는 경우)
7) 외은지점 영업 폐쇄
8) 금융위 및 금융감독원에 외은지점 영업 폐쇄 보고
9) 관할 세무서에 폐업 신고(사업자등록증 반환)
10) 관할 법원에 청산 절차 개시 신청 및 청산인 선임 결정 신청
11) 관할 등기소에 외은지점 폐쇄 등기 및 청산인 선임 등기
12) 채권 신고 최고
13) 법인세 신고(세무 조정 신고)
14) 청산 대금 본점 송금[10]
15) 청산보고서 작성 및 본점의 청산보고서 승인
16) 청산 종결 등기

이하에서는 외국은행이 스스로 국내 지점을 폐쇄하고자 하는 경우의 절차에 대하여 은행법, 동법 시행령, 은행업인가지침,[11] 기타 해당 관련 법령 및 규정을 중심으로 하여 살펴보기로 한다.

(2) 금융위원회의 외은지점 폐쇄 인가

1) 폐쇄 인가 절차

외은지점의 폐쇄 인가와 관련하여 은행법 제58조 제1항은 은행법 시행령이 정하는 바에 따라 금융위의 인가를 받도록 규정하고 있으며, 은행법 시행령 제24조의5 제3항은 금융위가 인가의 세부 요건, 인가 신청 서류 및 기

9) 실무상으로는 '본인가'라는 용어가 많이 사용된다. 그러나 은행업인가지침에서는 본인가 대신에 '인가'라는 용어를 사용하고 있다. 따라서 이 절에서 '인가'라는 용어는 그 문맥에 따라 예비인가에 대한 본인가로서의 의미로 사용되기도 하고 예비인가와 본인가 전체를 포괄하는 의미로 사용되기도 한다.

10) 위의 14), 15), 16)의 절차와 관련하여, 현행 청산 대금 송금시의 외국환은행의 실무 처리와 청산 종결 등기시의 법원의 실무 처리가 서로 모순되는 점이 있는데(따라서 실제 업무 처리에서는 그 순서가 바뀔 가능성도 있다), 실제 업무 처리에 있어서는 관계 당국에 확인할 필요가 있을 것이다.

11) 1999. 7. 23. 제정되고 2004. 7. 23. 개정된 것을 인용하였다.

타 필요한 사항을 정할 수 있도록 규정하고 있다. 이에 따라 금융위가 제정한 은행업인가지침은 외은지점의 폐쇄 인가 절차 및 인가 조건에 대하여 자세히 규정하고 있다(은행업인가지침 제2장 절차 및 제3장 인가심사기준 제17호).[12] 은행업인가지침에 의하면, 외은지점의 폐쇄 인가 절차는 제1단계의 예비인가와 제2단계의 인가의 두 단계의 절차를 거치도록 되어 있다. 그러나 실무적으로는 아래 Ⅲ. 1.에서 논의하는 것처럼 감독당국은 예비인가 절차를 생략하여 인가 절차 하나로 처리하고 있다. 그럼에도 불구하고 신청인이 두 단계의 절차를 다 거치길 원하는 경우에는 두 단계의 절차를 거칠 수도 있다.[13] 따라서 이하에서는 은행업인가지침에서 규정하고 있는 예비인가 및 인가 절차로 나누어 살펴보기로 한다.

한편 외은지점이 겸영업무로서 신탁업을 영위하고 있다면 신탁업법에 따른 신탁업 폐지 인가 신청도 같이 하여야 할 것이다(신탁업법 제8조 제1항, 동법 시행령 제5조 참조).

① 예비인가 절차

㉠ 절차 안내 　금융감독원장은 인가를 받고자 하는 자 또는 그 대리인(이하 "신청인"이라 한다)의 인가 절차, 심사 기준, 신청 서류 등 인가 관련 제반 문의 사항에 대하여 서면으로 안내하거나 면담 · 협의할 수 있다(은행업인가지침 제2장 제4호).[14]

㉡ 예비인가 신청서의 접수 　신청인은 은행업인가지침 〈별표 2〉에서 정하는 예비인가 신청서 및 그 첨부서류를 금융위에 제출한다(지침 제2장 제5호). 예비인가 신청시의 신청인은 본점의 대표자나 그 권한을 위임받은 자의 명의로 하여야 한다.

㉢ 신청 사실의 공고 및 의견 수렴 　금융위는 예비인가 신청이 있는 경우 의견 수렴 등을 위하여 신청 일자, 신청인, 신청 취지 및 내용, 의견 제시 방법 및 기간 등을 보도자료 및 인터넷 홈페이지 등을 통하여 공고한다(지침 제2장 제6호 가목). 또한 금융위는 필요하다고 판단되는 경우 신청 사실의 공고와는 별도로 예비인가 신청에 대하여 이해관계인의 의견을 요청할 수 있으며(지침 제2장 제6호 나목), 이 경우 금융위는 접수된 의견 중 신청인에게 불리하다고 판단되는 의

12) 제2장 절차 항목은 외은지점의 폐쇄시에만 적용되는 것이 아니고, 은행 설립이나 합병 등의 다른 인가시에도 공통으로 적용되는 사항이다.

13) 실제로 그러한 사례가 있는 것으로 알고 있다.

14) 이하 인용시 "지침"이라 한다.

견에 대하여는 신청인에게 이를 통보하고 기한을 정하여 소명하도록 할 수 있다(지침 제2장 제6호 다목). 이 외에도 금융위는 금융 시장에 중대한 영향을 미칠 우려가 있는 등 필요하다고 판단되는 경우에는 공청회를 개최할 수 있다(지침 제2장 제6호 라목).

㉣ 예비인가의 심사 금융감독원장은 신청 내용의 진위 여부를 확인하고 이해관계인, 일반인 및 관계기관 등으로부터 제시된 의견을 감안하여 신청 내용이 인가 심사 기준에 부합하는지를 심사하며(지침 제2장 제7호 가목), 신청 내용의 확인 등을 위하여 실지 조사를 실시할 수도 있다(지침 제2장 제7호 다목).

㉤ 예비인가 금융위는 신청인의 예비인가 신청에 대하여 은행업인가지침 제3장에서 정하고 있는 인가 심사 기준에 따라 예비인가 여부를 결정한다(지침 제2장 제8호 가목). 금융위는 예비인가시에 조건을 붙일 수 있으며 예비인가를 거부하는 경우에는 서면으로 통보한다(지침 제2장 제8호 나목). 예비인가와 관련하여 그 효력에 대하여 의문이 있을 수 있는데, 이에 대하여 은행업인가지침은 명시적으로 "예비인가는 인가 사항에 대한 사전 심사 및 확실한 실행을 위하여 인가 이전에 예비적으로 행하여지는 인가권자의 의사표시를 말하며 인가의 효력을 가지지 아니한다"라고 규정하고 있어(지침 제2장 제8호 다목), 예비인가 자체만으로는 인가의 법적 효력을 갖는다고 보기에는 어렵다고 판단된다.

㉥ 예비인가 절차의 생략 고객 보호 등을 위하여 신속히 처리할 필요가 있거나 예비인가 신청시 인가 요건을 갖추었다고 판단되는 경우에는 예비인가 절차를 생략할 수 있다(지침 제2장 제11호 가목).

② 인가 절차

㉠ 인가 신청서의 접수 신청인은 예비인가의 내용 및 조건을 이행한 후 은행업인가지침 〈별표 2〉에서 정하는 인가 신청서 및 그 첨부서류를 금융위에 제출한다(지침 제2장 제9호). 인가 신청시의 신청인도 본점의 대표자나 그 권한을 위임받은 자의 명의로 하여야 한다.

㉡ 인 가 금융위는 신청인의 인가 신청에 대하여 은행업인가지침 제3장의 인가 심사 기준에 부합한지 여부에 대하여 심사한 후 인가 여부를 결정한다(지침 제2장 제10호 가목). 금융위는 인가시 조건을 붙일 수 있으며 인가를 거부하는 경우에는 서면으로 통보한다(지침 제2장 제10호 나목). 금융감독원장은 예비인가의 내용 및 조건의 이행 여부를 확인하기 위하여 실지 조사를 실시할 수 있다(지침 제2장 제10호 다목). 신청인은 인가일로부터 6월 이내에 인가 대상 행위를 실행하여야 하

며, 다만 인가시 기간을 따로 정하였거나 그 기간의 연장을 승인받은 경우에는 그러하지 아니하다(지침 제2장 제10호 라목).[15)]

따라서 인가일로부터 6월 이내의 기한 내에 인가 대상 행위인 외은지점의 영업을 폐쇄하지 않은 경우에는 그 외은지점 폐쇄 인가의 효력은 없어진다고 보아야 하며, 이 경우에는 다시 외은지점 폐쇄 인가 신청을 하여야 할 것이다.

2) 인가 심사 기준

외은지점 폐쇄 인가 심사 기준에 대해서는 은행법 시행령 및 은행업인가지침이 규정하고 있다. 즉 금융위는 외은지점의 폐쇄 인가를 하는 경우에 (i) 지점 폐쇄에 따른 자산 및 부채의 정리 계획이 적정하고, 국내 예금자 등 채권자 보호에 지장을 초래하지 아니할 것 및 (ii) 내국인 근무 직원에 대한 퇴직금 지급 등의 조치 계획이 적정할 것인지 여부에 대해 심사하여야 한다(법 시행령 제24조의5 제2항, 지침 제3장 제17호 라목).[16)]

3) 인가 신청 서류

다음 표는 은행업인가지침상에서 규정하고 있는 외은지점 폐쇄 인가(예비 인가 및 인가) 신청시 제출하여야 하는 서류의 목록이다.[17)]

한편 은행업인가지침은 신청 서류의 양식은 규정하고 있지 않는데, 신청

구 분	예비인가	인 가
외국은행 국내지점 폐쇄	1. 예비인가신청서 2. 신청 은행의 대표자로 서명한 자가 적법한 대표자임을 증명하는 서류 3. 인가 신청 전월 말 및 신청일 현재 당해 지점의 대차대조표 4. 자산 및 부채의 내용을 기재한 서류 5. 지점 폐쇄 및 청산절차에 관한 일정 6. 당해 지점 직원과 자산·부채에 대한 조치 계획 7. 추진 일정	1. 인가신청서 2. 신청 은행의 대표자로 서명한 자가 적법한 대표자임을 증명하는 서류 3. 예금자에 대한 조치와 그 자산·부채에 대한 조치를 기재한 서류 4. 당해 지점 직원에 대한 조치를 기재한 서류 및 조치 내역을 확인할 수 있는 서류

15) '인가일'에 대한 의미에 대해서는 아래 Ⅲ. 2. 참조.

16) 은행업인가지침에는 두 번째 인가 조건에서 "퇴직금 지급 등의"이란 말이 빠져 있으나, 상위 규정인 은행법 시행령에 맞추어 은행업인가지침에도 "퇴직금 지급 등의"란 말이 들어가는 것이 좋을 것으로 본다.

17) 은행업인가지침 〈별표 2〉 예비인가 및 인가 신청서류 중 외국은행 지점 폐쇄 부분.

인의 편의를 위해서는 적어도 예비인가신청서나 인가신청서 양식은 은행업 인가지침에 규정할 필요가 있다고 본다.[18]

(3) 외은지점의 자산 · 부채 이전 및 처분

외은지점의 영업을 폐지하고 청산 절차를 거쳐 청산 대금을 본점으로 송금하기 위해서는 외은지점의 자산[19] 및 부채[20]를 제3자에게 양도하거나 처분하여 현금화하는 것이 필요하다. 자산 및 부채를 제3자(주로 다른 국내 은행이나 외은지점이 해당될 것이다)에게 양도하기 위해서는 관련 당사자가 자산 및 부채 양도 계약을 체결하여야 한다. 더 나아가서 해당 자산이 채권자가 특정되어 있는 지명채권의 경우에는 그 대항 요건으로서 채무자에게 양도의 통지를 하거나 채무자로부터 양도에 대한 승낙을 얻어야 한다(민법 제450조 제1항). 또한 부채를 양도하고자 하는 경우에는 해당 채무의 채권자의 승낙을 얻어야 양도의 효력이 생긴다(민법 제454조 제1항).

(4) 외국환업무 폐업 신고(외국환업무를 영위하는 경우)[21]

외국환업무를 영위하는 외은지점은 외국환거래법, 동법 시행령 및 외국환거래규정에 따라, 외국환거래규정 별지 제2-2호 서식의 외국환업무등록내용변경신고서[22]를 외국환업무를 폐지하고자 하는 날의 7일 전까지 기획재정부장관에게 제출하여 외국환업무 폐업 신고를 하여야 한다(외국환거래법 제8조 제4항, 동법 시행령 제16조 제2항, 외국환거래규정 제2-1조 제2항 제2호). '7일'이라고 하고 있기 때문에 '영업일'이 아닌 'calendar day'로 보아야 할 것이다.

---

18) 예를 들어 외국증권업자의 국내 지점 설치 허가와 관련하여 증권업감독규정은 별지 제2호 및 제7호에 각각 외국증권업자의 국내 지점(영업소) 설치 예비허가 신청서 및 설치 허가 신청서 양식을 규정하고 있다.

19) 대출채권을 생각할 수 있다.

20) 예금채무를 생각할 수 있다.

21) 실무적으로 외국환업무 폐업 신고시에 지점 폐쇄 인가서 사본도 요구하므로 이 외국환업무 폐업 신고는 금융위의 외은지점 폐쇄 인가가 나고 나서 이루어지게 된다.

22) 그 신고 양식은 비록 외국환업무등록내용변경신고서이지만 신고 내용에 외국환업무를 폐지한다는 사항을 기재하면 될 것이다. 그리고 이 신고서는 외은지점 대표자 명의로 가능할 것이다.

⑸ 외은지점 영업 폐쇄

금융위의 외은지점 폐쇄 인가를 받은 후, 그 인가일로부터 6개월 이내에 외은지점을 폐쇄하여야 한다. 지점을 폐쇄한다는 것은 은행업의 영업을 종료함을 의미하며, 외은지점은 인가일 이후의 특정한 날을 정하여 외은지점의 영업을 폐지하여야 한다.

⑹ 금융위원회 및 금융감독원에 대한 외은지점 영업 폐쇄 보고

실무적으로 금융위가 외은지점 폐쇄 인가를 하는 경우 그 인가서에는 인가 대상 행위를 하고 나서 금융위에 보고하도록 규정하고 있다. 이는 금융위가 인가시에 붙이는 조건(지침 제2장 제10호 나목)에 해당한다고 볼 수 있으며, 이에 근거하여 외은지점은 지점을 폐쇄하고 나서 금융위에 지점 폐쇄 사실을 보고하여야 할 것이다. 한편 「은행업감독업무시행세칙」 제99조 제3항 제1호도 "인가받은 사항의 실행"이 있는 경우에는 금융감독원장에게 보고하도록 하고 있으므로, 이 규정에 따라 외은지점은 금융감독원에도 외은지점 폐쇄 사실을 폐쇄가 있는 달의 다음달 10일까지 보고하여야 한다. 동일한 감독기관인데도 불구하고 금융위 및 금융감독원 두 군데에 이중 보고를 하게 하는 것은 문제가 있다고 본다. 이의 시정이 요구된다.

⑺ 관할 세무서에 폐업 신고(사업자등록증 반환)

부가가치세법에 의거하여, 외은지점이 영업을 폐지한 후에는 지체없이 사업자등록증 원본 및 지점 폐쇄 인가서 사본 등을 첨부하여 관할 세무서에 폐업 신고를 하여야 한다(부가가치세법 제5조 제4항, 동법 시행령 제10조 제1항).

⑻ 청산 절차 개시

외은지점이 영업을 폐지하고 나서는 상법의 규정에 따라 청산 절차를 거치게 된다. 이는 상법 제620조 제3항 및 제1항에 의거하여, 외국회사가 스스로 영업소를 폐쇄한 경우에 법원이 청산 개시 명령을 할 수 있고(밑줄 친 부분은 저자 강조), 이 경우 법원은 청산인을 선임하도록 되어 있는데, 비록 법원이 청산 개시 여부에 대하여 재량권을 갖고 있으나, 실무적으로 외은지점의 폐쇄의 경우에

법원은 예금자 등 국내 채권자를 보호하기 위하여 청산 개시 명령을 내리고 청산인을 선임하고 있기 때문이다.[23] 청산 개시가 되는 경우 성질상 허용되지 않는 경우를 제외하고는 상법상의 주식회사의 청산절차에 관한 규정(상법 제535조 내지 제537조, 제542조)[24]이 준용된다.

외국회사의 국내 영업소가 폐쇄될 때 청산 절차를 밟게 하는 이유는 국내에 있는 자산이 국외로 반출될 염려가 있어 국내 채권자를 보호할 필요성이 있기 때문이다. 한편 외은지점 청산의 경우에는 상법의 규정 이외에 비송사건절차법의 규정도 적용된다(비송사건절차법 제128조). 아래에서는 외은지점의 청산 절차에 대하여 살펴본다.

1) 관할 법원에 청산 절차 개시 신청 및 청산인 선임 결정 신청

상법에 따르면, 외국회사가 스스로 영업소를 폐쇄한 경우에 법원은 이해관계인[25]의 신청에 의하거나 직권으로 국내에 있는 그 외국회사의 재산 전부에 대하여 청산의 개시를 명할 수 있으며, 이 경우 법원은 청산인을 선임하여야 한다(상법 제620조 제3항 및 제1항). 실무적으로는 대개 이해관계인의 한 사람인 외은지점의 대표자가 청산 절차 개시 신청을 법원에 하며, 이 때 특정한 자(대개는 청산되는 외은지점의 대표자나 그 직원)를 청산인으로 선임해줄 것을 법원에 신청한다. 이 경우 주의할 점은 법원은 은행법에 의하여 금융감독원장 또는 금융감독원 소속 직원 1명을 청산인으로 선임하여야 한다는 점이다(은행법 제57조 제1항).[26]

---

23) 외은지점도 외국회사의 국내 영업소에 해당하므로 상법 규정이 적용되는 것이다. 외은지점의 경우 청산 절차 강제성의 필요성에 대한 자세한 논의는 아래 Ⅲ. 3. 참조.

24) 따라서, 채권자에 대한 채권신고의 최고(상법 제535조), 채권신고기간내의 변제(상법 제536조), 제외된 채권자에 대한 변제(상법 제537조), 청산의 목적 범위 내에서의 회사의 존속(상법 제245조), 청산인의 등기(상법 제253조), 청산인의 직무 권한(상법 제254조), 청산인의 회사 대표(상법 제255조), 채무의 변제(상법 제259조), 잔여재산의 분배(상법 제259조) 및 청산종결의 등기(상법 제264조) 등에 관한 규정이 준용된다.

25) 이해관계인이라 함은 (1) "외국"회사의 채권자, (2) 대한민국에서의 대표자, (3) "외국"회사, (4) 외국회사의 무한책임사원, (5) 외국회사의 준거법상 청산의 권한이 있는 자 등이다(전계원 감수/권오복 편저, 「이론실무 상업등기(하)」(육법사, 2002), 1209면).

26) 동 조항은 "[은행]이 해산 또는 파산한 때에는 금융감독원장 또는 그 소속 직원 1명이 청산인 또는 파산관재인으로 선임되어야 한다"라고 규정하고 있다(저자 강조). 즉 외은지점도 은행법상의 금융기관(즉 은행)으로 간주되고(은행법 제59조 제1항 전단), 외은지점의 폐쇄는 해산에 해당하는 것으로 볼 수 있으므로 이 규정에 따라 금융감독원장 또는 그 소속 직원 1명이 청산인으로 선임되어야 하는 것이다. 법원도 이 규정에 근거하여 외은지점 폐쇄시에 금융감독원 소속 직원 1명을 청산인으로 선임하

따라서 법원은 청산 절차 개시 명령을 하면서 수인(數人)의 청산인을 선임하게 된다. 법원이 수인(數人)의 청산인을 선임하는 경우에는 대표청산인을 정할 수 있으므로(상법 제542조 제1항 및 제255조 제2항), 법원은 이해관계인이 청산인으로 선임해줄 것을 법원에 요청한 자 및 금융감독원 소속 직원 1명을 청산인으로 각각 선임하면서 이해관계인이 요청한 자를 대표청산인으로 선임하는 결정을 한다.

2) 관할 등기소에 외은지점 폐쇄 등기 및 청산인 선임 등기

법원의 청산 절차 개시 명령 및 청산인 선임 결정이 있은 후, 외은지점은 관련 서류를 갖추어 관할 등기소에 외은지점 영업소 폐쇄 등기[27] 및 청산인 선임 등기(상법 제542조 및 제253조 제1항)[28]를 하여야 한다.

3) 채권 신고 최고(債權 申告 催告)

외은지점의 채권자를 보호하기 위하여 상법 규정에 따라 외은지점의 채권자에 대하여 채권을 신고할 것을 최고하여야 한다. 즉 외은지점의 청산인은 취임한 날로부터 2월 이내에 외은지점의 채권자에 대하여 일정한 기간(적어도 2개월 이상) 내에 채권을 신고할 것과 그 기간 내에 신고하지 아니하면 청산에서 제외될 뜻을 2회 이상 공고로써 최고하여야 한다(상법 제620조 제3항 및 제2항, 제535조 제1항).[29] 그리고 청산인은 알고 있는 채권자에 대하여는 각별로 채권의 신고를 최고하여야 하며, 채권자가 신고하지 아니한 경우에도 이를 청산에서 제외하지 못한다(상법 제620조 제3항 및제2항, 제535조 제2항).

4) 법인세 신고(세무 조정 신고)[30]

법인세법에 의거하여, 외은지점은 영업을 폐지한 날로부터 3월 이내에 당해 사업연도의 소득에 대한 법인세의 과세표준과 세액을 세무조정계산서 등을 첨부하여 관할 세무서에 신고하여야 한다(법인세법 제8조 제4항, 제97조 제1항, 제60조 제1항 및 제2항).[31]

고 있다.

27) 아래 Ⅲ. 4.에서 논의하는 것처럼, 현행 관련 규정상 그 근거 조항이 명확하지 않은 것으로 보인다.

28) 청산인이 선임된 날로부터 2주간 내에 청산인의 성명 및 주소 등을 등기하여야 한다(상법 제253조 제1항).

29) 주요 일간지에 채권 신고 공고를 한다.

30) 상법에 따른 청산 절차는 아니나, 실무상으로 채권 신고를 받고 난 후에 처리하기 때문에 여기서 다루기로 한다.

31) 즉 법인세법 제8조 제4항은 "국내사업장(지점, 사무소 또는 영업소 등, 법인세법 제94조 제2항)이 있는 외국법인이 사업연도 중에 당해 국내 사업장을 가지지 아니하

5) 청산 대금 본점 송금

현행 외국환거래법령상 외은지점의 청산 대금 송금시 외국환거래당국에 대한 신고 내지는 보고 등에 관한 근거 규정이 없다. 그러나 실무적으로 현재 외은지점의 청산 대금의 본점 송금은 외은지점 이외의 외국기업의 국내지사가 청산대금 송금시에 지정거래외국환은행의 확인을 받도록 하고 있는 외국환거래규정 제7-51조 제2항의 규정을 준용하여 지정거래외국환은행의 확인을 거쳐 이루어지고 있다.

6) 청산보고서의 작성 및 본점의 승인[32]

실무적으로 청산인은 청산 임무가 종료한 때에는 청산보고서를 작성하여 본점에 송부한 후 본점의 이사회 결의에 의하여 그 청산보고서에 대한 본점의 승인을 받고 있다. 그 근거 규정은 상법 제264조(상법 제620조 제2항이 준용하는 상법 제542조 제1항이 다시 준용하고 규정)에서 찾을 수 있을 것이다. 상법 제264조의 해석상 외국회사의 경우에는 본점의 사원총회(또는 주주총회)의 청산 종결에 대한 계산서(즉 청산보고서) 승인이 있어야 하는 것으로 해석하는 것이 타당하다고 본다.[33] 따라서 법 조문을 엄격하게 해석하면 청산보고서에 대하여 본점의 사원총회(주주총회)의 승인이 있어야 될 것으로 생각되나, 실무적으로는 사원총회(주주총회)의 결의에 갈음하여 이사회 결의에 의한 청산보고서 승인을 얻고 있는데, 이는 법원이 본점의 이사회 결의에 의하여 승인된 청산보고서도 청산 종결 등기의 첨부 서류로서

게 된 경우에는 그 사업연도개시일로부터 당해 사업장을 가지지 아니하게 된 날까지의 기간을 그 법인의 1 사업연도로 본다"라고 규정하고 있기 때문에 사업연도의 소득에 대한 법인세를 납부하게 되는 것이다. 외국법인에 대해서는 청산소득에 대한 법인세는 부과되지 않기 때문에(법인세법 제3조 제1항), 내국법인과 달리 해산에 의한 청산소득에 대한 법인세(법인세법 제79조 제1항)는 납부하지 않게 되고, 당해 사업연도의 소득에 대한 법인세만 납부하면 된다.

32) 실무적으로 청산 종결 등기를 할 때 법원에서 본점이 승인한 청산보고서를 징구하는데, 그 청산보고서의 첨부서류로서 자산과 부채의 잔액이 제로인 대차대조표를 요구하기 때문에 청산 대금을 본점에 송금하고 나서 청산보고서가 작성되게 된다. 또한 이론적으로도 상법 제264조가 언급하고 있는 상법 제263조가 "청산인은 그 임무가 종료한 때에는 지체없이 계산서를 작성"하도록 하고 있기 때문에, 해석상 청산 대금을 송금하는 것이 그 청산인의 임무가 종료한 것으로 볼 수 있으므로 청산 대금 송금 후에 청산보고서가 작성되는 것이 타당하다고 본다. 물론 상법 제263조는 상법 제620조 제2항이 직접적으로 준용하는 규정은 아니지만 준용하고 있는 제264조가 언급하고 있는 규정이기 때문에 위와 같은 해석도 가능하다고 본다.

33) 같은 견해로 전계원 감수/권오복 편, 앞의 책, 1211면.

받아주고 있기 때문이다.

7) 청산 종결 등기[34)]

마지막 절차로서 외은지점은 위에서 언급한 청산 절차가 종료한 후에 본점의 승인을 받은 청산보고서 등을 첨부하여 청산 종결의 등기를 하여야 한다(상법 제620조 제3항 및 제2항, 제542조 제1항, 제264조).[35)]

2. 외은지점의 당연 폐쇄 사유

은행법은 일정한 사유가 발생하여 은행업의 인가가 취소되거나 또는 외은지점 설립 인가가 취소되거나 취소된 것으로 간주되는 경우에는 당연히 지점 폐쇄 사유로 규정하며, 이 경우에는 청산 절차를 반드시 거치도록 규정하고 있다. 즉, (i) 외은지점이 인가 내용 또는 인가 조건에 위반하거나 영업의 정지기간 중에 영업을 한 사유 등에 의하여 금융위의 의결에 의하여 은행업의 인가가 취소된 경우(은행법 제53조 제2항),[36)] (ii) 당해 외은지점의 본점이 합병 · 영업

34) 「외국환거래업무취급지침」(외국환거래규정 제10-13조에 의거하여 외국환은행들이 제정)은 외국환거래은행이 외국기업 국내지사의 청산 대금 송금시에 확인해야 하는 서류 중의 하나로 청산종결등기부등본을 규정하고 있는바, 이 규정을 적용하게 되면 청산 종결 등기가 청산 대금 송금 전에 이루어져야 한다고 보아야 할 것인데, 이는 불합리한 점이 있다. 청산 종결 등기란 것은 청산의 모든 절차가 종료한 후에 마지막 단계로 하는 것이 타당하기 때문에 청산 대금 송금 후에 청산 종결 등기가 행하여지는 것이 타당할 것으로 본다. 따라서 이 규정을 엄격하게 적용하는 것은 무리가 있다고 보며, 외은지점의 청산 대금 송금시에는 이 제출 서류(즉 청산종결등기부등본)는 면제하도록 실무상 운영하고, 청산종결등기부등본을 제출 서류의 항목에서 삭제하도록 「외국환거래업무취급지침」을 개정하는 것이 바람직하다고 본다. 그렇지 않게 되면 청산 대금 송금 후에 작성되는 청산보고서를 청산 종결 등기시 첨부하는 서류로 요구하는 법원의 실무 처리와도 맞지 않게 되는 문제점이 발생하게 된다.

35) 상법 제264조는 청산이 종결된 때에는 (합명회사의 경우) 총사원의 승인이 있는 날로부터 지점 소재지에서는 3주간 내에 청산 종결의 등기를 하도록 되어 있으나, 실무적으로는 본점이 승인한 청산보고서가 국내에 도달한 날로부터(밑줄 친 부분은 저자 강조) 3주간 내에 행해지고 있는바, 이는 외국회사의 국내 영업소를 국내회사의 지점으로 보고, 등기 사항이 외국에서 발생한 것인 때에는 등기 기간이 그 통지가 도달한 날로부터 기산한다는 상법 제615조(영업소 신설 등기의 경우에 관한 규정)를 준용하여 그렇게 처리하고 있는 것으로 이해된다.

36) 외은지점의 경우 은행업의 인가가 취소된다는 것은 외은지점 설립의 인가가 취소되는 것을 의미하는 것으로 보아야 할 것이다.

의 양도로 인하여 소멸하거나 휴업 또는 영업을 중지하여 이에 따라 금융위의 의결에 의하여 당해 외은지점의 설립 인가가 취소된 경우(은행법 제60조 제1항), 또는 (iii) 당해 외은지점의 본점이 해산 또는 파산하였거나 또는 은행업을 폐지하거나 은행업의 인가가 취소되어 당해 외은지점의 설립 인가가 취소된 것으로 간주되는 경우(은행법 제60조 제2항)에는 당해 외은지점은 당연히 폐쇄되며, 국내에 있는 재산의 전부에 대하여 반드시 청산하여야 한다(은행법 제61조 제1항). 법원은 이 경우에 이해관계인 또는 금융위의 청구에 의하거나 직권으로 청산인을 선임하거나 해임할 수 있다(은행법 제61조 제2항). 또한 이 경우에는 상법 제535조 내지 제537조 및 제542조의 규정 등 주식회사의 청산 절차에 관한 일부 규정이 준용된다(은행법 제61조 제3항).

위의 사유로 외은지점이 폐쇄되는 경우에 청산 의무를 부여하는 이유는 외은지점의 설립 인가가 취소되는 경우에 외은지점의 재산이 국외로 유출될 염려가 있어 지점 폐쇄와 동시에 청산 의무를 부여하여 예금자 등 국내 채권자의 이익을 보호하려는 것으로 이해된다.[37]

한편 은행법은 이 경우에 외은지점의 폐쇄일을 언제로 보아야 하는지에 대하여 명확히 규정하고 있지 않아 문제가 있을 수 있는데, (i) 외은지점의 은행업 인가가 취소되는 경우나 외은지점의 설립 인가가 취소되는 경우에는 금융위의 인가 취소 의결의 효력이 발생하는 날,[38] (ii) 외은지점의 설립 인가가 취소되는 것으로 간주되는 경우에는 그 사유가 발생한 날로 보는 것이 타당하다고 생각된다.

또한 외국은행이 국내에 2 이상의 지점을 갖고 있는 경우에 일부 지점에 위의 인가 취소 사유가 발생하여[39] 해당 지점이 폐쇄되는 경우에도 그 지점에 대하여 청산 절차를 반드시 거쳐야 하는지에 대하여 의문이 있을 수 있다. 그러나 일부 지점이 폐쇄되더라도 여전히 국내에 다른 지점이 있고, 그 존속 지점이 폐쇄되는 지점의 자산 및 부채를 승계하므로 국내 채권자 보호에는 문제가 없을 것이다. 따라서 폐쇄되는 지점에 대해서는 청산 절차가 필요 없

37) 한국은행 은행감독원, 「은행법해설」, 1993, 249면.

38) 아래 Ⅲ. 2.에서 논의하는 것처럼, 금융위의 인가 취소 의결의 효력이 언제부터 발생하는지에 대하여 논란이 있을 수 있다.

39) 이 경우는 위의 사유 중 첫 번째 사유에 해당하는 경우에 주로 일어날 수 있는 경우일 것이다.

다고 보는 것이 합리적이라고 본다.[40)]

3. 외은지점의 자산 국내 보유 의무 및 외은지점 청산시의 채무 우선 변제

(1) 자산의 국내 보유 의무

은행법상 외은지점은 영업기금에 상당하는 자산을 국내에 보유하여야 한다(은행법 제62조 제1항, 법 시행령 제25조). 따라서 외은지점이 폐쇄하고자 하는 경우에는 해당 지점은 영업기금에 상당하는 자산을 국내에 보유한 상태에서 외은지점의 폐쇄가 이루어져야 하며, 손실이 발생하여 영업기금 상당액에 미달될 때에는 그 부족분을 보전한 후에야만이 지점 폐쇄를 할 수 있게 된다.[41)] 이는 예금자 등 국내채권자 및 기타 다른 거래관계자를 보호하기 위한 것이며,[42)] 외은지점 폐쇄 심사 기준의 하나인 국내 예금자 등 채권자 보호에 지장을 줄 염려가 있는지 여부에 대하여 감독당국이 판단하는 경우에 그 잣대가 될 수 있는 것이다.

(2) 청산시의 채무 우선 변제

외은지점이 청산되는 때에는 그 자산 · 자본금 · 적립금 기타 잉여금은 대한민국 국민과 국내에 주소 또는 거소가 있는 외국인에 대한 채무 변제에 우선 충당되어야 한다(은행법 제62조 제2항). 이는 국내 채권자를 우선적으로 보호하기 위한 규정이다. 즉 외국은행의 청산시에는 그 영향이 일반 기업에 비하여 크고 또한 우리 나라 신용질서에 미치는 영향도 매우 크기 때문에 외국은행의 국내 지점이 국내에 보유하고 있는 자산만큼은 적어도 해외 채권자에 우선하여 대한민국 국민과 국내에 주소 또는 거소가 있는 외국인의 채권 변제에 우선

40) 같은 견해로는 위의 책, 249면. 그러나 그 이유는 다음과 같이 설명하고 있다. 즉 (i) 은행법상 외국은행이 국내에 2 이상의 지점을 두는 경우 당해 지점 전부를 하나의 (은행법상의) 은행으로 간주하고 있는 점 및 (ii) 은행법 제61조 제1항이 "… 대한민국에 있는 재산의 전부"(저자 강조)에 대하여 청산하도록 하고 있는 점을 들고 있다.

41) 은행업감독규정은 이에 관하여 상세한 규정을 두고 있는데, 외은지점은 국내에 보유하는 자산이 영업기금상당액에 미달하는 때에는 그 사유 발생일로부터 90일 이내에 이를 보전하여야 하며(제11조 제1항), 이 보전은 국외 보유 자산의 국내로의 회수 또는 본점으로부터의 자금 공급에 의하여야 한다(제11조 제4항).

42) 한국은행 은행감독원, 앞의 책, 251면.

충당되도록 하기 위한 것이다.[43]

Ⅲ. 외은지점 폐쇄 규제의 개선 방안

아래에서는 외은지점 폐쇄에 관한 규제와 관련하여 법적으로 문제되는 점에 대하여 분석을 하고 그 개선 방안을 제시하고자 한다.

1. 예비인가 절차의 생략과 관련한 문제점

실무적으로는 외은지점 폐쇄 인가시에 감독당국은 예비인가 절차를 생략하고 인가 절차만 취하고 있다. 즉 감독당국은 내부 규정에 의하여 외은지점 폐쇄시에는 예비인가 절차를 생략하고 인가로만 처리할 수 있도록 운영하고 있다. 그러나 이는 현행 규정 하에서는 다소 문제가 있는 처리 방식으로 판단된다. 그 이유는 은행업인가지침은 예비인가 절차를 생략할 수 있는 사유의 하나로서 "예비인가 신청시 인가 요건을 갖추었다고 판단되는 경우"를 규정하고 있는데(지침 제2장 제11호 가목)(밑줄 친 부분은 저자 강조),[44] 이 규정을 엄격하게 해석하면, 외국은행이 국내 지점을 폐쇄하고자 하는 경우 관련 서류를 첨부하여 예비인가 신청을 하고, 감독당국은 예비인가 신청 서류를 다 접수한 후 신청 서류를 검토하고 나서 인가 요건을 갖추었다고 판단하는 경우에 예비인가 절차를 생략하는 것이 원칙일 것이다. 그러나 감독당국은 그러한 절차를 거치지 않고 미리 내부 규정에 의하여 예비인가 절차를 생략하고 바로 인가 절차로 처리할 수 있도록 하고 있기 때문에 문제가 있는 것이다. 또한 설령 형식상으로 예비인가 신청 서류를 먼저 접수하고 나서 그 인가 요건을 갖추었다고 판단하여 예비인가 절차를 생략하는 업무 처리를 한다고 볼지라도[45] 여전히 문제가 있는 바, 그 이유는 현행 규정상 지점 폐쇄 인가 요건 중의 하나로서 "국내 예금자 등 채권자 보호에 지장을 초래하지 아니할 것"을 그 요건의 하나로 규정하고

43) 위의 책, 252면.

44) 금융감독 당국은 이 근거 규정에 의거하여 예비인가 절차를 생략하고 있는 것으로 이해된다.

45) 실무상 예비인가 신청 서류도 다 접수하고 있기 때문이다.

있는데(지침 제3장 제17호 라목 1)), 예비인가 신청시 이에 관한 서류를 제출하도록 요구하고 있지 않은 현행 규정[46] 아래에서 어떻게 인가 요건인 국내 예금자 등 채권자 보호에 지장을 줄 염려가 없는지에 대하여 판단할 수 있을지 의문이다.

따라서 이와 같은 문제점을 해결하고, 또한 외은지점 폐쇄의 경우에는 굳이 예비인가 및 인가 절차로 나눌 실익이 없음을 감안했을 때, 은행업인가지침에 명시적으로 "외은지점 폐쇄시에는 예비인가 절차를 생략할 수 있다"라는 규정을 명시적으로 두는 것[47]이 바람직하다고 본다.

2. 인가 효력 발생일과 관련한 문제점

은행업인가지침은 "신청인은 인가일로부터 6월 이내에 인가 대상 행위를 실행하여야 한다"라고 규정하고 있다(지침 제2장 제10호 라목)(밑줄 친 부분은 저자 강조). 이는 인가의 효력이 '인가일'로부터 발생한다고 해석이 된다. 인가 효력 발생일이 중요한 이유는 예를 들어, 인가 효력 발생일 전에 외은지점을 폐쇄하였을 때는 은행법 위반이 되는 문제가 생겨 처벌의 대상이 될 수 있고(법 제68조 제1항 제15호), 인가일로부터 6월 이내에 인가 대상 행위(즉 지점 폐쇄)를 실행하지 않았을 때는 인가가 취소되는 문제가 발생하기 때문이다(지침 제2장 제10호 라목). 지금까지 이러한 사례는 없지만 현실적으로 이러한 문제가 발생할 수도 있다.

이 경우에 구체적으로 인가의 효력이 언제부터 발생하는지가 논란이 될 수 있다. 즉 '인가일'이 언제인지에 대하여 문제가 될 수 있다. 이와 관련하여서는 견해가 나누어질 수 있는데, (i) 금융위의 인가 의결일(실무상으로는 금융위 위원장의 결재일)[48]로 보아야 한다는 견해, (ii) 금융위가 인가 사실을 신청인에게 통보하는 날(즉 금융위가 내부 공식 문서 송달 규정에 의거하여 인가 문서를 발송하는 날)로 보아야 한다는 견해, (iii) 신청인이 동 인가 사실을 금융위로부터 통보받은 날(즉 금융위의 인가 문서가 신청인에게 도달한 날)로 보아야 한다는 견해가 있을 수 있다.[49] 실무상으로 감독당국은 금융위의 의결일(즉 금융위 위원장의 결재일)을 인가일로

46) 은행업인가지침 〈별표 2〉 예비인가 및 인가 신청서류 중 외국은행 지점 폐쇄 부분.

47) 예비인가 절차를 생략하더라도 현재의 예비인가 신청 서류 중 인가 심사에 필요한 것은 인가 신청 서류에 추가할 필요가 있을 것이다.

48) 감독당국의 내부 위임 규정에 의하여 외은지점 폐쇄 인가권이 금융위 위원장에게 위임되어 있다.

49) 은행법, 동법 시행령 및 은행업인가지침상 인가를 했을 때 동 인가 사실을 공고하

보고, 금융위의 인가 문서에 금융위의 의결일(즉 금융위 위원장의 결재일)을 인가일자로 명시하여 신청인에게 통지하고 있다.

생각하건대, 법의 일반 원리적 규정으로 볼 수 있는 민법상의 도달주의(민법 제111조) 및 일반적인 행정행위의 효력 발생 요건을 상대방에게 통지하여 도달되는 시점으로 보고 있는 점[50] 등을 감안할 때, 신청인이 외은지점 폐쇄 인가 사실을 금융위로부터 통지받은 날을 인가 효력 발생일로 보는 것이 타당하다고 생각한다. 따라서 현행 은행업인가지침상의 '인가일로부터'를 '신청인이 인가 사실을 통보받은 날로부터'로 변경하는 것이 바람직하다고 본다.

3. 외은지점이 스스로 영업을 폐쇄한 경우에 청산 절차를 거치지 않아도 되는지 여부에 관한 문제점

상법 제620조 제3항이 준용하고 있는 상법 제620조 제1항은 외국회사 국내 영업소가 스스로 영업을 폐쇄한 경우에 "… 법원은 이해관계인의 신청에 의하여 또는 직권으로 … 청산의 개시를 명할 수 있다"라고 규정하고 있다(밑줄 친 부분은 저자 강조). 즉 이는 청산 개시 여부에 대하여 법원이 재량권을 갖고 있는 것으로 해석될 수 있다. 실제로 이에 근거하여 대법원 등기 선례는 청산 절차를 거치지 아니하고 국내 영업소 폐쇄 등기를 할 수 있다고 보고 있다. 즉 대법원 등기 선례에 의하면, "대한민국에 영업소를 설치한 외국회사가 스스로 영업소를 폐쇄한 경우, 법원이 이해관계인의 신청에 의하여 또는 직권으로 대한민국에 있는 그 회사 재산의 전부에 대한 청산의 개시를 명하고 청산인

게 하는 규정이 없다. 외은지점의 폐쇄 인가 사실은 다른 이해관계자에게도 중요할 수 있기 때문에 다른 법률의 예처럼(신탁업법 제3조의2, 금융지주회사법 제6조), 인가 사실을 관보에 공고하고 컴퓨터통신 등을 이용하여 일반인에게 알리도록 규정할 필요가 있을 것이다. 하여튼 현행 규정 하에서는 공고일이 인가 효력 발생일이 될 수 있다는 견해는 성립하지 않을 것이다. 신탁업의 인가 효력 발생일과 관련하여 논의되는 견해에 대해서는 금융감독원, 「신탁업법해설」, 2002, 46면 참조.

50) 박윤흔, 「행정법강의(상)」(박영사, 2002), 410면. 이와 관련하여 행정절차법도 "송달은 다른 법령 등에 특별한 규정이 있는 경우를 제외하고는 송달받을 자에게 도달됨으로써 그 효력이 발생한다"라고 규정하고 있고(행정절차법 제15조 제1항), 사무관리규정도 "문서는 수신자에게 도달됨으로써 그 효력을 발생한다"라고 규정하고 있다(사무관리규정 제8조 제2항).

을 선임한 경우가 아닌 한, 청산 절차를 거치지 않고도 영업소 폐지의 등기를 신청할 수 있다"라고 하고 있다(외국회사 영업소의 폐지 등기에 관한 절차, 2000. 9. 27. 등기 3402-680 질의 회답).[51)]

물론 실무상으로는 외은지점이 자발적으로 폐쇄할 때 청산 절차를 거치고 있으나, 상법 제620조에 따르면 해석상 청산 절차를 거치지 않을 수도 있다. 그러나 앞에서 논의한 것처럼 국내 영업소가 폐쇄되는 경우에 국내에 있는 재산이 국외로 유출될 염려가 있고 따라서 국내 채권자를 보호할 필요성이 있기 때문에 청산 절차의 강제성이 필요하다. 특히 외은지점의 경우에는 영업 성격상 거래하는 채권자 등이 많고 금융기관이라는 공공성의 특성 때문에 청산 절차의 강제성은 더 필요하다고 본다.

현행 은행법 제57조 제1항도 외은지점의 자발적인 폐쇄의 경우 금융감독원장 또는 그 소속 직원 1명이 청산인으로 선임되어야 한다고 규정함으로써 간접적으로 외은지점의 경우 반드시 청산 절차를 거쳐야 함을 나타내고 있다. 또한 은행업인가지침도 외은지점 폐쇄 인가 신청시 제출하는 서류로서 청산 절차에 관한 일정을 신청 서류의 하나로서 규정하고 있는데, 이 또한 외은지점 폐쇄시에는 청산 절차를 거치는 것을 전제로 해서 만들어진 규정이라고 보아야 할 것이다.

다만 청산인 선임을 강제하는 은행법 제57조 제1항의 규정만으로 자발적인 외은지점의 폐쇄시에 반드시 청산 절차를 거쳐야 한다고 해석하기에는 다소 논란이 있을 수 있기 때문에 보다 확실하게 하기 위해서는 은행법에 명시적으로 자발적인 외은지점의 폐쇄의 경우에는 반드시 청산 절차를 개시하도록 하는 상법 제620조에 대한 특칙 규정을 두는 것이 바람직하다고 본다.[52)]

---

51) 이와 관련하여, 전계원 감수/권오복 편저, 앞의 책, 1212면에서는 그 이유를 다음과 같이 설명하고 있다. 즉 "그 취지는 외국회사의 국내 재산 전부에 대하여 법원이 관여하는 청산 절차는 회사 채권자 등 이해관계인의 신청 또는 법원의 직권에 의하여 개시되는 것이고, 또한 신청이 있는 경우라도 법원은 무조건 청산인을 선임하여야 하는 것은 아니고 재량으로 선임 여부를 결정할 수 있으며(상법 제620조 제1항), 그 외에 상법 제620조의 준용 규정에서 상법 제531조 등 청산인 선임에 관한 규정을 준용하지 아니하고 외국회사의 국내 영업소가 폐쇄되는 모든 경우에 법원이 관여하는 청산 절차가 개시되는 것은 아니라는 이유로 보인다"라고 하고 있다.

52) 이와 관련하여 위의 책, 1212면은 "입법론으로는 국내 채권자 보호를 위하여 외국회사가 스스로 영업소를 폐쇄하는 경우에는 청산인을 선임하여 채권자 보호 절차를 거친 후에 영업소 폐쇄를 하도록 하여야 함이 상당하다고 생각한다"라고 주장하고 있다.

한편 앞에서 본 것처럼, 은행법 제61조 제1항은 외은지점의 설립 인가가 취소되거나 취소되는 것으로 간주되어 그 해당 지점이 폐쇄되는 경우에 반드시 청산 절차를 거치도록 하는 의무 규정을 두고 있다.

4. 영업소 폐지 등기의 근거 규정 불비(不備)와 관련한 문제점

현행 관련 규정상 외국회사가 스스로 국내 영업소를 폐쇄한 경우에 해야 하는 영업소 폐쇄 등기에 관한 명확한 근거 규정이 없는 것으로 보인다.[53] 외국회사의 영업소 설치 등기에 관한 근거 조항은 상법 제614조 및 상업등기법 제112조에서 규정하고 있으나, 그 영업소 폐지 등기에 대해서는 언급이 없다. 물론 영업소 설치 등기를 하였기 때문에 영업소를 폐쇄하였을 때에는 당연히 그 폐쇄 등기를 하여야 한다는 점은 인정이 될 수 있겠으나, 보다 명확하게 하기 위하여 그 근거 규정을 두는 것이 좋을 것으로 본다.

5. 청산 대금 송금의 근거 규정 불비(不備)와 관련한 문제점

현행 외국환거래법령상 외은지점이 청산 대금을 송금하려고 하는 경우에 어느 기관에서 허가나 확인을 받고 송금해야 하는지에 대한 근거 규정이 명확하지 않은 점이 있다. 현재는 실무적으로 외국기업의 국내지사 폐쇄 시에 적용되는 규정(외국환거래규정 제7-51조 제2항)을 근거로 해서 지정거래외국환은행의 확인을 받고 본점으로 송금하고 있으나, 엄격하게 해석하면 동 규정은 외은지점에게는 적용되지 않기 때문에[54] 외은지점의 청산 대금 송금에 대한 근거 조항으

53) 위의 책, 1211면은 그 근거 조항을 비송사건절차법 제101조 제2항 및 그 준용 규정인 제93조를 들고 있으나, 동 조항은 법원이 외국회사 영업소의 폐쇄를 명령하는 경우(상법 제619조 제1항)에 관한 것이고, 외국회사가 스스로 그 국내 영업소를 폐쇄한 경우에 적용되는 근거 조항으로 보기는 어렵다고 생각한다. 한편 상업등기법 제113조는 외국회사 등기와 관련하여 "외국에서 생긴 등기 사항의 변경"의 경우 그 변경 등기를 하도록 규정하고 있는데, 동 조항이 규정하고 있는 "외국에서 생긴 등기 사항의 변경"이 외국회사 국내 영업소의 폐쇄도 포함하는 것으로 볼 수 있는지에 대해서는 의문이 든다.

54) 외국환거래규정 제7-47조 제1항 단서는 외국은행 국내지점의 경우에는 외국기업 등의 국내지사 설치에 관한 규정(제7-47조 내지 제7-51조)은 적용되지 않는다고 규

로 보기는 어렵다고 생각된다.[55] 따라서 이에 관한 규정 정비가 있어야 할 것으로 본다.

6. 본점 합병시의 외은지점 폐쇄와 관련한 문제점

(1) 본점의 합병에 따른 소멸은행만이 국내에 지점을 두고 있는 경우

외은지점의 본점이 합병으로 소멸하는 경우에 해당 국내 지점도 자동적으로 폐쇄되느냐에 대하여 의문이 있을 수 있다. 물론 이 경우는 국내에 합병으로 인한 존속은행이나 신설은행의 지점이 존재하지 않는 경우이다. 만약 국내에 존속은행 또는 신설은행의 지점이 존재하는 경우에는 아래 2)에서 논의하는 바와 같이 처리하면 될 것이다.

외은지점의 본점이 합병으로 인하여 소멸하는 경우와 관련하여, 은행법은 이 경우에는 금융위가 당해 외은지점의 설립 인가를 취소할 수 있도록(밑줄 친 부분은 저자 강조) 규정하고 있으며(은행법 제60조 제1항 제1호), 해당 외은지점은 그 사유가 발생한 날로부터 7일 이내에 그 사실을 금융위에 보고하도록 하고 있다(은행법 제60조 제2항).[56] 이는 흡수합병에 따라 해당 은행이 타 은행에 흡수되거나 신설합병에 따라 새로운 은행이 되는 경우 해당 은행 자체가 소멸하므로 이를 해당 국내 지점의 설립 인가의 취소 사유로 규정하고 있는 것으로 이해된다.[57] 그러나 실무적으로는

정하고 있다.

55) 외국환거래규정이 2000년 12월 29일 개정(시행일은 2001년 1월 1일)되기 전에는 당시 외국환거래규정 제4-2조 제1항 제12호의 규정("당해 거주자와 비거주자 간 채권의 발생 등에 관한 거래와 관련이 없는 지급을 하고자 하는 자는 한국은행총재의 허가를 얻어야 한다")에 의거하여 한국은행 총재의 허가를 받도록 하고 있었으나, 동 조항이 외국환거래규정 개정(2000년 12월 29일)에 의하여 폐지되면서 외은지점의 청산 대금 본점 송금에 대한 한국은행총재 허가 근거 규정이 없어지게 되었고, 이에 따라 외은지점의 청산 대금 본점 송금시에 그 허가권자 내지는 확인권자에 대한 논란이 발생하게 되었다. 물론 당시 외국환거래규정 제4-2조 제1항 제12호의 조항도 정확하게 한국은행총재 허가 근거 규정이 된다고 보기에는 어려운 점이 있었으나, 실무적으로 이 규정에 근거하여 한국은행 총재의 허가를 받도록 하고 있었다.

56) 금융위 보고와 관련하여, 은행업감독업무시행세칙 제99조 제5항 제4호도 외은지점의 본점이 합병 등의 사유가 발생할 때 금융감독원장에게 보고하도록 하고 있는데, 이는 동일한 사유에 대하여 각각 금융위 및 금융감독원에 이중 보고를 하게 하는 문제점이 있다. 이에 대한 규정 정비가 있어야 할 것으로 본다.

57) 한국은행 은행감독원, 앞의 책, 246면.

해당 외국은행이 합병으로 소멸하더라도 신설은행이나 존속은행이 소멸은행의 권리 · 의무를 포괄적으로 승계(상법 제235조 참조)하므로 해당 국내 지점의 은행업 인가도 승계된다고 인정하여 기존 지점의 설립 인가 취소와 신설은행의 국내 지점에 대한 신설 인가 등의 절차를 생략하고 외은지점의 명칭 변경 보고로 처리하고 있다.[58]

그러나 본점이 합병으로 소멸하는 경우에 금융위가 해당 국내 지점의 설립 인가를 취소할 수 있다는 규정은 문제가 있다고 본다. 왜냐하면 본점이 흡수합병이나 신설합병에 의하여 소멸하더라도 존속은행이나 신설은행이 소멸은행의 권리 · 의무를 포괄적으로 승계하므로 소멸은행의 국내 지점도 당연히 신설은행이나 존속은행의 국내 지점이 되고 따라서 소멸은행의 국내 지점 설립 인가의 취소 사유로서는 합당하지 않기 때문이다. 물론 현실적으로 본점이 합병으로 소멸하는 경우에 감독당국이 그 국내 지점의 설립 인가를 취소한 사례가 아직 없어서 문제가 되지는 않았으나, 이론적으로 문제가 있고 또한 감독당국이 인가 취소의 재량권을 행사할 수도 있기 때문에 이 규정은 폐지하는 것이 바람직하다고 본다.

(2) 본점의 합병에 따른 소멸은행 및 존속은행(또는 신설은행)이 각각 국내에 지점을 두고 있는 경우

합병에 따른 소멸은행 및 존속은행(또는 신설은행)이 각각 국내 지점을 두고 있는 경우에, 본점이 합병하는 경우 그 국내 지점들도 합병하는 것으로 보아, 은행이 다른 은행과 합병하고자 하는 경우에 금융위의 인가를 얻도록 하고 있는 은행법 제55조의 규정이 적용되는지 여부에 대한 문제가 생기게 된다.[59] 외은지점에 대해서 은행법의 적용을 배제하고 있는 은행법 제59조 제1항 단서의 규정이 은행법 제55조는 언급을 하고 있지 않기 때문에, 문리적인 해석을 한다면 은행법 제55조가 외은지점에도 적용된다고 주장할 수도 있으나,[60] 단지 어떤 규정이 적용 배제 대상에서 제외되어 있기 때문에 그 규

58) 위의 책, 246면.

59) 은행법 제55조 제1항은 은행이 다른 은행과 합병하는 경우에는 금융위의 인가를 얻도록 하고 있는데, 은행법상 외은지점도 은행으로 간주되기 때문에(은행법 제59조 제1항 본문) 은행법 제55조가 외은지점에도 적용될 수 있는지가 문제가 될 수 있는 것이다.

정이 외은지점에도 적용된다고 볼 것은 아니고, 그 대상 행위의 성격 내지 성질을 파악하여 해당 조항이 외은지점에 적용하는 것이 타당한지 여부를 판단하는 것이 합리적이라고 본다. 따라서 합병이라고 하는 것은 그 성질상 본점이 합병하는 것으로 보아야 하지 지점이 합병한다고 보기는 어렵다고 보기 때문에 은행법 제55조는 외은지점에는 적용되지 않는다고 보는 것이 타당하다고 본다.

한편 위에서 논의한 것처럼, 본점이 합병으로 소멸하는 경우에 금융위가 해당 국내 지점의 설립 인가를 취소할 수 있도록 되어 있어, 이 규정에 의하여 소멸은행의 국내 지점 설립 인가가 취소될 수 있는지 여부에 대한 문제가 있을 수 있으나, 위에서 언급한 것처럼 실무적으로는 감독당국이 그 인가 취소권을 행사하고 있지 않은 것으로 보인다.

그렇다면 합병에 따른 소멸은행 및 존속은행(또는 신설은행)이 각각 국내에 1개의 지점을 두고 있는 경우에, 본점이 합병하는 경우 그 국내 지점을 어떻게 처리하는 것이 타당한 지에 대하여 살펴볼 필요가 있다. 우선 은행법상 외국은행은 국내에 2 이상의 지점을 둘 수 있으므로(은행법 제59조 제2항 참조) 본점의 합병기일에 소멸은행의 국내 지점은 존속은행 또는 신설은행의 또 다른 국내 지점이 된다고 보아(금융위가 소멸은행의 국내 지점 설립 인가를 취소하지 않는다고 보고) 처리하는 것이 타당하다고 보며, 실무적으로도 그렇게 처리하고 있다. 즉 합병 기일에 존속은행(또는 신설은행)의 두 개의 국내지점이 존속하게 되는 것이다(예를 들어 존속은행(또는 신설은행)인 ○○은행 서울지점과 ○○은행 서울중앙지점으로). 그리고 나서 금융위가 소멸은행의 국내지점 설립 인가를 취소하지 않는 한, 그 해당 은행은 두 개의 지점을 존속시켜 영업을 계속할 것인지 아니면 그

60) 은행법 제59조 제1항 단서는 은행법 제4조(법인), 제9조(최저자본금) 및 제15조(동일인의 주식보유한도 등)의 규정만 외은지점에 적용하지 않는다고 열거하고 있어, 제55조도 외은지점에 적용된다고 주장할 수도 있으나, 이 문제는 제59조 제1항 단서에 규정되어 있지 않더라도 은행법의 각 규정이 성질상 외은지점에도 적용될 수 있는지 여부를 판단하여 적용 여부를 결정하여야 할 것으로 본다. 예를 들어, 이사회 관련 사항(은행법 제22조 등)은 당연히 외은지점에는 적용될 사항이 아니지만 은행법 제59조 제1항 단서가 규정하고 있지 않아 외은지점에 적용된다고 주장할 수도 있지만, 이러한 이사회 관련 규정은 그 성격상 외은지점에 적용되지 않는다고 보는 것이 타당할 것이다. 이 외에도 은행법 제16조(한도초과주식의 의결권 제한 등) 및 제16조의2(비금융주력자의 주식보유제한 등) 등의 규정도 은행법 제59조 제1항 단서에서는 열거하고 있지 않고 있지만 성질상 당연히 외은지점에는 적용될 사항은 아닐 것이다. 은행법 제59조 제1항 단서의 규정을 재정비할 필요가 있다.

중 어느 하나의 지점을 폐쇄할지 여부에 대하여 결정하면 될 것이다. 물론 실무적으로는 대개 소멸은행의 국내 지점이 폐쇄된다. 따라서 이 경우에는 위 Ⅱ.에서 논의한 외은지점의 폐쇄 절차를 거치면 될 것이다. 다만 이 경우에는 존속은행(또는 신설은행)의 다른 지점이 국내에 존속하게 되고 그 존속 지점이 폐쇄 지점의 자산 및 부채를 승계하기 때문에 청산 절차는 밟게 될 필요가 없을 것이고, 폐쇄되는 지점의 갑기금을 존속 지점이 승계하는 경우에는 존속 지점이 갑기금 증액 사실을 금융감독 당국에 보고하면 될 것이다.[61)]

7. 인가 신청서의 내용이 허위(虛僞)인 경우의 인가 취소 여부와 관련한 문제

외은지점이 폐쇄 인가를 받은 후 지점을 폐쇄하고 나서, 인가 신청서 및 그 첨부 서류의 내용이 나중에 허위로 판명되는 경우에 인가 취소 사유가 될 수 있는지에 대하여 의문이 있을 수 있다. 은행법은 이에 관하여 명시적으로 규정하고 있지 않아 문제가 될 수 있지만, 이미 폐쇄하여 청산 절차도 다 거치고, 잔여 자산 분배도 다 마친 상태에서 지점 폐쇄 인가를 취소한다는 것은 별 실익이 없을 것으로 본다. 따라서 이러한 문제점을 막기 위해서는 감독당국이 인가 심사를 할 때 제출 서류 등을 면밀히 검토하여 허위의 신청이 없도록 주의를 기울일 수밖에 없을 것으로 본다.

61) 실무적으로는 존속 지점이 폐쇄 지점의 갑기금을 승계하는 경우에, 우선 폐쇄되는 지점이 자산 및 부채 처리 계획에 동 내용을 기재하여 감독당국의 지점 폐쇄 인가를 얻은 후에, 존속 지점이 폐쇄 지점의 갑기금을 승계한 후 지점 폐쇄 실행 보고를 할 때에 갑기금 증액 사실을 같이 보고하고 있다. 이와 관련하여 존속 지점이 폐쇄 지점의 갑기금을 승계하여 갑기금을 증액하는 것은 은행법 시행령 제26조에 규정되어 있는 갑기금 인정 사유에 해당하지 않아 인정할 수 없다는 견해가 있으나(그렇기 때문에 실무 처리는 별도의 갑기금 증액 실행 보고(은행업감독규정 제12조 제5항)를 하지 않고 지점 폐쇄 실행 보고시에 같이 하는 것으로 이해된다), 이 경우는 폐쇄 지점이 이미 갑기금을 인정받은 상태에서 존속 지점이 동 인정받은 갑기금을 승계하는 것이므로, 은행법 시행령 제26조에 규정되어 있는 갑기금 인정 사유와는 다르게 보아야 할 것이다.

Ⅳ. 결 론

외은지점의 폐쇄 절차와 관련하여 발생하는 법적인 문제점 및 개선 방안은 다음과 같이 정리할 수 있다. 첫째, 실무적으로 감독당국은 미리 내부 규정으로 정하여 지점 폐쇄 인가시 예비인가 절차를 생략하여 인가 절차만으로 인가를 할 수 있도록 운영하고 있으나, 관련 규정의 해석상 감독당국이 일단 신청인의 지점 폐쇄 예비인가 신청을 받고 나서 신청 서류를 검토한 후에 예비인가 절차를 생략할지 여부를 결정하는 것이 타당한바, 그렇지 않고 현행 내부 규정에 의한 위와 같은 감독당국의 실무 처리는 법적 근거가 미약하다. 지점 폐쇄의 경우에는 예비인가 및 인가의 두 단계를 거칠 실익이 없다고 판단되는데, 이에 대한 명시적인 규정을 은행업인가지침에 두어 문제점을 해결할 필요가 있다고 본다. 둘째, 실무상으로 '인가일'을 금융위의 인가 의결일(실무적으로 금융위위원장의 결재일)로 처리하고 있으나, 인가일을 인가 효력 발생일로 보는 것이 타당하고, 이 경우 민법의 도달주의 및 행정절차법상의 규정 등을 감안할 때 인가 효력 발생일을 '신청인이 인가 사실을 통보받은 날'로 변경하는 것이 바람직하다고 본다. 셋째, 외은지점이 스스로 영업을 폐쇄한 경우에 청산 절차를 반드시 거쳐야 하는지 여부에 대해서 현행 상법 제620조의 규정에 의하면, 법원이 청산 개시 명령에 대한 재량권을 갖고 있어서 해석상 청산 절차를 거치지 않아도 되는 것으로 볼 수도 있다. 그러나 외은지점 폐쇄의 경우에는 예금자 등 국내 채권자를 보호할 필요성이 크고, 또한 금융기관이라는 공공성의 특성에 비추어 보았을 때 반드시 청산 절차를 거치도록 하는 것이 필요하다. 이를 위해서는 상법 제620조에 대한 특칙 규정으로서 은행법에 이에 대한 명시적인 규정을 두는 것이 바람직하다고 본다. 넷째, 현행 법령상 국내 영업소 폐지 등기의 근거 규정이 불비되어 있는데, 이에 대한 보완이 요구된다. 다섯째, 외국환거래법령상 청산 대금의 본점 송금의 근거 규정도 명확하지 않은 문제점이 있는데, 이에 대한 규정 보완도 필요하다고 본다. 여섯째, 본점 합병시의 외은지점 폐쇄와 관련하여 현행 은행법 규정(제60조 제1항)은 소멸은행의 해당 국내 지점에 대해서는 감독당국에게 지점 설립 인가를 취소할 수 있는 재량권을 주고 있으나, 합병의 법적 효과로서 소멸은행의 권리 의무가 존속은행

(또는 신설은행)에 포괄적으로 승계된다는 점을 감안했을 때, 그러한 경우를 지점 설립 인가 취소 사유로 하는 것은 합리적이지 않다고 본다. 관련 규정을 개정할 필요가 있다고 본다.

제 7 장

금융 선진화의 법적 과제와 전망

제 1 절 금융허브 국가 기반 구축을 위한 은행법상의 규제 완화 방안
제 2 절 금융산업 구조 변화의 현황과 전망 및 과제

제 1 절
금융중심지 국가 기반 구축을 위한 은행법상의 규제 완화 방안*

Ⅰ. 서 론

최근 금융의 국제화 · 겸업화 · 혁신화 등으로 금융산업은 전 세계적으로 뿐만 아니라 국내적으로도 급격한 변화를 겪고 있다. 특히 우리 나라 금융산업은 1997년 말 금융위기를 겪으면서 금융 구조조정의 실시 등 많은 변화를 겪어 왔다. 지배구조의 개선과 외국계 자본의 진출 등으로 인하여 금융기관의 체질이 많이 개선되면서 금융기관의 수익성이 향상되고 효율성이 증대되는 등 금융기관의 경쟁력이 과거에 비해 전반적으로 크게 향상되었다고 평가할 수 있다.

그러나 아직도 우리 나라 금융산업은 해결해야 할 과제가 많은 것으로 판단된다. 특히 은행산업의 경우 본격적인 외국계 은행이 국내 은행산업에 진출하면서 국내 은행들이 외국계 은행과 치열한 경쟁을 벌이게 되는 등 은행산업은 또 하나의 급격한 변화의 물결 속에 있다고 볼 수 있다. 이러한 변화하는 금융환경 하에서 은행의 경쟁력 향상 등 은행산업의 선진화를 위한 여러 가지 조치가 필요하다고 본다. 또한 정부의 동북아 금융중심지 국가 육성 전략에 따라 요구되는 금융 선진화를 위한 규제 완화 등 여러 가지 점에서 개선해야 할 점도 있다고 본다.

이 절에서는 정부의 동북아 금융중심지 국가 추진 등 변화하는 금융환경 하에서 금융 선진화의 기반 구축을 위한 관련 은행법상의 규제 개선 방안을 규제 완화에 초점을 두고 모색해 보고자 한다. 이를 위해서 Ⅱ.에서는 동북아 금융중심지 추진 전략을 위하여 필요한 외국은행 국내지점 유치 활성화를 위

* 이 절의 내용은 「기업법연구」 제20권 제2호(2006. 6)에 실린 글을 다소 수정 · 보완한 것이다.

한 규제 완화 방안 및 기타 관련 규제의 법적 정비 방안에 관하여 살펴보며, Ⅲ.에서는 우리 나라 은행의 해외 시장 진출 활성화를 통한 경쟁력 향상을 위한 방안으로서 해외 지점이나 해외 현지법인 등의 신설 관련 규제의 완화 방안과 은행의 해외 투자 활성화를 위한 은행 자회사 규정의 개선 방안에 대하여 고찰해 본다.

Ⅱ. 외국은행 국내 지점 규제의 개선 방안

이하에서는 동북아 금융중심지 추진과 관련하여 외국은행 국내 지점 유치 활성화를 위한 방안으로서 추가 외국은행 국내 지점(이하 "외은지점"이라 한다) 신설시의 현행 인가제에서 신고제로의 변경 및 외국은행의 국내 사무소 신설시의 현행 인가제에서 신고제로의 변경 방안에 대하여 고찰하면서 관련 외은지점 규제에 관한 법적 개선 방안에 대하여 살펴보기로 한다.

1. 추가 외은지점 신설시의 신고제로의 변경

(1) 현행 규제

은행법은 외국은행이 국내에 복수 지점을 두는 것을 허용하고 있다. 즉, 은행법 제59조 제2항은 "하나의 외국[은행]이 대한민국내에 2 이상의 지점 또는 대리점을 두는 경우 당해 지점 또는 대리점 전부를 하나의 [은행]으로 본다"라고 규정하고 있기 때문에 외국은행은 둘 이상의 복수 지점을 국내에 둘 수 있다.

그런데 외국은행이 국내에 추가로 지점을 설립하는 경우에도 금융위원회(이하 "금융위"라 한다)의 인가를 별도로 얻어야 하는지가 문제된다. 관련 조항인 은행법 제58조 제1항은 "외국[은행]이 대한민국 내에서 은행업을 영위하기 위하여 지점 · 대리점…[을] 신설하[고자]…하는 때에는 대통령령이 정하는 바에 따라 금융위원회의 인가를 받아야 한다"라고만 규정하고 있어(즉 추가 외은지점을 신설하는 경우에 별도의 금융위 인가를 받아야 하는지에 대한 명시적인 규정이 없어), 해석상 문제가 될 수 있는 것이다. 다시 말해서 1998년 개정 전 은행법 제37조의2는 "외국[은행]이 대한민국 내에서 은행업을 영위하기 위하여 지점 또는 대리점을 신설하고자 할 때에는 지점 또는 대리점마다 … 인가를 받아야 한다"라고 규정하고 있어(밑줄 친 부분은 저자 강조), 추가 외은지점 설립 시에도 인가 대상임을 명시적으로 밝히고 있었으나, 개정 은행법은 그러한 '지점마다'라는 표현이 빠져 있어 추가 외은지점 설립시 인가를 별도로 받아야 하는지에 대하여 의문이 생길 수 있는 것이다.

그런데 은행법 제59조 제2항이 국내에 복수 지점을 두는 것을 허용하고 있고, 추가 외은지점을 신설한다는 것은 외국은행이 국내에서 은행업을 영위하기 위한 것이기 때문에 은행법 제58조 제1항의 해석상 금융위의 인가를 별도로 얻어야 한다고 보는 것이 타당할 것이다.[1] 감독당국도 그렇게 보고 있고, 금융위가 제정한 「은행업인가지침」에서도 추가 외은지점 설립시의 인가 조건 및 제출 서류 등에 대하여 별도로 규정하고 있다(동 지침 제3장 제17호 나목).

(2) 개선 방안

외국은행이 국내에 최초 지점을 신설하기 위해서는 본점의 재무상태 및 경영상태의 양호성 및 국제적 신인도, 그리고 국내 외은지점 운영에 필요한 업무 능력의 보유 여부 등을 심사하여 인가하기 때문에[2] 외국은행이 국내에서 영업을 할 수 있는 능력을 갖추고 있는지 여부에 대하여 비교적 철저히 심사를 하고 있다고 볼 수 있다. 그러면 굳이 추가로 지점을 신설할 때도 현행처럼 인가 제도를 유지할 필요가 있는지 의문이다.[3] 특히 정부의 동북아 금

1) 같은 견해로는 정찬형/도제문, 「은행법」 제2판, 서울: 박영사, 2005, 379면 참조.

2) 최초 지점 신설시의 인가 기준으로 (i) 우선 외국은행 본점에 관한 사항으로서 1) 본국 감독당국의 적법한 설립 동의가 있을 것, 2) 본국에서 은행업 영위 인가를 받고, 그 감독당국으로부터 체계적인 감독을 받고 있을 것, 3) 재무상태 및 경영상태가 양호하며 국제적인 신인도가 인정될 것, 4) 외은지점의 운영에 필요한 업무 능력을 보유하고, 모든 국내외 영업점을 체계적으로 관리하고 있을 것이고, (ii) 설립되는 외은지점에 관한 사항으로서는 1) 외은지점의 운영에 필요한 영업기금, 조직 및 인력을 갖출 것, 2) 업무 범위 및 규모에 부합하는 영업시설 및 전산체계를 갖출 것, 3) 위험관리, 내부통제 및 필요 여신심사체계를 갖출 것, 4) 외은지점의 영업계획의 타당성이 인정될 것, 5) 외은지점, 본점 및 관계회사의 영업활동과 관련하여 감독상 필요한 정보를 충분히 제공할 수 있을 것이며, (iii) 외은지점 대표자에 관한 사항으로서는 외은지점 대표자(즉, 지점장)는 경영에 관한 충분한 지식과 경험, 성실성 등 경영 능력을 구비하고 법규 준수 면에서 하자가 없을 것을 그 심사 기준으로 정하고 있다 (은행업인가지침 제3장 제17호 가목).

3) 추가 외은지점 신설시의 인가 요건으로 (i) 우선 외국은행 본점에 관한 사항으로

융중심지 국가 육성 정책에 비추어 보아 외국은행을 국내에 유치하는 일이 시급하다는 점을 감안했을 때 이러한 현행 추가 지점 신설시의 인가 제도를 재고할 필요가 있다고 본다.

따라서 규제 완화 차원에서 추가 지점 신설시에는 인가제에서 신고제로 변경할 필요가 있다고 본다. 다만 일정한 요건을 갖춘 외국은행만이 추가 지점 신설 신고를 할 수 있도록 신고 요건을 규정할 필요는 있을 것이다. 예를 들어, 추가 지점 신설에 대하여 본점 감독당국의 설립 동의를 얻을 것, 본점의 재무상태 및 경영상태가 일정한 요건을 충족할 것, 추가 지점의 영업활동에 필요한 영업기금, 조직 및 내부통제제도가 일정한 요건 이상일 것 등의 요건을 고려할 수 있을 것이다.

2. 외국은행 국내 사무소 신설시의 신고제로의 변경

(1) 현행 규제

하위 감독규정인 「은행업인가지침」은 외국은행이 국내에 사무소를 국내에 설립하고자 하는 경우에 금융위의 인가를 받도록 규정하고 있다(제1장 제2호 및 제3장 제17호 다목).[4] 금융위가 제정한 「은행업감독규정」은 '사무소'를 "[은행]이 은행업에 관한 정보의 수집 및 제공, 금융경제 동향 조사, 본·지점 또는 고객과의 업무연락 등의 사무를 수행하기 위하여 직원을 상주시키고 있는 영업소 이외의

서는 1) 본국 감독당국의 적법한 설립 동의가 있을 것, 2) 재무상태 및 경영상태가 양호하며 국제적인 신인도가 인정될 것이고, (ii) 외은지점에 관한 사항으로서는 1) 국내에 이미 설치된 당해 외은지점의 경영상태 및 관계법규 준수 상태가 양호할 것, 2) 추가 외은지점의 운영에 필요한 영업기금, 조직, 업무 운영체계 및 내부통제제도를 갖출 것, 3) 추가 외은지점의 영업계획의 타당성이 인정될 것이며, (iii) 외은지점의 대표자에 관한 사항으로서는 추가 외은지점 대표자는 경영에 관한 충분한 지식과 경험, 성실성 등 경영능력을 구비하고 법규 준수 면에서 하자가 없을 것을 그 요건으로 하고 있다(은행업인가지침 제3장 제17호 나목). 이상에서 보는 것처럼, 추가 외은지점 설립시의 인가 요건이 최초 외은지점 신설시의 인가 요건보다 완화되어 있음을 알 수 있다.

4) 외국은행의 국내 사무소 설립 인가 요건은 1) 본국 감독당국의 적법한 설립동의가 있을 것, 2) 본국에서 은행업 영위를 인가받고, 감독당국으로부터 체계적인 감독을 받고 있을 것, 3) 외국은행의 전반적인 경영상태가 양호하며 국제적인 신인도가 인정될 것이다(은행업인가지침 제3장 제17호 다목).

시설"이라고 정의하고 있으므로(동 규정 제4조), 은행업인가지침상의 '사무소'는 영리 목적의 영업 활동을 하지 않는 곳을 의미하는 것으로 보아야 할 것이다. 따라서 은행업인가지침상 외국은행이 국내에 은행업을 영위하지 않는 사무소를 설립하고자 하는 경우에는 금융위의 인가를 받아야 한다. 이러한 외국은행 국내 사무소는 외국은행이 국내에서 본격적인 영업 활동을 하기 전에 국내의 시장 동향 등을 파악하기 위하여 설치하는 경우가 많다.

(2) 개선 방안

그런데, 상위 규정인 은행법의 문구상은 외국은행이 국내에 은행업을 영위하지 않는 사무소를 설립하는 경우에 과연 금융위의 인가를 받아야 하는지 여부가 명확하지 않다는 문제가 있다. 그 이유는 관련 조문인 은행법 제58조 제1항이 "외국[은행]이 대한민국 내에 은행업을 영위하기 위하여 지점·대리점 또는 사무소를 신설하[고자] 하는 때에는…금융위원회의 인가를 받아야 한다"라고 규정하고 있어(밑줄 친 부분은 저자 강조), 이 문구의 해석에 의하면 은행업을 영위하기 위한 사무소를 신설하는 경우에만 금융위 인가 대상이고, 은행업을 영위하지 않는 사무소를 신설하는 경우에는 금융위 인가 대상이 아니라고 볼 수 있기 때문이다. 이렇게 본다면 외국은행이 국내에서 은행업을 영위하지 않는 사무소를 설립하고자 하는 경우에, 은행법상의 근거 규정 없이 하위 규정인 은행업인가지침에 근거하여 금융위 인가를 받도록 하는 것은 문제가 있다고 볼 수 있다. 물론 은행법 제58조 제1항에서 "은행업을 영위하기 위하여"라는 문구가 "지점·대리점"에만 연결되고 "사무소"에는 연결되지 않는다고 읽는다면 위와 같은 해석이 되지 않는다고 볼 수도 있다. 그런데 하위 규정인 은행업인가지침에서 외국은행이 은행업을 영위하지 않는 사무소를 국내에 신설하는 경우에 금융위의 인가를 얻도록 규정하고 있는 것과 은행법 제58조 제3항에서 "사무소를 폐쇄"하고자 하는 때에 미리 금융위에 신고하도록 하는 규정[5]으로 보아서는 입법자의 의도가 영업 활동을 하지 않는 국내 사무소

---

5) 은행업감독규정 제5조 제4항은 은행법 제58조 제3항의 근거 규정에 의하여 사무소 폐쇄에 관한 내용을 규정하고 있는데, 은행업감독규정상 '사무소'라 함은 은행업을 영위하지 않는 시설을 의미하므로 은행업감독규정상은 은행업을 영위하지 않는 사무소를 폐쇄하는 규정으로 보아야 할 것이다.

신설은 금융위의 인가 대상이라는 것으로 이해된다. 그렇다면 은행법 제58조 제1항의 문구는 잘못된 것이라고 보아야 한다. 어쨌든 이러한 은행법상의 근거 규정의 불명확성에도 불구하고 실무상은 은행업인가지침에 따라 외국은행이 국내에 은행업을 영위하지 않는 사무소를 설립하는 경우에는 금융위의 인가를 받도록 하고 있다. 따라서 은행법 제58조 제1항의 문구 수정이 필요하다고 본다. 즉 사무소 신설 부분은 별도의 문장으로 규정하는 것이 보다 바람직할 것이다.

두 번째 개선 방안은 국내에서 은행업의 영업 활동을 영위하지 않는 사무소를 신설하는 경우에 현행 인가 제도를 신고 제도로 변경하는 것이다. 외국은행의 국내 사무소는 국내에서 영업 활동을 하지 않기 때문에 일반 고객이나 시장에 미치는 영향이 영업 활동을 하는 지점이나 대리점에 비해 크지는 않을 것이다. 따라서 현행처럼 감독당국의 인가 제도를 유지할 필요가 있는지 의문이다. 특히 정부의 동북아 금융중심지 국가 육성 전략에 비추어 보아도 외국은행의 국내 활동에 대한 규제 완화는 필요할 것이다. 따라서 외국은행이 국내에 은행업을 영위하지 않는 사무소를 설립하는 경우에는 신고제로 하여도 큰 문제가 없다고 본다. 다만 일정한 요건을 갖춘 외국은행만이 국내 사무소를 설립할 수 있도록 신고 요건을 규정할 필요는 있을 것이다. 예를 들어, 현행 인가 요건 중에서 외국은행 본국 감독당국의 적법한 설립 동의를 받을 것, 본국에서 은행업 영위를 인가받고, 감독당국으로부터 체계적인 감독을 받고 있을 것 등의 요건을 고려할 수 있을 것이다.

3. 본점 합병시의 해당 외은지점의 설립 인가 취소 사유의 개선

(1) 현행 규제

현행 은행법은 외은지점의 본점이 합병으로 인하여 소멸하는 경우에는 금융위가 당해 외은지점의 설립 인가를 취소할 수 있도록 규정하고 있다(법 제60조 제1항 제1호). 외은지점의 본점이 합병으로 인하여 소멸하는 경우 해당 외은지점은 그 사유가 발생한 날로부터 7일 이내에 그 사실을 금융위에 보고하여야 한다(법 제60조 제2항). 이는 흡수합병에 따라 해당 은행이 타 은행에 흡수되거나 신설합병에 따라 새로운 은행이 되는 경우 해당 은행 자체가 소멸하게 되므로 이를 해당 외은지점의 설립 인가의 취소 사유로 규정하고 있는 것이다.[6] 그러나 실무적으로는 해당 외국은행이 합병으로 소멸하더라도 신설은행이나 존속은행이 소멸은행의 권리 · 의무를 포괄적으로 승계(상법 제235조 참조)하므로 해당 국내 지점의 은행업 인가도 승계된다고 인정하여 기존 지점의 설립 인가 취소와 신설은행의 국내 지점에 대한 신설 인가 등의 절차를 생략하고 외은지점의 명칭 변경 보고로 이를 처리하고 있다.[7]

(2) 개선 방안

그런데 외은지점의 본점이 합병으로 소멸하는 경우에 금융위가 해당 국내 지점의 설립 인가를 취소할 수 있다는 규정은 다소 문제가 있다고 본다. 왜냐하면 본점이 흡수합병이나 신설합병에 의하여 소멸되더라도 존속은행이나 신설은행이 소멸은행의 권리 · 의무를 포괄적으로 승계하게 되어 소멸은행의 국내 지점도 당연히 신설은행이나 존속은행의 국내 지점이 되므로 감독당국이 재량권을 갖는 취소 사유로는 합당하지 않기 때문이다.[8] 물론 현실적으로 본점이 합병으로 소멸하는 경우에 감독당국이 그 국내 지점의 설립 인가를 취소한 사례가 아직 없어서 문제가 되지는 않았지만, 앞으로 이러한 문제가 발생할 수도 있고, 또한 감독당국이 인가 취소의 재량권을 행사할 수도 있기 때문에 이를 시정할 필요가 있다.[9]

따라서, 이러한 문제점을 시정하기 위해서 고려해 볼 수 있는 방안으로는 첫째, 외은지점의 본점이 합병으로 인하여 소멸하는 경우에 금융위가 해당 외은지점의 설립 인가를 취소할 수 있다는 규정을 폐지하여 감독당국의

---

6) 한국은행 은행감독원, 「은행법 해설」, 서울: 한국은행 은행감독원, 1993, 246면.

7) 위의 책, 246면.

8) 고동원, "외국은행 국내지점의 폐쇄에 대한 규제 및 법적 문제점," 「인권과정의」 제341호(2005. 1), 서울: 대한변호사협회, 116면. 은행법 제60조 제1항 제1호가 규정하고 있는 영업양도의 경우에는 합병의 경우와는 달리 생각해야 할 것으로 본다. 즉 영업양도의 경우에는 합병과 달리 권리 · 의무의 포괄적 승계가 일어나지 않으며, 공법적 권리관계(즉 은행업 인가)도 반드시 이전하는 것이 아니므로(이철송, 「상법총칙」 제4 전정판, 서울: 박영사, 2003; 대법원 2002. 4. 26. 선고 2000다9482, 9499 판결 참조) 합병의 경우와 같이 논할 수 있는 것은 아니라고 본다.

9) 고동원, 위의 논문, 116면.

재량권을 없애는 방안과 둘째, 합병으로 인한 존속은행이나 신설은행이 은행법상의 외국은행 국내 지점 설치 요건을 충족하지 못하는 경우에 한정해서 국내에 설립되어 있던 소멸은행의 국내 지점 설립 인가를 취소할 수 있도록 하는 방안을 생각해볼 수 있다. 생각하건대, 합병 후 존속은행이나 신설은행이 국내 지점 설립 인가 요건을 충족하지 못할 가능성도 있으므로 전자의 방안보다는 후자의 방안이 더 바람직하다고 본다.

4. 외은지점 폐쇄시 금융감독원 소속 직원의 청산인 선임 근거 규정의 신설

(1) 현행 규제

은행법상 은행이 해산 또는 파산하는 경우에는 금융감독원장 또는 그 소속 직원 1명이 청산인 또는 파산관재인으로 선임되도록 되어 있다(법 제57조 제1항). 이는 청산의 경우에 은행에는 예금자 등의 거래처와 주주 등 많은 이해관계자가 있으므로 청산 사무를 은행의 이사(상법상 정관에 다른 정함이 있거나 주주총회에서 타인을 선임한 경우가 아니면 해산의 경우에 이사가 청산인이 된다)(상법 제531조 제1항)에게만 맡길 경우 공익을 무시할 가능성이 있어 관계 당사자간의 이해 충돌을 야기할 우려가 있기 때문에 이러한 우려를 방지하여 은행의 청산 사무를 공정하게 하기 위하여[10] 감독당국의 소속 직원을 청산인으로 선임하도록 한 것이다.

실무상 외은지점의 자발적 폐쇄의 경우에도 일반 국내 은행의 해산에 해당한다고 보아(은행법 제59조 제1항은 외은지점을 은행법상의 은행으로 보아 은행법상의 규제를 동일하게 받게 하고 있다) 위의 은행법 제57조 제1항을 적용하여 금융감독원 소속 직원 1명이 법원이 선임한 청산인(상법 제620조 제1항, 제3항)과 함께 청산 업무를 수행하고 있다.

(2) 개선 방안

그런데 외은지점의 폐쇄가 은행법 제57조 제1항에서 규정하고 있는 은행의 '해산'이나 '파산'에 해당하는지가 의문이다. 물론 외은지점의 영업 '폐쇄'도 회사로 치면 법인격의 소멸을 가져오는 법률사실인 '해산'에 해당한다

10) 한국은행 은행감독원, 앞의 책, 89면.

고 볼 여지도 없지 않으나, 엄격하게 보면 '해산'은 상법상 규정된 개념이고, '파산'은 「채무자의 회생 및 파산에 관한 법률」에서 규정된 개념이므로 외은지점의 영업 폐쇄까지 포함하는 개념으로 보기에는 무리가 있어 보인다. 따라서 엄격하게 보면, 현행 실무상 행해지고 있는 외은지점의 자발적인 폐쇄인 경우에 금융감독원 소속 직원의 청산인 선임은 법적 근거가 없다고 볼 수 있다.

이런 문제점을 해결하기 위해서는 외은지점의 폐쇄인 경우에도 국내 은행의 경우와 마찬가지로 예금자 등 이해관계자의 이해 충돌을 방지하고 청산사무를 공정하게 하기 위하여 금융감독원 소속 직원이 청산인이 될 필요성이 있으므로 이에 대한 별도의 근거 조항을 두는 것이 필요하다고 본다.

Ⅲ. 국외지점 등의 신설 및 은행 자회사 관련 규정의 개선 방안

이하에서는 국내은행의 해외 진출 활성화를 통한 은행의 경쟁력 향상 방안으로 국외지점 · 현지법인 등의 설립시에 현행 감독당국과의 협의제도에서 사전 신고제로 변경하는 방안과 국내은행의 해외 투자 활성화를 위한 자회사 규정의 개선 방안 등에 대하여 살펴본다.

1. 국외지점 · 현지법인 등의 신설시 사전 신고제로 변경

(1) 현행 규제

은행법상 은행이 외국에 지점 · 대리점 기타 영업소 또는 사무소를 외국에 신설하고자 하는 경우에는 사전에 그 신설 계획을 작성하여 금융위와 '협의'하여야 한다(法 제13조).[11] 이에 근거하여 은행업감독규정은 은행이 대한민국 이

11) 「은행업감독업무시행세칙」에 따르면, 은행이 국외지점, 국외사무소 또는 현지법인의 신설 계획 협의시에 제출하여야 하는 서류로서, (ⅰ) 국외지점 · 현지법인의 경우 국외지점 · 현지법인 신설 계획서(진출 형태, 설치 지역, 설치 목적, 주요 취급 업무, 설치 시기 등), (ⅱ) 국외사무소의 경우에는 국외사무소 신설계획서(설치 지역, 설치 목적, 주요 업무 활동, 설치 시기, 지점 또는 현지법인 전환 계획 유무 등), (ⅲ) 진출국 감독당국의 업무규제 내용 및 외국은행 영업현황이 있다(제9조 제1항 및 〈별표

외의 지역에서 지점 및 국외 사무소와 국외 지역에 소재하는 자회사("현지법인"이라고 정의하고 있음)를 신설하고자 하는 경우에는 사전에 그 계획을 제출하여 금융감독원장과 협의하도록 하고, 금융감독원장은 그 협의 처리 상황을 매 반기별로 금융위에 보고하도록 하고 있어(은행업감독규정 제13조), 금융감독원장에게 위임하고 있다.

여기서 '현지법인'이라고 규정하고 있는 '자회사'는 은행업감독규정에서 직접 정의하고 있지는 않지만, 은행업감독규정 제49조가 금융업종 자회사의 범위를 열거하면서 은행법 제37조 제2항을 언급하고 있으므로 은행법이 정의하고 있는 자회사로 보아야 할 것이다. 따라서 은행이 의결권 있는 발행 주식(출자지분 포함)의 15%를 초과하는 회사의 경우에는 국외 자회사(즉 해외현지법인)가 되며(법 제37조 제2항), 국외 자회사 해당 금융업종은 은행업감독규정 제49조에서 규정하고 있는 은행업, 증권업, 보험업, 자산운용업 등이 포함될 수 있을 것이다.

이와 관련하여 비금융업종의 해외 자회사도 둘 수 있느냐 하는 문제가 있을 수 있는데, 이에 대해서는 은행법 제37조 제2항이 비금융업종 자회사를 설립할 수 있는 경우를 "기업구조조정 촉진을 위해 필요한 것으로 금융위원회의 승인을 얻은 경우"로 제한하고 있으므로, 비록 이론적으로는 해외 기업의 경우에도 투자한 회사의 구조조정 촉진을 위해 필요한 경우도 있으므로 해외 비금융업종 자회사를 설립할 수 있다고 볼 수도 있다. 그러나 비금융업종 자회사의 허용 취지가 국내 기업에 대한 여신과 관련하여 출자 전환한 기업을 자회사로 두는 것을 제한적으로 허용하기 위한 것이라는 점을 감안했을 때 해석상으로는 국외 비금융업종 자회사는 허용되지 않는다고 보는 것이 타당하다고 본다.

한편 은행이 해외 현지법인인 자회사를 설립하려고 하는 경우에 「금융산업의 구조개선에 관한 법률」(이하 "금산법"이라 한다) 제24조상의 금융위 승인이 필요한지가 문제될 수 있다. 금산법 제24에 의하면, 은행을 비롯한 금융기관이 '다른 회사'의 의결권 있는 발행 주식의 일정 비율 이상을 소유하고자 하는 경우에는 금융위의 승인을 얻어야 하며, 다만 금융기관의 해당 설립 근거법에 따라 "인가 · 승인 등"을 얻은 경우에는 금산법상의 별도의 금융위 승인은 필요 없

2〉). 그리고 은행은 국외지점 및 국외사무소와 현지법인으로 하여금 현지 감독기관의 건전 경영을 위한 법규 및 명령 등을 준수하도록 지도하여야 한다(은행업감독업무시행세칙 제9조 제2항).

다. 은행법 제37조 제2항에 따르면, 은행이 금융업종의 자회사를 설립하고자 하는 경우에는 별도의 금융위 승인이 필요 없다. 다만 은행법 제13조에 따라 은행이 해외 금융자회사를 설립하고자 하는 경우에는 금융위와 협의를 하게 된다. 따라서 금산법 제24조상의 '다른 회사'의 범위에 외국회사도 포함된다고 보는 경우, 금융위와의 '협의'가 금산법이 규정하고 있는 금융기관 해당 설립 근거법상의 "인가 · 승인 등"에 포함된다고 보면 금산법상의 별도의 승인이 필요 없다고 볼 수도 있으나, 이러한 해석은 다소 무리가 있어 보인다. 그렇다면 은행이 해외 자회사를 설립하려고 하는 경우에는 일응 은행법상의 협의 이외에 별도의 금산법상의 승인이 필요하다고 볼 수 있을 것이다. 물론 여기에 대해서는 실무상 은행법에 따라 금융위와 협의를 하므로 굳이 금산법상의 승인이 필요 없다고 주장할 여지도 있으나, 이러한 주장이 법적으로 타당한지는 의문이다. 따라서 은행이 해외 금융자회사 설립시 금산법상의 금융위 승인이 필요 없다는 것으로 보려면 금산법 제24조상의 '다른 회사'의 범위를 외국회사는 제외하는 것으로 해석하는 것이 타당할 것이다.[12] 현재 실무상 은행의 해외 자회사 설립시 금산법상의 금융위 승인 없이 은행법상의 금융위와의 협의만으로 하는 것은 이러한 해석에 근거해서 하는 것으로 이해된다.

(2) 개선 방안

우선 국외지점 등의 신설시에 금융위와 사전 '협의'하도록 하는 규정이다. '협의'라는 의미가 불분명하다. 승인을 말하는 것인지 단지 의견을 구하는 정도가 되어야 하는지 애매한 점이 있다. 실제로 감독당국이 운영하기에는

12) 금산법 제24조의 '다른 회사'에 외국회사가 제외될 필요성이 있다는 주장에 대해서는 고동원, "금융산업의 구조개선에 관한 법률 제24조의 법적 쟁점,"「BFL」16호 (2006. 3), 서울: 서울대학교 금융법센터, 50면 참조. 동 논문은 "금산법 제24조의 취지가 금융기관의 지배력 확장을 막기 위함이고 특히 금융자본의 산업자본 지배를 방지하기 위한 점을 감안할 때 그러한 폐해를 가져올 가능성이 거의 없는 외국회사까지 규제할 필요는 없다고 본다"라고 하고 있다. 해석권자인 당시 재정경제부도 유권해석에 의해 외국회사는 '다른 회사'의 범위에서 제외되는 것으로 보고 있다(2003년 11월 29일자 재정경제부의 금융감독원장에 대한 의견 회신("[금산법] 제24조는 금융기관을 이용한 기업결합을 제한하여 산업의 독과점화를 방지하기 위한 조항이므로, 동 사안과 같이 국내 금융기관이 국내에서 영업 활동을 하지 않는 외국기업의 주식을 취득하는 경우에는 적용되지 않는다고 할 것임")).

승인으로 운영될 가능성이 크다. 그리고 앞서 언급한 것처럼, 1997년 말 금융위기 이후 외국계 은행이 많이 진출하면서 국내 시장에서의 경쟁이 치열해지고 있는데, 이제는 국내 은행도 좁은 국내 시장만 겨냥해서는 안 되고, 해외 시장의 적극적 진출을 통하여 수익성 증대 등 국제적인 경쟁력을 키워나갈 필요가 있다.[13] 이런 점에서도 은행의 해외 시장 진출의 적극적 모색이 필요하며, 이를 뒷받침할 수 있는 제도적 개선이 필요하다고 본다.

한편, 은행법 제13조는 은행이 해외에 설립할 수 있는 영업소의 범위에 "…지점 · 대리점 기타 영업소 또는 사무소…"라고만 규정하고 있어, 명시적으로 해외 자회사는 언급하고 있지 않다. 물론 "기타 영업소"의 범위에 해외 현지법인도 포함된다고 주장할 여지도 있으나, 이를 보다 명확하게 할 필요가 있다.

이러한 문제점을 해결하기 위한 방안으로서, 우선 국내은행의 해외 시장 진출 활성화를 위해서 현행 감독당국과의 '협의' 제도를 '사전 신고' 제도로 운영하는 것이 바람직하다고 본다. 즉 해당 은행이 수익성이 있다고 판단하여 내린 결정을 감독당국이 인정해 줄 필요가 있는 것이다. 또한 은행이 해외에 설치할 수 있는 영업소의 범위에 해외 자회사가 은행업감독규정에는 포함되어 있으나 은행법에서는 명시적으로 규정되어 있지 않은데, 근거 규정을 보다 명확하게 하기 위해서 은행법에 명시적으로 "자회사"를 추가할 필요가 있다. 동시에 은행이 비금융업종 해외 자회사도 둘 수 있는지 여부가 명확하지 않으므로 은행법에서는 "금융위가 정하는 업종의 자회사"라고 하고 은행업감독규정에서 금융업종의 자회사만을 해외 자회사로 규정하도록 하는 것이 좋다고 본다. 이외에도 국외지점 등의 신설에 대한 구체적인 사항을 금융위가 정할 수 있도록 위임 규정도 신설하는 것이 바람직하다고 본다. 그리고 해외 자회사 설립시 금산법상의 별도의 금융위 승인이 필요하지 않도록 금산법 제24조의 '다른 회사'의 범위에 외국회사가 제외될 수 있도록 명시적인 규

13) 이와 관련하여 박동창, "국내은행의 해외 진출을 위한 전략 방향과 시사점," 「주간 금융브리프」 15권 13호(2006. 3. 18~3. 24), 서울: 한국금융연구원, 14-17면은 국내은행과 감독당국도 국내은행의 해외 진출에 대한 적극적인 공감대가 형성되어 있다고 하면서, 국내은행의 해외 시장 진출을 위한 전략으로서 국제경쟁력이 상대적으로 취약한 도매금융보다 국내은행이 경쟁력을 확보할 수 있는 소매금융 추진 전략, 그리고 현지화 전략 및 본점 차원의 위험 관리 체계화 전략 등이 필요함을 주장하고 있다.

정을 둘 필요가 있을 것이다.

2. 자회사 기준 한도의 상향 조정

(1) 현행 규제

은행법상 은행은 일정한 경우를 제외하고는 다른 회사의 의결권 있는 발행 주식총수(출자지분 포함)의 15%를 초과하여 보유할 수 없다(법 제37조 제1항). 다만 은행업감독규정 제49조에서 정하는 금융업종에 속하는 회사이거나 기업 구조 조정을 위해서 은행이 기존 대출을 출자 전환하고 금융위가 승인한 회사의 경우에는 당해 회사의 의결권 있는 발행 주식 총수의 15%를 초과하여 보유할 수 있는데, 그러한 회사를 은행법은 '자회사'라고 정의하고 있다(법 제37조 제2항본문). 따라서 은행의 자회사는 크게 금융자회사와 비금융자회사로 나눌 수 있다. 금융자회사로는 은행, 증권회사, 보험회사, 자산운용회사, 여신전문금융회사, 상호저축은행 등의 금융기관이 포함되고 또한 해외 금융기관도 이에 속한다(은행업감독규정 제49조). 특히 금융자회사가 은행인 경우에는 은행법은 '자은행'이라고 정의하고 별도의 규제 사항을 규정하고 있다(법 제37조 제5항 내지 제8항).[14)]

한편 은행의 자회사에 대한 출자에 있어서는 은행법령상의 출자 한도 규제 등 여러 가지 규제가 적용된다. 예를 들어, 은행은 모든 자회사(즉 자은행도 포함한 금융자회사 및 비금융자회사)에 대한 출자액의 총합계액이 원칙적으로 당해 은행 자기자본의 15% 이내이어야 하며(법 제37조 제2항 제1호 및 동법 시행령 제21조 제1항), 동 15%(즉 은행 자기자본의 15%)를 초과하여 자회사의 주식 등을 보유하려고 하는 경우에는 (i) 당해 은행의 경영실태 평가 등급 결과가 1등급 또는 2등급이어야 하고, (ii) 금융자회사의 경영실태 평가 등급 결과도 1등급 내지 3등급이 되어야 하는데, 그러한 경우에도 일정한 경우를 제외하고는 모든 자회사에 대한 출자 총합계액은 은행 자기자본의 30%를 초과할 수 없다(법 제37조 제2항 제2호, 동법 시행령 제21조 제2항, 은행업감독규정 제50조제1항). 즉 현행 법령상 은행이 자회사에 대하여 출자할 수 있는 총합계액은 예외적인 경우에도 자기자본의 30%를 초과할 수 없게 된다. 또한 은행과 자회사 간에는 이해관계의 충돌을 막기 위하여 은행의 자회사에 대한 신용공여 한도를 당해 은행 자기자본의 10% 이내로 제

14) 2002년 4월 은행법이 개정되기 전에는 은행이 다른 은행의 주식을 소유할 수 없도록 규정되어 있었기 때문이다(개정 전 은행법 제38조 제9호).

한되는 등(법 제37조 제3항 제1호, 은행업감독규정 제52조 제1항) 여러 가지 거래 규제가 적용된다.

(2) 개선 방안

은행의 자회사에 대한 출자는 출자 한도 규제 및 자회사와의 거래 규제 등이 적용된다. 다시 말해서, 은행은 투자 대상 회사의 의결권 있는 발행 주식 총수의 15% 한도를 초과하지 않게 되는 경우에는 출자 한도 등의 규제를 받지 않고 자유롭게 투자할 수 있는 반면에,[15] 은행의 자회사에 대한 투자는 투자 한도 및 자회사와의 거래 규제 등의 여러 규제를 받게 되는 것이다. 결국 은행이 자유롭게 포트폴리오(portfolio) 투자를 할 수 있는 한도는 투자 대상 회사의 의결권 있는 주식 15%가 기준이 되는 것이다.

그러나 이는 1997년 말 금융위기 이후 수익성 증대를 통한 은행 경쟁력 향상이라는 측면에서는 장애 요인이 되고 있다고 본다. 특히 금융위기 이후 외국계 은행이 많아지면서 국내 시장의 경쟁이 치열해지는 상황에서 국내 은행의 경쟁력 향상을 위해서는 해외 투자 활성화를 통한 해외 시장 진출을 모색할 필요가 있으며(이는 앞서 본 것처럼 해외 금융기관에도 은행법상의 자회사 규정이 적용되기 때문이다), 그런 점에서 현행 은행법상의 자회사 정의 규정의 한도를 상향 조정할 필요가 있다.

이런 점에서 자회사 정의 기준을 검토해 보면, 자회사 정의 기준의 한도를 어느 정도로 할 것인가에 대해서는 논란이 있을 수 있으나, 다른 나라의 입법례를 비추어보았을 때 의결권 있는 주식의 25%로 상향 조정하는 것을 고려해 볼 필요가 있다.[16] 이 경우 자은행에 관한 사항도 위와 마찬가지로 조정해야 할 것이다. 이와 더불어 은행의 자회사에 대한 출자 한도도 상향 조정할 필요가 있다. 따라서 현행 은행법상 은행 자기자본의 "20%의 범위 이내"로 되어 있는 것(법 제37조 제2항 제1호)을 "30% 범위 이내"로 상향 조정하는 것을 고려해 볼 필요가 있다. 이 경우 은행법 시행령에 규정되어 있는 출자 한도(은행법 시행령

15) 물론 주식과 상환기간 3년을 초과하는 유가증권(국채 및 한국은행통화안정증권 제외)에 대한 투자의 총합계액은 은행 자기자본의 60%를 초과할 수 없다(은행법 제38조 제1호, 동법 시행령 제21조의2 제1항).

16) 미국의 경우 은행지주회사법(Bank Holding Company Act)상 '지배(control)'를 판단하는 기준의 하나로 의결권 있는 주식의 25%를 기준으로 하고 있다. See 12 U.S.C. Section 1841(a)(2). 또한 25% 상향 조정과 함께 '사실상 지배' 기준을 같이 감안하는 것도 고려해 볼 만하다.

제21조 제1항 및제2항)도 상향 조정할 필요가 있을 것이다.[17]

Ⅳ. 결　　론

정부의 동북아 금융중심지 국가 육성 전략은 우리나라 금융산업의 도약을 위한 제도 정비를 전제로 한다고 할 것이다. 이런 측면에서 금융산업의 선진화를 위한 금융법제의 정비 필요성은 그 어느 때보다도 시급히 추진되어야 할 사항이라고 본다. 또한 1997년 말 금융위기 이후 외국계 은행이 국내에 본격적으로 진출하면서 국내 은행산업은 치열한 경쟁 양상을 보이고 있는 등 금융 환경이 급속하게 변화하고 있다. 금융산업의 핵심 축인 은행 분야에서 변화하는 금융환경 하에서 금융 선진화를 추구하기 위한 몇 가지 법 · 제도적 개선 방안을 규제 완화에 초점을 맞추어 현행 관련 법령을 분석하면서 제시하여 본다면 다음과 같이 정리할 수 있다.

우선 국내 은행의 해외 진출 활성화를 위한 규제 완화 조치가 필요하다고 보며, 이와 더불어 외국은행의 국내 지점 및 사무소 신설 관련 규제 완화 방안도 동북아 금융중심지 국가 육성 정책에 부응하여 필요한 조치라고 본

17) 한편 다른 금융 관련 법상의 자회사 정의 규정을 살펴보면 다음과 같다. 우선 상법상 자회사의 정의는 다른 회사의 발행주식 총수의 50%를 초과하여 취득하고 있는 경우이다(상법 제342조의2 제1항). 상법상 자회사의 정의는 발행주식 총수의 50%를 초과하는 경우를 말하기 때문에 해석상 의결권 없는 주식도 포함하게 되는 점이 다르다. 물론 해석상 의결권 있는 주식을 기준으로 하여야 한다는 주장도 있다(이철송, 「회사법」 제12판, 서울: 박영사, 2005, 329면). 두 번째, 증권회사의 자회사의 정의는 증권회사가 (ⅰ) 의결권 있는 발행주식 총수의 50%를 초과하여 소유하고 있는 경우, (ⅱ) 의결권 있는 발행주식 총수의 30%를 초과하여 소유하면서 최대주주인 경우 또는 (ⅲ) 의결권 있는 발행주식 총수의 50%를 초과하여 소유하는 회사 또는 의결권 있는 발행주식 총수의 30%를 초과하여 소유하면서 최대주주인 회사와 합하여 의결권 있는 발행주식 총수의 30%를 초과하여 소유하면서 최대주주인 회사의 경우이다(증권업감독규정 제2-8조 제6호 가목, 나목 및 다목). 세 번째, 보험회사의 자회사 정의는 은행과 마찬가지로 의결권 있는 발행주식 총수의 15%를 초과하여 보유하는 경우이다(보험업법 제109조 및 제115조). 네 번째, 금융지주회사의 자회사의 경우에는 발행주식 총수(즉 의결권 없는 주식도 포함한다)를 기준으로 자회사가 비상장회사의 경우에는 50%, 상장회사 또는 코스닥상장회사의 경우에는 30%이다(금융지주회사법 제43조의2 제1항).

다. 구체적으로 은행의 해외 진출 활성화를 위해서는 현행 자회사 규정에서 그 기준이 되는 주식 취득 한도 기준을 상향 조정하여 은행이 자유로이 투자할 수 있는 범위를 넓혀 줄 필요가 있으며, 해외 지점이나 현지법인 신설시 현행 감독당국과의 협의제를 신고제로 변경할 필요가 있다. 이 외에도 외국은행의 추가 국내지점 신설시에 현행 인가제에서 사전 신고제로 전환할 필요가 있으며, 국내 사무소 신설시에도 현행 인가제에서 사전 신고제로 변경하는 것을 고려할 필요가 있다고 본다.

제 2 절

금융산업 구조 변화의 현황과 전망 및 과제*

Ⅰ. 서　　론

2007년 8월 3일 그동안 논의되어 왔던 「자본시장과 금융투자업에 관한 법률」(이하 "자본시장통합법"이라 한다)이 법률 제8635호로 제정 · 공포되었다. 2009년 2월부터 시행되는 이 법은 증권업, 자산운용업, 선물업 등 자본시장 관련업을 전부 영위할 수 있는 금융투자회사의 설립을 허용하고 있다. 이에 따라 앞으로 증권회사를 중심으로 한 자본시장 관련 회사의 합병 · 인수 등 대형화 추세가 거세지면서 자본시장 업계의 대지각 변동(즉, 소위 말하는 금융 빅뱅(Big Bang))을 가져올 것으로 예상된다. 따라서 앞으로 우리 나라 금융산업은 은행, 금융투자회사 및 보험회사를 3대축으로 하는 구조로 재편될 가능성이 크다.

한편, 우리나라 금융산업은 1997년 말 금융위기를 경험하면서 큰 구조 변화를 겪었다. 부실 금융기관을 정리하기 위한 강도 높은 구조조정을 통하여 이제는 우리 나라 금융산업의 경쟁력도 크게 향상되었다고 볼 수 있다. 그동안의 금융산업 구조조정의 특징은 부실 금융기관의 정리와 은행을 중심으로 한 대형화 및 겸업화라고 요약할 수 있다. 즉 은행간의 합병 등으로 대형은행이 출현하였으며, 금융지주회사의 설립을 통한 겸업화도 그 대세 중의 하나이다. 특히 은행의 경우에는 펀드(fund, 간접투자증권 상품) 판매 업무 및 보험대리점 업무(즉 방카슈랑스(bancassurance) 업무) 등의 허용으로 비이자 부문의 수익원이 크게 증가하면서 수익력이 증대되었고, 이에 따라 경쟁력도 많이 향상되었다고 평가될 수 있다. 그러나 자본시장산업의 경우에는 증권업, 자산운용업, 선물업 등이 개별 금융기관에 의하여 영위되고, 많은 중소 증권회사 및 자산운용회사의 출현으

* 이 절의 내용은 「성균관법학」 제19권 제2호(성균관대학교 비교법연구소, 2007. 12)에 실린 글을 다소 수정 · 보완한 것이다.

로 과당 경쟁이 이루어져, 이에 따라 경쟁력 제고에 많은 한계가 노출되었다. 따라서 대형 투자은행(investment bank)의 출현을 통한 자본시장 관련업을 육성하기 위하여 자본시장통합법의 제정이 추진되었던 것이다. 보험산업의 경우에도 대형 보험회사의 높은 시장점유율에 의하여 중소 보험회사와의 균형적인 발전이 이루어지지 않는 문제점도 노출되고 있다.

이 절에서는 1997년 말 금융위기 이후 우리 나라 금융산업의 구조 변화의 내용을 살펴보면서 앞으로의 전망과 과제에 대하여 고찰해 보고자 한다. 이에 따라, 우선 Ⅱ.에서는 우리 나라 금융산업의 구조 변화의 특징에 대하여 1997년 말 금융위기 이후의 현황을 중심으로 하여 살펴보고, Ⅲ.에서는 향후 우리 나라 금융산업의 전망과 과제에 대하여 고찰해 보기로 한다.

Ⅱ. 금융산업 구조 변화의 현황

1. 총 설

1997년 말 금융위기 이후 금융기관의 구조조정에 따른 큰 변화의 특징은 대형화·겸업화로 요약할 수 있다. 특히 대형화는 은행을 중심으로 하여 전개되었는데, 이는 은행간의 합병에 따른 대형화와 금융지주회사의 설립을 통한 금융그룹화로 특징지을 수 있다. 한편 겸업화는 금융기관의 직접적인 업무 확대를 통한 겸업화와 금융지주회사의 설립을 통한 겸업화로 요약할 수 있다. 따라서 이하에서는 이러한 금융산업 구조 변화의 특징을 중심으로 하여 각 금융산업별로 살펴보기로 한다.

2. 은행산업

(1) 서 설

2007년 6월 말 현재 우리나라 은행은 시중은행 7개, 지방은행 6개, 외국은행 국내지점이 36개이며, 이들 일반은행의 총자산 규모는 1,500조원이다.[1)]

1) 금융감독원 금융통계정보시스템(http://fisis.fss.or.kr/) 참조.

은행의 경우에는 앞서 본 것처럼, 은행간의 합병을 통한 대형화와 금융지주회사의 설립을 통한 대형화를 큰 특징으로 볼 수 있다. 1997년 말 금융위기 이후 정부의 금융기관 구조조정과 금융산업 육성 정책의 핵심은 대형화와 겸업화를 통한 금융기관 경쟁력 제고이었다. 이러한 대형화와 겸업화의 핵심에는 은행이 있었던 것이다. 대형화의 측면을 살펴보면, 여러 건의 은행 합병을 통하여 큰 규모의 은행이 탄생하였고, 금융지주회사의 설립을 통한 금융그룹화 현상도 나타나게 되었다. 겸업화의 측면은 직접적인 은행 업무의 겸업 확대와 금융지주회사의 자회사를 통한 겸업화로 나누어 볼 수 있다.

(2) 대 형 화

1) 은행간의 합병을 통한 대형화

1997년 말 금융위기 발생으로 인하여 추진된 금융구조조정은 부실은행의 정리에 초점이 맞추어졌다. 1998년에는 국제결제은행(BIS) 기준 자기자본비율이 8% 이하인 부실은행에 대하여 당시 금융감독위원회가 자산 · 부채 이전 방식에 따른 은행 폐쇄 조치를 취했다. 이에 따라 1998년 6월 부실 정도가 심한 동화은행, 대동은행, 동남은행이 퇴출되었으며, 지방은행 중에는 부실 정도가 심한 경기은행 및 충청은행이 1998년 6월 각각 한미은행 및 하나은행에 자산 · 부채를 이전하는 방식으로 퇴출되었으며, 1999년 5월에는 충북은행이 1999년 9월에는 강원은행이 조흥은행으로 각각 흡수합병되어 퇴출되었다.[2] 그리고 정부는 부실금융기관으로 지정된 은행에 대하여 공적자금(즉 예금보험공사의 자금)을 투입하여 정부 소유화하였다. 제일은행, 서울은행, 조흥은행, 제주은행, 광주은행, 경남은행 등이 부실금융기관으로 지정되어 정부(예금보험공사를 포함)가 최대주주가 되었다. 이 중 제일은행은 1999년 12월 의결권 있는 발행 주식 총수의 50.99%를 외국계 사모펀드인 뉴브리지캐피탈사(Newbridge Capital Ltd.)에 매각하여 경영권을 넘겨주었다. 이로써 우리 나라 은행 역사상 최초의 외국인이 대주주인 외국계 은행이 탄생하게 되었다. 한국외환은행인 경우에는 2003년 9월 미국계 사모펀드인 론스타(Lone Star)펀드가 한국외환은행의 의결권 있는 발행주식 총수의 51%를 인수하여 대주주가 되었다. 한미은행의 경우에는 2000년 9월 미국계 사모펀드인 칼라일(Carlyle)펀드와 제이피모간(J.P. Morgan)

---

2) 한국은행, 「우리나라의 금융제도」, 2005. 12, 168면 각주 3).

이 공동 출자하여 최대주주가 되었고, 이어 2004년 11월 미국의 씨티은행이 한미은행을 인수하여 현재는 한국씨티은행으로 영업중이다. 이로써 세 번째 외국계 은행이 탄생하게 된 것이다.

은행들간의 합병 내용을 살펴보면 다음과 같다. 우선 1999년 1월 후발은행이었던 하나은행이 보람은행을 흡수 합병했으며, 1999년 4월 한국상업은행과 한일은행이 합병하여 한빛은행이 탄생되었으며, 더 나아가 2001년 12월 한빛은행이 평화은행을 흡수 합병하였고, 2002년 5월 우리은행으로 명칭을 변경하였다. 1998년 12월 장기신용은행을 합병한 국민은행이 2001년 10월 주택은행까지도 합병하여 자산 규모가 최대인 은행이 되었다. 2002년 11월에는 하나은행이 부실금융기관이었던 서울은행을 인수하여 합병하였고, 가장 최근에는 2006년 4월 신한은행이 부실금융기관이었던 조흥은행을 인수하여 합병하였다.[3]

2) 금융지주회사의 설립을 통한 금융그룹화

금융지주회사의 설립을 통한 겸업화 및 대형화 정책의 법적 기반을 마련하기 위하여 2000년 10월에 금융지주회사법이 제정되었다. 금융지주회사는 주식의 소유를 통하여 금융기관을 지배하는 것을 주된 사업으로 하는 회사를 말한다(금융지주회사법 제2조 제1항 제1호). 아래에서 보는 것처럼, 은행을 중심으로 하여 금융지주회사가 설립되었으며(이 경우 은행지주회사라고 하며(금융지주회사법 제2조 제1항 제5호), 현재 우리금융지주회사, 신한금융지주회사 및 하나금융지주회사가 있다), 은행을 자회사로 두고 있지 않은 금융지주회사로 한국투자금융지주회사가 있다.

우선 우리금융지주회사가 금융지주회사법에 의하여 처음으로 2001년 3월 설립되었다. 예금보험공사가 최대주주인 우리은행이 정부의 정책에 부응하여 처음으로 금융지주회사를 설립하였던 것이다. 우리은행을 중심으로 하여 부실은행이었던 광주은행 및 경남은행을 자회사로 두고, 이 외에 증권회사 등을 자회사로 두어 설립하였다. 2007년 6월 말 현재 9개의 자회사 및 13개의 손자회사를 두고 있다.[4] 두 번째 금융지주회사는 2001년 8월에 설립된

---

3) 위의 책, 168면 각주 2).

4) 9개의 자회사는 우리은행, 광주은행, 경남은행, 우리투자증권(주), 우리CS자산운용(주), 우리금융정보시스템(주), 우리에프엔아이(주), 우리프라이빗에퀴티(주), 우리금융제3차SPC(유)이며, 13개의 손자회사는 우리은행의 자회사로서 우리신용정보(주) 및 우리은행의 해외현지법인들, 우리투자증권(주)의 자회사로서 우리선물(주) 및 해외 현지법인들 등이 있다(www.woorifg.com 참조).

신한금융지주회사이다. 신한은행을 중심으로 하여 출범한 신한금융지주회사는 2007년 6월 말 현재 11개의 자회사 및 13개의 손자회사를 두고 있다.[5] 세 번째 설립된 금융지주회사는 2003년 5월 설립된 한국투자금융지주회사이다. 은행을 자회사로 두고 있지 않은 금융지주회사이다. 처음 설립된 때는 동원금융지주회사이었는데, 2005년 3월 한국투자증권(주)를 인수하면서 2005년 5월 한국투자금융지주회사로 명칭을 변경하였다. 2006년 말 현재 4개의 자회사와 5개의 손자회사를 두고 있다.[6] 네 번째 설립된 금융지주회사는 2005년 12월 설립된 하나금융지주회사이다. 하나은행을 중심으로 하여 설립된 하나금융지주회사는 2007년 6월 말 현재 7개의 자회사를 지배하고 있고, 2개의 손자회사를 거느리고 있다.[7]

5) 11개의 자회사는 신한은행, 신한카드(주), 굿모닝신한증권(주), 신한생명(주), 신한캐피탈(주), 제주은행, 신한신용정보(주), 신한프라이빗에쿼티(주), 신한비엔피파리바투신운용(주), 에스에이치앤씨생명보험(주), 신한맥쿼리금융자문(주)이며, 13개의 손자회사는 신한데이타(주), 에스에치자산운용(주), 신한은행의 해외 현지법인들 및 굿모닝신한증권의 해외 현지법인들 등이다(www.shinhangroup.com 참조).

6) 4개의 자회사는 한국투자증권(주), 한국투자상호저축은행(주), 한국투자파트너스(주), 코너스톤에쿼티파트너스(주)이며, 5개의 손자회사는 한국투자신탁운용(주), 한국밸류자산운용(주), 런던현지법인(Korea Investment & Securities Europe Limited), 뉴욕현지법인(Korea Investment & Securities America Inc.), 홍콩현지법인(Korea Investment & Securities Asia Limited)이다. 한국투자파트너스(주)는 1986년 11월 중소기업창업지원법에 의하여 설립된 동원창업투자(주)에서 상호가 변경된 창업투자회사이며, 코너스톤에쿼티파트너스(주)는 2006년 3월 설립된 한국투자금융지주회사의 100% 자회사로서 사모투자전문회사의 운용을 수행하는 회사이다(www.koreahloldings.com 참조).

7) 7개의 자회사는 하나은행, 하나대투증권(주), HFG IB증권, 하나생명보험(주), 하나캐피털(주), 하나금융경영연구소, 하나아이앤에스(주)이며, 2개의 손자회사는 대한투자신탁운용(주) 및 청도국제은행이다. HFG IB증권는 종전 상호가 하나증권이었으며, 하나금융지주회사가 처음 설립될 때에는 손자회사이었으나, 2006년 11월 100% 자회사로 편입되었으며, 2007년 2월 상호를 HFG IB증권으로 변경하였다(www.hanaib.co.kr 참조). 하나생명보험(주)는 2007년 5월 손자회사에서 100% 자회사로 편입되었으며(www.hanalifeinsurance.com 참조), 하나캐피털(주)는 2007년 4월 손자회사에서 100% 자회사로 편입되었다(www.hanacapital.co.kr 참조). 하나아이앤에스(주)는 금융전산업을 영위하는 회사이다(www.hanains.com 참조). 대한투자신탁운용(주)는 하나대투증권(주)의 자회사이다. 청도국제은행은 하나은행의 해외 현지법인인 자회사이다.

(3) 겸 업 화

1) 직접 은행 업무의 확대를 통한 겸업화

1997년 말 금융위기 이후 구조조정의 최대 핵심 사항은 부실은행의 구조조정을 통한 경쟁력 향상이었고, 이를 위한 은행업무의 겸업 확대가 초점이 되었다. 은행의 겸영업무로서 종전의 신탁업 및 신용카드업 이외에도 간접투자증권의 판매 대행 업무(즉 펀드 판매 업무) 겸영 및 자산운용업 일부 겸영이 허용되었다(은행법 시행령 제18조의3 제3호). 즉 1998년 9월부터 증권투자신탁업법에 따라 위탁회사가 발행하는 수익증권 판매가 허용되었으며, 2003년 10월 제정된 「간접투자자산운용업법」(종전의 증권투자신탁업법과 증권투자회사법을 통합한 법임)의 시행과 더불어 2004년 3월부터는 종전의 수익증권 이외에도 추가적으로 투자회사의 간접투자증권(즉 투자회사가 발행한 주식)의 판매대행으로 그 범위가 확대되었다(은행법 제28조, 동법 시행령 제18조의3 제3호). 또한 2004년 3월부터는 간접투자기구인 투자신탁의 자산운용업도 겸영업무로서 허용되었다(투자회사의 자산운용업무는 허용되지 않는다)(은행법 제28조, 동법 시행령 제18조의3 제3호). 이 외에도 2003년 8월부터 방카슈랑스 업무, 즉 보험대리점 업무(보험상품의 판매 대행 업무)가 은행에 허용되어,[8] 판매가 허용되는 보험상품의 범위가 단계적으로 확대되고 있다.[9]

이 외에도 은행의 부수업무도 확대되어 은행의 비이자수익 부문도 크게 증대되었다. 우선 2003년 7월 은행의 부수업무에 대하여 규정하고 있는 「은행업무 중 부수업무의 범위에 관한 지침」(이하 "부수업무 지침"이라 한다)을 개정하여, 1) 기업 인수합병(M&A)의 중개뿐만 아니라 주선 및 대리 업무(동 지침 Ⅱ. 11호), 2) 금지금의 매매 · 대여, 금 적립계좌 등 금융상품의 개발 및 판매 업무(소위 골드뱅킹(gold banking) 업무)(동 지침 Ⅱ. 12호), 3) 전자상거래와 관련한 지급 대행 업무(동 지침 Ⅱ. 17호), 4) 전산시스템 및 소프트웨어의 판매 및 대여 업무(동 지침 Ⅱ. 18호), 5) 다른 법률에 의한 금융상품 판매 대행 업무(동 지침 Ⅱ. 20호), 6) 전자화폐 등 선불 · 직불 전자지급수단의 발행, 판매 및 대금의 결제 업무(동 지침 Ⅱ. 21호), 7) 간접투자기구와 관련된 일반 사무의

---

8) 부수업무지침은 은행의 보험대리점 업무를 부수업무로 규정하고 있으나(지침 Ⅱ. 19호), 보험업법상 별도의 등록을 요구하고 있는 점과 업무의 성격으로 비추어 보아 겸영업무로 규정하는 것이 타당하다고 본다.

9) 2008년 4월 1일부터는 마지막 단계로서 종신보험 및 자동차보험 등의 판매가 허용되도록 예정되어 있었으나, 2008년 4월의 국회의원 총선을 앞두고 이해관계집단의 반대로 관련 법령의 개정이 되지 않아 시행이 중지되었다.

수탁 업무(동 지침 Ⅱ. 22호), 9) 증권거래법에 의한 유가증권 명의개서 대행 업무(동 지침 Ⅱ. 23호), 10) 유동화전문회사 등의 유동화자산의 관리 및 채권추심 업무의 수탁 업무(동 지침 Ⅱ. 24호) 등을 추가로 허용하여 부수업무의 범위가 크게 확대되었다. 더 나아가서 2006년 5월에는 은행의 장외 파생금융상품 거래 중 일반상품 파생상품 거래(commodity derivative) 업무도 법인 고객과의 위험 회피를 위한 경우에 한하여 제한적으로 허용되어(동 지침 Ⅱ. 16호), 은행의 장외 파생금융상품 거래 업무의 범위도 확대되었다. 이러한 부수업무 범위 확대는 은행의 비이자수익 부문에 큰 영향을 미쳐[10] 전반적으로 은행의 수익원 확대에 크게 기여했다고 평가될 수 있다.

2) 금융지주회사의 설립을 통한 겸업화

겸업화라고 하는 것은 직접 다른 업무를 겸영하는 것도 의미하지만 또 다른 의미에서는 금융지주회사나 자회사 형태를 통한 겸업화를 뜻하기도 한다. 우리 나라는 1997년 말 금융위기 이후 금융기관의 경쟁력을 제고시키기 위하여 금융지주회사의 설립을 통한 겸업화의 정책 방향을 선택했다. 그래서 앞서 언급한 것처럼, 2000년 10월 금융지주회사법을 제정하여 그 법적 기반을 마련하였고, 이에 따라 현재 4개의 금융지주회사가 설립되어 활동하고 있다.

우선 우리금융지주회사인 경우에는 은행업뿐만 아니라 증권업, 자산운용업, 선물업, 신용정보업 등의 금융업을 자회사 또는 손자회사 형태로 두면서 겸업하고 있다. 신한금융지주회사인 경우에도 가장 다양한 금융업종을 자회사 또는 손자회사로 두면서 겸업을 하고 있는데, 은행업 이외에 증권업, 생명보험업, 자산운용업, 신용정보업, 금융자문업, 금융전산업, 여신전문금융업 등을 자회사 또는 손자회사 형태로 두면서 겸업을 하고 있다. 한국투자금융지주회사인 경우에는 은행업은 영위하지 않고 있으며, 증권업, 자산운용업, 상호저축은행업, 창업투자업 등의 금융업종을 영위하고 있다. 하나금융지주회사인 경우에는 은행업뿐만 아니라 증권업, 자산운용업, 생명보험업, 여신전문금융업, 금융전산업 등을 자회사 또는 손자회사 형태로 영위하고 있다.

---

10) 우리나라 일반은행의 비이자수익 부문의 비중은 총이익 중 13.1%(2005년 기준)를 차지하는 반면에 미국 상업은행의 경우에는 42.9%(2004년 기준)를 차지하는 등 선진국 은행들과 비교하여 아직은 비이자수익 부문의 비중이 크지 않은 편이다(오용석, "자본시장통합법 제정에 따른 금융권역별 영향 및 감독 방향,"「금융법연구」제3권 제1호(한국금융법학회, 2006. 9), 194면 각주 17)).

3. 증권산업

(1) 증권회사의 구조조정

1997년 말 금융위기 이후 증권산업도 큰 변화를 겪었다. 우선 1998년 정부의 증권산업 개편 방안에 따라 부실 정도가 심한 투자신탁회사의 운용 조직과 판매 조직을 분리하였고, 이에 따라 1998년에서 2000년 사이에 7개의 투자신탁회사가 증권회사로 전환되었다. 또한 같은 기간 중에 구조 조정의 결과 6개 증권회사가 퇴출되었으며, 이후에도 부실 정도의 심화 등의 사유로 2개 증권회사가 퇴출되었으며, 6개 증권회사가 다른 증권회사들에게 합병되었다.[11)] 한편, 온라인증권회사 및 중개전문증권회사[12)]의 설립 등 1998년에서 2003년 중에 총 19개 증권회사가 설립되었다.[13)]

이에 따라, 2007년 6월 말 현재 40개의 증권회사와 14개의 외국증권회사 국내지점이 영업을 하고 있으며, 총자산 규모는 127조원이다.[14)] 그 추이를 살펴보면, 증권회사의 수는 1995년에는 33개, 2000년에는 32개이었다가 2005년 6월에는 40개로 늘어났으며, 외국증권회사 국내지점의 경우에는 1995년에는 14개, 2000년에는 22개이었다가 2006년 말에는 14개로 감소되었다.[15)] 이렇게 외국증권회사 국내지점의 숫자가 줄어든 이유는 지점을 현지법인화하였기 때문이다.

(2) 업무의 확대

증권회사의 경우에도 업무 확대가 이루어졌다. 증권회사는 고유업무인 증권업(위탁매매 및 중개업, 매매업 및 인수업) 이외에 겸영업무로서 외국환거래법상의 외국환업무와 「간접투자자산 운용업법」상의 투자자문업, 투자일임업 및 간접투자증권의 판

---

11) 한국은행, 앞의 책, 254면.

12) "중개전문증권회사"는 유가증권 인수업무는 영위하지 않고, 유가증권 위탁매매 및 중개 업무(brokerage)만 영위하거나 또는 위탁매매 및 중개 업무와 유가증권 매매업무(dealing)를 동시에 영위하는 증권회사를 말한다. 이에 대하여 유가증권 인수업무까지 다 영위하는 회사를 종합증권회사라고 한다.

13) 한국은행, 앞의 책, 254면.

14) 금융감독원 금융통계정보시스템(http://fisis.fss.or.kr/) 참조.

15) 한국은행, 앞의 책, 253면.

매업무 등을 영위할 수 있는데(증권거래법 시행령 제36조의2 제1항 제2호 및 제3호),[16] 최근 겸영업무의 범위가 많이 확대되었다.

가장 대표적인 것은 그동안 은행에게만 허용되어 왔던 신탁업을 2005년 3월부터 허용하였는데(증권거래법 시행령 제36조의2 제1항 제4호), 이에 따라 신탁업 인가를 받으면 영위할 수 있는 「간접투자자산 운용업법」상의 수탁회사 업무(제23조) 및 자산보관회사 업무(제24조)도 일정한 요건을 갖추어 등록하면 영위할 수 있게 되는 등 그 업무의 범위가 크게 확대되게 되었다. 이 외에도 최근 거래가 활성화되고 있는 장외(OTC) 파생금융상품 거래 업무를 영업용순자본비율 등 일정한 요건을 충족하는 종합증권업을 영위하는 증권회사에 대하여 2002년 7월부터 허용하였다(증권거래법 시행령 제36조의2 제1항). 그리고 2003년 8월부터 보험대리점 또는 보험중개사 업무를 할 수 있도록 허용하였다(보험업법 시행령 제40조 제1항). 또한 유가증권의 범위를 확대하여 2003년 2월 주가연계증권(Equity Linked Securities: ELS) 및 주식워런트증권(Equity Linked Warrant: ELW)의 발행을 허용하면서(증권거래법 시행령 제2조의3 제1항 제6호 및 제7호) 파생금융상품 거래 업무의 범위를 확대했으며, 더 나아가서는 2005년 3월에 파생결합증권(Securitized Derivatives) 및 상법상의 익명조합 등을 유가증권의 범위에 포함시킴으로써(증권거래법 시행령 제2조의3 제1항 제3의5호 및 제8호) 파생금융상품 거래 업무의 확대 등 증권회사의 증권업 범위가 확대되었다.

증권회사의 부수업무도 확대되었는데, 2005년 3월부터 구조조정 관련 부동산의 임대 · 매매의 중개 또는 자문 업무(증권거래법 시행령 제36조의2 제5항 제1호 카목), 유가증권 가치분석 정보의 판매 업무(증권거래법 시행령 제36조의2 제5항 제1호 타목), 업무 제휴 금융기관에 대한 대출알선 업무(증권거래법 시행령 제36조의2 제5항 제1호 파목) 등으로 그 범위가 확대되었다.

4. 보험산업

우리나라 보험산업은 생명보험업과 손해보험업의 겸영이 금지되기 때문에 생명보험회사와 손해보험회사가 별도로 설립되어 운영되고 있다.

16) 증권회사의 겸영업무 및 부수업무의 범위에 대한 자세한 법적 분석에 대하여는 고동원, "증권회사 업무 범위 규제의 법 · 제도적 개선 방향 — 겸영업무 및 부수업무를 중심으로 —", 「증권법연구」, 제6권 제2호(한국증권법학회, 2005. 12), 31-73면 참조.

(1) 생명보험회사

생명보험회사는 1980년대 중반 이후 진입 규제가 완화되면서 설립이 활발하여 1988년에서 1994년까지 15개의 생명보험회사가 신설되었다.[17] 그러다가 1997년 말 금융위기를 거치면서 일부 생명보험회사가 부실화됨에 따라 퇴출, 합병 등 구조조정으로 1998년에 4개의 회사가 퇴출되었다. 즉 1998년 11월에 부실금융기관으로 지정된 국제생명보험, 태양생명보험, BYC생명보험 및 고려생명보험(합작회사) 등 4개 회사가 각각 삼성생명보험, 교보생명보험, 흥국생명보험 및 제일생명보험으로 흡수 합병되었다.[18]

2000년대에 들어서도 경쟁력 강화를 위해 대형 생명보험회사들이 중소형 보험회사들을 인수 합병하는 사례가 많아지면서 생명보험회사의 수는 감소하였다. 즉 2000년에는 동아생명, 조선생명 및 태평양생명이 각각 금호생명, 현대생명 및 동양생명에 흡수 합병되었으며, 국민생명 및 한덕생명은 SK생명에 흡수 합병되었다. 2001년에는 삼신생명 및 현대생명이 대한생명으로, 2003년에는 대신생명이 녹십자생명에, 2004년에는 한일생명이 KB생명에 각각 흡수 합병되었다.[19]

한편, 합작회사 및 외국 현지법인 생명보험회사는 각각 1989년 7월 및 1990년 12월에 처음 설립되었는데, 1997년 말 금융위기 이후 대형 외국 생명보험회사의 단독 진출이 증가하면서 합작 생명보험회사의 수는 줄어들고 현지법인 생명보험회사의 수가 증가되어, 2007년 6월 말 현재 합작회사는 3개, 현지법인 생명보험회사는 8개이다.[20] 그리고 1999년 12월 말 기준으로 29개의 생명보험회사가 영업 중이었으나(전국회사 12개, 지방회사 6개, 합작회사 6개, 현지법인 3개, 외국회사 국내지점 2개), 2007년 6월말 기준으로는 총 22개의 생명보험회사가 영업 중이며(전국회사 11개, 지방회사 1개, 합작회사 2개, 현지법인 7개, 외국회사 국내지점 1개), 총자산 규모는 282조원이다.[21]

17) 한국은행, 앞의 책, 233면.

18) 위의 책, 233면 각주 66).

19) 위의 책, 233면 각주 67).

20) 금융감독원 금융통계정보시스템(http://fisis.fss.or.kr/) 참조.

21) 위 금융통계정보시스템 참조.

(2) 손해보험회사

손해보험회사의 경우에는 1980년 말까지 추가 손해보험회사의 설립이 이루어지지 않다가 1989년 11월 한국보증보험이 설립되고, 1992년 7월에는 미국계의 비질런트(Vigilant) 손해보험회사가 국내에 지점을 설치하였다.[22] 1998년 11월에는 부실이 심각한 한국보증보험과 대한보증보험이 서울보증보험으로 합병되었다.[23] 2000년대에는 손해보험회사에 대한 자동차보험 사업 규제가 철폐되면서(모든 손해보험회사에 자동차보험 판매가 가능하게 되었다) 국내 자동차보험회사 3개가 신설되었으며, 재보험회사를 중심으로 하여 8개 외국계 손해보험회사가 국내 지점을 개설하였다.[24] 그리고 2000년에는 국내 손해보험회사가 13개, 외국 손해보험회사 국내 지점이 4개 등 총 17개이었으나, 2007년 6월 말 현재 외국계 손해보험회사의 국내 지점 13개를 포함하여 27개 손해보험회사가 영업 중이며 총자산 규모는 59조원이다.[25]

5. 자산운용산업

자산운용회사는 2003년 10월 종전의 증권투자신탁업과 증권투자회사법이 통합되면서 제정된 「간접투자자산 운용업법」에 의하여 종전의 증권투자신탁업법에 의한 투자신탁회사와 증권투자회사법에 의한 자산운용회사를 통합 개편하면서 새롭게 도입되었다. 우리 나라 증권투자신탁업은 1974년 9월 최초의 전업 투자신탁회사인 한국투자신탁이 설립되면서 본격화되었고, 1997년 2월에는 대한투자신탁, 1982년 7월에는 국민투자신탁, 1989년 11월에는 5개의 지방 투자신탁회사[26]가 신설되면서 활성화되었으며, 1996년과 1997년에는 투

---

22) 한국은행, 앞의 책, 239면.

23) 위의 책, 239면.

24) 위의 책, 239면. 신설된 국내 3개 자동차보험회사는 다음자동차보험(2003년 12월 설립), 교원나라자동차보험(2003년 11월 설립), 현대하이카다이렉트자동차보험(2006년 설립)이다(위의 책, 239면).

25) 위의 책, 238면; 금융감독원 금융통계정보시스템(http://fisis.fss.or.kr/) 참조.

26) 한일투자신탁(인천), 중앙투자신탁(대전), 한남투자신탁(광주), 동양투자신탁(대구) 및 제일투자신탁(부산)이었다(위의 책, 261면).

자자문회사에서의 전환 등으로 23개 투자신탁운용회사가 설립되어 경쟁이 심해졌다.[27)]

1997년 말 금융위기 이후에는 부실 투자신탁회사의 퇴출 등의 구조조정으로 자산운용업계는 큰 구조적 변화를 겪게 되었는데, 2개의 투자신탁회사(신세기투자신탁 및 한남투자신탁)가 1998년에 퇴출되었으며, 신설 투자신탁운용회사 중 5개 투자신탁운용회사(고려, 동서, 으뜸, 동방페레그린 및 보람 투자신탁운용)가 1998년에 인가 취소되어 정리되었다. 그리고 1998년에서 2004년 중에는 증권시장의 활황 등의 영향을 받아 11개 투자신탁회사가 설립되기도 하였다.[28)]

2000년말 기준으로는 투자신탁회사 및 투자신탁유용회사를 포함하여 24개의 회사가 영업 중이었으며, 2007년 6월 말 기준으로는 50개의 자산운용회사[29)]가 영업중이며, 총자산 규모는 2조 8,200억 원에 달하고 있다.[30)]

6. 비은행예금수취기관

은행이 아니면서 예금을 수취할 수 있는 금융기관은 종합금융회사, 상호저축은행, 신용협동조합, 새마을금고, 그리고 농업협동조합 · 수산업협동조합 및 산림조합의 상호금융을 들 수 있다.

종합금융회사는 1975년 12월 제정된 「종합금융회사에 관한 법률」에 따라 지급결제, 보험, 가계대출 등을 제외한 대부분의 기업금융 업무를 영위하는 금융기관이다. 1976년 4월 최초의 종합금융회사인 한국종합금융(주)가 설립되었으며, 1979년까지 5개 종합금융회사가 추가로 설립되어 1990년대 초반까지 6개의 종합금융회사가 있었다.[31)] 1990년대에 들어서면서 금융산업 개편의 일환으로 투자금융회사가 종합금융회사로 전환되었는데, 1996년에는 15개 투자금융회사가 종합금융회사로 전환하여 종합금융회사는 1997년 말에는 30개에 이르렀었다. 그러나 1997년 말 금융위기 이후 1998년에 16개 부실 종합금

---

27) 위의 책, 261면.

28) 위의 책, 261면.

29) 2004년 1월 간접투자자산운용업법의 시행으로 종전의 투자신탁(운용)회사 및 증권투자회사법에 의한 자산운용회사가 자산운용회사로 일원화되었다.

30) 위의 책, 260-261면; 금융감독원 금융통계정보시스템(http://fisis.fss.or.kr/) 참조.

31) 한국은행, 앞의 책, 214면.

융회사가 퇴출되었고, 1999년부터 2003년 기간 중 추가로 13개의 종합금융회사가 퇴출 또는 합병되어, 2007년 6월 말 현재 2개의 종합금융회사가 영업을 하고 있다.[32)]

대표적인 서민금융기관인 상호저축은행은 1972년 8.3 긴급경제조치에 따른 사금융 양성화를 위한 3가지 법[33)]의 하나로 상호신용금고법이 제정되면서 설립되었으며, 2001년 3월 상호신용금고에서 상호저축은행으로 그 명칭이 변경되었다.[34)] 설립 초기 1972년 말 350개에 달했던 상호저축은행의 수는 부실 상호저축은행의 통폐합, 신규 설립 억제 정책 등에 의하여 1980년 말에는 192개로 줄어들었으나, 1980년대 초에 진입 규제가 완화되면서 1982년 7월에서 1983년 11월까지 총 58개의 상호저축은행이 신설되기도 하였다. 그러나 1997년 말 금융위기 이후 지방 중소기업의 부도 급증 등으로 경영이 어려워짐에 따라 많은 상호저축은행이 부실화되었고, 이에 따라 다수의 상호저축은행이 퇴출 또는 합병됨에 따라 1997년 말 기준 231개였던 상호저축은행의 수가 2000년 말 기준 147개로 줄어들었고, 2007년 6월 말 기준으로는 109개로 감소되었다.[35)] 특히 2000년대에 들어서면서 영업구역 제한 및 지점 설치 기준이 완화되고, 최저자본금이 증액[36)]되면서 상호저축은행의 대형화가 이루어지고 있다.[37)]

신용협동조합의 경우에는 1972년 신용협동조합법이 제정되기 전인 1971년 말에는 582개이었던 신용협동조합의 수는 1997년 말 1,666개로 증가하였다가, 1997년 금융위기 이후 부실채권 증가로 인하여 상당한 부실 신용협동조합이 퇴출 또는 합병되어 2007년 6월 말 현재 1,015개로 감소하였다.[38)] 새마을금고도 1982년 새마을금고법이 제정될 당시에는 11,719개이었으나, 그 후 부실금고의 정비 등으로 1983년 말에는 5,360개로 줄어들었으며, 이후 금고

32) 위의 책, 214면; 금융감독원 금융통계정보시스템(http://fisis.fss.or.kr/) 참조.
33) 단기금융업법, 상호신용금고법(현재는 상호저축은행법) 및 신용협동조합법을 말한다.
34) 법 명칭도 상호저축은행법으로 변경되었다.
35) 한국은행, 앞의 책, 220-221면; 금융감독원 금융통계정보시스템(http://fisis.fss.or.kr/) 참조.
36) 상호저축은행의 최저자본금은 본점이 특별시에 소재한 경우에는 120억원, 광역시인 경우 80억원, 도(道)인 경우에는 40억원이다(상호저축은행법 제5조 제1항).
37) 한국은행, 앞의 책, 220-221면.
38) 위의 책, 225면; 금융감독원 금융통계정보시스템(http://fisis.fss.or.kr/) 참조.

수는 계속 줄어 2007년 6월 말 현재 1,579개 새마을금고가 영업 중이다.[39] 한편, 상호금융 업무를 수행하고 있는 농업협동조합, 수산업협동조합 및 산림조합의 수는 2006년 말 기준 1,441개이다.[40]

7. 평 가

이상에서 본 것처럼, 1997년 말 금융위기 이후 우리나라 금융산업의 구조 변화의 큰 특징은 은행을 중심으로 한 대형화·그룹화 및 겸업화로 요약할 수 있다. 정부의 구조조정도 은행산업을 중심으로 하여 이루어졌기 때문에 은행산업의 경쟁력을 향상시키기 위한 대형화 및 그룹화를 통한 겸업화 정책과 더불어 펀드 상품(간접투자증권)의 판매 업무 및 보험상품의 판매 업무(보험대리점 업무) 등의 허용 등으로 은행의 비이자수익 부문이 늘어나면서 은행의 수익력이 많이 향상된 것은 큰 성과라고 볼 수 있다. 그러나 이에 비해서 증권산업이나 보험산업은 아직 은행산업만큼 경쟁력이 크게 향상된 것으로 보이지는 않는다. 정부도 이런 점을 인식하고 자본시장 및 관련 증권산업을 육성하기 위하여 자본시장통합법을 제정하게 된 것이다. 이제 자본시장통합법이 시행되게 되면 이 분야도 크게 성장할 것이 기대되는데, 앞으로 보험산업 및 기타 비은행금융권의 육성 문제가 정부가 해결해야 할 과제라고 본다.

Ⅲ. 향후 전망 및 과제

이하에서는 앞서 살펴본 우리 나라 금융산업 구조 변화의 현황에 대한 분석을 바탕으로 앞으로 우리 나라 금융산업이 어떻게 발전할 것인가에 대한 전망을 하면서, 향후 경쟁력 있고 선진화된 금융산업을 육성하기 위하여 해

39) 한국은행, 앞의 책, 227면; 금융감독원 금융통계정보시스템(http://fisis.fss.or.kr/) 참조. 다만 회원 수는 꾸준히 늘어 2005년 6월말 현재 1,469만명의 회원을 확보하고 있다(위의 책, 227면).

40) 위의 책, 228면; 금융감독원 금융통계정보시스템(http://fisis.fss.or.kr/) 참조.

결하여야 할 과제가 무엇인지에 대하여 살펴보기로 한다.

1. 향후 전망

앞으로의 우리 나라 금융산업의 방향을 예측한다는 것이 쉬운 일이 아니지만, 그동안의 발전 과정을 비추어 보고 현재의 금융산업의 환경 변화를 고려해볼 때, 앞으로의 우리 나라 금융산업의 발전 방향은 한마디로 요약한다면 대형화, 겸업화 및 국제화 · 세계화(globalization)로 볼 수 있다. 따라서 이하에서는 이러한 주제에 대하여 좀더 자세히 살펴보기로 한다.

(1) 대형화 추세의 지속

향후 우리 나라 금융산업 발전 방향의 특징 중의 하나는 대형화 추세가 계속 지속될 것이라는 점이다. 그 이유는 국제적으로 경쟁력 있는 금융기관으로서 세계 유수의 금융기관과 견주기 위해서는 대형화가 필요하기 때문이다. 즉 은행산업의 경우 대형화 추세는 계속될 것으로 예상되며, 특히 자본시장통합법의 시행에 따라 금융투자회사를 중심으로 한 자본시장 관련 증권산업의 대형화 추세는 더 탄력을 받을 것으로 예상된다. 이에 영향을 받아 보험권도 대형화 바람이 불 것으로 보인다.

1) 대형 금융투자회사의 출현

자본시장통합법의 시행으로 대형 금융투자회사가 출현할 가능성이 높다. 원래 자본시장통합법의 제정 목적이 1997년 말 금융위기 이후 은행권 위주로 금융산업이 육성되면서 상대적으로 뒤떨어진 증권업, 선물업, 자산운용업 등 자본시장 관련업을 육성하여 금융시장의 발전을 도모하기 위한 것이므로 자본시장통합법의 시행에 의하여 자본시장 및 관련 금융산업은 한층 발전된(upgrade) 모습을 보일 것으로 전망된다.

자본시장통합법에 대하여 간단히 살펴보면, 동법의 특징은 크게 1) 금융투자업(투자매매업, 투자중개업, 집합투자업, 투자일임업, 투자자문업, 신탁업) 상호간 직접 겸영 허용, 부수업무 범위의 확대 등 업무 범위의 확대, 2) 금융투자상품 개념을 추상적으로 정의하여 다양한 금융상품 개발을 촉진하기 위한 포괄주의 규율체제로의 전환, 3) 금융투자업, 금융투자상품, 투자자를 경제적 실질에 따라 재분류하고 취급 금융기관을 불문하고 경제적 실질이 동일한 금융기능을 동일하게 규율하는 기능별 규율체계(functional regulation) 도입, 4) 투자권유자 제도 도입, 이해상충 방지 체제(firewall) 마련 및 발행공시의 적용 범위 확대 등 투자자 보호 제도의 강화 등 네 가지를 들 수 있다. 즉 자본시장통합법은 자본시장 내 금융업인 증권업, 자산운용업, 선물업, 신탁업을 내부 겸업(in-house)할 수 있도록 허용하고 있기 때문에 앞으로 이러한 자본시장업을 동시에 영위할 수 있는 대형 금융투자회사가 출현할 가능성이 클 것이다. 물론 이러한 겸업 업무 영위는 강력한 이해상충 방지 장치(firewall)를 요구하고 있어서 시스템 구축 비용 등의 이유로 직접적인 겸영 이외의 방법인 자회사나 금융지주회사를 통한 겸업 방식도 선택할 수 있으나, 규모의 경제 등의 효과를 감안할 때 직접 겸업 방식이 더 선호될 가능성이 크다고 본다. 이 경우 기존의 증권회사, 선물회사 및 자산운용회사간의 합병이나 자본의 확대 등을 통한 대형화가 이루어질 가능성이 클 것으로 예상된다.

2) 은행의 대형화(금융그룹화) 추세의 지속

은행권도 마찬가지로 대형화 추세는 계속 이어질 것으로 보인다. 특히 금융지주회사를 통한 복합금융그룹화 현상이 더 보편화되지 않을까 예상된다. 최근 금융지주회사 형태를 취하지 않고 있고 증권회사를 자회사로 두고 있지 않은 국내 최대 규모의 자산을 보유하고 있는 국민은행이 자본시장통합법이 국회에서 통과된 후 증권회사 인수 추진에 박차를 가하고 있다고 하는 사실[41]은 앞으로 은행의 경우 금융지주회사를 통한 대형화 추세가 더욱 거세질 것이라는 것을 예측하게 한다. 물론 은행이 직접 증권자회사를 두는 형태를 취할 수도 있으나, 금융지주회사를 통한 금융그룹화를 지향하는 정부의 정책(예를 들어, 대표적인 사례로 동일한 금융지주회사 산하에 있는 자회사 및 손자회사들간에 개인 고객의 동의 없이 고객의 신용정보를 제공하고 이용할 수 있게 허용한 조치를 들 수 있다)(금융지주회사법 제48조의2)에 비추어 볼 때 겸업화 등 시너지 효과를 낼 수 있는 금융지주회사를 통한 대형화 추세 가능성은 더 클 것이라고 본다. 특히 금융지주회사 제도가 금융회사간 결합을 통하여 규모의 경제 추구가 가능할 뿐만 아니라 자회사를 통한 금융업무의 범위 확대 및 전문화가 용이하고, 수익구조의 다변화를 추구할 수 있어 금융산업의 경쟁력을 강화할 수 있는 장점이 있다는 점은 앞으로 금융지주회사 형태가 더 선호될 수 있다는 것을 암시한다.

41) 중앙일보 기사, 2007. 7. 5, E1면.

3) 보험업의 대형화 추세

증권권의 자본시장통합법 시행에 따른 금융투자회사의 출현 가능성은 보험업계에도 영향을 미칠 것으로 본다. 특히 자본시장통합법의 제정으로 인한 증권업계의 금융투자회사화 및 지급결제제도의 참가는 상대적으로 취약한 보험업계도 업무 확대 등의 육성책을 요구할 것을 보인다. 이를 반영하듯 최근 정부는 "보험산업 내외의 칸막이와 업무 구분을 완화하여 보험산업을 종합적인 자산 및 리스크 관리 산업으로 집중 육성"하겠다는 발표를 했고, 이를 위해서 "겸영 · 부수업무의 범위를 대폭 확대하고 대형화와 M&A 촉진을 위한 제도 개선을 중심으로 보험업법 전면 개정을 추진"하겠다고 발표했다.[42] 이러한 정부의 방침에 비추어볼 때 앞으로 보험산업도 업무의 확대와 대형화 추세가 거세질 것으로 전망된다. 이 경우 보험회사를 중심으로 하는 금융지주회사의 설립을 통한 금융그룹화로 대형화를 추구할 가능성도 배제할 수 없을 것이다.

(2) 겸업화의 확대

금융산업의 대형화의 추세에 따라 금융업의 겸업화 추세도 더 확대될 것으로 본다. 즉 금융투자회사에 대한 자본시장 관련업의 직접 겸영 허용 조치 및 금융지주회사를 통한 겸업화 추세 등을 비추어볼 때 대형화에 따른 겸업화 추세도 지속될 것으로 예상된다.

1) 금융투자회사의 겸업화 추세

앞서 본 것처럼, 자본시장통합법은 자본시장 관련업, 즉 증권업, 자산운용업, 선물업, 신탁업 등의 직접적인 겸업을 허용하고 있다. 따라서 이러한 금융투자업을 동시에 영위하는 금융투자회사의 출현 가능성이 더 커지고, 이에 따라 자본시장 관련업의 겸업화 추세가 대세를 이룰 것으로 예상된다. 물론 어느 하나 또는 일부에 특화된(niche market) 금융투자회사의 출현 가능성도 부정할 수 없을 것이나, 대세는 직접적인 내부 겸업화의 추세일 것이다.

2) 은행의 겸업화 추세

은행의 겸업화 추세도 계속 지속될 것으로 보인다. 대형 금융투자회사의

---

42) 재정경제부 등, "2007년 하반기 경제 운용 방향," 경제점검회의 및 국민경제자문회의 자료, 2007. 7. 10, 29면.

출현으로 은행에 큰 경쟁 상대가 나타나면서 은행권도 업무 확대를 통한 경쟁력 향상이 필요한데, 이에 대응하는 것은 겸업의 확대이며, 그 중에서도 증권업의 겸업 확대 방안이라고 본다. 현재 은행은 증권관련업을 부수업무로서 제한적으로 영위할 수 있는데,[43] 우선 국공채에 한해서만 인수업(underwriting)을 영위할 수 있고, 국공채 및 회사채에 한해서만 매매업무(dealing)를 영위할 수 있으며, 이 외에 대고객 환매조건부채권매도(RP) 업무, 유가증권 차입 · 대여 및 투자 업무, 기업인수 합병(M&A)의 중개 · 주선 또는 대리 업무 등을 부수업무로 영위할 수 있다.[44] 그런데, 향후 금융투자회사의 금융투자업 영위에 따라 이에 대응하여 은행도 증권업무의 확대가 이루어질 가능성이 클 것이라고 본다. 물론 이 경우 자본시장통합법에 따른 기능별 규제는 받아야 할 것이다.

3) 보험회사의 겸업화 추세

보험업계도 마찬가지로 겸업화 추세가 이어질 것이라고 예상된다. 자본시장통합법 제정으로 상대적으로 열세에 위치해 있는 보험산업도 업무 확장을 위해 겸업업무 및 부수업무의 확대 움직임이 일어날 것이고, 증권업계의 지급결제 업무 허용과 동등하게 지급결제 업무까지도 요구할 가능성이 크다고 본다. 이러한 요구는 정부의 방침과 일치하는 것으로[45] 앞으로 보험산업의 겸업화 추세는 대세인 것으로 보인다. 특히 보험업계가 예금 · 적금 상품 등 예금업무뿐만 아니라[46] 투자자문업, 투자일임업, 유동화자산관리업 및 신용카드업까지도 겸영업무로 허용해야 한다고 주장[47]하는 것은 주목할 필요가 있다. 즉 이는 보험업계의 겸업화를 통한 수익 극대화 요구가 커지고 있다는 것을 말한다.

---

43) 증권업무를 은행의 부수업무로 규정한 것은 법체계상 다소 문제가 있다고 본다. 오히려 겸영업무로 규정하는 것이 타당하다고 본다.

44) 부수업무지침 Ⅱ. 3, 4, 13호 및 금융위원회 제정 「유가증권의 발행 및 공시 등에 관한 규정」 제30조 참조.

45) 재정경제부 등, 앞의 자료, 29면.

46) www.inews24.com에서 "은행-증권-보험간 싸움은 이제부터" 기사(2007. 7. 5) 인용

47) www.economy.hankooki.com에서 "보험지주사 설립 허용해야" 기사(2007. 7. 10) 인용(동 기사는 보험개발원의 2007. 7. 10일자 "자본시장통합법 이후 보험산업의 진로"라는 보고서의 내용을 인용하고 있다).

(3) 금융의 국제화 및 세계화(globalization)

향후 금융산업의 또 하나 방향은 금융의 국제화 내지는 세계화가 크게 진전될 것이라는 점이다. 정부가 추진하는 동북아 금융중심지(Hub) 국가 추진 전략도 결국은 금융의 국제화 및 세계화를 더욱 크게 진전시키자는 의도가 있다고 볼 수 있다. 즉 외국 금융기관의 국내 진출을 용이하게 하고, 국내 금융기관의 해외 진출도 활성화시켜 우리 나라를 금융의 중심지로 만들면서 한편으로 국내 금융기관을 선진국 금융기관과 나란히 견줄 수 있는 국제적인 선진 금융기관으로 발전시키려는 전략임을 읽을 수 있다. 이러한 전략을 뒷받침하기 위한 목적으로 우리 나라 금융시장의 하부구조를 견고히 하기 위하여 자본시장통합법이 제정된 것이며, 그 목적 중의 하나가 세계 유수 투자은행(IB)과 견줄 수 있는 국내 투자은행을 육성하기 위한 것임을 감안할 때 앞으로 우리 나라 금융의 국제화 내지는 세계화 추세는 지속될 것으로 예상된다.

(4) 금융중심지 국가 추진에 따른 자산운용업의 발전

한편 정부가 추진하는 금융중심지 국가 추진 전략에 따라 우리 나라 금융산업 중에서도 자산운용업이 크게 발전할 것으로 예상된다. 그 이유는 정부의 금융중심지 국가 목표가 자산운용업에 특화된 금융중심지로 만드는 것이기 때문이다. 정부가 추진하는 동북아 금융중심지 국가 추진 전략에 따르면, 2010년까지 세계 50대 자산운용회사의 유치 목표 등 자산운용업에 특화된 금융중심지 국가로 만들어 2015년에는 세계 3대 금융중심지 국가를 만드는 것을 목표로 하고 있다.[48] 이러한 추진 전략에 따라 정부는 자산운용업을

---

48) 2005년 6월 금융중심지 추진 회의에서 금융중심지 추진 전략은 1단계로 2007년까지 자본시장통합법 제정 등 금융중심지 기반을 구축하고, 2단계로 2010년까지 세계 50대 자산운용회사 유치 등 특화금융중심지(Niche Financial Hub)를 추진하며, 2015년까지 아시아 3대 금융중심지 국가를 추진하는 전략을 확정하였다(재정경제부, “금융허브 추진 현황과 향후 추진계획,” 보도자료 붙임자료, 2006. 6. 14, 2면). 당초 2003년 12월 발표한 금융중심지 추진 계획에 의하면, 2012년까지 동북아지역의 특화금융중심지(Niche Financial Hub)로 발전시키고, 2020년경에는 아시아 3대 금융중심지로 도약한다는 계획을 갖고 있었으나(재정경제부, “제32회 국정과제회의 개최(동북아 금융허브 추진 관련) 주요내용,” 보도자료, 2003. 12. 11, 1면), 2005년 6월에는 원래 목표보다 5년이 앞당겨진 2015년까지 목표를 달성하는 계획으로 변경되었다.

육성하기 위하여 자산운용업 규제 완화 방안을 추진하고 있는데, 2005년 6월에는 자산운용회사의 최저 자본금 요건을 100억원에서 30억원으로 완화하는 조치를 취했으며, 단계적으로 간접투자증권인 펀드의 판매 채널을 확대하는 조치를 취하였다.[49] 또한 2005년 11월에는 10년 초과 만기 등 장기 국채의 발행을 확대하였으며, 개인 · 외국인 등의 채권시장 참여 확대를 유도하기 위한 채권시장 활성화 방안을 추진하고 있다.[50] 이러한 정부의 금융중심지 국가 추진 전략에 비추어 볼 때, 앞으로 우리나라 금융산업 중에서 자산운용업이 더욱 크게 성장할 것으로 본다.

2. 과 제

이하에서는 앞으로 금융중심지 국가를 추진하고 금융 선진화를 추구하기 위한 제도적 기반을 어떻게 갖추어야 하는지에 대한 과제에 대하여 살펴보기로 한다. 이러한 과제는 여러 가지를 생각할 수 있으나, 여기에서는 크게 금융지주회사 제도의 활성화, 단계적인 겸업은행제도의 도입, 금융기관의 해외 진출 활성화를 위한 법제도 정비 방안, 금융기관 기업지배구조의 선진화 방안, 금융기관의 진입 규제 완화, 금융중심지 국가 추진을 위한 과제 등에 한정하여 살펴보기로 한다.

(1) 금융지주회사 제도의 활성화

기본적으로 금융기관이 겸업화를 이룰 수 있는 방법은 직접적인 겸업 이외에도 자회사를 통하거나 금융지주회사를 통한 겸업 확대의 방안이 있다. 후자에 대해서는 자회사 방식을 통한 겸업화가 나은지 금융지주회사를 통한 겸업화가 나은지에 대한 논의가 있을 수 있는데, 금융지주회사 제도의 경우는 금융회사간 결합을 통하여 규모의 경제 추구가 가능할 뿐만 아니라 자회사를 통한 금융업무의 범위 확대 및 전문화가 용이하고 수익구조의 다변화를 추구할 수 있어 금융산업의 경쟁력을 강화할 수 있는 장점이 있으므로 이러한 금융지주회사 제도가 더 낫다고 본다.

49) 위의 자료, 3면.
50) 위의 자료, 3면.

따라서 금융지주회사 제도의 활성화를 위한 법제도적인 측면에서의 개선 방안 두 가지를 살펴보면, 첫째, 금융지주회사는 일정한 경우를 제외하고는 자기자본을 초과하여 자회사의 주식을 소유할 수 없는데(금융지주회사법 제46조), 물론 그 취지가 방만한 차입 자금으로 자회사의 주식을 소유하여 문어발식 확장을 막겠다는 취지로 이해되지만, 최근 부채비율(자본총액에 대한 부채총액의 비율)이 100% 한도에서 200% 한도로 상향된 점[51] 등을 감안할 때 그 한도를 상향 조정해서(예를 들어, 자기자본의 2배를 생각할 수 있을 것이다) 금융지주회사 제도를 활성화시킬 필요가 있다고 본다. 둘째는 금융지주회사는 일정한 경우를 제외하고는 자회사(손자회사 포함)가 아닌 회사인 경우 그 회사의 발행주식 총수의 5% 이내에서만 주식을 보유할 수 있는데(금융지주회사법 제44조), 물론 그 취지가 금융지주회사가 자회사를 지배하는 사업을 주된 사업으로 하는 회사이고 자회사의 경영관리를 주 사업으로 하는 회사이므로 그 한도를 엄격히 제한하는 것으로 이해할 수도 있지만, 금융지주회사가 간접투자(portfolio) 투자를 통한 수익을 극대화할 필요도 있다는 점을 감안하면 그 한도를 10%로 상향 조정하는 것도 고려할 필요가 있다고 본다.

(2) 단계적인 겸업은행제도(Universal Banking System)의 도입

자본시장통합법의 시행으로 대형 금융투자회사의 출현이 예상된다. 또한 지급결제업무의 허용으로 금융투자회사의 업무가 확대되면서 은행 고유의 수신 업무 기반이 잠식될 가능성이 크다. 이런 점에서 금융산업의 중추 기관인 은행산업의 육성도 필요하다고 본다. 이를 위해서는 은행의 업무를 확대해 주는 것이 필요한데, 단계적인 업무 확대를 통하여 장기적으로는 은행이 증권 및 보험 업무를 직접 겸영할 수 있는 겸업은행제도[52]를 도입하는 것이

51) 「독점규제 및 공정거래에 관한 법률」(이하 "공정거래법") 제8조의2 제2항 제1호(2007. 4. 13. 개정되었으며, 6개월 후인 2007. 10. 28일부터 시행되었다). 금융지주회사법에 규정이 없는 것은 공정거래법이 적용된다(금융지주회사법 제62조).

52) 겸업은행제도라 함은 "은행이 전통적인 예금 및 대출 업무뿐만 아니라 증권 · 보험 업무 등 다양한 금융서비스를 제공하는 것"을 말한다. 이와 관련하여 Sounders and Walter(1994)는 겸업은행업무(universal banking)를 "예금 및 대출, 증권매매, 외환, 주식 및 사채의 인수와 중개, 투자운용, 보험 등 다양한 금융서비스를 제공하는 것"이라고 정의한다. 또한 넓은 의미에서의 겸업은행업무는 은행이 일반 비금융기업에 상당한 투자를 하거나 지배하여 산업부문과 밀접한 관계를 유지하는 것이라고 한다. Anthony Saunders/Ingo Walter, *Universal Banking in the United States*, Oxford University

필요하다고 본다. 이를 위해서 우선 점진적으로 은행의 증권업 겸영업무의 범위를 확대할 필요가 있다. 현재 은행이 겸영할 수 있는 증권업의 범위는 국공채 인수 업무와 국공채 및 회사채의 매매 업무에 한정되어 있다. 따라서 이의 확대 방안을 생각해 보면, 우선 주식에 비하여 위험성이 낮고 수수료 수입을 높일 수 있는 회사채의 인수 업무를 허용할 필요가 있다. 이는 자금력이 있는 은행이 회사채 인수 업무에 참여한다면 은행의 수익 증대뿐만 아니라 회사채 시장의 활성화에도 도움이 될 것이기 때문이다. 이러한 인수 업무의 확대는 정부가 추구하는 국제적인 투자은행(IB) 육성 전략에 한층 더 다가설 수 있는 기회를 제공할 것으로 본다. 또한 고객과의 이해상충 및 은행 경영의 안전성에 크게 영향을 미치지 않는 국공채 및 회사채의 위탁매매 및 중개 업무(brokerage)를 허용해 주는 것도 채권시장의 기반 조성 및 활성화를 위해서 필요한 것이라고 본다. 이에 더 나아가서 유가증권 매매 업무의 범위도 주식으로 확대하는 것이 바람직하다고 본다.

보험업무의 경우도 현재의 보험대리점 업무에서 보험업법이 허용하고 있는 보험중개사 업무(보험업법 제87조 제2항 제2호 및 제89조 제2항 제2호)도 단계적으로 허용하고, 궁극적으로는 은행이 보험상품을 개발하고 판매하는 업무를 허용하는 것을 장기적으로 검토할 필요가 있다.[53] 물론 이 경우에도 우선적으로는 금융업의 성격이 강한 생명보험업부터 점차적으로 허용하는 것을 고려할 수 있을 것이다.

이러한 점진적인 증권업무 및 보험업무의 확대 단계를 거쳐서 궁극적으로는 독일, 스위스 등 유럽국가들에서 채택하고 있는 겸업은행제도를 도입하는 것이 은행 경쟁력을 제고시키고 더 나아가서는 국제금융시장에서 선진국

Press, 1994, p. 84. 겸업은행제도의 장단점에 대해서는 금융안정성(financial stability), 이해 상충(conflicts of interest), 금융과점(financial oligopoly), 자본의 비효율적인 배분(inefficient allocation of capital), 경제력 집중(economic concentration power) 등의 측면에서 논의되는데, 이에 대한 자세한 내용은 고동원, "금융환경의 변화와 금융규제법의 발전 방향," 「상사법연구」 제16권 제2호(한국상사법학회, 1997. 12), 46~49면 참조. 그리고 겸업은행제도의 도입 방안 등 겸업은행제도에 관한 자세한 논의는 고동원, "겸업은행제도의 도입에 관한 연구," 「국제법무연구」 제3호(경희대학교 국제법무대학원, 1999. 12), 9-27면 참조.

53) 이에 대해서도 겸업은행제도를 실시하고 있는 독일의 경우에도 보험업의 경우에는 은행의 자회사를 통하여 영위하고 있다는 사실을 들어 직접 겸업에 반대하는 견해도 있을 수 있다.

은행들과 나란히 경쟁할 수 있는 국제적인 은행을 탄생시킬 것이라고 본다. 이것이 또한 정부가 추구하는 동북아 금융중심지 추진 전략에도 부합하는 것이라고 본다.

(3) 금융기관의 해외 진출 활성화를 위한 법제도 정비

최근 금융기관의 최대 관심사는 해외 진출이다. 특히 그동안의 금융구조조정에 힘입어 경쟁력이 향상된 금융기관들은 과거의 경험들을 바탕으로 해외 시장 특히 신흥시장인 중국, 베트남, 인도네시아 등 아시아 시장 진출에 큰 관심을 보이고 있다. 그런데 이러한 추세를 뒷받침할 수 있는 제도적 개선은 다소 부진한 편이다. 예를 들어, 은행의 경우 은행이 외국에 지점 · 대리점 기타 영업소 또는 사무소를 외국에 신설하고자 하는 경우에는 사전에 그 신설 계획을 작성하여 금융감독 당국과 '협의'하도록 하고 있는데(은행법 제13조), 문제는 '협의'라고 하는 의미가 불분명하다는 점이다. '승인'을 말하는 것인지 단지 의견을 구하는 정도가 되어야 하는지 애매한 점이 있다. 실제로 금융감독 당국이 운영하기에는 승인으로 운영될 가능성도 있다.[54] 그리고 이러한 협의 기준은 은행업감독규정에 규정되어 있지 않고 감독당국의 내부적인 지침으로 운영하고 있어 투명성면에서도 문제가 많다. 이러한 문제점을 해결하기 위한 방안으로서 '협의' 제도를 '사전 신고' 제도로 운영할 필요가 있다고 본다. 즉 해당 은행이 수익성이 있다고 판단하여 내린 결정을 감독당국이 인정해줄 필요가 있는 것이다.

(4) 금융기관 기업지배구조의 선진화

금융기관의 경쟁력을 향상시키기 위해서는 기업지배구조(corporate governance)를 선진화할 필요가 있다. 1997년 말 금융위기 이후 정부는 금융기관의 부실 원인 중의 하나가 투명하지 못한 기업지배구조라는 점을 인식하고 기업지배구조의 투명성 및 선진화를 위한 여러 가지 제도를 도입하여 실시하고 있다. 2000년 1월부터 은행 및 종합금융회사, 그리고 일정한 규모 이상의 증권회사, 보험회사 및 자산운용회사에 대하여 사외이사 중심의 이사회 제도를 운영하고, 감사위원회 제도의 설치를 의무화하였다. 이렇게 새로 도입한

54) 금융감독 당국에서는 실제로 승인으로 운영하고 있다고 한다.

기업지배구조의 특징을 정리한다면, 첫째, 경영진 및 대주주에 대한 견제 및 경영의 투명성 확보 등을 위한 사외이사 중심의 이사회 제도의 운영, 둘째, 감사의 역할 기능을 제고하기 위한 감사위원회 제도의 도입, 셋째, 내부통제기준의 도입 및 내부통제기준의 준수 여부를 확인하는 준법감시인(compliance officer) 제도의 도입으로 요약할 수 있다.

이러한 선진화된 기업지배구조의 도입으로 금융기관의 경쟁력은 많이 향상되었다고 볼 수 있다. 그러나 아직도 선진국 수준의 기업지배구조는 완성되지 않았다고 평가할 수 있다. 1997년 말 금융위기 이후 충분한 검토 없이 미국식 제도를 도입하여 시행하다보니 실제 운영은 당초 취지대로 잘 운영되지 못하는 것으로 평가되고 있다. 예를 들어, 아직도 사외이사의 선임에 있어서 대주주의 영향을 받기 때문에 사외이사의 실제 업무 수행면에서 독립성 확보가 되지 않아 소위 거수기 역할을 하는 경우가 많고, 또한 업무집행기관의 장(예를들어, 은행장 등)과 이사회 의장이 분리되지 않아 경영진의 영향을 많이 받게 되는 문제 및 전문성이 잘 갖추어지고 있지 않은 사외이사의 선임 문제 등 여러 문제점이 발생하고 있다. 감사위원회도 이사회의 산하 위원회로 두도록 되어 있는 제도적인 문제점 때문에(상법 제415조의2) 이사회를 견제 · 감시하는 역할을 제대로 충실히 수행하지 못하고 있는 점 등이 문제이다. 따라서 기업지배구조의 선진화를 이루기 위한 제도적인 개선이 요구되는데, 이를 위해서는 무엇보다도 사외이사의 독립성을 강화하여 경영진 및 대주주를 견제하는 역할을 충실히 수행할 수 있도록 하는 제도 개선(예를 들어, 업무집행기관장과 이사회 의장의 분리, 전문가인 사외이사 선임, 은행의 경우 대주주 등 이해관계인의 사외이사 결격 요건 규정화 등)이 요구되고, 감사위원회의 독립성 강화 등을 위한 제도적인 개선(예를 들어, 상근감사위원의 의무화, 회계·재무 전문가의 감사위원 선임, 감사위원회의 독립기관화 등)이 요구된다. 따라서 이러한 기업지배구조의 개선에 의하여 금융기관의 경쟁력은 크게 향상될 것이라고 본다.

(5) 금융기관의 진입 규제 완화

금융기관의 경쟁력 향상은 진입규제의 완화를 통한 경쟁 제고에 의해서도 이루어질 수 있다. 현재 은행 및 증권회사의 진입 규제는 아주 강하다. 이의 완화를 통한 경쟁력 향상을 도모할 필요가 있다. 최근 금융감독 당국도 이를 인식해서 증권업에 대한 진입 규제를 완화하겠다는 입장을 밝힌 적이 있다.[55]

55) news.hankooki.com에서 "증권사 신규 설립 허용키로" 기사(2007. 6. 20) 인용.

은행권도 마찬가지이다. 앞서 본 것처럼, 1997년 말 금융위기 이후 은행권을 중심으로 한 구조조정의 영향으로 부실은행의 퇴출 또는 합병 등으로 인하여 은행산업의 과점화가 심한 상태이다. 과점은 필히 경쟁력의 저하 등 부정적인 결과를 초래한다. 금융산업을 한 단계 재도약시키기 위해서는 진입규제 완화를 통해서 경쟁력을 제고시키는 방안을 추구할 필요가 있다. 결국은 경쟁을 통한 경쟁력 강화가 금융산업의 체질을 강화하는 방안이 될 수가 있을 것이다. 이를 위해서 인가권을 갖고 있는 금융감독 당국의 적극적인 정책 의지가 중요하다고 본다.

(6) 금융중심지 국가 추진을 위한 과제

2003년 12월 정부는 국정과제회의를 개최하여 동북아 금융중심지 전략을 논의하였다. 즉 정부는 기존 제조업 · 수출 위주 산업 구조로는 21세기 한국경제의 새로운 도약에 한계가 있다는 점을 인식하고 대표적 고부가가치 산업이면서 관련 서비스업 및 실물경제 전반에 파급 효과가 큰 금융산업을 중점 육성하기로 결정하였다.[56] 이는 금융부문의 선진화 달성이 실물부문 성장에 기여함은 물론 실물부문의 성장이 금융부문의 추가적 발전에 기여한다고 보았기 때문이다.[57] 특히 정부는 특화 금융중심지 육성을 위해 자산운용업을 선도 산업으로 지정하고, 여타 관련 금융산업으로의 파급효과를 극대화하는 전략을 추진하며, 금융규제와 금융감독을 선진화하는 등 국내 금융시장의 매력도를 높이고 국내 · 외 금융기관의 국내시장 참여를 촉진하는 전략을 수립하여 추진하고 있다.[58] 그리고 더 나아가서 정부는 금융중심지 국가 추진을 더

56) 재정경제부, “제32회 국정과제회의 개최(동북아 금융허브 추진 관련) 주요내용,” 보도자료, 2003. 12. 11, 1면.

57) 위의 자료, 1면.

58) 위의 자료, 1면. 좀 더 자세히 살펴보면, 정부는 동북아 금융중심지 국가 달성을 위한 7대 추진과제를 선정하였는데, 1) 자산운용업을 선도 산업으로 육성하며, 2) 자본시장, 채권시장 및 외환시장 등 금융시장을 선진화 하며, 3) 동북아 구조조정 및 개발금융과 선박금융 등 지역 특화 금융수요를 개발하며, 4) 국외 금융기관의 국내 유치 활성화 및 국내 금융기관의 해외 진출 활성화 등 금융산업의 국제화를 추진하며, 5) 여유 외환보유유액 및 공공기금을 투자 관리하는 한국투자공사를 설립하며, 6) 금융규제 감독 체계를 혁신하며, 7) 금융 관련 경영 · 생활 여건을 개선하는 것을 중점 과제로 선정하였다(위 보도자료, 3-7면).

체계적이고 효율적으로 추진하기 위하여 2006년 11월 "금융중심지의 조성과 발전에 관한 법률"(안)을 입법 예고하였고, 이 법안은 2007년 12월 21일 제정되어 2008년 3월 22일부터 시행되고 있다.[59]

이러한 정부의 원대한 계획에도 불구하고 해결해야 할 과제는 많은 것으로 보인다. 첫째, 금융규제의 대폭적인 완화 조치가 있어야 한다. 우리나라는 아직도 금융 선진국이나 다른 금융중심지 국가와 비교했을 때 금융규제가 강한 편에 속한다. 금융선진국으로 발돋움하기 위해서는 무엇보다도 정부와 금융감독 당국의 실질적인 규제 완화 노력이 있어야 한다. 둘째, 금융감독의 선진화가 필요하다. 금융규제 완화와 더불어 필요한 것은 금융기관을 삼녹하는 감독기법의 선진화이다. 이를 위한 감독기구 체제의 개편, 금융감독 인력의 전문화, 감독행정의 투명화 등의 조치가 필요하다고 본다. 셋째, 무엇보다도 중요한 것은 금융중심지 국가를 추진하기 위한 금융전문 인력의 양성이 필요하다는 점이다. 이 중에서도 금융법률 전문가 등을 비롯한 금융전문 인력 양성을 위한 보다 체계적인 정부의 지원이 필요하다고 본다.

Ⅳ. 결　론

자본시장통합법의 제정으로 앞으로 우리나라 금융산업은 소위 말하는 금융빅뱅이 일어날 가능성이 커지고 있다. 벌써 보험업계도 겸업업무 확대 등 보험산업의 경쟁력을 제고시켜야 한다는 주장이 거세지고 있고, 정부도 이를 받아들여 보험업의 겸업 확대 및 대형화 방침을 정한 상태이다. 은행권도 마찬가지로 증권업의 직접 겸영 허용 요구 등 업무 확대를 위한 주장이 계속 제기되고 있다. 이는 앞으로 금융권간의 권역이 허물어지고 무한 경쟁

59) 이 법의 주요 내용은 첫째, 정부는 금융중심지의 조성과 발전에 관한 기본계획을 수립해야 하며(법 제5조 제1항), 둘째, 정부는 이러한 기본계획을 심의하고 관계부처간의 의견 조정을 위한 금융중심지추진위원회를 설치하며(법 제6조 제1항), 셋째, 정부는 금융시장의 투명성 제고와 금융혁신을 촉진해야 하며(법 제7조 제1항), 넷째, 정부는 금융전문인력 양성 추진 계획을 수립하고 실시하여야 하며(법 제10조 제1항), 다섯째, 정부는 국제기구 및 외국정부와 금융 업무 협력 등 국제교류 및 협력을 지원하여야 하며(법 제11조 제1항), 여섯째, 정부는 국내 및 외국 금융기관의 상호 진출을 지원하기 위한 계획을 수립하고 시행해야 한다(법 제12조).

시대에 들어서고 있다는 것을 말한다.

이러한 현상은 우리나라 금융산업의 경쟁력을 향상시킬 수 있는 좋은 기회라고 본다. 다만 과도한 경쟁에 따라 발생할 수도 있는 금융체계의 붕괴를 막을 수 있는 제도적 장치를 마련할 필요가 있다. 이를 위한 금융감독의 전문화 및 선진화 등 해결해야 할 과제도 많다. 그러나 금융의 겸업화, 대형화, 국제화 · 세계화 추세는 거슬릴 수 없는 대세인 것으로 보인다. 그렇다면 이러한 추세를 적극적으로 추진하면서 우리나라 금융산업을 한 단계 도약(upgrade)시켜야 한다는 대명제는 흔들릴 수 없을 것이다. 특히 금융중심지 국가를 추진하는 정부의 전략에 비추어 볼 때 미래의 고부가가치 산업인 금융산업을 육성해야 하는 것 또한 대명제가 되는 것이다. 따라서 남은 것은 이러한 목표를 달성하기 위하여 필요한 법제도적인 개선 방안을 모색하는 것이다. 이런 점에서 이 절에서는 선진화된 금융산업으로 발전시키기 위한 몇 가지 제도적 개선 방향을 제시해 보았는데, 이러한 제도 개선으로 우리나라 금융산업이 한층 발전되고 도약된 모습이 되길 기대한다. 특히 금융법제의 선진화가 필요한데 이러한 측면에서 정부가 지원하는 (가칭)금융법제연구원의 설립을 제안한다.

색　　인

[ㄱ]
간접투자증권　169
간접투자증권의 판매 및 환매 업무　170, 204
감사위원　359
감사위원의 선임절차　341, 342
감사위원회　338, 340
감사위원회 제도　358
감사위원회의 독립기관화　360
감사위원후보추천위원회　342
갑기금　441, 451
개봉보호예수　177, 178
겸업은행제도(Universal Banking System)　529
겸업화　514, 515, 525, 526
겸영업무　157, 188, 198, 206
경영 · 금융 자문 업무　181
경영실태 평가　382
고급 내부 등급 방식　413, 419
고사(考査)업무　56
고유업무　155
골드뱅킹(gold banking)　181
공개시장　48
과잉금지의 원칙　104
국공채 및 회사채의 매매업무　161
국공채 창구 매매 업무　163
국공채의 인수업무　160
국외지점　501
국제화 및 세계화　527
글래스-스티걸법　192
금리스왑　172
금리연계증권　269
금융 안정　74
금융감독 전문화　25
금융감독 행정의 중립성　21, 31, 35
금융감독기구의 설치 등에 관한 법률　5
금융감독원　3, 10
금융감독위원회　4, 6
금융감독의 전문성　39
금융그룹화　512
금융산업 구조　510
금융산업의 구조개선에 관한 법률　79
금융상품 판매 대행 업무　569
금융서비스 및 시장법　584
금융자회사　373, 378, 505
금융중심지　507
금융중심지 국가　493, 527, 533
금융지주회사　512, 515, 528
금융투자회사　155, 260, 523, 525
기능별 규제　193
기본자본　412
기업어음(commercial paper)　158
기업지배구조　531
기초 내부 등급 방식　413, 419

기초자산 246, 304

[ㄴ]
내부 등급 방식 413, 428
내부통제 제도 349
내부통제기준 369
다중대표소송제 357
대형화 511

[ㅁ]
말레이시아중앙은행 62
말레이시아중앙은행법 62
매매업(dealing) 191, 196
명의개서대행회사 167
무역어음(trade bills) 159
무의결권 주식 375

[ㅂ]
바젤 Ⅱ 323
바젤은행감독위원회 22, 351, 359, 406
방카슈랑스 168
보완자본 412
보증채무 296
보험대리점 168, 206
보험대리점 업무 197
보험산업 517
보험중개사 209
보험중개사 업무 201
보호예수 업무 179, 223
복수 지점 456
복합금융그룹 526
봉함보호예수 177
부동산 임대 업무 178
부수업무 155, 156
부실은행 513
부진정소급(不眞正遡及) 103
不眞正遡及效 103
비금융자회사 373, 380, 498, 505
비은행예금수취기관 520

[ㅅ]
사모(私募)유가증권의 인수 · 중개 등의 업무 219
사모투자전문회사 378, 402
사무소 496
사실상 지배 86, 87, 116
사업자 등록 449
사외이사 333, 334
사외이사 결격 요건 337
사외이사 임기 354
사외이사의 구성 비율 336
사외이사의 전문성 351
사외이사후보추천위원회 336
상근감사위원 340, 343, 347, 358
상업어음(commercial bills) 159
상임대리인 193
상호부금(相互賦金) 업무 158
선도(forward)거래 206, 209, 261, 264, 290
선도금리계약 172, 243
선물(futures)거래 243
선물업 207, 225
선물환거래 201, 273, 297
소급 입법 금지 원칙 102
소멸은행 484
수납 및 지급 대행 업무 175
수탁업무 173
수탁회사 업무 197, 204, 205
스왑거래 261, 290

시설대여(lease) 업무 190
시장 규율 422
시장 위험 408
신 바젤 자기자본 협약 304
신 바젤 자기자본 협약 408, 299
신고제 494
신뢰보호의 원칙 106
신설은행 144, 499
신설합병 499
신용공여 업무 199, 198
신용사건 296, 306
신용연계예금 291, 299, 319
신용연계증권 269
신용연계채권 248, 287, 291, 295, 299, 309, 319
신용위험 210, 304, 413
신용위험 보장 매도 256
신용위험 보장 매도자 300
신용위험 보장 매입 256
신용위험스왑 307
신용위험옵션 308
신용파생상품 199, 290, 306
신용파생상품 거래 172, 210, 230, 261, 275, 281
신용파생상품 시장 428
신용환산율 416
신종 외화증권 289, 291
신탁업무 215
실질적 지배 404
싱가포르통화청 57
싱가포르통화청법 57

[ㅇ]

RP 거래 162
RP 거래 업무 162
RP 업무 161
양도성예금증서 218
어음 인수 158
연방인가은행 32, 181
열거주의 241
열거주의 방식 194
영업기금 441
영업소 440, 449
영업용순자본비율 263, 265
예금보험기금채권 166
예금보험기금채권상환기금채권 166
예금지급준비금 46
예비인가 436, 468
옵션(option)거래 243, 290
외국은행 494
외국은행 국내 사무소 496
외국환업무 450
외국환업무 등록 442
외은지점 434, 494
외은지점의 대표자 458
외은지점의 설립 435
외은지점의 폐쇄 466
외환 관련 장외 파생금융상품 거래 274, 277
외환 관련 파생금융상품 거래 297
운영위험 420
위 (b) 및 (c)를 합하여 “지수 등”이라 한다 264
위탁매매 및 중개 업무(brokerage) 192
위탁매매업(brokerage) 199
위험가중자산 414
유가증권 명의개서 대행 업무 166
유가증권 투자 업무 165
유가증권의 대여 및 차입 업무 163
유가증권의 대차(貸借)거래와 중개 등

의 업무 199
유동화자산 174
유동화전문회사 174, 222
유동화전문회사 업무 222
은행의 자회사 89
을기금 441
이사회 제도 333
이사후보추천위원회 제도 366
이행강제금 95, 98
인가 438, 469
인가 심사 기준 438, 448, 470
인가 취소 461, 487
인가 효력 발생일과 480
인수업 191, 196
일반사무관리회사 173, 225
일반상품 파생상품 거래 247, 261, 172
일본은행 52
일본은행법 52
임원 364
임원의 자격 요건 365

[ㅈ]
자기자본 적정성 421
자산관리자 업무 223
자산보관회사 업무 204, 205
자산운용산업 519
자산운용업 223, 527
자은행 391
자은행과의 거래 392
자회사 373, 376
자회사 502, 505
자회사 기준 402
자회사와의 거래 382
장내 파생금융상품 거래 262
장외 파생금융상품 거래 업무 208
재정경제부 5, 6, 24
전업주의 224, 207
조합 375
존속은행 484, 509
주가연계수익증권 292
주가연계증권 164, 261, 267, 292, 248
주가지수선물거래 262
주가지수연동예금 262
주식선물거래 262
주식연계증권 269
주식워런트증권(ELW) 164, 248, 261, 267, 292
주인가은행 182
주택저당채권유동화회사 175
준법감시인 제도 349, 350
중앙은행 44
중화민국중앙은행 67
중화민국중앙은행법 67
증권 업무 160
증권보관(custodian)업무 193
증권산업 516
증권선물위원회 5, 9
증권저축업무 197, 200
지급결제제도 50, 72
지급보증 157, 282
지배 404
진입 규제 532
진정소급(眞正遡及) 103

[ㅊ]
차단벽(firewall) 193, 225
채권 신고 최고 474
채무보증 157, 282, 295, 296, 300
청산 500

청산 대금 477
청산 대금 송금 483
청산 절차 472, 481
청산보고서 475
청산인 473
청산인 선임 등기 473
총수익교환스왑 307
최종 대부자(lender of last resort) 74
출연금 459
출자전환주식 166
출자지분 114

[ㅌ]
통화감독청장 32
통화안정증권 166
투자신탁 169
투자일임업무 197, 214
투자자문업 212
투자자문업무 198, 211
투자자문자산 211
투자회사 169

[ㅍ]
파산관재인 500
파생결합증권 164, 248, 270, 316
파생금융상품 237, 266, 285
파생상품거래 171
파생상품거래 업무 171
파트너십 375
판매회사 170
판매회사업무 197
팩토링(factoring)업무 180
포괄적 위임 금지 원칙 113
표준 방식 414
표준방식 414

[ㅎ]
한국은행 45
한국은행법 45
한국은행통화안정증권 48
할부금융 업무 190
합병 484, 512
합성담보부채권 287, 291, 299, 310, 319
합성대출담보부채권 311
해외 금융자회사 390
해외 선물거래 257
해외 자회사 396
현지법인 501, 502
환매조건부 채권 매매(RP) 업무 161
흡수합병 499

저자 약력

서울대학교 법과대학(사법학과) 졸업
고려대학교 대학원 법학과(법학석사)
미국 Boston University School of Law(법학석사, LL.M.)
미국 Tulane University School of Law(법학석사, LL.M.)
미국 Duke University School of Law(법학박사, SJD)
미국 뉴욕주 변호사
한국은행 금융경제연구소 전문연구역
김·장 법률사무소 미국변호사
건국대학교 법과대학 조교수
현 성균관대학교 법과대학 교수(금융법 담당)
   사단법인 은행법학회 회장
   증권예탁결제원 증권파생상품 자문위원

저서 및 주요 논문

국제법무학개론(동림사, 2000, 공저)
"외국은행 국내지점의 설립에 대한 규제 내용 및 그 법적 문제점에 관한 고찰"
"은행 경영지배구조의 법·제도적 문제점과 개선 방향"
"은행 자회사 규제에 관한 법적 고찰"
"증권회사 업무 범위 규제의 법·제도적 개선 방향"
"보험회사의 파생금융상품 거래 규제에 관한 법적 연구"
"「금융산업의 구조 개선에 관한 법률」 제24조의 쟁점과 개선 과제" 외 다수

금융규제와 법

2008年 8月 20日 初版印刷
2008年 8月 30日 初版發行

著 者 고 동 원
發行人 安 鍾 萬
發行處 博 英 社
서울特別市 鍾路區 平洞 13-31番地
電話 (733) 6771 FAX (736) 4818
登錄 1952. 11. 18. 제1-171호(倫)

www.pakyoungsa.co.kr e-mail: pys@pakyoungsa.co.kr

定 價 35,000원 ISBN 978-89-10-51510-4